望ましい
食品流通システムの
構築に向けて

卸売市場法及び食品流通構造改善促進法の一部を改正する法律と今後の課題

編著／衆議院議員 盛山 正仁

大成出版社

推薦の言葉

農林水産大臣、衆議院議員
吉川　貴盛

卸売市場は、大正12年の中央卸売市場法の制定以降、地方卸売市場を取り込んだ昭和46年の卸売市場法の制定を経て、時代の変化に対応しながら、集荷・分荷や、品質や需給に応じた価格形成などの重要な調整機能を発揮してきたところです。

卸売市場法が制定されてから約50年が経ち、食品流通においては、市場取引のほか、近年は例えば産直取引やインターネット販売等、流通の多様化が進み、高齢者世帯や共働き世帯の増加を背景に、加工や小分けなど簡便化需要が増えるなど、消費者のニーズも変化しています。現行の卸売市場法では、卸売市場における取引の細部にわたり、国が全国一律に規制しており、こうした食品流通の変化に対応できない面が大きくなっていました。時代の変化に柔軟に対応し、生産者の所得の向上と消費者ニーズへ的確な対応を図ることが、卸売市場を含めた食品流通における課題だと考え、平成30年６月に卸売市場法及び食品流通構造改善促進法を改正しました。

今般の法改正に当たって、自由民主党の農林・食料戦略調査会、農林部会合同会議において、私は調査会長代理兼幹事長として、法改正の基本的な考え方となる「卸売市場を含めた食品流通構造の改革について」の取りまとめや法案審査に携わりました。本合同会議で議論を行う中で、業界団体の皆様から卸売市場の現状や考え方をお聴きする機会が得られたことで、食品流通の制度の見直しの方針を議論する基礎を作ることができました。また、市場関係者の皆様からいただいた御意見を踏まえ、森山裕先生や本書の著者である盛山正仁先生をはじめとして、自民党卸売市場議員連盟に参画された多くの先生方から御意見をいただき、検討を重ねたことで、我が国の食品流通の将来を見据えた制度とすることができたと思っております。平成29年12月に「卸売市場を含めた食品流通構造の改革について」が取りまとまるまで、実に多くの議論を重ねてまいりましたが、中でも特に印象に残ったことについて、２点ほど述べたいと思います。

まず一つ目のポイントとしては、受託拒否の禁止に関する議論であります。

規制改革推進会議の提言においては、「中央卸売市場に対し、受託拒否の禁止規制を、一律に適用すべきではない」とされました。しかし、合同会議では、市場関係者の皆様・出席議員ともに、公正な取引の場を確保する上で重要な規制であることから維持するべきだとの意見が大宗を占めました。これを踏まえ、合同会議での結論としては、受託拒否の禁止は、中央卸売市場における「共通の取引ルール」として維持し、引き続き生産者にとって安定的な出荷先としての役割を果たしていくものとなりました。

二つ目のポイントは、第三者販売の原則禁止や直荷引きの原則禁止など卸売業者と仲卸業者との間の取引規制の在り方をめぐる議論であります。このような規制については、品目や市場によって実態は様々であり、実態に合わせていくべきという意見があった一方で、仲卸業者や専門小売店への影響を懸念する意見もございました。このような意見を踏まえ、第三者販売などの取引の規制については、卸売市場の本来の調整機能を失うことのないよう、関係者の意見を聴くなどの公正な手続を踏んだ上で、品目ごと・市場ごとに「その他の取引ルール」として規定を設けることができるものとしました。

今後新たな制度の下で、各卸売市場の実態に応じて創意工夫をいかし、消費者や生産者のニーズに合った食品を供給するための具体的な取組を進めることで、生産者の所得向上や物流コストの削減や品質・衛生管理の強化等が促され、同時に卸売市場が活性化することを期待しております。そして、卸売市場は、今後も変わりなく、公正な取引の場として、高い公共性を果たしつつ、生鮮食料品等の流通の核として存在し続けると考えます。

このため、農林水産省としましては、公正な取引の場としての要件を満たす卸売市場を認定し、認定後も生鮮食料品等の公正な取引環境の確保を図るとともに、卸売市場の活性化に向けて支援してまいりたいと思います。

結びに、今回の卸売市場法の改正によって、全国各地の卸売市場の取引が活発なものとなり、生産者、消費者の期待に応えた存在となることを祈念するとともに、まさに市場関係者が一体となって取組を進めるこの時機に本書をおまとめいただいた盛山正仁先生に感謝を申し上げまして、推薦の言葉といたします。

望ましい食品流通システムの構築に向けて

—卸売市場法及び食品流通構造改善促進法の一部を改正する法律と今後の課題—

目　次

第四編　卸売市場法改正と今後の取組みと課題

参考資料

（役職の肩書については、推薦の言葉を頂戴した吉川貴盛農林水産大臣以外は、全て当時の肩書とした。）

卸売市場法改正について

卸売市場法改正について

衆議院議員
自由民主党　卸売市場議員連盟会長
森山　　裕

私は、国会議員になる前、23年間、鹿児島市議会議員として、中央卸売市場を所管する市議会の委員会に所属し、鹿児島市の中央卸売市場を見てきました。その経験から、国民に広くあまねく食料を安定的に供給するために、卸売市場の果たしている役割、市場が果たさなければならない役割はよく分かっているつもりです。

お金のあるところ、人口の多いところには、自然と食料も集まります。一方で、地方には、大変厳しい現実もあります。例えば、人口が減り、高齢化の進んだ中山間地域では、食料難民が出るのではないかという心配すらあります。農協などが移動販売の車を走らせて物品販売をしていただいていますが、それでもなかなかカバーしきれないところが現実に出てきています。そんな時代だからこそ、国民に広くあまねく食料を届けるための仕組みが必要です。卸売市場はそのために中核的な役割を果たしてきましたし、今後も一層、その役割を果たしていかなければなりません。

大正12年に制定された中央卸売市場法は、昭和46年に卸売市場法と名前が変わり、その後、幾度も法律の改正がなされてきました。最近では平成11年、平成16年と見直しが行われ、市場の取引についても、流通の実態にあわせて弾力的な取り組みができるように改正されてきました。時代に応じて、見直さなければならないところは出てきます。

しかし、今回の法律改正の過程で、私が非常に危惧したのは、平成11年、平成16年の改正に向けたプロセスとあまりに違うということでした。唐突に、政府が卸売市場法の廃止を検討しているのではないかという話まで持ち上がり、現場で頑張っておられる農業や漁業の生産者、流通業者の皆さんには、大変なご心配をおかけしました。

この大事な法律の改正を強引に進めるようなことはあってはならない。今まで卸売市場法が果たしてきた役割が大きく変わるようなことがあっては取り返しのつかないことになる。そんな思いから、平成29年８月に国会議員の有志で卸売市場の勉強会を始めました。同年９月には勉強会を母体にして議員連盟を立ち上げ、私が会長を務めさせていただくことになりました。

生産者にご心配を与えないように、消費者の皆さんにも食品がきちっと行き届くように、あまねく国民に食品が供給できる体制をとっていくことは極めて大事です。その理念をどう堅持して、新しい法律に反映していくのか。生産者にも、流通関係者にも、消費者にも、ご納得いただける法律の改正でなければなりません。議員連盟では、生産者や流通団体の皆さんのご意見を丁寧に聞くことに努めました。

ところが、政府の規制改革推進会議は11月、卸売市場改革に関する提言を発表しました。提言は、卸売市場の開設の「許認可制」の廃止や、生産者が安心して出荷するために欠かせない取引ルールである「受託拒否の禁止」の廃止にまで踏み込んでいました。これでは、食品流通の核としての卸売市場の位置づけが大きく後退し、卸売市場法の廃止にすらつながりかねない懸念がありました。

そこで、議員連盟では緊急集会を開いて、卸売市場法の堅持や、受託拒否の禁止ルールの維持などを求める決議を採択しました。自民党の農林関係の会合でも激しい議論となりましたが、最終的には、党が中心となって、これらの堅持を決めました。

市場開設の「許認可制」は、国や都道府県による「認定」の仕組みに代わりましたが、引き続き、行政が関与する仕組み（指導、検査・監督）をしっかりと残し、市場整備に対する国庫補助もこれまで同様に行えるようにしました。法律の上でも、食品流通の核としての卸売市場の位置づけは維持され、関係者の皆様にもご理解をいただけるものになったのではないかと考えております。

卸売市場と一口に言っても、魚市場と青果市場は違いますし、花の市場、肉の市場もそれぞれの特性があります。地域によって市場の在り方や機能もさまざまです。今後とも、卸売市場が、それぞれの地域で、時代の要請に応えながら、国民に広くあまねく食料を届けるための基幹インフラとして、しっかりと役割を果たしていけるよう、微力ながら力を注いでいく所存です。

卸売市場法改正について

『混沌に見えて実は合理的　卸売市場というエコシステム（生態系）』

衆議院議員、自由民主党卸売市場議員連盟事務局長
平　　将明

平成28年10月、政府の未来投資会議と規制改革推進会議は、生産資材・流通加工に関する意見をとりまとめた。「卸売市場については、食料不足時代の公平分配機能の必要性が小さくなっており、種々のタイプが存在する物流拠点の一つとなっている。」という見解だ。私は、この有識者会議の「市場」に対する理解の無さに愕然とした。卸売市場と他の物流拠点では全くその機能が違う。この見解を基に市場法の改正がなされたら大変なことになる。そのような想いを抱いているとき、森山裕前農水大臣に自民党本部のエレベーターホールで呼び止められた。森山さんも同じ懸念を抱いていた。これが自民党の卸売市場議員連盟設立への第一歩だった。

私は、国会議員になるまで、東京の大田市場で青果仲卸業を営んでいた。

市場というのは外から見ると、閉鎖的で、非効率で、前時代的にも見える。私自身も大学を卒業して、新宿副都心にある高層ビルの快適なオフィスで会社勤めをした後に、家業の青果仲卸を継ぐことになり、その当初は同じような印象を持っていた。

仲卸が荷受会社にレタスを100ケース注文しても、「もがき（品薄）」の時は50ケースしか割り当てられず、逆に「なやみ（商品が余っている状態）」の時には150ケースも割り当てられる。これが市場なのだ。また、同じ産地の同じ等階級のレタスでも、収穫時の天気次第で棚持ち（品質の劣化の速度）がまるで違う。これらをしっかり見極められなければ、商品があっという間にゴミに変身してしまう。

一方、仲卸のお客様である外食産業やコンビニのベンダーや大手量販店は、POSシステムのデータなどを活用して販売量を予測し、注文数を決定しているので注文通りに仲卸は出荷しなければならない。欠品は許されない。特に外食産業やコンビニのベンダーは欠品に厳しく、ペナルティが課されることもある。

このように、産地サイドの出荷量と、消費サイドの注文数はまったく違うア

ルゴリズムで動いている別の世界と言える。例えば、天気がよければ当日サラダが売れるのでトマトの需要が高まる。同時に天気が良いことでトマトの生育も早まるが出荷が増えるのは数日後のことであって、そこにはタイムラグが生じる。消費地の東京の天気が良くても、産地（例えば冬なら熊本、夏なら青森など）の方の天気が同じとも限らない。生産と消費には常にこのようなミスマッチがついてまわる。この全く別のアルゴリズムで動いている二つの世界を結びつけているのが卸売市場であり、それは市場の生態系が可能にする調整機能と言える。

それでは卸売市場の調整機能の神髄はなにか？それは多様性だ。荷受会社があり、仲卸があり、多種多様な買参人がいる。品薄の時は、外食産業やコンビニのベンダーは欠品が許されないが、小売店などは価格が高くなるので買い控えとなる。一方で品物がふんだんに入荷した時は、量販店がたくさん買って安く店頭で売る、安売りを武器にしている小売店がいつもの何倍も仕入れる、それでも余るときは漬物屋さんが大量に仕入れて保存のきく漬物にしたり、転送屋さんが安く仕入れて、少しでも高く売れそうな他の市場の持っていくこともある。これが多様性による調整機能であり、市場の生態系である。

この調整機能を市場以外のやり方で、例えばITを駆使してどうやって実現するのだろうか？是非、有識者の人たちに聞いてみたい。トマトひとつひとつにセンサーを付けたところで、このダイナミックな調整機能を実現することはできない。棚持ちのしない商品であり、なおかつ、入荷量が極端に増減する商品を、廃棄ロスをほとんど発生させずに、現金化する。しかも、出荷者からみると貸し倒れリスクもない。これが卸売市場の機能なのだ。卸売市場が「種々のタイプが存在する物流拠点の一つ」ではないことが明らかだ。

日本の市場流通は、他国に劣っているわけでもないし、時代遅れでもない。私の手元に「青果物の小売価格に占める生産者受取価格の割合の日米比較」という資料がある。農林水産省作成の資料だ。これによると、トマトもレタスも、なんとポテトまで日本の方が米国よりも生産者の受取価格の割合が高いのである。流通が多段階だから非効率をいう批判はあたらない。米国のレタスやトマトに比べてはるかに棚持ちのしない日本のレタスやトマトを、廃棄ロスをほとんど出さずに流通させることのできる日本の農産物流通の経済合理性を示している。

今回の市場法改正の議論で、私が最も重視したのは、市場の調整機能を担保する生態系を完全に壊すような改革をしてはいけないということだ。これは阻止することができたと自負している。また、改めて市場流通の重要性を法律に位置づけることができてよかった。

一方で、人口減少社会の到来や、一次産品の輸出産業化の潮流のなかで、卸売市場がどのような役割を果たしていくべきか？新たな課題も山積である。

卸売市場法改正を振り返って

参議院議員、自由民主党農林部会長
野村　哲郎

この度の卸売市場法の改正にあたっては、政府から示された改正の考え方について、国会議員をはじめ、卸売市場の関係者の皆様から多くのご意見を賜り、議論を進めてまいりました。その過程において、食品流通のあるべき姿について、明確なビジョンを示して議論に参画されると共に、その想いを本書に記された盛山正仁先生に、農林部会を預かる立場として、心からの敬意と感謝の意を表します。

この卸売市場法の改正の発端となったのは、平成２８年の規制改革推進会議の報告書でした。規制改革推進会議はこの報告書の中で、卸売市場について「卸売市場法という特別の法制度に基づく時代遅れの規制は廃止する。」との報告を行い、翌年の規制改革実施計画に反映させました。人々の食生活を支えるために生まれ、先人達が知恵と工夫で育み、現在も農林水産物をはじめとする食品流通において、大きな役割を担う卸売市場を否定するかのような考え方は、我々にとっても看過できるものではなく、自民党農林部会において、およそ半年に亘って20回以上の議論を重ねました。

この農林部会における議論の前に、農林水産省からのヒヤリングを行う中で、疑問に思った点がいくつかありました。一つは日程です。９月21日に農林部会でキックオフを行い、11月末までに関係者からのヒヤリングを３回、そして部会での４回の議論（現地視察を含む）を経て、12月に取りまとめるスケジュールになっていました。通常国会に提出する法案ですから、農林水産省の描くスケジュールも理解できるのですが、このような重要法案を、わずか４～５回の議論で部会の承認を得られるとは思えませんでした。私が、農林水産省に伝えたのは、「生煮えの法案は通さない。じっくり議論しよう。」ということでした。

二つめは、資料の内容でした。例えば、当初の資料では青果物の市場経由率は昭和50年代には86％、平成20年代に入ると60％に低下しているという内容でした。つまり、市場の持つ集荷・分荷機能をはじめとする各機能が著しく低下していると強調しているようでした。その後、先生方のご指摘でこの市場経由率には輸入青果物が含まれた数値で、国産青果物で見るとその数値は86%となり、その後の資料では修正された数値が出されるようになりました。更に、毎回提出される資料に「食品流通改善促進法」の説明資料が添付されていました。卸売市場法と直接関係のない別の法律が毎回添付されているのは、卸売市場法を廃止して「食品流通構造改善促進法」に統合する考えがあるからではないかとの疑念がわきました。（他の先生からも同じ意見がありました。）案の定、30年２月に示された法律案骨子では「卸売市場を含めた食品流通構造の改革について」となっていましたが、農林役員会においてもこのことが問題となり、示された案は「卸売市場法及び食品流通構造改善法の一部を修正する法律案の骨子」に修正され、結果として卸売市場法は完全に切り離し、今まで通り単独の法律案となりました。

加えて、農林水産省の資料には「卸売市場法による様々な規制は、食品流通の実態が変化しているにもかかわらず、制定時の昭和46年以来（更に前身である中央卸売市場制定時の大正12年以来）その骨格を維持」と記載されていました。まさしく、規制改革推進会議の言う「時代遅れの規制」と同義語に見えました。これまで、卸売市場が果たしてきた①集荷・分荷機能、②価格形成機能、③代金決済機能、④情報受発信機能を評価せず、「岩盤にドリルで穴をあける」ことが、目的化している印象を受けました。確かに時代の流れの中で、通販・宅配・直販・コンビニなど多様な流通形態が生まれ、販売チャネルが多様化していることは事実です。法案を検討するにあたっては、そのことは十分に認識しながら生産者・消費者双方にメリットがあり、「時代遅れの規制」とならないよう関係者の意見を十分聞くことにしました。そして意見を聞かせて頂く中で、各規制に対して「卸売業者と仲卸業者」のニーズが異なること、「取扱う品目」によって業者間の意見が異なることなど、一律的・画一的な取引環境で縛ることには無理があるということ等が判ってきました。結果として、堅持すべき規制（売買取引の方法の公表、差別的取扱いの禁止、受託拒否の禁止、代金決済ルールの公表）と見直す必要のある規制（第三者販売の禁止、直荷引きの禁止、商物一致の原則）に分けて議論しました。

ただし、見直す必要のある規制については、廃止するかどうかも含めて開設者が関係者の意見を聞いて、また従前の商慣習等を踏まえて、市場ごとに規制を見直すことにしました。このような党内議論に至るまで、「自由民主党卸売市場議員連盟」の森山裕会長、盛山正仁幹事長、平将明事務局長から頂いたご意見やご指導が、どれだけ示唆に富み、力強いものであったか感謝するばかりです。

法律が先の通常国会で成立し、政府は「卸売市場に関する基本方針」をまとめました。基本方針の冒頭には、「卸売市場の位置づけ」として「卸売市場が有する集荷及び分荷、価格形成、代金決済等の調整機能は重要であり、卸売業者の集荷機能、仲卸業者の目利き機能等が果たされることにより、食品等の流通の核として国民に安定的に生鮮食料品等を供給する役割を果たすことが期待される」と記載してあります。農林水産省も、我々政治家と規制改革推進会議との狭間で大変苦労したと思いますが、最終的に卸売市場の機能や関係者の取り組みを評価し、生産者・消費者のメリットになるようまとめてくれたことに感謝したいと思います。

卸売市場法改正について

参議院議員、自由民主党水産部会長
江島　潔

第196回通常国会に提出された「卸売市場法及び食品流通構造改善促進法の一部を改正する法律」は、平成30年６月に成立したところであり、本法の御審議及び本書の取りまとめに御尽力されました盛山正仁衆議院議員をはじめ関係者の方々には心より敬意を表する次第です。

さて、我が国の周辺海域は、広大な領海及び排他的経済水域（EEZ）があり、また、南北に長い我が国の沿岸には暖流・寒流が流れ、海岸線も多様であることから、世界的にみても多くの魚種が生息する極めて生物多様性の高い豊かな海です。日本の水産業は、この豊かな海で獲れる水産物を持続可能な形で活用することで、国民に対して水産物を安定的に供給すると同時に、漁村地域の経済活動の維持発展という重要な役割を担っております。

私自身、前職は水産都市として知られる山口県下関市の市長職を14年間務めており、水産業の発展と共に繁栄してきた下関市の自治体経営を通じ、四方が海に開かれた国家である海洋立国・日本における水産業の重要性を誰よりも強く感じてきました。

我が国の水産業が獲る豊かな水産資源を活用することで成長してきた加工流通業は、多様化する国民ニーズに即した水産物の安定的な供給と漁業の持続的かつ健全な発展に重要な役割を担っています。加工流通段階において様々な課題に対応し、魚の品質に見合った適正な価格形成を図ることは、加工流通業者にとっては経営の改善、漁業者にとっては手取りの向上、消費者・実需者にとってはニーズに合った商品の供給等につながります。

こうした中で、これまでの水産物の流通は、一般には、水揚港に隣接する産地市場で集荷・仕分けされ、消費地に送られた後、消費地市場を通じて販売されておりました。これが、近年では、多段階流通の各段階で経費が生じることを避けて産地と小売・外食業者が直接取引するなど、市場を介さない流通が増えた結果、水産物の卸売市場経由率は減少し、現在では５割程度となっています。

しかし、水産物は、水揚げされる魚種や量が不安定で、保存性が低いという特性を有しており、生産と加工・流通の橋渡し役を担う場として卸売市場が果たす役割は今後も引き続き重要です。

他方、現在の水産物の産地市場をクローズアップしてみると、取引規模の小さい市場ほど、魚種や数量などの需要側の供給を満たすことができずせず、買受人が少なく、価格形成力が弱いとの課題があると認識しています。このため、産地市場の統合により、産地市場における取扱数量の増大を図ったり、併せて品質・衛生管理の取組を統合後の市場で重点的に進めることにより、品質の向上を図り、産地における価格形成力の強化を図っていくことが重要と考えています。

こうした現状を踏まえ、本年６月に政府から出された、「水産政策の改革について」では、「漁業者の所得向上に資するとともに、消費者ニーズに応えた水産物の供給を進めるため、産地市場の統合・重点化を推進」するとされているところです。

今回の卸売市場法改正は、大きなシステム変更を伴うものであったため、自民党の水産部会でも５度に亘り熱心な議論を頂きました。その際の議論では、市場が変わることへの不安の声は上がりましたが、市場の必要性そのものを否定する声はなく、結果的には、卸売市場の位置付け、重要性が再確認されることとなりました。党の議論を通じて、水産物の市場、とりわけ産地市場には、時代の要請に応じ、その在り方については見直しを加えつつ、引き続き我が国の水産物流通の一翼を担うことが大きく期待されることとなりました。

この度の卸売市場法の改正により、各市場のルールや在り方、何より各市場の歩む方向は、その市場の関係者が話し合って決めることとなりました。本法の適切な運用と相まって、水産物の市場関係者の皆様方の御理解、御協力の下、産地市場を含む水産物の流通構造が、関係漁業者、加工流通業者、消費者の各段階にとってメリットが感じられる方向に発展していくことを期待しております。

第一編

卸売市場法及び
食品流通構造改善促進法
改正の背景

第１章　卸売市場法の概要

１．中央卸売市場法の制定

第一次世界大戦[1]によって我が国経済は好景気に沸いたが、物価が高騰した。米の価格も高騰し、大正７（1918）年７月22日に富山県魚津町で起こった米騒動[2]を皮切りに全国各地で米騒動が発生し[3]、社会不安が増大した。第一次世界大戦終結後の大正９（1920）年には我が国は反動不況に陥った[4]。

政府は六大都市において、公設小売市場を開設して社会不安の緩和に努めたが、この公設小売市場の機能を十分に発揮させるためには、中央卸売市場を整備すべきであるという意見が強くなり、大正12（1923）年に「中央卸売市場法（大正12年３月30日法律第32号）」が制定された。昭和２（1927）年12月11日に、我が国で初めての中央卸売市場である京都市中央卸売市場が開設され、その後、昭和５（1930）年に高知市、昭和６（1931）年に大阪市、横浜市、昭和７（1932）年に神戸市と、全国各地に中央卸売市場が開設された[5]。

中央卸売市場が開設されたことによって、生鮮食料品の流通に大きな変化がもたらされた。第一に、せり売りの原則がうちたてられたことにより「公正な価格の決定と取引の明朗化」が実現した。第二に、需要と供給が一か所に集中する結果、価格が調整されて「価格と品質の安定」がもたらされた。第三に、私設の市場と異なり、開設者が施設を整備し、衛生面にも配慮したため、「市場内の良好な衛生状態」が実現するようになった。

---

1 大正３（1914）年７月28日～大正７（1918）年11月11日

2 大正７年の１月から６～７月にかけて、米価が高騰し、地主や商人は米を米穀投機に回し、次第に売り惜しみや買い占めが発生するようになった。そのため、家庭の窮状に耐え兼ねた「浜のおかか（お母さん）」が立ち上がった。社会不安が高じて、庶民の怒りの矛先が米問屋や商人に向けられるようになった（大成勝代「女たちの勇気　米騒動100年」『日本経済新聞2018年（平成30年）９月18日朝刊』36面参照）。

3 大正７年８月12日には、我が国最大の商社で当時絶頂期にあった神戸の鈴木商店の本店が米を買い占めているという風評被害によって焼き討ちにあっている。

4 昭和４（1929）年10月24日にはニューヨークのウォール街で株価が大暴落し、世界恐慌のきっかけとなった。

5 東京においても建設計画が進められたが、大正12（1923）年９月１日に関東大震災が発生したこともあり、昭和10（1935）年２月に築地市場で中央卸売市場としての業務を開始した。

第二次世界大戦によって我が国の国土は荒廃したが、昭和25（1950）年の朝鮮戦争特需をきっかけとして徐々に生活は安定し、昭和31（1956）年の経済白書には「もはや戦後ではない」と記述された。1950年代後半には三種の神器と呼ばれた、白黒テレビ、電気冷蔵庫、電気洗濯機が普及をはじめた。電気冷蔵庫の登場によって、氷を上部の氷室に入れて下部の食品を冷やす木製の氷式冷蔵庫が姿を消すようになり、生鮮食料品を家庭で一定期間保存することが可能となった。その日の食事の準備をするために、近所の市場に毎日買い物に出かけるという行動に変化が現れるようになった。1960年代から我が国は高度経済成長期に入った。

このような卸売市場を取り巻く環境の変化を踏まえ、中央卸売市場法は昭和30年代に３度改正を重ねた[6]。

2. 卸売市場法の制定

セルフサービスのスーパーマーケットである紀ノ国屋が昭和28（1953）年に東京で開店した。昭和33（1958）年にはダイエーがチェーン店展開を開始し、昭和37（1962）年にはダイエーは700坪のスーパーを開店し、大規模量販店が出現するに至った。

昭和36（1961）年には業務用電子レンジが我が国で発売され、昭和39（1964）年に開業した東海道新幹線の食堂車に電子レンジが備え付けられた。昭和39（1964）年に開催された東京オリンピックを契機として、冷凍食品の調理法が研究され、外食産業分野で利用が始まった。昭和40年代に入ると家庭用電子レンジが普及するようになり、冷凍食品が家庭でも調理されるようになった。

昭和42（1967）年の国民総生産（GNP）[7]は西独を抜いて、我が国は世界第二位の経済大国となり、国民所得の向上に伴ってマイカーも普及するようになっ

---

[6] 「中央卸売市場法の一部を改正する法律（昭和31年６月22日法律第158号）」、「中央卸売市場法の一部を改正する法律（昭和33年５月１日法律第123号）」、「中央卸売市場法の一部を改正する法律（昭和36年11月16日法律第233号）」

[7] 当時は「国民総生産（GNP：Gross National Product）」が国民によって生産される財やサービスの付加価値の総計として使われていたが、現在では「国内総生産（GDP：Gross Domestic Product）」や「国民総所得（GNI：Gross National Income）」が使われるようになっている。

た。

買い物かごをぶら下げて毎日市場へ出かける生活は、（冷凍）冷蔵庫、電子レンジの普及に伴って、一週間分の（冷凍食品を含む）食料品をスーパーマーケットで購入して調理するような生活に変化していったのである。

このような状況下における生鮮食料品等の生産、流通及び消費の状況等をふまえ、生鮮食料品等の取引の適正化とその生産及び流通の円滑化を図るため、中央卸売市場法を廃止し、新たに、中央卸売市場及び中央卸売市場以外の卸売市場について、その整備を計画的に促進するための措置、その開設及び卸売その他の取引に関する規制等その適正かつ健全な運営を確保するための措置等を定める必要があったことから、昭和46（1971）年に「卸売市場法（昭和46年４月３日法律第35号）」が制定されて、中央卸売市場法（大正12年３月30日法律第32号）は廃止された。

その後、産地の大型化に伴う発言力の高まり等のいわゆる「川上」の変化、消費の多様化や大型量販店等の流通の多様化と競争激化といういわゆる「川下」の変化に鑑み、経営が悪化している卸・仲卸の状況をふまえて、中央卸売市場関係者の経営体質の強化、中央卸売市場における取引方法の改善、中央卸売市場の再編等の推進、地方卸売市場の活性化を目指して、平成11（1999）年、平成16（2004）年に卸売市場法が改正された[8]。

３．卸売市場法の概要

このような改正を重ねてきているが、卸売市場法による様々な規制は、食品流通の実態が大きく変化しているにも関わらず、制定時の昭和46（1971）年以来（さらには、その前身である中央卸売市場法制定時の大正12（1923）年以来）、その骨格を維持してきている。

同法第１条には、卸売市場について規定を設けることによって、「生鮮食料品等の取引の適正化とその生産及び流通の円滑化を図り、もつて国民生活の安

[8] 「卸売市場法及び食品流通構造改善促進法の一部を改正する法律（平成11年７月26日法律第109号）」の主なポイントは、市場関係業者の経営体質の強化、中央卸売市場における取引方法の改善、卸売市場の再編等の推進である。また、「卸売市場法の一部を改正する法律（平成16年６月９日法律第96号）」の主なポイントは、卸売市場における品質管理の高度化、商物一致規制の緩和、卸売業者等の事業活動に関する規制の緩和、卸売市場の再編の促進、仲卸業者に対する財務基準の明確化、取引情報公表の充実である。

定に資することを目的とする。」と規定されている。

同法第２条第１項には、「「生鮮食料品等」とは、野菜、果実、魚類、肉類等の生鮮食料品その他一般消費者が日常生活の用に供する食料品及び花きその他一般消費者の日常生活と密接な関係を有する農畜水産物で政令で定めるものをいう。」と規定されている。

また、同法第２条第２項には、「「卸売市場」とは、生鮮食料品等の卸売のために開設される市場であって、卸売場、自動車駐車場その他の生鮮食料品等の取引及び荷さばきに必要な施設を設けて継続して開場されるものをいう。」と規定されている。

中央卸売市場[9]は、広域的な生鮮食料品等の流通の中核的な拠点と位置付けられ、開設者は都道府県と人口20万人以上の市に限られている。開設には、農林水産大臣の認可が必要となっているが、流通の中核的拠点であることに鑑み、市場整備に対する補助制度（中央卸売市場は４/10以内、地方卸売市場は１/３以内）が設けられている。卸売業者[10]は農林水産大臣の許可が必要であり、仲卸業者[11]は開設者の許可が必要であり、売買参加者[12]は開設者の承認が必要となっている。市場における取引については、「売買取引の方法[13]」「差別

---

[9] 青果市場は「やっちゃ場」と呼ばれる。やっちゃ場の「やっちゃ」は、せり市場の掛け声が「やっちゃ、やっちゃ」と聞こえてくることから、「やっちゃ場」とよばれるようになった。

「もがき」とは、青果物が市場に少ない品薄状態で集めるのに苦労する意味で、品物が少ないが売れているので、足りない状態のこと。

「なやみ」とは、売れ残って困る意味で、青果物が市場に余っている状態のこと。

[10] 卸売業者とは、出荷者から青果物や水産物等の販売の委託を受けるか、買い受けて、卸売市場において卸売を行う業者である。つまり、出荷者に代わって、預かった品物を少しでも高く売ろうとする立場にある。

[11] 仲卸業者とは、卸売業者から卸売を受けた青果物や水産物等を卸売市場における店舗において仕分け、調製し、販売する業者である。つまり、小売や消費者に代わって、新鮮でバラエティーに富んだ商品を少しでも安く買おうとする立場にある。

必要な商品を、必要な数、必要な場所に、必要な時間に届けること、が仲卸の仕事である。仲卸が存在することによって、スーパー等は余分な倉庫や在庫を持つ必要がなくなる。

[12] 売買参加者とは、卸売業者から卸売を受けることについて開設者から承認を受けた業者である。買参人とも言う。仲卸業者同様に、商品を少しでも安く買おうとする。仲卸業者と異なり、卸売市場内に店舗を有しない。

[13] 中央卸売市場の卸売業者の卸売については、各市場で品目によってせり売又は入札の方法、相対取引の方法によることを決定しており、品目ごとに、全量をせり売又は入札の方法によるもの、一定割合をせり売又は入札の方法によるもの、せり売又は入札の方法か相対取引の方法のいずれかによるものに区分して決定することとされている。

的取扱いの禁止[14]」「受託拒否の禁止[15]」「卸売の相手方としての買受けの禁止[16]」「第三者販売の原則禁止[17]」「商物一致の原則[18]」「仲卸業者の販売の委託の引受けの禁止[19]」「直荷引きの原則禁止[20]」「代金決済の確保[21]」等の取引規制を定めなければならない。

一方、地域における生鮮食料品等の集配拠点として位置付けられている地方卸売市場は、開設者に制限がない等、中央卸売市場に比べて規制が緩やかであるため、地域の実態に応じたルールが定められ、適正な取引を確保しつつ、柔軟な取引が行われている。（資料Ⅰ―１参照）

このように、中央卸売市場、地方卸売市場共に、出荷者に代わって商品を扱う卸売業者と、小売や消費者に代わって商品を扱う仲卸業者・買参人という立場の異なる関係者[22]間の、せり取引によって公正な価格形成をする市場メカニズムが形成され[23]、商品が生産者から卸売市場を経由して小売・消費者の手元

[14] 卸売業者は、卸売の業務に関し、出荷者、仲卸業者、売買参加者に対して不当に差別的な取扱いをしてはならないとされている。

[15] 卸売業者は、食品衛生上有害な物品である等正当な理由がなければ、出荷者からの販売の委託の申込みの引受を拒んではならないとされている。

[16] 卸売業者は卸売の相手方として生鮮食料品等を買い受けてはならないとするもの。

[17] 卸売業者は、原則、仲卸業者及び売買参加者以外の者に対して卸売をしてはならないとするもの。

[18] 原則として、市場内の生鮮食料品等以外の生鮮食料品等の卸売をしてはならないとするもの。

[19] 仲卸業者は、生鮮食料品等について販売の委託を引き受けてはならないとするもの。

[20] 仲卸業者は、原則として、生鮮食料品等を市場内の卸売業者以外の者から買い入れて販売してはならないとするもの。

[21] 中央卸売市場における売買取引は、開設者が業務規程に定める支払期日、支払方法によらなければならないとされている。

[22] 建設業のように元請け（ゼネコン）、一次下請け、二次下請け、三次下請け（地元の建設業者）のような上下関係ではなく、卸売市場の卸と仲卸・買参人は対立する関係である。

[23]「取引数量最小化原理」とは、流通取引において卸売業者が介在することで市場における取引数が減少するという、中間業者の効率性を説明する理論である。例えば、生産者が10社、小売業者が５社の場合、市場で行われる取引数は10（生産者数）×５（小売業者数）＝50取引となるが、卸売業者が１社介在することによって、生産者も小売業者も卸売業者のみと取引をすれば良いので10＋５＝15取引となり、効率化する。つまり、中間業者である卸売業者を介在させることによって取引総数は最小化し、取引費用が節約されて効率的になるという、説明である。

「不確実性プール原理」とは、流通取引において卸売業者が介在することで、市場における在庫数が減少するという、流通在庫の効率性を説く理論である。例えば、小売業者が10社存在し、需要の変化に対応するために夫々が在庫を50個必要とする場合、市場の在庫は10（小売業者数）×50（在庫数）＝500個となるが、卸売業者が介在して、小売業者からの商

に届けられている。

卸売市場は、「集荷・分荷、価格形成、衛生の保持、代金決済、情報の受発信、災害時対応」の機能を有しており、消費者に対する迅速で安定的かつ衛生的な生鮮食料品等の提供[24]、生産者に対する確実で速やかな販路の提供[25]、小売業者等に対する取引の場を提供[26]することによって、前述した卸売市場法第一条の目的を実現しているのである[27]。（資料Ｉ—２参照）

品注文に対して速やかに供給できれば、小売業者は50個よりも少ない在庫で需要の変化に対応することができる。卸売業者が介在することで、小売業者は余計な在庫を減らし、在庫スペースも効率化させることができる（マーガレット・ホール著、片岡一郎訳『商業の経済理論—商業の経済学的分析—』東洋経済新報社、昭和32年、p108－111、鍋田英彦「流通における中間業者排除に関する考察」『東洋学園大学紀要』2005年３月、p206－207参照）。

[24]「国民生活の必需品である生鮮食料品等を安定的かつ衛生的に提供する流通拠点」として機能している。また、災害時に物流拠点として国民生活を支える機能も有している。

[25]「日々生産される農水産物等を受け入れ、せり等による需要と供給に応じた適正な価格形成を行ったうえで、様々な分野に分荷・販売し、その代金を生産者へ短期間で確実に還元」している。

[26]「小売業者や飲食業者といった実需者が、多種多様な農水産物等をいつでも効率的に購入できる場」として機能している。

[27] 漫画本ではありますが、仔鹿リナ『八百森のエリー　１～４』講談社、2018年、をご覧頂けると、主人公が勤務する青果仲卸を中心とした卸売市場について理解が深まります。

第２章　卸売市場と食品流通の現状

卸売市場を含む食品流通全体の動きは、資料Ｉ―３の通りである。

卸売市場数・卸売業者数は、中央卸売市場、地方卸売市場ともに減少している。（資料Ｉ―４、Ｉ―５参照）

卸売市場における取扱金額は、平成初期にピークを迎え、その後、市場外流通の増加等の影響による取扱数量の減少等により総じて減少傾向で推移してきたが、青果、食肉の取扱金額が近年横ばいで推移しているため、合計でも横ばい傾向となっている。

卸売業者・仲卸業者の取扱金額等は、青果、水産等いずれの分野においても近年増加傾向で推移しているが、営業利益率をみると、食料品製造業や飲食料品卸売業と比べても低位の水準となっている。（資料Ｉ―６、Ｉ―７参照）

昭和50年代と平成20年代を比較すると、最終消費の形態における生鮮食料品の割合は、28.4％から16.3％に低下している。

卸売市場は、集荷・分荷、価格形成、代金決済等の機能を有するものである。昭和50年代は、卸売市場流通が支配的なシェアを有していたものの、現在は、市場取引のほか、産直取引、契約栽培、直売所、ネット通販など、多様な流通が行われており、また、市場取引の内容も実際に卸売市場に商品を持ち込まず（商物一致の例外）市場の代金決済のみを利用するものもあるなど、大きく変化してきている。（資料Ｉ―８、Ｉ―９参照）

卸売市場経由率は、青果が６割弱（国産青果では８割強）、水産物が５割強、花きが８割弱であるが、総じて低下傾向にある（ピーク時の３分の２程度）。（資料Ｉ―10、Ｉ―11、Ｉ―12、Ｉ―13、Ｉ―14参照）

食品流通においては、消費者ニーズの変化や人手不足、情報通信技術の発達等の変化を踏まえつつ、生産者の所得向上につながるよう、コスト削減や付加価値向上などの合理化の取組みを推進することが必要である。それに加えて、優越的地位の濫用や便乗値上げを防ぐ等、生産者、消費者双方の利益となるような公正な取引環境を確保していくことも必要である。（資料Ｉ―15参照）

食品の物流はトラックによる輸送が大宗を占めているが、トラック業界は深刻な人手不足に直面している。また、働き方改革が政府の重点施策となり[28]、

[28] 第196回通常国会で最大の懸案となった働き方改革法は平成30（2018）年６月29日に成立し、７月６日に「働き方改革を推進するための関係法律の整備に関する法律（平成30年法律

長時間労働の短縮等への対策が喫緊の課題となっている。食品の物流における、長距離輸送と出荷・荷降ろし待ちによる「長時間の拘束」、手積み・手降ろし等の「荷役作業」、品質管理、多頻度納入等の「運行管理」等が、ドライバーに大きな負担となっており、改善が求められている。（資料Ｉ―16参照）

流通分野においては様々な情報通信技術が導入されているが[29]、卸売市場をはじめとする生鮮食料品等流通分野においては情報通信技術の導入が遅れている。（資料Ｉ―17参照）

農産物流通の効率化を図るために、標準EDI[30]の導入を通じた商取引の電子

第71号）」が公布・一部施行された。

[29]「1999年は、我が国の情報化にとって大きな転機となった。契機は、インターネット対応携帯電話の普及であり、一般にNTT ドコモの「i　モード革命」に象徴される一連の変化である。この結果、携帯電話の普及は、そのままインターネットの普及につながり、インターネットの利便性に啓発された需要は、そのままパソコンの普及につながった。この生活面での変化は、通信及び情報活用に画期的な変化を引き起こし、導入費用や利用ノウハウが大きな制約となっていた業務分野や中小企業におけるパソコンやインターネット利用を急増させた。当時の急速な情報化の変化は、以下の指標にみることができる。

１）パソコン出荷台数の増加

1999年には、パソコンの国内出荷台数が初めてカラーテレビを超え、パソコンが家電並みになってきた。また、価格も安価になってきた。パソコンとTVの国内出荷台数の推移をみると1999年度にはパソコン本体994万台、カラーテレビ976万台であるが、2000年にはパソコン本体1,324万台、カラーテレビ987万台となった。

２）携帯電話利用者の増加

移動系通信（携帯電話＋PHS）の加入数合計が加入電話の加入数を初めて上回った。携帯電話と固定電話加入者数の推移をみると、1999年度末には、移動系通信加入数合計5,685万件加入、固定系通信加入電話加入数5,555万件加入であるが、2000年10月末には、移動系通信加入数合計6,218万件加入、固定系通信加入数合計6,220万件加入（2000年10月末速報値）となった。（中略）

５）インターネットの普及

インターネットの普及率は、急速に高まり運輸業においても1999年調査で27.5%に達した。（中略）

６）インターネット経由の商取引の増加

インターネット経由の商取引も急増し始めた。（中略）

７）トラック事業者のウェブサイトの動向

この頃からトラック事業者のウェブサイトも増加した。（中略）

このような情報通信システムの急速な普及にともなって、社内・社外の多くの業務分野における情報通信システムの活用が行われるようになった。」（吉本隆一「物流EDI施策の展開と今後の課題」『国土交通政策研究　第96号』国土交通省国土交通政策研究所、2011年、p99－102、参照。）

[30]「EDI : Electronic Data Interchange」とは、標準化された受発注等の電子データの交換のこと。

化による商流の効率化、RFID[31]等の電子タグやトラック予約受付システム等の情報通信技術（ICT：Information and Communication Technology）の導入等による物流の効率化を推進している。（資料Ⅰ―18参照）

近年では、食品に対して、価格だけではなく、品質（鮮度等）、国産品志向、安全性、生産者情報など、消費者の要求は多様化している。

コールドチェーン[32]については、産地から店舗まで一貫したコールドチェーンが構築されている取組みも存在する一方で、卸売市場での整備割合は低い状況にとどまっている。

我が国においても、厚生労働省は、製造・加工、調理販売等の全ての食品等事業者を対象にHACCP[33]による衛生管理の義務化を検討し、食品衛生法を改正した（「食品衛生法等の一部を改正する法律」（平成30年6月13日法律第46号）公布）。EU、米国では全ての食品にHACCPに基づく衛生管理が義務付けられているため、我が国から輸出をする際には、それぞれの国と合意した条件に基づく施設認定等が必要となっている。（資料Ⅰ―19参照）

単身世帯や高齢者世帯、共働き世帯の増加に伴い、家庭内での調理にかけられる労力や時間が減少している。単身世帯数の割合が増加する中、弁当、総菜などの中食[34]や外食、加工食品等のニーズが高まるとともに、小分け・少量化

---

[31]「RFID：Radio Frequency Identifier」とは、ID情報を埋め込んだタグから、電磁界や電波等を用いた近距離の無線通信によって情報をやり取りする技術のこと。

[32]「生鮮食品等を生産・輸送・消費の過程で途切れることなく低温に保つ物流方式」のことで、コールドチェーンの整備・普及によって、生鮮食料品等の広域流通や長期間の保存が可能となった。

[33]「ハサップ（HACCP：Hazard Analysis and Critical Control Point）」とは、食品等事業者自らが食中毒菌汚染や異物混入等の危害要因（ハザード）を把握した上で、原材料の入荷から製品の出荷に至る全工程の中で、それらの危害要因を除去又は低減させるために特に重要な工程を管理し、製品の安全性を確保しようする衛生管理の手法のこと。

この手法は　国連の国連食糧農業機関（FAO）と世界保健機関（WHO）の合同機関である食品規格（コーデックス）委員会（Codex Alimentarius Commission）から発表され、各国にその採用を推奨している国際的に認められたものである。

「食品衛生法（昭和22年12月24日法律第233号）」第13条で「総合衛生管理製造過程」と規定されているが、食品を製造する工程で安全性を確保する管理手法である。

[34]「中食（なかしょく）」とは、レストラン等へ出かけて食事をする「外食（がいしょく）」と、家庭内で手づくり料理を食べる「内食（うちしょく）」の中間にあって、市販の弁当や総菜、家庭外で調理・加工された食品を家庭や職場・学校等で、そのまま（調理加熱することなく）食べること。これら食品（日持ちしない食品）の総称としても用いられる（農林水産省『平成29年版　食料・農業・農村白書』平成29年、p257）。

デパートが食料品売り場を設置したのは、昭和11（1936）年の松坂屋名古屋店が最初であ

への対応も必要となってきている。（資料Ⅰ—20参照）

食品のうち特に生鮮食料品や日配食品[35]については、保存性が低く、日持ちがしないという特性が存在する。取引上、売り手の立場が弱くなる傾向があり、量販店からの不当な協賛金やセンターフィー負担の要求、従業員派遣の要請、買いたたき等もみられている。農林水産省では、日配食品で特売の対象となりやすい豆腐について取引実態を調査し、関係法令に抵触するおそれのある取引事例が報告されたことから、平成29（2017）年３月に「食品製造業・小売業の適正取引推進ガイドライン～豆腐・油揚製造業～」を策定し、牛乳・乳製品など他品目についても、平成30年（2018）年３月に食品製造業・小売業の適性取引推進ガイドライン「牛乳・乳製品製造業の適性取引推進ガイドライン」が策定された。（資料Ⅰ—21参照）

中央卸売市場の数は、昭和55年度から約30％減少した。今後、人口減少社会を迎える中で、中央卸売市場の増設の必要性は低下している。また、地方卸売市場への転換が進んでいる状況となっている。

せり・入札の割合も、青果で10.6％、水産で17.1％まで低下している。

卸売業者が減少しているにもかかわらず、青果と水産の卸売業者の営業利益率は向上していない。（資料Ⅰ—22参照）

国内最終消費における加工食品の割合が上昇し、生鮮食料品等の割合は減少

ると言われている。総菜屋は以前から街中に存在していたが、平成12（2000）年に東急百貨店東横店が「東急フードショー」を開業して、充実したデパ地下（一般的にはデパートの地下に位置する食料品売り場）が仕事帰りの方々の人気を博し、話題になった。それ以降、各デパートやスーパー等が家庭に手軽に持ち帰ることのできる（半）加工食品に力を入れるようになり、「中食」という言葉が人口に膾炙するようになった。

「日本惣菜協会（東京・千代田）が発表した2017年の中食の市場規模は、前年比2.2％増の10兆555億円となり、初めて10兆円の大台を超えた。「医薬品」や「織物・衣服」の規模に迫る。市場をけん引するのはコンビニエンスストアだ。

日本政策金融公庫の調査では、４割の人が週に２日以上は市販の弁当やおかずなどの中食を購入していることが分った。15年前の調査（2003年実施）と比べると、１割増えた。公庫は、食に簡便性を求める消費者の志向は高まり、今後も中食の需要は増えると予想している。」（日本経済新聞2018年（平成30年）12月15日、朝刊11面。）

[35] 日配食品（日配品、デイリ－フーズ、デイリ－食品（英語では、dairy products、dairy foods で酪農製品を指すが、日本では乳製品以外も含んでいる））とは、「毎日店舗に配送される食品」のことで、具体的には、牛乳、乳製品、チルド飲料、豆腐類、漬物、練物（蒲鉾、さつま揚げ）等を指す。青果、鮮魚等の生鮮食料品は含まず、メーカーによって生産され、冷蔵が必要で、あまり日持ちがしない、食品を指している。賞味期限が短いため、閉店時間が近づくと値下げされて販売されることが多い。

している。

平成16（2004）年の卸売市場法改正により、中央卸売市場から地方卸売市場への転換に関する規定が措置されたが、それ以降、合計31の中央卸売市場が、比較的規制が緩やかで柔軟な取引を行うことが可能な地方卸売市場に転換している。（資料Ⅰ―23参照）

中央卸売市場においては、せり原則を廃止し（平成11（1999）年卸売市場法改正）、品目ごとに予め定めた売買取引の方法によらなければならない旨規定しているが、これは開設者の判断で、せり・入札によることが適当であるものは、せり・入札によらせるためのものである。

各品目ごとに売買取引の方法を見てみると、量販店等の開店時間に間に合うよう出荷する必要がある、青果、水産、花きで相対取引が拡大している。市場外流通も含めた場合のせり・入札の割合は、青果、水産、食肉で10％程度にとどまっている。（資料Ⅰ―24参照）

中央卸売市場においては、卸売業者に対し、出荷者、仲卸業者、売買参加者への差別的な取扱い及び受託拒否を禁止している（ただし例外規定あり）。他方、地方卸売市場においては、差別的な取扱いは禁止しているが、卸売市場法制定時から受託拒否の禁止については法律で規制を規定していない。（資料Ⅰ―25参照）

中央卸売市場の代金決済は、業務規程で定める支払期日や支払方法等のルールに従って行うこととされており、卸売業者は、取扱高等に応じた保証金を開設者に預託しなければならないとされている。

市場取引の内容は、実際に卸売市場に商品を持ち込まず（商物一致の例外）市場の代金決済のみを利用するものもあるなど、大きく変化してきている。（資料Ⅰ―26参照）

中央卸売市場においては、取引規制として、卸売の相手方としての買受けの禁止、第三者販売の禁止、販売の委託の引受けの禁止、直荷引きの原則禁止、商物一致の原則があるが、第三者販売の禁止、直荷引きの原則禁止、商物一致の原則については、例外規定が活用されており、第三者販売や直荷引きの割合が増加傾向にあるほか、商物分離取引も多く行われている。

・　卸売の相手方としての買受けの禁止とは、卸売業者は卸売の相手方として生鮮食料品等を買い受けてはならないとするもの。
・　第三者販売の原則禁止とは、卸売業者は、原則、仲卸業者及び売買参加者以外の者に対して卸売をしてはならないとするもの。

・　販売の委託の引受けの禁止とは、仲卸業者は生鮮食料品等について販売の委託を引き受けてはならないとするもの。
・　直荷引きの原則禁止とは、仲卸業者は、原則、生鮮食料品等を市場内の卸売業者以外の者から買い入れて販売してはならないとするもの。
・　商物一致の原則とは、原則、市場内の生鮮食料品等以外の生鮮食料品等の卸売をしてはならないとするもの。（資料Ⅰ―27参照）

第3章　規制改革推進会議

卸売市場法の見直しを含む、生産者が有利で安定取引を行うことができる流通・加工構造の確立については、内閣総理大臣を本部長とする閣僚級の会合である農林水産業・地域の活力創造本部が平成27（2015）年11月に決定した「総合的なTPP関連政策大綱」において検討を行うことが位置付けられ、具体的な検討の進め方については、翌28（2016）年１月に開催された同本部において、生産資材及び流通・加工関係については、他の産業との関わりが深いことから、産業競争力会議[36]及び規制改革推進会議[37]において検討を進めることとされた。

平成28（2016）年１月

「総合的なTPP関連政策大綱」（平成27（2015）年11月）に基づき、農林水産業・地域の活力創造本部において、「生産資材価格形成の仕組みの見直し、生産者が有利な条件で安定取引を行うことができる流通・加工の業界構造の確立」（以下「生産資材・流通加工」）について産業競争力会議及び規制改革推進会議が検討し、秋を目途に取りまとめる旨決定した。

同年２月～４月

上記を受け、産業競争力会議及び規制改革推進会議の合同会合において、生産資材・流通加工の関係者ヒアリングを実施した（卸売市場も検討項目の一つ）。

同年６月

規制改革実施計画[38]において、生産資材・流通加工に係る取り組み[39]については、農林水産省を中心に検討を進め、秋までに具体的施策について結論を得る旨、閣議決定された。

---

36 産業競争力会議とは、内閣総理大臣を本部長とする日本経済再生本部の下に設置された会議体であり、内閣総理大臣を議長とし、関係する国務大臣と民間有識者で構成されている。

37 規制改革推進会議とは、内閣総理大臣の諮問に応じ、経済社会の構造改革を進める上で必要な規制の在り方の改革について調査審議する内閣府の諮問会議であり、民間有識者が委員となって構成されている。

38 規制改革実施計画とは、内閣総理大臣の諮問に対する規制改革推進会議の答申を踏まえ、改革に着手し、期限を定めて着実に実行していくため、閣議において決定されるものである。

39 生産資材・流通加工に関する取り組みは、他の産業との関わりも深いことから、産業競争力会議、規制改革推進会議で検討されることとされ、合同会議が開催されることとなった。

同年９月

未来投資会議[40]及び規制改革推進会議の合同会合にて、農林水産省より、生産資材・流通加工に関する検討の一環として、卸売市場を巡る現状・課題・論点を聴取した。

同年10月６日

未来投資会議及び規制改革推進会議による生産資材・流通加工に関する意見がとりまとめられ、卸売市場法という時代遅れの規制は廃止するとされた。

「卸売市場については、食料不足時代の公平分配機能の必要性が小さくなっており、種々のタイプが存在する物流拠点の一つとなっている。現在の食料需給・消費の実態等を踏まえて、より自由かつ最適に業務を行えるようにする観点から、抜本的に見直し、卸売市場法という特別の法制度に基づく時代遅れの規制は廃止する。」（資料Ⅰ—28参照）

同年11月29日

農林水産業・地域の活力創造本部[41]において「農業競争力強化プログラム」が決定され、卸売市場法を抜本的に見直し、合理的理由のない規制は廃止するとされた。

「２　生産者が有利な条件で安定取引を行うことができる流通・加工の業界構造の確立

⑤特に、卸売市場については、経済社会情勢の変化を踏まえて、卸売市場法を抜本的に見直し、合理的理由のなくなっている規制は廃止する。」（資料Ⅰ—29参照）

---

[40] 将来の経済成長に資する分野における投資を官民が連携して進め、未来への投資の拡大に向けた成長戦略と構造改革の加速化を図るための司令塔として開催される会議。内閣総理大臣を議長とし、関係する国務大臣や民間有識者が参加している。産業競争力会議と未来投資に向けた官民対話を統合し、平成28（2016）年９月に設置された。

[41] 農林水産業・地域の活力創造本部とは、農林水産業・地域が将来にわたって国の活力の源となり、持続的に発展するための方策を幅広く検討を進めるために、内閣に設置された。内閣総理大臣を本部長、内閣官房長官、農林水産大臣を副本部長とし、関係閣僚が参加している。

第４章　市場関係者の懸念

１．後藤理事長、池本会長の危機意識

毎年、神戸市中央卸売市場（本場[42]）の初せりに招待されて伺うのであるが、平成29（2017）年１月５日（木）の神戸中央青果卸売協同組合の後藤武司理事長のご挨拶は、下記の通り、例年以上に気迫がこもったものであった。

年頭所感

新年あけましておめでとうございます。

皆様におかれましては、ご健勝のうちに新しい年をお迎えのことと心よりお慶び申し上げます。

昭和２年に京都で初めて中央卸売市場が設立され、本年で90年になります。

過去90年卸売流通機構は日本の生産者、消費者の為に立派に公的使命を全うしてきました。

これから90年卸売流通機構を存続するには大変な努力が必要です。

それには新たに中央卸売市場の機能を発掘し、社会に役に立つ役割を我々自身が構築しなければなりません。学者、評論家、官僚に任さず現場で日夜働いている我々自身が新たな社会に役立つ機能を見つけ出さねばなりません。

世界の現状、英国のEU離脱、アメリカの大統領もトランプ氏が就任し世界も大きく変わろうとしています。

東京の豊洲市場の移転問題も毎日マスコミに報道されています。

そして中央卸売市場の無用論が水面下で動いています。我々の知らないところで大きく、劇的に中央卸売市場の存在感が無くなりつつあります。

私達はそのような動きを注視し、それに対する対策も立てていかなければ、我々の知らないうちに法律が改正され、一遍の発言もなく法律が成立し、施行される事態になって慌てる事が無いようにしなければなりません。

中央市場の存在の危機的な状態にもかかわらず。東京の日本最大の大田市場で日本一の卸と仲卸の訴訟問題が持ち上がっていますが、内々で争う事で

[42]「本場」とは、神戸市中央卸売市場東部市場や神戸市中央卸売市場西部市場と対比して、神戸市中央卸売市場のことを「本場（ほんじょう）」と呼んでいる。

はない事態です。

中央卸売市場の卸、仲卸が自分達の組織の為に建設的に、活発に議論しなければなりません。互いに切磋琢磨し、自分達の利益でなく社会的貢献をすれば社会にも評価していただける。裁判で争う事ではない。

卸と仲卸が協力し、時代に合う取引条件を結ばなければなりません。対等な関係でどちらが主でどちらが従の関係であってはならない。

中央卸売市場は卸と仲卸が協力することによって90年の歴史を続けてきました。互いに協力することによって、その中央卸売市場は発展すると思います。

神戸市中央卸売市場は過去の不平等な取引条件を互いに真摯に協議をするなかで、対等でかつ強力な信頼関係ができ、現在、開設者、卸、仲卸の三位一体の関係は、開設以来最高に緊密な関係が構築されております。

それに加え、神戸市議会、兵庫県議会、神戸市選出の３人の代議士、２人の参議院の政治家の皆さん方、神戸市長のご協力をいただき神戸市中央卸売市場の神戸市における存在感が圧倒的に高まりました。

弱い者は互いに手を繋ぎ、数の力により社会に耳を向けていただく、神戸で成功した事例です。

全国の中央卸売市場、各市場で存在感を高めて、中央で全中、全青卸連の両組織の顧問である平代議士に結集し、中央卸売市場の存在感を高める為、全中央卸売市場は今こそ覚醒し、立ち上がる時期だと思います。

仲卸は厳しい現実を直視し、たえず創意工夫し、未来に向かって勇気と高い志を持つことが大切だと思い、皆さんと一緒に頑張っていきます。

最後になりましたが、皆様方のご健勝と益々のご繁栄を心よりお祈り申し上げます。

平成29年元旦

神戸中央青果卸売協同組合

理事長　後藤武司

しかし、この時点では筆者は事態の深刻さに気付いていなかった。後藤理事長からは、「これは、京都の池本はんからのもんやけど、見といて欲しい。」と、お土産に資料を頂戴した。それは、以下の通りであった。

「総合的なTPP関連政策大綱に基づく生産者の所得向上につながる生産資材価格形成の仕組みの見直し及び生産者が有利な条件で安定取引を行うこ

とができる流通・加工の業界構造の確立に向けた施策の具体化の方向」（卸売市場改革について）

○　先月、政府の規制改革推進会議農業WGが取りまとめた意見書（「生産資材と加工・流通問題に関する諸問題に対する施策の方向性」）[43]が大きな反響・反発を呼んでいる。農協改革の提言といわれているが、中間流通にも言及していることから、それについて私も一言申し上げておかなければならない。

○　意見書には、「農業者の所得向上を目指すとともに、生産者と消費者の双方にメリットのある食品流通のあり方を検討する」とあり、この考え方には同意できる。

しかしながら、「施策の具体的方向」として示されている項目のうち、中間流通に対する認識については、実情から大きくかけ離れていると言わざるを得ない。特に卸売市場については、その機能・役割を十分に理解した上での提言とは言い難い。

○　卸売市場制度の法的な根拠は「卸売市場法」であるが、意見書ではこれを「時代遅れの規制」と断じ、「廃止する」としている。

確かに、卸売市場法の規定の中に、技術の進歩などに伴う取引の変化に追い付けていない部分があることは事実である。

しかしながら、規制を撤廃しさえすれば、生産者と消費者の利益が拡大するという考えは大きな誤りであり、かえって両者に不利益をもたらすことになるのではないかと危惧する。

○　生鮮食料品の特性（「保存が利きにくい」「自然環境によって生産量や品質が変動する」など）からすると、拠点に集めて、品質を確認して値決めし、分荷する卸売市場の仕組みがあるからこそ、生産者は安心して生産・出荷できるし、消費者も様々な種類の安全・安心な生鮮食料品を適正な価格で入手できるのである。卸売市場は、現在においても、生産者と消費者の双方にとってメリットのある生鮮食料品の流通システムとして機能しており、決して「時代遅れ」の仕組ではない。

○　卸売市場の必要性が薄れている一例として、「市場経由率の低下」が引

[43] 平成28（2016）年10月６日の未来投資会議及び規制改革推進会議による生産資材・流通加工に関する意見とりまとめで、「卸売市場法という特別の法制度に基づく時代遅れの規制は廃止する。」と記載された。（資料Ⅰ―28参照）

き合いに出される。

近年、産直販売、直売所、ネット販売等、生鮮食料品流通の多様化が進み、卸売市場経由率が低下している。これは事実である。

しかしながら、直近のデータをみても、水産物の54％、青果物の60％（国産青果物の86％）は卸売市場を経由している。生産者は卸売市場に出荷することを義務付けされている訳ではないにもかかわらず、である。

卸売市場の創設から90年、今なお、水産・青果物の１／２以上がこの仕組に乗っている。このことは、生鮮食料品流通においては、現在においても卸売市場が経済的な合理性を持ち続けていることの証拠といえる。

○　価格形成機能が失われているとの意見もある。確かに、せり売りの比率は低下しているが、無くなったわけでは決してない。また、市場外の取引においては、中央卸売市場の開設者・卸売業者が公表する「事前の卸売予定数量及び事後の卸売数量・価格」を参考に値決め等が行われているのが実情である。

なお、これらのデータを長期的に集計することにより、生鮮食料品等の生産・販売数量、価格の動向が明確になることから、生産者の生産計画や小売店の販売計画等の資料としても活用されている。

○　また、産直販売やネット販売が、「新しいビジネス」としてもてはやされている。結構なことである。しかしながら、道の駅などの直販店も、顧客の「品揃え」の要望に応えるため、或いは欠品のリスクを回避するために卸売市場から調達しているし、ネット販売等においても、「生産者の顔」が見えたとしても、卸売市場のように衛生関係の専門の職員を常駐させて検査している事業者がどれだけいるか、疑問である。

卸売市場は単なる物流拠点ではない。その施設・設備ともに長い年月を経て定着した食料品流通システムであり、地域にとって大切な社会的インフラなのである。また、大規模災害時には、地域の人々の命をつなぐ食材を調達し、供給する拠点になる施設でもある。

○　このような卸売市場の機能を直視せず、近年の市場外流通の増加傾向を取り上げて、役割を終えたとする見方は明らかに誤りであるし、直販やネット販売等の新しいビジネスについても、卸売市場が制約になっているのではなく、その仕組を補完的に活用することで成り立っているといっても過言ではない。

○　私は、卸売市場は生鮮食料品流通の土台であると考えている。今、検討されるべきは、卸売市場の「機能強化」であり、その方向に向けての「制度の見直し」や「改革」である。「規制」や「制約」も維持すべきものは残す必要がある。

要は、一面的・短絡的な視点を排し、生産者・消費者にとっての真の利益は何かという観点、そして持続可能な地方を創生するために必要なことは何かという観点から議論を進めていただくことである。

そのことを切にお願いする次第である。

「卸売市場の抜本的見直しに対する確認事項（案）」

（総論）

①　「卸売市場不要論」ではないのか。

・昨年秋以降の議論の進め方に対して、関係者の間には不信感・不安感が広がってしまっている。

・現場のことをよく知らない者が、「思いつき」や「思い込み」で、表層的、一面的な意見を述べたのも問題だが、それが方針として表明されたのは重大なことと受け止めている。

・また、農林水産省の作成した資料の中に、中間流通がなければ生産者も消費者も得をするかのような印象を与えるものがある。このような資料を公表することは、農林水産省自体が「その方向に世論を誘導しようとしている」と受け取られる。

・市場を通すことを強制されているわけではないにもかかわらず、現在も農水産物の５割以上が市場経由で流通している。このことは、卸売市場の仕組に経済的な合理性があることの証拠である。

・市場外流通が増加傾向にあるとはいえ、ベースの部分は卸売市場が担っていることは間違いない。

・基本的な考え方として、「卸売市場不要論」ではないことを改めて確認したい。

②　「制度見直し」は、市場機能を維持・強化する方向で進めていただいているのか。

・改めるところは改めればよい。しかし、その目的・方向性、到達点は明確にすべきである。市場取引の将来像をどのようなものと想定しているのか。

・卸売市場は、単なる物流拠点ではなく、生産者の生産・出荷の安心を確保するとともに、消費者の利益にも資する社会的なインフラであって、現在においても、その施設とともに地域における生鮮食料品流通のベースを支えている。

・その本質は、「開かれた取引の場」であることと、「関係者が納得する価格形成の場」であること。そしてそれらは、卸・仲卸があって成り立つものである。

・「卸売市場不要論」ではないというならば、見直しに当っては、まず、卸・仲卸の役割を改めて明確にし、そのうえで、各々の機能の向上とともに、卸・仲卸の連携強化の仕組を検討してもらいたい。

③　卸売市場の社会的な役割を認識していただいているのか。

・卸売市場は生産者にも消費者にもメリットのある仕組である。

・また、「食生活の豊かさ」や「地域の食文化」を支えているし、大規模災害時の食料調達・供給拠点としても位置付けられている。

・さらに、市場内事業者と従業員、周辺の加工・配送等の関連企業の関係者などを含めると、数千人規模の雇用を支えている。

・このように卸売市場は、地域社会に定着した食材流通の基幹的なシステムであるとともに、地域の経済や雇用にも深く関わっている。これは、国を挙げて進める「地方創生」の重要なツールになり得るものである。

（各論）

④　「規制緩和ありき」ではないのか。

・前回の法改正を含め、制度は見直されてきた。取引上の規制は、現状でも相当緩和されている。実際の活動の中で、どの規制が、どのような「足枷」になっていると考えているのか。

・「『受託拒否の禁止』と『決済の確保』以外は廃止する」という方向と聞くが、そのような考え方か。

・「商物一致」「第三者販売・直荷引きの原則禁止」については、現状でも相当緩和されている。具体的にどのような不都合が生じていると認識しているか。

・「商物一致」の規制がなくなった場合、開設者が商品を検査する術がなくなる。その場合に、「市場経由」の商品の安全性をどのように担保すればよいのか。

平成28年11月

京都市中央卸売市場協会　会長
京都全魚類卸協同組合　理事長
池本　周三[44]

誠に申し訳ないことであるが、池本会長がおっしゃっておられる卸売市場を取り巻く状況について、当時の筆者には全く理解ができていなかった。

平成29（2017）年３月19日（日）に神戸中央青果卸売協同組合の後藤武司理事長の黄綬褒章受章祝賀会が盛大に開催された。その数日後、後藤武司理事長から電話があり、「ちょっと会いたいんやけど、市場に来てもらえんやろか？」と言われた。しかし、当時、筆者は法務副大臣であったため、週末であっても在京当番[45]のために思うように選挙区に戻ることができなかった。筆者は、「理事長、なかなか選挙区に戻ることができないので、電話でお願いできませんか？」と答えた。すると、後藤理事長からは、「卸売市場が大変なことになるんや。先生、しっかり対応して、この事態を打開して欲しいんや。」と言われ、「何のことですか？」と聞き返した。当時、筆者はテロ等準備罪[46]の国会審議に追われていたため[47]、直ちに対応ができなかったのであるが、さらに、

---

[44] 残念ながら、平成30（2018）年５月26日に82歳でご逝去された。

[45] 地震や災害その他の緊急時には、内閣では必要に応じて、急遽官邸に関係閣僚他が集まって対応を行う。しかし、大臣は公務等で東京を離れることがあり、その場合には副大臣又は大臣政務官が代理出席をすることになる。そのため、大臣が不在の場合には、副大臣又は大臣政務官は在京しなければならない（官邸に一定時間以内に集合することが可能な場所にいなければならない（東京といっても三多摩郡や伊豆大島では不可））。法務省は政務三役の人数が一番少ない役所で、大臣１人、副大臣１人、大臣政務官１人であるので、大臣がご不在の場合には、筆者又は大臣政務官のどちらかが在京当番として東京の都心にいる必要があり、週末といえども自由に選挙区に戻ることはできなかった。

[46] テロ等準備罪の法案については与野党が対決したため、長期間にわたって審議が行われた。第193回通常国会は平成29（2017）年１月20日に召集されたが、その直後の同月23日の衆議院本会議における代表質問から、法案が国会に提出されていないにもかかわらず質疑が開始され、同月26日からは衆議院予算委員会で質疑が行われるようになった。法案が国会に提出されたのは３月21日であり、４月６日には衆議院本会議で趣旨説明・質疑がなされ、同月14日から衆議院法務委員会で本格的に法案質疑が開始された。５月23日に衆議院本会議で可決されて参議院に送付され、同月29日に参議院本会議で趣旨説明・質疑がなされ、翌30日から参議院法務委員会で質疑が開始され、同国会会期末の６月15日に参議院本会議で可決・成立した。第193回通常国会の150日の会期の殆ど最初から最後まで、テロ等準備罪の審議に追われていたのである。

[47] 国会でテロ等準備罪が審議される日には、一般的には、６時から大臣室で国会答弁の大臣への説明（「大臣レク」と呼ばれる。）を行い、８時からの閣議がある火曜日と金曜日には大臣は７時45分に法務省を出発されるので、その５分前くらいまで打合せを行い、閣議がない

神戸市東部卸売市場の神戸東部青果卸売協同組合の後藤博行理事長からも、「我々仲卸の商売が難しくなってきている。卸売市場のあり方について、開設者（神戸市）にも話をしているのだが、よく分かってくれない。手を貸して欲しい。」と、電話が入った。また、神戸市東部卸売市場の神戸市東部水産物卸売協同組合の村上義国理事長からも、「大手スーパーにおされて、我々の商売は厳しい。消費者は小売店で魚を買わなくなってきている。出刃包丁を持たない家が多いから、刺身と切り身のような限られた商品しか買わなくなってきている。困ったもんです。」と、かねてより伺っていた。

国土交通、法務、環境を中心に活動してきた筆者は農林水産の分野には明るくなかったので、農林水産省食料産業局食品流通課の武田裕紀卸売市場室長から４月26日（水）15時から卸売市場を取り巻く課題について説明を受けた。

神戸市の清水義一経済観光局中央卸売市場運営本部長他とも卸売市場について、開設者として感じている課題やその解決の可能性等について、打ち合わせを行ったが、衆議院法務委員会でのテロ等準備罪の審議が山場を迎えており、じっくりと取り組む状況ではなかった。

５月中旬に、神戸中央青果卸売協同組合の後藤理事長から電話を頂戴し、ファックスで資料を頂戴して、農林水産省や神戸市とのやり取りについてご相談を受けたが、テロ等準備罪の法案が５月23日に衆議院本会議で可決されたものの、その後は参議院に舞台を移して厳しい審議をしていたため、筆者には卸売市場に関わるゆとりがなかった。第193回国会会期末（６月18日（日））ギリギリ[48]の６月14日（水）の夜には参議院で金田法務大臣の問責決議案を否決し、次いで山本順三参議院・議院運営委員長の解任決議案、内閣不信任案も否決した。その後、テロ等準備罪について中間報告がなされ、翌15日（木）午前７時46分に参議院本会議で可決されて、テロ等準備罪を成立させることができた[49]。夜なべ国会でふらふらになったが、与野党対決の法案を成立させること

日には８時30分頃まで打合せを行う。９時からの委員会に大臣と共に出席し、昼休みには朝の大臣レクで目を通すことができなかった答弁の打合せ等を行い、13時から16時乃至17時頃迄午後の委員会に出席していた。質問数が多かったりすると、打ち合わせの時間を早めるのであるが、テロ等準備罪の場合には、一番早いケースでは５時から大臣室で大臣レクを開始した（その前年の刑事訴訟法の改正の場合には４時から大臣レクを開始したこともあった）。このような状況であったため、法案審議中には他のことを考えるゆとりが殆どなかった。

[48] 会期末は形式的には６月18日（日）であるが、実質的には16日（金）が会期末であるので、15日（木）の採決は実質的な会期末の１日前にギリギリで採決したのである。

[49] ６月13日（火）15時26分に参議院で金田法務大臣の問責決議案が、翌14日（水）16時27分に山本順三参議院・議院運営委員長の解任決議案が提出され、18時21分に開会された参議院

ができてホッとした。長い一日であった。

2．規制改革実施計画

このように、筆者がテロ等準備罪の成立に追われていた平成29（2017）年6月9日に規制改革実施計画が閣議決定され、卸売市場については、引き続き同年末までに検討し、結論を得ることとされたのであるが、筆者はその動きを全く了知していなかった。

> Ⅱ　分野別実施事項
> 　2．農林水産分野
> 　　⑵　個別実施事項
> 　　　①　生産資材価格の引下げ、生産者に有利な流通・加工構造の確立
> 　　　　№２　農業生産資材及び農産物流通に関する規制の総点検
> 　　　　　c：特に卸売市場については、経済社会情勢の変化を踏まえて、卸売市場法（昭和46年法律第35号）を抜本的に見直し、合理的理由のなくなっている規制は廃止すべく、平成29年末までに具体的結論を得て、所要の法令、運用等を改める。
> 　　　　実施時期：平成29年検討・結論　　　　　（資料Ⅰ—30参照）

そのような中であったが、6月12日（月）午前10時30分から神戸市東部卸売市場で、卸売市場をめぐる現状と課題について、神戸東部青果卸売協同組合で後藤博行理事長その他の役員の皆様と打ち合わせを行い、神戸市東部水産物卸売協同組合でも村上義国理事長その他の役員の皆様と打ち合わせを行って、上京した。直ちに、武田卸売市場室長と神戸市に、神戸市東部卸売市場の仲卸の

本会議で討論後、先ず、20時01分に金田法務大臣の問責決議案が否決された。同決議案否決後、テロ等準備罪について委員会での審議を打ち切り参議院本会議で審議・採決するよう求めるため、参議院本会議に中間報告の動議が提出された。21時42分に山本議院運営委員長の解任決議案は否決されたが、その直前の21時33分に野党は衆議院に内閣不信任案を提出したため、23時32分から衆議院本会議が開かれた。会議を延会する手続きをとって、6月15日（木）1時58分に内閣不信任決議案を衆議院本会議で否決した。その後、2時31分に開会された参議院本会議でテロ等準備罪について秋野公造参議院法務委員長より中間報告がなされ、各党代表からの討論後、記名採決に付され、7時46分に参議院本会議で可決され、テロ等準備罪が成立した。

皆様の悲鳴を電話で伝えた。

第193回国会の会期が終了（６月18日）し、やっと時間の自由がとれるようになった会期末の翌日である６月19日（月）には、16時に議員会館の筆者の部屋に武田卸売市場室長が来訪し、卸売市場の状況と卸売市場法の改正の動きについて説明を受けた。

３．仲卸の方の悲鳴

ところで、筆者の選挙区がある兵庫県では６月15日（木）に知事選挙が告示され、７月２日（日）[50]に投開票が行われ、現職の井戸敏三知事が５選を果たした。井戸知事は筆者の元上司でもあり[51]、筆者は関係者に井戸知事へのご支援をお願いしていた。投開票日の翌日である７月３日（月）にあちらこちらの関係者へお礼参りに伺った。14時に神戸市中央卸売市場に伺うと、神戸中央青果卸売協同組合の後藤理事長から、「丁度ええとこに来てくれた。まあそこに座って、仲卸がこんなに困っていることを聞いてもらいたい。先生に頑張ってもらわんと、仲卸みんなが死んでしまうんや！非常事態なんや！」と頭のテッペンから湯気を立てんばかりの勢いで機関銃のようにまくしたてられ、資料を渡された。その資料を拝見して驚いた。卸売市場を巡る現状と課題について、これ程明確で胸を打つ内容の資料に接するのは初めてであった。

その資料は、以下の通りであった。

「市場法改正案」・「農業競争力強化プログラム」の内容を知り、嫁として、母として思うこと。

[50] 同日には、東京都議会議員選挙が実施されたが、都民ファーストの会が第一党に躍進し、自民党は公明党と同議席の第二党となった。小池都知事の一挙手一投足に注目が集まるようになった。

[51] 筆者が運輸省航空局飛行場部環境整備課の補佐官であった昭和62（1987）年４月１日に、自治省から静岡県の総務部長に派遣されていた井戸敏三現兵庫県知事が、環境整備課長として運輸省に出向してこられた。課長と補佐官という直接の上司部下の関係となって、伊丹空港他の空港の環境対策に従事した。地域住民の方と空港周辺の騒音対策に従事したことは筆者とって大変良い経験になっている。なお、森友学園で話題になった土地は、伊丹空港の騒音対策のために運輸省航空局が買収した土地であり、森友問題は、筆者にとって他人事ではない問題である。

先日、近くの卸売市場が、身売りをしたと聞いてから、心がざわざわしていました。

そんな時に、今回読ませていただいた資料で、初めて「市場法改正法案」と「農業競争力強化プログラム」を知り、この身売りが、政府の言う「抜本的な合理化」の始まりであることがわかりました。

「卸売市場法の存在理由（伝言人　藤島廣二）」

「生鮮品は、誰もが生活するうえで日々必要であり、毎日あるいはごく短期間に繰り返し購入しなければならない。」

人が通常の生活を送るにあたって多種多様な生鮮品が必要です。昔からその数の多さで、野菜だけでも、扱う業者さんのことを「八百屋」といわれます。果物・海産物・花など合計すると「卸売市場法存在理由３」には「1,000種類以上」出荷者数まで加味すると数万種類以上になると書かれています。また消費者が潤沢に消費できる量を日本全国から入荷し、その品目・種類を瞬時に価格を決め購入する仲卸売業者（需給者）に届け、小売業者によって末端の消費者まで提供する。

最近、海外の人が日本の仕事をみて驚く番組がありますが、まさに海外にも誇れる「神業」のようなシステムだとおもいます。

平成28年10月６日の衝撃的提言

「国は、抜本的整理合理化の推進のため卸売市場法を廃止する」

「卸売市場の整理統合の推進、業種転換するなら出資等の資金援助をする」

「卸売市場は公平分配機能という公的役割が少なくなり、必要性が低下している」

なんという乱暴な内容でしょうか？

平成28年11月29日政府の方針決定

「農業競争力強化プログラム」＝卸売市場などをできるだけ通さないという姿勢

これは、私たち仲卸業者にとって死活問題です。

消費者と近いイメージの巨大企業になった大手小売業者（需要者）が、卸売業者・仲卸業者の代わりになりうるというのでしょうか？

まず、本来「市場がその日入荷した物の売価決定」のはずが、現物のない何週間も前にチラシの印刷作成の為に特売価格を決定しなければならない「大手小売業者」の価格と、チラシまでは作れない「小さな小売業者」「業務」の方との価格差の不公平があります。

そして、大手小売業者のこのチラシの価格こそが、農家生産者を苦しめている根源であることを農家生産者・国は理解しているのでしょうか。

現物がまだ無い、天候や作柄、産地の希望価格がわからないときに大手小売業者によって作られたチラシを見て、消費者は「適正価格」だと思い込み、チラシを作らず、市場価格で仕入れ販売する小売業者の価格を「利益取りすぎ」と間違った解釈をしてしまう。消費者はチラシ価格を適正価格と思い込み、比べて、より安いところへ集中する。＝産地の希望卸価格を下げなくては市場が買わなくなる＝産地が苦しむ。

（印刷会社のサービスとして、「例年この時期にこの品物がこの価格で掲載されています。」と、他の小売店の情報を提供し、チラシ作成をしている小売業者もあるそうです。）

そして、仲卸業者が困窮することの大きな理由。

大手小売業者のチラシ作成・実行のために、①卸売業者が産地から量を集め、②支払いの為にそれができる仲卸売業者へ売り、③大手小売業者に納入する。②から①への支払いは10日後、③から②への支払いは１ヶ月〜２ヶ月後。そのタイムラグ。その間に安価な物を大量に集めさせたにもかかわらず、クレームという形での返品。返品分は請求金額からひかれます。

私がお嫁に来た時に聞いた話があります。「お前も結婚してうちに来た。仲卸というのは、小売業者と結婚するみたいなものや。商売も良い時、悪い時がある。相場が高い時、小売屋が苦しい時にまけてあげて、相場が下がった時に儲けさせてもらう。長い目で見てトントンになれば十分成功や。買ってくれた品物を頑張って売ってくれると信じて、支払いを待つんや。信用が一番。」と。その頃は、まだ現在の巨大企業大手小売業者は、存在しなかった。仲卸への担当者もそうそう変わらなかったので、「今季損した分は来季お返し致します。」という約束が存在した。

しかし、大手小売業者がさらに大きくなるにつれて、担当者が１年に一度、半年に一度変わるようになり、相手のことを思ってしたことへの約束も引き継がれず、伝わらなくなってきて、そのうち、担当者の社名が変更したりして、いったい誰と結婚したのか。ただわかることは、「社名が変わる」ということは、競争に負けたものが、大きいものに飲み込まれ、さらに大きくなるということ。けれども、飲み込んで大きくなったものは、本当に盤石なものなのか？果たして価格競争のみで勝ってきたものに盤石不動など求められるのか？

また、この仲卸業者の我慢・努力があってこそ、大手小売業者の成長と消費者への低価格提供があるのに、政府は、仲卸業者を抱える卸業者へ業務転換を促している。現在、卸売市場整備基本方針の計画にのっとって、コールドチェーン化が進められています。卸売市場法改正の全容がわかるのは、第10次卸売市場整備基本方針を実施している平成31年度ころになるらしい。2年後です。その時に、このまま私たちの働く場所をより良くするための第11次卸売市場整備基本方針が残っているのか、それとも農業競争力強化プログラムの実施による変化が進み、全農が卸売業者・仲卸業者の代わりとなっているのか。その時、私たちはどうなっているのでしょうか？もし、全農が私達の代替になっているのなら、信じて結びついた私たちを裏切って政府に働きかけた大手小売業者が本当に盤石不動なものか常に監視しなければなりません。

今後、大手小売業者が、外国資本と合併・民事再生・倒産などになれば、生産者農家・消費者はどうなるのか？そうならないまでも、返品をどこにおしつけるのか？農業者を守るどころか、自分の身をどうやって守るのでしょうか。先日も、アメリカの東芝が日本における民事再生法を申請していました。あんなに大きな会社でも盤石ではないのです。日本の国民は、政府がすることを信じてついていくしかありません。その政府が卸売市場をなくして、産地と価格競争で勝って大きくなった大手小売業者を直接選ぶことを選択し、もしものことがあったら、国民はどうなるのでしょうか？そうなったときに初めて仲卸業者に守られていたと気づくのでしょうか。

日本の農業力強化とは？

困難なことや、よりよく変化するために、いろいろな場面で「強化」という言葉が出てきます。歯を食いしばって言われたことを、ただひたすらすれば良いと考えられていた時代がありました。新しいものに飛びつけば良いと考えていた時代もありました。

だけど、なにより「強化」させるのは、「夢を与えること」だと思います。

農業力を強化させるなら、子供たちに「日本の農業は素晴らしい。」と刷り込むことです。私は今でも、小学校３年生の時にテレビのニュースで市場に出すと運送代も出ないからと農家の方が泣きながら畑に丹精込めて作ったピーマンを埋めておられた場面をいまだに衝撃をもって思い出します。こんな放送を日本中に流しては、就農してくれません。現在の果物農家の大半は、自分の代で終わると思っています。それも高齢化が進みあと何年できるかも分からないくらいです。その農家に農業の未来がないんです。＝日本の農業の弱体化です。

例えば、季節的に余ってしまった、このような農作物を日々給食のために配送する義務教育の小学校へ供給したりできないでしょうか？先生方に教室で渡すときに、子供たちに夢を与える言葉を伝えてもらうのです。「ピーマンの美味しい季節になったので、農家の皆さんからプレゼントが届きました。」と。「子供の貧困」は、社会問題になっています。貧困者をピックアップするのは、差別を引き起こすことにもなりますが、これなら公平に届きます。ランドセルを背負った子供たちがビニール袋の野菜を持つのが当たり前になれば、素敵だと思います。市場で最低価格になったとしても、そのコスト・運送コストその他もろもろのコストがかかるでしょうが、子供の貧困を真剣に考えるなら、国が予算を出すべきです。（ガスも電気も水道も止まっている家庭が多くあるなら、果物は最適です。調理しなくても沢山の種類の栄養が取れるからです。）

それから、夢を実現に変えるためには、経験が必要です。社会人になるギリギリで農業に興味を持っても一か八かでは就農を選べません。国のPRの下、日本中の大学に農業体験アルバイトのあっせん窓口を置き、最長で４年間を通した農業体験をさせたらどうでしょうか？当然、植え付け作業時期や収穫作業時期などは人手不足の解消にもなるのではないでしょうか。

最後に、国が生産側だけでなく、販売側にもしなくてはならないことがあります。

それは、「日本のものは美味しいね。良いね。」を消費者に刷り込むことです。

昨今、果物の消費量の減少が進んでいるにもかかわらず、売り上げを伸ばしているバナナのドールや、キウイのゼスプリが１日のうち何回TVコマーシャルを流しているのか、出演料の高い俳優・女優を使って企業努力をしているか、を知って欲しいのです。○○県産の○○というのも大切ですが、県や市町村を飛び越えて、日本中の生産者・販売者全員で「日本のものは美味しいね。良いね。」の、飛び切り素晴らしいCMを作り、浸透させるために何度もTVやラジオで放送し、CMを見て日本人であることに誇りを持ち、いつか日本の農業に興味を持ってもらう活動をすればどうでしょうか。すぐに結果が出ることではありませんが、５年10年なんてあっという間です。そのCMを見て過ごす子供もあっという間に成長します。農業に自分の未来の夢を見る子を一人でも増やすことが本当の日本の農業の強化だと思います。

今回、私たち仲卸業者を取り巻く環境が激変するであろうことがわかりました。

ありがとうございました。

また、その後、以下の二つの文章も頂戴した。

食品流通の中での、私たち「仲卸の我慢・努力」

私たち仲卸のいう「消費先」というのは、一般家庭につながる大手量販店（大手スーパー）だけではなく、直接、中央卸売市場に日々買いにきてくれている小売店や飲食店など、そして、直接市場には買い付けに行く時間と人手のない飲食店・学校・病院・ホテル・老人ホーム等、生鮮食品を利用される多くの顧客からの注文を聞き、毎日、中央卸売市場中から細かく（リンゴ１個、モヤシ１袋から）集めて納める仕事の「業務さん」のことも指しています。これらの方は、毎日、新鮮な物を必要な量だけ市場から仕入れる仕事をしています。「沢山の消費先へ、必要な物を必要な量、販売することができること。」これが、仲卸の仕事と存在意義です。市場への入荷量に占める販売量の割合から見ると、大手スーパーへの割合がダントツに多いので、「中央卸売市場に集まる荷物＝その大半が大手スーパー向けだから中間業者は不要であるという誤解」が生まれたのではないかと思います。

しかし、大手スーパー以外の「消費先」の向こうには、多くの方の仕事場があるのです。その仕事場の先には、仕事場の何百倍ものお客様（一般消費者）がいらっしゃるのです。最近はホテルや飲食店が増加し、高齢化に伴って老人施設も増加しています。これらの多くの方々が毎日同じものを食べているわけではありません。

大手スーパーからの発注も、日々刻々と変わります。日々変化する注文に対応する仕事が「仲卸」です。瞬時のことは、ICTでは十分に対応することはできないのです。

大手スーパーも当初は「一小売店」でした。しかし、その後、低価格を前面に出したチラシ広告で消費者を集めるようになったことと大手スーパーの乱立によって、仲卸の「努力」という困難な状況が始まりました。

当社の主人は三代目です。仲卸を設立した創業者の時代には、スーパーはまだ無く、八百屋さんが一般消費者に販売することが普通でした。二代目に代わってから、スーパーが出現しはじめて、「スーパーと納品契約することは結婚すること。」のようなもので、仲卸はこぞって結婚していきました。しかし、焦って結婚したことによって、二代目の中期頃から、より大きくなったスーパーと婚姻した仲卸ほど倒産していくことが多くなりました。

支払いのタイムラグ・返品、それに加え、売り上げに対してのセンター費、協力費が要求されるようになりました。八百屋さんを相手にしていた頃には、いずれも不要であった経費が掛かるようになりました。結婚したことで売り上げが上がった分、仕入れ額も増加し、銀行等から多額の借り入れを行うようになり、もう、大手スーパーには逆らえない形になってしまいました。八百屋さんは店主さんとの商売ですが、大手スーパーはバイヤー（会社員）相手ですので人事異動でそれまでの努力は水の泡となってしまいます。

三代目の時代になると、そんなに大切に信じていた結婚相手が価格競争に負けて社名が変わっていきます。そうなる頃には「あそこと結婚したらつぶされる。」とみんな分かっています。しかも、契約したにもかかわらず、他市場から安いものがでたら、いきなり「浮気」もされます。その上、それによって余った商品を買い付けに来る激安スーパーも登場してきます。

一般消費者の方には「中間業者の仲卸を通しているから、価格が高くなり、それを買わされている。」と誤解されているかもしれませんが、反対に、仲卸が泣いているから現在の価格が安くなっていることを理解して頂きたいのです。安値ばかりをつけられるようになると、仕入れ量の少ない中小卸売市場には産地からの荷物が減ってきます。大きな卸売市場ばかりに荷物が集まるようになります。

そうなってしまうと、大手スーパー以外の「消費先」が困ります。地元に卸売市場があるのに、他の卸売市場に行かなくてはならなくなり、人件費・交通費がかさみます。また、他の卸売市場に買い付けに行ったところで、毎日来るわけでもなく顔見知りでもない仲卸では、なかなか相手にしてもらえません。その卸売市場には、その市場に根付いた商い相手がいるからです。

産地からの荷物についても同じことです。今まで他の卸売市場に納めていた荷物を、いきなり急に引き受けてくれと言われても、売り先がありません。

生鮮食料品は、今、ここの目の前にある時が一番の状態で、刻々と劣化していきます。丸々損をするなら、ちょっとくらいの赤を切ってでも売らないと回りません。だから市場も、身銭を切ってでも売り飛ばすのです。

これが「仲卸の我慢・努力」です。早朝から夜まで、納品先の注文を揃えるために頑張る。これも「仲卸の我慢・努力」です。第三者として考えると、「早朝から夜まで、身銭を切ってまで、よくやるな。」と思います。「朝○○時から夜○○時まで、消費者のニーズにこたえます。」と大手スーパーはPRされますが、仲卸が作り置きのできない生鮮品を扱い、対応しているのです。加工賃や人件費を出せないギリギリの契約に、身内で一生懸命に対応しても、ちょっとでも劣化した商品は返品されます。

大手スーパーは、直接市場から店頭にではなく、いったん配送センターに集め、そこから各店舗に配送します。その時間だけでも劣化が進むのに、その上、売り上げ商品の一つ一つから、センター費や協力費を仲卸から徴収します。拒否すると契約を切られてしまいますので、拒否できません。なぜこんな商売が続けられているのか、それは、中央卸売市場を創設した時に、仲卸を募る条件として「支払いが滞ることのない財力を有すること」としていたからです。初代はスーパーが出現する前にある程度の財を成していました。二代目はそのお蔭で、「このくらいの赤なら見ときましょう。」と言えたわけです。しかし、その軽はずみな優しさが、現在の三代目を苦しませています。

卸売への10日後毎の支払いと、大手スーパーからの入金のタイムラグ（ひどい場合には２か月後）。これも「仲卸の我慢・努力」です。

さらに、卸売市場の役割、仲卸の役割を理解していない政府や規制改革会議の学識経験者が「卸売市場の規制は不要であり、自由化すべきである。」と主張されて、私たち仲卸を苦しませているのです。

「ここまで来た卸売市場・仲卸の窮状と原因」

大手卸売市場が産地に対して、「産地さんのおっしゃる値段で買い付けしました。しかし、現実にその値では売れないので、半額にして売りました。」と、産地に伝えたうえで商品をほりまわしました。

この「ほりまわす」というのは、言葉通り、商品を安値で放り投げるということです。

大手卸売市場と企業のこの行動により、何が起こるかというと、まず、産地は希望価格で売れたのですから文句は言えません。大手卸売市場の企業努力といえばそれまででしょう。しかし、世間相場からかけ離れた安値が出ます。消費者は助かるのですが、これが長期化したり、範囲が拡大していくと、この安値が通り相場になります。こうなると産地も黙っていられなくなりますが、産地が元の価格に戻そうとしても売れなくなり、我慢するしかなくなります。卸売市場も、その安値に引き下げないと商談が成立しなくなり、全体がマイナスのスパイラルに陥ります。大手卸売市場は、この時期さえ乗り切れば、次のシーズンに別の商品で取り返せるかもしれませんので、ほりまわしを続けることも可能でしょうが、中小の卸売市場ではそういうわけにもいかず、結局、我慢する他なくなります。まだ、売る相手のいる卸売市場は耐えられるかもしれませんが、売られる相手である、私たち仲卸はそのしわ寄せで弱体化していくのです。

このような悪循環の始まりは何だったのでしょうか？

それは、センター費、協力費を徴収した上での「度を過ぎた安売り合戦」であると思います。しわ寄せを被っている「仲卸の存在がなくなっては困る。」と一番わかっているのも、これらの競争を繰り広げているスーパーです。毎日、瞬時の商いを行う仲卸の必要性は、わかっていただけると思います。しかし、この状態が続けば、仲卸も体力を奪われて潰れてしまいます。せめて、センター費、協力費の徴収を優越的地位の濫用と認定し、禁止して頂ければと思うのです。

そうすれば、私たち仲卸も現物商品の純粋な商いが可能になります。今は、大手スーパーとその他の消費先との、値段の格差・運送費等の協力費の待遇の差がありすぎて、新しく小売業を始める方にとっての大きな障壁となっています。みんなが同じ土俵で競争することができるようにすることが、新しい起業が生まれることにつながります。

その上で、安く売る値引きをすることはその企業自身の努力です。商い以外の徴収額をなくすことこそが、消費者にとって、より安く購入することを可能とするのです。

新しいこれからの時代のニーズにあった、若い小売業者が出てくることが可能になります。これこそが、大切なことなのです。
今、この仕事が社会的に大切な仕事であると自負し、歯を食いしばって営業している仲卸を守らなければ、すべての人が不利益を被ることになるのです。

これらの文章を読んで、仲卸の方々はこれほど危機感をお持ちであったのかと、筆者の理解が全く不十分であったことに気がついた。少しでもこのようにお考えの方々のために、筆者にできることは何であるのか、直ちに取り組まなければならないと、決心した。

第二編

卸売市場議連と法改正

第5章　自由民主党卸売市場議員連盟の設立

平成29（2017）年7月3日（月）に神戸中央青果卸売協同組合の後藤理事長から「仲卸はこんなに困っているんや。仲卸みんなが死んでしまうんや！非常事態なんや！」と言われた時に、「こんな発言をしたんや。読んでくれへんか。」と資料を頂戴した。

> 全国の中央卸売市場、地方卸売市場の仲卸の皆さん、国民の為に立ち上がろう。
>
> ○　卸売市場の社会に対する役割
>
> 戦後、日本を支えたのは地方の農民と、都市の中小企業です。
>
> しかし、国は、農家には手厚く、中小企業・商売人には冷たい。
>
> 平成11年の卸売市場法の改正で、中央卸売市場の根幹であるせり取引に相対取引が併記された。この時から仲卸の地位低下が始まった。
>
> 江戸時代から、米・塩・穀物の取引はせり取引でした。公開・公正・透明性の高い価格形成方法でした。
>
> この日本の素晴らしい伝統を引き継いで、昭和2年に初めての中央卸売市場が京都で開場しました。日本の生産者・消費者、国民の為の中央卸売市場です。社会の公器であり、世界に冠たる卸売流通機構です。
>
> 今年で中央卸売市場が開設されて、丁度90年になります。この90年の間には、世界の各地で食料不足、食料パニックが発生して、暴動が起こり、その地域の政権がバタバタ倒れました。
>
> その間、日本ではそのようなことは起こりませんでした。消費者は当たり前のように生鮮食料品を買うことができます。それは、日本の卸売機構が健全に機能していたからです。卸売流通機構が生鮮食料品の流通を支えているのです。
>
> 公正かつ透明性が高い価格形成機能をもった中央卸売市場が必要なのです。日本の生産者と消費者の双方を支えている中央卸売市場の仕組みを守っていかなければなりません。その卸売機構を支えてきたのが我々仲卸です。仲卸が、中央卸売市場の全てのリスクを負い、底辺で懸命に支えてきたのです。

○　卸売市場不要論

今、卸売市場の骨格を揺るがしかねない動きがあります。内閣府の規制改革推進会議において、「卸売市場法という特別の法制度に基づく時代遅れの規制を廃止する」という指摘です。

農林水産省は時代遅れの規制として、次の３点を挙げています。

①　商物一致の原則

②　卸売業者の第三者販売の禁止

③　仲卸の直荷引きの禁止

これらの変更、特に第三者販売の大幅な変更は重大で、仲卸の否定につながり、存続の岐路に立たされることになります。卸と仲卸の制度は車の両輪で、どちらかが弱体化すれば、上手く回転することはできなくなります。

○　誰のための法改正か？

中央卸売市場は64市場、地方卸売市場は1,060市場あります。神戸市中央卸売市場は2,200人を雇用し、取引先の合計は１万人に及びます。全国の中央卸売市場・地方卸売市場の雇用の合計は100万人以上に及びます。

中央卸売市場も地方卸売市場も共に必要です。小売りも大手スーパー、小さな小売、商店街も必要です。また、それぞれに規模の大きなもの、中くらいのもの、小さいものが必要です。様々なものが、お互いに補完し、協力することが社会への貢献につながります。

我々が知らないうちに卸売市場法が改正され、我々が一言も発言することがないうちに改正法が施行されることになれば、中央卸売市場の解体につながります。

中央卸売市場は、日本の生産者・消費者の為に設立されました。ですから、卸売市場は、税金で建てられ、税金で運用されています。卸売市場は、国民と社会の為の公器です。

国民の為に、この制度を守っていくために、今こそ我々は覚醒し、奮起し、声をあげなければなりません。

○　市民に理解を求めていくための取組

昨年11月６日に神戸市中央卸売市場が中心となり、兵庫運河と地域の住民の皆様方と、神戸港開港150年のプレイベントとして、「輝く兵庫」を実施しました。これには、自分たちの地域や郷土を良くしようとの思いで、約５万人の市民が参加して頂きました。久元神戸市長は神戸市営地下鉄海岸線を中学生以下無料とする決断をして下さいました。

市民と神戸市が一体となって、兵庫区、長田区を中心として、神戸市の活性化を図ったのです。神戸市中央卸売市場も多大な貢献をすることができました。これは、卸売市場の社会に対する新たな役割です。

中央卸売市場、地方卸売市場が地域の中心になって、小売、商店街、その他の関係者と協力し、地域の住民の皆様方、地域の行政と協力して、その地域を賑わいのある地域にしていくこと、これが真の地方創生です。市民・国民から立ち上がるのが地方創生です。

中央卸売市場、地方卸売市場の社会的役割を各方面に訴えるための運動を神戸から展開します。９月23日には神戸市中央卸売市場で「神戸港開港150年イベント　輝く兵庫まつり」を開催して、地域の皆様と共に地域の魅力を発信し、全国に向けて行動を起こします。

平成29年７月１日

神戸市中央卸売市場　後藤武司

後藤理事長からお尻を叩かれたため、翌７月４日（火）に、初当選の同期であり、東京大田市場で青果の仲卸を営んでいた平将明先生[1]に「卸売市場法のことで相談したい」と電話して、５日（水）に尋ねると、「丁度良かった。僕は当事者だからやり難いんだ。あんたが手伝ってくれると助かる。」と、卸売市場法改正に向けて大きく歯車が回りだした。

「発起人に元農林水産大臣の森山裕先生[2]をお願いすることにしよう。また、神戸市中央卸売市場に関係が深い関芳弘先生[3]にも手伝ってもらおう。」と、相談した。

後藤理事長から「今度、全国青果卸売協同組合連合会の正副会長会議が築地で開催されるので、そこで卸売市場法改正の動きについて役員に説明してくれ。」と依頼された。同月14日（金）に筆者は築地に伺い、「卸売市場法改正に向けて関係議員で勉強会を設ける」ことを説明し、「市場関係者の皆様からそれぞれの地元関係議員に対して、今度設立する卸売市場勉強会に参加するよう働きかけ、皆様と一緒に卸売市場法改正に取り組むよう頼んで下さい。」とお願いした。

[1] 東京４区選出衆議院議員
[2] 鹿児島５区選出衆議院議員
[3] 兵庫３区選出衆議院議員

同月25日（火）には神戸市東部卸売市場の神戸東部青果卸売協同組合、神戸市東部水産物卸売協同組合に卸売市場勉強会の動きについて説明した。

同月26日（水）に、平先生、関先生と共に森山裕先生に対して、「卸売市場法改正に関する勉強会を設けたい、その発起人に加わって頂きたい」とご説明し、快諾して頂いた。森山先生から、「発起人に、自民党農林水産戦略調査会副会長の今津寛先生[4]を加えて欲しい」とご指示を受けた。

８月３日（木）に第三次安倍第三次改造内閣が発足し[5]、同日の自民党人事で森山裕先生は国会対策委員長に就任された。森山先生の国対委員長就任を平先生と喜ぶと共に、「これで農林水産省に対してにらみがきくな。」と二人で話し合った[6]。

とりあえず、まずは関係省庁から現状について説明を受け、その後、関係団体からヒアリングを行うこととして、早速、活動を開始することとした。森山国会対策委員長は与野党の折衝等で多忙であることから、森山国対委員長のご予定を考慮して、勉強会は基本的には火曜日の昼休みの時間に開催することとした。

同月18日（金）に平先生と29日からの勉強会[7]の段取りその他について、打

---

[4] 北海道６区選出衆議院議員であったが、平成29（2017）年の第48回衆議院議員総選挙で落選された。

[5] ７月２日の東京都議選で小池東京都知事が率いる「都民ファーストの会」が圧勝したことから、小池知事が政治の注目を集めるようになっていた。自民党は東京都議選で歴史的惨敗を喫した結果、都連会長以下五役全員が辞任した。安倍首相・自民党総裁は、「大変厳しい審判が下された。自民党に対する厳しい叱咤と受け止め、反省しなければならない」、「政権の緩みがあるとの厳しい批判があったと思う」と述べた。同月13日には小池東京都知事側近の若狭勝衆議院議員が「日本ファーストの会」を設立して、いよいよ小池知事が国政に復帰するのかと取りざたされるようになっていた。

[6] 事前審査制度の下で、各省は自民党の政務調査会の了承を取らなければ、政府提出法案として閣議決定することはできない仕組みになっている。さらに、自民党の国会対策委員長の了承を得ない限り、政府提出法案として国会に提出することはできない。つまり、卸売市場議員連盟会長でもある森山先生の了承を得なければ、農林水産省は卸売市場法改正法案を国会に提出できないことになったのである。

[7] もっと早く勉強会を開催したかったのであるが、６月18日に第193回国会が閉会しているので、議員は地元活動のため東京から離れていた。国会閉会中に議員を集めて会議を開催することは難しい。しかし、例年８月末に各省は予算要求書を財務省等に提出することとされているので、その直前に自民党では各部会を開催して予算概算要求について審議を行うため、多くの議員が８月の最終週には国会に戻ってくることから、８月29日に第一回勉強会を開催することとしたのである。

ち合わせを行った。

翌19日（土）には神戸中央青果卸売協同組合に伺って、後藤理事長、岡田副理事長に卸売市場議連の準備状況について説明した。

第６章　議員連盟による関係者ヒアリング

１．第１回卸売市場議員勉強会

⑴　趣旨説明

平成29（2017）年８月29日（火）12時から「第１回国会議員卸売市場勉強会」を開催した[8]。

この日の早朝に北朝鮮がミサイルを発射し[9]、森山国対委員長はその対応で欠席となったため、次のメッセージを平先生が代読した。

> 卸売市場は、我が国の青果、水産、食肉、花きなど生鮮食料品等の流通において集荷・分荷機能、価格形成機能、代金決済機能など基幹的な役割を果たしております。
>
> 他方、少子・高齢化の進展、食品流通経路の多様化など卸売市場を取り巻く情勢は大きく変化している中で、今後とも卸売市場が経済社会からの要請に応え、機能を発揮していくことが重要であります。
>
> こうした中、政府では、「卸売市場法を抜本的に見直し、合理的な理由のなくなっている規制は廃止する」とし、本年末までに具体的結論を得るとされています。
>
> 本勉強会を通じて、卸売市場の現場の声を聞き、よりよい卸売市場をつくりあげていくために先生方と見識を深めていきたいと考えております。
>
> どうぞ積極的なご参加と建設的な議論をよろしくお願いいたします。
>
> 平成29年８月29日　　　　衆議院議員　森山　裕

⑵　内閣府ヒアリング

その後、「卸売市場の抜本的見直しについて」関係省庁からヒアリングを行った。まず、内閣府規制改革推進室窪田修次長他から、「卸売市場法に関するこれまでの検討経緯」について説明を受け、質疑応答を行った。内閣府との

8　議事次第・出席者リストは議連資料１の通りである。

9　日本時間で平成29（2017）年８月29日午前５時57分頃、北朝鮮は北朝鮮西岸から東北方向に向けて中距離弾道ミサイルを発射し、６時６分頃に北海道上空を通過して、６時12分頃に太平洋上に落下した。政府は６時２分に全国瞬時警報システム（Ｊアラート）でミサイル発射情報を伝達した。

やり取りでは、出席議員から以下のような指摘がなされた。

佐々木紀　先生[10]

合理的理由のなくなっている規制とはどういうものか。

内閣府回答

第三者販売の規制の問題、市場の委託手数料の問題、商物一致の問題について、委員から指摘があった。

野田　毅　先生[11]

これは非常に乱暴な議論である。頭だけで考えているのではないか。現場を分かっているのか。

櫻田義孝　先生[12]

「生産者が有利な条件で安定取引を行うことができる」とは、どういうことなのか。

私は農家出身だが、全く分からない。

内閣府回答

「適正な価格で販売できる」ということが、生産者が有利な条件で安定取引を行うことが出来る、ということで会議の中では議論されていた。

筆者

規制改革会議の議論は卸売市場の実態を分かっているメンバーによってなされているのか。卸売市場の実態を分かっている人が入って議論されたのか。

内閣府回答

規制改革会議では、いろいろな流通関係者や農林水産省からヒアリングを実施した。

筆者

役所はともかく、卸売市場そのものに携わっている人からヒアリングをしたのか。卸売市場とは無縁で現場を知らない流通関係者だけからヒアリングしたのではないか。

内閣府回答

---

[10] 石川２区選出衆議院議員

[11] 熊本２区選出衆議院議員

[12] 千葉８区選出衆議院議員

生産農事組合法人や東京青果からヒアリングを行った。

藤木眞也　先生[13]

一方的な話である。業界に関係のない方々が最初から廃止ありきという議論をしているようである。生産者、流通業者の双方にとって良くなるような前向きの議論を行って頂きたい。

福山　守　先生[14]

結論を決めつけている。農業生産者にとって良い方向というが、法人を作って直取引をしている人の意見を聞いただけではないか。市場を経由する取引をしている９割以上の農家の意見を反映させなければならない。

原田憲治　先生[15]

卸売市場は不要であり、直取引をすれば良いと考えているように聞こえる。東京近辺以外の関係者の意見も聞いているのか。

内閣府回答

関係者からヒアリングを実施している。結論については「卸売市場法を抜本的に見直し、平成29年末までに具体的結論を得て、所要の法令、運用等を改める」ということである。

関　芳弘　先生

しっかりと議論し、十分な調整を行うべきである。

平　将明　事務局長

JA 関係者からも意見を聴いていたと思うが、如何。

内閣府回答

昨年来、農業関係者と議論しており、その中でJA 関係者とも議論したが、卸売市場についてのコメントはなかった。

平　将明　事務局長

私は仲卸を10年程やっていたが、この議論は乱暴で、浅い。卸売市場に合理性がないなら卸売市場を通さなければ良いのだが、卸売市場をビルトインしてビジネス全体を回しているのが現状である。品薄の時には誰でも商

13 比例区選出参議院議員、元全国農協青年組織協議会会長

14 四国ブロック選出衆議院議員

15 大阪９区選出衆議院議員

売ができる。問題は品が余っている時の在庫リスクである。例えばレタスは腐って異臭を放っていくが、この在庫リスクを卸売市場全体の生態系の中で調整しているという議論が欠けている。物流拠点と卸売市場は異なるものである。卸売市場には卸と仲卸の多段階が存在しコスト高であるとの批判があるが、米国と比較すると日本の方が生産者の手取りは高い。米国のレタスよりも日本のレタスの方が日持ちしないが、卸売市場のせりで瞬時にお金に換えて、農家に支払っている。市場に調整機能があることを知らずに「市場は時代遅れだ。」と決めつけることは間違いである。

⑶　農林水産省ヒアリング

内閣府が退出後、農林水産省食料産業局新井ゆたか審議官他から「卸売市場をめぐる情勢について」説明を受け、質疑応答を行った。農林水産省とのやり取りでは、出席議員から以下のような指摘がなされた。

野田　毅　先生

現場から「こういう規制についてはこのような不都合があり、このように見直して欲しい。」という要望を受けて、改善策を検討していくのが本来の対応である。現場から苦情が出ていない規制についてまで問題があるとする乱暴な議論が行われることを危惧している。

野村哲郎　先生[16]

規制改革会議は、農協改革における議論のように、結論を決め打ちしてくるが、規制改革会議の言うことばかりを聞いていると大変なことになる。規制改革会議を押し返すくらいのことが必要である。卸売市場法がどういう役割を果たしてきたのかを明らかにすると共に、今の時代に合わせてどこを変えるべきかを議論することが必要である。

山田修路　先生[17]

卸売市場関係者は市場不要論で議論が進められていることに対して非常に不安を感じている。今後とも必要な役割は何であるのかをしっかりと整理して議論すべきである。

農林水産省回答

関係者から意見を聴くと共に、卸売市場が有する役割を明らかにして、市

[16] 鹿児島県選挙区選出参議院議員、自民党政務調査会農林部会長

[17] 石川県選挙区選出参議院議員、元農林水産審議官（農林水産事務次官に次ぐナンバー２ポストで退官した農林水産行政の専門家）

場関係者がビジネスをよりやりやすくなるような観点から、卸売市場法の見直しを行って参りたい。

会議終了後、「今後の議論・会議の回数、会場の設営、会議費等を考慮すると議連を立ち上げるべきである。」と筆者が提案し、次回は議連の設立総会を兼ねることとした。

８月31日（木）に平先生と次回の議連設立総会の段取りと、第２回勉強会の進め方について相談し、その後、衆議院本館３階の自民党国会対策委員長室で森山先生に次回会議について説明を行った。

２．卸売市場議員連盟設立総会と第２回卸売市場議員連盟勉強会

９月５日（火）12時から「自由民主党卸売市場議員連盟の設立総会」を開催し、規約（案）の採択後、森山裕国対委員長を議連会長に選出した。

森山会長からは、「卸売市場法の見直しについて、現場からは、『本当に現場を分かっているのか』という声をよく聞く。この議連においては、卸売市場を取り巻く状況、課題について把握し、望ましい卸売市場のあり方を検討することを目的としたい。私自身、鹿児島市議会議員を務める中で、仲卸の顧問を務めていた経験もあり、卸売市場の目指していく姿等について理解しているつもりである。また、産地市場と消費地市場の違いや、地域ごとの特性も踏まえて、一番望ましい法律改正の姿を考えていかなければならないと思っている。

是非この議連での活発な議論、また、関係団体の皆様からも忌憚のない意見を頂戴し、将来、この法改正が役に立ったと思えるようなものを検討していきたい。」と会長就任の挨拶がなされ、会長が他の役員を指名した[18]。

12時05分から第２回勉強会を開催し、「卸売市場法の抜本的見直しについて」青果及び水産の仲卸からヒアリングを行った[19]。青果については、全国青果卸

[18] 顧問：野田毅、逢沢一郎、山本有二、林芳正、会長：森山裕、副会長：山口俊一、浜田靖一、今津寛、三原朝彦、金子原二郎、武見敬三、幹事長：盛山正仁、幹事長代理：関芳弘、幹事：坂本哲志、吉川貴盛、赤澤亮正、野村哲郎、山田俊男、江島潔、馬場成志、山田修路、藤木眞也、事務局長：平将明。平成30年10月20日現在195名の議員が議連のメンバーとなっている。

[19] 議事次第・出席者リストは議連資料２の通りである。

売協同組合連合会の後藤武司副会長他が、水産については、全国水産物卸組合連合会の早山豊会長他が説明し[20]、その後、意見交換を行った。

⑴　仲卸からは、以下のような指摘がなされた。

全国青果卸売協同組合連合会　後藤武司　副会長

江戸時代から続く伝統的なせりにより、食料品の取引がなされてきた。外国では食料危機により暴動が起こっているが、昭和２年に京都に初めて中央卸売市場が開設されて以降、日本では卸売市場を中心とした食品流通システムが健全に機能してきた。今回の法改正は誰のためのものであるのか。商物一致の原則の廃止と言われているが、仲卸が現物を見なければどのようにして評価し、せりで値決めすることができるのか。また、第三者販売の原則を廃止することは、卸と仲卸の垣根を外すことであり、卸より圧倒的に力の弱い仲卸は市場から退場しろということであるが、卸売市場は仲卸が支えているという実態を理解していない。卸売市場は全国で100万人以上の雇用を支えており、食料の安定供給を担っているインフラである。また、卸売市場を守ることが地方創生につながるものである。

全国水産物卸組合連合会　早山　豊　会長

水産物の市場は、産地市場と消費地市場があり、漁港に併設された浜値をベースに、多種多様な生産物が消費地市場で公正な価格で迅速に取引されている。出荷団体が多い青果とは形態が異なっている。水産物は、自然環境の変化によって漁獲量の増減、品質の差が大きく、また、傷みやすく、保存がききにくい特性を有している。売り手である卸売業者は産地になり代わって、買い手である仲卸業者は実需者である消費者・小売店になり代わって、目利きをいかして、せりにより公正な価格で取引を行い、実需者に分荷・配送を行っている。このように、卸売業者と仲卸業者の役割分担は明確であり、対峙関係にあることで公正な取引を実現し、地域経済を担っている。また、決済については、仲卸業者は代払組合等を作って生産者への早期支払いを可能にしている。例外として規定されている第三者販売や直荷引きの規制をなくすことは、卸と仲卸の対峙性を崩し、公正な取引が損なわれ、生産者や消費者の不利益が懸念される。例外規定は堅持すべきである。

---

[20] 提出資料は議連資料３の通りである。

(2)　出席議員からは、以下のような指摘がなされた。

平　将明　事務局長

補足説明をするが、卸売市場には、卸売業者と仲卸業者がいるが、これは一次卸と二次卸ということではない。基本構造は、卸が全国から集荷し、仲卸や買参人がせり取引で買い受けている。電子化が進み、大手仲卸はPOSシステムを取り入れ、大手量販店やコンビニから当該システムによって発注を受けている。大手量販店は発注量に厳しく、1ケースも多く買わないし、1ケースでも少ないとペナルティーを科すような現状となっている。その一方で、産地では生産量をコントロールすることは難しいため、それを大きな生態系で調整しているのが卸売市場である。また、今回の卸売市場制度見直しの発端は、農業者の手取りを増やすとのことである。生産者からは、市場に出すと値段を自分で決められないことについて何とかしてくれと要請される。しかし、生産者は在庫リスクを負っていない。生産物を市場に出荷して、換金される。その時の需給に応じて、せりで価格が決まることは当然である。価格を決めることと、在庫リスクを負うことはトレードオフの関係にある。

古賀　篤　先生[21]

生産者及び消費者の意見を踏まえるべきである。また、必要に応じて海外の状況も把握すべきである。卸売市場を所管している農林水産省が、「卸売市場が必要であること、卸売市場にはどういう機能が必要とされているのか」を把握し、説明すべきである。一方的に、安ければ良いだろうということでは困る。

関　芳弘　先生

仲卸がなくなり、相対取引が増えると、大手スーパーの力が一層強くなり、その結果、農家の状況がどんどん悪くなる。それくらいスーパーは力が強いが、農林水産省はどのような見解であるのか。

中谷真一　先生[22]

地元のスーパーの経営者からも農協からも卸売市場の機能を強化して欲しいと聞いているが、卸売市場は要らないとの意見は聞かない。この改革は誰のためのものか、何のためのものかを明確にすべきである。農林水産省は、海外の事例を含め、卸売市場改革を進めることにどのようなメリット

[21] 福岡3区選出衆議院議員

[22] 南関東ブロック選出衆議院議員

があるのか、比較して明確に示すべきである。

平　将明　事務局長

農林水産省は、市場の機能をどう評価しているのか、何のための改革なのか、海外の良い事例はあるのか、仲卸が衰退すると大手のバイイングパワーで結局農家の手取りが減るのではないか。この４点について如何。

農林水産省回答

卸売市場の果たしてきた役割を否定してはいない。仲卸や市場の機能に疑いを持っているものではない。しかし、状況変化にあわせて見直すべきではないかと認識している。

海外については、米国には市場という仕組みはないと承知しているが、仏、蘭、韓には比較的似たような市場制度があると認識している。

大手量販店については、卸売市場と対峙するだけではなく、それぞれ補完しあいながら対応している面もあると認識している。

仲卸が衰退するという仮定の議論にはお答えしかねる。

平　将明　事務局長

仲卸の皆さんからコメントはありませんか。

全国水産物卸組合連合会　岩田一也　副会長

青果にはJAのように大きなところがあるが、水産の出荷者は零細である。水産の零細な生産者は中央卸売市場を頼っており、中央卸売市場には意義がある。卸と仲卸は対峙する関係に立つ全く別の存在である。卸売市場には、集荷・分荷、需給を反映した公正な核形成、迅速な代金決済、安全性、情報伝達等の様々な機能があり、これらの殆どを仲卸が担っている。卸は集荷に全力を挙げ、後のことは仲卸が担っている。代金決済についても、仲卸は売上代金を回収する前に、銀行からお金を借りて高い利息を払って、生産者に迅速に支払っている。この仲卸の機能が発揮できなくなると生産者にとっても大変なことになる。商物一致の原則をはずすとか、第三者販売のルールをはずすとかいうことは、とんでもないことである。今ある仲卸の機能が全部失われてしまう。現代社会に合わせた改正は必要かもしれないが、肝心な部分だけは絶対に堅持して欲しい。

全国青果卸売協同組合連合会　中尾　透　前副会長

（福岡市青果卸売商業協同組合）

仲卸の業務は難しいものである。農林水産省の若手は市場に出入りしなければ、根幹が分からないままになる。例えば、ミカンを一日100箱といった発注があっても、前日になって変更されると、詰め直しとなる。量販店にも、問屋を大事にすべきであるといったことを伝えて欲しい。

全国青果卸売協同組合連合会　西脇正導　副会長

（名古屋北部青果第一仲卸協同組合）

卸売市場は多くの荷を取り扱うので、ルールがないと滅茶苦茶になる。卸売市場の外は自由だから、卸売市場の中も自由にというのはおかしい。

全国青果卸売協同組合連合会　金子了功　理事

（大阪東部市場青果卸売協同組合）

農家はどこに荷を持って行っても良いのだが、市場に荷が集まってくる。また、大手量販店も、市場からしか買ってはいけないということはないのだが、自ら市場に来る。これまで直販[23]をしようとしたところはみんな失敗して市場に戻ってきた。米国にはwholesalerという巨大な仲卸のようなものがあり、産地から大量に買い入れ、倉庫に保存している。そのような方法では腐ってしまうため、日本のようにみずみずしいレタスのようなものは流通できない。海外のやり方は参考にならない。日本の流通システムがあるからこそ、昨日採れた青果物が今日店頭に並ぶ。これ程スムーズに流通している卸売市場を、何故、現時点で変えようとするのか理解できない。

神戸中央青果卸売協同組合　岡田利男　副理事長

大手量販店がどういうシステムで安売りをしているか、農林水産省は実態調査をしているのか？３～４週間先の値段を決め、生鮮品をあたかも工業製品のように扱い、値が上がっても、元の値のままで、自身の利益は何割か確保して、その上仲卸に対して、大手量販店自身が作った配送センターの費用をセンターフィーとして課したり、売り上げの何割かをバックマージンとして課してくる。商売は自由経済であるものの、大手量販店だけが繁盛し、仲卸や小売り商店街が疲弊することがあってはならない。大手量販店の安売りの実態を調査すべきである。

平　将明　事務局長

生産者は市場を通さなくても良く、その点では自由である。市場は生態系であり、自由競争にするとその生態系が壊れるので、ルールを定めてい

23「産地直接販売」の略語で、スーパーなど実需者が卸売市場を介さず、生産者と直接取引を行うことをいう。

る。

米国は流通段階が少ないが、生産者の手取りは日本の方が高い。腐り易い日本の生鮮品を瞬時にお金に変えて、農家の手取りが高いのが、日本の流通システムである。そのシステムのどこが問題であるのか。

卸売業者の第三者販売の問題について、市場の生態系を乱すのは量販店である。量販店は、安い時には産地から直接買うが、商品が少ない時には卸売市場に入ってきてバイイングパワーで買い占める。量販店のある「X市」でレタスが高い場合、その量販店が価格を設定して利益を上げているから高い。この市場価格調整は、金融の世界なら違法だが、青果の世界では違法ではない。だから、国がチェックする仕組みが必要である。

森山　裕　会長

多くの団体の皆様から意見を聞くことができ、また、真摯な議論を頂き、感謝している。農林水産物は工業製品とは異なる。どのように卸売市場を確立し、生産者、消費者、流通に携わっている方々にもメリットがあるものとするか、間違いのない方向性を見出していきたい。

3．第3回卸売市場議員連盟勉強会

9月12日（火）12時から第3回勉強会を開催し、「卸売市場法の抜本的見直しについて」青果及び水産の卸（荷受団体）からヒアリングを行った[24]。青果については、全国中央市場青果卸売協会の川田一光会長が、水産については、全国水産卸協会の伊藤裕康会長、川端淳副会長が説明し[25]、その後、意見交換を行った。

⑴　卸（荷受団体）からは、以下のような指摘がなされた。

全国中央市場青果卸売協会　川田一光　会長

昨年規制改革会議に出席し、縷々説明したが、最後に金丸座長から「おたくのような企業が一番危ないんだ。」と言われ、私の意見は反映されなかった。

日本の食文化の特徴は少量多品種かつ鮮度・季節感を追及することにあ

[24] 議事次第・出席者リストは議連資料4の通りである。

[25] 提出資料は議連資料5の通りである。

る。あるスーパーの葉物の仕入れは30～35品目もあるが、海外のスーパーは５～６品目。スーパーは市場外取引をしている印象があるが、少量多品種を自ら集めるのはほぼ不可能。産地が小さく、鮮度を追い求めようとすると、１か所にまとめて、ワンストップショッピングしないとできない。これはルールではなくて、食文化に裏打ちされたもの。市場経由率の低下がスーパーの直販のせいというのは誤りであり、加工筋向けの量が増えているのが原因。卸売市場をなくして全部市場外流通にすると、価格の形成や分荷機能、需給調整もできなくなる。今年の６月に葉物の価格が暴落したが、一番困ったのは市場外流通を行っている生産者。市場外流通は大口で契約量が決まっており、余ったものの処分ができず、最終的に卸売市場に持ってくる。我々は受託拒否はできないので引き受けるが、どうしても時間的に取引が後になり、結果的に価格が安くなってしまう。卸売業者は生産者の代理として、仲卸業者は消費者の代理として、対峙して価格が決定されるが、市場外取引では立ち位置が分からない。時代の流れに合わないルールについては改正は必要である。

全国水産卸協会　伊藤裕康　会長

今回の卸売市場法の見直しの議論は、もともとTPPが発端であり、生産者の保護や所得向上の立場から入っているが、ここが問題である。生産者がどこへいくらで販売するかは生産者に決定権がある。卸売市場は生産と消費の中間に位置する流通業であり、生産者の保護や所得向上の問題とは直接的に関係しない別物である。

第三者販売の原則禁止や、仲卸の直荷引きの原則禁止、商物一致の原則等とともに、受託拒否の禁止や予定数量等の公表等も法律の枠組みの中の問題であり、小さな改革である。

卸売市場の大きな改革としての当面の課題は、一つは、卸売市場の過剰配置、オーバーストアの問題については、体力勝負の過当競争が中央・地方で続いているが、何も対応がなされていない。もう一つは、農林水産省の水産政策がマーケットを考えていない。

消費者ニーズを踏まえたマーケットインの発想を取り込み、どれだけの鮮魚や魚介類の供給が必要か、また供給できるのか等、食料政策的な面が抜けていることを改革して頂きたい。また、鮭や秋刀魚といった多くの魚種の漁獲量が減少している中、数量管理等による水産資源管理の拡充・強化や、水産資源の調査・研究の充実を図って頂きたい。

誰のための卸売市場なのか、誰のための食品流通なのか、実需者を軸に考えて、卸売市場の機能を維持して頂きたい。

(2)　出席議員からは、以下のような指摘がなされた。

平　将明　事務局長

補足するが、前回も市場の「エコシステム」の話をしたが、市場には生態系があるから調整機能が働いている。外部から見ると閉鎖的だといわれるかもしれないが、品物が余った時にだけ卸売市場に持ち込む人が入ると更に価格が暴落し、品薄の時にだけ大手量販店がバイイングパワーで入ってくると価格が高騰する等、生態系が乱れる。

関　芳弘　先生

経済においては、それぞれの分野でそれぞれに合った契約形態を選んでいる。一概に卸売市場の仕組み全てをなくせというのは乱暴である。卸からは生産者に6日程度で代金が支払われているが、仲卸がスーパーから回収するには1か月かかるケースもある。その差の期間は、仲卸が金融機関から資金を借りて負担しているので、卸売市場の機能をなくすと、力のある量販店が生産者と直接取引をして、生産者への支払いが1か月先となり、結局は生産者に負担を与えることになる。

農林水産省回答

契約の実態については、物によって、地域によって色々な実情があることは心得ている。予算については、卸売市場だけでなくICTや機械の導入、生産性を向上させる人材育成について予算要求をしている。過剰配置については、農業競争力強化支援法第12条で「農産物の卸売又は小売の事業再編又は事業参入を促進すること」とされており、これとあわせてやっていく。

中村裕之　先生[26]

法改正について、地元の生産組合の会長から、大変なことになるぞと連絡が入った。仲卸の機能をなくせば農産物流通全体がだめになると、生産者からも流通業者からも不安の声があがっている。

鬼木　誠　先生[27]

卸売市場の役割や価値がこの議論の土台であり、出発点となるべき。頭か

[26] 北海道４区選出衆議院議員
[27] 福岡２区選出衆議院議員

ら卸売市場を否定するのではなく、卸売市場の持つ根本的な価値を見直してから議論すべき。

山田俊男　先生[28]

ここに至るまでに、食料・農業・農村政策審議会や検討会等しかるべき場所で議論を行ってきたのか。農林水産省はずるくて、農協問題や酪農制度の問題でも規制改革会議にやらせて散々なことをさせている。どのようにこの問題を扱うのか。どう責任感を持っているのか。直すべきものは直し、守るべきものは守るべきであり、よくよく考えて対応することが必要である。

筆者

農林水産省が「綺麗な」説明をしてくれたが、本当に農林水産省がしっかりとした対応をしてきたならば、なぜここまで事態が悪化しているのか。規制改革推進会議に一方的に攻められている。優越的地位の濫用の問題についても、独禁法にのっとって農林水産省がどう対応しようとしているのかがわからない。農林水産省がしっかりと問題に向き合って答えを出していないから、この議連ができたのである。農林水産省は責任感をもって、綺麗な答え、満点の答えでなくても良いから、市場関係者が納得できる、胸にストンと落ちるような回答をして頂きたい。

私の地元だけの問題かもしれないが、仲卸業者が荷受け（卸業者）の対応に不満を持っており、現在の荷受け以外の他の荷受けの荷をとれるようにしてくれないかと要望されている。各市場で荷受けと仲卸との関係はどうなっているのか、満足できる品揃えができているのか等、そのような現状も含め、議論して頂きたい。

農林水産省回答

規制改革の閣議決定では平成29年末までに結論を出すことになっている。今、色々な方からのご意見を拝聴しているところであり、これから秋にかけてしっかりと詰めていきたい。いずれかの時期には、自民党農林・食料戦略調査会の食料産業部会に報告したいと考えている。卸売市場をなくすことを議論の発端にしている訳ではなく、どう活性化していくのかという視点で議論しているが、しかるべき時期にまとめてお示ししたい。

森山　裕　会長

[28] 比例区選出参議院議員、元全国農業協同組合中央会専務理事

グランドデザインやロードマップを示してから議論を始めるのであれば、色々な団体から意見を聴いてもらいたい。良い方向で法改正が進むよう、議論を進めて参りたい。

同月17日（日）朝刊の一面に衆議院解散の記事が掲載され、一挙に解散ムードが広がった[29]。

4．第４回卸売市場議員連盟勉強会

９月19日（火）12時から第４回勉強会を開催し、「卸売市場法の抜本的見直しについて」青果・水産等の小売団体からヒアリングを行った[30]。青果小売団体については、全国青果物商業協同組合連合会の近藤栄一郎会長が、水産小売団体については、全国水産物商業協同組合連合会の永井良和会長が、小売市場団体については、全国小売市場総連合会の堀上統央会長が説明し[31]、その後、意見交換を行った。

⑴　小売団体からは、以下のような指摘がなされた。

全国青果物商業協同組合連合会　近藤栄一郎　会長

青果小売業は、対面販売を通じて地域コミュニティの一員として地域密着型の販売を行っている。非常に小規模な組合員が多数おり、卸売市場からの仕入れが100％に近い現状である。なぜ卸売市場を変えなければならないのか、小売りとしては疑問に感じている。

流通効率を上げれば良いかといえば、そうではない。日本には四季があり、南北に長い地形であり、通り一遍のものだけではなく、産地をリレーしながら色々なものを集めている卸売市場の役割は大きい。我々、小売りの場合は現物を見ながら取引をするのが商習慣となっている。我々は、新鮮なものと共においしさというものを見ながらお客様に販売している。た

[29] 平成26（2014）年12月14日に投開票が行われた前回の第47回衆議院総選挙から約２年９か月が経過していたため、そろそろ解散があってもおかしくないと取沙汰されるようになってきていたのは事実である。
[30] 議事次第・出席者リストは議連資料６の通りである。
[31] 提出資料は議連資料７の通りである。

だ効率だけの流通になればそのようなことが失われる可能性がある。
卸売市場の重要性は大きい。特に、卸売市場は何百という種類の荷が入荷し、その日のうちに分荷されるという非常に便利な機能を有しており、なぜこの機能をなくす必要があるのか疑問に思う。昨今、運転手不足により生産物の集荷そのものも厳しい状況にある。そういう中、大手量販店を中心とした寡占化が進むようにすることが正しいことなのか、我々が色々なきめ細かい販売をしていることを忘れないように願いたい。
卸売市場には集荷・分荷の機能の他に、決済機能がある。今日、集荷したものが3日後に卸売会社に決済される機能である。これは、仲卸と共同して3日後の代払いをしているのであり、この機能があるからこそ、弱小の卸・農協が代金を迅速に回収できるのであり、また生産者である農協にも大きなメリットがある。第三者販売が自由に行われるようになると、この決済制度にも大きな支障をきたす恐れがある。
第三者販売と併せて商物一致の原則がなくなり、卸と大手の業者が自由に取引できるようになると、卸売市場の機能が失われることになる。いつまでもモノが余っているわけではない。天候等によって集荷がままならない時もある。受託拒否の問題もある。
国はやみくもに規制を取り払ったり改廃することによって、すべてがスムーズに流通するという考えのようであるが、我々のような小さな小売り業者がいるということを認識して頂きながら、制度改革をお願いしたい。

全国水産物商業協同組合連合会　永井良和　会長

「まちの魚屋」は地域に密着して商売をしており、近隣住民や高齢者等「買い物弱者」といわれる方々に対して大きな役割を果たしていると認識している。また、単に地域における水産物の供給のみならず、地域の伝統文化の継承やコミュニティの維持・形成等に重要な役割を果たしている点についても、是非ご理解頂きたい。
我が国の卸売市場は生鮮食料品等の供給に関して、鮮度や品質、規格等に対する消費者の高い水準の要求を支える施設として、また、生産者・出荷者にとっては安心できる出荷先として、実需者へは公正・公平な仕入れ先を提供する公的施設として、役割を果たしてきた。
水産物を販売するまちの魚屋にとっては卸売市場が唯一の仕入れ先で、いわば生命線である。これまで市民生活を支えるため、公的資金を投入しながら政策的に運営されており、今後も公共施設として維持されることを強く望んでいる。また、公正な取引や透明性を確保するための取引ルールは今後とも必要であり、せり売りの原則の維持を願っている。

最近、相対取引が増大し、大量に扱う事業者への優先取引による価格決定の不透明性、卸売市場に魚が並ばない、人気商材が手に入りにくい等と指摘されている。大量に扱う事業者が産地直送や直接取引等、卸売市場を経由しない流通経路の多様化が進むことによって、まちの魚屋は安定的に仕入れることが困難になる恐れがある。商物一致の取り扱いは慎重に対応して頂きたい。

卸売市場において、開設者、卸売業者、仲卸業者、我々のような買出人が一体となって水産物の円滑な流通・消費に努めてきた。しかし、最近の流通変化に対して第三者販売について検討が必要との声を聞く。ルールなしに第三者販売が行われると混乱を招き、我々まちの魚屋は一層の競争に巻き込まれ、廃業につながることを危惧している。慎重に対応して頂きたい。

卸売市場は合理的な集荷機能や品質確保、価格形成の場として、確実な代金決済や情報の受発信等の多面的な機能の場所として、また、消費者の食の安全・安心に対する品質管理の高度化機能を備えた施設として、生鮮食料品等の流通拠点としての役割を果たすべく、我々を含め、関係者が一体となって取り組んでいくことを期待している。

全国小売市場総連合会　堀上統央　会長

卸売業者が全国から大量に集荷した商品を仕分け、分荷し、価格の決定を担う仲卸業者がいなければ、毎日少量を吟味して購入する零細小売業者はどのようにして仕入れるのか。零細な小売りにとって、卸売市場は公正な流通取引を担う、なくてはならない施設であり、仕入れの命綱である。卸売市場法の見直しに当たっては、消費者との接点である我々買出人、とりわけ卸売市場からしか仕入れることのできない全国80％の零細小売省の存在を忘れないで頂きたい。

卸売市場法の見直しに対する小売の要望としては、せり取引の原則維持である。せり取引は、早く、安く、公正な最良の方法である。平成11年の卸売市場法改正は、大手量販店に有利に働き、零細小売店は弱体化を余儀なくされた。この10年で小売事業所数は半減している。原因は様々考えられるが、相対取引によってせり価格が暴騰したり、欲しい商品が卸売市場に少なくなったことによる小売店の魅力が落ちたことが廃業の一因となっていると考えられる。卸売市場の規制緩和が零細小売業者に与える影響の大きさを改めて認識している。

第三者販売、直荷引きの原則禁止の堅持をお願いする。卸売市場は、卸売・仲卸・小売が三位一体となって円滑な流通を支えている。第三者販売の規制が撤廃されると、投機的な力が働いて荷物が動き、市場が大きく崩れることが懸念され、流通三者の構造の根幹が揺るぎかねない。

消費者へ生鮮食品を届ける最終責任者である小売りの意見を反映させる見直しをお願いする。零細小売は、日々、消費者の顔を思い浮かべて仕入れをしており、これは売れるという消費者ニーズをつかんでいる。消費者ニーズを生産者に迅速にフィードバックするマーケットインの仕組みをICTやビッグデータを活用して卸売市場の機能の一つとして作り上げることができれば、生産者の所得も増えると考えている。零細小売業者の情報化への支援をお願いしたい。

卸売市場の見える化によるイメージアップをお願いする。国民の多くは卸売市場の流通の仕組みや役割を知らない。豊作でキャベツを土に埋める映像をテレビで見てもったいないと感じ、日本の流通が非合理的であるかのような印象を抱いたり、中間流通は無駄とのイメージを持っているのではないかと感じている。卸売業者は農産物の受託を拒否できないことや、卸売市場で扱われる生鮮品が食品衛生検査によって安全・安心が確保されていること等について、開設者と業界はブラックボックスのようなイメージを払拭するように積極的に発信する努力が必要である。

神戸における流通活性化の挑戦をご紹介する。大手量販店による相対取引の増大によって我々小売店が仕入れたい品物の確保が困難となっている。このため、平成27年度に業界団体が実行委員会を立ち上げ、小売・仲卸・卸の流通三者が連携して、中央卸売市場で仕入れた生鮮品等を地元の中小小売店が流通させる取組みを強化する事業を展開している。今回の卸売市場法の抜本的見直しによって、地を這うような我々の地道な努力が報われることを祈念している。

(2)　出席議員からは、以下のような指摘がなされた。

舞立昇治　先生[32]

[32] 鳥取県選挙区選出参議院議員

毎回出席しているが、未だに卸売市場法の改正がなぜ必要か良くわからない。農林水産省は資料で説明をしているが、次回以降は、こういう必要性からこのような規制があるという説明と、それについて農林水産省が考える課題と規制改革推進会議が考える課題を対比してもらえば、本当に課題があるのかないのか分かると思う。また、卸売市場法のこれまでの改正の経緯、内容をまとめた資料を提出すべき。

私は総務省の公営企業部門にいたが、大きいところは黒字だが経営状況はあまり良くない。地方公共団体が卸売市場についてどのように考えているのか、農林水産省の考え等について、聞かせて欲しい。

山田俊男　先生

解散の可能性が高まっている政治状況の中であるが、規制改革推進会議は検討の手を緩めない。検討の時期や進め方について、しっかり歯止めをかけたうえで、休戦しようではないか。

片山さつき　先生[33]

官邸の諮問機関である規制改革会議の意見は尊重する必要があるが、実態について、関係省庁から数字で示し、このバランスが変わるとこうなると主張していかないと危ない。

筆者

卸売市場関係は農林水産省が所管し、小売は経済産業省が所管しており、両省にまたがっているためか、市場・小売をどう強化していくのか、その政策が両省で十分に連携がとれていないために弱いのではないか。だからこそ、町の商店街が寂しくなっているのではないかと感じている。

今や、スーパーでトレイに商品を入れてレジで支払いをするだけの行為が普通になってきている。和食や日本の食文化をどう維持していくのか。八百屋、魚屋で直接対話をする等の日本の食生活が寂れていっている。このままでは、小売が絶滅し、スーパーしか残らなくなるが、果たしてそれで良いのか。

私が役所にいた頃は、夏の予算の概算要求の段階で粗々の法案骨子を作り、関係者と協議を行っていた。卸売市場法改正の場合には、そのようなところが農林水産省から全く伝わってこない。閣議決定にあるように今年中にどう結論を得ていくのか、示すべきである。

[33] 比例区選出参議院議員

坂本哲志　先生[34]

次の勉強会は中止であるが、議連の途中経過として、政調会長に申入れをすべき。

宮下一郎　先生[35]

流通のパワーアップは必要である。多様な品揃えで勝負しよう、地域の皆様と密着して頑張ろうという小売店がつぶれるのであれば、それは地方創生に逆行すること。ICTの導入は重要であり、町の八百屋・果物屋・魚屋のような小さな所においても、必要な商品の情報が得られ、必要な品物がとれるように、ICTを導入すべきであり、そのための支援策を農林水産省はどう考えているのか。

農林水産省回答

今年6月に閣議決定され、卸売市場法については平成29年末までに具体的結論を得るとされている。今回のヒアリングをふまえ、しっかり準備していきたい。

平　将明　事務局長

卸売市場は、入荷・小売・仲卸が一体となって円滑な運営をしている。卸売市場は他の物流施設と横並びであるという規制改革推進会議の現状認識は間違っている。農林水産省も良く理解して、しっかりと主張するように。

議連として、政調会長への申入れを検討する。

このような状況であり、次回の25日の議連は延期とする。

第5回の勉強会は9月25日（月）に有識者からのヒアリングを予定していたのであるが、同月20日（水）頃から、急に衆議院が解散されるとの情報が広がり、勉強会の開催を延期することとし、緊急提言をまとめることとした。

20日（水）13時に、武田卸売市場室長が来訪し、今後の段取りについて打ち合わせを行った

9月25日（月）18時からの記者会見で、安倍首相は28日（木）に衆議院を解散すると表明した。同日、小池都知事は「希望の党」の結成を発表した[36]。

---

[34] 熊本3区選出衆議院議員

[35] 長野5区選出衆議院議員

[36] 9月27日に、「希望の党」は正式に結党された。

5．岸田政調会長への議連申し入れ

9月27日（水）には、解散直前でバタバタとしている中、森山会長、平先生と緊急提言についての最終調整を行って、16時50分に森山会長、平先生と3人で岸田自由民主党政務調査会長に卸売市場議連として「「卸売市場の抜本的見直し」に対する緊急提言」の申し入れを行った[37]。

「卸売市場の抜本的見直し」に対する緊急提言（抄）

卸売市場は従来、全国から青果物・水産物等の集荷を行い競り（セリ）を主催する荷受会社、荷受会社から品物を競り落とし小売会社への分荷を行う仲卸会社、仲卸会社から品物を購入し消費者へ販売する小売会社、これらが三位一体となって生態系を築くことで、日本の流通機能の基幹インフラとしての役割を担ってきた。

TPP交渉が始まって以降、農業生産者の手取り金額の増加について問題提起されてきた中、流通・加工構造の効率化も議論の俎上に載せられた。その結果、平成28年11月に「卸売市場法を抜本的に見直し、合理的理由のなくなっている規制は廃止する」が盛り込まれた農業競争力強化プログラムが決定され、平成29年6月に「卸売市場法の見直しについては、平成29年末までに具体的結論を得て、所要の法令、運用等を改める」旨が特記された規制改革実施計画が閣議決定された。

当議連は、卸売市場を取り巻く状況が一大転機を迎えたことを契機に、その機能や役割について、関係7団体からのヒアリングを実施し、これらの内容（詳細は別紙参照）を踏まえた上で、今後、党政務調査会で行われる「卸売市場の抜本的見直し」に関する検討に当たって、以下の認識をベースとして議論するよう提言する。

1．卸売市場は、少量多品種の食材を好む傾向がある日本の食文化を支える基幹インフラとしての役割を果たしていること

2．卸売市場は、荷受、仲卸、小売が三位一体となって生態系を築いており、規制改革において、いずれかの団体の主張だけを殊更取り上げると全体のバランスを崩すこと

3．生産者は自由に販売先を選べる中、卸売市場には、マクロの調整機能を果たすため、一定のルールが必要であること

[37] 全文は議連資料8の通りであり、申し入れについては議連資料9で議連メンバーに報告した。

4．生産者側の手取り金額向上の議論の中で、価格決定権とトレードオフの関係にある在庫リスク、売れ残りリスクが見落とされていること。また、市場には販売代金の迅速・確実な決済機能があり、代金回収リスクも軽減されていること
5．生産者の手取り金額を増やすには、流通コストを減じるだけでなく、売上（単価×量）を増やす方策もあること。この点、輸出拠点としての役割を果たす卸売市場など、地域の実情に合わせ価値を顕在化させる視点も取り入れること
6．卸売市場不要論を唱える事業者は、「卸売市場を通さないから安くて新鮮」をうたい文句にするが、ビジネスの調整部分で卸売市場を利用しているケースもあること
7．卸売市場流通がなくなると、大手事業者と生産者が直接交渉することになるが、その場合、大手のバイングパワーにより、生産者の手取り金額は却って減る可能性があること

9月28日（木）に第194回臨時国会が召集され、12時から開会された衆議院本会議の冒頭に衆議院は解散された[38]。

10月10日（火）に公示された第48回衆議院議員総選挙は同月22日（日）に投開票され、自公が313議席を獲得して圧勝した。民進党は分裂し、急遽結党された立憲民主党が55議席を獲得して野党第一党となり、希望の党は50議席の野党第二党となった

11月1日（水）に第195回特別国会が召集され[39]、同日、第四次安倍内閣（自公連立政権）が発足した。

6．第5回卸売市場議員連盟勉強会

国会召集後、直ちに議連を再開することとし、11月7日（火）12時から第5

[38] 前原民進党党首は希望の党に公認申請を依頼し、事実上の希望の党への合流を進めることとした。しかし、小池知事は民進党のリベラル議員を排除すると表明し、民進党全体との合流を否定した。小池知事主導の希望の党に反対する枝野幸男は10月2日（月）に「立憲民主党」の結成を宣言し、翌3日（火）に結党を届け出た。
[39] 会期は39日で12月9日まで。

回勉強会を開催し、「卸売市場法の抜本的見直しについて」花きの団体と有識者からヒアリングを行った[40]。花き荷受団体については、日本花き卸売市場協会の磯村信夫会長と同協会の青木一芳副会長が、花き仲卸団体については、全国花卸協会の江口晃副会長が、学識経験者としては、藤島廣二東京聖栄大学客員教授が説明し[41]、その後、意見交換を行った。

⑴　花き荷受団体からは、以下のような指摘がなされた。

日本花き卸売市場協会　磯村信夫　会長

花は嗜好性が高く、文化に根差した消費がなされるという特徴がある。このため、マーケティングが重要。生産したものを市場に出すか、予約相対で取引するか等を調整する用途別出荷調整業者がいる。消費地においては、鉢物は予約相対取引が多く、切り花は、お彼岸のように一定量の取引が見込まれる物入り日であれば契約取引をするが、基本的にはせり取引またはせり前取引[42]となる。花は、切り花でも１週間、鉢物では１か月持つので、他の生鮮食品とは異なる。

同協会　青木一芳　副会長

地方卸売市場の立場から発言する。花は規模は小さいが多品種という商品特性があり、地方都市での消費が多い。日本花き卸売市場協会118市場のうち、地方卸売市場は95市場、80％で、生産者・消費者にとって、地域に根差した流通機構となっている。近年の情報通信技術、輸送事情により格差が拡大しており、中央市場と地方市場が連携できるような制度工夫が必要。一部の公設地方市場では市場会計が成り立たなくなっており、市場内から管理事務所が撤退して卸が管理業務を行っており、今後、民営化が加速する可能性がある。基幹となる卸売市場制度を残しながら、中央卸売市場と中小の地方卸売市場の連携が取れる方向に進むようにお願いしたい。特に、地方卸売市場、とりわけ民設市場に配慮願いたい。

⑵　花き仲卸団体からは、以下のような指摘がなされた。

全国花卸協会　江口　晃　副会長

第三者販売、直荷引き、差別的取扱の禁止の見直しは、個性ある専門店に

---

[40] 議事次第・出席者リストは議連資料10の通りである。

[41] 提出資料は議連資料11の通りである。

[42] 「せり前取引」とは、せり売り開始前に行う相対取引をいう。買い手側が必要量を確実に確保しなければならない場合やスーパーなどへの納品時間に間に合わせるために早い時間に取引を行わなければならない場合に行われる。

とって脅威となっており、見直しの結果、専門店の販売チャンネルが淘汰されていくのではないかと危惧している。花きは、専門店が減少しているが、全国で15,000店舗、売上規模4,000億円、市場全体の45％を占めている。第三者販売が廃止されると、ホームセンターやスーパー、量販店等へ規模を優先した販売が増加し、これまで目利きの仲卸と専門店との間でなされていた適正な価格形成が失われることが予想される。消費量が比較的一定である生鮮食料品に比べて、お彼岸や母の日等、花には極端に消費の多い日がある。量販店では母の日までは特設コーナーが設けられていても、母の日が過ぎれば花のコーナーは片付けられてしまうが専門店では一年中、季節の商品が並べられている。カーネーションは母の日が過ぎても出荷されてくるのに、だれが生産を底支えしているのか。需要の高い時にだけ販売するのでは、継続的に生産されている農作物には不向きである。常に新しい需要を開拓してきたのは、専門店のたゆまぬ努力の賜物である。現在、第三者販売は、荷があふれた時等の限られた場合にだけ行われている。極めて合理的な第三者販売の原則禁止を見直す理由が理解できない。直荷引き、差別的取扱等の緩和にしても同様であり、専門店にとっては大きな脅威である。

(3)　有識者からは、以下のような指摘がなされた。

藤島廣二　東京聖栄大学　客員教授

海外と日本の卸売市場は大きく異なる。海外では卸売業者が多く、1つの市場で何百社いる場合もある。日本では、卸の数が少ないことにより、量的にまとまったものを取り扱うことができ、多様な種類を揃えることができる。また、もう一つの大きな違いは、日本には卸と仲卸が存在することである。立場の異なる二つの業種が存在することによって、厳格な価値評価、価格形成を行うことができる。特に、仲卸は、同じ品目を20年、30年見続けている者がいて、価値を見極めることができる。

卸売市場の重要な役割・機能を3点挙げる。

一つ目は、必要とする人々の全員に開かれた取引システムであるということ。受託拒否の禁止や差別的取扱の禁止がこの役割を強化している。天候次第で変動する農産品を卸売市場が引き受けることにより、生産者は安心して生産ができるし、消費者はリーズナブルな価格で購入できる。

二つ目は、出荷側・仕入側双方が納得しうる価格の実現である。卸と仲卸の存在により、厳正な価値評価が行われ、価格が形成される。市場での価格形成が非常に重要である。

三つ目は、生活の豊かさへの寄与である。卸売市場があることによって、小売部門の寡占率が低くなり、多数の店舗から選ぶことが可能になり、多様な品物の集荷によって、消費者の商品の選択幅が広がる。契約取引では品数が限られてしまう。

卸売市場を通すことにより、コストも安くなる。生産者と小売業者がそれぞれ取引をするより、卸売市場を経由する方が取引件数が少なくなる。直販等と比較しても、卸売市場経由の流通コストは決して高くないと考えている。

卸売市場の取扱量が減少し経由率が低下していることについて。取扱量の減少は、高齢化によって食べること量が少なくなっており、花についても消費量が減ってきていることによる。経由率の低下は、高齢化が進み、食の多様化が進み、食の外部化により、外食企業、中食企業等の加工品を食材として使用する比率が高くなってきていることによると思われる。花の場合に、消費量が減っているが経由率が低下していないのは、加工品がないためである。卸売市場法では、卸売市場においては生鮮食料品等を扱う場とされて加工品を扱わないため、加工品需要の高まりが卸売市場の経由率低下の一因であると考える。

(4)　出席議員からは、以下のような指摘がなされた。

中村裕之　先生

農林水産省の資料では花きは23%がせり・入札取引で、残り77%は相対取引となっている。これでは、公正な価格形成ができないのではないか。

日本花き卸売市場協会　磯村信夫　会長

切り花は、大田花きが高いシェアを占めているが、当社では全ての品目で20%以上をせりにかけることとしている。それは、取引所の建値を出すためであり、その建値を全国の花き市場が指標にしている。せり前取引においても、この建値を参考にしている。

全国花卸協会　江口　晃　副会長

現状では75%以上が時間前取引となっているが、卸と仲卸が商品について、このくらいの価値でこのくらいの価格であるということを目利き同士で話し合いを行っている。

平　将明　事務局長

荷受けが安く売ってしまうと、荷が他の市場に行ってしまう。しかし、高く売ると仲卸が他の市場に行ってしまう。そのような需給調整が市場ではなされている。

中村裕之　先生

第三者販売や直荷引きが緩和されていくと、どんどん卸売市場から離れ、全国からの集荷機能が失われて、生態系が壊れていくのではないか。卸売市場ではIT化や物流合理化が遅れているといわれているが、アマゾン等によって卸売市場は駆逐されるのではないか。

日本花き卸売市場協会　磯村信夫　会長

卸売市場はB to B[43]であり、卸と仲卸が、短期的には価格形成で拮抗し、中長期的にはスムーズなサプライチェーンを生み出すために、プラットフォームビジネスを行っている。卸の集荷機能、品揃え機能が劣っていたり、仲卸の一定の機能が劣っている場合には、例外的に第三者販売や直荷引きが起きている。物流費が高騰する中、卸と仲卸が一緒になってスムーズなサプライチェーンを築いていかなければならない。

全国花卸協会　江口　晃　副会長

アマゾン等のプラットフォームは脅威であるが、農作物の特性を考えると、卸売市場での適正な価値判断による価格形成が優れている。アマゾンの画像では価値評価に限界がある。

筆者

規制緩和論者は、市場外取引が増えてきて、卸売市場法を制定した当時と現在の状況が変わっているので、卸売市場法の枠組みを廃止を含めて見直さなければならないと主張している。議連で関係者のご意見を伺っていると、価格形成機能が一番重要であると思われるが、卸売市場法の肝として、今後とも残すべき規制は何であるか。

日本花き卸売市場協会　磯村信夫　会長

受託拒否の禁止、代金決済の確保はどうしても必要。差別的取扱の禁止に関しては、卸は産地に対して差別的取扱いをしてはならないが、仲卸は特定の産地と特定の小売を結ぶ役割がある。受託拒否の禁止や差別的取扱い

43「B to B」とは「Buyer to Buyer」のことで、「プロの企業同士の取引」を指している。「B to C（Buyer to Consumer）」として使われる「C（Consumer）：素人の消費者」と対比して、Bとして使われる。

の禁止がなくなると、公共性がなくなる。

全国花卸協会　江口　晃　副会長

卸売市場は社会的インフラなので、生産者から出されたものは儲からないものも全て引き受け、小さな花屋にも出している。第三者販売も直荷引きも、現実は原則の中で動いている。今の卸売市場法は非常に理にかなっている。生産者から卸売市場法を変えてくれということは聞いたことがない。

平　将明　事務局長

卸売市場の機能で一番大事な機能はマクロな調整機能。入荷量が大きく変動する中で、それを現金化できるというのは、日本型卸売市場という多種多様な業者がいる生態系があって、マクロの調整機能が働いているため。荷受けに聞いたら第三者販売を認めて欲しいと言うかもしれないし、仲卸に聞いたら直荷引きをやりたいと言うだろうが、生態系なので、個々に聞いたことを全て反映させると生態系が壊れてしまう。生態系が壊れるとマクロの調整機能がきかなくなり、その結果、卸売市場と他の流通拠点が同じになり、専門小売店が消えてしまう。

舟橋利実　先生[44]

卸がせりについて疑問を抱いている場合があると、仲卸から聞いている。これ以上せり割合が低下すると価格形成機能が失われるというラインはあるのか。

日本花き卸売市場協会　磯村信夫　会長

花の場合にはせりが成り立つ。青果物の場合は、農協のような出荷団体が強いので、いわゆる指値委託もある。出荷者が少なく、量販店が大きくなっていくと、なかなかせりだけでは成り立たなくなる実情もある。花の場合には品目も多く、個人の生産者も多く、消費者への供給は専門小売店が45%を占めているので、せりが成り立つ。しかし、人気商品はせり前取引でなくなっていく。当社では、建値をたてるために、人気の商品でも、インターネットによる相対取引だけではなく、必ずせりにかける分を残している。そのため、量販店や葬儀屋等にもせりに参加してもらっている。

---

[44] 北海道ブロック選出衆議院議員

7．第6回卸売市場議員連盟勉強会

11月14日（火）13時から第6回勉強会を開催し、「卸売市場法の抜本的見直しについて」有識者からヒアリングを行った[45]。新山陽子立命館大学教授と生田與克（一社）シーフードスマート代表理事のご意見を伺い[46]、その後、意見交換を行った。

(1) 有識者からは、以下のような指摘がなされた。

新山陽子　立命館大学　教授

卸売市場の開設の目的は、「透明で公正な取引と価格形成」であり、規制改革推進会議が主張している「食料不足時代の公平分配のためのもの」ではない。また、規制改革推進会議の議論は、卸売市場法がこれまで改正を積み重ねてきたことに全く触れていない。

卸売市場の重要な役割は、①透明で公正な取引、②透明で公正な価格形成、③取引価格の公表（指標価格の形成）、④取引費用の削減、の4つ。

日本の量販店の市場支配力は非常に強い。その対応のため、独占禁止法が強化されてきているが、優越的地位の濫用は、殆どが返品や従業員の派遣等の製品価格以外の行為に対して適用されている。

これまでの考え方では、神の見えざる手[47]によって需給が一致する価格が決定される完全競争市場を前提として、制度はすべて制約であると考えられてきた。しかし、制度は制約ではなく、行動や判断をスムーズにするためのルールとしている新産業組織論の考え方に変わってきている。そのルールの変更は、関係者と十分な議論を行い、合意を経た上で行われるべきである。

生田與克　シーフードスマート　代表理事

本業は築地市場の魚の仲卸である。卸売市場の機能は、集荷、分荷、評価、決済の4つである。集荷は、卸売業者が産地から魚を集めること。分荷は、日本で流通している魚はほぼ全て天然魚で、生食に提供していることを前提として考える必要がある。中央卸売市場は、大きさの異なる天然

---

[45] 議事次第・出席者リストは議連資料12の通りである。

[46] 提出資料は議連資料13の通りである。

[47] アダム・スミスは『国富論』で、個別投資家が自らの資産運用において安全かつ効率的であろうとする行動をとることによって、結果的に、神の見えざる手に導かれるように、全体としての効率的な投資を実現し、経済を成長させると論じた。

魚の大きさを絞っていく重要な機能を担っている。

海外の市場を参考にすべきとの指摘もあるが、海外は魚を冷凍して売れる時に売るという流通である。我が国のように生食をする場合は生で流通させる必要がある。さらに、大型のマグロ等を１本丸ごと購入できる業者は基本的に存在しないため分荷する必要がある。例えば、せりでマグロの重量平均単価がキロ当たり１万円で、頭と内臓を落とした単価が１万２千円となった場合、大トロがとれる腹の部分は約10倍の価格、しっぽは２～３千円という形で部位毎に価格をつけ、全体として収支があうようにしている。私は、このような価格を決定する機能が中央卸売市場の最も重要な機能と考えている。魚市場は需給に加え、品質も評価することで、適切な価格形成を行っている。

最近増加している大型量販店の産地直送での魚の仕入れの場合、一つの漁港と契約するのだが、大型量販店には販売計画が存在するため、大量の魚が採れたとしても、その販売計画以上は仕入れることはないため、在庫は生産者が抱えることになる。生産者や漁業者は販売が上手くないことと生鮮食品は早く流通させなければならないことを考慮する必要がある。

何のために卸売市場法を改正するのか理解できない。商物一致の原則や第三者販売について議論しているようだが、議論の内容が小さい。水産資源の枯渇や減少等に直面している現状に鑑み、中央卸売市場がどのような機能を発揮すべきなのか、どのような機能を追加すべきかについて議論し、第一次産業を守って頂きたい。

(2)　出席議員からは、以下のような指摘がなされた。

平　将明　事務局長

市場の経由率が下がってきているのは、保存が効くものであり、冷凍食品等のせいである。生鮮食品については経由率は全く落ちていない。卸売市場には品質劣化するものを、劣化する前に現金化する機能がある。この機能がなくて捨ててしまったら、生産者の収入が減るか、消費者が価格の高騰に直面することになる。荷受けや仲卸、小売等の多様性があり、そこにエコシステムがあるから、調整機能が働いている。卸売市場の流通コストが高いとの指摘があるが、注文の量と生産の量がほぼ同じということを前提にして流通コストが計算されており、大きな意味での全体の流通機能がビルトインされていない。有識者が言うようにITでつないだとしても、生産量が変わるわけでも漁獲量が変わるわけでもない。また、小売はPOSシステムで動いているので、注文以上は1ケースたりとも余計には要らず、逆に1ケース欠品したら何十万円というペナルティを取られる。卸売市場の機能がなければ流通量の調整が効かない。

山田俊男　先生

新山先生の資料にあったように、「問題提起」、「方向性の提起」、「規則の提案」という手順を踏むべき。規制改革推進会議に言われるがままに規制緩和するという前提から議論が始まっているので、議論が深まらない。しっかり議論して、時代に合った良い卸売市場制度として欲しい。

中村裕之　先生

JAからは、商物一致の原則は不要ではないかとの意見がある。魚市場でも商物一致ではない取引が行われているのか。

生田興克　シーフードスマート　代表理事（回答）

魚市場では、必ず商物一致の原則に従っている。しかし、商物一致の原則に従うべきか否かは商品による。マグロ等100キロや200キロのような大きくて高価なものは商物一致の原則に従う必要がある。一方、サバやサンマ等、大衆魚で規格が揃っており、産地が明らかなものは、見なくてもある程度判断できるため、必ずしも商物一致にこだわる必要はないと考える。

平　将明　事務局長（回答）

野菜については、JAが規格を定めているようなものについては、商物一致の原則に従う必要はないが、小さな産地の産品や、産地によって規格がバラバラのもの、産地によって個性があるものは、目利きが求められるため、商物一致の原則に従う必要がある。

舟橋利実　先生

新山教授は、卸売市場法の改正は必要ないと考えているのか。または、改正する必要がある部分が存在していると考えているのか。

新山陽子　立命館大学　教授

平成16年改正が実態に即したものであり、現行法で対応が可能であると考えている。商物一致の原則等を市場や商品の実情によって原則とは異なる運用を行うことは可能である。現時点における卸売市場が果たす役割は増大しており、どのような機能が必要か等、卸売市場の機能が発揮できるようにするための議論を行う必要がある。

品質が一致するものであれば卸売市場での見本取引も可能だが、品質が高く100万円以上する食肉や、伝統的な京野菜等、品質にあわせて評価されるものについては、商物一致の原則に従う必要がある。現物を実際に見て評価を行えるところが、卸売市場の機能である。

筆者

京野菜や高級鮮魚等、直接目で見て評価する必要があるものについては、卸売市場で集荷・分荷・値決め等が行われる必要がある。また、そうでないものについては商物一致の原則に従う必要がないものの、せりの価格を前提として流通が行われる点で、卸売市場の役割は大きい。これらの関係者の意見をふまえず、卸売市場法を改正すべきとする規制改革推進委員会の議論は実態に即しておらず、上滑りである。卸売市場法の見直しについては関係者のニーズをよく聞いたうえで、なお変えるべき部分を変えるべきであるということか。

新山陽子　立命館大学　教授

基本的にはそうだと思う。規制に対する考え方も変わってきている。卸売市場自らがチェックしたものを政府が確認するというように役割分担することで対応が可能ではないか。

関　芳弘　先生

産直は、これまで買ってくれたところが買ってくれなくなった時に、何処に出荷するのかという問題がある。現在の議論は、相対取引が必ず行われることを前提としている。取引先を探すという点を含めて検討が必要である。

新山陽子　立命館大学　教授

相対取引で生産物の余剰が発生した場合、どのように対処するかという問題である。流通業者であれば、その対処が本来の機能であるが、生産者にその機能を求めるのは酷である。また、地域の小売店等が自ら商品を探さなければならないということも酷である。そのようなリスクを卸売市場が緩和している面は見落とすことはできない。

平　将明　事務局長

今回の見直し議論において、そもそも規制改革推進会議の有識者は商品の在庫リスクというものを甘く見ている。JAがリスクをとってポートフォリオを組んでくれと述べているが、間違いなく倉庫にゴミの山が発生する。引き続き、生産者と消費者のために何が必要か議論を進めていく。農林水産省もこれだけ勉強しているのだから、毎回同じ資料を提出するのではなく、これまでの議論も踏まえ、そろそろ考え方をまとめた資料を提出してもらいたい。

11月17日（金）13時30分に、筆者の部屋に農林水産省食品産業局の宮浦食品流通課長が来訪し、農林水産省の卸売市場法改正についての説明を受けた[48]。

同月20日（月）９時30分から10時15分まで、森山国対委員長の議員会館の部屋に、森山裕先生、野村哲郎参議院議員・自民党農林部会長、浜田靖一衆議員議員・自由民主党水産総合調査会会長、平先生、関先生と筆者が集まり、今後の卸売市場法改正に向けての対応策について打ち合わせを行った[49]。

８．第７回卸売市場議員連盟勉強会

11月21日（火）12時から第７回勉強会を開催し、農林水産省より「食品流通構造改革に関する論点」について説明があった後、「卸売市場法の抜本的見直しについて」生産者団体からヒアリングを行った[50]。農業生産者団体については、全国農業協同組合中央会（JA全中）[51]の金井健常務理事と全国農業協同組

[48] どの議員から説明を開始し、どのレベルの職員が説明をするかは重要なポイントである。先ずは大臣経験者等のその分野の重要議員から説明を開始する。また、相手によって説明者は、局長か、審議官か、課長か、室長にするかを判断して行う。農林水産省に限らず各省は、最重要議員にレクを行い、そのご意見等を踏まえて局内で必要に応じて再調整し、その後その他必要な関係議員にレクを行うことが通例である。筆者の場合には、農水族議員ではないので、翌週21日（火）８時に開催する農林・食料戦略調査会、農林部会合同会議、同日12時に開催する卸売市場議連の直前のタイミングで、課長が説明に来たのである。

[49]「第７章　自由民主党農林部会・水産部会」に後述しているが、11月21日（火）に開催する農林・食料戦略調査会、農林部会合同会議で、卸売市場を含めた流通構造について論点整理に入るため、前日の20日に森山議連会長、野村農林部会長、浜田水産総合調査会会長を中心に、今後の対応について打ち合わせを行ったのである。

[50] 議事次第・出席者リストは議連資料14の通りである。

[51] 日本全国の農業協同組合（JA）、経済農業協同組合連合会、専門農協の連合会等に対して総合指導、農業政策の取組などを行い、日本の農業の推進を行う機関。農業協同組合法第37条の２に基づき、各JA等に対する指導権を有していたが、平成29年改正で全中の特別認可

合連合会（JA 全農）[52]の岩城晴哉代表専務理事が、漁業生産者団体については、全国漁業協同組合連合会の大森敏弘常務理事が説明し[53]、その後、意見交換を行った。

⑴　生産者団体からは、以下のような指摘がなされた。

全国農業協同組合中央会　金井　健　常務理事

卸売市場法の見直しに関しては、昨年秋に廃止という規制改革推進会議の提言が出たが、現場では大変厳しいという声が出ているというのが率直な実態である。

基本的な認識については、国産青果物の卸売市場経由率は９割弱であり、卸売市場は国産青果物にとって欠かせない存在である。特に、青果物は我が国の農業の成長分野であって、生産額の３割を占めている。このような発展が出来たのも、まさに卸売市場が有効に機能しているからと考えている。国内農業の今後の発展のためにも、市場機能が弱体化するような見直しは容認できない。見直すべきものは見直すと考えているが、卸売市場法の廃止という極端なことを考える状況にはない。

具体的な内容については、受託拒否の禁止、代金決済の確保等、卸売市場の公的な機能に係る規制は是非とも堅持して頂きたい。農業、青果物は天候に大きく左右されるという特性をよく踏まえて対応して頂きたい。これらの規制は、生産者が最もメリットを感じているものであり、生産者視点で見直すということであれば、当然堅持して頂きたい。

検討の進め方については、西と東の地域、野菜や果実といった品目、卸の規模等、それぞれ意見の違いがある。ぜひ様々な関係者の十分な調整を行い、丁寧かつ慎重に検討を行い、結論を出して頂きたい。

第三者販売については、大きな量販店のバイイングパワーが強まるのではないか。第三者販売の禁止の撤廃によって、生産者に不利が生じないようにして頂きたい。一方、産地との契約取引も進んでいるので柔軟な取引もできるようになるという意見もある。このような様々な意見があるので、慎重に検討して頂きたい。

商物一致の原則については、例えばメロンのように実際に現物を見てみな

法人の規定が削除され、平成31（2019）年９月に一般社団化することになっている。

[52] 日本全国の農業協同組合（JA）、経済農業協同組合連合会、専門農協の連合会等の連合組織で、生産資材や生活用品の共同購入・農畜産物の流通・加工・販売等を行っている組織。

[53] 提出資料は議連資料15の通りである。

いと品質が分からないという、商物一致になじまない品目もあることも十分に踏まえて見直しを進めて頂きたい。

流通全体の改善促進対策については、取引の監視強化や市場の整備、運転手が足りない等と様々な問題が出ている。直面している流通の問題についています、万全に対応して頂きたい。これらがしっかり改善できれば、生産者の所得向上が図れると考えている。

全国農業協同組合連合会　岩城晴哉　代表専務理事

受託拒否の禁止と差別的取扱いの禁止については、青果物は天候によって豊凶が左右され、鮮度劣化が多いものであるが、生産者が安心して出荷できる後ろ盾、セーフティーネットとなっており、是非堅持でお願いしたい。

代金決済の確保についても、一般的には、スーパーは15日締めの月末払いなので約23日が（生産者の手元に代金が入る期間の）平均であり、卸売市場流通では生産者への支払いまで３～７日程度であり、産地・生産者にとっては次期作に向けた営農資金となる等、営農面で役立っている。代金決済の確保についても堅持でお願いしたい。

商物一致の原則については、緩和が必要と考えている。産地と卸売業者の事前商談の中で、一旦市場に荷物を降ろさず、実需者の物流施設に直接納品することもある。鮮度向上だけでなく、卸売市場も含めた物流コスト全体の低減を図ることができ、生産者、消費者双方にメリットがある。商物一致については緩和してもらいたい。

全国漁業協同組合連合会　大森敏弘　常務理事

水産物の流通形態は多様化しており、卸売市場を経由する率が低下しているのは事実。しかし、卸売市場は水産においても価格形成、そして安定供給の面で欠くことの出来ない社会インフラ、流通の基本である。卸売市場の機能・体制は今後もしっかり維持して欲しい。

JF グループでは、漁業者の所得向上を目指した「浜の活力再生プラン」を実践している。卸売市場法の見直しでは、我々の取り組みもしっかりと踏まえて、産地に混乱が起きないように願いたい。

受託拒否の禁止規定の維持をお願いしたい。生産者が水産物を漁獲し、安心して卸売市場に販売を任せられるのは、受託拒否の禁止規定があることによる。これがなくなると、安心して漁が出来なくなるため、是非とも受託拒否の禁止規定は維持して頂きたい。

漁業者は水産物の販売を漁協に全面委託している。高く売るためには販売のチャンネルはより多様でなければならないし、それが漁協の販売力に繋がる。そのために、漁協自ら買参権を持つことによる価格形成力の強化が非常に有効かつ重要である。現在の卸売市場法第40条は、中央卸売市場においては卸売業者が卸売の相手方として買い受けすることを禁止している。一方、地方卸売市場に係る判断は都道府県の裁量に委ねられているが、都道府県条例で禁止もしくは条件付きで可能とされており、実際には難しく、自己買参権利を認めない県も半数程度ある。そのため、自己買参権を持っている漁協も限定されている。全漁連調べでは、産地市場がある572の漁協のうち自己買参権を持っている漁協は178である。産地市場においては、卸売人の自己買参権の禁止を制度として外して頂ければ、産地市場はより活性化する。

産地市場の統合の促進支援についてである。産地市場の役割は、全体の生産金額の６～７割を占めている価格の安い魚をどう高く売るか、ということにある。のどぐろのような高い魚は黙っていても高く売れる。そこで、産地では市場統合による集荷力、競争力の強化に取り組んでいる。先程ご説明した浜プランをより強化した広域浜プランを37県域、134地区で制定しているが、この広域浜プランの下で産地市場統合が検討されている。岸全漁連会長の地元の島根県では、21あった産地市場が平成25年に６つに集約されたことで、集荷力、競争力の強化に繋がったと報じられている。この市場の集約化に係る政策支援、拡充強化をお願いしたい。

⑵　出席議員からは、以下のような指摘がなされた。

山本有二　先生[54]

産地市場が統合すると、集荷力や販売力が強くなることを、私も感じている。もう少し市場統合を進めると、浜の力をもっと伸ばすことが出来るのではないか。商物一致の原則を緩和することで、インターネットやカタログ販売などの新しい手段で売買出来るのではないか。

全国漁業協同組合連合会　大森敏弘　常務理事（回答）

まず、実物をどのように集荷・集中化して、競争力を高めていくか。産地市場そのものも買受人も、単体の産地市場のままでは買う力、競争力がな

[54] 高知２区選出衆議院議員、前農林水産大臣

いため、両方の集約化を進める。その上で、インターネット販売にしても市場を通さない流通にしても、どのように広めていくか、引き続き検討して参りたい。

野村哲郎　先生

漁協の買参権の話があったが、青果物や食肉等、漁業以外のものについては自己買参権はどうなっているのか。また、卸売市場法第40条で自己買参権取得が禁止されているとのことだが、中央卸売市場と地方卸売市場で規制の違いがあるのは何故か。

農林水産省回答

中央卸売市場においては、基本的に卸と仲卸が取引を行っているが、卸売業者同士での取引を認めることで、この基本的構造が歪んでしまうという懸念がこれまでにはあったので、卸売市場法第40条で、基本的には禁止している。他方、地方卸売市場については、条例で都道府県知事が規制することが出来るが、これは地方によって様々な事情があるからである。青果、肉等については、自己買参権があるという話は承知していない。

山田俊男　先生

資料の「JA グループの自己改革の後押し」について、卸売市場法のより一層の弾力化を念頭に置いて多様な扱いが出来ることを後押しと考えるのか。それとも卸売市場法に則した市場を通じて、より適正な流通で価格形成が出来ればということに重点を置いているのか。全農は集配センターを全国で３～４か所で運営してきたが、現状はどうか。これは卸売市場法の枠外の施設なのか、それとも同法のルールをふまえたものなのか。

全国農業協同組合中央会　金井　健　常務理事（回答）

市場の弾力化なのか適正な流通なのかのどちらかというよりも、受託拒否の禁止や代金決済の確保はしっかり堅持してもらいたい。市場が機能しているものは、それを通じてやってもらいたい。一方、商物一致等の流通全体の改善促進対策については、メリットがある見直しであれば、是非対応して頂きたい。

全国農業協同組合連合会　岩城晴哉　代表専務理事（回答）

全農の青果センターは、2016年度で1,700億円の取り扱いがある。昭和44（1969）年に東京センター、昭和47（1972）年に大阪センター、昭和48

（1973）年に神奈川に大和センターが出来た。

卸売市場法適用外であるが、手数料を8.5％にする等、当初は卸売市場法に準じた取り決めをしていた。今は、各産地ごとに話し合って決めている。

キャベツや玉ねぎ、馬鈴薯等、キロ100円前後の商品はいったん卸売市場に持っていくと、物流コストがケースあたり100円かかり、直接センターに持っていく方がローコストで鮮度も良い。そういう意味では、商物一致の原則の緩和はどんどん進めていっても良いのではと、産地も希望しており、柔軟に考えて頂きたい。

進藤金日子　先生[55]

現状においても原則禁止の規制を省令で状況に応じて抜いてきている。生態系を全て崩すのではなく、原則禁止の下で実態に則して省令で抜いていけば良いのではないか。

中央卸売市場としてやっていけない市場は地方卸売市場に転換して規制をなくし、さらに、民営化する方法も残されている。現在の法制でも柔軟性は確保されているのではないか。

農林水産省回答

中央卸売市場があわなければ、地方卸売市場への転換も認めているとの説明を行ってきたが、そうなると中央卸売市場とは一体何なのか、最終的に抜け殻となる制度を国が持っていて良いのか、という疑問が生じてくる。市場の機能を活かした上で、どのような形とすることが各事業者の取引の活性化につながるのかという視点で、必要な見直しを行いたい。

古賀　篤　先生

中央卸売市場としての機能が何かということを良く考えて、法律の見直しをすべきである。JAの「地域ごとに異なる」とはどういうことなのか？JFはどのような政策があって、どのように市場統合をしてきたのか？

農林水産省回答

各市場にはそれぞれの特徴がある。各市場の独自性を活かしつつ、法的規制としてはミニマムなものにしていくことが基本的な考えである。

[55] 比例区選出参議院議員、元農林水産省課長

全国農業協同組合連合会　岩城晴哉　代表専務理事（回答）

市場ごとに異なるということに加え、品目ごとに異なるという意味である。

全国漁業協同組合連合会　大森敏弘　常務理事（回答）

産地市場統合を進めるにあたり、広域浜プランにおいて議論を行っている。施策の充実については、浜の再生交付金として施設整備の予算を頂いているが、この拡充について諸先生方にお願いしている。

全国農業協同組合中央会　金井　健　常務理事（回答）

意見集約を行うにあたり、県によって意見が異なっている。様々な実態があることから、良く実態を見て欲しいということである。

藤木眞也　先生

先日、市場視察を行った際に「現行法でも窮屈ではない。」という話があった。あまり大きく変更する必要はないと感じている。規制改革推進本部の要求にあわせる必要はなく、もう少し時間をかけて丁寧に議論を進めるべきである。

古川　康　先生[56]

食品流通の合理化に反対する人はいない。卸売市場法廃止論が出た機会をとらえ、卸売市場を今日の状況に合ったものに変えていくべき。商物一致の原則について「実態に則した見直し」とは具体的にどう変えれば良いと考えているのか？

全国農業協同組合連合会　岩城晴哉　代表専務理事（回答）

キロ単価100円しない玉ねぎのような安い単価のものについて合理化を考え、商物一致の原則を柔軟に変えても良いのではないかということである。

舟橋利実　先生

大規模量販店は大事であるが、その影響力が強くなりすぎることのないよう、バランスがとれるような手立てが必要であり、本来は卸売市場がこの機能を果たすべきであると考えるが如何。

農林水産省回答

[56] 佐賀２区選出衆議院議員

バイイングパワーという優越的地位の濫用であれば公正取引委員会の規制の中に入ってくるが、この点について、きちんと目を光らせていくような政策も必要である。他方、卸売市場を使うかどうかは量販店の判断であるが、生産者との間で問題が生じた場合には公正取引委員会との関係となる。

舟橋利実　先生

説明としてはわかるが、本当にその通りなのか疑問。大手量販店の影響が及んでくる実情に、どのように有効な対策を講じるかが重要である。

平　将明　事務局長

これまでに買い叩きで公取が機能したことはない。野菜が高騰した時に大手量販店が「野菜大放出」といったことをやるが実は量販店は１円も損をしていない。この差額は、仲卸や荷受が負担しているという構造に間違いなく、公取は全然対応しきれていない。

後藤田正純　先生[57]

過去20年の卸売市場の取り扱いを見ると、花きの取扱量はほぼ変わっておらず、果物が半減、肉が１/３になっていることを、どう分析しているのか？また、大手スーパーの廉価販売に関し、アメリカの食肉業界は団結してウォルマート等と対峙し、価格を上げている。日本には農協や漁協があるのに、なぜそれが出来ないのか。

平　将明　事務局長（回答）

花と肉と魚は腐るかどうか、冷凍が効くかどうか、個体差があるかどうかという違いである。個体差があり、腐るものは、卸売市場経由率が高い。花きは個体差が大きく、劣化が早く、単価が高いという特徴がある。肉は凍らせることが出来、注文に応じて出せば良く簡単なため、マッチング機能はあまり必要ではない。野菜でも、ジャガイモや玉ねぎは同様であり、果物は、ゼリーやエキス等、他のものが売れている。

全国農業協同組合連合会　岩城晴哉　専務理事（回答）

強い品目の産地には交渉力があるが、大きい供給力を持つ産地でないと難しい。大手量販店が横暴であるというイメージがあるかもしれないが、青果については、かつては大手量販店を重視していたものの、最近は多くの

[57] 徳島１区選出衆議院議員

市場が産地に寄り添うようになっている。また、実際の商流は、卸が直接量販店に請求書を出すのではなく、必ず仲卸を介している。
量販店と産地との間の商談で話がついていた後に、量販店側の担当者が人事異動で代わることもある。バイヤーもサラリーマンである以上、従前の交渉内容よりも好条件でなければ社内で良い評価が得られない。バイヤーが変わった時にその量販店を切るかどうかといった交渉力・マーケティング力が必要である。そういう強い産地を育てることが我々の仕事であり、取引先を探すことが卸と我々産地側の仕事である。

全国漁業協同組合連合会　大森敏弘　常務理事（回答）

強い交渉力を持つ地域はあり、そこのやり方を伸ばしていく。島根県の場合は、大手量販店と直接取引を行っており、漁船の漁獲分を定期的に丸ごと買ってもらっている。価格交渉も直接行っていることから、通常の浜値より１～２割ほど高い。全漁連にも生協等への直販機能があることから、販売ルートを持っていない地域への手助けを行っている。

中村裕之　先生

物流効率化やICT化等の部分での合理化が必要であること、商物分離を進める必要があることは理解するが、天候等で品薄になった際の対応をどのようにするのかという検討も必要である。

平　将明　事務局長

農林水産省からは、年内に抜本的な改革をしなければならないということしか示されておらず、未だ中身が出てきていない状況。規制改革推進会議の認識が非常に浅い中で、拙速に結論が得られるのか不安。有識者や団体からのヒアリングは一旦終わるが、引き続き議論を行いたい。

浜田靖一　先生[58]

我々としては、きちんとした納得する形で説明頂き、この問題が解決することを望んでいる。頭ごなしに全て反対するものではなく、今後も議論を続けていくので、よろしくお願いしたい。

[58] 千葉12区選出衆議院議員、自由民主党水産総合調査会会長

第7章　自由民主党農林部会・水産部会

平成29（2017）年９月21日（木）10時から自由民主党政務調査会の農林・食料戦略調査会、農林部会合同会議が開催され、「議題⑵食品流通をめぐる情勢について」に関して、西川公也農林・食料戦略調査会長と野村哲郎農林部会長[59]から、卸売市場議連の発足について紹介され、卸売市場法の改正については選挙後に本格的に議論することとされた。平将明先生から卸売市場の現状と課題について発言がなされた。

第48回衆議院議員総選挙後、11月１日（水）に第195回特別国会が召集され、早速、11月６日（月）15時から農林・食料戦略調査会、農林部会合同会議が開催され、新たに農林・食料戦略調査会長に就任された塩谷立先生も出席されて、卸売市場法改正についての議論が開始された。全国中央市場青果卸売協会の川田会長、全国青果卸売市場協会の月田会長、日本花き卸売市場協会の磯村会長、ながさき南部生産組合の近藤会長理事、関根牧場の関根取締役他が出席し、関係者ヒアリングが行われた。

翌７日（火）10時から農林・食料戦略調査会、農林部会合同会議が開催され、日本食肉市場卸売協会の築道副会長、全国青果卸売組合連合会の増山会長、全国青果物商業協同組合連合会の近藤会長、全国中央卸売市場協会の村松会長他が出席し、関係者ヒアリングが行われた。

同月14日（火）11時30分から農林・食料戦略調査会、農林部会合同会議が開催され、日本チェーンストア協会の井上専務理事、日本フードサービス協会の佐藤専務理事、（株）農業総合研究所の及川社長、全国農業協同組合中央会の雨宮青果対策委員長、全国農業協同組合連合会の岩城代表理事専務、星野農園の星野代表他が出席し、関係者ヒアリングが行われた。

翌15日（水）８時30分から農林・食料戦略調査会、農林部会合同会議が開催され、卸売市場法についてのこれまで３回のヒアリングをふまえて、自由討議が行われ、平先生が議論をリードした。

同月21日（火）８時から、農林・食料戦略調査会、農林部会合同会議が開催され、卸売市場を含めた流通構造について論点整理に入った。農林水産省から

[59] 卸売市場議連発足当初から、野村農林部会長には議連にご参加して頂き、卸売市場法の改正についてしっかりと取り組んで頂いた。

「食品流通構造改革に関する論点」の資料が提出され[60]、説明がなされたが、具体的な法改正についての説明はなかった。平先生、関先生はじめ多くの議員から発言がなされたが、筆者からは「野村農林部会長にも発足当初からご参加して頂いている卸売市場議連で８月から関係者にヒアリングを行い、議論を重ねている。『卸売市場をどのように位置づけるのか。卸売市場に対する公的な関与はどうあるべきか。』について合意形成を図ったうえで、卸売市場法のどこをどのように変えるのか、具体的に検討を行うべきである。農林水産省提出の資料は卸売市場法をどのようにしていこうとするのかが全く分からない資料である。前向きで分かりやすい資料を提出すべきである。」と発言した。

同月22日（水）16時から、自由民主党政務調査会の水産部会・水産総合調査会合同会議が開催され[61]、卸売市場を含めた流通構造について、議論がなされた。農林水産省から前日の農林部会合同会議と同じ「食品流通構造改革に関する論点」の資料が提出され、説明がなされた。全国水産卸協会の岩瀬副会長、全国水産物卸組合連合会の早山会長、全国水産物卸組合連合会の渡辺副会長、全国水産物商業協同組合連合会の永井会長他も出席して、意見交換が行われた。

同月24日（金）には規制改革推進会議農林ワーキンググループの未来投資会議構造改革推進徹底会合「地域経済・インフラ」会合（農林水産業）で「卸売市場を含めた流通構造の改革を推進するための提言」がまとめられた。その中では、卸売市場法について、食品流通構造の改革を加速させる意欲ある取組を、規制改革と支援策との両輪で進めるべく、早急に成案を得るとし、卸売市場の公正な取引を担保するために設置すべき規律として、「売買取引の方法の設定」、「差別的取扱いの禁止」、「取引条件等の公表」、「取引結果の公表」を挙げる一方、中央卸売市場及び地方卸売市場のいずれにおいても「第三者販売の禁止」、「商物一致」、「直荷引きの禁止」の規定を適用すべきではないとし、また、中央卸売市場に対し「受託拒否の禁止」規制を一律に規制適用すべきではないとの提言であった。（資料Ⅱ―２参照）

同月28日（火）８時30分から農林・食料戦略調査会、農林部会合同会議が開催され、24日に規制改革推進会議から発表された提言について、意見交換が行

[60] 提出資料は資料Ⅱ－１の通りである。

[61] 卸売市場議連発足当初から、浜田靖一水産総合調査会会長、江島潔水産部会長（山口選出参議院議員）にはご参加して頂き、卸売市場法の改正についてしっかりと取り組んで頂いた。

われた。

規制改革推進会議の提言については、「認識が誤っている」、「論外である」、「理解できない」、「報道を見て関係者から不安の声があがっている」、等の同提言に対する批判が殆どであった。

第8章　緊急決議、大臣折衝

1．卸売市場議員連盟の緊急集会、緊急決議

このような党の農林部会、水産部会や規制改革推進会議の動きを踏まえ、11月29日（水）11時30分から自由民主党卸売市場議員連盟の緊急集会を開催した。当日は、卸売市場関係者が約200名、議員会館に集まり[62]、卸売市場関係団体の各代表から卸売市場法の見直しに関する要請がなされた。筆者から「卸売市場法の抜本的見直しに対する緊急決議」を提案し、全会一致で採択された[63]。

「卸売市場法の抜本的見直しに対する緊急決議」

卸売市場は、法制定以来、その法目的をふまえ、青果物・花き・水産物・食肉等の公正な取引の確保、全国津々浦々の食料の安定生産、国民への安定供給、地方経済の維持等に寄与し、我が国における流通の基幹インフラとしての大きな役割を担っている。

こうした機能発揮は、市場関係者（生産者、荷受会社、仲卸会社、小売会社）による情勢変化に対応した生態系の構築と、それを担保する市場法・制度の維持・改正により保たれてきた。

昨年来、農業競争力強化プログラム等に基づき、卸売市場法の見直しの検討や関係者へのヒアリングがすすめられてきた。こうしたなか、十一月二十四日に規制改革推進会議等が提言を行った。この提言は、これまでヒアリングで寄せられた現場の声・実態と大きくかい離したもので、市場の機能を弱体化するものとなっている。また、法制度の根幹について、突然、大幅見直しを求める内容もあり、検討のすすめ方にも大いに問題がある。

現在求められているのは、市場法の廃止等ではなく、生産者・消費者の双方にメリットになり、地域経済の発展にも資する「卸売市場法の適切な見直し」と「食品流通振興政策の確立・強化」である。

よって、政府は、卸売市場法の見直しに当たり、各市場の多様性と関係者の意見を十分踏まえ、卸売市場が集荷・分荷・価格形成・決済・情報受発信

[62] 出席者は議連資料16の通りである。
[63] 原文は議連資料17の通りである。

機能等を引き続き十全に発揮できるよう、左記について、万全な対策を講ずるべきである。

記

一．社会インフラとしての卸売市場の機能を確保するため、「卸売市場法」を堅持し、「認可制」など国の十分な関与や、生鮮食料品等の安定供給に貢献する卸売市場の位置付け等を維持すること

二．卸売市場の開設者・開設方式は、市場の公共性をふまえ、健全かつ効率的な市場運営を確保できる場合のみ認可されるようにすること

三．天候に影響されやすく、腐敗しやすい生鮮食料品等の円滑な流通を支える「市場の公的機能」を維持するため、「受託拒否の禁止の規制」を堅持すること

四．卸売市場の公正な取引を確保するため、「売買取引の方法」、「差別的取扱いの禁止」、「代金決済の確保」については現行の取扱を維持するとともに、公正取引委員会及び農林水産省は不公正な取引の調査・監視等を強化すること

五．取引条件・結果の公表については、事業運営に支障をきたさない範囲で、生産者等の選択に資する観点から強化・拡充をはかること

六．第三者販売、直荷引き、商物一致等の取引ルールについては、各市場が実態に応じ取引の活性化ができるようにしつつ、そのルールの設定・運用が、これまでどおり市場流通の生態系を壊すことがないようすること
具体的には、市場関係者全員でルールを協議する仕組みを構築するとともに、国は健全な取引の確保に向けた考えを示し、その徹底を図るための指導等を行うこと

七．卸売市場を含め、食品流通の合理化・高度化に向け、物流の合理化、ICTの活用、コールドチェーンの整備、市場の再編・整備等を集中的かつ強力に推し進めるため、万全な対策の確立と予算の確保を行うこと

八．助言組織の規制改革推進会議等の意見については、参考とするにとどめ、適切に実態を踏まえ現場で十分機能するものとなることを第一義として、制度・政策確立等を行うこと

同日、11月29日（水）の15時30分からは、水産部会・水産総合調査会合同会議が開催され、前日の８時30分から開催された農林・食料戦略調査会、農林部会合同会議と同様に、規制改革推進会議の24日の提言について意見交換が行わ

れたが、同提言についての批判が殆どであった。

12月２日（土）には、神戸市東部卸売市場の後藤神戸東部青果卸売協同組合理事長、村上神戸市東部水産物卸売協同組合理事長と神戸市中央卸売市場の後藤神戸中央青果卸売協同組合理事長に、筆者から卸売市場議連勉強会の動きについて説明した。

２．大臣折衝

12月４日（月）15時45分に農林水産省の大臣室で、卸売市場議連が11月29日に採択した緊急決議を齋藤健大臣に手交した。森山会長以下議連メンバー10名と市場関係者16名が大臣室に集まって[64]、下記の通りのやり取りを行った。

⑴　出席議員からは、以下のような発言がなされた。

森山　裕　会長

８月に議連を発足させて以来、様々な関係者と意見交換をしており、我々与党と農林水産省の間でも協議を重ねている。相当理解は進んできているが、11月29日（水）に議連の緊急総会を開催して卸売市場関係者も結集し、我々が懸念を感じている点について、この通り決議をまとめた。良くご検討頂きたい。

平　将明　事務局長

規制改革会議は全く現場を理解せずに議論を行っている。

マクロの調整機能を持つ卸売市場の生態系を評価し、その生態系を壊すことがないような、改革をすることが必要である。

浜田靖一　副会長

国が関与することが重要である。国の関与を廃止してはならない。

三原朝彦　副会長[65]

行き過ぎた自由競争によって小さな小売店等の商売ができなくなるような改革であってはならない。

坂本哲志　幹事

売れる物を作るのが自然の姿であり、卸売市場の機能を維持すべき。

筆者

64 出席者は議連資料18の通りである。

65 福岡９区選出衆議院議員

卸売市場法を全く改正する必要がないと申し上げているのではない。直すべきところは直すべきであると考えている。しかし、十分に実態を把握することなく、卸売市場法を廃止するという結論を出すということは理解できない。

⑵　業界関係者からは、以下のような発言がなされた。

全国水産物卸組合連合会　早山　豊　会長

仲卸には様々な機能が存在しているのであり、良くご理解頂きたい。

第三者販売の禁止については堅持すべきである。改革の方向について、危惧している。

⑶　齋藤農林水産大臣からは、以下のような発言がなされた。

議連が緊急提言をまとめたことに感謝し、重く受けとめている。

時間がなくなってきており、現在、省内で精力的に検討を進めているが、「改革のための改革」は行わない。改革によって生産者や消費者の利益があがり、卸売市場がさらに活性化するように、という観点から検討を行っているところである。

最終調整にあたっては、与党と良く相談しながら進めていきたい。

3．農林部会、水産部会

翌12月５日（火）８時30分から農林・食料戦略調査会、農林部会合同会議が開催され、農林水産省から卸売市場法改正のポイントも含んだ政府与党としての取りまとめの案についての資料が配布され（資料Ⅱ―３参照）、井上食料産業局長から説明がなされた。各議員からは概ね評価する発言が相次いだ。

平先生からは、内容は評価するものの規制改革推進会議との折衝における農林水産省の対応についての辛口のコメントがなされた。

筆者は、「「卸売市場法の体系を、中央卸売市場について原則禁止・大臣認可で解除である制度から原則自由で大臣認定で奨励する制度に変更する理由、国・地方公共団体による卸売市場に対する公的関与のあり方、卸売市場に対する助成措置の必要性」について、今後の国会審議等に耐えられるようしっかりとした準備をして頂きたい。」と発言した[66]。

[66] 筆者は、当日８時から開催された、予算に関する政調全体会議に国土交通部会長として出席したため、農林・食料戦略調査会、農林部会合同会議には遅れて出席した。

農林・食料戦略調査会、農林部会合同会議として、次期通常国会に提出する法案の準備を進めるよう、農林水産省の提案を了承した。

同日12時から、水産部会・水産総合調査会合同会議が開催され、農林水産省から卸売市場法改正のポイントも含んだ政府与党としての取りまとめの案についての資料が配布され、説明がなされ、午前の農林・食料戦略調査会、農林部会合同会議と同様に、次期通常国会に提出する法案の準備を進めるよう、農林水産省の提案を了承した。

平成29年12月８日には、「農林水産業・地域の活力創造プラン」が農林水産業・地域の活力創造本部で改訂された。

（資料Ⅱ―４参照）

この農林漁業・地域の活力創造プランの改訂に、「生産者・消費者双方のメリット向上のための卸売市場を含めた食品流通構造の改革について」が盛り込まれた、これに沿って農林水産省において法案の条文化作業が進められた。また、改訂したプランの内容について、主として市場関係者を対象にブロック別に12月中旬から12月下旬にかけて、農林水産省による説明会が開催された。

第9章　法案事前審査

1．農林部会

平成30（2018）年1月22日（月）に第196回通常国会が召集された。

翌1月23日（火）12時30分から開催された農林・食料戦略調査会、農林部会合同会議において、第196回通常国会農林水産省提出予定法案の件名要旨について議論され、農林水産省から提出される9法案について、今後、順次、各法案の議論を進めて行くこととなった[67]。

2月6日（火）17時10分に、議員会館の筆者の部屋に宮浦食品流通課長が来訪し、その時点での農林水産省の卸売市場法改正についての考え方の説明を受け、意見交換を行った。

2月16日（金）12時から農林・食料戦略調査会、農林部会合同会議が開催された。「卸売市場法及び食品流通構造改善促進法の一部を改正する法律案の骨子」について、農林水産省井上食料産業局長から説明がなされ[68]、意見交換を行った。

筆者からは、「何のために法改正を行い、制度を180度変更して、中央卸売市場の認可制をなくすのか、現場の卸売市場関係者は大変不満に思っておられる。その不満に対して、農林水産省はどのように説明されるのか。私には、よくわからない。差別的取扱いの禁止、取引方法の公表等をしっかり守る、市場取引を農林水産省がチェックして優越的地位の濫用が行われないようにすることは、大変結構なことと考えているが、どのようにして十分な体制を整えていくのか。私の発言は、意見というよりも、私自身不安を感じながら農林水産省に期待している点である。卸売市場の開設者が法改正を十分理解して、しっかりと市場法改正の趣旨を実行していくことができるのか。農林水産省にはご指導をお願いしたい。市場関係者に対する法改正の説明を丁寧にして、不安を取り除いて頂きたい。」と発言した。

平先生からは、「公正取引の調査については、外形的なところを見ながらモ

---

[67] 通例、法案は国会提出予定順に与党での議論を行うが、卸売市場法及び食品流通構造改善促進法の一部を改正する法律案は農林水産省提出法案の中で7番目の提出を予定していたことから、2月中旬からの与党審査となった。

[68] 提出資料は資料Ⅱ―5、資料Ⅱ―6の通りである。

ニタリングしなければならない。ヒアリングすることによって、不公正取引が分り、状況が変わっていく。もう一つは、量販店の契約である。マーケットが歪んで来ることをチェックすることが重要である。」との発言がなされた。

意見交換の後、法案骨子については了承された。

２．第８回卸売市場議員連盟勉強会

農林・食料戦略調査会、農林部会合同会議が開催された直後の、２月16日（金）の13時から第８回卸売市場議員連盟勉強会を開催した[69]。

冒頭に森山会長から、「卸売市場法がどうなるのか非常に不安な時期もあったが、議連を立ち上げ、業界の皆様のご意見も聴き、現場のことが分かっている先生方のご意見も聴いてきた。農林水産省としても、このことを十分に受け止めて頂き、法案骨子が出来ているものと理解している。本日は骨子についてであり、今後は法案になっていく。また、議論の必要があれば議論させて頂くが、骨子について業界の皆様もご意見があれば、是非お聞かせ頂ければと思う。現場を分かっておられる議連の先生方のご意見が非常に貴重なものであるので、それぞれのお立場からのご意見を承れたら有難いと思います。お集りの皆様に重ねて御礼を申し上げます。」との挨拶がなされた。

その後、「卸売市場法等改正案の骨子について」農林水産省から説明を受け[70]、意見交換を行い、以下のような発言がなされた。

筆者

先程、農林合同会議でも発言したが、この法改正をどのように説明していくのか。農林合同会議で局長が説明後に、野村農林部会長が「何か頭の良い人が難しい説明をして、僕らはよくわからんな。」というご発言をされましたが、分かりやすい説明がいると思う。「なぜこの法改正をするのか、どこに問題があるのか。原則禁止で認可制であった卸売市場法を、原則自由の認定制にしつつも、実態は変わらないのか。市場関係者が懸念している６つの原則は担保し、その他の取引ルールは市場毎にその地域にふさわしいルールをどのようにして作っていくのか。」といったことを、わかり

---

[69] 議事次第・出席者リストは議連資料19の通りである。

[70] 提出資料は議連資料20の通りであり、同日の農林・食料戦略調査会・農林部会合同会議と同じである。

やすく説明できるようにして頂きたい。

農林合同会議では発言していないことだが、「基本方針に、卸・仲卸だけでなく、生産者にとっても、消費者にとっても、小売にとっても、卸売市場が必要で欠くべからざるものである。」ということや、そのために「農林水産省や地方公共団体が何をするのか。」ということを、明記して頂きたい。

先程の会議で平先生から、「大手量販店や大手商社等による不公正取引のチェック」について、発言があったが、実効性のあるやり方をお願いしたい。さらに、そのチェックを各地の農政局等が実施できるような体制整備等に配慮して頂きたい。現場の皆様と話していると、「大手の方々から色々と圧力がかかってきて、仕方なしにこういう形でやっているのです。もう少し、我々が生きていけるように、ちゃんと目配りをして欲しい。」という声を聞いている。

今回の法改正の問題ではないが、元受や仲卸が利用可能な融資や債務保証の仕組みについても検討して頂きたい。卸売市場の関係者の皆様がご商売を続けていくことが出来る環境を整えて頂きたい。

この法改正を行って、どのように政府や関係者が取り組むのかを分かりやすくご説明頂き、しっかりとした取り組みがなされることを願っている。

農林水産省回答

今回の議論の中で、食品の流通構造に色々と問題があることが分かりました。私どもも覚悟して、これらの問題にあたっていく。

市場法は公布後２年以内の施行ですが、基本方針についてはできるだけ早く出す予定である。

山田俊男　先生

「卸売市場の認定」のエ(ウ)の受託拒否の禁止だけ、括弧書きで「中央市場のみ」とあるが、なぜこれが書いてあるのか。地方は受託拒否して良いということなのか。

農林水産省回答

多くの市場は受託拒否しているが、現在でも卸売市場法は地方市場は受託拒否の禁止をしても良く、現行通りである。

全国水産卸協会　伊藤裕康　会長

６つの点については原則で必ず守る、その上で認定制になること。６つ以外の点については各市場ごとに判断を任せ、それを農林水産省が認定する、という法改正の骨子については全く賛成である。
そういう市場をどのようにして築き上げるのか、それは主に開設者の責任となるが、なかなか大変である。６つの原則を守りながら、その他のルールをどうやって具体化していくのか。先日、農林水産省からは、これまで出されていた条例の案文を、今回は示さないと聞いている。その代わりに、開設者にとって参考となるような詳しいQ&Aを出すとも伺っているが、実際のところどうするのか。私たちは良い市場を作らなければならないと考えている。
水産部会でも申し上げたが、青果と水産では市場においてやっている内容が違う。例えば決済は全く違う。そのような配慮がこの骨子にはない。それをこれからどのように補っていくのか。今回の骨子、おそらく来週出されるであろう法律の条文、それらを拝見しないと、農林水産省はどうするつもりなのか、そして、我々市場側はどのような線でこれらについて話し合っていけるのか、どういう市場を目指すことができるのか、良くわからないというのが今の状態である。

農林水産省回答

伊藤会長の懸念は承知している。以前は、国が一律に卸売市場について法規制をするということで、モデル的な条例案等を示していた。今回の改革は、それぞれの市場の実態が違うこと、流通する物の位置づけも違うことをふまえて、まず、関係者で話し合って頂きたいと考えている。どういう市場を目指すのか、どうやったら市場に荷が戻ってくるのかと考えている。そういう時に、国がこれまでと同様に模範例を示すべきではないと、今の段階では考えている。非常に大変だが、開設者にそれぞれの市場の位置づけ等をふまえてやって頂きたいと考えており、今後ともご相談して参りたい。

全国水産卸協会　伊藤裕康　会長

第２回卸売市場勉強会の際に、水産としての悩みを２点申し上げた。
１つは、卸売市場が多すぎることについて、農林水産省に対してグランドデザインというか、全体を見て機能別、規模別に市場の配置や構成を国が描いて、それをどういうステップでやるのかを示して頂きたいとお願いした。森山会長からもちゃんとやるのかと追及して頂き、農林水産省からは、「やります」との話があった。法改正で認定制にするとのことだが、その枠組の中で、具体的にどうやるのか。

もう1つは、特にこの2年間、魚の供給、特に総菜魚の非常に不安定な供給に対して、悩んでいる。特に、サンマやイカの供給が極めて不足している。マーケットに対する供給、自給率について、しっかりとした水産政策の考え方をお示し頂きたい。

農林水産省回答

流通全体のグランドデザイン、まさに今回議論しているところが、卸売市場と食品流通の合理化ということである。全体としてどう流れていくのが、消費者・生産者にとってベストの方向であるかということを念頭に置きながら、今後の政策を進めていきたい。

水産物全体の流通については、市場経由率は50%程である。産地市場を含めた、中央卸売市場、地方卸売市場がどうなるかということについて、水産庁と連携しながら進めていく。

平　将明　事務局長

この法案にはグランドデザインは入っていない。市場のルールをどうするかというミクロの議論で、合理化とか流通の高度化といった卸売市場のあり方について決めたものである。伊藤会長がおっしゃったことはグランドデザイン、マクロの大きな問題である。マクロ全体をどのように最適化していくのかについては、この法改正の先の今後の課題である。問題意識としては全くその通りで、これは魚に限られたものではなく、他の分野でも同様である。

おおむね市場関係者の懸念は払拭されたものと思う。後は、条文である。先生方も地元に戻ってこの法案の内容について説明して欲しい。農林水産省もQ&Aを作っているので、参照して欲しい。

野田　毅　先生

最初は大変心配したが、先生方の意見を積み重ね、農林水産省も現実を直視しながらより良きものにしていこうということになった。これは、当面やるべきこと、あるべき姿を頭に置きながら対応していこうということで、妥当なものとなっており、安心した。

平　将明　事務局長

ありがとうございました。次回は必要な時期に開催する。先生方、業界団体の皆様方、ありがとうございました。

２月20日（火）10時に、議員会館の筆者の部屋に農林水産省宮浦食品流通課長が来訪し、23日の農林・食料戦略調査会、農林部会合同会議に提出予定の卸売市場法案の説明を受け、意見交換を行った。

２月23日（金）10時から農林・食料戦略調査会、農林部会合同会議が開催され、「卸売市場法及び食品流通構造改善促進法の一部を改正する法律案」の条文について、農林水産省から説明を受け、意見交換を行った。

務台俊介先生[71]から、「助成措置が中央卸売市場は４/10以内の補助と、補助率まで明記されているが、地方卸売市場についてはどうなっているのか。」と質問がなされ、農林水産省から「認定を受けた公共性の高い中央卸売市場については法律に根拠を持った支援措置としている。認定を受けた地方卸売市場については、現行１/３以内の補助であるが、毎年度の予算編成の中で施設整備補助を行っていきたい。」と回答がなされ、その他の質疑もなされた。

意見交換の後、法案について了承され、政務調査会農林部会の手続きは終了した。

２月27日（火）に水産部会・水産総合調査会合同会議が開催され、水産部会・水産総合調査会合同会議が開催され、「卸売市場法及び食品流通構造改善促進法の一部を改正する法律案」の条文について、農林水産省井上食料産業局長から説明を受け意見交換の後、法案について了承され、政務調査会水産部会の手続きは終了した。

３月１日（木）に自民党の政調審議会、翌２日（金）に総務会で了承され、３月６日（火）に閣議決定されて、「卸売市場法及び食品流通構造改善促進法の一部を改正する法律（案）」は、同日国会に提出された。

---

[71] 長野２区選出衆議院議員、元総務省大臣官房参事官

第10章　第196回国会における法案審議

1．農林水産省の法案説明会

法案の閣議決定後、農林水産省は３月12日に全国説明会、４月からはブロックごとに法案の内容の説明会を実施した。

秋から年末にかけて議論を行い、政府与党が取りまとめた内容がそのまま法案の形となったこと、特に卸売市場の根拠法である卸売市場法が存続し、目的規定に「卸売市場が生鮮食料品等の公正な取引の場として重要な役割を果たしていることに鑑み」と規定されたことで、市場関係者や地方公共団体の不安は軽減されたようであったが、それでもなお、法案の各論については不安や疑問が示された。

一つは、卸売市場の開設に関し、許認可制から認定制に何故移行するのか、というものであり、また、それに関連して、卸売業者の許可制が廃止されることでどのような仕組みとなるのかという疑問が呈された。認定制に移行することで、指導監督や施設整備への支援など国の関与が後退するのではないか、地方公共団体が市場運営から撤退するのではないか、と行政の関与について不安視する意見もあった。

また、第三者販売、直荷引きや商物分離などについて、卸売市場ごとにルールを設定することに関し、卸売業者、仲卸業者、売買参加者との間で利害が対立し、開設者が関係者間の調整を上手く図ることができないのではないか、特定の事業者に有利なルール設定となるのではないか、との意見がみられた。

2．国会審議

５月10日に衆議院本会議で齋藤健農林水産大臣から趣旨説明がなされて質疑が行われた後[72]、農林水産委員会で５月16日に提案理由説明が行われ、同月23

[72] 衆議院、参議院の本会議で趣旨説明と質疑がなされる法案は、「登壇もの」と呼ばれ、国会に上程される数多くの法案の中から「これは重要であるから、委員会だけではなく本会議で質疑を行う必要がある。」と、議院運営委員会において与野党で折衝して決められるものである。卸売市場法案は重要法案と考えられたのである。

日午前に質疑、同日午後に参考人質疑[73]、同月24日に質疑が行われた後に採決され、賛成多数で可決された。同月25日の衆議院本会議で、伊東良孝衆議院農林水産委員長から委員会報告がなされて討論が行われた後に、採決に付され賛成多数で可決され、同日、参議院に送付された[74]。

6月8日に参議院本会議で齋藤健農林水産大臣から趣旨説明がなされて質疑が行われた後、農林水産委員会で同月12日に提案理由説明が行われ、同日午前に質疑、同日午後に参考人質疑[75]、同月14日に質疑が行われた後に採決され、賛成多数で可決された。その際、附帯決議案が提出され、同案は全会一致で決議された[76]。同月15日の参議院本会議で、岩井茂樹参議院農林水産委員長から委員会報告がなされて討論が行われた後に、採決に付され賛成多数で可決されて、本法は成立した[77]。

3．第9回卸売市場議員連盟勉強会

当初、第196回通常国会の会期は6月20日までの150日であったが、会期末の6月20日の衆議院本会議で、会期は32日延長され、7月22日までとなった。

6月22日（金）の8時から第9回卸売市場議員連盟勉強会を開催した[78]。

冒頭に、森山会長から、「改正卸売市場法が思ったよりも早く成立したことは何よりであった。政省令でどう位置づけられるかが大事である。」との挨拶の後、「改正卸売市場法、卸売市場に関する基本方針」について農林水産省から説明を受け[79]、意見交換を行った。

⑴　業界関係者からは、以下のような発言がなされた。

---

[73] 川田一光　全国中央市場青果卸売協会会長、中澤誠　全労連全国一般東京地本東京中央市場労働組合執行委員長、井上淳　日本チェーンストア協会専務理事、藤島廣二　東京聖栄大学客員教授の４名の参考人に対して質疑がなされた。

[74] 審議の詳細については、衆議院のHPから、会議録をご覧頂きたい。

[75] 磯村信夫　市場流通ビジョンを考える会代表幹事、菅原邦昭　東北地区水産物卸組合連合会事務局長、三國英實　広島大学名誉教授の３名の参考人に対して質疑がなされた。

[76] 参議院農林水産委員会附帯決議については、資料Ⅱ―７をご覧頂きたい。

[77] 審議の詳細については、参議院のHPから、会議録をご覧頂きたい。

[78] 議事次第・出席者リストは議連資料21の通りである。

[79] 提出資料は議連資料22の通りである。

全国青果卸売協同組合連合会　増山春行　会長（仲卸）

一時は卸売市場は不要だといわれ、心配していたが、先生方のお力により前文に、「安定供給に重要な役割を果たしていることに鑑み」と記載して頂き、感謝している。次の２点について、お願いしたい。

第三者販売の原則禁止を引き続き主張していく。パワハラ、力の関係で、仲卸の買える商品がなくなってしまう。差別的取扱の禁止にまで影響してくる。

働き方改革の関係で卸売市場においても来年度から休市日が増えることになるが、保管設備が足りない。今の流れの中で休みが増えるのは仕方がないが、商品供給がきちんとできるように保管施設についての整備支援をお願いしたい。

全国青果物商業協同組合連合会　近藤栄一郎　会長（小売）

我々は個人事業者が多い。国の関与が薄れ、市場ごとにルールを決めることになるが、市場の抜本的問題である差別的取扱いの禁止については、是非皆様に指導をお願いしたい。大規模な事業者と小規模な事業者が競う場では、ある程度の規制が必要である。

２年間の経過期間を含め、５年ごとに法を見直すとのことだが、この５年間は、我々現場サイドが変わっていく期間である。先生方には引き続きご支援をお願いしたい。

全国水産卸協会　網野裕美　会長（卸（荷受））

水産の市場経由率は50％にまで下がってきており、歯止めがかからない状況である。今回の法改正は、今のままで良いのかと我々に問題を突きつけている。市場によって状況は異なるが、その他ルールについて、卸売業者・仲卸業者が一体となってあるべき姿を検討する必要があり、将来に向けての議論が必要。卸売市場内のコントロールが必要であるので、開設者のリーダーシップをお願いしたい。

日本花き卸売市場協会　磯村信夫　会長（卸（荷受））

町の花き小売は、卸売市場からの荷を分けるというよりも、料理して文化にしている。その町の小売からは、差別的取扱の禁止について、是非お願いしたいとの意見である。これこそが卸売市場である。参議院農林水産委員会における附帯決議をしっかりと遵守して頂き、良い市場作りを国にも指導して頂きたい。

全国農業協同組合中央会　金井　健　常務理事（生産者団体）

卸売市場法を廃止するとの話があり、不安に思っていたが、先生方のご尽力により、卸売市場を維持して頂き、公益性・公共性をしっかりと認めて頂いた。改正法施行まで２年とのことだが、生産者としても、安定して生産・出荷ができ、所得が増大・安定するよう、施行まで議論できればと思う。基本方針等について、行政と我々が一体となって相談し、進めて頂けるようお願いする。

(2)　出席議員からは、以下のような発言がなされた。

三原朝彦　先生

消費者側から見て、安定的でリーズナブルな価格で供給されることが大切。小さいながら頑張っている農家もいる。そういう生産者も含めてリードして頂けるようお願いしたい。

中村裕之　先生

経営規模の異なるプレイヤーが協議をするにあたり、法律上は市場開設者の調整と公取も含めて協議する建て付けとなっていると思うが、本当にできるのか。農林水産省はどう考えているのか。

船橋利実　先生

卸売市場の開設者の体制の問題であるが、市役所の職員が人事異動で何年かごとに体制が変わってしまう。今後より市場の機能を高めていくため、開設者の人材育成について、国・地方とも卸売市場の活性化のために取り組んで頂きたい。

中山泰秀　先生[80]

大阪の卸売市場では、保管のための冷蔵庫等の電気代がメーター代として、高くとられている。場内の電気代は場内で決められるようになっているので、市場外の方が固定費が安くなると、場内から業者が撤退し、場内の店の数が減っている。電気代・場内の課金について、テナントの立場を考慮する制度にして欲しい。

原田憲治　先生

中山先生の話の通り、地元からは空き店舗の話が出ている。隣で借りてくれと言われても、倉庫代わりに使うのに同じ値段だと言われる。これは農林水産省の話ではなく大阪府の話であるが、こういったことにも目を向け

[80] 大阪４区選出衆議院議員

て頂きたい。また、水産では大量に水を使うので、水道代がかかる。電気代や水道代についても注意をして頂きたい。

農林水産省回答

頂戴したご意見は開設者に関するものである。開設者の対応がどうなるのかは各卸売市場にとって重要なことであるので、開設者に対しても、引き続き説明したり、取引ルールの設定等について、きめ細かく対応する。国会審議において、制度上は国の関与が薄れるが、国が手を引くことがないようにとの指摘も頂いた。開設者の判断は尊重するが、人材育成、個別のテナント料、電気・水道代等について丁寧に対応する。

全国青果卸売協同組合連合会　増山春行　会長（仲卸）（回答）

私のところは、整備費のイニシャルコストも賦課金として徴収されているが、平均すると冬場で３万円、夏場で10万円くらいかかっている。店舗が大きかったり、冷蔵庫があるところはもっと高い。

保管の業務を行っているのは卸売業者ではなく、仲卸業者である。卸は入荷の即日に販売するため保管設備は不要であったが、これから休市が増えるので、卸売業者もそろそろ施設が必要ではないかという話が出ている。

平　将明　事務局長

電気代については、野菜か魚か、扱っているもので違うし、マグロはマイナス30度の冷凍庫がいる。単価の問題であり、仕組みをよく検討しなければならない。

先生方から、開設者が責任をもって運営するようにという指摘を頂いた。農林水産省は今後ともしっかりと関与して、開設者に市場の機能について、しっかりと指導をお願いする。

筆者

議連に参加して頂いた先生方に感謝御礼申し上げます。市場関係者の皆様からお話があったが、どうすればよいのかという状況で議連を立ち上げ、先生方のお蔭様でここまで来ることが出来た。

誰のために農林水産省があるのかということを考えてもらいたい。規制改革推進会議から様々な指摘を受けたのだろうが、卸売市場がどうあるべきか、市場関係者が何を望んでいるのかを考えるのは農林水産省の責任である。市場関係者がこれだけ危機感を持った背景には、農林水産省の対応に問題があったのではないか。今後このようなことが起こらないように配慮して頂きたい。

これから2年間で改正法が施行される。ルールの改正は開設者に任される部分が多くなると思うが、農林水産省もしっかりと目配りしてもらいたい。今日の話を伺っても私の地元の神戸でも、開設者が、場所を提供する者の論理で行動していて、実際に仕事をしている市場関係者との調整が十分にできていないのではないかと感じている。開設者は地方公共団体等であるが、食品の流通に責任を有するのは農林水産省であるので、今後も農林水産省は各市場に対してしっかりと目配りをし、あるべき卸売市場の姿について指導監督をして頂きたい。

卸売市場に出向いて市場法改正の動きについて説明しても、それは開設者や団体の会長さん等に任せておけば良いと、他人事のように考えている方が多い。皆様方の問題なのであるから、もっと関心を持って頂きたい。どうすれば卸売市場を自分たちの商売にとって、消費者にとって良くなるのかと、考えて頂きたい。

その上で、地元の関係議員に普段から接触して、卸売市場の現状・課題を説明し、議員を動かすようにしなければならない。今日ご出席の業界団体の幹部の方々には、市場関係者の皆様にそのような問題意識を共有して頂けるようにご説明頂く等、一層のご努力をお願いしたい。

2年以内の改正卸売市場法の施行に向けて、当議連もしっかりとフォローしていきたい。また、5年後の見直し規定もあるので、改正すべき事態が起これば法改正の検討も必要となるので、今後ともよろしくお願いします。

片山さつき　先生

誰のため、何のために法改正をやるのかということに、長年の支援者から不安の声を寄せられた。農林水産省は当初の対応が悪かったことを肝に銘じて、法改正の趣旨についてしっかりと広報してもらいたい。原点に立ち返ってやってもらいたい。

関　芳弘　先生

生産の担い手がなかなかいないことが、農林水産分野の大きな問題であるが、卸売市場があることにより、生産者も大分守られていると思う。その点を意識して我々も頑張っていく。

野村哲郎　先生

参議院農林水産委員会の法案審議では、野党から相当の批判を浴びた。参考人も、日本花き卸売市場協会の磯村会長はいたが、１対２で野党の参考人が多く、こんな出鱈目な法律はないと言われた。

我々は議論し、議連の皆様に後押し、手を引いて頂いて、党として自信を持ってまとめて法案を提出した。彼らが言っているのは、一つは国が公的な関与を弱めたことであり、もう一つはバイイングパワーによって私的な市場が出来たらどうするのか、であった。

我々は関係者のご意見を聴いて議論をした。第三者販売については賛否両論。直荷引きについても市場、業種によって賛否両論。商物一致も賛否両論。これを一律に規制するかどうかは難しい判断であったが、この三つの原則（第三者販売の禁止、直荷引きの禁止、商物一致の原則）については開設者に委ね、開設者が色々な人の意見を聴いてその市場にあったルール作りをして頂きたいと議論をまとめた。今回の法改正では、それぞれの品目、それぞれの市場によって異なり、全国統一ではなかったと気づいて、この三つについては開設者に任せる方が良いという結論を導いた。

農林水産省には、国の公的な関与が薄くなることに対して関係者が大変心配しているので、開設者にはきちんとした指導体制を作ってもらうよう指導して頂きたい。また、バイイングパワーが強まることについても、対応をお願いする。

政省令案を作る段階で、議連、農林部会に説明してもらいたい。我々が意図した法律、政省令になっているのか検証する必要がある。

農林水産省回答

法律全体の施行は２年後だが、政省令、基本方針については秋口には出来るように準備を進めていく。開設者の方々には、説明会の時に、これからは開設者ではなく市場運営者になって頂くと説明している。運営をする視点から、関係者の皆様の意見を聴き、監督し、行司もとってもらうことになるので、開設者への説明はこれから丁寧に行う。

森山　裕　会長

それぞれのお立場で良いご意見を頂きありがとうございます。私は地方議員として鹿児島市中央卸売市場を23年見てきた。これが中央卸売市場と錯覚していた。全国で同じであると思っていた。荷受け、仲卸、買参の三つの大きな団体で構成されているが、買参のいないところもあれば、仲卸が力をもって責任を果たしているところもある。

それらをどう一つの法律で見ていくかは難しい問題であるが、農家の所得の担保、消費者に間違いなく商品を届けること、市場の皆様の経営の安定、これら全て大事な課題である。この議論をする際には、地元の中央卸売市場が全国と同じという意識を外して、様々な形態があることを認識して議論しなければならない。一部の過激な報道があり、誤解があったかと思うが、農林水産省が中央卸売市場をなくそうと考えたことは一度もないと思う。団体の皆様は、自民党が政権与党であり、我々が法律を作っていくので、何なりとご意見を述べて頂きたい。皆様のご意見をしっかりと反映した法律を作っていくのが自民党の方針であり、必要に応じて議連を立ち上げて対応しているので、よろしくお願いしたい。

法改正施行まで２年間の余裕があるのではなく、半年くらいで形が見えてくるだろうと思う。皆様のご意見を聴いて政省令が良い形になるよう議連としても頑張って参りたい。

多くの先生方、団体の皆様方、役所の皆さんにも大変ご苦労をおかけしましたが、ありがとうございました。今後とも、よろしくお願いします。

第11章　法改正の概要

「卸売市場法及び食品流通構造改善促進法の一部を改正する法律（平成30年6月22日法律第62号）」

1．卸売市場法改正

卸売市場法の改正については、目的規定を改正し、卸売市場が食品等の流通において生鮮食料品等の公正な取引の場として重要な役割を果たしていることと、そのことに鑑み、卸売市場の認定に関する措置等を講ずることを明記した。

また、農林水産大臣は、卸売市場の業務の運営、施設等に関する基本的な事項を明らかにするため、卸売市場に関する基本方針を定めることとしている。

卸売市場の開設に関しては、許認可を受けなければ開設を認めないとする許認可制から、公正な取引の場としての一定の要件を満たす卸売市場について認定し、今後ともその機能を発揮できるようそれぞれの創意工夫による活性化を図ることができる制度に移行した。

この認定に当たっての公正な取引の場としての一定の要件とは、次のとおりである。

第一に、申請書及び業務規程の内容が、基本方針に照らし適切であることである。基本方針は卸売市場の業務の運営、施設等に関する基本的な事項を定めるものであり、その方針と軌を一にするものである必要がある。

第二に、申請書及び業務規程の内容が、法令に違反しないことである。

第三に、業務規程に定める「卸売市場の業務の方法」が、開設者が差別的取扱いをしないこと、卸売数量、価格等を公表すること、業務規程に定めている遵守事項を遵守させるために必要な指導・助言、報告・検査、是正の求め等をとることができることを内容とするものであることである。

第四に、業務規程に、卸売業者の品目ごとにせり・入札、相対取引等の売買取引の方法、取引参加者の売買取引における支払期日、支払方法等の決済の方法が定められていることである。

第五に、業務規程に、全国の卸売市場共通の取引参加者の遵守事項として、差別的取扱いの禁止、受託拒否の禁止、卸売業者の売買取引結果の公表等が定められていることである。

第六に、業務規程に、全国の卸売市場共通の取引参加者の遵守事項以外の遵守事項を定める場合には、その内容が全国の卸売市場共通の取引参加者の遵守事項の内容に反するものでないこと、取引参加者の意見を聴いて定められていること、その遵守事項とその遵守事項が定められた理由が公表されていることを満たしていることである。

第七に、開設者が取引参加者に遵守事項を遵守させるために必要な体制を有することである。

第八に、卸売市場が生鮮食料品等の円滑な取引を確保するために必要な施設を有することである。

第九に、開設者が卸売市場の業務運営に必要な資金を確保できると見込まれること等卸売市場の適正かつ健全な運営に必要な要件に適合していることである。

認定を受けた卸売市場に対しては、引き続き予算措置として３分の１以内で支援を行っていくこととしているが、中央卸売市場に対する法律補助も引き続き措置しており、食品等の流通の合理化に取り組む中央卸売市場の開設者に対し、予算の範囲内において、その施設の整備に要する費用の10分の４以内を補助することができる規定を法律に定めている。

改正卸売市場法は、２年以内の政令で定める日に施行されることとなっており[81]、施行までの間に各卸売市場においては、それぞれの取引実態を踏まえ、卸売市場の活性化を図る観点から検討を行い、業務規程を策定し、認定の申請を行う必要がある。

その際、各卸売市場において期待される取組としては、まず、生鮮食料品等においても規格化が進んでいることを踏まえ、商物分離を認める取引ルールを設定した場合には、卸売市場取引でありながら、物流は直送することにより、出荷者の物流コストを削減するとともに、食品の鮮度を保って消費者まで届けることができるようになる。

また、仲卸業者が産地から直接集荷できる直荷引きを認める取引ルールを設定した場合には、小ロットになりがちな有機農産物や地場野菜等を仲卸業者が

[81]「卸売市場法及び食品流通構造改善促進法の一部を改正する法律の施行期日を定める政令（平成30年10月17日政令第292号）」によって、平成32年６月21日とされた。

直接仕入れることが可能となり、消費者ニーズに合った品揃えを充実し、地域の生産者に販路拡大の機会を提供することができる。

第三者販売を認めるルール設定をした場合には、開設者に個別の許可等の手続なく、別の卸売市場の卸売業者や仲卸業者への販売を通じて、迅速かつ円滑に農産物の過不足を調整することや卸売業者が直接加工業者や外食事業者に販売することが可能となる。

これらの取組の多くは改正前の卸売市場法において一切禁止されていたわけではなく、例外として認められていたものもあるが、例外に該当するか確認する手続が必要であり、迅速かつ柔軟な取引が行えず、その結果、市場取引として取り扱わない取引として行われている実情にあった。改正後は各卸売市場の実情に応じたルール設定がなされることで、このような取引も市場取引として取扱い、透明性が高まるとともに、市場経営の健全化にも資するものである。

他方で、開設者が中心となり、取引参加者間の利害を調整することは相当な労力と時間を要することが想定される。卸売市場の将来像を描きながら、開設者と取引参加者が十分に議論ができるよう、全国の卸売市場や他の食品の流通の状況に関する情報提供なども含め国が積極的に支援することが必要である。（資料Ⅱ－８参照）

2．食品流通構造改善促進法の改正

食品流通構造改善促進法の改正については、まず、農林水産大臣は、食品等の流通の合理化を図る事業を実施しようとする者が講ずべき食品等の流通の効率化、品質・衛生管理の高度化、情報通信技術等の利用等の措置を明らかにするため、食品等の流通の合理化に関する基本方針を定めることとしている。

この基本方針等に即して、農林水産大臣は食品等流通合理化事業に関する計画を認定することとし、認定を受けた者は、その計画の実施に当たり、株式会社農林漁業成長産業化支援機構による出資、株式会社日本政策金融公庫による資金の貸付け等、食品流通構造改善促進機構による債務保証等の支援を受けることができる。

また、農林水産大臣は、食品等の取引の適正化を図るため、食品等の取引の状況等に関する調査を行い、当該調査の結果に基づき、指導・助言等の措置を講ずるとともに、不公正な取引方法に該当する事実があると思料するときは、公正取引委員会に対し、その事実を通知することとしている。

なお、食品流通構造改善促進法は、これらの改正に伴って、法律の題名を「食品等の流通の合理化及び取引の適正化に関する法律」に改めている。（資料Ⅱ―8参照）

改正食品流通構造改善促進法は6か月以内の政令で定める日に施行されることとなっており[82]、30年度中には改正法に基づき、食品流通流通事業者等の合理化の取組の支援が活用可能になるとともに、農林水産省による食品等の取引適正化のための取引状況の調査が実施されていく予定である。

3．法改正のポイント

⑴認可制を認定制に変更した理由

現行の卸売市場法は、大正12（1923）年に制定された中央卸売市場法以来の仕組みを踏襲しており、制定当時に問題となった卸売業者の売り惜しみ・買い占めによる価格の吊り上げを防ぐため、農林水産大臣や都道府県知事の許認可を受けなければ、卸売市場の開設を認めない「許認可制」としていた。

他方、現在は、買い手と売り手の情報格差がなくなり、売り惜しみ等による価格の吊り上げをし難い環境となっていることに加え、小売業者の大規模化に伴い買い手の交渉力が強まっているほか、許認可を受けた卸売市場以外にも、インターネットでの通信販売や産地直売の拡大など、多様な流通が存在しており、卸売市場のみ開設や卸売の業務について許認可を受けなければ行えないこととする理由もなくなっている。

このため、改正卸売市場法では、卸売市場の開設は、許認可を受けなくとも行い得ることとしつつ、生鮮食料品等の公正な取引の場として、一定の要件を満たす卸売市場を農林水産大臣が認定し、その創意工夫の発揮などにより卸売市場を活性化することとしている。従来の「規制する」という考え方から、適正な卸売市場を振興していくという考え方で制度全体を見直し、「認定制」としている。

⑵　実質的に何が変わるのか。まやかしではないのか。

82「卸売市場法及び食品流通構造改善促進法の一部を改正する法律の施行期日を定める政令（平成30年10月17日政令第292号）」によって、平成30年10月22日に施行された。

改正法により、卸売市場及び市場外も含めて、創意工夫をいかし、消費者や生産者のニーズに合った食品流通を実現する環境を整備するとともに、物流コストの削減や品質・衛生管理の強化等を進めるほか、公正な取引環境の確保を図ることとした。

これによって、例えば市場取引であっても、物流は直送することが可能となり、生産者にとっては物流コストを削減し、消費者には食品の鮮度を保って手元まで届けることができるようになった。

また、卸売業者から加工業者への直接販売が可能となり、生産者にとっては早期の代金回収を確保したまま、消費者ニーズに応えた加工業務用食品への原料供給が可能となった。

また、仲卸業者が産地から小口でも有機野菜等を直接仕入れ、品揃えを充実させることが可能となり、有機野菜等のこだわり農産物を望む消費者へと販路を拡大することができるようにしている。

⑶　市場に任せてうまくいくのか。

国や都道府県は、改正法に基づく基本的な方針に適合すること、公正・安定的に業務運営を行えること等を審査の上、卸売市場の認定を行い、認定後も指導・検査監督を行うこととされている。

また、国会の附帯決議においても、生鮮食料品等の安定供給に重要な役割を果たしている卸売市場の公的機能が引き続き維持・発揮できるよう、卸売市場に対する指導・監督・検査・支援などの関与を適切に実施すること、各卸売市場における業務規程については、生産者や消費者にとって有益な取引環境を整備・確保する観点から、全ての取引参加者の意見を公平かつ十分に踏まえ、適切に策定されるようにするとともに、そのルールが適正に運用されるよう開設者に指導・助言すること等を政府に対して求めている。

⑷　生産者、卸、仲卸、小売、消費者にとってどのような影響があるのか？何がどのように改善されるのか。

改正卸売市場法では、第三者販売や商物分離について、全国一律の規制は行わず、卸売市場ごとに柔軟に設定できることとしている。これによって、生産者・消費者・市場関係者に対し、以下のようなメリットがある。

①　加工業務用需要への対応

消費者の加工食品・中食・外食のニーズは高く、国内産地も加工業務用需要への対応が求められている。卸売市場ごとの判断になるが、第三者販売が緩和された場合、生産者にとっては、市場経由で国産の生鮮食料品等を加工・惣菜メーカーに原料として供給できるようになり、加工分も含めて早期に代金決済が行われるようになる。

②　輸送の効率化

産地からの輸送の効率化が求められている。卸売市場関係者にとっては、市場間での生鮮食料品等の融通を円滑・効率的に行おうとする場合、卸売市場ごとに判断し、第三者販売や直荷引きを緩和して市場間ネットワークを形成できるようになる。

③　輸送に係るコストの低減

生鮮食料品の中には、規格化が進み、まとまった量で小売店等に納品できるものもある。卸売市場ごとに判断して商物一致が緩和された場合、消費者にとっては、産地から小売店等に直送されるようになり、新鮮な生鮮食料品等を購入でき、物流コストも安くなる。（資料Ⅱ―９参照）

第12章　政省令、基本方針

平成30（2018）年８月17日（金）13時から開催された農林・食料戦略調査会、農林部会合同会議、同月24日（金）９時から開催された水産部会・水産総合調査会合同会議での議論を経た上で、８月30日（木）に卸売市場法及び食品流通構造改善促進法の一部を改正する法律の施行に伴う政省令案及び基本方針案が、９月１日（土）に食品等の流通の合理化に関する基本方針案等がパブリックコメントに付された。

１．第10回卸売市場議連

９月20日（木）に自民党総裁選挙が行われ、安倍総裁が三選されて一段落着いた９月28日（金）９時から、第10回卸売市場議員連盟勉強会が開催された[83]。

冒頭に、森山会長から、「先生方のご協力によって、改正卸売市場法はまずまずの形となって成立したが、どのような政省令、基本方針となるかが大事である。」との挨拶の後、「卸売市場法の改正に伴う政省令（案）及び基本方針（案）について」農林水産省から説明がなされ[84]、意見交換を行った。

出席議員からは、以下のような発言がなされた。

⑴　卸売市場整備に対する支援について

野田　毅　先生

基本方針の「国による支援」の、「中央卸売市場の開設者が……」であるが、地方卸売市場で同じことをやる場合、国から同じくらいの金が出るのか確認したい。

農林水産省回答

地方卸売市場については３分の１の助成を基本としている。地方卸売市場も非常に大きな役割を果たしているが，中央卸売市場は規模が大きく重要なところであるので、中央は食品等流通合理化計画を立てると10分の４の

[83] 議事次第・出席者リストは議連資料23の通りである。
[84] 提出資料は議連資料24の通りである。

助成になるが、地方の場合は流通合理化の取組をしても10分の４までにはならない。

野田　毅　先生

熊本の場合、青果も水産物も、他県の中央卸売市場よりもっと中央卸売市場的な役割を果たしている。特に、水産は８割くらいやっている。地震でやられているので、ちゃんとしなければならない。県が金を出して、中央卸売市場にしても良いくらいだが、県が貧乏だから国が補助を設けなければと考える。しかも、通常は公設民営だから固定資産税を払わないところを、固定資産税を払っている。民設民営でそれだけの役割を果たしており、固定資産税も払っているのだから、整備をするなら国も県も金を出すべきである。

農林水産省回答

国費助成のところだけではなく、計画の作り方も含めて、最大限支援できるように頑張っていきたい。

野田　毅　先生

頑張るのではなく、文書にしないとダメ。農林水産省が言わなくても各自治体レベルで固定資産税はまけているが、免除にはならない。折角の機会だから、ちゃんとやったらどうか。

森山　裕　会長

ちょうど農林水産大臣の時に地震があったので、熊本地方卸売市場を見せて頂き、こんなどでかい地方卸売市場があるのかと思った。野田先生のおっしゃることもよく理解できるが、どこで中央市場と地方市場の線を引くかが難しい問題もあると思う。

地震と絡めて、熊本市も熊本県も一緒になって考えていくのではないか。

野田　毅　先生

線引きの仕方等、知恵を出して考えるように。

(2)　関連施設との有機的な連携について

平　将明　事務局長

基本方針案の「関連施設との有機的な連携」について、「広く開かれた卸売市場として一般消費者に対しても生鮮食料品等を販売する」が気になっている。今迄の議論で生態系が大事だと言ってきたが、規制改革推進会議の素人有識者が思いつきで言ったために、ぐちゃぐちゃになっている。それをここまで戻したのだが、この主語は何か、イメージはどういうものか。

農林水産省回答

卸売市場の場を用いて、外部の方も含めて販売することを考慮することである。昼の時間帯に街中の一等地で空いているところを利活用しながら街を盛り上げたい場合に、関係者と調整をして理解が得られれば、こういうことをやることも施設使用の観点でやぶさかでないということである。

平　将明　事務局長

通常業務ではなく、市場祭り等の時というイメージなのか。

農林水産省回答

それも含め、それ以外の時でも、外部の方が行うことも含めて、理解が得られれば可能と考えている。

櫻田義孝　先生

柏市に卸売市場があるが、一般の人はお断りになっている。もぐりで買いに来る人、売る人はいるが、基本的にはダメというのが大原則。卸売市場は一般消費者には売らないのが原則で、これは矛盾するのではないか。

農林水産省回答

「卸売を行う卸売市場の役割を基本」というのは大前提で、その上で、関係者間で調整できた場合は、日中の空いている時間等に立地を有効利用する観点で、小売に活用するということを書き込んでいる。

櫻田義孝　先生

関係者との協議といっても、一般消費者の団体と協議するのか。

農林水産省回答

その他の取引ルールと関連するので、開設者、卸売業者、仲卸業者、買参人といった取引参加者の皆さんの意見を確認して、了解を得られればこういう取組を行うということである。

櫻田義孝　先生

了解は、個々で了解をするのか。一般消費者とか団体とかいろいろ言っているが、個人の場合には個人代表の団体を作らなくても良いということか。誰と誰が話し合って、誰が対応するのか。

農林水産省回答

基本的には開設者が、個別にそれぞれの意見を聴いて、それをふまえた案を作り、その上で調整して了解が得られれば、日中をいかした小売等ができるということである。

櫻田義孝　先生

開設者は一般消費者と協議できないのではないか。一般消費者はどこに誰がいるのか分からない。

農林水産省回答

一般消費者に直接意見を聴く必要があると判断された場合、例えばパブリックコメントのような形でやるのも手法としてはあると考えている。

平　将明　事務局長

櫻田先生の指摘は、私の指摘と同様に、分かりにくいということである。卸売市場といっても、荷受会社も仲卸も関連事業者もいる。小売屋が外から来た人に売ることは全然問題ないが、荷受が売ったらおかしなことになる。今まで言っていた生態系の議論とは整合しないので、もっと具体的事例を挙げて、こういうことを想定していますと言わないと、議論の卓袱台返しじゃないか、となる。

森山　裕　会長

これは気をつけないと、非常に揉める要因になる。小売の現場では前からあったが、小売も大変だった。魚まつりとか、秋まつりとか、年に何回かは市場に買いに来てもらっても良いですよ、というところで上手くいっている。そのくらいにしておかないと、常時買出しに来て、という話ではどうかなと思う。そこは気をつけてもらいたい。

農林水産省回答

分かりました。

堀内詔子　先生

地元が果樹地帯で、朝６時に市場で品評会が開催されるが、フォークリフトが猛スピードで走ったりする。農林水産省は空いている時間帯でというが、高く荷物が積み上がっていたり、一般の方が入った時に事故があった場合の補償はどうなるのか。

農林水産省回答

具体的な事例なので、それぞれの対応があるかと思うが、基本的に、開設者が最終的にやるやらないの判断をすることになる。その際、事故が起きたら、開設者を含め、原因となった事象に応じて補償等の対応が決まると考えている。

平　将明　事務局長

朝の忙しいところに素人が入ってくると、正直言って邪魔。そういうことはあり得ないので、具体的な事例を絞り込んで示さないと、この議論が終わらなくなる。

全国青果物商業協同組合連合会　近藤栄一郎　会長

「関連施設との有機的な連携」は、我々小売としては断固反対です。我々の業態も最盛期は１万人の組合員がいたが、現在は６千数百に減少している。量販店の対応、また、昨今はコンビニエンスストアが農産物を売っており、競争相手が増えたことと相まって、お店と納品業と、複合的な業態に変わってきている。そのような業態の中で、市場が小売りも良いとなると、我々は非常にダメージを受ける。そういうところで、「関連施設との有機的な連携」は断固反対である。

全国青果卸売協同組合連合会　金子了功　理事（大阪東部市場）

農林水産省に小売りの件を聞きたい。この文章では、卸売市場の一角に直売所のようなものを作って小売りをすることができると思う。大阪の木津地方卸売市場は、市場内にスーパー銭湯を作っている。そういうことを考えると、直売所どころか、市場の空いている土地にスーパーを持ってきてスーパーの経営も中でできるようになるのではないかと思うが、どうか。

農林水産省回答

ご指摘の通り、木津のように多角化という形で用地を活用する取組が出てきている。「卸売を行う卸売市場の役割を基本」とするのは、卸売の取扱高、取扱額、売上額が主で、それ以外が従ということが崩れない範囲でやって頂くことが基本であると考えている。

⑶　災害時の対応について

左藤　章　先生

「災害時の対応」のところだが、この前の台風で、大阪の海沿いの冷凍倉庫が全部パーになった。地方卸売市場も含め、卸売市場に災害時の非常用電源は設置が義務付けされているのか。

農林水産省回答

義務付けはない。現在、重要インフラの点検作業を政府で進めているが、この中で、今どういう状況にあるのか調査・把握を進めているところである。

左藤　章　先生

停電で食品がパーになった場合は、保険でカバーされるのか。

農林水産省回答

今回のような電力に関しては、特に保険はないと承知している。

左藤　章　先生

大災害、首都直下型地震等で停電になった時、市場の中の冷蔵庫は、緊急に発電できるシステムになっているのか。

農林水産省回答

任意で自家発電用の設備を備えているところもあるし、備えていなかったところもある。今回の場合、停電したが、保冷施設は扉を開けずにおけば少なくとも数時間、冷凍の場合は一週間程度は大丈夫だったと聞いている。停電後、いつ回復するかが重要になってくる。

左藤　章　先生

北海道の地震も大阪に来た台風21号も、回復に何日もかかる災害が最近は多い。被害で生鮮食料品の生産がなくなると、市場にある商品を保管し、確保することが重要になるということを考えてもらわないといけない。

全国青果卸売協同組合連合会　増山春行　会長

東京ではあまりないが、三宅島や大島の時は、仲卸に商品を提供して下さいときた。

私もニンジン等を提供したが、卸売市場の条例に即日上場即日販売があるので、卸売会社は基本的に災害の時のストックはない。これだけ災害があるので、卸売会社にも保管調整機能があってしかるべきだと思う。卸売市場の存在意義として需給調整機能があるので、何かがあった時に、備蓄という言葉は使いたくないが、卸売会社にも機能として持ってもらいたい。市場整備で卸売会社の低温倉庫等を作るようになったが、調整保管機能を持っているのは仲卸である。仲卸が全部冷蔵庫を持って、保管して動かしている。卸売会社はやっていない。仲卸の立場から発言しておきたい。

全国青果物商業協同組合連合会　近藤栄一郎　会長

私の市場も、3.11の時に停電になったが、コンピューターを使っているので、電気が落ちると決済もできない。最低限の電源は確保してもらう必要がある。3.11の時に、仙台では卸・仲卸・小売と三位一体となって流通が改善するまで地域の方に物資を供給した事例もある。「災害時等の対応」

には、「卸売業者及び仲卸業者」と限定されているが、災害時に柔軟に対応するのは、消費者と顔を合わせている我々小売ではないかと思う。その辺の対応をお願いしたい。

平　将明　事務局長

農林系の金融機関等の融資先もあまりないようだし、補助金のやり方もある。災害対応は別途考えましょう。

⑷　食文化の維持及び発信について

筆者

「食文化の維持及び発信」についてであるが、卸売市場の関係者が担うことには限界があると思う。卸売市場に限った話ではなく、農林水産省、政府全体として、食文化の維持及び発信に努めていく必要があると考える。取組自体は大事だと思うが、平先生がおっしゃった「○○まつり」以外に、どういうことを念頭に置いて記述したのか。

農林水産省回答

京野菜とか金沢の野菜とか、多様な野菜や魚を家庭あるいは小売店の棚に示すことが、多種多様な品目を使う和食の文化を伝える基本であることと、市場まつり等を通して若い年代の方に意味や生産の仕方を仲卸の方が伝えるということを含めて、このように規定した。

筆者

方向性は大変結構だが、多種多様な野菜とか魚を並べる小売店が厳しい状況におかれている。この課題は、卸売市場法の問題というよりも、食品流通全体を考える中でどのように対応していくかが基本であると思う。以前に、役所で消費者行政を担当していたことがあるが、消費者団体の幹部ですら文化包丁１本しかもっていないことが少なくない。ましてや、最近の若い方のご家庭には包丁１本しかないことが多い。スーパーの棚から食品の入ったトレイを取ってくるだけでは調理の方法が分からない。バラエティーに富んだ食材があり、こうすれば美味しく食べられるということをお客様に理解して頂き、ニーズが出てくると、小売店も置きたいとなるし、卸売市場もそういう品物がないかとなる。そういうところをふくめ、食文化をどう広げるのか、農林水産省・政府全体の話かと思うが、力を入れて頂きたい。

⑸　品質管理及び衛生管理の高度化について

筆者

「品質管理及び衛生管理の高度化」についてであるが、10月になると豊洲市場がオープンする。閉鎖型の豊洲市場を整備するだけでは、2020年の東京オリンピック・パラリンピックで、現在の日本の食品管理基準では日本の食材を選手に提供できないと聞いている。世界の基準に日本はどのように対応していくのか。

農林水産省回答

明示的にいつというのは難しい。閉鎖型施設として、福岡に続いて豊洲が整備された。各市場とも施設の再整備が色々と出てきているので、そのような機会に合わせて閉鎖型施設への移行等を進めていくことになると思う。これを順次進めていくことにより、コールドチェーンの確保、品質・衛生管理の高度化を進めていきたい。

⑹　まとめ

平　将明　事務局長

基本方針については、修文してもう１回議連を開催する必要がある。多分、皆さんイメージが湧かないでしょう。私のイメージでは常設ではないと思う。でも、この文章ではそのように読めない。常設されたら意味がないでしょう。これはパブリックコメントを受けた後に、また変わるのでしょう。

農林水産省回答

パブリックコメントで修正が入ります。来週、パブリックコメントの修正を含めて、政府側の食料・農業・農村政策審議会食料産業部会で審議をお願いする予定であり、できるだけ早く修文案を考えて、ご相談したい。

森山　裕　会長

この問題は長い歴史があるから、色々検討しないと大変だと思う。魚まつりを年に何回かやって、春まつり、秋まつりとやっているが、そこは団体の皆様のご理解を得てやってきたのが歴史ではないかと思う。常時やるのは難しい。平議員もおっしゃったように、そこが破壊されたらできないとなると、折角、年に何回か市場を開放して、市場に親しみを持ってもらい、市場の業務により理解をして頂こうとやってきたのであるので、もう一度調整してみましょう。

平　将明　事務局長

この議連の意見を無視して進められると、また対立モードに逆戻りになるので、ちゃんと配慮して、どの様に修正したかを議連に報告して下さい。

農林水産省回答

10月４日に食料・農業・農村政策審議会食料産業部会を予定しているので、まず、先に幹部の先生方にお話しした上で同審議会に諮り、その後、ご報告するようにしたい。

平　将明　事務局長

HACCPの対応等、色々と難しい問題があるので完全分離しなければならない。輸出対応、災害対応、冷蔵庫や電源等の色々の問題があるので、別途、議論をさせてもらいたい。

卸売市場法及び食品流通構造改善促進法の一部を改正する法律の施行に伴う政省令案及び基本方針案については９月28日（金）にパブリックコメントが終了し、食品等の流通の合理化に関する基本方針案等についても９月30日（日）に終了した。

政省令案と基本方針については、10月４日（木）に開催された農林水産省の食料・農業・農村政策審議会食料産業部会に諮られ、了承された。

卸売市場議連の意見を踏まえ、基本方針の「関連施設との有機的な連携」について、「既に市場まつり等の取組もなされているが、卸売市場の役割に支障を及ぼさない範囲で施設を有効に活用する」と修文されたことから、森山会長と相談して、再度卸売市場議連を開催する必要なしとして了承した。

２．政省令、基本方針

10月17日（水）に政省令、基本方針が公布された。

(1)　「卸売市場法及び食品流通構造改善促進法の一部を改正する法律の施行に伴う関係政令の整備及び経過措置に関する政令（平成30年政令第293号）」の概要

改正法による改正後の卸売市場法及び食品等の流通の合理化及び取引の適正化に関する法律（以下「食品等流通法」という。）の規定に基づき政令に委任された事項を定めるとともに、関係政令について所要の規定の整備を行う。

①　卸売市場法施行令の一部改正

ア　罰金以上の刑に処せられた場合に中央卸売市場の認定を受けることができない生鮮食料品等の取引に関する法律として、独占禁止法、食品衛生法等を定める（第１条)。

イ　中央卸売市場の開設者に対する業務・財産に関する報告及び資料の提出並びに立入検査は、都道府県知事が行い、農林水産大臣が自ら行うことを妨げないことを定める（第２条)。

②　食品流通構造改善促進法施行令の一部改正

株式会社日本政策金融公庫による資金の貸付けの利率、償還期限及び据置期間の範囲（利率：最高年８分５厘、償還期限：据置期間を含め15年、据置期間：３年）を定める。

等

⑵　「卸売市場法及び食品流通構造改善促進法の一部を改正する法律の施行に伴う農林水産省関係省令の整備に関する省令（平成30年農林水産省令第67号)」の概要

改正法による改正後の卸売市場法及び食品等流通法の規定に基づき農林水産省令に委任された事項を定めるとともに、農林水産省関係省令について所要の規定の整備を行う。

①　卸売市場法施行規則の一部改正

ア　中央卸売市場の施設規模の基準として、卸売場、仲卸売場及び倉庫の面積の合計が、取扱品目が属する生鮮食料品等の区分に応じ、おおむね次の面積以上であることを定める。(第１条)。

青果：10,000㎡　水産物：10,000㎡　肉類：1,500㎡　花き：1,500㎡
その他の生鮮食料品等：1,500㎡

イ　中央卸売市場の開設者又は卸売業者による売買取引の結果等の公表は、日ごとの卸売の数量・価格等をインターネットの利用その他の適切な公表方法により公表することを定める（第３条・第８条)。

ウ　中央卸売市場の卸売業者の受託拒否の正当な理由として、食品衛生上有害である場合等を定める（第６条)。

エ　中央卸売市場の卸売業者の事業報告書について、事業年度経過後90日以内に開設者に提出すること、出荷者が閲覧できる情報は卸売業者の貸借対照表・損益計算書に限ること等を定める（第７条）。

オ　中央卸売市場の認定要件として、開設者が卸売市場の業務運営に必要な資金を確保できると見込まれること等を定める（第９条）。

カ　地方卸売市場についても、イ、エ、オなど基本的に中央卸売市場と同様の内容を定める（第17条～第30条）。

キ　改正前の許認可を受けた中央卸売市場又は地方卸売市場に係る認定申請については、申請書の記載事項から卸売市場の施設に関する事項等を省略することができること等を定める（附則第２条）。

②　食品流通構造改善促進法施行規則の一部改正

ア　「食品等」として花きのほか、飲食料品の原料又は材料として使用される農林水産物等を定める（第１条）。

イ　食品等流通合理化計画の認定に係る申請書の様式等を定める（第２条）。

ウ　中央卸売市場・地方卸売市場の開設者は、食品等の取引に係る不公正な取引方法に関する情報を取得したときは、農林水産大臣に提供するよう努めることを定める（第17条）。

等

⑶　「卸売市場に関する基本方針（平成30年農林水産省告示第2278号）」

改正後の卸売市場法第３条に基づき、次の事項を内容とする卸売市場に関する基本方針を定める。

①　卸売市場の業務の運営に関する基本的な事項

・　卸売市場の位置付け

・　卸売市場におけるその他の取引ルールの設定

・　卸売市場における指導監督

　開設者による指導監督、国及び都道府県による指導監督

②　卸売市場の施設に関する基本的な事項

・　卸売市場の施設整備のあり方

　流通の効率化、品質管理及び衛生管理、情報通信技術その他の技術の利用、国内外の需要への対応、関連施設との有機的な連携

・　国による支援

③　その他卸売市場に関する重要事項

・　災害時等の対応

・　食文化の維持及び発信
・　人材育成及び働き方改革

⑷　「食品等の流通の合理化に関する基本方針（平成30年農林水産省告示第2279号）」

食品等流通法第４条に基づき、次の事項を内容とする食品等の流通の合理化に関する基本方針を定める。

①　食品等流通合理化事業を実施しようとする者が講ずべき措置に関する事項

ア　食品等の流通の効率化に関する措置
イ　食品等の流通における品質管理及び衛生管理の高度化に関する措置
ウ　食品等の流通における情報通信技術その他の技術の利用に関する措置
エ　食品等に係る国内外の需要への対応に関する措置
オ　上記のほか、食品等の流通の合理化のために必要な措置

②　①の他、食品等の流通の合理化に関し必要な事項

第三編

今後の課題

第13章　市場のあり方

1．市場開設者

平成30（2018）年３月末時点で、全国に中央卸売市場は64市場、地方卸売市場は1,080市場存在している。物流、コールドチェーン、情報、インターネット通販、電子商取引が発達している現在、これら全ての市場が生き残っていけるのか。

市場の統合、市場のあり方の変更を検討する時期を迎えているのではなかろうか。

自動車の性能が向上し、高速道路を含む道路整備が進んだ結果、小売店から30km程度迄の卸売市場へは容易に仕入れに行くことができる範囲となっている。仕入れをする小売店の近くに卸売市場が存在することは重要であるが、品揃えが限られるようであれば、小売店はその卸売市場だけでは十分な集荷ができないため、別の卸売市場にも出向かざるを得ない。

まずは、現在の中央卸売市場の開設者である地方公共団体が、当該卸売市場をどのような市場にするのかを検討し、さらに、近隣の卸売市場との関係をも調整し、生産者・消費者双方に望まれる市場へ変更していくことが必要である。

大都市の中央卸売市場に荷が集まるのは自然であるが、地方の住民の方にどのようにして、多種多様な生鮮食料品を安定的に届けていくことができるのか、開設者や市場関係者の責任であるだけでなく、卸売市場を含めた食料品の流通全体を監督する農林水産省の責任でもある。

今回の卸売市場法の大改正によって、中央卸売市場における取引ルールの策定は、それぞれの中央卸売市場に委ねられることになった。これまで原則として規制されていた、第三者販売の原則禁止、直荷引きの原則禁止、商物一致の原則が各市場に、開設者の判断に任せられることとなった。どのような取引を行う市場とするのか、開設者の責任はこれまで以上に重くなった。

農林水産省は、今回の法改正の検討に当たって、規制改革推進委員会の指摘もあり、広く市場関係者と協議を重ねた結果、卸売市場の開設に関しては、許認可を受けなければ開設を認めないとする許認可制から、公正な取引の場としての一定の要件を満たす卸売市場について認定し、今後ともその機能を発揮できるようそれぞれの創意工夫による活性化を図ることができる制度に移行した。認可制を廃止し、卸売市場の開設は基本的に自由として、これまでの卸売市場法の原則を大転換した。その一方で、一定の要件に合致する市場は認定するという認定制を設けたが、「農林水産省・地方公共団体の関与が薄くなる、公的助成が削減されるのではないか」との市場関係者からの懸念に対して、第二編に記述したように、自民党内の議連、部会や国会での答弁において、農林水産省は「制度上は国の関与が薄れるが、国が手を引くことがないように、開設者に対して引き続き説明したり、取引ルールの設定等について、きめ細かく対応する。各市場の開設者の判断は尊重するが、個別の問題について丁寧に対応する。」との趣旨の回答をしている。

1,000を超える卸売市場が、今後、改正法が施行される平成32（2020）年6月21日までに認定申請手続きを行わなければならない。各市場が、十分な時間的余裕をもって検討を行うことを期待したい。そのためにも、農林水産省は、基本方針を含む、政省令を公表・公布後には、速やかに関係者に対して丁寧な説明をして頂きたい。

「地方の実態としては、大手スーパーは市場外流通が多く、そこが伸びて、地方の市場関係者の経営は非常に厳しい。卸売市場がなくなると、町の八百屋、魚屋、寿司屋が仕入れをできなくなる。地方の台所として卸売市場は重要である。市場外の取引をどう取り込むかについては、地元の市場も病院食向けに供給したいが、現行制度では加工はできない。緩和するなら、市場で加工が出来るようにする等、営業がしやすくなるようにして頂きたい。」との声も寄せられている。

自由化・弾力化が進むことによって、これまで以上に卸売市場間の競争が激化すると思料される。開設者の市場運営に当該市場の未来がかかっている。

2．卸売業者

今回の法改正で、これまで原則禁止とされてきた第三者販売の原則禁止等について、卸売市場の判断に任せて自由化することとされた。これらについては、改正前の卸売市場法において一切禁止されているわけではなく、例外として認められていたものもあったのであるが、例外に該当するか確認する手続が必要であり、市場取引として取り扱わない取引として行われている実情にあった。

卸売の相手方としての買受けの禁止、第三者販売の原則禁止、商物一致の原則等について、各卸売市場の実情に応じたルール設定がなされることとなるので、まずは開設者をはじめとする関係者との協議を整えることが必要である。

インターネット取引や海外への輸出その他現状を踏まえた取引が市場取引として取扱われることで、意欲のある卸売業者の活躍の可能性が高まると期待されている。これを契機に、卸売業者が仲卸と車の両輪になって、良い意味での競争関係に立って、消費者のニーズに応える集荷に努めて頂きたい。

３．仲卸業者

今回の法改正で、これまで原則禁止とされてきた直荷引きの原則禁止等について、卸売市場の判断に任せて自由化することとされた。これらについては、改正前の卸売市場法において一切禁止されていたわけではなく、例外として認められていたものもあったのであるが、例外に該当するか確認する手続が必要であり、市場取引として取り扱わない取引として行われている実情にあった。

これまで仲卸には禁止されていた、産地から商品を直接仕入れ、消費者に届けること（直荷引きの原則禁止）が可能となった一方、卸と仲卸・買参人との間でせりを行って公正な価格形成をしてきた市場メカニズムが崩壊していくのではないか、価格操作や誘導が行われることになるのではないか、との懸念が表明されている。

これらについては、各卸売市場の実情に応じたルール設定がなされなければならない事項であるので、まずは開設者をはじめとする関係者との協議を整えることが必要である。弱小な仲卸は力関係で負けるのではないかとの懸念の声も聴いているが、開設者を中心にして、透明性の高いルールが決定されることを期待している。また、農林水産省も今後とも必要があれば、卸売市場における協議に対して関与していくこをと表明している。

また、例えば青果の仲卸は、短期間での販売代金の出荷者（卸）への迅速・確実な決済と、販売先からの平均１か月かかる代金回収のリスク、資金負担を負っているが、このリスクを関係者でどのように共有していくかも今後の課題となっている。

今回の法改正を契機に、仲卸の目利きや創意工夫が発揮され、小売の店頭に消費者が満足する商品がリーズナブルな価格で多く並んでいくことが望まれている。

4．生産者（出荷者）

今回の法改正で、市場取引でありながら商品を直送することにより、物流コストを低下させ、食品の鮮度を保って消費者に届けることが可能になった。

インターネット取引や産直等の現状を踏まえて、市場のルールに取り込み、取引の透明化を図るものと考えている。

価格はせりで決定されるのが基本ではあるが、生産者の方々にとって、これからも安心して出荷できる市場であるよう、生産と流通の双方を所管する農林水産省の生産者対策が望まれている。

また、卸売市場法の目的の範疇ではないが、今回の市場法改正の議論において、資源の保護、品種改良等の研究開発等について、多くのご要望を頂いた。国際的な取り組みも含めて、今後の政府の役割に対して大きな期待が寄せられている。

5．小売店等

全国各地には、その地域の消費者の方の好みを把握した、街中の八百屋、魚屋、小さなスーパー等の小売店が存在している。規模の経済や経済効率性だけを追っていてはそれぞれの地域の特性が失われていく。また、商店街にシャッターを閉めた店が増えることにもなり、地域の衰退にもつながる。

少子高齢化、大都市への集中が続くなか、免許を返納した高齢者が安心して暮らすことの出来るコンパクト・シティーを政府は目指している。そうであるなら、街中の小売店が存続する政策がとられなければならない。

まずは、卸売市場を通じて、消費者が安心できる新鮮な商品をお客様の食卓に届けて頂くことが関係者の皆様に期待されている。そのうえで、政府に対しては、街中の小売店が元気にご商売を続け、バラエティーに富んだ商品を近所のお店で購入できるような対策を講じていくことが望まれている。

第14章　物流効率化、情報通信技術の活用

第196回通常国会の最大の課題の一つが働き方改革であった。物流は長らく「川下」産業で、「川上」産業である発注者に対して弱い立場にあり、「この条件で嫌なら、他に頼むから」と言われ、運賃の改定等を要望することが困難であった。しかし、近年の人手不足から物流部門は給与水準を上げてもドライバーや職員が集まらない状態となり、逆に物流会社から「この運賃を受けて頂けないのなら、運送引受けはできません。」とお断りをすることが発生する状況になってきている。

その結果、物流コストが増大し、物流の効率化に向けた取り組みに力が入れられるように環境変化が起こっている。

商取引の電子化による商流の効率化、情報通信技術の導入等による物流の効率化に力を入れるように環境が変化してきている[1]。標準 EDI、RFID 等の電子タグ、予約受付システムの ICT 化、パレット化[2]、貨物コンテナの活用等、これまで取組みが遅れていた物流効率化、情報通信技術の活用への取組み強化が求められている[3]。

まず、長年の課題でもあった、農産物物流における一貫パレチゼーションの具体化・実現に向けた動きが始まっている。平成30年５月、「自動車運送事業の働き方改革の実現に向けた政府行動計画」（自動車運送事業の働き方改革に関する関係省庁連絡会議）が取りまとめられ、この中で、ドライバーの負担軽減対策の一つとして、農産物輸送のパレット化による物流効率化の推進が明記

---

[1] 資料Ⅲ―１参照。

[2] 資料Ⅲ―２参照。

[3]「食の安全・安心やテロ対策のためのセキュリティ確保で必要とされる輸送履歴情報の整備には、荷受・荷卸検品や入出荷検品のコードと検品の担当者、時点および場所に関わるコードを一体的に処理する必要がある。

また、不幸にして問題が発生した場合には、安全性の確保と風評被害の拡散を防止するために、問題商品に限定した迅速は回収が不可欠である。

ここでは、商品の所在、店舗陳列、購買の有無等の確認に必要な情報が業際にわたって関係者に迅速に伝達できる仕組みが必要となる。つまり安全情報の確認よりも問題情報の特定が重要である。このためには、いつでも、どこでも、誰とでも通信可能なネットワークインフラに対して、必要な時に必要な場所と必要な情報だけを必要な人に的確に伝達する情報の選別・選択システムが必要とされている。」（前掲吉本隆一「物流 EDI 施策の展開と今後の課題」p144-145、参照。）

された。物流問題に関しては、個々の業者が別々に取り組んでも効率的な取組みとはなり得ず、物流に関わる全ての方々が一体となって取り組んでいくことが求められている。

これを受け、平成30（2018）年８月に、生産、流通、物流の関係者で組織する一般社団法人農産物パレット推進協議会（代表理事：全国農業協同組合連合会、理事：東京青果、全国スーパーマーケット協会、日本パレット協会、全日本トラック協会、日本パレットレンタル）が設立され、本格的に活動が開始した。

今後は、同協議会が主体となり、生産現場から消費地までを取り込みながら、パレットの共同利用・管理する循環利用モデルの構築と、参加会員の拡大等を通じ全国的な取組に広げていくための動きが具体化していくことになる。

農産物の流通ルートや消費者ニーズが、めまぐるしく変化するなかで、それを取り巻く物流環境もまた日々変化し続けている[4]。こうした変化に対応していくためには、様々な物流効率化の取組を模索し続けていくことが必要となるが、多くの取組は、一貫パレチゼーションと組み合わせることで、より一層効果を発揮することが期待される。

[4] ドライバー不足に対応するため、フェリーやRORO船を活用したモーダルシフトが増えつつあるが、最近、ドライバーも乗船する形ではなく、トレーラーシャーシのみをRORO船等に乗せる無人航走の形態が増えており、この形態では、発地から発港までの区間と、着港から着地までの区間についてだけ、ドライバーはトラクターで牽引すればよいので、ドライバーの拘束時間の短縮を図ることが可能になっている。

第15章　望ましい食品流通システムの構築

市場開設者にとっては、これから各市場において、検討を開始しなければならない。

「卸売市場法及び食品流通構造改善促進法の一部を改正する法律」は、改正食品流通構造改善促進法については平成30（2018）年10月22日に施行され、改正卸売市場法については平成32（2020）年６月21日に施行される。改正卸売市場法に定める基本方針、政省令に基づいて、各市場の開設者は新法への移行手続きをとることになるので、残されている時間は非常に限られている。これからの半年から１年程度の時間が、各市場において、開設者がその市場の卸、仲卸等の関係者とご相談して頂き、どのようなルールを採用するのか、どのような市場を目指していくのか、今後のあり方について検討する、大変重要な期間となる。

農林水産省にとっても今後の対応の検討が必要である。

大手量販店のバイイングパワーによって、弱小の卸・仲卸に対する優越的取引がなされないよう、農林水産省が食品流通等調査を行うことになっているが、どのようにして実効性のある調査としていくのか。地方農政局の体制強化はどうするか、公正取引委員会との関係をどう構築するか等、農林水産省が取り組むべき課題は多い。

国・地方公共団体の公的関与・助成のあり方についても問われている。

東京都中央卸売市場の豊洲市場が平成30（2018）年10月11日（木）にオープンして、TV や新聞等に取り上げられているが、市場の建設費・維持運営費をどのようにして賄うのか、中央卸売市場に対する国・地方公共団体（東京都）の関与の在り方について、改めて問われている。

また、HACCP 等の食品の衛生管理のあり方について、世界基準とどのように調和を図っていくのか、検討が必要である。

2020年の東京オリンピック・パラリンピックに日本の卸売市場からの食材を提供できないことは残念である。オリンピック・パラリンピックに食材を提供することが最終目標ではないが、これに代表されるような世界基準にどのように対応していくべきかについては、一層の取り組みが求められているのではないであろうか。

卸、仲卸等の卸売市場関係者についても、この法改正の機会に、ご検討頂ければと期待していることがある。

卸売市場関係者の皆様には、何事にも当事者意識を持って発言し、実行することが望まれている。今回の卸売市場法改正をめぐるやり取りにおいて、市場関係者の責務、例えば「組合役員の責務は何かを考えて頂きたい」と感じた。「他人に任せておけば良い」では何も事態は改善しない。自己主張をしない組織なら、あっても無くても同じで、どのような結果になっても、反対する立場にはないと思料する。

日本の卸売市場は世界に誇る流通システムである。「このシステムのどこが良いのか」、「市場を取り巻く環境の変化に対して改善すべき点はないのか」を常にお考え頂き、ご自身のお立場だけではなく、市場全体のことを踏まえた上で、積極的にご発言して頂きたいと考えるものである。

再度、第一編第４章に掲載した資料を記述された仲卸の方からのお手紙を掲載する。

「現代日本の変わりつつある食事風景」

加工食品がない市場創成期の時代には、どこの家庭でも「市場から食卓へ」でした。現在では、女性の社会進出で、女性が家族の中で一番忙しくなりました。「忙しい」という字は、「心を亡くす」と書きます。一日のうちの文化的な余裕の時間が減ったのです。ですから、少しでも早く料理を仕上げるために、便利な加工品・美味しい加工品がどんどん商品化され、身の回りにあふれています。「工場から食卓へ」と変化しています（「市場から食卓へ」から「工場から食卓へ」）。

とても便利で助かりますが、「工場で製造したフルーツ・ジュースを飲んだから果物を食べた。」「工場で製造した野菜ジュースを飲んだから野菜を食べた。」「工場で製造したサプリメントを飲んでいるから大丈夫。」と、簡単・便利を追い求める（安易で手間を惜しむことばかりを求める）ようになっています。本当にこのままで良いのでしょうか？生鮮品の「旬」や「美味しさ」「食べ方」を知る、豊かな経験と豊かな時間を重ねる国民を育てなくても良いのでしょうか？日本の文化を「素晴らしい」と海外の人が評価してくれていますが、それは日本の先人が豊かな時間を過ごしていたからこそ作り上げた伝統や文化に対しての評価ではないでしょうか？今後、簡単・便利を追求し、伝統や文化をなくすように変化していっても高い評価を受けることができるのでしょうか？

現在の日本は、一番身近な組織である「家族」の伝統・文化の継承を担っていた「お母さん」が、家庭の外に出て仕事をするのが普通になり、「心を亡くす」ほど忙しくなっています。その結果、一から作るのではなく、「工場」から来たものに頼ってしまいがちになり、野菜や果物の元々の形や切り方も知らない人間が育ちます。ですから、そのように忙しいお母さん・女性を振り向かせるような、子供も大人の男性も惹きつけられ、心を動かされ、野菜や果物を食べたくなるような「日本の生鮮品は美味しいね、いいね。」と国民の意識を変えるほどのオシャレで素晴らしいCMを政府が作って広報して欲しいのです。

果物全体の消費は減少していますが、TV・雑誌等で可愛くて洒落たCMを目にすることが多いゼスプリのキウィは、認知度が上がり、売り上げも伸びています。それに引き換え、国産キウィのCMをご覧になったことはありますでしょうか？「旬」がいつであるか、ご存知でしょうか？

生鮮品を食べるのではなく、生鮮品からジュースを作るにしても、生の形から調理するという行動につながります。「旬」のものを生の形から調理して、美味しさを感じ・共有する体験を、保育所・幼稚園から小中学校・高校・大学まで、子供たちのいる環境や、大人たちも会社や地域でして欲しい。国が推進して欲しいのです。

今までは、有力産地が○○県産の○○としてPRしてきました。政府も、生産県に任せておけば、生産量も消費量も伸びるとたかをくくっていたかもしれません。しかし、人口も生産者も減少している現在、国内消費を増やすには「日本の生鮮品は美味しいね、いいね。」と、日本中でいつでもどこでもTV・ラジオや新聞・雑誌等で目や耳にするくらいの広報の努力を政府がするべきです。

広報の努力で認知度を上げることができれば、消費が伸び、小売りが伸び、仲卸が伸び、卸売市場が伸び、生産地が伸びることにつながります。

卸売市場は、国民のため、社会のためのものであり、社会の公器でもあります。生産者から消費者まで、あるいは資源保護、環境問題、ユネスコ無形文化遺産に登録されているバラエティーに富んだ和食[5]が今後とも提供できるよう

[5] 平成25（2013）年12月４日に、和食がユネスコ無形文化遺産に登録されました。
　南北に長く、四季が明確な日本には多様で豊かな自然があり、そこで生まれた食文化もまた、これに寄り添うように生まれてきました。このような、「自然を尊ぶ」という日本人の

な食料品の流通、日本人のライフスタイルまで、幅広く目配りをして、望ましい食品流通システムの構築ができればと願うものです。

気質に基づいた「食」に関する「習わし」を、「和食；日本人の伝統的な食文化」と題して、ユネスコ無形文化遺産に登録されました。

「和食」の４つの特徴は、⑴多様で新鮮な食材とその持ち味の尊重、⑵健康的な食生活を支える栄養バランス、⑶自然の美しさや季節の移ろいの表現、⑷正月などの年中行事との密接な関わり、です。

第四編

卸売市場法改正と
今後の取組みと課題

卸売市場への期待と生産現場の今後の取り組みについて

全国農業協同組合中央会
会長　　中家　徹

卸売市場は、豊凶変動が激しく、鮮度劣化が早い青果物等の円滑な流通を支えており、青果物等の安定生産・安定供給には欠かせない重要な存在である。流通の多様化や輸入量の増加等に伴い、市場経由率が低下しているとの指摘もあるが、国産青果物の経由率は９割弱を維持している。

こうしたなか、平成29年11月に規制改革推進会議等から出された提言は、実態とかけ離れ、多くの問題点を含んでおり、一部で「市場法廃止」と報道されるなど、生産現場に大きな不安と憤りが広がった。JA グループは、ただちに現場の意見把握を行い、卸売市場の機能を弱体化させる見直しは絶対容認できないという強い現場の声のもと、卸売市場法の見直しに対する「基本的考え方」を整理し、自民党農林部会や卸売市場議員連盟における関係者ヒアリング、卸売市場議員連盟緊急集会の場などにおいて、生産者・生産者団体の意見を主張した。

最終的には、卸売市場法は維持されることとなり、我々の基本的考え方に概ね沿った見直しが行われたと評価している。具体的には、取引の柔軟化や物流の合理化をすすめる一方、受託拒否禁止規制を維持すること、高い公共性を認定の条件とすること、国が適切に関与することなど、卸売市場の公的な機能を確保しつつ、市場の活性化をはかる観点でのとりまとめが行われている。今後は、残された次の課題について、市場法見直し後の卸売市場の動向を注視し、必要な取り組みを行ってまいりたい。

①卸売市場と連携した青果物等の安定供給体制の強化

青果物等の安定供給を確保するためには、需要に応じた安定生産、産地間リレーよる計画的な出荷に加え、産地と実需者をつなぐ中間事業者の調整機能が果たす役割は大きい。今般の市場法の見直しによって、例えば市場間の連携などが柔軟に行えるようになるため、これまで以上に効率的・効果的な調整も可能となる。

現在、生産現場は、生産基盤の弱体化が深刻な問題となっている。国産青果物等の消費者への安定供給の役割を果たすため、卸売市場のもつ様々な機能を活用しながら、我々は生産基盤の維持・拡大に全力を尽くしていきたいと考えており、市場間の連携強化等による卸売市場の機能強化を期待したい。

②取引ルールの適切な設定と運用

今般の市場法の見直しにより、第三者販売等の取引ルールについては、市場ごとの実態をふまえて、それぞれ柔軟に定めることが可能となった。これらの取引ルールを定める際には、出荷者も含めた取引参加者から意見を聴くこととなっていることから、開設者には、産地の意見を聴く機会を十分設けていただき、適切なルールの設定が図れることを期待する。もちろんJAグループも卸売市場の活性化に向け、積極的に関与していきたい。

また、国や都道府県は、卸売市場を認定する際の条件を厳格に運用することにより、取引ルールの適切な設定を確保するとともに、そのルールが適切に運用されるよう、指導・検査監督等による十分な関与を行っていく必要がある。特に生産・流通の現場は、取引の柔軟化がすすめられる一方、大手量販店等のバイイングパワーが強まる懸念があるため、卸売市場法とあわせて改正された食品流通構造改善促進法に基づく取引状況の調査の実施とあわせ、特定の事業者を優遇しないなどのルールの遵守を徹底し、公正な取引を確保していただきたい。

③物流の合理化、高度化

生産現場のみならず、全産業的に人手不足となっているなか、物流の合理化は避けられない課題である。生産・出荷段階においても集出荷場の再編整備等をすすめているが、今後の地域ごとの人口推移や立地条件などをふまえつつ、各地の卸売市場がそれぞれの役割を果たしていくことが重要である。国は、物流の合理化にかかるハード面の支援とあわせ、国等が関与し、広域的な視点から流通全体の最適化をすすめる仕組み作りを検討していただきたい。

また、物流の合理化に関し、生産現場からは規格の多さが課題の一つとして挙げられているが、規格の簡素化に向けて、産地だけでなく、中間事業者や実需者も含めた議論が必要である。今般の市場法の見直しに伴い行われる取引関係者の議論が、規格の簡素化等に繋がることを期待したい。

あわせて、消費者に対し、より新鮮で安心・安全な青果物等を届けるため、コールドチェーンの拡大やICTの活用等の流通の高度化について、我々も積極的に取り組んでいきたい。

最後に、近年、農業分野においては、規制改革推進会議の提言等に端を発する、現場実態とかけ離れた急進的な改革が矢継ぎ早に行われ、生産現場からは、このようなすすめ方に対する批判の声が強まっている。

今般の卸売市場法の見直しに関しても、当初は大きな懸念があったが、卸売市場議員連盟の先生方や農林幹部の先生方のご尽力により、最終的には現場に寄り添ったとりまとめとしていただいたことに、この場を借りて改めて御礼申し上げたい。

漁業者から見る卸売市場法改正と今後の課題について

全国漁業協同組合連合会
常務理事　大森　敏弘

１．はじめに

わが国周辺海域では、昔から恵まれた自然環境を生かして多種多様な漁業が四季を通じて行われており、世界的にも極めて漁業生産の高い海域です。その一方、水揚げの状況如何は、海洋環境による影響が大きく、予想以上の漁獲、想定しない魚種の漁獲等が発生します。そんな中、我々漁業者が日々漁業に努めることが出来るのは、水揚げした魚をきちんと販売してくれる卸売市場があるという安心感に裏打ちされたものであり、漁業と卸売市場とは切っても切れない関係にあります。

２．JFグループの改革　魚の付加価値化への取組

一方、漁業者も魚を取るだけではなく、高く売る、付加価値を付けて美味しい魚を食卓に届ける努力を続けてきました。「浜の活力再生プラン」（以下　浜プラン）は、漁業所得10％向上を目標に、漁業者が各地域が抱える課題に対し、自ら解決策を考え、実践する取組です。収入を向上させる取組、コストを削減する取組など、多種多様な具体的なプランが実践されており、日本全国で640を超えるプランが策定・実践されています（平成30年８月現在）。漁業者は浜プランで策定された計画に基づき、船上での神経締めや活締め、海水氷を導入した高鮮度化等に取り組んでいます。

しかし、市場の再編・集約化や流通の合理化には、複数の地域をまたいだ取組が必要です。「浜の活力再生広域プラン」（以下　広域浜プラン）は、浜プランに取り組む複数の漁村地域が連携して、浜の機能再編や中核的担い手の育成を推進するためのプランであり、全国で134のプランが策定されています（平成30年８月現在）。広域浜プランは、個々の漁業者の取組だけでなく、地方から都市部への合理的な出荷方法の検討や市場の集約・再編による効果的のセリの実施等、卸売市場法と大きく関わっており、このような浜の改革の取組を踏まえた上で、産地に混乱が起こさない法改正が求められていました。

3．JF グループが求めたこと

浜プラン、広域浜プランに沿って、漁業者は付加価値を高める取組を行う中、漁業協同組合（以下　漁協）である JF グループは、魚を高く販売する努力を行っています。今回の法改正にあたり求めた漁協の自己買参権の取得推進もその一つです。

漁業者は、漁獲した水産物の販売を漁協に全面委託し、その水産物をいかに高く販売するかが漁協の本来的な役割であり、その販売チャネルは、より多様でなければなりません。そのためには、漁協自らが産地市場の買参権を持つことにより価格形成力の強化を図ることが非常に有効かつ重要となっています。しかし、改正前の卸売市場法では、中央卸売市場においては、卸売業者が卸売の相手方として買受することを禁止していたことから、地方卸売市場では、都道府県条例で、禁止もしくは条件付きで可能としている都道府県が大半を占めています。今般の改正法では、中央卸売市場の禁止規定は削除され、地方卸売市場においても、卸売市場に関する基本方針において、卸売市場におけるその他の取引ルールの設定の中で、卸売業者による卸売の相手方としての買受けである「自己買受け」について定めることができることとなったことから、漁協自らによる自己買参権の取得推進が期待されます。

また、漁業者が安心して漁業に努め、市場に販売を任せられるのは、受託拒否の禁止規定があることにほかならず、本規定の維持は JF グループが強く求めてきたものです。今回の法改正では、現行法通り、中央卸売市場にて受託拒否の禁止規定が維持されました。また、地方卸売市場においても、卸売市場に関する基本方針の中で、卸売市場におけるその他の取引ルールの設定において、地方卸売市場における受託拒否の禁止を定めることができることから、JF グループとして、一層身を引き締め、水産物の安定供給に努めたいと思います。

4．最後に

今回の改正の基本となるものは、現場で柔軟に取組めるというものであり、各地域において最善の手法を図り易いものであると同時に、どのような方向に向かうのか不透明な部分もあります。卸売市場における水産物の取扱いにおいては、決済方法も様々混在しており、取扱う水産物も市場ごとに様々あることから、今回の法改正を受けて、浜にはどうしたらいいのか、どうなっていくのかという漠然とした不安があります。

しかし、卸売市場が流通の中核的機能を担うことは今後も変わらず、漁業者は水産物を水揚し、卸売市場にその販売を任せていきます。今回の法改正でどのような市場改革がなされようと、卸売市場の機能を維持しつつ、水産物流通をより円滑化し、消費者・利用者のニーズに十分応えられる体制となっていくためには、国がしっかりと関与し、適宜サポートしていくことが重要です。今回の法改正により市場が活発化し、市場関係だけでなく、産地生産者の意欲の向上にも繋がる、漁業者、消費者にとっていい方向に向かうものとなるよう期待しています。

卸売市場法改正と今後の取り組み・課題

全国中央市場青果卸売協会
会長　川田　一光

（青果物卸売市場の本質）

日本人は、その居住する地理的条件に適応し、青果物を豊富に取り込んだ食生活を歴史と文化の中で育んできた。これが我々の健康と長命に寄与してきているのは確かであろう。時代を下り、農業技術の向上と輸送手段の発達が、日本の何処にいても、旬の良質・新鮮な青果物の購入を可能にした。だが、このことだけでは腐朽し易い青果物を、需要に応じて合理的に配分できる訳でなく、売り手と買い手をマッチングさせるための市場が自然発生的に生まれた。当初は、その場に集った者の間での相対で済んだが、次第に大量・多品目な青果物が取引されるようになって、これを即時に実施するには、このやり方は通用せず、専門の仲介業者を備えた卸売市場の仕組みが構築され、洗練された流通システムが実現した。

今日でも、国産青果物の９割近くは卸売市場を経由しているが、これは何らかの義務や強制があってのことでなく、卸売市場の機能が評価され、売り手・買い手がこれを利用することを選択した結果である。斯くして、青果卸売市場は、生産者に確実な売場を、小売・消費者に多種多様な品を手軽に入手できる場を提供して、我が国社会に掛け替えのない社会インフラとしての地位を築いている。国際的に見れば、この仕組みが完備されている国は多くないが、何処に住もうと国民が皆、生鮮青果物を享受できるという意味で、世界に誇れる流通システムと考える。

ただ、公正な価格形成や適切な需給調整は、関係の取引業者だけによるブラックボックスの中での交渉で確保できるものではない。一般の経済取引でも同じ懸念はあるが、青果物は国民生活に不可欠なもので、公平・公正性、効率性に疑念が持たれるようなことがあれば、極度の社会的軋轢を生じることとなる。このことが、青果物卸売市場の管理・運営については、国を始めとした公的関与によって、公共性が担保される必要がある所以である。

（今回の卸売市場法改正の動きと評価）

今回の卸売市場法見直しは、TPP 協定参加を契機として、農業者の所得確保のため政策全体を再構築する必要に迫られ、この観点から流通分野の制度・政策も洗い直すというものであったと理解している。だが、この問題提起が、規制改革会議を嚆矢とする急進改革派の目にとまり、青果物流通の現実に何らの知識も無く、なにゆえ法的措置が講じられているか無理解のまま、規制を撤廃することだけが手柄と考える勢力によって、対応が翻弄され、一時は、卸売市場法及び卸売市場制度の全廃まで取り沙汰されるに到っていた。こうした中で、良識ある自由民主党の国会議員有志が、卸売市場議員連盟を結成し、勉強を重ねた上で、見直し議論を正しい方向に導いて頂いたことには、深く感謝と敬意を表したい。

改正後の卸売市場法については、国による公的関与が著しく後退したことなど、改革勢力に阿諛する部分があるとは感じるが、次のような措置を講じたことから、全般としては、評価できるものとなったと感じている。

・　食品流通における卸売市場制度の極めて重要な位置づけを認知して、卸売市場法を単独法として存置したこと
・　改正法第一条に、「卸売市場の重要な役割」が初めて明文化されたこと
・　改正法第三条で、旧法では市場整備に限定した基本方針を策定するとしていたものを、卸売市場の運営も含めた包括的な基本方針を定めるとしたこと
・　普遍的な共通ルール以外の細かい取引ルールについては、市場開設者がその地域の実情に応じて、弾力的に設定できることとしたこと

（今後の取組・課題について）

青果卸売市場は、その経済実態に基づく立ち位置から、自ずから他の流通経路に勝る機能を有している。幾つか具体的に述べれば、まず、大ロット輸送により、産直などの個別配送に比べ、単位当たりの輸送費は劇的に低くなり、また、多数の買い手を擁しているため、価格差はともかく、売れ残るというのは稀である。更に、既に決済の仕組みが整備されているため、早期の代金支払が可能であるほか、安全・安心面でも自治体の衛生機関が常駐してこれを担保している。

このように、優位な条件を備えた流通経路であるが、経済・社会の変化に対応して、卸売市場は、その機能を一段と高度化し、利用者への魅力を高めていくことが求めらている。特に今日的な課題と認識しているのは次のようなものである。

第一に、業務・取引におけるマーケットインの考えの徹底である。なによ

り、消費側のニーズを生産者側に適時適切に伝える必要があるが、他方、生産者側の商品提案を消費側に正しく訴求していくことも重要度は劣らない。これを別の見方で言えば、卸売市場は情報の受発信の拠点としての機能向上に格段の精力を傾注すべきこととなる。

第二は、市場ネットワーク（ストックポイントも含む）の構築・活用である。現在、流通する青果物は、品質・規格が優れ、全てを検品のために市場に搬入する必要性は乏しい。むしろそのことが効率流通を妨げる場面もある。国産青果物の流通は益々広域化しており、消費側のニーズに応えるには、市場間連携により、コスト抑制・時短を意識して消費の現場にものが届く効率流通の態勢を確立していく必要がある。

第三は、市場施設の一層の機能アップである。近年、低温施設は急速に整備されているが、更なる対応が急務である。市場によっては、加工施設や輸出関連施設も求められる。施設不備でビジネスチャンスを失うことがあってはならない。

第四は、物流の効率化への貢献である。輸送業者への過剰な負担が社会問題となっている中、パレット活用など、この問題に寄与できる場面が多々あると考える。

この他にも、多くの課題を挙げられるが、焦点がぼける懸念もあるため、上記に止めておきたい。

（むすびに）

今次の法改正で、青果卸売市場の運営責任は、市場開設者を筆頭として関係業者をも含めた市場の現場に大きく委ねられることとなった。我々、青果卸売業者は、市場のメインプレイヤーとして、抱えている諸課題に主体性を持って取り組んでいく考えである。

卸売市場法改正と今後の取組みと課題

全国水産卸協会
会長　網野　裕美

先の第196回国会において「卸売市場法及び食品流通構造改善促進法の一部を改正する法律案」が可決され、私ども水産物の卸売を業としている者の業務の根拠である法律も大きく変わることとなりました。卸売市場は古くから食品の流通上重要な役割を果たしてきた拠点であり、生産者の方々の手から消費者の方々の食卓に日々水産物がお届けされる上でも、卸売市場に関わる先輩諸氏がこれまで積み上げてきた成果が十分に活かされてきたのではないかと考えております。

御案内のように、我が国の食生活において水産物は昔から大きな位置を占めてきましたし、国民の健康と季節感豊かな食事の実現にもお役に立ってきたと自負致しております。また、今日世界各地で高く評価されている和食文化においても、水産物は欠くことのできない存在となっております。水産物を今後とも食生活に不可欠の存在として位置付けていただく上でも、各地の自慢の水産物をご紹介する上でも、卸売市場は生産者・消費者の方々のご期待に応え、十分にお役に立てると信じております。

我が国をめぐる社会経済情勢も大きく変わって参りました。栄養不足が指摘される時代から飽食の時代とも言われる時代になった一方で、国際化が進み、世界的な人口増加、異常気象への対応、将来的に食料資源の確保等の必要性が指摘されますし、衛生的な食品流通の確保、流通に必要な労働力の確保、若い方への食育の重要性等の課題も看過できないところです。水産物、食品を含めた流通も、かつてとは大きく姿を変えて複雑化・多様化し、遠隔地から商品を迅速に取り寄せることも可能となりました。大都市の消費者の方々に多種多様な水産物を適時供給していく必要性も一層高くなっております。しかも、社会からは、なお一層の効率化を求められている状況です。このような御要請に如何に応えていくかということは、それぞれの立場で大きな課題となっているのではないでしょうか。現代の要請に応えるばかりでなく、更には将来の方向まで見通した上での対応も求められていくように思われます。

このような諸情勢の変化の中で、いささか残念なことのは、全体の食品流通において卸売市場の位置付けもやや変わり、関係者間でも明確な方向性が見えにくくなっている点ではないでしょうか。水産物でも卸売市場を経由する割合は、かつてと比較して低下している状況にありますが、社会の変化にそれぞれがやむなく対応してきた結果と言い切るのも関係者としてはやや残念なものがあります。社会の変化や新しい動きを卸売市場に取り込むこともあって良いのかもしれません。卸売市場を経由していく商品は、水産物のみではなく、青果、畜産物、花き等々、多岐に亘りますし、産地との結びつき、志向する方向等も様々かと思います。また各市場はその地域に密着した存在でもあり、これらを一律に論じていくことも困難な面があろうかと思います。

今回の法改正は、このような背景の下での改正でもあり、卸売市場の将来を方向付ける契機となる重要な改正ということになります。それだけに、各業種、各市場の事情、流通の将来方向等を十分に吟味されたばかりでなく、関係各方面との擦り合わせや法案化についても一貫して総力を傾注して当たっていただいた卸売市場議員連盟に所属の先生方のご苦労は如何ばかりであったろうかと拝察致しております。各地の卸売市場をめぐる事情を把握し、その更なる発展が重要であるとの御認識に立ち、御取りまとめをいただいた新・卸売市場法が、今後の食品流通の高度化に大きな役割を果たしてくれるものと関係者は期待を致しております。

先にも述べましたように、水産卸の使命は、日本全国の漁業者の方々が生産された水産物を、卸売市場等を通じて、最終的には消費者の方々の食卓にお届けすることにあります。そのためには、市場関係者の一人一人が今回の法改正の意義を正確に理解しておくことも必要かと思います。消費者の方々のニーズを把握し生産者の方々にフィードバックすること、水産物消費の拡大に向けた創意工夫、安全・安心でかつ効率的な物流網構築等の卸売市場の機能強化と効率化に、各市場関係者が積極的に取り組んでいくことが今後は重要になって参ります。その場合には生産者・消費者のご理解が必要でしょうし、国・地方公共団体のご指導もいただけたらと思います。

諸先生方には、この度のご尽力に対して改めて深く感謝を申し上げるとともに、今後ともご指導ご鞭撻をお願い致したいと存じております。

卸売市場法改正と今後の取組・課題について

日本花き卸売市場協会
顧問（前会長）　磯村　信夫

2017年10月の内閣府規制改革推進会議において、卸売市場制度の戦後の公的役割は終わったとし、合理的理由の無い規制の廃止等を打ち出し、卸売市場法を抜本的に改革することが提言された。このままでは卸売市場が無くなるのではないかと危惧していたが、農業競争力強化支援法が成立する過程で、卸売市場が地域で果たしてきた役割をよく知る自民党卸売市場議員連盟の先生方のお力添えがあり、卸売市場が今後とも生鮮食料品花き流通の核として、国民への安定供給を担う役割があるとされた。そして「差別的取扱いの禁止」、中央卸売市場においては「受託拒否の禁止」、生鮮食料品花きは腐りやすいものであるから「代金決済の早期化」、この三つを基本取引ルールとして堅持し、今回の改正卸売市場法が形作られた。

不要な規制は撤廃しながらも、卸売市場を「公正な取引を通じた生鮮食料品花き流通のインフラ」として位置づけ、更に時代に合わせて「IOT を始めとする情報通信技術を有効活用する」等とした基本方針を、花き卸売市場として高く評価している。懸念を挙げれば、国や地方自治体が開設者を「認定」することだ。認定制になると、国ではなく開設者が取引ルールの順守が出来ているか、卸、仲卸に健全経営が出来るだけの体力があるか等をチェックすることになる。中央卸売市場であれば、今まで国が直接検査、指導していたことからすると、開設者が適切に検査・検閲を行うことが出来るだろうか。花き卸売市場は、中央卸売市場より地方卸売市場が大半である。公設地方卸売市場を除いて、民設・民営の地方卸売市場では、今回の法改正において自由度が高まり、問屋化していく可能性がある。問屋では卸売市場とは言えない。従って、開設者によるしっかりしたチェックが必要だ。更には「認定」した行政府も、直接チェックに当たる必要がある。基本方針で示されているが、実際につつがなく履行してもらいたい。

もう一点の懸念は、卸の第三者販売、そして、仲卸の直荷引きの問題をどのように捉えるのかという点だ。商法上の自由度で良しとするかどうか。基本方針では、開設者は卸売市場の堅持すべき基本的取引ルール以外のルール設定を、取引参加者の意見を十分聴いた上で設定出来るとしている。これは、今まで卸売市場法等の規制により市場外に流れていたものを、市場内で取り組むことが出来る可能性があることを意味しており、卸売市場全体にとって大変良いことであると評価したい。改正卸売市場法に記載のあるように、公共性を遵守して柔軟な卸売市場運営を行って参りたい。

最後に、全国の卸売市場において、既に多様化の兆しが見え始めている。共通の取引ルールをしっかり守った卸売を行えば卸売市場の開設者として「認定」されるので、卸売市場業務の場以外のスペースで保冷施設や加工所、物流センター、地域によっては卸売市場の開設者がファーマーズマーケットや観光客を見込んだ施設等を併設する。これらの取組みにより、卸売市場という場全体を活性化させることが出来ると考えている。更に、将来はインターネット等を利用した卸売市場の取引が、より広範囲に、きめ細かく行われるだろう。我々花き卸売市場は、生産者、消費者のために鮮度保持された花きを小売店に早く届けることを旨とすべく、今後とも邁進していきたい。

卸売市場法改正と今後の取組

全国青果卸売協同組合連合会
会長　増山　春行

振り返ってみますと、平成28年10月６日の内閣府規制改革推進会議の提言、11月29日決定の農業競争力強化プログラムで「卸売市場法を抜本的に見直し、合理的理由のなくなっている規制は廃止する」とされたとき、卸売市場制度はどうなるのか、と関係者はみな感じたはずです。

自由民主党卸売市場議員連盟幹事長の盛山先生からは、弊連合会の正・副会長会議において、「卸売市場法の見直し」について説明を頂き、自由民主党卸売市場議員連盟を立ち上げられるとのことで、弊連合会は、国会議員の先生方にアプローチして市場の現状のご理解、議員連盟への参加を要請して参りました。

結果的に認定制卸売市場という政府方針は、ほぼ現状を前提として、各卸売市場による設定の自由度を高め、各地域に合った方針を自主的に決められるという内容になったという点では評価しています。

特に、改正市場法に、食品の流通の中で卸売市場が果たしてきた集荷・分荷、価格形成、代金決済等の調整機能は重要であり、今後も食品流通の核として堅持していくこと。また、改正食品流通構造改善促進法で、農林水産大臣は、食品等の取引状況について定期的な調査を行い、当該調査の結果に基づき必要な措置を講じ、不公平な取引方法があると思料する場合には公正取引委員会に通知する、と明記したのは大きな前進であると言えます。

今回の、卸売市場政策の大転換となった認定制卸売市場制度は、公設と民設の同列化、国が一律規制をするのを止め、各卸売市場の自主性の尊重をするなど、将来に向けて前向きの内容を含んでいます。

将来的には、市場企業の経営体力を考えると、公設制からの脱却はかなりの期間困難と思われますが、公設制下での企業化、公の関与が残る第三セクターなど、卸売市場の公的役割と卸売市場企業の経営自由度の両立ができる方向にいくことになると考えます。

また、認定制卸売市場は、硬直化していた現行制度を流動化させる役割を果たすと捉えられることも肝要であると考えます。

将来的な課題は多いものの、我が国の根幹を揺るがす最大の問題は人口減であり、すでに各方面で人材確保が困難になっています。卸売市場も例外ではなく、人材確保というのは簡単ですが、人材確保の困難な状態を前提として、どう対応するか、という観点も重要です。

その方法としては、ICT 化、AI 化が注目されていますが、卸売市場ではそれ以前に、取引の複雑さから ICT 化さえままならない状況下です。

また、経営者の高齢化、新たな外国人材の受入れについても、対応が必要です。

これらの改革には広い視野と専門家の支援が必要でありますが、卸売市場関係者の意識改革も必要です。

食品の流通構造の変化など、どのような時代になろうとも、基本は各卸売市場の創意的取り組みを行い、改革を続ける意欲を持つ限り、将来とも卸売市場は発展に繋がると確信するところです。

最後に、自由民主党卸売市場議員連盟の二階最高顧問をはじめ、ご参集された国会議員の先生方に改めて深甚なる敬意を表します。

卸売市場法改正と今後の取組・課題について

全国水産物卸組合連合会
会長　早山　豊

今回の卸売市場法の改正について、元をたどれば、TPP 対策の一環として農業者の所得向上を図るため、農業者が自由に経営展開ができる環境を整備するなど、農協改革を中心として規制改革推進会議で検討がスタートし、平成28年11月に「農業競争力強化プログラム」として13項目の改革や改善等の内容が公表されました。その内容は「農林水産業・地域の活力創造プラン」に追加されました。その一つに流通・加工構造改革で中間流通（卸売市場関係業者など）について、抜本的な合理化推進を図ることが盛り込まれました。

当初、この検討では、水産関係は議論されておらず、農産物と水産物の流通は、品目の特性や生産形態が異なっており、国民の食生活に欠かすことの出来ない生鮮食料品の流通の大宗を占める基幹的インフラの卸売市場は、多種多様かつ大量の生鮮食料品の①集荷・分荷機能、②需給を反映した公正な価格形成機能、③販売代金の迅速・確実な決済機能、④需給に係る情報を産地・消費者へ収集・伝達する情報受発信機能を有しており、国民に安全な生鮮食料品の安定・効率的供給を図って、生産者・消費者の利益に寄与しているにも係わらず、何故、卸売市場流通制度の抜本的な見直し（卸売市場法の廃止という話しもあり。）が必要なのか等、この改革の内容について多くの会員から不信の念がありました。

平成29年６月９日に閣議決定された規制改革実施計画で、卸売市場については、経済社会情勢の変化を踏まえて、卸売市場法を抜本的に見直し、合理的理由のなくなっている規制は廃止すべく、平成29年末までに具体的な結論を得て、所要の法令、運用等を改めることが明記されました。

このため、我々、全国水産物卸組合連合会では、緊急に「農業競争力強化プログラム対策部会」を設置し、水産仲卸の立場としての卸売市場法の抜本的見直し等に対する意見や要望について検討を行い、卸売市場法の見直しにあたっては、卸売市場の①集荷・分荷機能、②公正な価格形成機能、③迅速・確実な決済機能、④情報受発信機能を維持し、生産者・消費者の不利益にならないよう、また、卸売業者と仲卸業者の役割分担の合理性を踏まえ、生産者と消費者の利益に繋がる卸売市場法の根幹である「公正」な取引を確保するため、「第三者販売」は例外取引として堅持することを取りまとめました。そして、平成29年８月に発足した自民党卸売市場議員連盟（会長：森山　裕　衆議院議員、幹事長：盛山　正仁　衆議院議員、事務局長：平　将明　衆議院議員）の卸売市場法の見直しに関する勉強会に何回も出席させていただき、我々、水産仲卸の現状や卸売市場制度の必要性、要望をお伝えし、理解をいただきました。

また、それと並行して自民党水産部会や公明党農林水産部会にも出席し、同様な内容等をお伝えし、理解をいただきました。

一方、内閣府の規制改革推進会議でも卸売市場法の抜本的見直しについて検討が行われ、平成29年11月24日に「卸売市場を含めた流通構造の改革を推進するための提言」発表されました。しかしながら、これは、生鮮食料品を扱う中央卸売市場の取引規制を原則廃止するべきとの提言となっていることから、自民党卸売市場議員連盟や政府与党の水産部会等と我々卸売市場関係業界が共通認識のもとに卸売市場制度の規制維持を農林水産大臣等へ求めました。そして、平成29年12月８日に官邸で開催された農林水産業・地域の活力創造本部において、生産者・消費者双方のメリット向上のための卸売市場を含めた食品流通構造の改革等を新たに追加した「農林水産業・地域の活力創造プラン」の改訂が行われました。

いずれにしても、現在まで中央卸売市場や地方卸売市場は、生産者や消費者に対し、生鮮食料品の安定供給を図ってきており、我々水産仲卸は、その役割を十分に果たしてきている中で、突如として卸売市場法の廃止といった最悪の事態は避けられました。そして、今後は、第三者販売や直荷引き等その他の取引については各地域の実態に合わせ、開設者ごとに決めていくことになりました。このことは、自民党卸売市場議員連盟の先生方や政府与党の先生方のお力添えがあったからこそ、我々が懸念していた第三者販売等の例外取引についての国の一律規制はなくなりましたが、各市場ごとに取引ルールを決めることによって維持されることになったと思っております。

今後は、各開設者が運営体として業務規程や運用を決めていくことになりますが、その中で、各開設者は行司役としてしっかり、公平性を維持して、生鮮食料品が安定的に供給されることを強く望むとともに、我々仲卸業者も積極的に市場運営に参画していきたいと考えています。また、各市場の情報を共有して、新たなビジネスに結びつけて、市場の活性化を図っていくことが必要と考えています。

「卸売市場法」の改正について

全国花卸協会
会長　木本　孝行

全国花卸協会は卸売市場の中で花き仲卸業を営み卸会社と共に社会のインフラとしての卸売市場の果たす役割と機能を分担しています。花きは取扱い品目が多く、更に色や等級等で細分化されている為にきめ細かな対応が必要です。その為に市場で商品を見てしっかりとした目利きを行い、顧客に良質な花きや園芸の適正な価格形成と安定した供給を行うのが仲卸の役割です。この事が花き小売業を支え、いけばなやフラワーデザインを通して日本古来の花き文化の振興にも寄与していると考えています。

この度の卸売市場法の改正に至るまで経緯について、当協会では大変な危機感を持ってその動きを注視しておりました。同時に卸売市場の機能や仲卸の役割について再認識する機会でもありました。成立までには市場関係者の意見聴取も頻繁に行われて、それぞれの立場から考えを述べる機会があったことは大変良かったと思います。青果や水産の卸や仲卸の考えを知る機会であり大変参考になりました。一方で消費者視点に立つと食品流通という概念の中で花き流通を考える違和感も感じるところです。

改正内容については、一時報道されたような極論ではなく卸売市場の役割が評価された内容になりましたので大きな混乱は考えられませんが、今後の卸売市場に与える変化を予測すると幾つかの懸念があります。

一点目は卸売市場に対する国や自治体の関与低下の懸念です。市場整備計画も廃止されて市場機能維持の投資が減ると、社会インフラとしての機能低下や、設備老朽化が加速し、これを補う為に市場使用料が大幅に上がる事が懸念されます。規模が小さい地方市場では負担に耐えられず市場が廃止される事も予想されます。又、国の関与が開設者の認定だけになり、民間企業の開設が可能となると、大手資本や大規模小売業が開設者になる可能性があり、卸や仲卸の系列化が進みます。拠点市場が民営化されると市場は大手の物流拠点になってしまいます。

二点目は市場ごとに決める市場ルールの懸念です。特に卸の第三者販売については改正に至るまでの議論の中でも大きな課題でした。青果・水産・花きともに共通して否定的な意見が大半でした。市場ごとの慣習やこれまでのルールがありますのでそれらを優先すべきとは思いますが、第三者販売の原則禁止と商物一致の原則が外れると、市場外流通が一挙に増えて流通実態が見えなくなってしまいます。更に買付集荷が増えて公正な価格形成の阻害にもなりかねません。一方で市場に荷が溢れた時の例外規定や、母の日のカーネーションのように短期間に大量の荷が集中する物日などの処理も必要な事なので、施行までに行われる開設者との協議の中で市場ごとによく話し合う事が必要だと思います。花きは多くの品目があってそれが組み合わさって付加価値が高まるものなので市場流通で多くの品揃えを行って顧客に選択頂くのが一番良いと考えています。

最後に今回の改正は「生産者・消費者双方のメリット向上の為の卸売市場を含めた食品流通構造の改革」がスタートでしたが、最後は「卸売市場法及び食品流通構造改善促進法」の改正となり、当初の理念が遠ざかった感があります。特に消費者のメリットや消費者視点での議論よりも市場流通の中での議論に集中しました。花きのみでなく青果も水産も消費が拡大すれば小売りが元気になり、小売が元気になれば仲卸・卸が元気になり、当然ながら生産者にもメリットが及びます。

卸売市場にかかわるものとして消費者視点を忘れず今後も取組んでまいります。

卸売市場法改正と青果小売業における取組と課題について

全国青果物商業協同組合連合会
会長　近藤栄一郎

1．はじめに

全国青果物商業協同組合連合会（以下「全青連」という。）は、昭和56年２月に青果小売業で組織する協同組合又は協同組合連合会を会員として設立された団体です。

その前身は、昭和２年10月に京都市において、青果業界の社会的、経済的地位の向上と団結を目指して、五大都市（東京、横浜、名古屋、京都、神戸）の小売商組合で構成して設立された五大都市青果小売商組合連合会です。

さらに昭和５年２月には大阪小売組合が加入して六大都市青果小売商組合連合会として運営を行ってきています。その後、名称を全国青果小売商業組合協力会、昭和21年11月には全国小売商組合連合会に改称して、昭和56年の法人化により現在に至っています。

当団体の会員傘下組合員（以下「組合員」という。）は、街の八百屋さんです。八百屋さんは年々減少※してきており、その要因として考えられるのは、消費者の購買行動の変化、後継者不足などです。

こうした背景により、多くの組合員は、青果物を取扱う専門的なスキルを活かし、安定的な経営を確保するため、学校給食、外食産業、病院、老人ホームなどの事業者に対して、顧客ニーズに対応した青果物の納入業務へと業態をシフトして、納品業務と複合的に営業を行っております。

また、青果小売業は、いわゆる組織小売業と違った側面があると考えております。地域の消費者のニーズを踏まえた商材の確保や調理のノウハウの提供などきめ細かい対応を行っており、小回りの利いた地域密着型として営業を行っております。さらに地域コミュニティの一員として地域における青果小売業の役割や存在は、今後ともますます重要であると考えております。

組合員の主たる仕入先は、卸売市場です。卸売市場は、生鮮食料品等の流通の顧客である消費者などの実需者の仕入れの代理者として、川上である産地に

※ 商業統計では野菜・果実小売業の業態に分類されており、平成11年は34,243事業所、平成16年は27,709事業所、平成19年は23,950事業所及び平成26年19,443事業所と減少している。

対して卸売業者等や必要に応じて組合員が直接産地に対して、マーケットインの状況を流通業者としてマーチャンダイジングし、機能と役割を発揮しています。

２．卸売市場法改正への対応等について

(1)　今回の卸売市場法改正の端緒は、御承知のとおり、規制改革推進会議での議論では、卸売市場法の廃止を含め、抜本的な検討を行うとされたものの、平成28年11月29日の農業競争力強化プログラム（「農林水産業・地域の活力創造本部決定」）で、「特に卸売市場については、経済社会情勢の変化を踏まえて、卸売市場法を抜本的に見直し、合理的理由のなくなっている　規制は廃止する」とされ、今般の卸売市場法改正に至ったものと理解しています。

このような情勢をしんしゃくされて、自由民主党の衆議院森山裕先生や平将明先生らの御尽力により「自由民主党卸売市場議員連盟」（以下「卸売市場議員連盟」という。）が発足し、全青連も卸売市場議員連盟で開催する勉強会へ参加する機会を得て、意見陳述を行うとともに、全青連として抱えている青果小売業の取組と課題を取りまとめました。

(2)　卸売市場に対する認識と規制撤廃の課題等について

①全青連として卸売市場に対する現状認識は、以下のとおり考えています。

ア　集荷機能

卸売市場は、全国津々浦々の生産物を集荷ができる優れた集荷機能であり「わが国の生鮮食料品等流通の基幹的インフラ」である。特に北海道から沖縄まで農産物の出荷に応じて、リレー出荷して安定的に供給できるのは卸売市場の優れた機能で、今後とも実需者のニーズに的確に応えることが肝要であり、とりわけ専門小売商から品揃えの要望を充分に踏まえ、集荷機能の強化を図る必要があると考えています。

イ　価格形成機能と相対取引の透明性の確保

昭和46年の卸売市場法制定当時は、生鮮食料品等の生産や消費の需給に応じて「せり・入札」取引が実需者に公正に分荷するための手段であったものと思料されます。

平成11年の卸売市場法の改正により相対取引は「せり・入札」と同

等の扱いとなったものの、相対取引の価格について「だれが価格決定をしているのか」、価格交渉相手を公開するものではないが、相対取引の透明性を確保するため、何等かの担保措置が必要ではないかと考えています。なお、取引の監視面からも市場取引委員会の強化や取引の透明性を確保するために見える化をすることは重要であります。

ウ　代金決済機能と代払制度について

卸売市場は、生産者の販売代理である機能を担う卸売業者と実需者の仕入代理機能を担う仲卸業者、売買参加者が取引を行っているが、生産者と実需者との取引を「取引数量最小化の法則」により、卸売市場や卸売業者の役割があるものと考えます。

卸売業者は、その役割の一環として産地に対する迅速な代金決済は、青果市場の多くが採用している買受代金の代払機能によって支えられているものであります。このような代払機能がないと卸売業者は、多くの買受人の口座管理が必要となってくるものと考えられ、一方で代払は、卸売会社の経営に資するものと理解しています。このようなことから、今後とも代払制度は維持していくべきものと考えます。

エ　専門小売業者に対する仕入対応について

地域で生産された小口出荷は、効率的な流通の観点から卸売市場への出荷が困難な面もあると考えます。小口出荷の生産物は、専門小売商にとって「こだわり」や「地域の特産」としての商品は、顧客である消費者等のニーズに充分に応えるものである一方、生産者の育成の面からも重要であると考えます。

そのような観点から、専門小売店の主たる仕入先である卸売市場の社会的意義を踏まえ、地域に密着した青果小売商の立場を理解して頂きたいと考えます。

②　規制廃止に係る課題について

ア　第三者販売などの規制廃止について

○　規制廃止によって市場取引の寡占化を推進するようにも思料されますが、例えば卸売業者に係る第三者販売について、必要以上に第三者販売が実施された場合、中小零細青果小売業は安定した品揃えが確保できるか危惧されます。専ら卸売市場に青果物の仕入れを頼らざるを得ない状況を踏まえ、売買参加者の仕入れに係る選択の幅を狭めるような措置は好ましくなく、引き続き売買参加者である中小零細事業者が安定して仕入れをできるよう措置することが必要と考えております

○　取引の当事者は、原則として卸売業者、仲卸業者及び売買参加者であり、特に第三者販売（商物一致の原則を含む。）や卸売の相手方の制限の規制撤廃は、仲卸業者や売買参加者との垣根をなくし、卸売業者の恣意的な取引を助長する可能性も排除できないことから、取引の混乱を排除するため、取引の透明性と見える化を確保し、特に小売業者が安定的に仕入れをできるルールは必要と考えます。また商物一致の原則の撤廃については、流通の効率化を排除するものではないが、これの規制を撤廃すると、仲卸業者等はいわゆる帳合取引を行うことから、現物は仲卸業者等の実需者の指定する場所へ仕向けられます。売買参加者側としては、この帳合取引の実態すら把握できないことも否定できないことから、第三者販売と同様に取引の透明化と見える化を関係者で充分に検討し、その合意形成によって取引を行うことが望ましいと考えております。

○　近年、消費者の立場によって行うマーケットインは、青果物でも顕著に求められております。こうした状況の中、品目、産地はもとより品質などを訴求する消費者などの顧客ニーズに応えることは肝要であります。特に青果小売業は専門小売としてのその役割は重要であると考えています。

しかしながら、規制廃止による第三者販売が進展すれば、青果小売業が安定した青果物を仕入れできるか危惧されるところであり、納品業務の場合は、欠品による飲食店等の外食産業での品揃えにも支障が生じ、青果小売業はペナルティーを受ける場合があると考えております。

○　地域と密着している青果小売業は、前述のとおり地域の飲食店や学校給食などへの納品業務も行っており、第三者販売の進展で実需者である関連事業者の営業にも影響を及ぼすものと考えております。

○　規制廃止による寡占化が進展した場合、地域で小売・納品・コミユニティなどを支えている中小青果小売業は、衰退の一途を辿るのではないかと危惧しています。

○　青果物は、気候による影響を受けやすいことから、目利きによる一定の評価が必要です。合理的な流通は必要であるものの寡占的な流通の進展は、必ずしも顧客である最終消費者にとって満足されるものではないと考えています。

3．今後の青果小売業と取組について

⑴　平成30年6月22日に公布された改正卸売市場法は、国の関与は大幅に削減されました。今後、中央卸売市場等の開設者の業務規程に取引規定が委ねられます。また、各開設者と当該卸売市場の取引参加者との間、業務規程の策定に当たって売買取引などに係る意見聴取を踏まえて、各開設者は、中央卸売市場等の認定申請を行うこととされています。

全青連としても傘下会員に対して、前述の規制廃止に係る意見を基本として、開設者とのヒアリングに臨むことが極めて重要であると考えています。

⑵　さて我が国は、ITやIOTなどの情報通信技術（以下「ICT」という。）について、急速な動きで企業社会などに導入されてきております。金融においてもFinTech（フィンテック）と呼ばれる革新的なサービスを導入しようと経済産業省などで検討してきています。このような検討の動向をウォッチすることも肝要であると理解しています。

⑶　卸売市場におけるICTの進展は、青果においては全農などの産地と卸売会社間のベジフルネットシステムが伸展しているものの、川下サイドの大手加工食品業界で取組んでいる流通BMSは、進展していません。おそらく全青連会員傘下組合員の仕入先である卸売業者、仲卸業者への発注は、電話、FAX、メールのいずれかであると推測していますが、多くは一定の様式によるFAXによる発注が主体となっているものと思っています。

⑷　卸売市場におけるICTへの対応は、必ずしも充分に進展しているものとは言い難いと考えており、喫緊の課題として生産性向上にも資することを視野にして早急な対応が望まれるところです。卸売業者及び卸売業者と買受人との間においても、関係者間の合意形成の上、それぞれ現在より進展したICTの導入によって生産性向上を図ることが必要と考えています。

⑸　青果小売業では、卸売市場における買受代金の決済は、協同組合による代払事業で実施しています。決済の手段として銀行等を活用した口座引落

しを主としてその他小切手や一部現金により実施しています。しかしながら旧態依然とした現金、小切手による支払が行われているのも現実であります。

(6) 社会の趨勢は、ICTを活用したビジネスが進展していることを鑑みると、代払事業においても、今後改善する余地があると考えております。

(7) こうしたICTの進展に伴う人材育成が喫緊の課題として、全青連においても取組む必要があると思っております。併せて後継者育成を同時に進めていかなければなりません。このようなICTの進展など社会の変化に対応した人材育成は、全青連の青年会である全青青連を核として進める必要があります。

(8) また、全青連会員傘下組合員の高齢化を踏まえると、卸売市場での仕入の共同化や仲卸業者と連携した仕入対応が必要であり、また流通の効率化に資する観点からも、青果物の共同仕入れについて古くて新しい課題として検討すべきものと理解しております。共同仕入れは、組合員にとって満足のいく仕組みが確立すれば、効率化等の一環として共同配送についても今後可能な限りその対応が求められるものと考えています。

(9) いずれにしても青果小売業は、社会の変化に対応したビジルスモデルが求められ、業界の発展と活性化に引続き全青連としては、諸活動を展開していきたいと考えております。

卸売市場法改正と今後の対応について

全国水産物商業協同組合連合会
会長　岩沼　德衛

この度、平成30年の第196国会において卸売市場法及び食品流通構造改善促進法の一部を改正する法律が国会で成立し、６月に公布されました。仄聞するところ、改正の議論は規制改革実施計画で卸売市場について「抜本的に見直し、合理的理由のなくなっている規制は廃止すべき」として提起され、平成29年の６月に議論が始まったと記憶しています。また、９月の規制改革推進会議で漁業権の見直しを中心とした水産業改革や農協改革のフォローアップの継続や、課題として「農業・水産業の成長産業に向けた改革の徹底」も掲げられました。

こうした動きのなかで、我々の業界は卸売市場法の廃止を含む大幅な規制緩和、とりわけ取引ルールの廃止も想定、業界全体は絶望的な雰囲気となり大変な状況となりました。そこで、自民党を中心に与党の国会議員の方々や農林水産省のご担当に対して、業界及び現場の生の声をお伝えし、卸売市場の果たすべき役割について説明や要請を行ってきました。この度、改正された内容は我々の要請に応えた方向で決着され、国会及び政府の関係者のご理解に感謝しているところです。

さて、我々の業界団体は主に「まちの魚屋」を中心に組織されています。鮮魚小売商に属する我々は地域に密着して商売をしており、近隣住民や高齢者など「買い物弱者」と言われる方々に対して生鮮食料品の購入先として大きな役割を果たしていると自負をしています。また、単に地域における水産物の供給のみならず、地域の伝統文化の継承やコミュニティの維持・形成などに重要な役割を果たしている点についてもご理解を願っています。しかしながら、個人消費が伸び悩むなかで、規模の経済を求めて、全国で大規模量販店が次々に開店するなど我々の生業的な鮮魚小売商は極めて厳しい経営環境にあります。

近年、社会・経済状況の大きな変化に伴い、通信販売や産直販売などの流通が増加し水産物の卸売市場を経由して取引され割合は、以前は約７割程度であったものが最近は約５割程度まで低下していると推計されています。このため、卸売市場について適切な対応を図り、流通の合理化を図る必要があることは言うまでもありません。これまで卸売市場は生鮮食料品等の供給の場所として、鮮度や品質、規格等に対する要求水準の高い消費者の要求を支える施設として、また、生産者・出荷者へは安心出来る出荷先として、実需者へは公正・公平な仕入先を提供する公的施設としての役割を果たしてきたと思います。
我々の仕入れ先は卸売市場であります。仕入れは経営の基本となっており、
水産物を販売する「まちの魚屋」は卸売市場が唯一の仕入先で、言わば生命線とも言えます。これまで、市民生活を支えるため、公的資金を投入しながら政策的に運営されており、今後も公共施設として維持されることを強く望んでいます。

最近、相対取引が増大するなか、大量に扱う事業者への優先取引による価格決定の不透明性、卸売市場へ搬入される魚種が少ない、人気商材などが手に入りにくい、などと指摘する声を聞くことがあります。漁業資源の減少や輸入水産物の増加、大量に扱う事業者が産地直送や直接取引など、卸売市場を経由しない流通の多様化が進んでおり、我々は安定的な商材の仕入れを危惧しています。公正な取引や透明性を確保するための一定のルールは今後も必要と考えておりますが、一方、公正・公平性を確保する手段は卸売市場に関係する各々の立場によって見解は異なると考えます。

これまで、卸売市場において開設者を始めとする、卸売業者や仲卸業者等の関係業者が一体となって水産物の円滑な流通・消費に努めきました。卸売市場は今後とも合理的な集荷機能や品質評価、価格形成の場として、確実な代金決済や情報の受発信等の多面的な機能の場所として、また、最近の消費者の食の安全・安心に対する品質管理の高度化機能を備えた施設として、災害等の緊急事態の場合にあっても、迅速に生鮮食料品等の流通拠点として役割を果たすべく、関係者が一体となって取組むことを期待されています。

近年、魚離れが進んでおり水産物に係る関係者は連携を図りながら魚食普及に取組んでいます。我々も魚屋の強みである対面販売や小回りを生かして、新鮮で美味しい水産物を地域住民に提供することを通じて、信頼され必要とされる魚屋を目指しながら魚食普及に取組みたいと思っています。また、日本人の伝統的な食文化である「和食」の普及・推進に魚介類は欠くことができないもので、水産資源の持続的な保護や管理の重要性についても、全力で取組みながら地域社会に貢献したいと思っています。

卸売市場法の改正と今後の課題

全国小売市場総連合会
会長　堀上　統央

ちょうど百年前の大正七年、近代的小売市場（こうりいちば）は誕生しました。青果、鮮魚、精肉等の生鮮食品を中心とする複数の小さな小売業者が一の建物で営業する形態を小売市場と言い、構成する業種は、その商品のほとんどを卸売市場からの仕入れに依存し委ね、地域の台所として食生活に寄与しています。

私どもの重要な仕入れ先である卸売市場は、国が５年ごとに整備計画と基本方針を策定してきましたが、その考え方は時代の変化によって大きく変わってきています。平成28年11月には、「農業競争力強化プログラム」において、「卸売市場法を抜本的に見直し、合理的理由のなくなっている規制は廃止する」と決定されました。平成11年にはセリ原則の廃止、十六年には委託集荷原則の廃止等、すでに規制緩和されている中での、さらに踏み込んだ抜本的改正は、私ども実需者にも大きな影響をもたらすと考え、危機感を持って勉強会等を開いてきました。

申すまでもなく、小売業者にとって、卸売市場は公正な流通取引を担う、なくてはならない公共の施設であり、仕入れの命綱、生計維持の砦であります。私どもは生鮮流通の中では最川下の買出人（＝消費者に最も近い顧客）ですから、法改正による影響は、即座に消費者に波及する、最も重要なプレイヤーとも言えるのです。

そこで、平成29年９月、自由民主党卸売市場議員連盟において、法の見直しは、零細小売業者にとっても公正な取引を担保するものであってほしいと要望しました。経済規模こそ零細ではありますが、私どもは地域に根付き、消費者ひとりひとりと、正に対面で信頼関係を保ち、現に食生活や食文化を支えております。超高齢化社会の進む日本において、高齢者に優しい街の小売店は、地域に欠かすことのできないインフラのひとつと言えるのではないでしょうか。

さて、今年６月に可決成立した改正卸売市場法の改正ポイントは次の二つと考えます。

ひとつは卸売市場の開設が「認可制」から「認定制」に移行し、市場の公的役割が後退したこと。二つ目は、中央卸売市場の取引ルール（商物分離、第三者販売、直荷引、自己買受け等）については、国の規制は撤廃され、開設者が「取引参加者の意見を十分に聴いた上で」遵守事項として「定めることができる」に変わり、卸売業者、仲卸業者、小売業者の三者にとって非常に重要な取引ルールが、開設者の判断に委ねられること。

一方で、６月14日の参議院農林水産委員会において採択された「卸売市場法及び食品流通構造改善促進法の一部を改正する法律案に対する附帯決議」において、国による公共性の維持や公正な取引に対する国の指導監督の強化が求められました。中でも、「三、高い公共性を有する卸売市場として、引き続き公正な取引及び価格形成が図られるよう、一部業者を偏重しないことを旨とする差別的取扱いの禁止をはじめとする遵守事項の全ての取引参加者による遵守を開設者に徹底させること」、また、「五、全国の小規模な産地や小売店等にとって必要な卸売市場が、引き続き公共性を確保し機能を発揮できるよう、地方自治体と連携し万全の対策を措置するとともに、合理化等の取組を促すこと」と明記されたことは特筆に値します。

御著書のタイトル「望ましい食品流通システムの構築に向けて」に対し、私がどうしても再度提言したいことは、附帯決議にあるように、卸売市場から「価格形成機能」が失われてはならないということです。

神戸市中央卸売市場での青果の取引は、平成15年度は「セリ・入札」が66.4％、「相対取引」が33.6％であったところ、26年度には「セリ・入札」が26.4％、「相対取引」が73.6％と10年間で逆転しました。セリ原則の廃止は、明らかに量販店に有利に働き、結果として零細小売店は弱体化を余儀なくされたのです。

確かに、現在は百年前のように、小さな生産者と小さな小売業者を結び付けるだけの卸売市場ではありません。

しかし、量販店等の大口ユーザーが求める安定的な取引に応えるため、また、取引時間の制約が緩やかで大量の入荷物を随時取引できるという点を主目的とする「相対取引」が売買の主流となり、一方的な指値で決まる値付けが本当に良いのでしょうか。現在の流れの中で、付帯決議にある「公正な取引及び価格形成が図られる」とは到底考えられないのです。一方的な指値の背景には、集荷量の減少、品不足があります。健全な値付けはハブ市場の仲卸御者が複数で競り合って決める価格が正しいのです。荷受会社は生産者側、小売業者は消費者側、その中間業者の仲卸が値を入れる、これほど透明性の高い合理的な仕組みは他にありません。仲卸業者が小売業者や消費者に代わって、品物の質や鮮度、その日の集荷量を総合的に判断し評価を行うセリは、市場の適正な価格形成に重要な役割を果たしています。また、公開のセリは、単純に需要と供給における商品価値のみで判断され、投機的な要素は介在せず、零細小売業者にも公平な取引機会が与えられます。

現在は「作られた品不足市場」であると、私は考えます。「セリの維持」は時代錯誤に思われ、相対取引が時代の流れのように言われますが、値付けの出来ない仲卸業者が得意先を失くして困り、一部の仲卸業者が大資本の量販店の無理を聞きながら凌ぎを削っている、これが正しいハブの中央卸売市場ではないと思うのです。資金力任せの流通は、さらに巨大な資金力を持ったコンツエルンや外資が出現すれば、どうなるのでしょうか。

取引の条件が変われば、既存の小売業者は元気になるでしょうし、小さな小売業者が増えれば価格も安定し、仲卸業者の減少も食い止められます。小さな小売業者が街で繁盛することは若者の起業意欲にもつながり、街も活気づきます。

日本は、今後益々食の生産を世界に求めると思われますが、基本的に消費するのは国民です。「食を制すれば世界を制す」、日本独自の食の要である「卸売市場」の合理性、とりわけセリ取引に象徴される「価格形成機能」を生かした食品流通システムの構築に期待しております。そして、小売市場、小さな小売業者もそのシステムの一員として、「安全安心な生鮮品を、適正価格で安定して地域のお客様に供給することで、豊かで幸せな食生活に貢献する」ことを使命に、大いに商売に励みたいと思います。

日本型卸売市場の高公共性・公益性とその維持のための課題

東京聖栄大学　教授
藤島　廣二

⑴　日本型卸売市場の成立

世界の多くの国・地域に卸売市場はありますが、日本の卸売市場、特に中央卸売市場は、世界に類を見ない特徴を有しています。それは卸売市場法の前身である中央卸売市場法の成立の経緯に基づくものです。

中央卸売市場法は大正12年（1923年）３月30日に成立しましたが、この法律は大正７年（1918年）８月３日に勃発した米騒動を契機に策定されたとよく言われています。確かにそうした面があることは間違いありません。しかし、それだけでは何故５年近いタイム・ラグがあったのかを理解することはできません。

実は、米騒動発生後、時の政府が採用した対策は公設小売市場の普及でした。公設小売市場とは生産者がそこで消費者に直接販売するか、市場内で営業する小売業者が生産者から直接仕入れて、それを消費者に廉価で販売することを目的としたものです。要するに、時の政府は中間の卸売段階を抜くことで安くできると考え、米騒動の切っ掛けとなった物価騰貴を抑えようとして公設小売市場の普及を図ったのです。

しかし、公設小売市場は大都市を中心に各地に設置されたものの、価格形成や安定供給等の点で、当初考えられたような機能を十分に発揮することはできませんでした。そのため、東京市会や京都市会、名古屋市会等から公設小売市場の機能をより十全に発揮させるためにも、中央公設市場（卸売市場）を設置する必要があるとの声が上がりました。すなわち、公設小売市場の普及の過程において卸売市場の役割の重要性が再認識され、その結果、米騒動の発生から５年ほど遅れて中央卸売市場法の制定に至ったというわけです。

こうした経緯のゆえに、中央卸売市場は単に“卸売市場だから”という理由以上に「公共性・公益性」が強く求められ、国民の生活に不可欠な生鮮品をできるだけ安価に安定的に供給することが求められました。そのため、昭和２年（1927年）に我が国最初の中央卸売市場が京都市に設置された時には、他の国・地域には見られなかった特徴を有する卸売市場、まさに「日本型卸売市場」が開設されることになりました。

その主な特徴を２つ挙げますと、一つは、米騒動の一因となった商人（米問屋等）の買い占め等による“暴利”を防ぎ、かつ流通量（取引量）を容易に把握するために、卸売市場内の商人の活動を行政機関が厳しく監督できるようにしたことです。具体的には、卸売業者（当時の名称は卸売人）が自己の計算で利益を得ることができないようにと、受託拒否の禁止と委託・セリ取引の原則を設け、委託手数料率の上限を定める（例えば当時の野菜の手数料率は卸売額の10%以内とされました）とともに、厳格な監督を行うために取引の中核となる卸売業者（当時の名称は卸売人）の数を、単数またはごく少数に絞り込みました。

もうひとつの主な特徴は、卸売市場内に立場の異なる２種類の業者、すなわち売り手（生産者、出荷者）側に立つ卸売業者と、買い手（小売業者、業務用需要者）側に立つ仲卸業者（当時の名称は仲買人）とが並存するようになったことです。両者の並存は、上述した卸売業者の数の絞り込みが従来の問屋の合併・統合によって進められ、その際、何らかの理由でその合併・統合に参加できなかった問屋が仲卸業者として卸売市場内で営業することになったことが主因ですが、この並存によって、後述するように卸売市場の価値評価機能が大いに高まりました。ちなみに、仲卸業者の数は卸売業者とは異なって、卸売市場によっては数百にも上ります。なお、管見の限りではありますが、卸売業者の数が少なく、かつ「卸売業者—仲卸業者」の制度があるのは、日本以外では韓国と台湾だけです。

⑵　日本型卸売市場の社会的意義

上記のような特徴は当時の社会的情勢の中で生み出されたものと言えますが、その特徴は当時においてだけではなく、その後も常に日本型卸売市場特有の「社会的意義」の発揮を強く支えるものとなりました。以下では、その意義を３点に絞ってまとめることにします。

第１は、必要とする人々の全員に開かれた取引システムであるということです。

これは多くの人が集まるという“市場”本来の特性に加えて、受託拒否の禁止と差別的取扱いの禁止が制度化されたことによって極めて強固なかたちで実現しています。実際、卸売市場の卸売業者は出荷を希望する人がいれば、誰の出荷でも受け入れます。もちろん、それだけではありません。農産物にしても水産物にしても天候次第で日々の収穫量・漁獲量は大幅に変化しますが、卸売市場は多くても少なくても全量を受け入れて販売します。事実、わずか数日の間に入荷量が２倍、３倍、あるいは２分の１、３分の１と大幅に増減する品目も珍しくはありません。こうした柔軟な受入体制（取引システム）があることによって、日本では生産者は販売の心配をすることなく、生産に専念できます。ちなみに、収穫量・漁獲量の大幅な変動への対応は卸売市場外の契約取引等では不可能ですし、欧米等のように小規模かつ多数の卸売業者が存在する卸売市場でも極めて困難です。

仕入れに関しても、小売業等を営むための仕入れ資金さえあれば、誰でも卸売市場から仕入れできます。卸売業者から直接仕入れるには売買参加者という資格が必要ですが、それがなくても仲卸業者から仕入れることができます。しかも、こうした仕入れシステムがあることによって、日本では多くのローカル・スーパーマーケット等が存在し、小売業界の寡占化が進んでいません。そのため、消費者は店を選ぶことができるのはもちろんのこと、買いたい品物を品種やサイズ等にまでこだわって選択し、かつリーズナブルな価格で購入することができます。

なお、日本の場合、卸売業者の数が少なく、大規模であることから、各卸売市場に多種多様な品目・品種が入荷してくるだけでなく、それらのうちの多くがそれぞれ一括・大量に入荷するため、大手のスーパーマーケット・チェーンも卸売市場から仕入れるのが一般的です。これに対し、欧米のスーパーマーケット・チェーンの場合は、卸売市場の卸売業者が小規模・多数であるため荷のまとまりがなく、それぞれが売れ筋を中心に品揃えする等の理由から、卸売市場外で仕入れるのが普通です。日本とは大きな違いです。

第２の社会的意義は、出荷側・仕入側双方が納得し得る価格形成が行われていることです。

既述のように、卸売市場内に立場の異なる２種類の業者、卸売業者と仲卸業者が存在します。卸売業者は売り手（生産者、出荷者）側に立ち、かつ受託品の収益は卸値に一定の委託手数料率（野菜8.5％等）を乗じた分だけですので、できるだけ高く売ろうと努めます。一方、仲卸業者は仕入業者（小売業者、業務用需要者）側に立ちますので、できるだけ安く仕入れようとします。これらの卸売業者、仲卸業者、特に仲卸業者の中には10年、20年どころか、30年以上も同じ品目の取引に携わっている人も多く、彼らは「目利き」という言葉に象徴されるように商品価値に対する高い評価能力を持っています。それゆえ、卸売市場では産地や品目・品種の違いだけではなく、見映え（色付きの程度、きづの有無等）や、サイズ、テクスチャー、鮮度等の違いも見極めながら緻密な価値評価が行われ、それに基づいて価格が形成されることになります。

卸売市場外で行われる契約取引や直売所等の場合、卸売市場の価格を参考にして決めているとよく言われますが、それは、卸売市場では価値に基づいて価格が厳密に形成されているため、多くの関係者が納得できるからです。また、価値に基づいた価格形成であることから、例えば小売店に何種類かのマグロが並んでいた場合、消費者は試食をしなくても、値段の違いで価値の違いを理解し、どれが美味しいかを判断することができます。

なお、欧米等では日本のような厳格な価値評価は行われていません。それゆえ、リンゴやブドウでさえ、１個１個、１房１房に値段をつけずに、量り売りをするのが一般的です。

最後の第３の社会的意義は、生産後の流通コストを縮減し、国民の豊かな生活の実現に寄与していることです。

既述のように、米騒動の際、当時の政府は公設小売市場の普及に尽力しましたが、それは卸売段階を排除すれば、その分だけ流通コストが削減され、価格が下がると考えたからです。しかし、イギリス人のマーガレット・ホールはこれとは全く逆の考えを示しています。それは“取引総数極小化の原理”と呼ばれています。例えば、野菜の生産者が10名でそれぞれ異なる品目を生産し、小売業者は５名で品揃えのために全生産者の荷を仕入れることにしますと、生産者と小売業者が直接取引をする場合、取引総数は“10×５”で50回になります。これに対し、両者の間に卸が介在すると、生産者は卸に出荷し、小売業者は卸のところで品揃えしたものを仕入れることになりますので、取引総数は“10＋５”の15回に減ります。その結果、売買を実現するための交渉回数は減りますし、請求書等の書類の作成回数等も減りますので、取引のためのコストが大きく減少します。が、それだけではなく、生産者が５小売業者と直接に取引する場合、５台の小型トラックで運ぶのに対し、１卸と取引する場合には１台の大型トラックで運ぶことができますので、輸送コストも大幅に削減できます。すなわち、マーガレット・ホールは卸売段階を省略するよりも、卸売段階を活用する方が流通コストの縮減につながることを明らかにしたのです。

しかも、実は日本の中央卸売市場の場合、開設者が地方自治体ですので、市場運営費の一部を自治体が税金で負担していますし、市場施設も自治体が建てて卸売業者や仲卸業者に低額の市場使用料（賃貸料）で貸し出しています。その上で、卸売業者の販売手数料率を制限するなど、市場内業者の利益の抑制を図っています。それゆえ、日本の卸売市場はマーガレット・ホールが指摘している以上に流通コストの縮減・削減に寄与し、国民生活の豊かさの土台になっていると言えます。今後は社会の高齢化が進めば進むほど、経済的弱者も増える可能性が高くなりますので、流通コストの縮減・削減の点からだけ観ても日本型卸売市場の維持はますます重要になると考えられます。

⑶　卸売市場法の平成11年改正と16年改正

以上に述べたように、日本型卸売市場はその誕生の経緯のゆえに、いくつもの特有な大きな社会的意義を有しています。換言すれば、多くの人々にとって利益となる「極めて高い公共性・公益性」を具現しています。それゆえ、法の改正にあたっては、その高公共性・公益性をいかに維持するかに留意することが肝要です。

現行の卸売市場法は昭和46年（1971年）に中央卸売市場法に代わって制定されましたが、食品流通構造改善促進法の制定（2001年）等に伴う“ついで”の改正も含めると、既に10回以上も改正されています。しかし、本質的な改正となると、今回を除くならば平成11年（1999年）と平成16年（2004年）の２回です。

平成11年の改正では、市場取引委員会の設置や卸売業者による卸売予定数量等の公表等が初めて法文に載り、さらに開設者の地位の承継も初めて登場しました。ただし、ここでの地位の承継は、市段階の開設者から都道府県段階への転換、あるいは一部事務組合または広域連合への転換でした。すなわち、いずれにしても地方自治体の範疇の中での転換にとどまっていました。

したがって、同年の改正で最も注目されるのは“「セリ取引原則」の撤廃”です。これは卸売業者の販売方法をセリまたは入札に限るとしていた従来の規定を改め、相対取引も可とするものでした。スーパーマーケット・チェーンが急速に台頭し、それにつれて相対取引比率が急上昇したことへの対応でした。しかし、その結果、中央卸売市場法の制定時に卸売業者が自己の計算で“暴利”を得るのを防止するとした「委託・セリ取引の原則」のうちの「セリ取引原則」がなくなってしまったわけです。

ただし、「委託取引原則」と「委託手数料率の上限設定」はそのままでしたし、中央卸売市場の開設者も地方自治体のままでしたので、消費者や生産者が不利益をこうむるという問題にまでは発展しませんでした。それどころか、相対取引の増加によって卸売業者の利益率が悪化するという、“暴利”とは逆の問題が浮上することになりました。

こうした平成11年の改正に対し、平成16年の改正はより大幅な、より踏み込んだものでした。主な改正点だけに絞っても、少なくとも①商物一致規制の緩和、②買付集荷の自由化、③第三者販売・直荷引きの弾力化、④地方卸売市場への転換、⑤委託手数料の弾力化、の５点が挙げられます。これらのうち、公共性・公益性との関わりで最も注目すべきは、②買付集荷の自由化と、⑤委託手数料の弾力化でした。

買付集荷の自由化とは、言うまでもなく「委託取引原則」の撤廃を意味します。また、委託手数料の弾力化は、「委託手数料率の上限設定」を止めることにほかなりません。確かに、産地による出荷先卸売市場の絞り込みが進んだこと等によって、多くの卸売市場にとって品揃えを確保する上で買付集荷の必要度が高まっていましたので、このような改正も時代の変化に対応したものではありましたが、買付集荷の自由化と委託手数料の弾力化が卸売業者の“暴利”を防止するという、中央卸売市場法成立時の思想に反することは指摘するまでもありません。

このように、平成11年と16年に卸売市場法の改正が行われ、卸売市場を取り巻く環境の変化への対応が進んだ一方、日本型卸売市場の高公共性・公益性へのマイナスの影響も強まりました。特に「委託・セリ取引の原則」と「委託手数料率の上限設定」とが撤廃されたことによって、前述の第３の意義「流通コストの縮減による豊かな国民生活の実現」を維持する上で問題が生じかねないのではないかと危惧されました。しかし、これまでのところ、中央卸売市場の開設者は地方公共団体のままですし、卸売市場間の競争も活発ですので、そうした問題はまだ発現するまでには至っていません。

⑷　平成30年大改正と今後の課題

今回の平成30年（2018年）の卸売市場法の改正は、16年（2004年）に次ぐ第３回目の本質的な改正です。ただし、今回は法文のいずれかが時代に合わなくなったから改正したということではありません。ある意味、何の前触れもなく、突然に始まりました。平成28年（2016年）に政府の諮問機関である規制改革推進会議が、卸売市場は“食料不足時代の公平分配機能”にすぎず、“時代遅れ”であると、何ら根拠のない主張をして、食品流通構造の抜本的改革を訴えたのが切っ掛けになったからです。しかも、そうした主張を真に受けて、平成29年（2017年）成立の農業競争力強化支援法第13条で「国は、農産物流通等の合理化を実現するため、農業者又は農業団体による農産物の消費者への直接の販売を促進するための措置を講ずるものとする」と記されるなど、大正７年の米騒動で公設小売市場が奨励されたのと同様、卸売段階を抜くのが合理的といった風潮が強まりました。

こうしたことから、今回の卸売市場法の改正は驚くほど根源的なものになりました。そうした改正点を日本型卸売市場の高公共性・公益性との関連でみますと、少なくとも以下の３点が注目されます。

１点目は、これまでのように国（農林水産大臣）または都道府県（知事）が開設者を認可・許可するものから、卸売市場を中央卸売市場または地方卸売市場として認定するものへと変化することです。しかも、国は中央卸売市場の卸売業者を許可することも止めます。したがって、改正法の施行後は中央卸売市場の場合、何らかの問題が起きた時に中央卸売市場としての認定が取り消されることはあっても、開設者や卸売業者が国の処分を受けることはありません。

２点目は、改正法の施行後には地方自治体が中央卸売市場の開設者となり得る根拠であった開設区域が廃止され、自治体以外の者も開設者になれることです。既にこれまでの２度の改正によって「委託・セリ取引の原則」と「委託手数料率の上限設定」が撤廃されていますので、開設者が自治体でなくなってしまうことになると、「流通コストの縮減」が大いに危ぶまれるところです。

そして３点目は、取引ルールの決定や取引参加者（卸売業者、仲卸業者、売買参加者）への対応等において、国に代わって開設者が主導的役割を果たすようになることです。受託拒否の禁止等の全国の卸売市場に共通なルールは国が決めるとしても、第三者販売等の共通ルール以外の取引ルールは、開設者が取引参加者の意見を聞いて決めることになります。卸売業者や仲卸業者を許可するのも開設者です。しかも、開設者は「取引参加者に遵守事項を遵守させるために必要な体制を有する」（改正法第４条）ことになりますので、その権限は大幅に強化されることになります。

上記のような今回の改正は当然、平成11年・16年の改正と融合するかたちで効力を発揮します。それゆえ、法改正の影響を判断するためには、これまでの３回の改正を一緒にまとめて検討することが必要になります。そこで、卸売市場の高公共性・公益性の視点から、３回の改正の要点を整理しますと、①「委託・セリ取引の原則」の廃止（買付集荷、相対販売の容認)、②「委託手数料率の上限設定」の廃止（委託手数料率の決定を卸売業者に委任)、③「中央卸売市場開設者を地方公共団体に限定すること」の廃止（民間企業が開設者になることを容認)、④開設者の権限の強化（売買取引方法等の開設者による決定等)、⑤許認可制から認定制への転換（開設者と卸売業者を国の処分対象から除外）の５点となります。

では、これらの点が今後、日本型卸売市場の高公共性・公益性にどのような影響を及ぼす可能性があるでしょうか。また、高公共性・公益性を維持するためには、国や地方自治体にとってどのようなことが今後の課題になるでしょうか。

いくつもの影響が考えられると思いますが、ここでは最も重視すべき影響を２つだけ指摘することにします。

その一つ目の影響は、流通コストの上昇（市場使用料の値上げ）と、それに起因する物価上昇の可能性が強まることです。

今回（平成30年）の改正で民間企業が中央卸売市場の開設者になれることになりましたが、ほとんどの中央卸売市場の運営費は赤字です。民間企業が当座はともかく、永遠にこの赤字をそのままにしておくとはあり得ません。しかも、改修や改築のための十分な積立金もありません。都内の浅草寺の仲見世商店街の場合、施設が東京都から同寺に移譲された後、修繕費等を賄うために家賃がそれまでの６倍ほどに上がり、将来は16倍ほどに値上げする予定とのことです。

民間企業が開設者になることによって市場使用料が上がれば、卸売業者や仲卸業者は支払いのために利益を増やさなければなりません。しかも、卸売業者の「委託手数料率の上限設定」は撤廃されましたし、仲卸業者の場合は元々そうした制約はありません。となると、「(2)日本型卸売市場の社会的意義」で３番目に指摘した「流通コストの縮減・削減」の仕組みは崩壊する可能性が高まります。もしも、崩壊することになると、卸売市場で取り扱う品目は誰もが必要とする生活必需品だけに、年金暮らしの高齢者にとってはもちろんのこと、母子家庭等の経済的弱者にとっても、たいへん厳しい状況になることは間違いないでしょう。

では、そうならないためにはどうすべきでしょうか。いくつかの方法が考えられます。

第１の方法は、当たり前のことですが、市場使用料の値上がり分を捻出できるように物流や取引の合理化を進め、一層のコスト削減を図ることです。具体的には、よく言われるように、積み降ろし時間を短縮するためのパレットの利用や卸売市場内の動線の改善がありますが、それらだけではありません。選別施設を産地から消費地に移すことで、生産シーズンだけの稼働から周年稼働に変えることができますし、情報取引を活用することで、交渉等を含めた取引時間を削減できます。さらには、卸売業者や仲卸業者が青果部等の部類を超えて取扱品目を多様化することで、従業員１人当たりの売上高を増やし、利益率の向上を図ることができる、等々です。

第２の方法は、卸売市場間の競争を維持することです。今後、これまでのような卸売高の減少傾向が続けば、卸売市場数はさらに減りますが、それとともに集荷力を強化するために卸売市場のグループ化が進むと考えられます。これらはいずれも卸売市場間競争を不活発にします。不活発になりますと、市場使用料の値上げを行いやすくなりますし、卸売業者等の委託手数料率や取引マージンの上昇・増加も行いやすくなります。また、上述の物流・取引の合理化が進まなくなる恐れもあります。それゆえ、卸売市場間競争を維持する必要があります。その具体的方法は、例えば卸売市場間または卸売業者間の連携（合併・統合、持株会社を含む）の範囲を、青果物だけであれば合計年間取扱額で３千億円以内に、また青果物と水産物等の複数品目であれば５千億円以内に限ることです。あるいは、年間取扱高が２千億円または３千億円を超える卸売市場については、独立した卸売市場・卸売業者とし、他の卸売市場・卸売業者との連携を認めないことです。

第３の方法は、東京都中央卸売市場大田市場や豊洲市場（築地市場）のような全国の主要中央卸売市場については、開設者は従来どおりとして、民間企業を認めないことです。各地域で中心となる主要中央卸売市場の開設者が地方自治体のままであれば、他の中央卸売市場で民間企業が開設者になったとしても、簡単に市場使用料を値上げすることはできません。なぜならば、民間企業の中央卸売市場で市場使用料を値上げすることによって委託手数料率が上昇するとなれば、当該中央卸売市場の集荷力が著しく低下しかねないからです。

もちろん、これらの３方法に限る必要はありませんが、いずれにしても「流通コストの縮減・削減」の仕組みが崩壊しないような対策を採ることが、国や地方自治体にとって重要な課題であることは言を俟たないでしょう。

法改正によるもうひとつの影響は、民間企業が開設者になった場合、開設者としての権限を利用して、当該企業または当該企業を含むグループが農水産物やその加工品の流通分野で寡占化を進める可能性が高くなることです。

現在の日本では欧米諸国に比べ小売業界の寡占度は極めて低く、活発な競争が行われていますが、それは「⑵日本型卸売市場の社会的意義」の１番目で述べた「全員に開かれた取引システム」によるところが大きいと考えられます。集客力の高い生鮮品の流通が自由競争状態であるため、小売業全般の寡占化が進まないのです。要するに、卸売市場の活動が流通分野での寡占化を抑制しているのです。その結果、価格も適正なものとなっていると言えます。しかし、もしも「全員に開かれた取引システム」から寡占化へと進めば、当該企業は当然、安く仕入れて高く売ろうとしますので、卸売市場の「価値評価→価格形成」機能も十分に働かなくなる恐れがあります。また、買い占めや売り惜しみを行うかも知れません。もしも、そうした事態になれば、消費者にとっても、生産者にとっても大きな不幸です。

では、そうならないためには、どのような方策を実行すべきでしょうか。

第１の方策は、食品等の流通の合理化及び取引の適正化に関する法律の第27条から29条に定めた「食品等流通調査」を、産地から消費者までの流通全般にわたって厳密に実施することです。もちろん、できるだけ短時間で調査結果を公表することも必要です。

第２の方策は、上記の第３の方法と同様、東京都中央卸売市場大田市場等の全国の主要中央卸売市場については、開設者は従来どおりとして民間企業を認めないことです。それぞれの地域で主要中央卸売市場の開設者が地方自治体のままであれば、競争はそれなりに維持されますので、他の中央卸売市場で民間企業が開設者になったとしても、寡占化を進めることはそう簡単ではありません。

これらのうちいずれかの方策を採用するか、あるいは他の方策を立てることによって流通業界の寡占化を如何に抑制するかは、今後、国や地方自治体にとって重要な政策課題になると思われます。

なお、拙稿ではまったく触れることができませんでしたが、３度の改正によって卸売市場法が大幅に変わりましたので、中央卸売市場に限らず、全国の卸売市場の卸売業者と仲卸業者にとって、①社会の高齢化にどのように対応すべきか、②災害時における貢献度を高めるために、BCP や地域連携協定等をどのように進めるか、③卸売市場の将来方向を示す市場流通ビジョンをどのように作成するか、等は、今後の重要な課題になると考えられます。

卸売市場法の改正について

シーフードスマート　代表理事
生田　與克

今般の「中央卸売市場法」改正論議で、中央卸売市場の機能が国会議員を含む一般の方々に、これほどまでに理解されていないことに驚きを感じた。これは現場で働く我々市場業者の発信の努力が足りなかったと反省すると同時に、今後は中央卸売市場の合理性を広く訴えていきたいと思っている。

中央卸売市場の目的は生産者保護と消費者への食料品の安定供給にあると思っているし、制度に多少の時代的ズレを感じることもあるが、その目的は今でもきちんと果たされていると考えている。

よく言われてきたのが「流通の簡素化＝中間業者を省くこと」をすることにより、より安く生鮮食料品を消費者に届けられ、その分生産者の手取りが多くなるという錯覚だ。在庫が品質劣化することがない商品と、時間とともに著しく価値が減ってしまう生鮮食料品を単純に比較するのは、とても無茶なことだと思う。

当初議論されていたように、もし中央卸売市場が撤廃されたとしたら何が起きてしまうのかを考えてみたい。

まず前提として理解していただきたいのは、生鮮食料品というものは時間とともに品質が劣化し、その挙句腐ってしまい、それにお金をかけて廃棄しなければならい商品だということだ。そしてこの商品は出荷数量が前日、または当日にならないと確定しない。というか出来ない。これらが最も肝心なことで、ココを抑えずして議論するのは、迷走の始まりだと思う。

この品質が時間とともに劣化し、数量が確定しにくい商品を販売するにはスピードと、臨機応変に対応できる応用力が大事だと思う。

もし中央卸売市場がなくなったとしたら、スピードもさることながら、応用力が無くなってしまう。産地直送の場合、小売業者は自分が販売出来得る数量しか、引き取らない。否、引き取れないといった方が適切だろう。

筆者が日々商っている魚の場合、例えば○○小売店が今日のイワシは100kg必要だといったところで、漁獲がその通りにいかないのは、ご承知の通りだと思う。相手は気まぐれな大自然、やってみなきゃどうなることかわからない。

仮にその漁獲で200kg 捕れてしまった場合、○○小売店はその分を引き取るのかといえば、それは非現実的な話になる。小売業というのは売り場面積、スタッフの質と人数等々、様々な要因が絡み、自ずとその売り場の販売数量には限界が生じる。

引き取られなかった残りの100kg は中央卸売市場がない場合、生産者は自らその在庫を販売するか、管理をしなければならない。

水産庁が行った「漁業の６次産業化」という政策がこれに近いのだが、正直言って生産者に販売をさせることは事実上不可能なことだと思う。この政策の成果を見てもまさに絵に描いた餅であると断ぜざるを得ない。

また在庫を持たなければならないというリスクは、私たちのような販売を生業とする者にとっても、頭の痛い問題だ。先述したように生鮮食料品というものは、時間とともに商品価値が落ちるからだ。もし売り切ることが出来なければ、残った在庫は廃棄処分しなければならない。それを生産者に負わせることが流通改革なのか。甚だ疑問に思う。仮に産地直送契約を結び、発注商品がある程度高く売れたとしても、余剰在庫を抱え販売に失敗すればそれは水泡に帰してしまう。要は利益として残ることはない。

また販売する労苦を生産者が負うというのは、非現実的な話だ。生産者は生産に専念することが健全な形だと思う。

中央卸売市場には卸売業者、仲卸業者、売買参加者、荷扱い業者、運送業者といった多くのプレイヤーが存在している。中でも販売を担当するものには、良品に強い者もいれば、廉価品だったら品質は多少劣っても数量はいくらでもOK という、それぞれの得意分野を持った業者が存在している。

それらの業者がまとまり一つの生態系を築き、生鮮食料品の根本的欠点である、品質と数量の不安定さをうまくカバーしているのが、中央卸売市場だと思う。

その結果、今まで生鮮食料品を作ったり、捕ることが出来ない都市部にでも、あまねく安定的に生鮮食料品を供給することが出来てきたのだと思っている。

現在行われている産地直送も、メインストリームである市場流通があってこそ成り立っている仕組みだ。その証拠に大手小売店はその季節や生産量、販売動向に応じて、市場流通とうまく組み合わせている。市場流通が無くなってしまえば、産地直送も根本的に変わってしまい、生産者への負担が増大してしまうことは明らかだ。

中央卸売市場の機能は「集荷」「分荷」「評価」「決済」という４つの重要な

機能が内包されている一つの生態系だ。生態系というものはその機能の、どれか一つがかけてもその目的を果たせなくなると考えている。そしてその目的が果たせなくなった弊害は消費者生活に及ぶことをぜひ念頭に置かれ、今後の議論をしてほしいと強く願う。

最後に筆者の専門である水産について論じたい。水産業は現在、漁業生産量の不振にあえいでおり、特に小規模漁業者は食えなくなっている。

これはひとえに戦後の水産資源管理政策の失敗に依るものだ。卸売市場法改革の議論の中で「生産者の手取りを増やしたい」という声を多く聞いた。漁業者の手取りを増やしたいというのなら、流通業改革だけではなく、水産資源を復活させることに主眼を置くことが最も効果的な政策だと思う。これは諸外国の事例を調べれば一目瞭然だ。

一日も早く今までの誤った水産資源管理政策を改め、世界標準の管理法を導入して海の豊かさを取り戻し、漁業の成長産業化にまい進してほしいと願ってやまない。

次世代の食品流通システムへの期待

消費者庁　長官
岡村　和美

第196回通常国会で「卸売市場法」と「食品流通構造改善促進法」が改正されました。２年後の施行に向けて、生鮮食品等の流通は新制度へ移行することとなります。食品の購入は、消費者にとって生活の基盤ですから、次世代の食品流通システムが構築されていくこの時期に、消費者庁からも発信させていただけることに感謝しております。

１．消費者庁とは

平成21年に設置された消費者庁は、安心・安全な暮らしのため、他省庁・自治体等とも連携して、消費者教育や事業者（企業・個人事業主）への働きかけなども含む幅広い活動を行っています。

消費者の関心が非常に高い「食」については、食品安全基本法・食品表示法などに基づき、消費者の合理的な選択に資するよう食品の表示や広告に関する制度を運用し、また、食品関連企業等による消費者志向経営を支援しています。

２．生鮮食品の機能性表示

消費者の健康志向については、生鮮食品を取り扱う事業者の方々も商品開発・販売戦略として日頃から意識されていることと思います。

「機能性表示食品」制度とは、消費者庁に届け出ることにより、①事業者の責任で、②科学的根拠に基づき、③食品の包装パッケージに保健に役立つ機能性（作用・働き）を表示できる、とするものです。企業の関心も高く、平成27年からスタートして、３年目には、届出食品数が1,000を超えています。

機能性表示食品の届出のうち、平成30年９月現在、生鮮食品は16件あります。詳細は、消費者庁ウェブサイトに掲載されていますが、β－クリプトキサンチンという機能性関与成分を含むミカン、大豆イソフラボンという機能性関与成分を含むモヤシ、といった食品が、それぞれの産地の農業協同組合や企業により届け出られています。

たとえば、大豆イソフラボンが含まれているモヤシについて、消費者庁が定めるガイドラインにしたがって届け出ることにより、その包装パッケージに、「大豆イソフラボンは骨の成分を維持する働きによって、骨の健康に役立つことが報告されています」などの保健機能の表示ができることとなります。

現代では多くの消費者が、健康の維持には「生鮮食品に支えられたバランスの良い食事」が大切と認識しています。一歩進めて、栄養成分の表示とともに、科学的根拠に基づく保健機能成分が食品パッケージに明記されていれば、①消費者は情報を確認して選択することができますし、②事業者としては消費者による積極的な購入・継続的な支持も期待できます。

消費者庁としては、今後、機能性表示が、生鮮食品についても活用されることを期待しています。

３．新しい消費者の意識

情報化社会の進展に伴い、消費者庁では、平成27年から「食品のインターネット販売における情報提供の在り方懇談会」を開催し、翌年、有識者による報告書を公表しました。この懇談会では、食品をインターネットで購入する消費者が増えている事実を踏まえて購入時に消費者が期待する情報などを調査し、たとえば、価格が上がってもその食品の原産地・原料原産地等を知りたいとする消費者が３割を超えて存在するなど、最近の消費者の考え方を知ることが出来ました。

また、「若者の消費」を特集した昨年の消費者白書では、20代までの単身者の消費支出の推移などから、若者の車離れ・アルコール離れなどを指摘したほか、たとえば単身男性が外食への支出を減らしている（自炊する・調理済食品を活用する）、単身女性は食料費のうち素材の購入を減らしている（素材から料理する機会が減っている）など「食」についても意識と行動が変化していることを報告しました。

インターネット利用率が100％に近い、ネットで情報収集、高額品の所有に拘らない、自分らしい選択で購入したい、モノよりもコト消費を大切にする、といった若者の消費行動は、時代を先取りしたものであり、今後、幅広い世代に広まっていくと考えられます。

さらに、消費者庁は、平成27年から倫理的消費調査研究会を開催し、現在は全国各地で「その地域らしい、倫理的に正しい（エシカル）消費」を考える啓発活動を行っています。エシカル消費とは、環境・人・社会などに配慮した選択により、たとえばエコ商品・フェアトレード品・被災地産品・伝統産業で作られた品などを購入することをいいます。自分なりの選択で正しいと考える（エシカルな）買物をしたいと心がけている人は、女性と若者に多いという調査結果が出ています。

このような、正しい選択を心がける消費者は、信頼できる生産・流通・小売の過程を経たものについては、適正な価格を支払うべきと考えています。価格だけではない「価値」を認める消費者・生活者は、生鮮食品についても、有機農法のものを選ぶ、地域の伝統野菜の旬を楽しむ、といったライフスタイルを志向します。可能ならば有機ＪＡＳマーク（農林水産省）やマリン・エコラベル・ジャパン（MEL）認証マーク（日本水産資源保護協会）を確認して購入したいとする人たちが、少しずつですが、確実に増えています。

4．多様な消費者ニーズに対応する食品流通システムへの期待

今回の法改正を契機として、食品流通システムは、前項でご報告した高度情報化社会での多様な消費者ニーズに対応して、ネットメディアなども活用する新時代の消費者・生活者のライフスタイルを取り込んで進化していくと予想されます。一方、これまでと同じように食品購入を続けたいと考える消費者にとっての利便性も維持されなければなりません。一人ひとりの消費者に着目しても、生鮮食品の購入は、さまざまな機会と場所で行っています。日常、インターネットを使いこなしている人も、たとえば商店街で店頭の果物に季節を教えられる、といった「楽しいお買い物」の機会を大切にしていると思います。

全国各地で、さまざまなライフステージにある消費者の暮らしを支える食品流通は、今後も多種多様なチャンネルが並存し、関係事業者の連携も、目的に応じた様々な組み合わせで展開されていくことでしょう。したがって、全国の卸売市場では、より一層、地域の特色を生かした品揃え、インターネットでの情報提供など、それぞれの強みを生かした創意工夫がなされると予想されます。

たとえば、野菜の生産者や流通関係者が、これまでの通常の流通システムにのらない美味しい品種や地域の伝統野菜などの情報を発信し、豊かな食生活をご提案くださるなら、消費者は、価格だけではない生鮮食品の価値を学ぶことが出来ます。その情報がネットで発信されるなら、全国の消費者が、いつでもどこでも、地方特産品の旬といったローカル情報を入手できます。ネットメディアの情報は、SNS等により、さらに多くの人々に届けられていきます。

こういったビジネス側の創意工夫を、消費者が購入によって支持すること

で、そのビジネスが成長する、という良いサイクルが続いていくことを期待しています。

5．消費者庁の取組

⑴　消費者志向経営の推進

消費者庁では、上記の例に示されるような消費者の満足度向上等をめざす事業者の努力を支援するため、「消費者志向経営」を推進しています。具体的には、さまざまな業種の企業等にビジネス上の強みを生かした「消費者を大切にする経営方針」等を自主的に宣言していただき、その内容を消費者庁のウェブサイトで公表しています。そして、優良な事例について大臣表彰も実施するなど、消費者が事業者の努力を知る機会を作っています。

生産と消費の現場をつなぐ公益システムでもある食品流通に携わる方々にとっては、消費者志向は日頃から実践されていることです。その姿勢を消費者に示す広報の一つとしても、消費者志向経営の自主宣言を行っていただき、表彰対象になっていただきたく思います。

⑵　エシカル消費の啓発

本書第三編141ページに紹介されているお手紙「現代日本の変わりつつある食事風景」でご指摘いただいているように、政府ができること・行うべきこともあります。

先述したエシカル消費に関する取組として、私自身が参加した例では、昨年、鳥取県米子市で開催されたシンポジウムにおいて、「地産地消」について、地元の卸売市場では県内で生産されたものの比率が高いこと（大都市では低い）、県内産品は新鮮で合理的な価格であること等をデータで学びました。また、障がいのある若者たちが漁業に携わり、そのブランド水産品が全国で売れている実例などが紹介されました。地域の学生、教育関係者、企業の方々のエシカルな活動・取組が紹介され、このシンポジウムは、地元の特産品購入の意義を学び、季節の恵みを味わうことができる美味しい地元の生鮮食品の価値を、参加者全員が確認し合う機会となりました。

その後も、福島、青森、秋田、山口等、全国でエシカル消費に関する勉強会は続いており、どの都市でも、多くの参加者の熱意を感じています。エシカルな選択により正しい買物をしたいと考える消費者は、持続可能かつ消費者志向の経営を実践している事業者が生産販売するものを購入します。消費者志向経営とエシカル消費は、事業者と消費者それぞれの立場から、同じ目標をめざす活動でもあります。

6．終わりに

現代の安心・安全な食生活は、生産者と消費の現場をつなぐ流通システムに支えられています。次世代の消費者は、生鮮食品の購入についても、個性あふれるヴァラエティに富んだ期待を寄せることでしょう。さまざまなニーズに対応するため、全国の卸売市場関係者のビジネスは、強みを生かしつつ多様な事業形態へと発展していくと予想されます。

食品安全についての消費者の信頼を維持していただくことを前提として、食品流通に携わる方々の消費者志向の経営を、消費者が理解して「買物という選択により」支持していくことも重要です。

事業者と消費者、双方にとってプラスになる流通システム発展のため、今回の法改正に関与された方々からご教示をいただきつつ、消費者行政も次の段階をめざしてまいります。

あとがき

私たち日本人の家庭の食卓には、和食だけでなく、洋食、中華さらにはエスニック料理まで並び大変バラエティーに富んでいます。筆者は以前、パリの経済協力開発機構（OECD）に勤務したことがありますが、フランス人の食事は意外に質素で、夕食にはスープとハムやチーズで温かい料理が並ばないこともあることにびっくりしました。

毎日の食事を準備される方にとっては大変だと思いますが、バラエティーに富んだ料理を囲んで温かいだんらんの家庭を築くことができるのは、私たち日本人ならではのことと思います。

ユネスコ無形文化遺産に登録された私たちの食事は、農産物・水産物の生産者の方々や食品の流通に携わる多くの方々によって支えられています。スーパーや小売店の店頭で当たり前のように手にしている食品は、私たち消費者の目に触れることがない方々の早朝あるいは深夜に及ぶ、毎日のご尽力によって、新鮮な品物がいつも店頭に届けられているのです。その黒子の中心が卸売市場と卸売市場に関わる皆様です。

平将明先生が「生態系」とうまく表現されましたが、生産者から、卸、仲卸、スーパー・小売り、消費者へと、食品が流通していきますが、その食品流通を支える中心は卸売市場です。

規制改革推進委員会が、卸売市場の現場の実態をよくご理解されていないまま、「卸売市場法という特別の法制度に基づく時代遅れの規制は廃止する。」という提言を出され、卸売市場関係者は耳を疑いました。この提言を受けて、危機感を持った市場関係者の方々が動かれ、私たちが議連を発足させて、平成29（2017）年の夏から精力的な議論がなされました。

卸、仲卸だけではなく、生産者から小売まで広くご意見を伺い、農林水産省、内閣府とも折衝した結果、多くの関係者にとって合意できる平成30（2018）年の法改正となったのではないかと思料しております。また、これまでの議論を通じて、なぜ卸売市場法が必要なのか、なぜ卸売市場に国・地方公共団体が関与する必要性があるのかを考え直して頂く機会になったと存じます。

平成30（2018年）10月17日に政省令、基本方針も公布されました。これからは、それぞれの卸売市場がどのような市場を目指すのか、どのようなルールを採用するのか等について、開設者と市場関係者で判断をしていただくことになります。

今回の卸売市場法及び食品流通構造改善促進法の一部を改正する法律によって、市場関係者にとっても、生産者、消費者にとっても、法改正の意義を感じて頂けるような市場と食品流通が実現することを期待しております。

衆議院議員

盛山正仁

参考資料

議連資料
卸売市場関係用語解説
卸売市場関係法令
卸売市場関係資料

議連資料

議連資料１

第１回 国会議員卸売市場勉強会（仮称）

（進行・次第）

平成２９年８月２９日（火）１２時
衆議院第一議員会館Ｂ１第３会議室

１．開会・進行　　平　将明　　発起人

２．挨　　　拶　　森山　裕　　発起人代表　※ メッセージ代読

３．議　　　題　　卸売市場法の抜本的見直しについて

①内閣府規制改革推進室から説明

＜質疑応答・意見交換＞　※ 終了後、内閣府退室

②農水省食料産業局から説明

＜質疑応答・意見交換＞

４．閉　　　会

【省庁出席者】

内閣府規制改革推進室	窪田　修	次長
内閣府規制改革推進室	佐脇 紀代志	参事官
農林水産省食料産業局	新井 ゆたか	審議官
農林水産省食料産業局	谷村　栄二	総務課長
農林水産省食料産業局	宮浦　浩司	食品流通課長
農林水産省食料産業局	武田　裕紀	卸売市場室長

【オブザーバー出席者】

裏面に記載

以　上

《今後の日程》

〈第２回〉平成２９年９月　５日（火）１２時～　青果・水産 仲卸からヒアリング
〈第３回〉平成２９年９月１２日（火）１２時～　青果・水産 荷受からヒアリング
〈第４回〉平成２９年９月１９日（火）１２時～　青果・水産 小売・有識者からヒアリング

議連資料１

【オブザーバー出席者】

〈水産荷受団体〉	全国水産卸協会	会　長	伊藤 裕康
〈水産仲卸団体〉	全国水産物卸組合連合会	副会長	岩田 一也
	全国水産物卸組合連合会	副会長	渡辺 裕治
	全国水産物卸組合連合会	副会長	布施 是清
	全国水産物卸組合連合会	専務理事	早瀬　巧
	名古屋鮮魚卸協同組合	事務長	玉腰 俊夫
〈水産小売団体〉	全国水産物商業協同組合連合会	専務理事	中野 健一
〈青果荷受団体〉	全国中央市場青果卸協会	会　長	川田 一光
	全国中央市場青果卸協会	専務理事	茅沼 茂實
〈青果仲卸団体〉	全国青果卸売協同組合連合会	会　長	増山 春行
	全国青果卸売協同組合連合会	専務理事	瀧田 伸一
〈青果小売団体〉	全国青果物商業協同組合連合会		佐々木 順平
〈卸売市場担当〉	神戸市中央卸売市場運営本部	本部長	井上 伸一
	神戸市東京事務所	所　長	黒田 徹

以　上

議連資料２

自由民主党卸売市場議員連盟の
設立総会及び勉強会　式次第

平成 29 年 9 月 5 日（火）12 時～13 時

於：党本部　101

設立総会

1. 開会のあいさつ
2. 規約承認　及び　会長選出
3. 会長挨拶
4. 役員選出
5. その他

勉強会

1. 卸売市場の抜本的見直しについて
   ①農水省から概要説明
   　新井ゆたか　様（農林水産省食料産業局 審議官）
   ②青果仲卸団体から説明・要望
   　後藤　武司　様（全国青果卸売協同組合連合会 副会長）
   ③水産仲卸団体から説明・要望
   　早山　　豊　様（全国水産物卸組合連合会 会長）
2. 意見交換
3. その他

〈裏面に出席者一覧〉

《今後の日程》

〈次　回〉平成 29 年 9 月 12 日（火）12 時～　青果・水産の荷受からヒアリング

〈次々回〉平成 29 年 9 月 19 日（火）12 時～　青果・水産の小売及び有識者からヒアリング

議連資料２

【省庁出席者】

農林水産省食料産業局	新井 ゆたか	審議官
農林水産省食料産業局	谷村　栄二	総務課長
農林水産省食料産業局	宮浦　浩司	食品流通課長
農林水産省食料産業局	武田　裕紀	卸売市場室長
農林水産省食料産業局	福井　逸人	商品取引室長

【仲卸団体出席者】

〈青果仲卸団体〉	全国青果卸売協同組合連合会	副会長	青木　稔	（東京大田市場青果卸売協同組合）
	全国青果卸売協同組合連合会	副会長	戸川 八郎	（世田谷市場青果卸売協同組合）
	全国青果卸売協同組合連合会	副会長	西脇 正導	（名古屋北部青果第一仲卸協同組合）
	全国青果卸売協同組合連合会	副会長	牛山 隆之	（大阪本場青果卸売協同組合）
	全国青果卸売協同組合連合会	理　事	金子 了功	（大阪東部市場青果卸売協同組合）
	全国青果卸売協同組合連合会	副会長	後藤 武司	（神戸中央青果卸売協同組合）
	全国青果卸売協同組合連合会		岡田 利男	（神戸中央青果卸売協同組合）
	全国青果卸売協同組合連合会	副会長	波多江 隆助	（福岡市青果卸売商業協同組合）
	全国青果卸売協同組合連合会	前副会長	中尾　透	（福岡市青果卸売商業協同組合）
	全国青果卸売協同組合連合会	専務理事	瀧田 伸一	
	全国青果卸売協同組合連合会	前専務理事	伊藤 靜雄	
〈水産仲卸団体〉	全国水産物卸組合連合会	会　長	早山　豊	（東京魚市場卸協同組合）
	全国水産物卸組合連合会	副会長	岩田 一也	（名古屋鮮魚卸協同組合）
	全国水産物卸組合連合会	副会長	木本　慧	（大阪市水産物卸協同組合）
	全国水産物卸組合連合会	副会長	渡辺 裕治	（仙台市中央卸売市場水産物卸協同組合）
	全国水産物卸組合連合会	副会長	布施 是清	（横浜市魚市場卸協同組合）
	全国水産物卸組合連合会	副会長	北村 勝満	（札幌市水産物卸売協同組合）
	全国水産物卸組合連合会	常任理事	山﨑 康弘	（東京魚市場卸協同組合）
	全国水産物卸組合連合会	専務理事	早瀬　巧	
	全国水産物卸組合連合会	事務局長	北里 節郎	（京都全魚類卸協同組合）
	全国水産物卸組合連合会	事務長	玉腰 俊夫	（名古屋鮮魚卸協同組合）

【オブザーバー参加者】

〈青果荷受団体〉	全国中央市場青果卸協会	専務理事	茅沼 茂實
〈青果小売団体〉	全国青果物商業協同組合連合会	専務理事	山田 啓二
	全国青果物商業協同組合連合会		佐々木 順平
〈水産荷受団体〉	全国水産卸協会	専務理事	高島　泉
〈水産小売団体〉	全国水産物商業協同組合連合会	専務理事	中野 健一
〈卸売市場担当〉	神戸市中央卸売市場運営本部	本部長	井上 伸一
	神戸市東京事務所	所　長	黒田 徹

議連資料３　第２回卸売市場議員連盟勉強会

（全国青果卸売協同組合連合会　提出資料）

説明のポイント

全国青果卸売協同組合連合会

卸売市場は世界に誇れる流通機構

生産者・消費者にとって一番効率的な流通機構

生産者・消費者のための卸売市場　国民のための卸売市場

卸売市場法を改正すれば、卸売市場を支えていた仲卸が衰退　市場の解体

誰のための卸売市場法の改正なのか

平成11年の法改正でセリ取引に相対取引が併記され、大手量販店有利な

取引となり小売商店街の衰退が始まる(相対取引約90%)

時代遅れの法規制は廃止

① 商物一致の原則

② 卸売業者の第3者販売の原則禁止

③ 仲卸業者の直荷引きの禁止

大幅変更は仲卸の否定、卸売市場機能不全となる

卸売会社　278億　　仲卸業者　13億　卸と仲卸の垣根がなくなれば競争、

仲卸の衰退は目に見えている(青果平均)

卸売市場の機能で卸は集荷、仲卸は価格決定、仕訳・分荷,(包装)、加工、

配達、金融、貯蔵、保管、小売店(消費者)のあらゆるニーズに添う販売等

多岐にわたり市場の要

卸売市場のリスクは弱小仲卸が負担

議連資料3　第2回卸売市場議員勉強会資料
（全国青果卸売協同組合連合会　提出資料）

市 場 の 概 要

中央卸売市場の概要と役割

(1)　中央卸売市場の概要

中央卸売市場法制定の契機は大正7年の米騒動であったと言われています。国民の必需品である生鮮食料品を安定的に供給するためには中央卸売市場を設置し、流通の円滑化と衛生面の確保を図ることが必要とされ、大正12年中央卸売市場法が制定され、昭和2年に京都に開設され、順次各地に中央卸売市場が開設されました。

中央卸売市場は都道府県や人口20万人以上の都市にのみ設置が認められた生鮮食料品流通の中核拠点で、全国40都市に64市場が開設しています。この他、地方公共団体・第3セクター・民間企業が開設者となる地方卸売市場が1,081市場があり、昭和46年には卸売市場法が制定され、これら全ての卸売市場が規律されるようになりました。　　（別紙　中央卸売市場の配置）

(2)　中央卸売市場の役割

中央卸売市場の具体的な機能として、次のようなものがあります。

①　集荷機能と分荷機能

卸売業者は、全国各地あるいは外国から品物を集荷して品揃えを行います。仲卸業者は、卸売業者から買受けた品物を必要に応じて、仕訳・分荷・加工をし、小売業者や外食産業等に販売します。

②　価格形成機能(評価機能)

仲卸業者及び売買参加者は、当日のに入荷数量・前日の市況・品質・天候・消費動向等に基づいて、取引に際して品物の評価を行い、価格を決めるという価格形成機能(評価機能)を果たします。

③　信用決済機能

市場で品物を販売した場合には、仲卸業者から卸売業者へ、卸売業者から出荷者へと販売代金が迅速かつ正確に決済され、卸売市場は生産者・出荷者から信頼の得られる販路となっています。

④　その他の機能

市場の内外に対しての情報の収集、伝達及び発信機能や、品物の貯蔵・保管機能、そして品物の安全確保のため衛生検査等の機能があります。

中央卸売市場はこれらが有効に機能することによって、多数の生産・出荷者に生鮮食料品の継続的な出荷の場を提供するとともに、取引の適正化・円滑化を図りながら、消費者に生鮮食料品を安定的に供給するという重要な役割を果たしています。

※	卸売業者	生産者より青果物の販売委託を受け仲卸業者・小売商等の売買参加者に販売
	仲卸業者	卸売業者より買付けた青果物等を場内で小売り商等に販売
	売買参加者	小売商等で買場に参加、卸売業者より買付ける

（1）

議連資料３　第２回卸売市場議員勉強会資料

（全国青果卸売協同組合連合会　提出資料）

卸売市場の現状(平成27年度)

1　卸売市場の数と業者数

①　卸売市場	中央市場	64市場
	地方市場	1,081市場
②　卸売業者	中央市場	162
	地方市場	1,278
③　仲卸業者	中央市場	3,278
	地方市場	2,675
④　売買参加者	中央市場	24,318
	地方市場	113,991

2　中央卸売市場の取引(青果)

①　販売

出荷者	
農協系統団体	57.7%
商社	11.7%
産地出荷業者	10.6%
生産者個人	6.2%
産地任意組合	5.3%
他市場の卸	2.8%
他市場の仲卸	2.4%
その他	3.4%

→

卸売業者	
買付	38.7%
委託	61.3%

→

仲卸業者 売買参加者	
相対	89.4%
せり 入札	10.6%

→

仲卸業者 販売先	
量販店	61.7%
専門 小売	20.9%
加工・ 外食	17.3%

②　決済

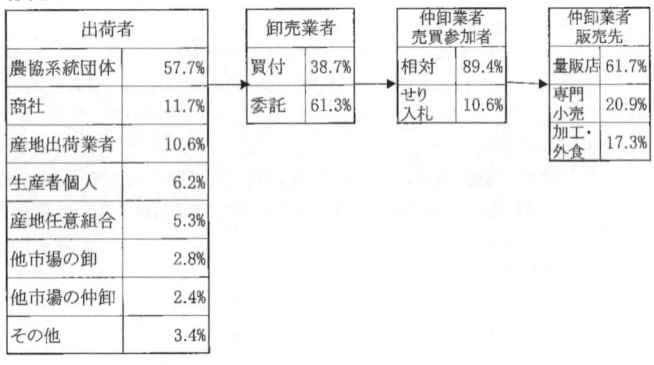

出荷者 ← 卸売業者 ← 仲卸業者 売買参加者 ← 小売店

3日程度　6日程度　1ヶ月程度

（２）

議連資料３　第２回卸売市場議員勉強会資料
（全国青果卸売協同組合連合会　提出資料）

卸売市場の現状

3　卸売市場の経由率

国産青果物の約9割が卸売市場を経由し基幹的なインフラとしての役割を果たしている。

市場経由率は、加工品等卸売市場を経由することが少ない物品の流通割合の増加等により、総じて低下傾向で推移(経由率青果で約6割　平成26年度)

4　卸売市場の取扱金額(青果)

取扱金額は、平成初期にピークを迎え、その後、市場外流通の増加等の影響による取扱数量の減少等により総じて減少傾向で推移してきたが、近年、部類によっては概ね横ばいの傾向がみられる。

取扱金額の推移(中央卸売市場の青果)

昭和45年度	5,363 億円
昭和50年度	12,060 億円
昭和55年度	19,310 億円
昭和60年度	22,396 億円
平成1年度	25,579 億円
平成5年度	28,234 億円

平成10年度	27,143 億円
平成15年度	21,662 億円
平成20年度	19,960 億円
平成25年度	19,178 億円
平成26年度	19,104 億円
平成27年度	20,001 億円

5　卸売業者及び仲卸業者の経営動向

中央卸売市場の卸売業者・仲卸業者1業者当たりの仕入れ金額は、いずれの部類も近年増加傾向で推移している(青果、水産、花き、食肉)

卸売業者1業者当たりの取扱金額の推移(青果)

平成10年度	242 億円
平成15年度	217 億円
平成20年度	222 億円
平成27年度	278 億円

仲卸業者1業者当たりの仕入れ金額の推移(青果)

平成10年度	11 億円
平成15年度	10 億円
平成20年度	10 億円
平成27年度	13 億円

（３）

議連資料3　第2回卸売市場議員勉強会資料

（全国青果卸売協同組合連合会　提出資料）

6　卸売業者及び仲卸業者の経営動向②(収益性)

卸売業者・仲卸業者の売上総利益率や営業利益率は、類似業態である飲食料品卸売業全体の値以下となっている。

	卸売業者(青果)	仲卸業者(青果)	食料品製造業	飲食料品卸売業	飲食料品小売業	全産業
売上総利益(粗利)	6.66	11.98	24.9	12.5	30.6	24.9
販売費・一般管理費	6.30	11.50	23.3	11.9	29.4	22.3
うち人件費	2.50	5.61	8.3	5.0	12.4	10.1
営業利益	0.35	0.48	1.6	0.7	1.1	2.7

※　単位%

第3者販売の原則禁止規定について

（仲卸業界からでなく、国民・消費者にとって、卸売市場への影響といった観点から）

卸売市場の骨格を揺るがしかねない方向が、内閣府の規制改革推進会議において出されました。

「卸売市場法という特別の法制度に基づく時代遅れの規制は廃止する」という指摘です。

農林水産省の時代遅れの規制としては次の3点があるとされています。

①　商物一致の原則

②　卸売業者の第3者販売の原則禁止

※卸売市場法第37条(卸売の相手方の制限)

卸売業者は、中央卸売市場における卸売の業務については、仲卸業者及び売買参加者以外の者に対してお卸売りをしてはならない。ただし・・・

③　仲卸業者の直荷引きの禁止

特に②の大幅変更は現行卸売市場にとって重大で、仲卸の否定につながり、仲卸が存続の岐路に立たされることは間違いありません。

卸売市場は、生鮮食料品を安定的に供給し国民の食生活に寄与してきました。卸と仲卸の制度は車の両輪で、どちらかが弱体化すればうまく回転していきません。

何をもって時代遅れなのか、日々、生鮮青果物が卸売市場には大量に集荷(あらゆる品種、等階級)、値決め、分荷、決済をし、全国津津浦浦の国民の食卓まで届けている。世界に類をみないこのシステムを何故弱体化させようとするのか。

生産者、卸売市場(卸・仲卸)、小売りも大・中・小があって物がスムーズに流れて何ら問題もなく

（４）

議連資料３　第２回卸売市場議員勉強会資料
（全国青果卸売協同組合連合会　提出資料）

生活できているが、卸の第3者販売の禁止の規制廃止が実施されれば、卸の直販が増大し、仲卸の淘汰が進み市場流通が混乱し物の流れが悪くなり国民に迷惑をかけることになりかねない。量販店にとっては有利で、ますます小売店の弱体化と廃業が進むと思われるがそれによって何がおこるか、量販店は儲からない店舗は無情理に切り捨てていく、そのとき近辺には他の店舗はなく不便を被るのは国民である。

物事は大・中・小があってこそスムーズに平穏に安心して生活して暮らしていけるのである。

弱者切り捨てはやってはならない。

規模の拡大は国にとっては必要かもしれないが、国民にとっては必ずしも必要ではない。

中央卸売市場の設立の原点は生産者、消費者のために設立された。市場は税金で建てられ、税金で運用されている。国民のため、社会のための公器である。衰退させてはならない。

中央卸売市場が開設されて90年あまりになり、この間世界では食料不足、食料パニックで暴動が起こり、時の政権が倒れたりしたが、日本ではこのようなことはおこりませんでした。日本の卸売機構が健全に機能していたからです。

今日まで、国民は卸売市場を中心とした卸売流通機構に不満がなかった。消費者は当たり前のように生鮮食料品を購入できます。

卸売流通機構は生鮮食料品の太宗です。公正・透明性高い価格形成機能を維持する卸売市場は生産者、消費者を支えている。国民のための中央卸売市場を守ることが私たちの役目です。

卸売市場流通機構を支えているのは、我々仲卸です。卸売市場全てのリスクを仲卸が背負い懸命に支えています。

○　卸売市場の本来の役割である卸売会社は集荷、仲卸業者は販売と互いに協力しあって生産者から消費者に生鮮食料品の取引の適正化と流通の円滑化を図り消費の食生活の安定に寄与してきた。①の商物一致の原則が撤廃されれば商品の安心・安全が脅かされ、②③については、資本力に勝る卸売会社に仲卸業者は潰されていくのは明白である。仲卸の業務である商品の分荷、調製して販売する機能を場外民間企業で行うと、今以上の流通コスト増に必ず繋がり消費者にとって不利益になる。

○　現在の卸売業者と仲卸業者の関係があるからこそ生産者及び消費者に対し需要と供給のバランスがとれ、公正な価格で販売することができる。ところが卸売業者に第3者販売を許すと卸売業者により需要並びに供給に関係なく、横暴な価格設定がなされ生産者、消費者にとって大変不利な状況

（５）

議連資料３　第２回卸売市場議員勉強会資料
（全国青果卸売協同組合連合会　提出資料）

になる。

○ 農林水産省の第3者販売の原則禁止規定撤廃で消費者にどのようなメリットがあると想定しているのかが明確でないが　中央市場ほど機能又低コストなセンターはない。又流通している農産物の価格形成には仲卸の下支えが大きく寄与しており、仲卸機能抜きが決して消費者に安く商品を提供できる手段にはならない。

議連資料3　第2回卸売市場議員勉強会資料

（全国青果卸売協同組合連合会　提出資料）

仲卸経由は「効率的取引」

第三者販売の阻止を

経営圧迫、機能低下は必至

農業新聞

今秋、改正卸売市場法の原案が農水省から打ち出される予定で、どこまで中央卸売市場の取引が規制緩和されるかが注目されている。その中で「卸の第三者販売を認めれば仲卸にとっては死活問題」という見方は強い。現在、卸による第三者販売のように思われている取引は、実際には仲卸や買参組合を通じて「商物分離取引」として行われているものであり、利益や完納奨励金などで市場全体に貢献している部分がなくなることに加え、「ロットが大きくコストのかからない取引は第三者販売で行い、仲卸には手間がかかりコストのかかる取引が押し付けられ、経営を圧迫する」と危惧するものである。仲卸側としては「仲卸を通す方が効率的。卸の第三者販売を認めることで仲卸の経営を圧迫し、細かい取引、作業まで一括して請負う仲卸機能がなくなれば、青果物流通の根幹を揺るがし、結果として国民への影響は計り知れないものとなる」として、阻止したい考えだ。

量販店などに対応している大手仲卸においては、量販店向けのリパック加工や店舗別のピッキング、配送、冷蔵保管による需給調整などを肩代わりしているが、経費がかなりかかるため、利益はわずかにとどまっている。

実際、年商30億円以上の中央卸売市場青果仲卸の平均粗利率は12・03％（2014年度）。全体平均（12・12％）や零細規模の青果仲卸（例1～3億円では16・57％）と比べ、大手の方が粗利率は低い。それでもなんとか経営できているのは、「比較的コストのかからない大ロットの商材があるから」（仲卸）という。

「その大ロットの商材が第三者販売でなくなってしまえば、コストと手間暇のかかる細かい仕事しか回ってこなくなり、仲卸の経営に大きな打撃」と危惧する。

自然発生的に生まれ　生産・小売に寄与

一方、「自分たちの会社の経営のことだけではなく、日本の青果物の生産・消費に対応する意味で仲卸は必要」という観点からの意見も。

1918年のコメ騒動のあと、全国に生鮮食料品の公設小売市場が開設されたが、小売業者では全国から集荷できず、生産者の持ち込みは商品が限られたことなどから、政府に中央卸売市場の開設要請が寄せられ、27年には京都市に最初の中央卸売市場が開設された。だが、国は卸会社しか認めなかったため、零細・多数の買参人に対応できなかった。その結果、仲卸は、いわば自然発生的に生まれてきたという。

ある仲卸はこの経緯を踏まえ、「零細生産者が多く、幅広い品揃えが周年必要という、世界的に例を見ない日本の生産・小売事情を考えたとき、効率的な流通を担う仲卸は必要不可欠。仲卸の廃業などが続出して機能を果たせなくなれば、産地では収穫したものがスムーズに出荷できなくなり、小売段階においても業務が滞り、スムーズに消費者に販売できなくなるのでは」と危惧している。

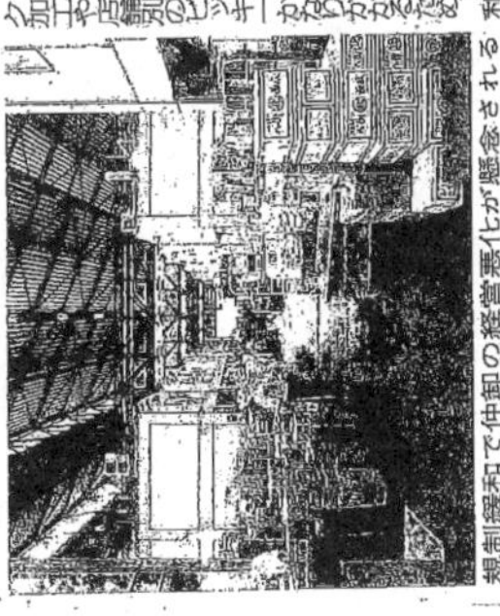

規制緩和で仲卸の経営悪化が懸念される（写真は本文とは関係ありません）

議連資料３　第２回卸売市場議員勉強会資料

（全国青果卸売協同組合連合会　提出資料）

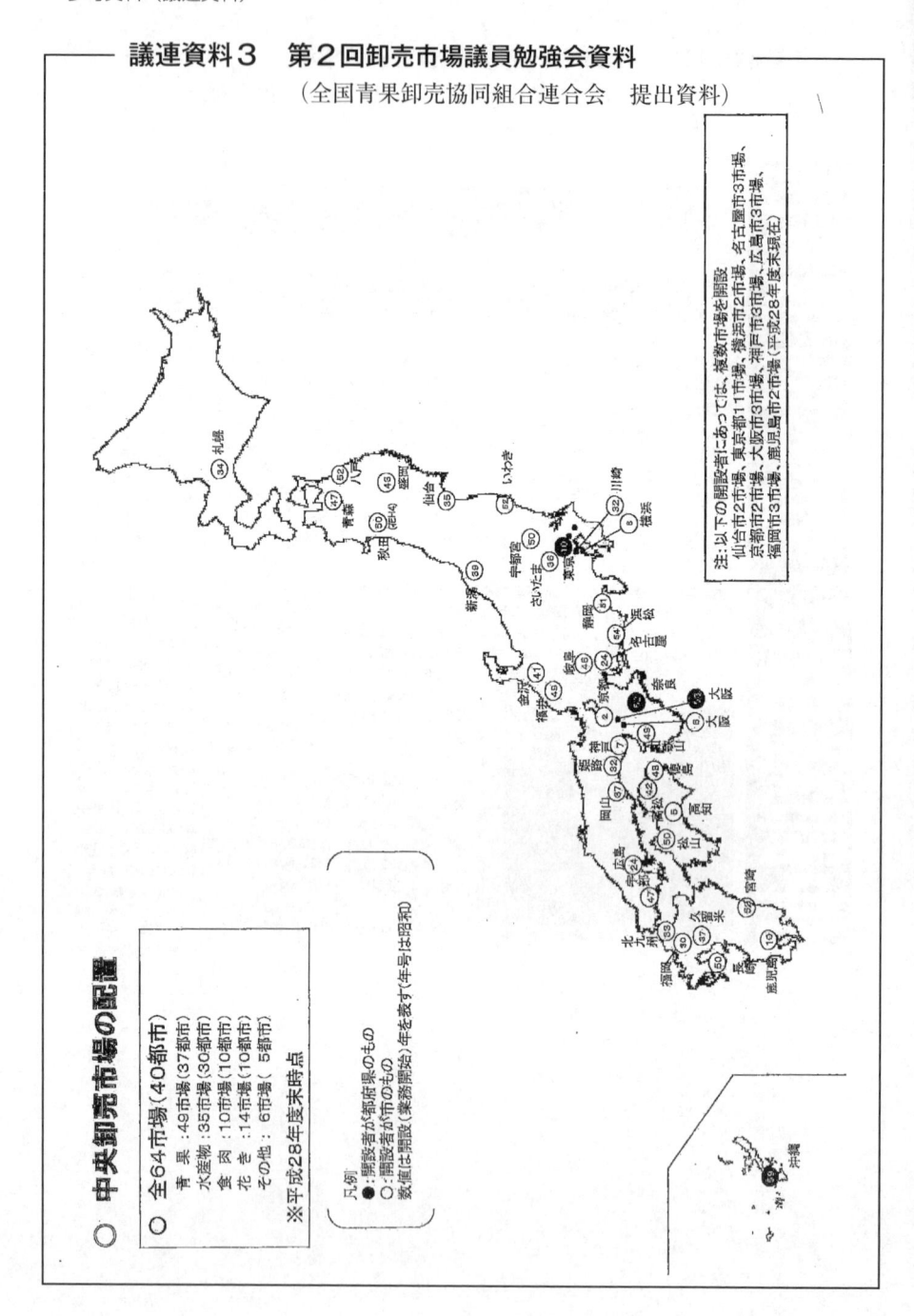

○　中央卸売市場の配置

○　全64市場（40都市）
- 青　果　：49市場（37都市）
- 水産物　：35市場（30都市）
- 食　肉　：10市場（10都市）
- 花　き　：14市場（10都市）
- その他　：6市場（5都市）

※平成28年度末時点

凡例
●：開設者が都府県のもの
○：開設者が市のもの
数値は開設（業務開始）年を表す（年号は昭和）

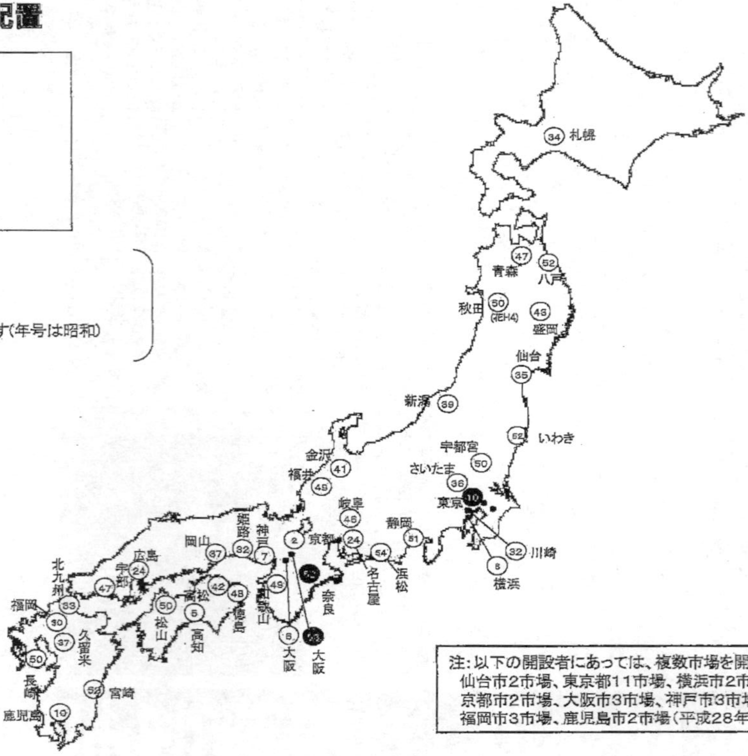

34 札幌
47 青森
52 八戸
50 (花H4) 秋田
48 盛岡
仙台 35
新潟 39
52 いわき
宇都宮 50
さいたま 36
東京 10
32 川崎
8 横浜
金沢 41
福井 45
岐阜 46
静岡 51
2 京都
24
54 名古屋
浜松
姫路 32
神戸 7
岡山 37
広島 24
宇部 47
北九州 33
福岡 30
37 久留米
50 長崎
鹿児島 10
宮崎 53
42 高松
48 徳島
50 松山
5 高知
49 和歌山
奈良
8 大阪
大阪

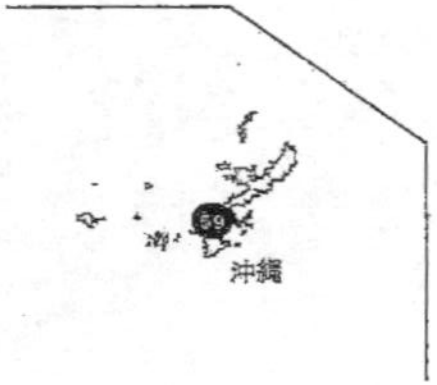

沖縄

注：以下の開設者にあっては、複数市場を開設
仙台市2市場、東京都11市場、横浜市2市場、名古屋市3市場、
京都市2市場、大阪市3市場、神戸市3市場、広島市3市場、
福岡市3市場、鹿児島市2市場（平成28年度末現在）

議連資料３　第２回卸売市場議員勉強会資料

（全国青果卸売協同組合連合会　提出資料）

国民の卸売市場を守ることが地方創生になる

中央卸売市場	64市場	巨大な潜在能力を持っている
地方卸売市場	1,081市場	

卸売市場と　小売商店街
地域住民
地域生産者
行政

協力して、その地域の賑わいのある街づくりが
「真の地方創生」となる

神戸市中央卸売市場本場で「地方創生」賑わいのある街づくりの
試験実施で成功を収める

平成28年11月6日　「輝く兵庫まつり」　約5万人が来場
平成29年9月23日　「輝く兵庫まつり」　約10万人の来場を見込む

全国展開で各地域でやりましょう

議連資料３　第２回卸売市場議員勉強会資料

（全国青果卸売協同組合連合会　提出資料）

神戸開港150年記念事業関連イベント

輝く兵庫まつり事業計画（案）

平成29年4月27日

輝く兵庫まつり実行委員会

議連資料3　第2回卸売市場議員勉強会資料

（全国青果卸売協同組合連合会　提出資料）

概要

【タイトル】　輝く兵庫まつり

【趣旨】

兵庫津は幕末に鎖国政策が解け神戸港が開港する以前は日本を代表する港として栄えていました。神戸港開港150年記念事業の関連イベントとして、中央卸売市場と地域が一体となり、兵庫津の歴史散策、また兵庫運河や中央卸売市場を中心としたイベントを通して兵庫南部の魅力を発信し神戸港開港150年記念事業の盛り上がりをはかる。

【主催】　輝く兵庫まつり実行委員会

【共催】　神戸開港150年記念事業実行委員会

【日時】　平成29年9月23日（祝・土）

【イベント内容】（予定）

①市場まつり（ステージ、ゆるキャラ出演：市内・区内マスコット、くまモン、ブース出展　他）
会場：神戸市中央卸売市場／開催時間：10時00分～14時00分

②兵庫運河祭（清盛なべ、大道芸、ステージパフォーマンス　他）
会場：新川運河キャナルプロムナード／開催時間：11時00分～20時00分

③兵庫津の道　歴史講演会・ウォーキング

【来場者目標】5万人

議連資料３　第２回卸売市場議員勉強会資料

（全国青果卸売協同組合連合会　提出資料）

市場まつり　（予定）

【とき】平成29年9月23日（祝・土）　　10時～14時
【ところ】 神戸中央卸売市場本場
【主催】　（一社）神戸市中央卸売市場運営協議会
【イベント内容】

①ステージ・・　神戸開港150年記念事業のPRとともに、老若男女を問わず、
ご来場いただいた皆さんに笑顔になっていただけるステージをお届けします。

②生鮮食料品販売・・　市場卸や市内商店街小売店舗などが新鮮な野菜・果物・鮮魚を特別価格で販売します。

③うまいもんストリート・・　中央市場がおすすめする店舗が集結。

④その他

【関連事業】
①魚河岸デー（（一社）神戸市中央卸売市場運営協議会・神戸お魚普及協会事業）
②神戸開港150年ブース・・　神戸港開港150年記念事業のPRを行います（輝く兵庫まつり実行委員会事業）

議連資料3　第2回卸売市場議員勉強会資料

（全国青果卸売協同組合連合会　提出資料）

兵庫運河祭（予定）

【とき】　平成29年9月23日（祝・土）11時00分～20時00分まで
【ところ】新川運河キャナルプロムナード
【主催】　兵庫運河祭実行委員会
【イベント内容】

①ブース出店・・富士通テン、ヴィッセル神戸、真珠貝プロジェクトなどの地域活動ブースで来場者に運河や地域の魅力を伝えるとともに、地域団体などが営業する屋台などが出展し魅力あふれる飲食空間を演出します。

展示・体験ブース　飲食・販売ブース

②ステージパフォーマンス・・地元の中学生や高校生による吹奏楽やダンス、プロのライブステージをお届けします。

③その他

議連資料３　第２回卸売市場議員勉強会資料

（全国青果卸売協同組合連合会　提出資料）

兵庫津の道　歴史講演会・ウォーキング（予定）

兵庫津史跡ガイドツアー
高松 良和
大森 建児

①歴史講演会（輝く兵庫まつり実行委員会事業）

【とき】　平成29年9月23日（祝・土）
【ところ】　神戸市中央卸売市場本場

【概要】
神戸開港150年記念事業の意義や神戸港の役割・歴史、兵庫津の歴史の講演会を開催し、参加者に神戸港や兵庫津・運河の魅力を伝えます。

◆開催時間／10：30～
◆講演会講師／田辺 眞人　（園田学園女子大学名誉教授）
◆テーマ／　神戸開港150年　兵庫津と神戸港の歴史
◆定員100人／応募多数抽選

②兵庫津ウォーキングツアー（輝く兵庫まつり実行委員会事業）

【とき】　平成29年9月23日（祝・土）　【ところ】　兵庫運河周辺
【協力】　よみがえる兵庫津の道連絡協議会

◆開催時間／11：30～（1時間半コース）
◆集合場所／中央卸売市場等
◆ツアーガイド／岡方倶楽部
◆兵庫津周辺の史跡をめぐり、歴史ガイドを聞きながらウォーキング。
◆定員50人/応募多数抽選

議連資料３　第２回卸売市場議員勉強会資料

（全国青果卸売協同組合連合会　提出資料）

【広報展開】（輝く兵庫まつり実行委員会事業）

◆ポスター／B2サイズ、B3サイズ、地下鉄棚上サイズ
◆チラシ／A3二つ折りA4サイズ
◆パンフレット／A4Z折り
◆新聞折込　20万部
◆神戸市営地下鉄棚上
◆広報　KOBE（神戸市事業）
◆広報　KOBEひょうご（神戸市事業）
◆その他

【警備計画の策定及び実施】（輝く兵庫まつり実行委員会事業）

委託先　㈱神戸新聞事業社

議連資料３　第２回卸売市場議員勉強会資料

（全国青果卸売協同組合連合会　提出資料）

輝く兵庫まつり
2016.11.6(日)
～事業報告書～
輝く兵庫まつり実行委員会

議連資料３　第２回卸売市場議員勉強会資料

（全国青果卸売協同組合連合会　提出資料）

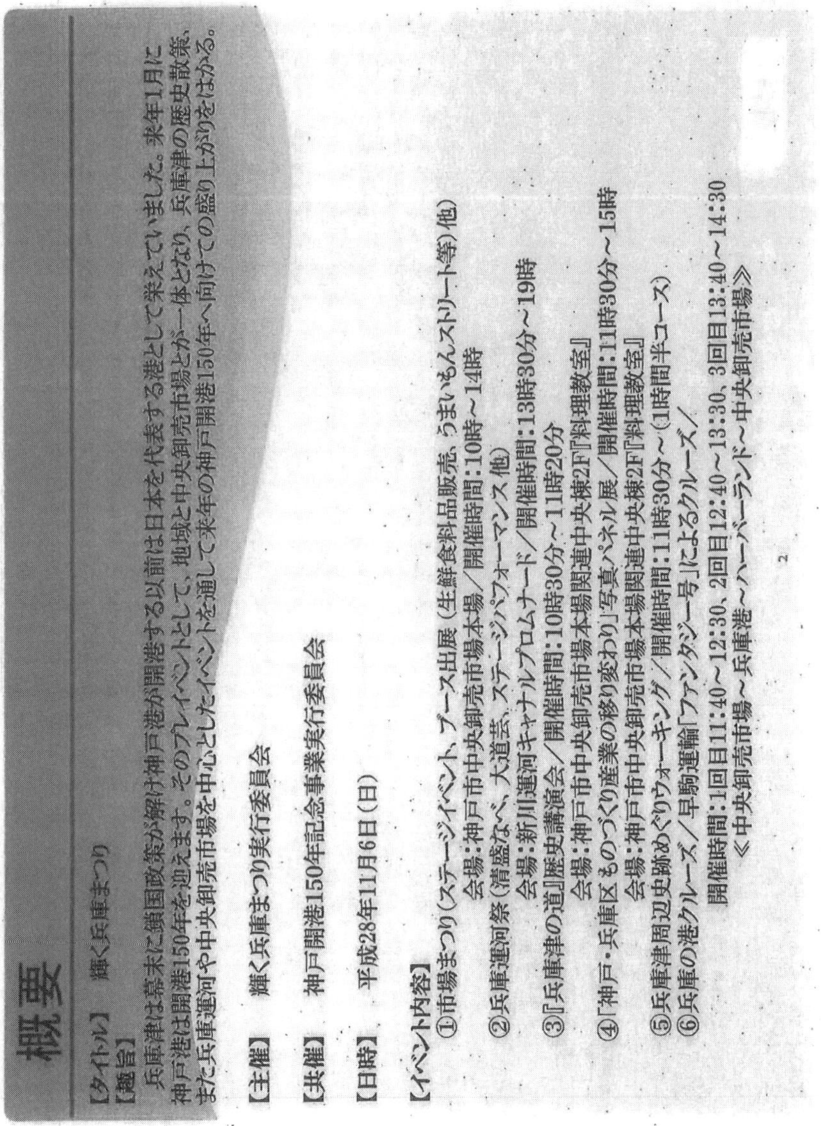

概要

【タイトル】　輝く兵庫まつり

【趣旨】

兵庫津は幕末に鎖国政策が解け神戸港が開港する以前は日本を代表する港として栄えていました。来年1月に神戸港は開港150年を迎えます。そのプレイベントとして、地域と中央卸売市場とが一体となり、兵庫津の歴史散策、また兵庫運河や中央卸売市場を中心としたイベントを通して来年の神戸開港150年へ向けての盛り上がりをはかる。

【主催】　輝く兵庫まつり実行委員会

【共催】　神戸開港150年記念事業実行委員会

【日時】　平成28年11月6日(日)

【イベント内容】

①市場まつり(ステージイベント、ブース出展(生鮮食料品販売、うまいもんストリート等)他)
会場:神戸市中央卸売市場本場／開催時間:10時～14時

②兵庫運河祭(清盛なべ、大道芸、ステージパフォーマンス 他)
会場:新川運河キャナルプロムナード／開催時間:13時30分～19時

③『兵庫津の道』歴史講演会／開催時間:10時30分～11時20分
会場:神戸市中央卸売市場本場関連中央棟2F『料理教室』

④「神戸・兵庫区 ものづくり産業の移り変わり」写真パネル展／開催時間:11時30分～15時
会場:神戸市中央卸売市場本場関連中央棟2F『料理教室』

⑤兵庫津周辺史跡めぐりウォーキング／開催時間:11時30分～(1時間半コース)

⑥兵庫の港クルーズ／早駒運輸「ファンタジー号」によるクルーズ／
開催時間:1回目11:40～12:30、2回目12:40～13:30、3回目13:40～14:30
《中央卸売市場～兵庫港～ハーバーランド～中央卸売市場》

2

議連資料３　第２回卸売市場議員勉強会資料

（全国青果卸売協同組合連合会　提出資料）

市場まつり

【とき】　平成28年11月6日（日）10時～14時
【ところ】神戸市中央卸売市場本場　　【来場者数】50,000人
【主催】　（一社）神戸市中央卸売市場運営協議会
【協力】輝く兵庫まつり実行委員会

【イベント内容】

①神戸開港150年記念事業PR　・・・　PRブースを設置しパネル展示等を実施。
②ステージ・・　神戸開港150年記念事業のPRとともに、老若男女を問わず、
　ご来場いただいた皆さんに笑顔になっていただけるステージを実施。

10:00～　須佐野中学吹奏楽部
10:30～　くまモンショー
11:20～　和太鼓「木村優一＆太鼓楽団大地の会」
11:50～　兵庫商業高校「龍師団」
12:20～　マスコットキャラクタータイム
　登場キャラクター：ととかな隊（トマティー、ととミー、マスカっちょ）、
　くまモン、ハートン、キャプテンタワー、コーベアー
12:50～　本場徳島阿波踊り「藝茶楽」
13:20～　マジ大道芸人「ハマー」

③生鮮食料品販売・・　市場卸や市内商店街小売店舗などが新鮮な野菜・果物・鮮魚を特別価格で販売。
④模擬セリ・・　模擬せりを行い、市場体験を実施。
⑤うまいもんストリート・・　中央卸売市場がおすすめするグルメやスイーツの店舗が集結。

3

議連資料３　第２回卸売市場議員勉強会資料

（全国青果卸売協同組合連合会　提出資料）

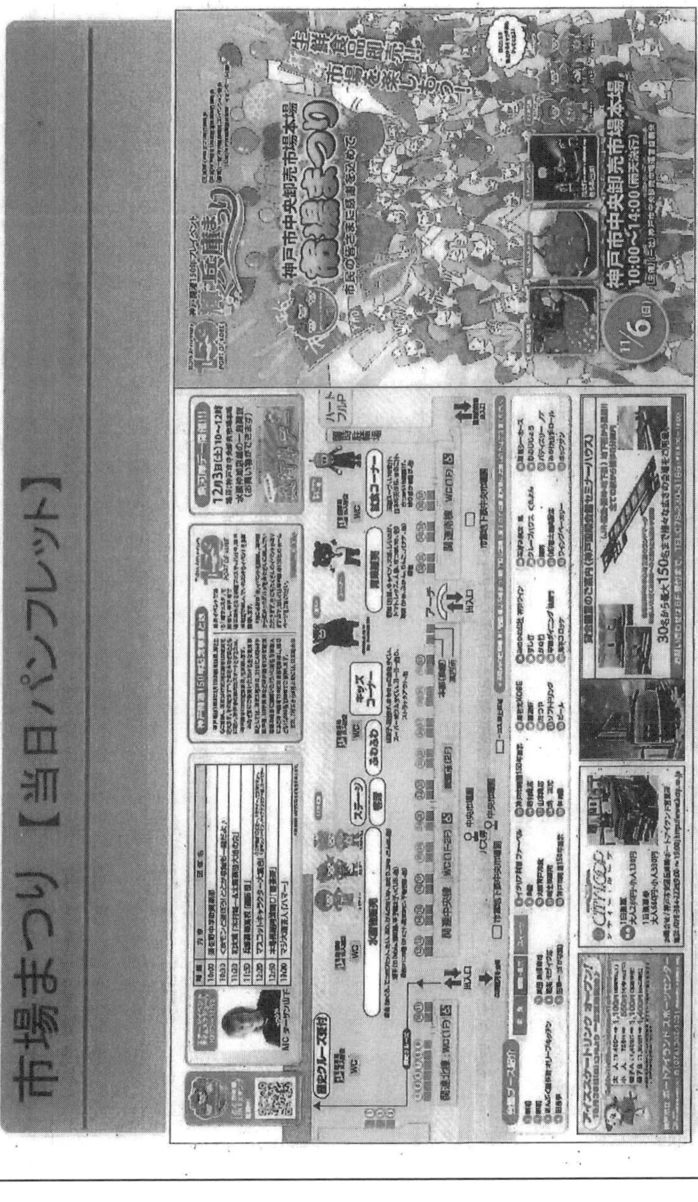
市場まつり【当日パンフレット】
神戸市中央卸売市場本場
市場まつり
神戸市中央卸売市場本場
11/6(日)
10:00～14:00(雨天決行)

議連資料3　第2回卸売市場議員勉強会資料

（全国青果卸売協同組合連合会　提出資料）

市場まつり【当日様子】

議連資料３　第２回卸売市場議員勉強会資料

（全国青果卸売協同組合連合会　提出資料）

兵庫運河祭

【とき】 平成28年11月6日(日) 13時30分～19時

【ところ】 新川運河キャナルプロムナード　【来場者数】 10,000人

【主催】 兵庫運河祭実行委員会

【イベント内容】

①ブース出店・・富士運テン、真珠貝プロジェクトなどの地域活動ブースを設置。
来場者に運河や地域の魅力を伝えるとともに、地域団体などが営業する屋台などが出展し魅力あふれる飲食空間を演出します。
a)展示・体験／9ブース　b)飲食・販売ブース／15ブース

②ステージパフォーマンス・・地元の中学生や高校生による吹奏楽やダンス、プロのライブステージを実施。

③ナイヤガラ花火とキャナルプロムナードライトアップ点灯

議連資料３　第２回卸売市場議員勉強会資料

（全国青果卸売協同組合連合会　提出資料）

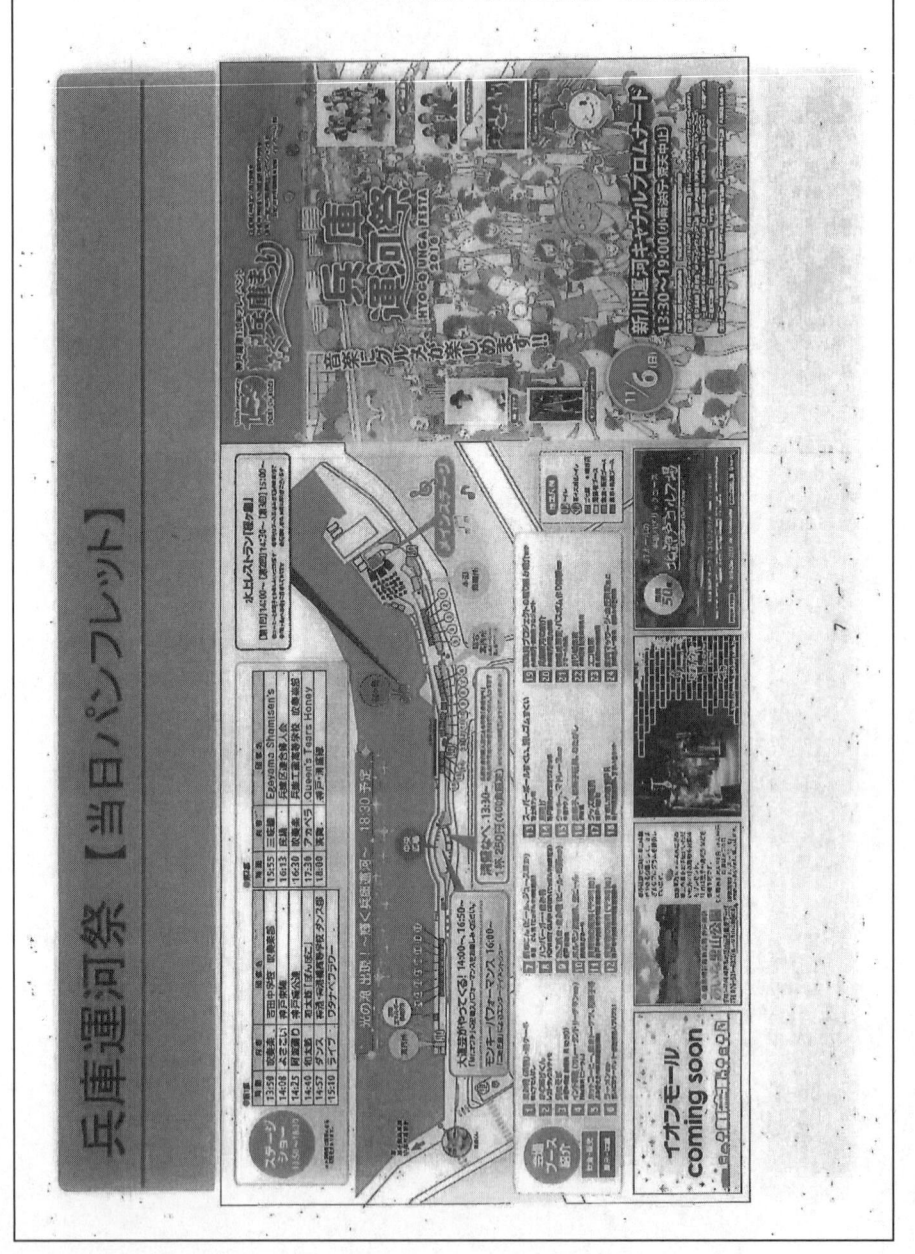

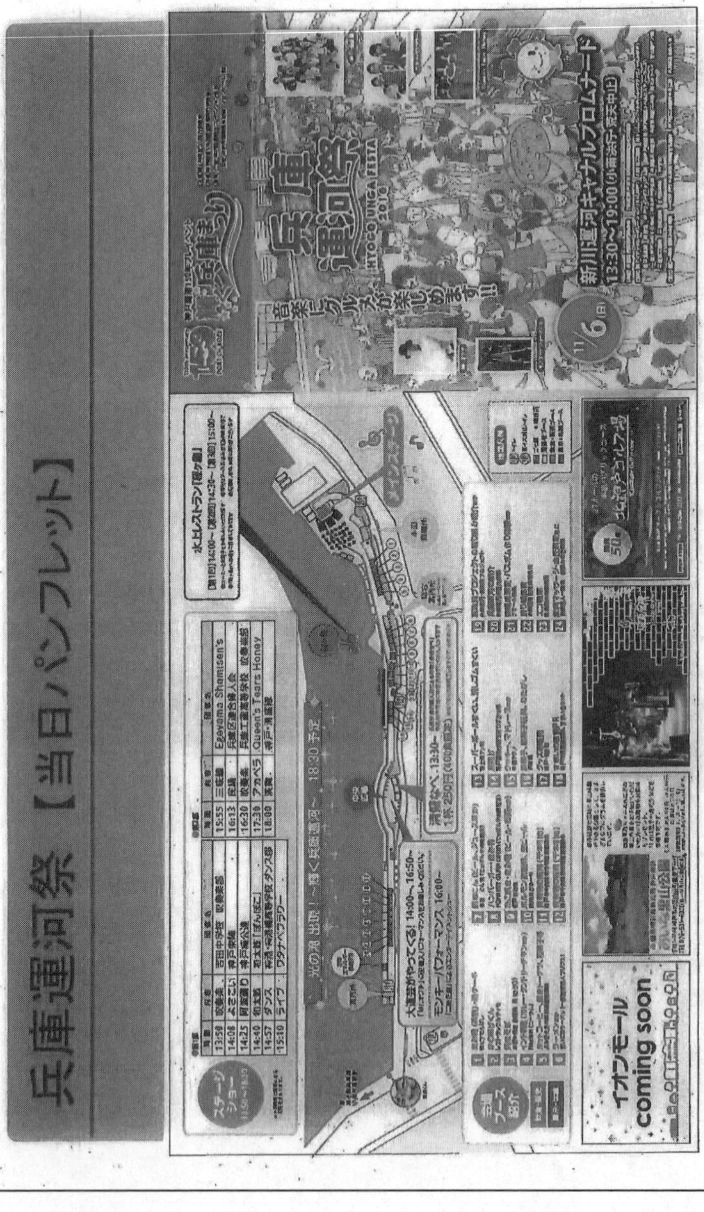
兵庫運河祭【当日パンフレット】
兵庫運河祭
HYOGO UNGA FESTA 2010
新川運河キャナルプロムナード
イオンモール
coming soon

議連資料３　第２回卸売市場議員勉強会資料

（全国青果卸売協同組合連合会　提出資料）

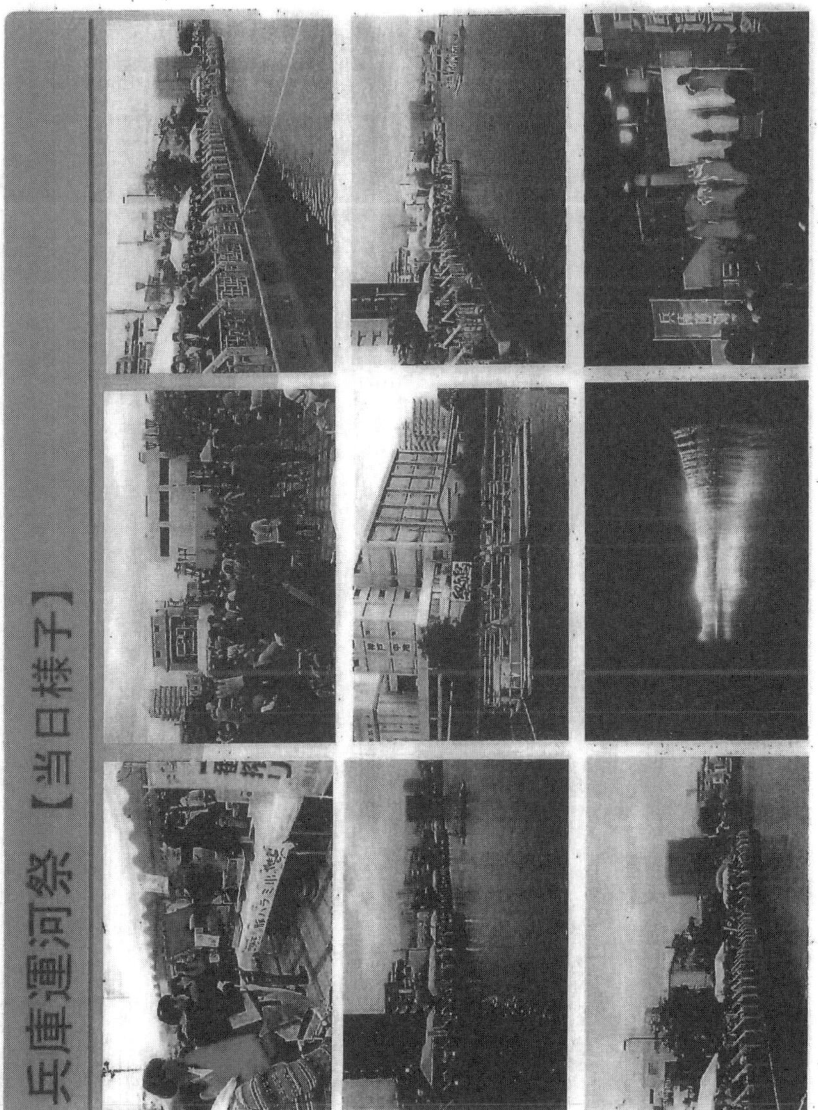
兵庫運河祭【当日様子】

議連資料3　第2回卸売市場議員勉強会資料

（全国青果卸売協同組合連合会　提出資料）

兵庫津の道　歴史講演会・ウォーキング

兵庫津史跡ガイドツアー
高松 良和
大森 建児

① 歴史講演会　【当日参加者　73名】

【とき】　平成28年11月6日（日）
【ところ】　神戸中央卸売市場本場関連中央棟2F「料理教室」
【概要】
神戸開港150年記念事業の意義や神戸港の役割・歴史、兵庫津の歴史の講演会と兵庫津周辺の史跡をめぐるウォーキングを開催し、参加者に神戸港や兵庫津・運河の魅力を伝えた。

◆開催時間／10：30～11：20
◆講演会講師／田辺 眞人（園田学園女子大学名誉教授）
◆テーマ／大輪泊から兵庫津そして神戸港へ
◆申込方法／100名様：ハガキ、FAXにて応募（※応募多数の場合抽選）（応募者151名）

②「神戸・兵庫区 ものづくり産業の移り変わり」写真パネル展

◆開催時間／11：30～15：00
※（田辺先生による歴史講演会10：30～11：30の終了後から）
◆内容／明治期以降の神戸・兵庫区のものづくり産業の移り変わりを、テーマごとに編集した写真パネルにより紹介。

③ 兵庫津ウォーキングツアー　【当日参加者　35 名】

【とき】　平成28年11月6日（日）
【ところ】　兵庫運河周辺
【協力】　よみがえる兵庫津の道連絡協議会
◆開催時間／11：30～（1時間半コース）
◆ツアーガイド／高松良和、大森建児（岡方倶楽部）
◆申込方法／50名様：ハガキ、FAXにて応募（※応募多数の場合抽選）（応募者110名）
◆ウォーキングコース
(1)中央卸売市場 ⇒ (2)来迎寺 ⇒ (3)岡方倶楽部⇒ (4)金光寺 ⇒ (5)能福寺 ⇒ (6)真光寺 ⇒ (7)清盛塚⇒ (8)新川運河プロムナード

議連資料３　第２回卸売市場議員勉強会資料

（全国青果卸売協同組合連合会　提出資料）

兵庫津の道　歴史講演会・ウォーキング【当日様子】

議連資料３　第２回卸売市場議員勉強会資料

（全国青果卸売協同組合連合会　提出資料）

〜神戸開港150年プレイベント〜

兵庫の港クルーズ

神戸の港クルーズ　【当日参加者　249名】

【とき】　平成28年11月6日（日）

【ところ】　兵庫港、神戸港付近

【協力】　早駒運輸

◆運航時間

1回目	11:40〜	80名
2回目	12:40〜	79名
3回目	13:40〜	90名

【概要】　イベント当日、ファンタジー号を運行

出航地点を中央卸売市場とし、兵庫港周辺、神戸港をめぐり着岸地点を中央卸売市場とした。

神戸開港150年プレイベントとして、神戸の港を楽しんでいただくクルーズ。

田辺先生のガイド付。（※田辺先生：各クルーズ乗船）

【申込方法】

ハガキ、FAXにて応募（※応募多数の場合抽選）

（応募者502名　内訳①183名②115名③204名）

【ツアーガイド】

田辺 眞人（園田学園女子大学名誉教授）

テーマ／開港150年神戸港と神戸港の源流：兵庫津の歴史

【ファンタジー号】

定員:300名(席数:100名)、総トン数:152トン、全長:32m、幅:7m、
深さ:2.9m、馬力1,100PS、航海速力:14.3ノット

【兵庫沖を巡る乗船ツアー】

◆コース／中央卸売市場〜兵庫港〜神戸港〜神戸市中央卸売市場

（見学ポイント：①三菱重工 潜水艦、和田岬砲台〜②神戸港第一防波堤東灯台〜
③ポートタワー、モザイク、アンパンマンミュージアム〜④川崎重工 潜水艦〜⑤ドック）

議連資料３　第２回卸売市場議員勉強会資料

（全国青果卸売協同組合連合会　提出資料）

神戸の港クルーズ【当日様子】

議連資料３　第２回卸売市場議員勉強会資料

（全国青果卸売協同組合連合会　提出資料）

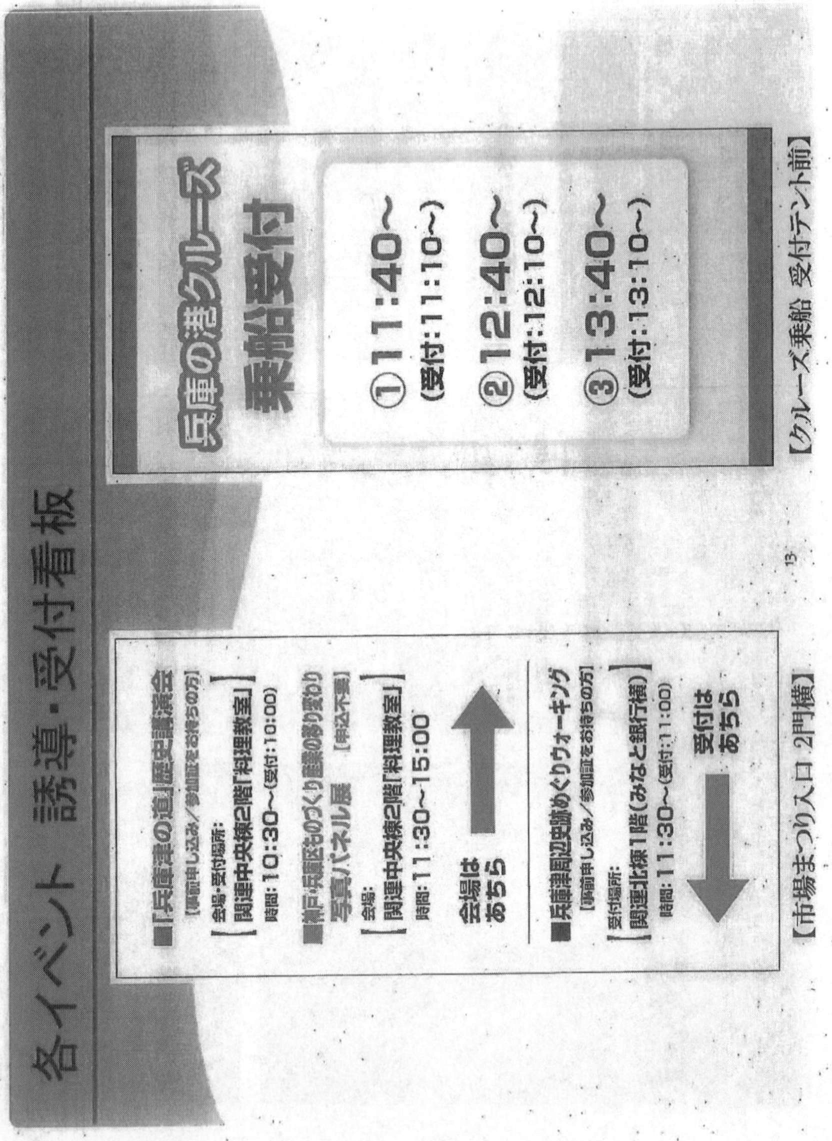
各イベント 誘導・受付看板
■「兵庫津の道」歴史講演会
(事前申し込み/参加証をお持ちの方)
会場・受付場所:
関連中央棟2階「料理教室」
時間:10:30～(受付:10:00)
■神戸・兵庫区ものづくり産業の移り変わり
写真パネル展 【申込不要】
会場:
関連中央棟2階「料理教室」
時間:11:30～15:00
会場は あちら
■兵庫津周辺史跡めぐりウォーキング
(事前申し込み/参加証をお持ちの方)
受付場所:
関連北棟1階(みなと銀行横)
時間:11:30～(受付:11:00)
受付は あちら
【市場まつり入口 2門横】
兵庫の港クルーズ
乗船受付
①11:40～ (受付:11:10～)
②12:40～ (受付:12:10～)
③13:40～ (受付:13:10～)
【クルーズ乗船 受付テント前】

議連資料３　第２回卸売市場議員勉強会資料

（全国青果卸売協同組合連合会　提出資料）

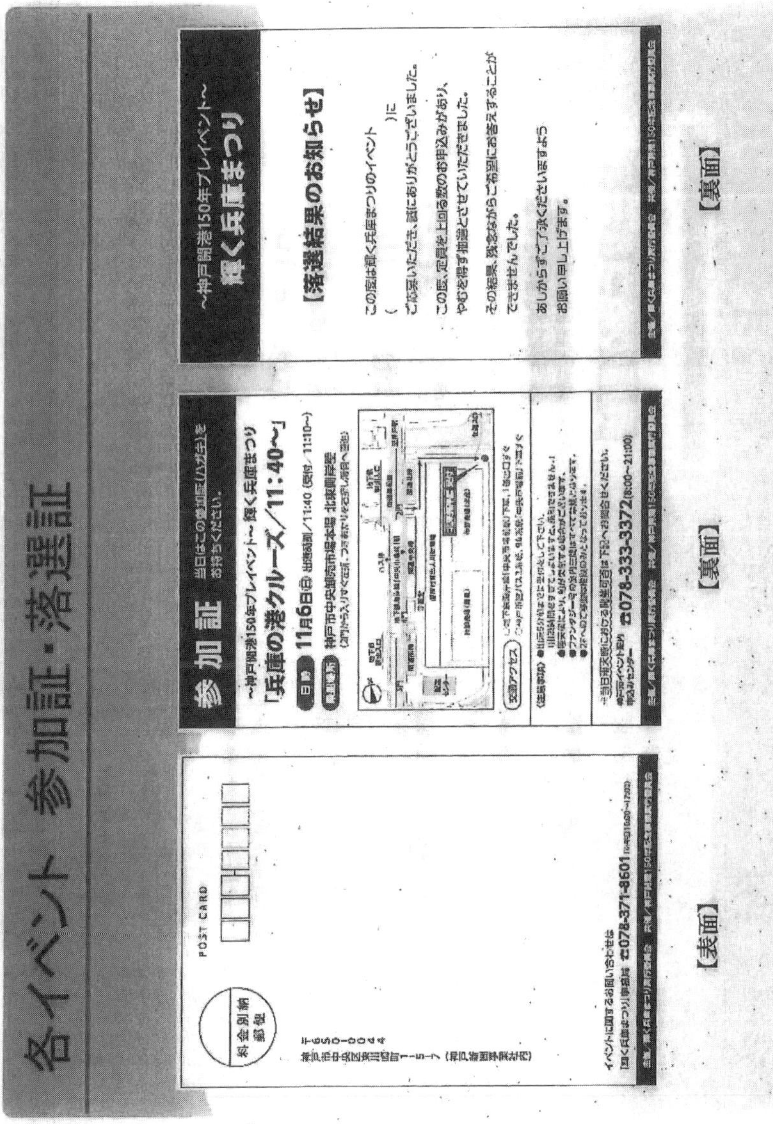
各イベント　参加証・落選証
POST CARD
料金別納
郵便
イベントに関するお問い合わせは
主催／輝く兵庫まつり実行委員会　共催／神戸開港150年記念事業実行委員会
参加証
当日はこの参加証（ハガキ）をお持ちください。
～神戸開港150年プレイベント～輝く兵庫まつり
「兵庫の港クルーズ／11：40～」
日時
11月6日(日) 出港時刻／11:40（受付／11:10～）
乗船場所
神戸市中央卸売市場本場 北東側岸壁
交通アクセス
☎078-333-3372(8:00～21:00)
主催／輝く兵庫まつり実行委員会　共催／神戸開港150年記念事業実行委員会
～神戸開港150年プレイベント～
輝く兵庫まつり
【落選結果のお知らせ】
この度は輝く兵庫まつりのイベント
（　　　　　　　　）に
ご応募いただき、誠にありがとうございました。
この度、定員を上回る数のお申込みがあり、
やむを得ず抽選とさせていただきました。
その結果、残念ながらご希望にお答えすることができませんでした。
あしからずご了承くださいますよう
お願い申し上げます。
主催／輝く兵庫まつり実行委員会　共催／神戸開港150年記念事業実行委員会
【表面】
【裏面】
【裏面】
14

議連資料３　第２回卸売市場議員勉強会資料

（全国青果卸売協同組合連合会　提出資料）

【広報展開】

① 神戸新聞広告／『兵庫の歴史アルバム』 全頁2回掲載

1回目：兵庫歴史アルバム（一般応募写真掲載）紙面／掲載日：10月29日（土）

2回目：イベントPR取材記事掲載紙面／掲載日：11月3日（木・祝）

記事下『輝く兵庫まつり』広告：全5段（縦169mm×横380mm）

※『兵庫の歴史アルバム』写真募集告知⇒神戸新聞【HYOGOトピック】1枠／掲載日：9月20日（火）

② ポスター ／B2ポスター　350枚　B3ポスター　150枚

神戸市営地下鉄（西神線、海岸線）棚上ポスター　250枚

（サイズ／縦256mm×横54mm）

③ チラシ ／A3 二つ折りA4サイズ（事前告知チラシ）　30，000枚

B4サイズ（新聞折込）　100，000枚

④ パンフレット／A3 Z折A4サイズ（当日パンフレット）　20，000枚

⑤ 広報　KOBE10月号

⑥ 広報　ひょうご11月号

⑦ サンテレビジョン「サンぷん」　平成28年10月31日　21時26分～29分放送

⑧ ラジオ関西「サンデーこうべ」　平成28年10月30日　9時00分～30分放送（のうち8分間）

15

議連資料３　第２回卸売市場議員勉強会資料

（全国青果卸売協同組合連合会　提出資料）

神戸新聞『兵庫運河歴史アルバム』／輝く兵庫まつりPR紙面

【内容】　神戸新聞　朝刊　PR紙面制作／全頁2回連載紙面

9/20(火)神戸新聞『HYOGO TOPIC』:10/29付兵庫歴史アルバム写真募集告知

【掲載紙面】

11/6(日)「輝く兵庫まつり」開催!

あなたの兵庫運河の思い出写真を大募集!

兵庫運河の思い出写真

兵庫津は幕末に開国政策が開け、神戸港が開港する以前は日本を代表する港として栄えていました。長い歴史の中、街と人と共にたくさんの思い出をつくり歩んできた「兵庫運河」。このたび「輝く兵庫まつり」開催にあたり、「兵庫運河の思い出写真」を大募集いたします。懐かしい思い出写真、今現在の姿、モノクロ、カラーの写真共に大歓迎です!応募いただいた写真の中から選考し、後日採用写真は特集紙面に掲載します。(10月下旬予定)

【11/6(日)輝く兵庫まつり開催!】
市場まつり場所/神戸市中央卸売市場本場/10時～14時
兵庫運河祭場所/新川運河キャナルプロムナード/13時30分～19時

【写真募集方法】
写真を封入し、下記項目を記入のうえ、郵送。写真応募者の氏名、年齢、住所、電話番号、また写真の撮影時期、場所を記入のうえ応募(※掲載採用の場合、写真内容について電話取材有、写真採用有・無どちらの場合も、写真は返却いたします。) 締め切り:10/1(土)消印有効

【宛先】
〒650-0044神戸市中央区東川崎町1-5-7
(神戸新聞事業社内)輝く兵庫まつり事務局　宛

輝く兵庫まつり事務局 ☎078-371-8601(※平日10:00～17:00)

議連資料３　第２回卸売市場議員勉強会資料

（全国青果卸売協同組合連合会　提出資料）

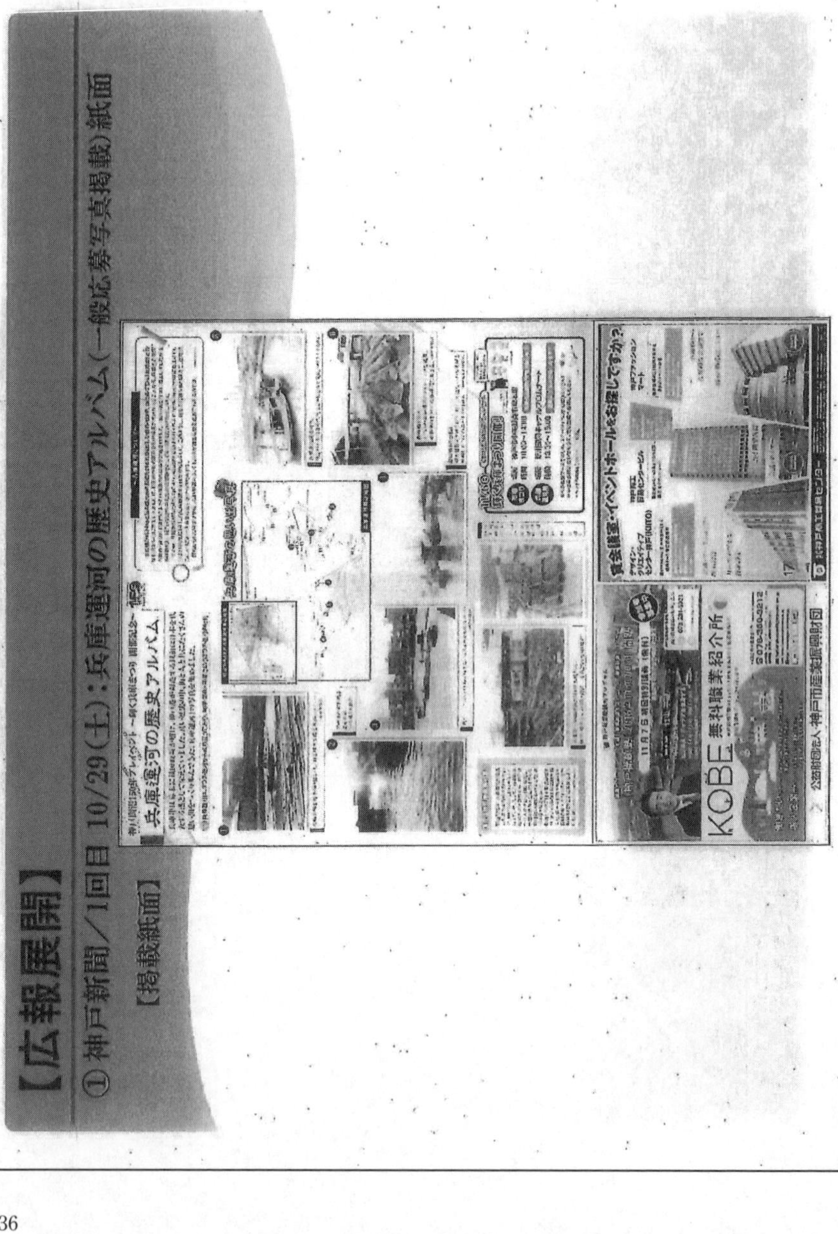
【広報展開】
① 神戸新聞／1回目 10/29(土)：兵庫運河の歴史アルバム（一般応募写真掲載）紙面
【掲載紙面】
兵庫運河の歴史アルバム
KOBE 無料職業紹介所

議連資料３　第２回卸売市場議員勉強会資料

（全国青果卸売協同組合連合会　提出資料）

【広報展開】
②神戸新聞／2回目 11/3(木・祝)：輝く兵庫まつりPR紙面(取材記事)
【掲載紙面】
「兵庫津」の力 港沸く
市民の台所「一食」支え84年
にぎわい 神戸市全域に
光の運河 幻想的な世界へ
美しく再生した憩いの場
輝く兵庫まつり
2016兵庫運河祭
HYOGO UNGA FESTA

議連資料３　第２回卸売市場議員勉強会資料

（全国青果卸売協同組合連合会　提出資料）

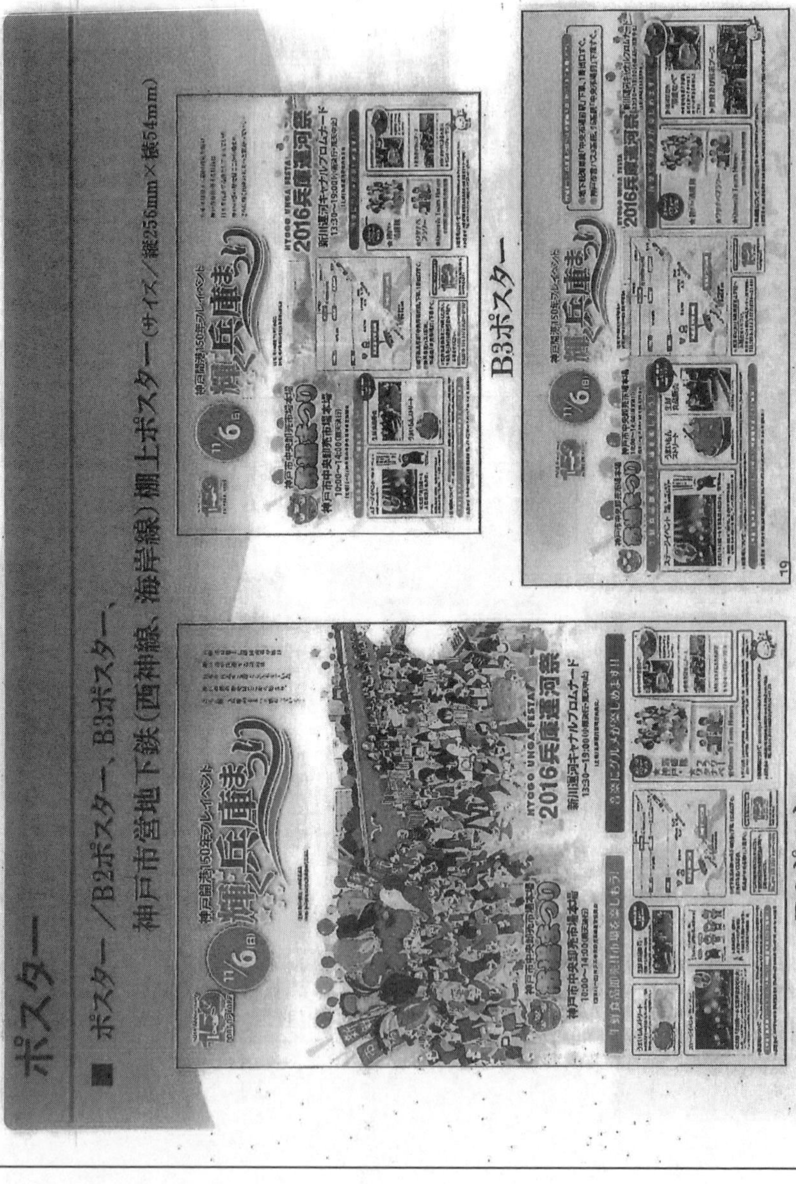
ポスター
■ ポスター／B2ポスター、B3ポスター、
神戸市営地下鉄（西神線、海岸線）棚上ポスター（サイズ／縦256mm×横54mm）
B2ポスター
B3ポスター
地下鉄棚上ポスター

議連資料３　第２回卸売市場議員勉強会資料

（全国青果卸売協同組合連合会　提出資料）

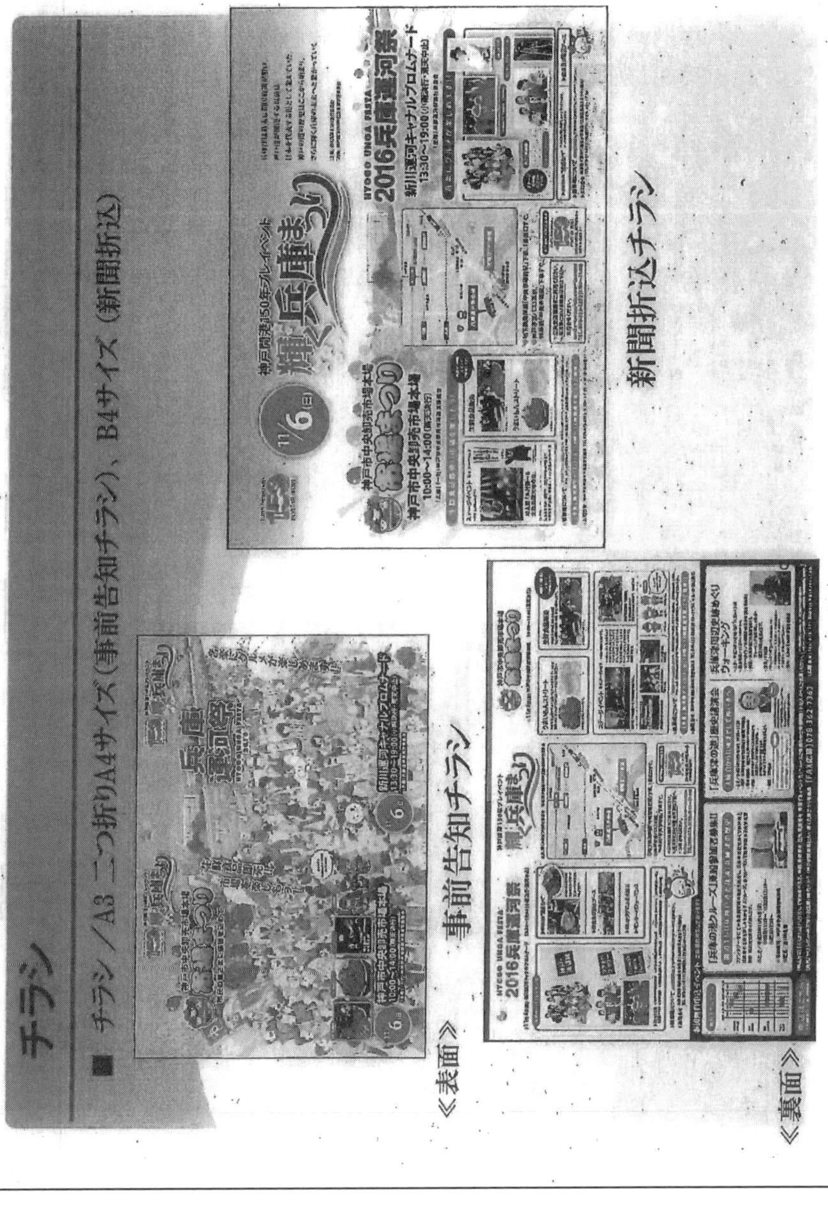
チラシ
■ チラシ／A3 二つ折りA4サイズ（事前告知チラシ）、B4サイズ（新聞折込）
事前告知チラシ
新聞折込チラシ
《表面》
《裏面》

議連資料３　第２回卸売市場議員勉強会資料

（全国青果卸売協同組合連合会　提出資料）

広報　KOBE10月号

＼開港150年を盛り上げよう／

輝く兵庫まつり

11月6日(日)
参加無料

平安時代から港の礎を築いてきた「兵庫津」。後に神戸港がつくられ、来年1月には開港150年を迎えます。今もなお、古くからの歴史が残る兵庫で開催するイベントに出掛けませんか。

市場まつり 10:00～14:00
場所 中央卸売市場本場
新鮮食材の販売のほか、グルメ・スイーツの出店や和太鼓演奏などのステージイベントも

普段は入れない市場の活気を、ぜひ体感してください

市場まつり実行委員会 山本 仁さん

兵庫運河祭 13:30～19:00
場所 新川運河キャナルプロムナード
音楽にグルメ、大道芸パフォーマンスなどイベントが盛りだくさん

運河祭名物「満腹なべ」も

兵庫のまちを知ろう

場所 中央卸売市場本場
①兵庫津の道「歴史講演会」10:30～11:20
②兵庫津周辺史跡めぐりウオーキング 11:30～13:00
③兵庫の港クルーズ 11:40～・12:40～・13:40～(全3回)
申し込み ①②③は、はがきか℻で参加者の氏名、年齢、住所、電話番号、希望するイベント名(③は希望時間も)を記入して、同事務局(〒650-0044 東川崎町1-5-7 神戸新聞事業社内、℻362-7363)へ。10月14日(金)消印有効。抽選

イベントの詳細は 開港150年 検索
問 経済観光局経営課(☎322-6939、℻322-6980)

広報　ひょうご11月号

ひょうご 11月号

神戸開港150年プレイベント
輝く兵庫まつり
《11月6日(日)》

兵庫運河祭
13:30～19:00
新川運河キャナルプロムナード

市場まつり
10:00～14:00
中央卸売市場本場

21

【掲載紙面】

議連資料３　第２回卸売市場議員勉強会資料

（全国青果卸売協同組合連合会　提出資料）

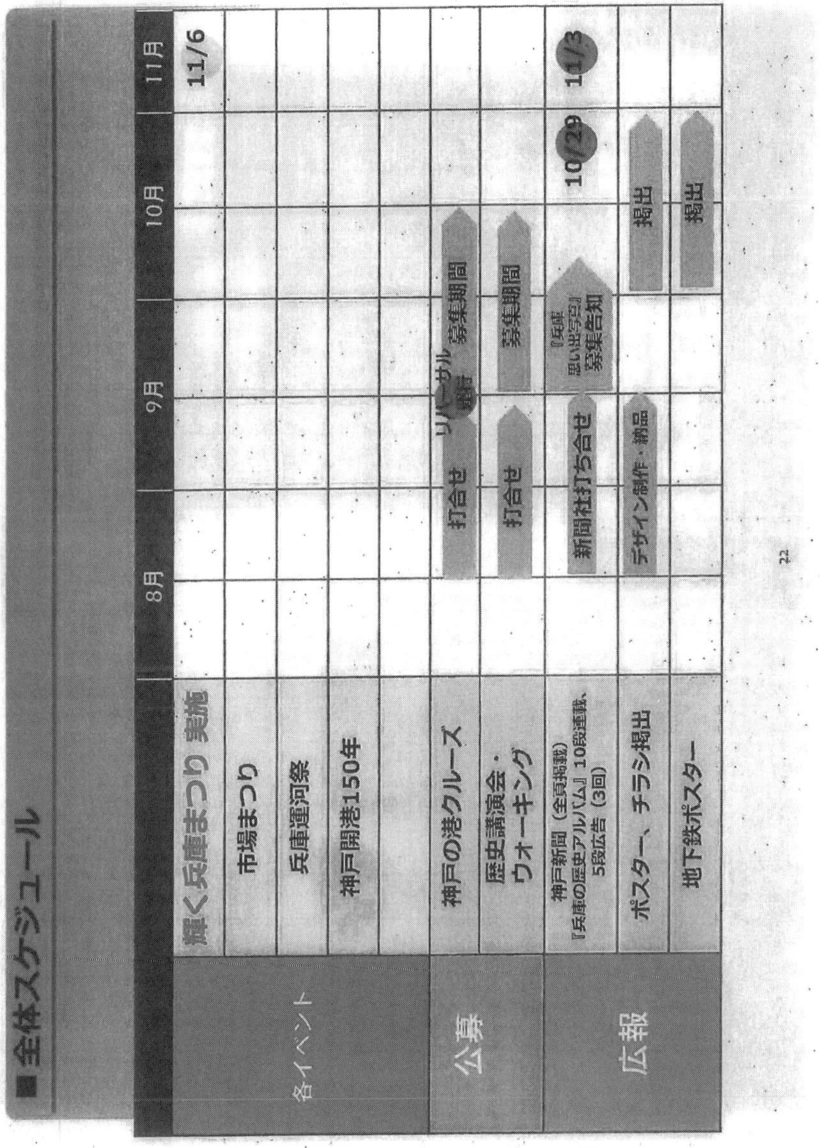
全体スケジュール
8月
9月
10月
11月
各イベント
輝く兵庫まつり 実施
11/6
市場まつり
兵庫運河祭
神戸開港150年
公募
神戸の港クルーズ
打合せ
リハーサル
進行
募集期間
歴史講演会・ウォーキング
打合せ
募集期間
広報
神戸新聞（全頁掲載）
『兵庫の歴史アルバム』10段連載、
5段広告（3回）
新聞社打ち合せ
『兵庫
思い出写真』
募集告知
10/29
11/3
ポスター、チラシ掲出
デザイン制作・納品
掲出
地下鉄ポスター
掲出
22

議連資料３　第２回卸売市場議員勉強会資料

（全国青果卸売協同組合連合会　提出資料）

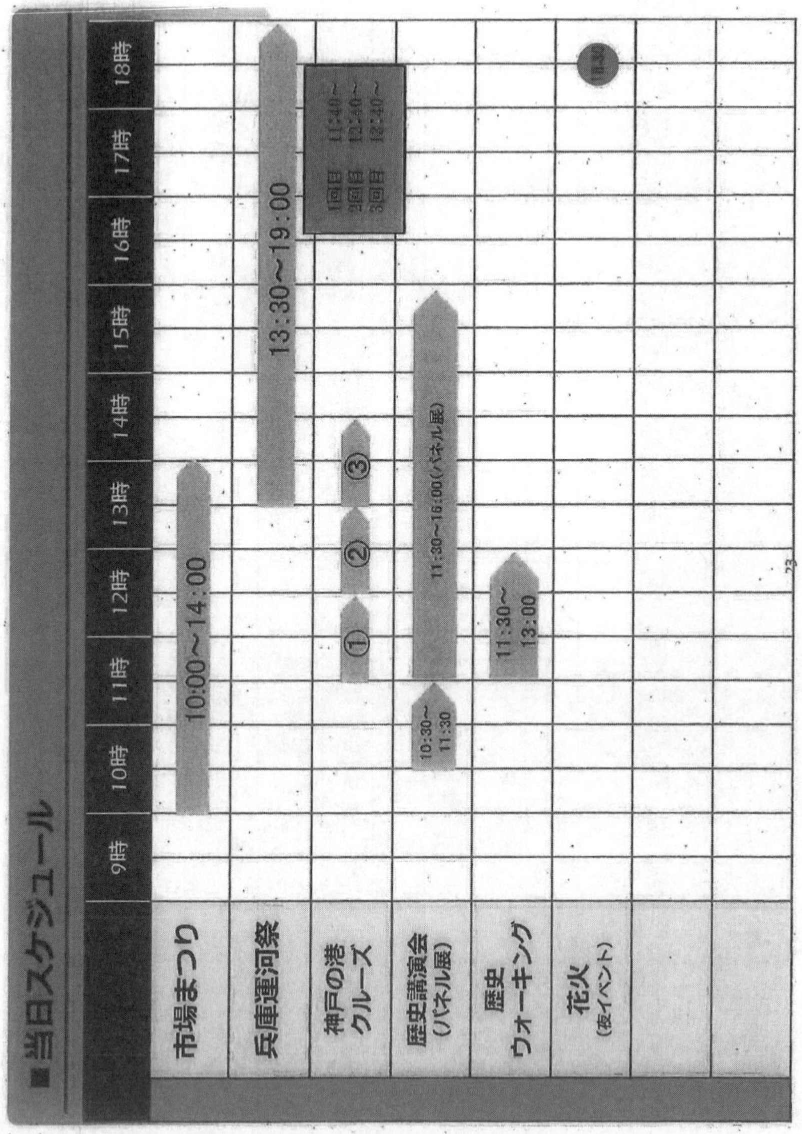
当日スケジュール
9時
10時
11時
12時
13時
14時
15時
16時
17時
18時
市場まつり
10:00～14:00
兵庫運河祭
13:30～19:00
神戸の港
クルーズ
①
②
③
1回目　11:40～
2回目　12:40～
3回目　13:40～
歴史講演会
（パネル展）
10:30～
11:30
11:30～16:00（パネル展）
歴史
ウォーキング
11:30～
13:00
花火
（夜イベント）
18:30
23

議連資料３　第２回卸売市場議員勉強会資料

（全国水産物卸組合連合会　提出資料）

平成２９年9月５日

全国水産物卸組合連合会
会 長　早山 豊

1. 要望趣旨

政府は、ＴＰＰ対策の一環として昨年１１月に農業者の所得向上のための「農業競争力強化プログラム」を策定し、中間流通の抜本的な合理化を推進する中で、卸売市場については、経済社会情勢の変化を踏まえて、卸売市場法を抜本的に見直し、合理的理由のなくなっている規制は廃止するとしていますが、具体的な見直しにあたっては、卸売市場の取扱品目である水産物と農産物の流通は品目の特性や生産形態が異なるため、水産物流通の実態や卸売市場が地域経済に果たしている役割を十分に踏まえる必要があります。

今日の食料品流通は、消費者ニーズの多様化やＩＴ技術の進展に伴い、市場外流通の形態は多様化しています。しかし、国民の食生活に欠かすことの出来ない生鮮食料品の流通の太宗を占める基幹的インフラの卸売市場は、多種多様かつ大量の生鮮食料品の①集荷・分荷機能、②需給を反映した公正な価格形成機能、③販売代金の迅速・確実な決済機能、④需給に係る情報を産地・消費者へ収集･伝達する情報受発信機能を有し、国民に安全・安心な生鮮食料品を安定･効率的供給を図って、生産者や消費者の利益に寄与しています。このような取引の公正を根幹とする卸売市場制度が社会情勢の変化を的確に合わせながら、長年にわたり導入されている所以です。

卸売市場では、多種多様な商品を大量に集荷する卸売業者は生産者に成り代わって売り手となり、一方、小売店や量販店、外食等の求める商品を忠実に買い取って分荷する仲卸業者が買い手となって、卸売場で対峙し、セリ等による公正な価格で取引されるように、卸売業者と仲卸業者の役割分担が明確になっており、更に、販売代金の迅速、確実な決済が行われる仕組みとなっており、社会的再生産の促進及び生産者にとって有利で欠かすことのできない販売先になっています。

今回の卸売市場法の抜本的見直しで、このような、卸売業者と仲卸業者の役割分担の合理性を崩しかねない、取引の特例となっている第三者販売の規制緩和は、公正な価格形成による取引が損なわれることが危惧され、生産者や消費者の利益に繋がりません。

2. 要望項目

以上の要望の趣旨を踏まえ、卸売市場法の抜本的見直し時には、以下の要望事項の実現が図られますよう切にお願い致します。

（1）卸売市場法の抜本的見直しにあたっては、水産物の流通実態を十分に把握したうえで、生産者及び消費者の不利益とならないよう、また、多くの国民が拠りどころとしている地域経済を損ねることの無いよう適切な対応を要望する。

（2）卸売業者と仲卸業者の役割分担の合理性を踏まえ、生産者と消費者の利益に繋がる卸売市場法の根幹の「公正」な取引を確保するため、「第三者販売」は特例(例外) 取引として堅持することを要望する。

議連資料３　第２回卸売市場議員勉強会資料

（全国水産物卸組合連合会　提出資料）

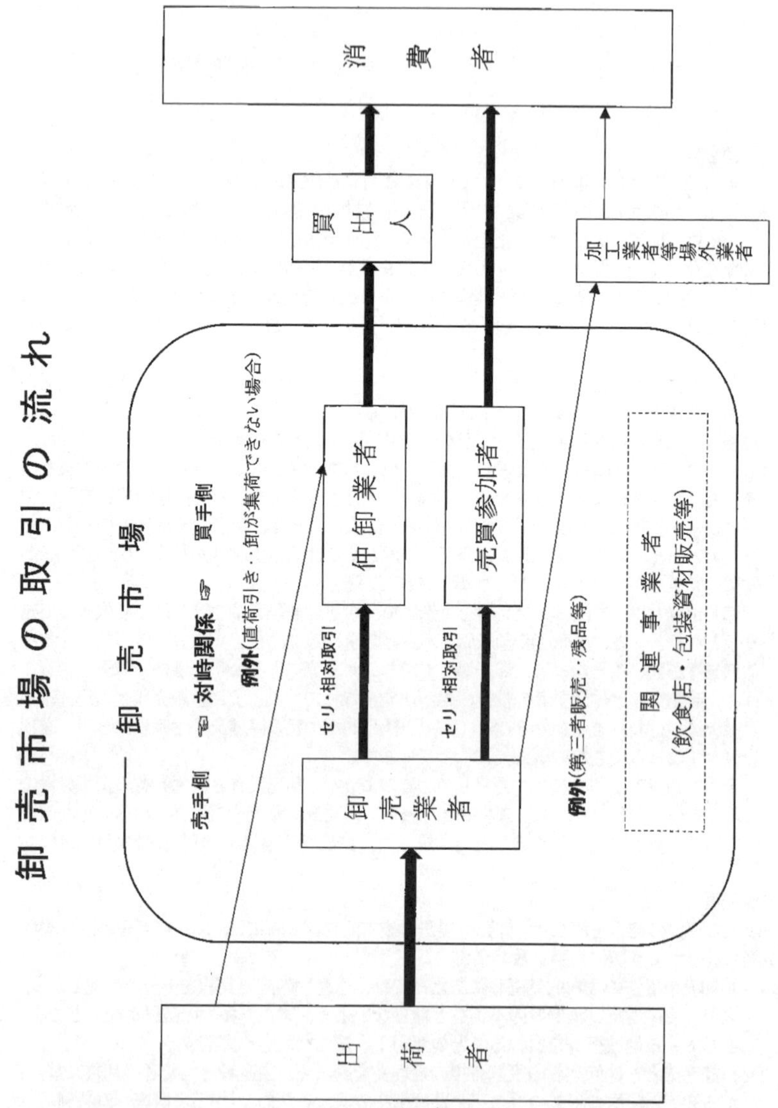
卸売市場の取引の流れ
卸売市場
売手側
☜ 対峙関係 ☞
買手側
例外(直荷引き・卸が集荷できない場合)
出荷者
卸売業者
セリ・相対取引
仲卸業者
セリ・相対取引
売買参加者
例外(第三者販売・残品等)
関連事業者
(飲食店・包装資材販売等)
買出人
加工業者等場外業者
消費者

議連資料４

自由民主党卸売市場議員連盟勉強会
式次第

平成 29 年 9 月 12 日（火）12 時～13 時
於：党本部　リバティ２・３号室

１．開会・進行　　平　将明　　事務局長
２．挨　　　拶　　森山　裕　　会長
３．議　　　題　　卸売市場法の抜本的見直しについて
①農水省食料産業局から概要説明
新井ゆたか　様（農林水産省食料産業局 審議官）
②青果荷受団体から説明・要望
川田　一光　様（全国中央市場青果卸売協会 会長）
③水産荷受団体から説明・要望
伊藤　裕康　様（全国水産卸協会 会長）
川端　　淳　様（全国水産卸協会 副会長）

＜質疑応答・意見交換＞

４．閉　　　会

〈裏面に出席者一覧〉

《今後の日程》
〈次回〉平成 29 年 9 月 19 日（火）12 時～　青果・水産の小売及び有識者からヒアリング

議連資料4

【省庁出席者】

農林水産省食料産業局	新井 ゆたか	審議官
農林水産省食料産業局	谷村　栄二	総務課長
農林水産省食料産業局	宮浦　浩司	食品流通課長
農林水産省食料産業局	武田　裕紀	卸売市場室長
農林水産省食料産業局	福井　逸人	商品取引室長

【仲卸団体出席者】

〈青果荷受団体〉	全国中央市場青果卸協会	会　長	川田 一光（東京青果㈱社長）
	全国中央市場青果卸協会	専務理事	茅沼 茂實
〈水産荷受団体〉	全国水産卸協会	会　長	伊藤 裕康（中央魚類㈱ 代表取締役会長）
	全国水産卸協会	副会長	武藤　修（丸水札幌中央水産㈱ 代表取締役社長）
	全国水産卸協会	副会長	島貫 文好（㈱仙台水産 代表取締役会長）
	全国水産卸協会	副会長	脇坂　剛（中部水産㈱ 代表取締役社長）
	全国水産卸協会	副会長	三輪 光幸（㈱うおいち 取締役会長）
	全国水産卸協会	副会長	佐々木 猛（広島魚市場㈱ 代表取締役社長）
	全国水産卸協会	副会長	川端　淳（㈱福岡魚市場 代表取締役社長）
	全国水産卸協会	専務理事	高島　泉
	全国水産卸協会	事務局	大石 一雄

【オブザーバー参加者】

〈青果仲卸団体〉	全国青果卸売協同組合連合会	会　長	増山 春行（東京築地市場青果仲卸協同組合）
	全国青果卸売協同組合連合会	理　事	金子 了功（大阪東部市場青果卸売協同組合）
	全国青果卸売協同組合連合会	専務理事	瀧田 伸一
	全国青果卸売協同組合連合会	前専務理事	伊藤 靜雄
〈青果小売団体〉	全国青果物商業協同組合連合会	専務理事	山田 啓二
	全国青果物商業協同組合連合会		佐々木 順平
〈水産仲卸団体〉	全国水産物卸組合連合会	専務理事	早瀬　巧
〈水産小売団体〉	全国水産物商業協同組合連合会	専務理事	中野 健一

以　上

議連資料５　第３回卸売市場議員連盟勉強会

（全国中央市場青果卸売協会　提出資料）

卸売市場法制度の見直しに関する要請

一般社団法人　全国中央市場青果卸売協会

（要請）

国においては、平成２８年１１月２９日に農林水産業・地域の活力創造本部で決定した「農業競争力強化プログラム」に基づき、「卸売市場については、経済社会情勢の変化を踏まえて、卸売市場法を抜本的に見直し、合理的理由のなくなっている規制は廃止する」こととして、その具体的対応を検討中であると承知している。

法制度について、経済社会情勢を踏まえ、そのあり方を定期的に見直すことは必要なことであり、合理性のない規制を廃止することは理解できる。

しかしながら、政府内（有識者を含む。）には、卸売市場法の廃止及び公的関与の完全撤退（卸売市場の法的位置づけをなくす）を図る動きもあると仄聞するが、青果卸売市場が果たしている機能は極めて公益性が高く、これに対して、法律をもって、公的関与を行う仕組みをなくすことがあれば、極めて不適切と考える。（この卸売市場制度の根幹を堅持すべき具体的理由は下に記述する。）

このため、今回の法制度の見直しに当たっては、国が卸売市場の運営のあり方につき基本的指針を示すべきこと、中央卸売市場制度（農林水産大臣が、県・市等に開設の認可を行う卸売市場）及び地方卸売市場制度（都道府県知事が、開設の許可を行う卸売市場）を維持すべきこと、これに伴う指導監督を国が主体的に行うこと　という卸売市場制度の根幹を堅持して頂くよう要請する。

（基本的事実）

この制度見直しの前提として、青果物流通には次のような事実があることを正
しく認識しておく必要がある。

１　市場経由率について

直近の青果物の市場経由率については、青果物全体が約６０％（果実が約５０％　野菜が約７５％）であるとされ、このうち、国産青果物については、約８４％となっているとされている。

しかしながら、下に掲げた計算式の分母において、国内果実総消費量には、輸入果実及び国産果汁（ジュース、菓子など）を含んでおり、また、国内野菜総消費量には、輸入野菜及び加工野菜（冷凍、総菜など）を含んでいる。これら

議連資料５　第３回卸売市場議員連盟勉強会

（全国中央市場青果卸売協会　提出資料）

は、その性格上、はじめから市場経由に馴染みがたいものである。

（算出方法）

果実の市場経由率＝果実市場経由量／国内果実総消費量＝約５０％

野菜の市場経由率＝野菜市場経由量／国内野菜総消費量＝約７５％

２　小売り現場における実態

青果物の小売現場の実態をみると、スーパーマーケットなどにおいては、直販や市場外取引による取扱量はごくわずかである。これは、各店舗において、少量多品種な品揃えを行うことによって、季節感・鮮度を重視する日本の食文化に対応していることによる。

（具体例）

① 中堅量販店の品揃えは、例えば、葉物野菜では１日に３０種以上ある。

② 中堅量販店の取引先は、生産団体数で数えて約５００産地に上る。

（卸売市場制度の根幹を堅持すべき理由）

１　卸売市場の基本的役割に照らした必要性

(1)　適正で透明な価格形成を確保

青果物は、国民の食生活に不可欠なものであり、その価格の動向は、家計にも大きな影響も及ぼすこととなる。しかしながら、青果物は工業製品と異なり供給のコントロールが極めて難しいため、価格は、需給によって変動せざる得ない。この価格が、恣意的に決められれば、国民生活に重大な影響があるため卸売市場では、公的関与で、せり・入札を行い、適正・透明な価格形成を実現している。この形成された価格は、市場外流通も含め指標となっており、青果卸売市場から公的な監視・関与が外されたら、青果物価格への消費者の信頼が損なわれ、これから生じる社会的軋轢は甚大である。

(2)　青果物の総合的な需給調整を実現

青果物は、気象条件により豊凶が左右され、どこかで需給のバランスを取る仕組みが必要である。卸売市場は、多くの生産者と多くの購買者が集って、価格を指標に、需要に即した取引を行う過程で、合理的な需給バランスを形成していくことを可能にしている。この卸売市場の機能が、公明・公正に発揮されることを担保するには、公的な監視・関与が不可欠である。

２　生産者側にとっての必要性

生産者の売る自由の確保と多様な売り方の追求は、重要な問題であり、卸売

議連資料５　第３回卸売市場議員連盟勉強会
（全国中央市場青果卸売協会　提出資料）

市場制度がこれを妨げてはならないことは当然と考える。しかしながら、次のような課題への対応・貢献は、卸売市場の存在なくして考えられない。

また、この機能発揮のためには、公的な指導監督と支援が不可欠と考える。

(1)　先に述べたとおり、青果物は、気象条件により豊凶が左右され、どこかで需給のバランスを取る仕組みが必要であり、さもないと生産者は、個別に経営リスクに対応しなくてはならない。卸売市場は、大数の法則で、合理的に需給バランスをとっていくことができ、生産者の経営リスクを緩和することに役立っている。他の流通ルートにこれを期待することは不可能である。

(2)　地域の伝統的特産品、新商品などのマイナーな青果物を、農業者の自主的努力だけで販売確保していくことは容易でない。その販売を手助けできるのは、多数の販売先を有している卸売市場だけである。こうした生産の多様性を存続拡大していく上で、卸売市場は不可欠なものである。

(3)　我が国農業者の高齢化は急速に進展しており、若い担い手（法人も含め）の大幅な参入が期待される。こうした担い手は、まず、生産現場の技術や経営手法の習得に多大の努力が向けられるべきもので、販売については、プロの手助けがあることが合理的である。

生産現場での大胆な若返りが想定されるこうした時代に、農業者の自主性を妨げることにならないよう配慮しながら、卸売市場を新規参入者の公的支援組織として、活用していくべきものである。

３　消費者側にとっての必要性

(1)　国民の生鮮農産品に対する安全・安心への期待を担保

我が国国民は、食品の安全・安心には極めて敏感であり、特に生食が多く腐朽の速い生鮮青果物に対しては、格段の公的関与による安全・安心確保措置が不可欠である。卸売市場を自治体が運営し、ここに常設の衛生検査機関を設置して、常時、検査していることがその大きな担保となっている。

卸売市場に対する公的関与を全くなくすことは、この重要な危機管理措置を失うことになりかねず、安全・安心の基盤を崩すものである。

(2)　小売現場での多様な商品の品揃えの確保

一般消費者は、小売の現場（スーパーや小売店）に多様な商品が陳列されている状態を期待している。このため、どのような地方でも、これが実現するように、卸売市場が設置され、その役割を果たしているが、公的関与がなくな

議連資料５　第３回卸売市場議員連盟勉強会
（全国中央市場青果卸売協会　提出資料）

れば、仮に量販店でも全国の商品を集めることは出来ず、多くの地域で一般消費者に多大な不便を強いるほか、地域間格差も助長することになる。

これへの対応には、卸売市場の存続及び機能発揮のため、公的な指導・支援が求められる。

３　食文化・地域振興にとっての必要性

卸売市場の存在は、単に、農産物の合理的な流通を実現するばかりでなく、他の流通経路では実現できない社会的機能を有しており、特に、日本の食文化や地域振興（地方創世）に重大な貢献をしている。こうした、農産物流通というだけの問題でなく、他の国策（政治的課題）からしても、これに対する公的関与を全くなくすことは、極めて不適切である。

⑴　日本食文化にとって、伝統的青果物の供給が不可欠であるが、その需要先はマイナー（少量で多品目を求めている）なので、通常の商業ベースに乗りにくい。このため、ほっておけば、生産が消滅し、重要な食文化がこれとともに失われる。

⑵　地域農業の振興は、日本の各地域振興に不可欠なファクターであるが、将来的に収益性のある商品を育てるには、地道な準備期間を要し、この地域振興に貢献する意識と能力のある販売のプロがいなくてはならない。この役割は、卸売市場以外の者は果たし得ない。
（直売所などでの地元の人やたまに来る旅行者相手の商売では、地域の抜本的発展に役立たない。）

議連資料５　第３回卸売市場議員連盟勉強会

（全国水産卸協会　提出資料）

自由民主党卸売市場議員連盟　第三回勉強会発言要旨

平成29年9月12日

中央魚類株式会社
会長　伊藤裕康

卸売市場議員連盟の勉強会で発言の機会を与えていただき感謝申し上げます。ありがとうございます。

私は、一般社団法人である全国水産卸協会の会長も務めさせて頂いており、本日は協会副会長も出席させていただいております。ただ、協会の意見取りまとめが時間的にできていないため、あくまで中央魚類という卸売市場の中の卸会社という立ち位置で発言させていただくことをお許し下さい。

さて、築地から移転する豊洲市場は、現行法である卸売市場法の枠組みの中で、公設市場として５８８０億円もの金額をかけて整備を行っています。

毎日のようにマスコミが、新しい豊洲市場について、都民や国民の安全性に対する不安や調査データの公表などを報道しています。卸売市場は、都民や国民の関心が高く、消費者が日々購入する食品の流通拠点として、いかに期待されているかを強く感じるとともに、卸売市場の必要性を再認識しております。

昨年９月に設置された規制改革推進会議で議論され、本年６月に閣議決定された規制改革実施計画により、卸売市場法の抜本的な見直しの検討が進められていますが、現在までに担当課から示された内容は、水産の卸会社の立場からいえば、かなりテクニカルな面が多いように思っています。

また、卸売市場法という法律の抜本的な見直しの議論は、もともとＴＰＰが発端であり、生産者の保護や所得向上の立場から入っています。ここが大きな問題であると私は捉えています。生産者がどうするかは生産者の問題であり、販売をどこにいくらでするのかも生産者に決定権があります。市場は生産と消費の中間に位置する流通業であり、この生産者の保護や所得向上の問題と卸売市場の問題は直接的には関係しない別物であると思います。

議連資料５　第３回卸売市場議員連盟勉強会
（全国水産卸協会　提出資料）

とは言え、法律改正の論点を具体的に言えば、合理的な理由がなくなっている規制とされる卸の「第三者販売の原則禁止」、仲卸の「直荷引きの原則禁止」、「商物一致の原則」などとともに、「受託拒否の禁止」や「予定数量等の公表」などは、それぞれ業界内でも様々な意見もありますが、私の認識としては、それは法律上の枠組みの中での問題であり、現状追認での小さな改革でしかないと思っています。卸売市場、ひいては食品流通の大きな改革とは言えません。

９月４日付の日刊食料新聞の記事（添付資料１）をみると、「農水予算が脱・卸売市場化」との大見出しがあり、これまでの市場法改正論議に先行して、農水行政の中身がかなり変わると感じています。この辺について、農林水産省や水産庁が、これからの政策展開をどのようにお考えなのか、これを背景にどのように市場や水産に関する政策や行政が変わっていくのでしょうか。

また、これまで食品流通の根幹とされてきました卸売市場は、食品流通の中の一つのパーツとしてとらえることが改革の大きな柱となっているのではないでしょうか、食品流通の中で卸売市場は今後どのような位置づけになり、どのように使われていくのか不安でいっぱいであるのも正直な気持ちで、これについての根本的な議論や関係者との対話が必要であると考えています。

このような背景で、卸売市場の大きな改革としての当面の課題は、今の我々水産卸の立場からは２つほどあります。

一つは、卸売市場の過剰配置、オーバーストアの問題です（添付資料２・右）。

販売先として大規模小売と外食産業が大きなシェアを持ち、また、ＩＴの発達や物流インフラの整備などにより、卸売市場の開設区域も乗り越えた市場間での出荷者や需要者の奪い合いなど不必要な競争状態となっており、いわば「体力勝負」のような過当競争が中央、地方で続いています。

その解消のためには、卸売市場全体の中での配置や役割をグランドデザイン（全体構想）の中で考えていく必要があります。これについては今まで何も手がついていません。中央拠点市場という名前はありましたが、名ばかりで道筋が示されてこなかったのが現実です。

もう一つは、農水の水産政策という面から見れば、マーケットを考えていないという問題です。

議連資料5　第3回卸売市場議員連盟勉強会
（全国水産卸協会　提出資料）

具体的な行政施策の中で漁業調整や補償、規制など、漁業者の対応に追われ、消費者のニーズを踏まえたマーケットインの発想を取り込み、どれだけの鮮魚や魚介類の供給が必要か、またはどれだけ供給できるのかなど、食料政策的な面が抜けており、マーケティングの政策が無いに等しいことを改革していただきたいです。

そして、水産物卸売市場は水産資源の管理が適正になされ、商材である価値化された水産物が流通してこそ経営の持続性を持ちうるわけです。サケやサンマ、ホッケ、イカなど多くの魚種の漁獲量が減少しています（添付資料３）。そのため、ＴＡＣ数量管理等による水産資源管理の拡充・強化や、資源評価の精度向上と独立性から水産資源の調査・研究の充実を図っていただきたいです。

では、具体的に卸売市場をどのようにしてほしいのか、どうしたいのかについて問われますと、ここが今まだなかなか出てきません。

事業者として痛みを伴う改革が必要であるという覚悟はわかっているものの、現状の立場からいうと、卸売市場の持つ機能は必要であり維持していただきたいと思います（添付資料２・左）。

今までのように農水が何をするのかだけではなく、何をしてほしいのか業界として明確に話す必要があり、内部でもその関心は非常に高いです。

卸売市場の改革は、食品流通の全体の中で、市場流通がどのような立ち位置になるのかの問題です。卸売市場の持つ集荷の大きさや品揃えの豊富さ、コストの効率化などの機能の重要性は少しも変わっていないと思っています。

消費者である国民にとっては、自分たちが食する農林水産物の流通が「見える化」されていることが大切であり、これを実現化できるのは卸売市場流通しかないと思っています。市場外である食品卸などの民間企業においては、その流通過程は一つずつ消費者が調べなければなりません。卸売市場は開設者によって管理され、見える化されることでユーザーに対して安全が確保され、安心感を与えています。卸売市場では、食品の流通において卸売市場法という法律の枠組みで安全・安心が担保されていると思っています。

議連資料５　第３回卸売市場議員連盟勉強会
（全国水産卸協会　提出資料）

誰のための卸売市場なのか、誰のための食品流通なのかは、実需者を軸に考えていかなければなりません。これが豊洲市場問題への国民の関心の高さの現れにもなっていると思われます。

卸売市場は公設であるがゆえに、トップダウン的な要素があります。事業者が望んでも市場の中のテナントのひとつです。ここを勘違いしている事業者の方も多く、家業と考えており、なかなか意識改革が進みません。テナントとしての役割をしっかりと果せるように、足かせとなる規制は是非ともはずしてほしいです。卸売市場が持つ機能性を強化する法律の改正としていただきたい。

そして、卸売市場の過剰配置、オーバーストアは是非とも解消しなければなりません。解決するための国のグランドデザインとともに、道筋であるロードマップも示していただきたいと思っています。

また、卸売市場の過剰配置、オーバーストアを解消するにも、そこで生活している人が大勢おります。事業者の自助努力や経済論理に任せるだけではなかなか解決してこなかったのが現実です。

（以上）

議連資料5　第3回卸売市場議員連盟勉強会

（全国水産卸協会　提出資料）

添付資料1

（発行所）
〒135-0043 東京都江東区塩浜 2-4-20
アサガミプレスセンター内
㈱日刊食料新聞新社
電話 050(3556)1075
FAX 050(3730)4759
ゆうちょ銀行振替口座 00160-2-411553

日刊食料新聞

9月4日
【月曜日】
©日刊食料新聞新社 2017年
日刊（土・日・祭日・休市日休刊）
第18430号

農水予算が"脱・卸売市場"化

食品流通課来年度概算要求

補助制度、市場外流通も対象に

卸売市場法の抜本改正案が次期通常国会への提出に向けて準備されている中、8月31日公表された来年度予算の農水省食品流通課概算要求では、卸売市場整備補助事業が中央・地方市場を同等に扱うほか、制度自体を「食品流通拠点整備の推進」とし、市場外流通施設の整備も補助対象とするよう、法に先んじて抜本的変更が行われた。政策事業として新規に要求した「食品流通合理化促進事業」も、今年度まで卸売市場を対象としていた「国際卸売市場」推進に向けた取り組みを統合し、市場内外の分け隔てなく補助対象としている。

法改正先んじ？大幅変更

卸売市場関係予算は、従来、中央卸売市場施設整備への補助金がそのほとんどを占め、近年は「強い農業づくり交付金」の一部が割り当てられ、開設者に交付されてきた。

来年度概算要求では、卸売市場整備補助金は「食品流通拠点整備の推進」に衣替えし、まず、卸売市場だけを対象とする補助制度ではなくなった点が特徴となっている。具体的には、卸売市場向けはこれまで中央市場整備を優先し、地方市場は再編・統合・市場間連携の取り組みをする場合に限り補助対象としていたのを、来年度概算要求ではその垣根をなくし、国の卸売市場整備基本方針――市場間連携や産地・実需者との連携、高度な品質・衛生管理、輸出拠点としての機能発揮、災害時対応機能の強化等を推進――に沿う形で経営展望を策定、補助を受けたい事業を位置づけることを求め、複雑化していた補助金のメニューを「品質・衛生管理高度化」「物流効率化」「輸出促進対応」「市場再編・連携」「防災対応」の5項目に再編する。

また、これに卸売市場外の「共同物流拠点施設」が新たに補助対象に加わる。共同配送等による効率化の取組を推進するために必要なストックポイント等の物流拠点の施設の整備が対象となり、農水省のイメージでは、産地からこの物流拠点施設に集荷、直接実需者へ輸送、また市場に出荷することが想定されている。補助対象となる事業主体は都道府県・市町村および業者の組織する団体等。予算額は強い農業づくり交付金の内数。

新規事業の「食品流通合理化促進事業」は12億4000万円を要求。6次産業化と農水産物の輸出拡大に向けた流通合理化促進を目的に掲げており、具体的にはインターネットなどのICT活用や共同物流・パレット化の取組みを支援する。ここでも市場外流通を同列化して補助対象としており、特にICT活用等による合理化を助成する「新流通確立事業」では「直接販売の促進」を明示した。また、今年度まで計上されていた国際農産物等市場構想推進事業はここに包含され、対象を卸売市場に限定しない補助事業となる。同事業ではこのほか花き物流システム高度化、食品流通の「見える化」機能強化も対象としている。

このように「脱・卸売市場」とも言える施策が打ち出された観のある来年度予算要求だが、農水省では「法改正の内容は未定で、改正内容を反映したものとはなっていない」（食品流通課）としている。

議連資料５　第３回卸売市場議員連盟勉強会

（全国水産卸協会　提出資料）

添付資料２

○ 卸売市場経由率と卸売市場数・卸売業者数

- □ 卸売市場経由率は、青果：6割（国産青果：9割弱）、水産物：5割強、花き：8割弱。
  総じて低下傾向。（ピーク時の2／3程度）
- □ 卸売市場数・卸売業者数は、中央卸売市場、地方卸売市場ともに減少。

■卸売市場経由率の推移（重量ベース、推計）

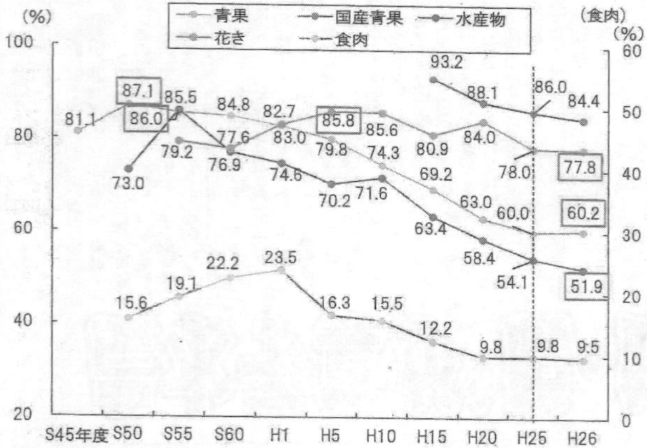
青果
国産青果
水産物
花き
食肉
(%)
(食肉)
(%)
S45年度
S50
S55
S60
H1
H5
H10
H15
H20
H25
H26
81.1
87.1
86.0
85.5
84.8
82.7
85.8
85.6
73.0
79.2
77.6
76.9
83.0
79.8
74.3
74.6
70.2
71.6
93.2
88.1
86.0
84.4
80.9
84.0
78.0
77.8
69.2
63.0
60.0
60.2
63.4
58.4
54.1
51.9
15.6
19.1
22.2
23.5
16.3
15.5
12.2
9.8
9.8
9.5

資料：農林水産省「食料需給表」、「青果物卸売市場調査報告」等により推計
注：卸売市場経由率は、国内で流通した加工品を含む国産及び輸入の青果、水産物等のうち、卸売市場（水産物についてはいわゆる産地市場の取扱量は除く。）を経由したものの数量割合（花きについては金額割合）の推計値。

■卸売市場数、卸売業者数の推移

中央卸売市場

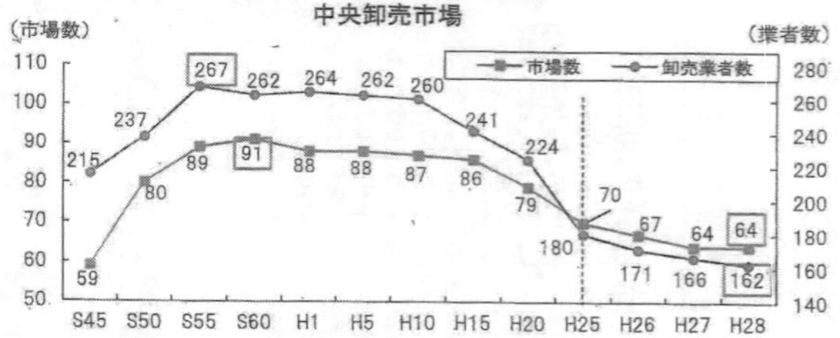
(市場数)
(業者数)
市場数
卸売業者数
S45
S50
S55
S60
H1
H5
H10
H15
H20
H25
H26
H27
H28
215
237
267
262
264
262
260
241
224
180
171
166
162
59
80
89
91
88
88
87
86
79
70
67
64
64

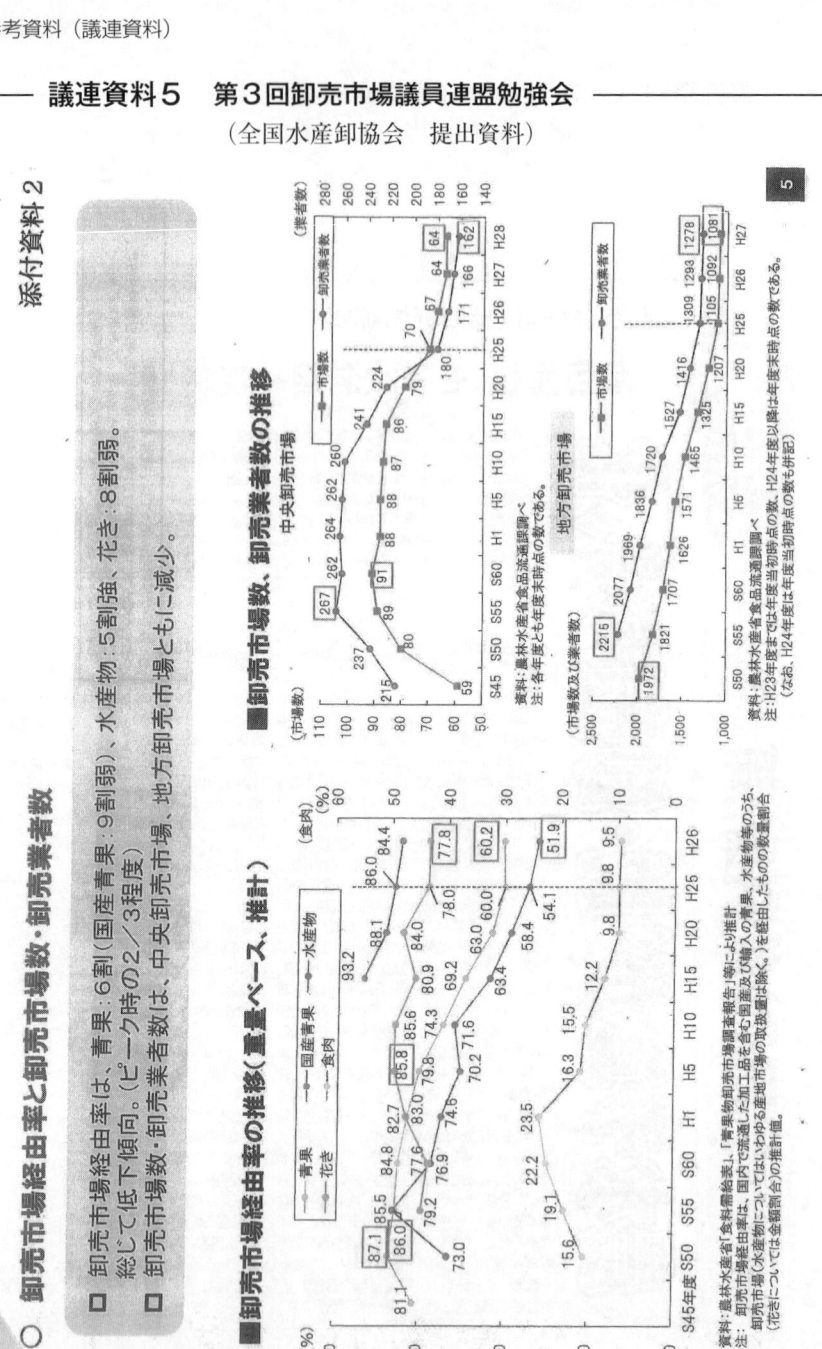

資料：農林水産省食品流通課調べ
注：各年度とも年度末時点の数である。

地方卸売市場

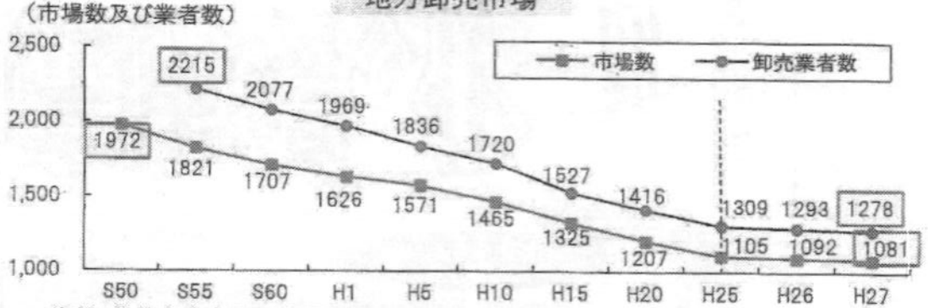
(市場数及び業者数)
市場数
卸売業者数
S50
S55
S60
H1
H5
H10
H15
H20
H25
H26
H27
2215
2077
1969
1836
1720
1527
1416
1309
1293
1278
1972
1821
1707
1626
1571
1465
1325
1207
1105
1092
1081

資料：農林水産省食品流通課調べ
注：H23年度までは年度当初時点の数、H24年度以降は年度末時点の数である。（なお、H24年度は年度当初時点の数も併記）

5

議連資料５　第３回卸売市場議員連盟勉強会

（全国水産卸協会　提出資料）

添付資料３

第1部

参考図表

Ⅱ－２　海面漁業主要魚種別生産量及び生産額の推移

（単位　数量：千トン　金額：億円）

		平成17年(2005)	22(2010)	23(2011)	24(2012)	25(2013)	26(2014)	27(2015)	増減率（%）27/17(2015/2005)	増減率（%）27/26(2015/2014)
生産量	合計	4,457	4,122	3,824	3,747	3,715	3,717	3,550	▲20.3	▲ 4.5
	まぐろ類	239	208	201	208	188	190	190	▲20.4	0.1
	かじき類	19	18	17	17	16	15	15	▲22.8	0.5
	かつお類	399	331	282	315	300	266	264	▲33.8	▲ 0.7
	さけ・ます類	246	180	148	134	170	151	140	▲43.2	▲ 7.5
	いわし類	474	542	570	527	611	579	671	41.6	15.9
	うち、まいわし	28	70	176	135	215	196	340	1,132.3	73.8
	うち、かたくちいわし	349	351	262	245	247	248	169	▲51.6	▲32.0
	あじ類	214	185	193	158	175	162	167	▲22.3	2.6
	さば類	620	492	393	438	375	486	557	▲10.2	14.7
	さんま	234	207	215	221	150	229	116	▲50.4	▲49.2
	ぶり類	55	107	111	102	117	125	123	124.4	▲ 1.6
	ひらめ・かれい類	60	57	55	53	53	52	49	▲18.8	▲ 6.2
	たら類	243	306	286	281	293	252	230	▲ 5.3	▲ 8.6
	うち、すけとうだら	194	251	239	230	230	195	180	▲ 7.1	▲ 7.5
	ほっけ	140	84	63	69	53	28	17	▲87.8	▲39.6
	たい類	25	25	28	26	23	25	25	▲ 0.4	▲ 1.9
	いか類	330	267	298	216	228	210	168	▲49.2	▲20.2
	うち、するめいか	222	200	242	168	180	173	129	▲41.9	▲25.2
	ほたてがい	287	327	303	315	348	359	234	▲18.6	▲34.8
	上記以外の魚種	869	786	661	667	616	587	583	▲32.8	▲ 0.7
生産額	合計	10,594	9,717	9,400	9,144	9,438	9,668	10,011	▲ 5.5	3.5
	まぐろ類	1,529	1,260	1,230	1,213	1,078	1,167	1,324	▲13.4	13.5
	かじき類	120	110	100	103	90	96	107	▲10.5	11.6
	かつお類	611	698	633	737	724	609	666	9.0	9.4
	さけ・ます類	677	646	702	630	722	726	724	6.8	▲ 0.3
	いわし類	565	568	503	616	548	593	654	15.7	10.4
	うち、まいわし	63	69	89	80	132	130	180	186.5	38.5
	うち、かたくちいわし	186	176	162	168	172	169	140	▲24.8	▲17.3
	あじ類	413	364	377	354	370	359	358	▲13.3	▲ 0.1
	さば類	342	417	379	371	403	486	494	44.6	1.6
	さんま	157	275	231	171	230	256	253	61.0	▲ 1.0
	ぶり類	225	266	297	244	273	340	344	53.1	1.2
	ひらめ・かれい類	394	312	286	260	252	255	261	▲33.8	2.4
	たら類	305	285	230	252	232	291	324	6.0	11.4
	うち、すけとうだら	194	165	117	135	129	152	164	▲15.4	8.0
	ほっけ	74	69	53	58	53	55	47	▲36.7	▲15.6
	たい類	178	157	171	162	152	150	153	▲14.1	2.1
	いか類	995	802	824	651	775	716	655	▲34.2	▲ 8.4
	うち、するめいか	571	489	550	392	514	488	396	▲30.5	▲18.9
	ほたてがい	485	333	429	391	613	621	584	20.5	▲ 6.0
	上記以外の魚種	3,523	3,156	2,955	2,931	2,922	2,950	3,062	▲13.1	3.8

資料：農林水産省「漁業・養殖業生産統計」及び「漁業生産額」
注：平成23（2011）年の調査は岩手県、宮城県及び福島県の一部を除く結果である。

162

議連資料6

自由民主党卸売市場議員連盟勉強会
式次第

平成29年9月19日（火）12時～13時

於：党本部 701号室

1．開会・進行　平　将明　事務局長

2．挨　　拶　森山　裕　会長

3．議　　題　卸売市場法の抜本的見直しについて

①農水省食料産業局から概要説明

新井ゆたか　様（農林水産省食料産業局 審議官）

②青果小売団体から説明・要望

近藤栄一郎　様（全国青果物商業協同組合連合会 会長）

③水産小売団体から説明・要望

永井　良和　様（全国水産物商業協同組合連合会 会長）

④小売市場団体から説明・要望

堀上　統央　様（全国小売市場総連合会 会長）

＜質疑応答・意見交換＞

4．閉　　会

〈裏面に出席者一覧〉

《今後の日程》

〈次回〉平成29年9月25日（月）14時～15時

有識者からヒアリング　立命館大学経済学部　新山 陽子　教授

（一社）シーフードスマート　生田 よしかつ　代表理事

議連資料6

【省庁出席者】

農林水産省食料産業局	新井 ゆたか	審議官
農林水産省食料産業局	谷村　栄二	総務課長
農林水産省食料産業局	宮浦　浩司	食品流通課長
農林水産省食料産業局	武田　裕紀	卸売市場室長
農林水産省食料産業局	福井　逸人	商品取引室長

【小売団体出席者】

〈青果小売団体〉	全国青果物商業協同組合連合会	会　長	近藤 栄一郎
	全国青果物商業協同組合連合会	副会長	山口 利郎
	全国青果物商業協同組合連合会	専務理事	山田 啓二
	全国青果物商業協同組合連合会		佐々木 順平
〈水産小売団体〉	全国水産物商業協同組合連合会	会　長	永井 良和
	全国水産物商業協同組合連合会	専務理事	中野 健一
〈小売市場団体〉	全国小売市場総連合会	会　長	堀上 統央（神戸市小売市場連合会会長）
	全国小売市場総連合会	事務局長	小林 清美

【オブザーバー参加者】

〈青果荷受団体〉	全国中央市場青果卸協会	会　長	川田 一光（東京青果㈱社長）
	全国中央市場青果卸協会	専務理事	茅沼 茂實
〈青果仲卸団体〉	全国青果卸売協同組合連合会	会　長	増山 春行（東京築地市場青果仲卸協同組合）
	全国青果卸売協同組合連合会	理　事	金子 了功（大阪東部市場青果卸売協同組合）
	全国青果卸売協同組合連合会	専務理事	瀧田 伸一
〈水産荷受団体〉	全国水産卸協会	専務理事	高島　泉
〈水産仲卸団体〉	全国水産物卸組合連合会	専務理事	早瀬　巧

以　上

議連資料７　第４回卸売市場議員連盟勉強会
（全国青果物商業協同組合連合会　提出資料）

卸売市場制度見直しに対する意見資料

平成２９年９月１９日
全国青果物商業協同組合連合会

○ 青果小売業の現状

商業統計では野菜・果実小売業の業態に分類されており、平成11年は34,243事業所、平成16年は27,709事業所、平成19年は23,905事業所及び平成26年15,220事業所と減少している。

青果小売業は、消費者との対面販売を通じた地域密着型として、いわゆる組織小売業と違った側面がある。地域の消費者からニーズを踏まえた商材の確保や調理のノウハウの提供などきめ細かい対応など小回りの利いた地域密着型として営業を行っているところである。また地域コミュニティの一員として地域における青果小売業の役割はますます高まってくるものと考えている。

一方で青果小売業は、青果物の取扱う専門的なスキルを活かし、安定的な経営を確保するため、学校給食、外食産業、病院、老人ホームなどの事業者に対して、顧客ニーズに対応した青果物の納入業務へと業態をシフトして、納品業務と複合的に営業を行っている。

小売及び業務用の納品に必要な青果物の仕入先である卸売市場は、極めて重要施設である。

○ 卸売市場制度の見直しに対する意見について

(1)　卸売市場は、全国津々浦々の農産物を集荷ができる優れた集荷機能であり「わが国の生鮮食料品等流通の基幹的インフラ」である。我が国の市場は縮小傾向にあり、卸売市場においても取扱量など減少傾向にある。しかしながら卸売市場は、多種多様な青果物を迅速に実需者に対してデリバリーする機能を有していることから、引き続き卸売市場は必要であると考える。

(2)　規制廃止によって市場取引の寡占化を推進するようにも思料されるところであるが、例えば卸売業者に係る第三者販売について、必要以上に第三者販売が実施された場合、中小零細青果小売業は安定した品揃えが確保できるか危惧される。専ら卸売市場から青果物の仕入れを頼ざるを得ない状況を踏まえ、売買参加者の仕入れに係る選択の幅を狭めるような措置は好ましくない。引き続き売買参加者である中小零細事業者が安定して仕入れをできるよう措置してもらいたい。

(3)　取引の当事者は、原則として卸売業者、仲卸業者及び売買参加者であり、特に第三者販売（商物一致の原則を含む。）や卸売の相手方の制限の規制撤廃は、仲卸業者や売買参加者との垣根をなくし、卸売業者の恣意的な取引を助長する可能性も排除できないことから、取引の混乱を排除するため、特に小売業者が安定的に仕入れをできるルールは必要と考える。

（了）

議連資料７　第４回卸売市場議員連盟勉強会
（全国水産物商業共同組合連合会　提出資料）

卸売市場法の見直しに関する要望について

（全国水産物商業協同組合連合会）

1 鮮魚小売商の現状について

（1） 近年、社会・経済状況の大きな変化に伴い、消費者ニーズの多様化や平成12年の大規模小売店舗法の廃止などにより、全国で大規模量販店が台頭し、商店街の空洞化現象が更に進展、我々、生業的な鮮魚小売商は極めて厳しい経営環境にあり、店舗数も激減しています。現在、公表されている平成26年の商業統計調査（経産省）によれば、鮮魚小売商は1万4千事業所となっています。従業者規模別で個人経営は2人以下が7割を、3～4人以下が約2割、合わせて約9割を占め、家族経営的な小規模事業者が多いと見込まれます。

（2） このような厳しい経営環境下にありますが、鮮魚小売商に属する、我々、「まちの魚屋」は地域に密着して展開しており、近隣住民や高齢者など「買い物弱者」と言われる方々に対して生鮮食料品の購入先として大きな役割を果たし、また、単に地域における水産物の供給のみならず、地域の伝統文化の継承やコミュニティの維持・形成などに重要な役割を果たしている点についてもご理解いただきたい。

2 卸売市場法の見直しについて

我が国の卸売市場は生鮮食料品等の供給に際して、鮮度や品質、規格等に対する要求水準の高い消費者の要求に応える施設として、また、生産者・出荷者へは安心出来る出荷先として、実需者へは公正・公平な仕入れ先を提供する公共的施設としての役割を果たしてきたと思います。この度の見直しに当たり、以下の点について申し上げます。

（1） 我々、「まちの魚屋」の仕入れ先は卸売市場であります。仕入れは経営の基本となっており、 水産物を販売する「まちの魚屋」は卸売市場が唯一の仕入先で、言わば生命線とも言えます。

これまで、市民生活を支えるため、公的資金を投入しながら政策的に運営されており、今後も公共施設として維持されることを強く望んでいます。また、公正な取引や透明性を確保するための取引のルールは今後も必要と考えており、セリ売りの原則は維持するよう願っています。

（2） 最近、相対取引が増大するなか、大量に扱う事業者への優先取引による価格決定の不透明性、卸売市場へ魚が並ばない、人気商材などが手に入りにくい、などと指摘する声を聞きます。大量に扱う事業者が産地直送や直接取引など、卸売市場を経由しない流通経路の多様化が進むことにより、我々の「まちの魚屋」は安定的に仕入れが困難になるおそれがあります。商物一致の取扱いは慎重に対応することを願っています。

（3） 卸売市場において開設者を始め、これまで卸売業者、仲卸業者、我々のような買出人の3業者が一体となって、水産物の円滑な流通・消費に努めきました。しかしながら、最近の生鮮食料品の急激な流通変化に対し、卸売市場の活性化を図る観点から、第三者販売について検討が必要、との声を聞きます。ルールなしに第3者販売が行われることになれば3者がそれぞれ販売先を巡り新たな競争が起こり、混乱を招くことが想定されます。

1

議連資料７　第４回卸売市場議員連盟勉強会
（全国水産物商業共同組合連合会　提出資料）

流通の合理化を巡り、我々、「まちの魚屋」は更に競争に巻き込まれ、廃業につながることを危惧しています。慎重に対応することを願っています。

今後とも、卸売市場は合理的な集荷機能や品質評価、価格形成の場として、確実な代金決済や情報の受発信等の多面的な機能の場所として、また、最近の消費者の食の安全・安心に対する品質管理の高度化機能を備えた施設として、更には、施設内における環境問題への対応を図りながら、生鮮食料品等の流通拠点として役割を果たすべきものと考えます。

2

議連資料７　第４回卸売市場議員連盟勉強会
（全国小売市場総連合会　提出資料）

平成 29 年 9 月 19 日
全国小売市場総連合会

卸売市場法の抜本的見直しに係る小売の要望書

1．小売市場・生鮮小売店の現状
日本経済は回復基調にあるといわれますが、地方の個人消費は依然として低迷しています。加えて、大規模小売店舗の出店やネット通販の台頭、消費者ニーズの多様化等、小売市場 100 年の歴史のなかでも、現在は戦禍や震災につぐ極めて厳しい状況にあると考えております。
一方、生鮮三品を販売する小売業事業所数は、平成 26 年調査では野菜・果実は 19,499、鮮魚は 14,055、食肉は 11,604 箇所となっております。この件数は平成 16 年の約 7 割で、調査からも主要生鮮品を扱う小売業の厳しい経営状況が浮き彫りになっています（出典：平成 16 年事業所・企業統計調査、平成 26 年経済センサス - 基礎調査結果（総務省統計局）別紙①）。

2．零細小売業者にとっての卸売市場の役割
農業競争力強化プログラムにおいて「中間流通については抜本的な合理化を推進する」と指摘されましたが、川下の小売業者は、「中間流通」である卸売市場の仲卸業者からの仕入れを中心として小売業を営むものです。零細小売業者にとって卸売市場は、公正な流通取引を担う、なくてはならない公共の施設であり、仕入れの命綱、生計維持の砦であります。よって、卸売市場法を見直す場合は、私ども買出人、とりわけ卸売市場からしか仕入れることのできない零細小売業者の存在を忘れず、公正な競争を担保するための改正であってほしいと願います。

3．卸売市場法見直しに係る小売の要望
①セリ取引の原則維持
平成 11 年、16 年の市場法改正は量販店に有利に働き、結果として零細小売店は弱体化を余儀なくされました。神戸における「セリ・入札」と「相対取引」の割合推移見ますと、青果の場合、平成 15 年度は「セリ・入札」が 66.4%、「相対取引」が 33.6%でしたが、26 年度には「セリ・入札」が 26.4%、「相対取引」が 73.6%と 10 年間で逆転しております。一方、小売業事業所数は、平成 16 年を 100 とすると、26 年には野菜・果実は 54%、鮮魚が 50%と半減しています（出典：神戸の商業ー平成 26 年商業統計調査結果）。
中央卸売市場は、ハブ市場として都道府県内の価格評価を担うという意味においても、公正で透明性の高いセリ取引の原則維持を切に要望します。また、県産品取引は一定割合のセリ比率を確保する等、周辺市場との競争によりローカルルールでは対応しにくい事案については、法制化を検討して頂きたいと思います。
②第三者販売、直荷引きの原則禁止の堅持
卸売市場は卸売・仲卸・小売が三位一体となって、円滑な流通を支えています。例えば、第三者販売の規制が撤廃されると、投機的に力の原理で荷物が動き、市場の流れが大きく崩れることが懸念されます。よって、小売の立場からは、第三者販売、直荷引きの禁止については、現行の規制を上回る緩和は避けていただきたいと思います。
③消費者へ生鮮品を届ける「最終責任者」である小売の意見を反映させた見直しを。
④卸売市場の「見える化」でイメージアップを。

4．神戸における流通活性化の挑戦
中央卸売市場では、量販店による大ロットの取引き増大等により、地元中小小売店が仕入れる入荷物の量と質の確保が困難になるなど、流通の機能低下が大きな課題となっています。
このため、平成 27 年度に小売、仲卸の業界団体が実行委員会を立ち上げ、各種事業に取り組んできました。今年度も、小売・仲卸・卸の流通三者による協議の開催、「神戸ととの日プロジェクト」「おと得市」や学校給食への食材提供、「食育」の提案、共同購入による「やさいの日」「おやつの日」の企画実施等、将来の小売店を背負って立つ実務者が中心となって、専門小売店の良さを知ってもらう取り組みを地道に実施しております（チラシ参照）。

議連資料７　第４回卸売市場議員連盟勉強会
（全国小売市場総連合会　提出資料）

別紙①

平成29年9月19日勉強会資料
全国小売市場総連合会

生鮮三品小売業事業所数推移

（事業所数）

	全国					
	H16		H18		H26	
野菜・果実小売業	27, 669	100%	26, 030	94%	**19, 499**	**70%**
鮮魚小売業	23, 096	100%	21, 521	93%	**14, 055**	**61%**
食肉小売業	14, 874	100%	14, 665	99%	**11, 604**	**78%**

※　パーセントはH16に対する比率

出典：平成16年・18年 事業所・企業統計調査（総務省統計局）
　　　平成26年 経済センサス - 基礎調査結果（総務省統計局）

議連資料７　第４回卸売市場議員連盟勉強会

（全国小売市場総連合会　提出資料）

私たちは神戸市民の食卓を支えています

-神戸流通活性化推進事業実行委員会ニュース-

神戸流通活性化推進

2017年
2月発行

神戸流通活性化推進事業とは…

中央卸売市場の卸売業者・仲卸業者と地域の八百屋さん・魚屋さんが連携して流通の活性化のためにいろいろな事業に取り組んでいます。

市民のみなさまの食卓に日々、新鮮で安全・安心な食材をお届けできるように頑張っています!!

【イメージ図】

生産者
卸売業者
仲卸業者
小売店
消費者
中央卸売市場
八百屋さん
魚屋さん　等

中央卸売市場には
全国からさまざまな
食材が集まるんだよ！
仲卸業者は
プロの目利きで
商品を選んで、
セリ落とすん
だね！

中央卸売市場の
マスコットキャラクター「ととかな隊」

卸売市場で
その日仕入れ
た旬の食材を、
ぜひ食べてほ
しいね！
美味しい食べ
方とか、何で
もきいてね。

流通活性化のロゴマークも制作しています!!

神戸流通活性化推進

鮮魚を象徴する「魚」と青果を象徴する「野菜（菜）・果物」を中心に、卸・仲卸・小売の流通三者の連携を「3つの星」でシンボライズ。広大な海と大地に根ざし、しっかりと連携して「神戸の食卓をゆたかに」するイメージを表現しています。

議連資料７　第４回卸売市場議員連盟勉強会
（全国小売市場総連合会　提出資料）

毎月10日は「神戸ととの日」！！

昨年9月から、市内の魚屋さんと仲卸さんが企画した「神戸ととの日」イベントを開催しました。毎月10日を「神戸ととの日」として、卸売業者、仲卸業者と連携して市内の魚屋さんがその日仕入れた新鮮な魚（2種）を特別価格で販売しました。開催日には市内の魚屋さんがおそろいのTシャツやブルゾンに身を包み、黄色ののぼりを掲げてイベントを盛り上げました！

【魚屋さんから一言！】
「おすすめの魚や、調理法などなんでも気軽に相談してね！」
「毎月１０日には何かやってるよ。ぜひ、魚屋に来てね。」
「こわそうに見える？　そんなことないよ。お客さんといろいろと話がしたいのよ。気軽に声をかけてね。」

魚屋さんの「お魚出前授業＆特別給食」

また、10月7日には長田区の池田小学校で出前授業＆特別給食を実施しました。子どもたちに流通の仕組みを伝えるとともに、中央市場で仕入れたブリを使って「ブリの照り焼き」を提供し、普段の給食とは違った魚のおいしさを体験してもらいました。

【子どもたちの声！】
「お魚のことが聞けて、すごくおもしろかった。」
「もっと魚のことを知りたいと思った。」
「ブリは皮までおいしくてびっくりした！」

食育にも取り組んでいます!!

食育コミュニケーター養成講座を実施しました!!

食育コミュニケーターとは、「食の楽しさ」「食の大切さ」をコミュニケーションを通してお客様に伝える人のことです。

仲卸・小売業者が受講し、「食育」について様々なことを学びました。

【参加者の感想！】
「食材を提供するだけでなく、献立を提案するなど、料理する楽しさを広めたい。」
「いろいろな知識をもっと身につけて、お客様に伝えたい。」

食育講演会を開催します!!

2月28日に、食育の第一人者坂本廣子先生を講師にお招きし、講演会「未来につながる食育を考える」を開催します。

子育てに奮闘するお母さんお父さんに料理の簡単さや楽しさを伝えるため、地域の八百屋さんたちが企画しました。子どもに「ほんもののおいしさ」を体験させたいと思うお母さん・お父さんはもちろん、子どもに関わるすべての方に聴いていただきたい講演会です。

未来につながる食育を考える
2月28日

お問合せ　神戸流通活性化推進事業実行委員会事務局（神戸市小売市場連合会内）
TEL：078-341-9666　FAX:078-641-9667　URL：https://kobe-ryutsu.com/

150th Anniversary PORT OF KOBE

議連資料７　第４回卸売市場議員連盟勉強会

（全国小売市場総連合会　提出資料）

＼ようこそ！！／
やお屋
くだもの屋
さかな屋へ
おいしく、たのしく、元気に！
家族の健康をまもる食育をわたしたちは応援します。
気軽に声をかけてくださいね！
きゅうりはすぐに傷むものと思っていましたが、やお屋さんで言われた通り、新聞紙にくるんでへたの部分を上にして立てて冷蔵庫に入れたら長持ちしました。今度は、とうもろこしの薄皮を一枚残して茹でたら、蒸すよりも甘くてびっくり！今では野菜トリビアを聞くのが買い物の楽しみです。
果物はう～んと冷やした方がおいしいと思っていたけど、桃は冷やしすぎずに、冷蔵庫に入れて1時間以内に食べると、甘みが増しておいしいんだって！くだもの屋さんに聞くまで知らなかったなぁ。
お祝いの焼き鯛を近所のさかな屋さんにオーダーしたら大きさ、お値段、養殖か天然かまで丁寧に聞いてくれて、期待以上でした。前もって頼んでおけばお刺身盛りも人数分用意してもらえるから、手巻き寿司パーティのときも大助かり。3枚おろしとかも気軽にやってくれますよ。
食べ物のことでわからないことは、いつもお店の人に相談します。やっぱりプロにきくのが1番！子どもも声をかけてもらえるので、市場でのお買い物が大好きです。
みなさまの食卓に日々、新鮮で安全・安心な食材をお届けできるように専門店はがんばります！

議連資料７　第４回卸売市場議員連盟勉強会

（全国小売市場総連合会　提出資料）

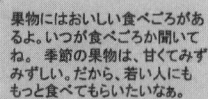

神戸の さかな屋 は“魚のすごさ”の伝道者！

こわそうにみえる？
こわくないよ～

下ごしらえはお安い御用！おススメの魚や調理方法、魚のことならなんでも気軽に聞いてほしいなぁ。

魚には「元気」「きれい」の源となる栄養がたっぷり！
さかな屋に並ぶ魚は、毎朝、プロの目利きで選んでいます。
品質・鮮度にこだわった魚のすごさを味わってください。

毎月10日は「神戸ととの日」！

「魚のおいしさをもっと知ってもらいたい！」そんな思いをこめて、毎月10日「神戸ととの日」には、新鮮な旬の魚を「ととの日」限定特別価格（300円・500円均一等）で販売します。黄色のポスター・のぼりが目印！皆さまのお越しをお待ちしています。

魚ととの日
毎月10日は
神戸の魚屋で待ってまっせい！

からだは“食べたもの”でできている

季節を感じながら旬のおいしさを味わって、すこやかな身体をつくってほしい。ほんものの味は旬の時期にしか味わえないものです。そのために専門店は商品にこだわります。食べ方、選び方、迷ったときは何でもおたずねくださいね。

神戸のくだもの屋・やお屋 は ママの食育応援隊！

「食の大切さ」「食の楽しさ」を知っている地域のくだもの屋ややお屋は、家族の健康をまもるため、がんばるお母さんの強～い味方！プロの知識と経験でお母さんをお手伝いします。

毎月8日はやさいの日
やさい応援団は
君のからだの味方！

毎月8日は「やさいの日」！ & **毎月8日は「おやつの日」！**

毎月8日は、2倍うれしい野菜と果物のお買い得デー！
季節のおすすめ商品がお値打ちですよ！

旬を大切にすることはとても大事だよ！旬の野菜はおいしいだけじゃなくて、身体にとてもやさしいからね。おいしく食べるコツはやお屋で聞いてね。

果物にはおいしい食べごろがあるよ。いつが食べごろか聞いてね。 季節の果物は、甘くてみずみずしい。だから、若い人にももっと食べてもらいたいなぁ。

おやつにくだもの
毎月8日
おやつの日

お問合せ　神戸流通活性化推進事業実行委員会事務局（神戸市小売市場連合会内）
TEL：078-341-9666　FAX:078-341-9667　URL：https://kobe-ryutsu.com/

議連資料８

「卸売市場の抜本的見直し」に対する緊急提言

平成29年9月27日
自　由　民　主　党
卸売市場議員連盟
会　長　　森山　裕

卸売市場は従来、全国から青果物・水産物等の集荷を行い競り（セリ）を主催する荷受会社、荷受会社から品物を競り落とし小売会社への分荷を行う仲卸会社、仲卸会社から品物を購入し消費者へ販売する小売会社、これらが三位一体となって生態系を築くことで、日本の流通機能の基幹インフラとしての役割を担ってきた。

TPP 交渉が始まって以降、農業生産者の手取り金額の増加について問題提起されてきた中、流通・加工構造の効率化も議論の俎上に載せられた。その結果、平成28年11月に「卸売市場法を抜本的に見直し、合理的理由のなくなっている規制は廃止する」が盛り込まれた農業競争力強化プログラムが決定され、平成29年6月に「卸売市場法の見直しについては、平成29年末までに具体的結論を得て、所要の法令、運用等を改める」旨が特記された規制改革実施計画が閣議決定された。

当議連は、卸売市場を取り巻く状況が一大転機を迎えたことを契機に、その機能や役割について、関係7団体からのヒアリングを実施し、これらの内容（詳細は別紙参照）を踏まえた上で、今後、党政務調査会で行われる「卸売市場の抜本的見直し」に関する検討に当たって、以下の認識をベースとして議論するよう提言する。

1．卸売市場は、少量多品種の食材を好む傾向がある日本の食文化を支える基幹インフラとしての役割を果たしていること
2．卸売市場は、荷受、仲卸、小売が三位一体となって生態系を築いており、規制改革において、いずれかの団体の主張だけを殊更取り上げると全体のバランスを崩すこと
3．生産者は自由に販売先を選べる中、卸売市場には、マクロの調整機能を果たすため、一定のルールが必要であること
4．生産者側の手取り金額向上の議論の中で、価格決定権とトレードオフの関係にある在庫リスク、売れ残りリスクが見落とされていること。また、市場には販売代金の迅速・確実な決済機能があり、代金回収リスクも軽減されていること
5．生産者の手取り金額を増やすには、流通コストを減じるだけでなく、売上（単価×量）を増やす方策もあること。この点、輸出拠点としての役割を果たす卸売市場など、地域の実情に合わせ価値を顕在化させる視点も取り入れること
6．卸売市場不要論を唱える事業者は、「卸売市場を通さないから安くて新鮮」をうたい文句にするが、ビジネスの調整部分で卸売市場を利用しているケースもあること
7．卸売市場流通がなくなると、大手事業者と生産者が直接交渉することになるが、その場合、大手のバイングパワーにより、生産者の手取り金額は却って減る可能性があること

以　上

1

議連資料８

（別紙）

【荷受団体】

●青果荷受団体〈全国中央市場青果卸協会〉

・農水省が示す青果物の市場経由率のデータは外国産を含む上、市場経由になじみにくい加工野菜なども含んでいる。国産青果物の実際の市場経由率は相当程度高い。
・青果物は気象条件によって豊凶が左右されるため、需給のバランスを取る仕組みが必要。卸売市場は多くの生産者と購買者が集まるため、合理的に需給バランスが形成。
・卸売市場においては、公的関与で、セリ・入札を行うことにより、国民の家計に大きな影響を及ぼす価格形成について、適正かつ透明性を確保。
・季節感・鮮度を重視する日本の食文化には、少量多品種な品揃えを可能とする卸売市場が不可欠。

●水産荷受団体〈全国水産卸協会〉

・卸売市場法の抜本的な見直しの議論は、もともとTPPを発端に生産者の手取りをいかに増やすかという議論から入ったが、現在の議論はこの観点が抜け落ちている。
・生産者は販売をどこにいくらでするかの決定権を持っている。

【仲卸団体】

●青果仲卸団体〈全国青果卸売協同組合連合会〉

・仲卸は、価格決定、仕分・分荷（包装）、加工、配達、金融、貯蔵、保管、小売店（消費者）のあらゆるニーズに添う販売等を行っている市場の要。
・商物一致の原則（市場内に現物を搬入して取引する原則）が撤廃されれば、商品の安心・安全が脅かされる。

●水産仲卸団体〈全国水産物卸組合連合会〉

・卸売市場では、多種多様な商品を大量に集荷する卸売（荷受）業者が生産者に成り代わって売り手となり、一方、小売店や量販店、外食等の求める商品を忠実に買い取って分荷する仲卸業者が買い手となって、卸売市場で対峙するなど役割分担が明確。
・卸売市場では、販売代金の迅速、確実な決済が行われる仕組みとなっており、社会的再生産の促進及び生産者にとっての有利で欠かすことのできない販売先になっている。
・卸売（荷受）業者と仲卸業者の役割分担の合理性を踏まえ、卸売市場における公正な取引を確保するため、荷受による「第三者販売（仲卸業者及び売買参加者以外の者への卸売）」は特例（例外）取引として堅持すべき

【小売団体】

●青果小売団体〈全国青果物商業協同組合連合会〉

・卸売市場は、全国津々浦々の農産物を集荷できる優れた集荷機能を持ち、我が国の生鮮食料品等流通の基幹的インフラである。さらに卸売市場は、多種多様な青果物を迅速に実需者に対してデリバリーする機能を有している。
・専ら卸売市場からの青果物の仕入れに頼らざるを得ない状況を踏まえ、卸売（荷受）業者によって、必要以上に第三者販売が実施された場合、中小零細青果小売業は、安定した品揃えが確保できるか危惧される。

2

議連資料８

●水産小売団体〈全国水産物商業協同組合連合会〉
・公正な取引や透明性を確保するための取引のルールは今後も必要と考えており、セリ売りの原則は維持するよう願う。
・相対取引（市場を介さずに当事者同士で売買を行う方法）が増大する中、大量に扱う事業者への優先取引による価格決定の不透明性、卸売市場に魚が並ばない、人気商材などが手に入りにくいという指摘もあり、商物一致の取り扱いは慎重に対応願いたい。

●小売市場団体〈全国小売市場総連合会〉
・川下の小売業者は「中間流通」である卸売市場の仲卸業者からの仕入れを中心として小売業を営むものであり、零細小売業者にとって卸売市場は、公正な流通取引を担う、なくてはならない公共の施設であり、仕入れの命綱、生計維持の砦である。
・中央卸売市場は、ハブ市場として都道府県内の価格評価を担っており、この観点からも公正で透明性の高いセリ取引の原則維持を切に希望。
・卸売市場は卸売・仲卸・小売が三位一体となって円滑な流通を支えている。第三者販売の規制が撤廃されると、投機的に力の原理で荷物が動き、市場の流れが大きく崩れる。

3

議連資料９

岸田政調会長への申し入れ

自由民主党卸売市場議員連盟（会長：森山 裕 元農水大臣、幹事長：盛山 正仁 前法務副大臣、事務局長：平 将明　元内閣府副大臣）は、９月２７日（水）、自民党の岸田政調会長に対して、『「卸売市場の抜本的見直し」に対する緊急提言』を行いましたので、ご報告させていただきます。

議連資料10

自由民主党卸売市場議員連盟勉強会
式次第

平成29年11月7日（火）12時～13時

於：衆議院第二議員会館B1第1会議室

1．開会・進行　平　将明　事務局長

2．挨　　拶　森山　裕　会長

3．議　　題　卸売市場法の抜本的見直しについて

①農水省食料産業局から概要説明

新井 ゆたか　様（農林水産省食料産業局 審議官）

②花き荷受団体から説明・要望

磯村 信夫　様（日本花き卸売市場協会 会長）

青木 一芳　様（日本花き卸売市場協会 副会長）

③花き仲卸団体から説明・要望

江口 晃　様（全国花卸協会 副会長）　資料なし

④「市場流通ビジョンを考える会」から説明・要望

藤島 廣二　様（東京聖栄大学 客員教授）

＜質疑応答・意見交換＞

4．閉　　会

〈裏面に出席者一覧〉

《今後の日程》

〈次回〉　日　時：平成29年11月14日（火）12時～13時

場　所：衆議院第二議員会館1階　多目的会議室

講　師：立命館大学経済学部　新山 陽子　教授

（一社）シーフードスマート　生田 よしかつ　代表理事

議連資料10

【省庁出席者】

農林水産省食料産業局	新井 ゆたか	審議官
農林水産省食料産業局	宮浦　浩司	食品流通課長
農林水産省食料産業局	武田　裕紀	卸売市場室長

【花き団体出席者】

〈花き荷受団体〉	日本花き卸売市場協会	会　長	磯村 信夫	
〈花き荷受団体〉	日本花き卸売市場協会	副会長	青木 一芳	
〈花き荷受団体〉	日本花き卸売市場協会		横田 一利	
〈花き仲卸団体〉	全国花卸協会	副会長	江口　晃	
〈花 き 有 識 者〉	東京聖栄大学健康栄養学部	客員教授	藤島 廣二	〈市場流通ビジョンを考える会〉

【オブザーバー参加者】

〈青果荷受団体〉	全国中央市場青果卸協会		大竹 一平	〈東京青果㈱取締役・営業管理部長〉
〈青果仲卸団体〉	全国青果卸売協同組合連合会	会　長	増山 春行	〈東京築地市場青果仲卸協同組合〉
	全国青果卸売協同組合連合会	専務理事	瀧田 伸一	
〈青果小売団体〉	全国青果物商業協同組合連合会	会　長	近藤 栄一郎	
	全国青果物商業協同組合連合会	専務理事	山田 啓二	
	全国青果物商業協同組合連合会		佐々木 順平	
〈水産仲卸団体〉	全国水産物卸組合連合会	専務理事	早瀬　巧	

以　上

議連資料11　第５回卸売市場議員連盟勉強会（日本花き卸売市場協会　提出資料）

(一社)日本花き卸売市場協会　会長　磯村信夫

花き生産と流通(日本≒オランダ)

インプルーバー
①マーケッター
②ブリーダー
③試験場共選所

⇒

プロデューサー
④種苗供給業者
⑤生産者
⑥用途別出荷調整業者
⑦産地デポ物流業者

⇒

消費地ディストリビューター
⑧消費地デポとして卸売市場
(出荷者に向く卸売会社・小売店に向く仲卸)
＝
・オープンシステム
(受託拒否の禁止)
・差別的取り扱いの禁止
・出荷者への支払いを一義にした決済
(ア)商流
1、予約相対(契約取引)
2、価値と需給バランスで価値を発見し、
全てを売り切るセリ・相対取引
(イ)物流
買参人別・店舗ごとの仕分、配送、
物流加工、倉庫業
(ウ)情報流
需給情報、トレンド情報、マーケット情報、
商品企画情報等
(エ)資金流
売り手・買い手の決済

⇐

⑨リテイラー
(ア)新しい花との生活を提案する≪専門店≫
(イ)花の買い物コストを削減する
≪花束加工業者・量販店≫
(ウ)あらゆる生活空間に似合う花を提供する
≪ホームセンター≫
(エ)買い物時間を削減する
≪カタログ・インターネット販売≫

議連資料11　第５回卸売市場議員連盟勉強会
（日本花き卸売市場協会　提出資料）

卸売市場法の抜本的見直しに向けて

日時　平成２９年１１月７日（火）１２時　～　１３時
場所　衆議院第二議員会館Ｂ１　第一会議室

花き荷受団体から説明・要望
（一社）日本花き卸売市場協会　副会長青木一芳

私からは民設民営市場も含めた地方卸売市場の立場からご説明と要望を述べさせていただきます。

卸売市場法は中央卸売市場に対して直接法となります一方、地方卸売市場は各都道府県卸売条例が直接法となっております。　しかしながら都道府県卸売条例も卸売市場法を上級法とし、条項も準拠している以上、今回の卸売市場法の抜本的見直しは地方卸売市場にも直接間接に大きく影響してくると推察致します。

卸売市場の取扱４品目（青果、水産、食肉、花き）の中でも、花きは地域色が強く、それぞれ各地の地方卸売市場が地場花きの生産振興、産地育成そして消費拡大の役割も担っております。　まさに地域密着型市場として存在しており、（一社）日本花き卸売市場協会参加市場１１８市場のうち地方卸売市場は９５市場、率にして８０％が地方卸売市場です。　営利栽培生産者の皆様にとって地方卸売市場は換金の場であり、市場の競り人は生産者の代弁者であります。

春秋のお彼岸のお墓参りをはじめ８月旧盆のご仏壇に飾られる花の多くは地方色が濃く、また花屋さんの品ぞろえから飾り方まで地域伝統に根差した花き流通があるところから、各地の地方卸売市場は生産者のみならず消費者の皆様へも地域密着型の花き流通を形成しております。

しかしながら近年、花き生産者の高齢化後継者難、トラック輸送の諸事情、花き消費額の地域間格差などから、大都市中央拠点市場と地方都市にある地方卸売市場とでは集荷力、販売力に差が出てきているのが現状であります。

1

議連資料11　第５回卸売市場議員連盟勉強会

（日本花き卸売市場協会　提出資料）

ここからは要望になってしまいますが、今回の卸売市場法の抜本的見直しの中におきましては、地方卸売市場とりわけ民設地方卸売市場へのより柔軟な対応をお願いしたいと思います。

例えば、公設市場と違い民設市場は自己資金で土地や建物、そして設備等を用意して償却し、毎年評価額の１．４％の固定資産税も納付しております。　そこで、民設市場への公的補助は無理としても、せめて固定資産税の減免措置等の側面支援を講じていただけるよう要望致します。

また、花き生産者の所得向上の視点からも、中央拠点市場と地方卸売市場が有機的に連携を取りながら、なお一層円滑な花き流通が促進されますよう、今回の見直しに際し、花き生産者と消費者双方の利益向上にご配慮いただけます様お願い申し上げます。

花き流通において地方卸売市場は公設、民設を問わず「社会インフラ」の一員として日夜業務を遂行しております。

以上現状のご説明と要望を述べさせていただきました。

平成２９年１１月７日　　（一社）日本花き卸売市場協会
副会長　青木一芳

2

議連資料11　第５回卸売市場議員連盟勉強会
（市場流通ビジョンを考える会　提出資料）

平成 29 年 11 月 1 日

卸売市場法の改正に関する要望書

市場流通ビジョンを考える会
代表幹事　　　磯村　信夫

現在、政府部内において卸売市場法の改正に関する議論が行われているとお聴きしておりますが、実は卸売市場は現行卸売市場法の下、下記の第Ｉ部で述べるように社会的にとってたいへん重要な有用な役割・機能を果たしています。もしも卸売市場がそうした役割・機能を果たすことができなくなれば、国内の農水産物生産者が困るというだけでなく、農水産物生産力がさらに低下し、国民生活の豊かさも維持することが難しくなると危惧されます。それゆえ、我々は国内生産力の維持・発展と国民生活の向上を推進するためにも、卸売市場法を改正されるのであれば、卸売市場の役割・機能を強化する視点から実行していただけるようお願いするものであります。

以下では第Ｉ部において社会にとってたいへん有用な卸売市場の役割・機能を整理し、第Ⅱ部でその社会的役割・機能を一層強化するための改正点を提案しますが、その前に【要約】として概要を記しておくことにします。

【要約】

１．卸売市場の特有な社会的役割・機能として、少なくとも以下の３点を挙げることができます。

①卸売市場の取引システムはオープンで、極めて高い公共性があります。

卸売市場へは生産者や商社など、誰もがいつでも必要に応じて出荷できますし、一方、小売業者や業務用需要者など、誰もが必要に応じて自由に仕入れることができます。すなわち、卸売市場は高い公共性・公益性を有しています。この結果、生産者は安心して生産に専念できますし、小売業界の寡占化も抑制されています。

②厳格な価値評価に基づく価格形成が行われています。

卸売市場の卸売業者は出荷者側に立ちできるだけ高く売ろうと努めるのに対し、仲卸業者等は仕入側に立ちできるだけ安く仕入れようと努めます。しかも、特に仲卸業者の担当者は全国や海外から入荷する同種の商品（トマト、さんま、バラ等）を 10 年どころか、20 年も 30 年も見続けています。それゆえ、これらの業者の活動を通して価値に応じた価格が形成されます。

③圃場あるいは漁港から食卓までのトータル・コストを縮減しています。

消費者が生産者から直接購入する場合、宅配便で運んでもらうか、自分で数十 km から 100km 超の距離を往復しなければなりません。また、スーパーが全量を産地から直接仕入れるとなると、各産地との交渉等を行う多数のバイヤーが必要になります。いずれも、予想以上にコストがかさみます。ですから、「生産者と消費者」「生産者と小売業者」の直接取引は、実際には普及していないのです。

２．卸売市場が社会的役割・機能をさらに高め、社会により一層貢献できるようにするため、以下の６点の卸売市場法の改正を要望します。

①品揃え機能の強化：　卸売市場において多種多様な商品が取り揃えられることで、消費者は商品の選択が容易になっていますが、この機能をさらに強化できれば、生活の豊か

議連資料11　第５回卸売市場議員連盟勉強会
（市場流通ビジョンを考える会　提出資料）

さにつながるだけでなく、小売店間の必要以上の安売り競争を防ぐことも可能になるものと考えられます。

②早期代金決済機能の強化：　生鮮品の場合、早期の代金決済は当然ですし、卸売市場は既にそれを実践しています。しかし、このことを卸売市場だけで行い続けるのはかなり無理がありますので、今後は卸売市場外の仕入業者にも協力してもらうことが必要です。

③低コスト化機能の強化：　実は卸売市場流通システムは最も低コストのサプライチェーンを構築しているのですが、社会の豊かさをさらに推進するためには、輸送方法の改革や卸売市場内の施設のあり方等も対象に、より低コストの方策を検討・実現すべきです。

④需給調整機能の強化：　現在、卸売市場は価格変動を通して需要量を供給量に合わせる需給調整を主に行っています。しかし、スーパーや業務用需要者が伸びるにつれて、需要量に供給量を合わせる需給調整の必要度が高まっています。それゆえ、卸売市場は後者の需給調整機能の向上に努める必要があります。

⑤品質維持・安全性確保機能の強化：　卸売市場は既に保健所等による商品の安全性チェック機能を有していますが、今後は輸出の視点から施設のあり方等も含めた安全性や品質維持等にかかわる機能強化が必要になると考えています。

⑥災害時対応機能の強化：　これまでの経験から、災害時の物資配給等において卸売市場が大いに役立つことは明白です。しかし、これまでのところ、そうした観点から卸売市場機能を強化しようという政策はありませんでした。今後、災害対策の重要な一環としてそうした機能を強化すべきです。

【本文】

第Ⅰ部：卸売市場の社会的役割・機能

卸売市場は豊富な品揃え、早期の代金決済等々、様々な社会的役割・機能を果たしております。そうした役割・機能の中でも、卸売市場に特有で社会に大いに役立っている役割・機能、すなわち卸売市場以外の個人・組織では実現し難い社会的役割・機能として、主に以下の３点が挙げられます。

第１：卸売市場で行われる売買は極めてオープンな取引システテで、非常に高い公共性・公益性を有しています。

卸売市場への出荷者は国内の生産者に限られません。ＪＡはもちろんのこと、輸入商社、産地仲買人、他市場仲卸業者等々、誰もが出荷することができます。また、晴天や曇天・降雨・低温などの天候に応じて出荷量が増減しても、価格が変動することを除けば、特に問題となることはありません。しかも、出荷した物は全量が販売され、１週間から10日間程度で代金が清算されます。それゆえ、卸売市場出荷の生産者は売れ残りや代金回収の心配をせずに生産に専念できます。

これを当然と思う人もいますが、決してそうではありません。例えば生産者直売所や契約取引の場合、誰もが出荷できるわけではありません。ＪＡが運営している直売所であれば、その組合員であることが出荷の条件になるでしょうし、契約取引の場合には契約していなければ出荷などできません。もちろん、直売所に出荷したからと言ってすべてを販売できるわけではありませんし、契約取引では契約量を超えて出荷することはできません。それどころか、契約量を下回ればペナルティを科されることもありますし、代金が１週間以内に回収されることもありません。

一方、小売業者や業務用需要者は小売店やレストラン等を営む資金さえあれば、いつでも卸売業者または仲卸業者から必要な品目を、必要な規格の物を必要な量だけ仕入れ、商

議連資料11　第５回卸売市場議員連盟勉強会
（市場流通ビジョンを考える会　提出資料）

売をすることができます。そのため、例えば小売業界を見ると、日本では多くのローカル・スーパーが活躍し、欧米に比べ大手小売業者の寡占度が低く、活発な競争が行われています。ちなみに、農林水産省等のデータによれば、小売業におけるスーパーマーケット・チェーン上位５社の合計シェアは日本が30%程度にすぎないのに対し、欧米各国では低いところで45%、高いところでは70～80%にのぼっています。

このように卸売市場における取引がオープンであることは、生産者や小売業者等の卸売市場利用度の高さの一因であると考えられますが、このことは小売業界等における自由競争を維持するなど、消費者にとってもたいへん好ましい状況を創り出しています。例えば卸売市場がなくなることで、物流センターを持つ少数の大手小売業チェーンの寡占度が高まることになりますと、他の小売業者の店舗が少なくなりますので、当然、消費者にとって異なる小売業者の店舗を回って品物を選ぶことが難しくなりますし、さらには競争が不活発になることによって価格が高止まりする可能性も高まります。

なお、こうしたオープンな取引システムあるいは公共性・公益性は、卸売市場が“市”から発展したことで元々自ら備えていたものではありますが、それが今日においても明瞭に発揮されているのは、卸売市場法の中に明確な規定（第36条[注1]、第61条の２[注2]）が存在するからです。卸売市場法が改正されても、この点はしっかりと維持することが重要と思われます。

注1）第36条：卸売業者は、中央卸売市場における卸売の業務に関し、出荷者又は仲卸業者若しくは売買参加者・・・に対して、不当に差別的な取扱いをしてはならない。　２　卸売業者は、・・・生鮮食料品等について中央卸売市場における卸売のための販売の委託の申込みがあった場合には、正当な理由がなければ、その引受を拒んではならない。

注2）第61条の２：開設者又は卸売業者は、地方卸売市場における業務の運営に関し、出荷者、買受人その他地方卸売市場の利用者に対して、不当に差別的な取扱いをしてはならない。

第２：中央卸売市場等の大規模な卸売市場では１市場内に卸売業者と仲卸業者が存在し、両者の立場の相違から厳格な価値評価が行われ、それに基づく価格形成が行われています。

日本の卸売市場は欧米の卸売市場とはもとより、世界の卸売市場と大きく異なっています。その最大の相違点は青果部等の各部類ごとに卸売業者の数が１～２社程度と少なく、かつ仲卸業者が多数存在するのに対し、外国の場合は小規模な多数の卸売業者が存在するだけです。日本の卸売市場に類似しているのは韓国と台湾の卸売市場、それとオランダの花き卸売市場ぐらいです。

卸売業者と仲卸業者の役割は当然異なります。卸売業者は生産者やＪＡ等から荷を受けて、それを仲卸業者等に販売します。しかも、卸売業者は多くの買い手を集めるために、多数の生産者等から多種多様な生鮮品等を日々大量に集めるように一生懸命努力します。

これに対し、仲卸業者は競り取引や相対取引で卸売業者から仕入れた後、荷を小分けしたり、リパックするなどして、市場内で買出人に販売したり、さらには小売業者の店舗等まで配送もします。

が、彼らの最も重要な役割は生鮮品の価値評価とそれに基づく価格形成と言えます。特に仲卸業者の場合、通常は仕入れた荷に特別な加工を施すことなく再販売するため、十分な価値評価ができなければ、その存在価値を失いかねないことから、価値評価に対する意気込みは非常に強いものがあります。しかも、仲卸業者の多くは５年、10年どころか、20年も30年も、日本全国あるいは海外からも集まる同種の商品を毎日見ているので、その評価能力はきわめて高いものがあります。その上、仲卸業者は仕入業者側に立ち、卸売業者

議連資料11　第５回卸売市場議員連盟勉強会
（市場流通ビジョンを考える会　提出資料）

は生産者・出荷者側に立って、両者の間で取り引きしますので、厳格な価値評価が行われ、低価値品が高価値品よりも高価格になることは通常はあり得ません。仮にそうしたことがある品目で起きたとしても、そうした品目には次の取引においてより多くの仲卸業者等の買いが集中することになるなど、価値と価格の齟齬が継続する可能性は極めて低いと断言できます。すなわち、生産者にとって卸売市場を通すことで、価値に応じた価格で販売することが可能になるのです。

こうした価値評価に基づいた価格形成が行われるため、卸売市場の価格は生産者直売所や契約取引での値付けの際にも参考とされることが多いと言われています。また、小売店において同じようなトマトが並んでいても、あるいはメロンが並んでいても、消費者は価格の高い方が美味しいだろうと判断することができます。卸売市場において価値に応じた価格が形成されるため、消費者は価格の違いで価値の違いを判断できるのです。

なお、価値に基づく価格形成を当たり前と考える方も多いと思いますが、外国では同じ価格のメロンでも味が違うことが珍しくありませんし、色の違うトマトや傷のついたトマトを区別せずに、一緒くたにして量り売りしている姿もしばしば見られます。もちろん、中近東のバザール等ではまったく同じ商品でも取引相手次第で値段が変わります。日本人とみれば、とんでもない価格を吹っ掛けてくることもあるようです。

かくして、卸売業者と仲卸業者が並存する卸売市場制度は、生産者にとっても消費者にとってもたいへん有益でであり、今後も維持すべきものと考えられます。

第３：卸売市場が介在することで流通コストが縮小すること、すなわち卸売市場を通すことで低コストのサプライチェーンが構築されることです。

例えば同じ規格のトマトであったとしても、生産者直売所での価格と卸売市場仕入れを行っている小売店での価格とを比較すると、普通であれば、前者の方が後者よりも安いでしょう。その意味では直売所で購入する方が小売店よりも流通コスト（輸送・保管コスト＋取引コスト）が低いと判断することができます。

しかし、この場合のコストは購入時点までのコストであることに注意しなければなりません。購入後に消費者の自宅まで運ぶことになりますが、ここでも当然、輸送などの流通コストがかかることになります（この点を多くの人々は見落としています）。しかも、現在では多くの消費者は都市部に住んでいるため、小売店は１～２km 以内にあるのに対し、直売所は数 10km から 100km 前後も離れているのが普通です。仮に 50km 離れていて往復で 100km とすると、ガソリン代が５㍑で約 600 円、車検費用等も含めた車の償却代が少なく見積もって２千円、さらに人件費がパート賃金で見積もっても３時間で３千円ほどかかります。合計で 5,600 円ですが、仮にトマトやメロン等を 10kg ほど購入し、トマトが１kg 当たり 300 円であったとしますと、そのトマトの実質価格は 860 円／kg（300 円／kg＋5,600 円／10kg）ということになります。

これに対し、小売店が自宅から２㎞離れているとしても、往復で４㎞ですから、ガソリン代 24 円、車の償却代 80 円で、人件費は買い物時間を加味しても 500 円程度と考えられます。となると、合計で約 600 円。仮にトマトが１㎏当たり 400 円で、他の物を合わせて２㎏だけ購入したとしても、トマトの実質価格は 700 円／kg（400 円／kg＋600 円／2kg）ほどにとどまります。

このように、直売所と小売店での価格の比較ではなく、生産（圃場、漁港）から消費（食卓、花瓶）までのトータルのサプライチェーンで考えると、明らかに卸売市場から仕入れている小売店で購入する方がコストが安いということになります。それゆえ、ほとんどの消費者は「直売所は新鮮で価格が安い」と評価しつつも、「行くのに手間がかかる」との

議連資料11　第５回卸売市場議員連盟勉強会（市場流通ビジョンを考える会　提出資料）

理由で普段の買い物は小売店で行っているのです。ちなみに、“手間”はコストにほかなりませんが、このことは意外に理解されていないように思われます。

直売所経由の生産者と消費者の直接取引だけでなく、生産者と小売店との直接取引はどうかと言いますと、この場合の直接取引と卸売市場経由の取引とでのコスト面の違いは、流通学の「取引総数極小化の原理」で説明できます。

同原理を生産者３名、小売業者３名として図に示しましたが、ここでは生産者は生産効率を上げるために特定の品目に特化し、小売業者は集客力を高めるために３生産者の品物を揃えると仮定します。とすると、直接取引の場合は“３×３”で９回の取引数となりますが、中間業者のところで３生産者分を取り揃えて小売業者に卸すとすると、“３＋３”の６回ですみます。その結果、取引相手同士の交渉回数が少なくなる等、取引コストが縮減しますが、それだけではありません。直接取引の場合、生産者は生産量の３分の１ずつを各小売業者に送りますが、中間業者が介在する場合は一括して中間業者へ送り、中間業者も３生産者分を取り揃えて各小売業者に送ることが可能です。すなわち、後者の場合の輸送単位は前者の３倍になりうるのです。

実は輸送コストは輸送単位で決まります。２～４トントラックで東京都内の物流センターから同じ都内の小売店舗に食料品等を配送すると、1 kgの物を運ぶのにおよそ 10 円かかるとのことです。ところが、地球の裏側のブラジルから日本に鉄鉱石を 17 万トンのバラ積み船で運ぶ場合、１回あたりの輸送費は安くて２億円前後、高い時には４億円ほどになるそうですが、１kgに換算すると１～２円、高くても３円以内に収まります。すなわち、輸送コストは輸送単位が大きければ大きいほど安くなるのです。

生鮮品流通で生産者・出荷者と小売店・実需者との直接取引よりも、卸売市場が介在した取引が多いのは、こうした理由にもよるものです。

ちなみに、図中の卸売市場（W）の役割を農協が果たせるのではないかと考えられる方もいらっしゃるかと思いますが、農協の場合には管轄区域が限られることから多種多様な品目の品揃えが難しいことに加え、各品目の周年的な取引が難しいなど、卸売市場に代わることは不可能と言わざるを得ません。

図　取引総数極小化の原理

＜卸売市場が介在しない場合＞　　　　＜卸売市場が介在する場合＞

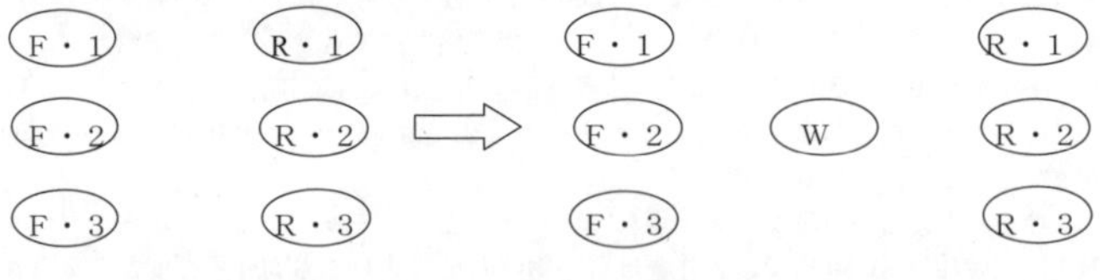
F・1
R・1
F・2
R・2
F・3
R・3
F・1
R・1
F・2
W
R・2
F・3
R・3

取引総数：３×３＝９回　　　　取引総数：３＋３＝６回

F：生産者　　R：小売業者　　W：卸売市場

第Ⅱ部：卸売市場の社会的役割・機能を強化するための卸売市場法の改正点

卸売市場は以上のような社会的に重要な多様な機能・役割を果たしておりますが、当然、

議連資料11　第５回卸売市場議員連盟勉強会
（市場流通ビジョンを考える会　提出資料）

法制度の有り様次第でそれらの機能・役割は変化します。例えば「第１」のオープンシステム・公共性のところで触れたように、卸売市場法（第36条、第61条の２）がこの役割・機能を強化していることは間違いありません。もしも卸売市場法が廃止されることになれば、あるいは第36条と第61条の２が削除されることになれば、卸売市場のオープンシステム・公共性の機能・役割は間違いなく低下します。したがって、今後とも卸売市場がその有用性を維持し、社会に役立つように、さらには有用性をより一層高め、より役立つようにするため､その機能･役割が強化される方向での卸売市場法の改正を強く望むものであります。

そうした方向での改正点について以下に６点ほど列挙致します。

第１：品揃え機能の強化

日本の卸売市場は卸売業者の数が少なく、委託集荷を行っていることから、多種多様な品物が揃う仕組みになっています。外国のように多数の小規模卸売業者となりますと、それぞれの卸売業者の集荷先も限られますし、取扱量も限られますので、日本のような品揃えは難しいと考えられます。ちなみに、多様な品揃えは生活の豊かさにつながります。どんなに物が豊富であっても、全員が毎日同じ物を食べ、同じ花を飾るなど、各人が選択できない状況では、豊かさを感じることは難しいと思います。やはり、人々が日々の食事等を自由に選ぶことができ、特別な日には特別な食事をし、特別な相手には特別な花を差し上げる、と言ったことができてこそ、豊かさではないでしょうか。その豊かさをさらに高められるように、卸売市場の品揃え機能を強化することは重要と考えられます。

品揃え機能を強化する方法には以下の２つがあります。

①現在では卸売業者が自らの集荷費用で生産者の委託出荷品を受けることはできません。また、圃場で成育中の青果物や花きを買い入れることもできません。これらの活動を自由にすることができれば、品揃え機能の強化につながります。

②現在、選別・包装のほとんどは産地で行われていますが、これを消費地の卸売市場で行うことができれば、施設の年間稼働率が上がり、コストが下がるだけでなく、卸売市場としては各小売店のニーズに応じた選別・包装を行い、品揃えを一層充実することができます。もちろん、各小売店での商品形態が異なることになりますので、過度な低価格競争の歯止めにもなります。それゆえ、法律の中で選別・包装を消費地で行いやすくするための措置を明記してもらえれば、品揃え機能の強化になると考えられます。

第２：早期代金決済機能の強化

卸売市場の卸売業者は生産者･出荷者に安全･確実な代金支払いを行うために業務規程に基づいて保証金を預託し、その上で１週間以内あるいは２週間以内といった極めて短期間に代金を支払っています。その短期決済の継続を可能にするために、仲卸業者も卸売業者に同様の短期間での代金支払いを実行しています。しかし、量販店等からの代金の回収期間は多くの場合、１～２ヵ月もかかります。このため、特に仲卸業者の資金繰りが極めて厳しく、赤字経営に陥っているところが多数にのぼります。これに対し、量販店の中には入金と出金の期間差を利用して、その運用のための銀行を設立するなど、大きな利益を上げているところもあります。

このような状況を正し、早期の代金決済を今後も実行できるようにするために、支払い遅延者に対して公的利子率を適用することなども重要です。サプライチェーン全体として早期代金決済機能を強化し、生産者が引き続き安心して出荷できるようにするためにも、卸売市場法の改正に際しては、そうしたことも取り上げられる必要があると考えます。

議連資料11　第５回卸売市場議員連盟勉強会
（市場流通ビジョンを考える会　提出資料）

第３：低コスト化機能の強化

「第Ｉ部：卸売市場の社会的役割・機能」の第３のところで指摘したように、卸売市場はトータル・サプライチェーンにおける流通コストの縮減に大きく寄与しています。しかし、当然ですが、これで良いということはありません。さらなるコスト縮減を推進しなければなりません。そのためにはフレコンや鉄コン等の大型単位の荷を受け入れたり、あるいはバラ荷を受け入れて選別・調製・包装を行うことなども必要になりますし、従来のような卸売場、仲卸店舗、駐車場といった配置ではなく、より合理的な動線を可能にする施設配置も重要です。また、ＩＴを活用して帰り荷を確保するシステムを構築することや、事前情報に基づいた取引システムを構築することも必要になるかと思います。

いずれにしても、コスト縮減策は様々なものがあると考えられますが、これまでのように全卸売市場を画一化するのではなく、それぞれの卸売市場の事情に合わせてコスト削減策を取り入れられるような法規制に変えなければなりません。もちろん、卸売市場の用地面積の計算方法も、それぞれの卸売市場の必要施設等に対応できる方法を採用する必要があります。

第４：需給調整（数量調整）機能の強化

卸売市場は数量調整の面でも需給調整機能を有していると言われていますが、これは主に専門小売店が安い商品を消費者に積極的に売り込んでくれた結果であると言えます。しかし、そうした小売店の数が少なくなったことによって、価格変動によって需要量を供給量に合わせる需給調整がより前面に出てきています。特に卸売業者は委託物品については即座に販売しなければなりませんので、数量調節をすることができず、価格変動による需給調整に依存せざるを得ません。

しかし、専門小売店が少なくなり、量販店の需要が増え、さらに業務用需要が増えてくると、価格変動による需給調整は極めて難しくなります。量販店や業務用需要者は価格変動を極力小さくした上で、数量を日々変えることを強く望んでいるからです。今後、量販店の需要量はともかくとしても、業務用需要量は社会の高齢化に伴ってますます増加することは間違いありません。

したがって、今後、価格変動による需給調整機能を保持した上で、需要量に合わせて供給量を変える需給調整機能を高める必要があります。そのためには、卸売業者が日々の販売量を調節できるようにすることも必要と思われますし、またそれなりの規模の保管施設を設置できるようにすることも必要です。

第５：品質維持・安全性確保機能の強化

卸売市場では昔から保健所が安全･衛生面のチェックを行っているだけでなく､コールドチェーン化の推進（温度管理の強化）や、花の品質維持検査の実施等を通して、生鮮品の安全性や品質の維持に関して高い注意を払っています。しかし、近年はＨＡＣＣＰシステムに代表されるように、各国の安全性・品質維持に関する国際的な注目度も極めて高いものがあります。今後、国が卸売市場経由の輸出に力を入れようとするならば、安全性の確保や品質の維持の観点から、そうした国際的な注目に十分に応えることも必要であると言えます。

それゆえ、国は安全性の確保や品質の維持に関する各国の規格･基準等の情報を収集・分析し、また将来における関連技術の発展も見据えながら、輸出型卸売市場のモデルを提示し、そのための対策を講じるべきと思われます。特に、品目ごとに異なる生鮮品の温度管

議連資料11　第５回卸売市場議員連盟勉強会
（市場流通ビジョンを考える会　提出資料）

理については、産地での出荷から食卓に至るまでの流通過程において一定の温度を保つことができるようにするなど、改善すべき点が多いことは間違いありません、

第６：災害時対応機能の強化

災害が大きければ大きいほど、それゆえ救援物資が多ければ多いほど、災害時に市町村職員が救援物資をスムーズに配給するには無理があります。市町村職員の場合、物流作業に慣れていないこともありますが、人々の安否の確認と被害状況調査、避難所の確保、中央への要請・連絡、さらには様々な証明書等（出生証明書、死亡証明書、戸籍抄本、埋葬許可証、等）の発行や仮設住宅の設置、等々、様々な業務があるからです。

そうした市町村職員に代わって物流作業を担当できるのは、卸売市場（卸売業者、仲卸業者）や小売店です。特に卸売市場は毎日、数十トン、数百トンあるいは数千トンという大量の荷（食品等）を集め、それを小売店等に分荷しています。まさに物流（物資配送）のプロです。しかも、卸売市場から小売店舗まで配送するか、または小売業者等が店舗まで持ち帰り、さらに消費者に販売するまでのルートが構築されています。花き卸売市場の場合も、普段は食品を取り扱っていないものの、小売店（花屋）を通して食品の配送を行うことは可能です。

ただし、卸売市場関係者とは言え、普段と緊急時の精神面等の違いを考慮するならば、年に１～２回程度の訓練は必要であろうし、卸売市場内の青果物や水産物等を緊急時には出荷者（所有者）の許可を待たずに避難者に配給できるような法制度の整備も必要だろうと思います。

と同時に、地方自治体との「地域貢献協定」（災害時等における支援のための協定）の締結、あるいは指定公共機関（国や地方自治体と協力して緊急事態などに対処する機関）としての指定も不可欠と言えます。これによって地方自治体は卸売市場を支援物資の集積所に指定できますし、卸売市場側は簡素な手続きで被災地域での車両通行許可等を取得することも可能になります。また、地方自治体と卸売市場関係者の協議によって、災害時に対応できる施設の設置も実現できます。

こうした災害時対応機能を制度面・施設面において強化することも、卸売市場法の改正に際し検討すべきと考えています。

議連資料11　第５回卸売市場議員連盟勉強会（藤島教授　提出資料）

日本型卸売市場とその社会的意義

＜ 項 目 ＞

1. 日本型卸売市場
2. 卸売市場の役割・機能
3. 高齢化社会への対応

藤 島 廣 二
（東京聖栄大学）

議連資料11　第５回卸売市場議員連盟勉強会（藤島教授　提出資料）

1．日本型卸売市場

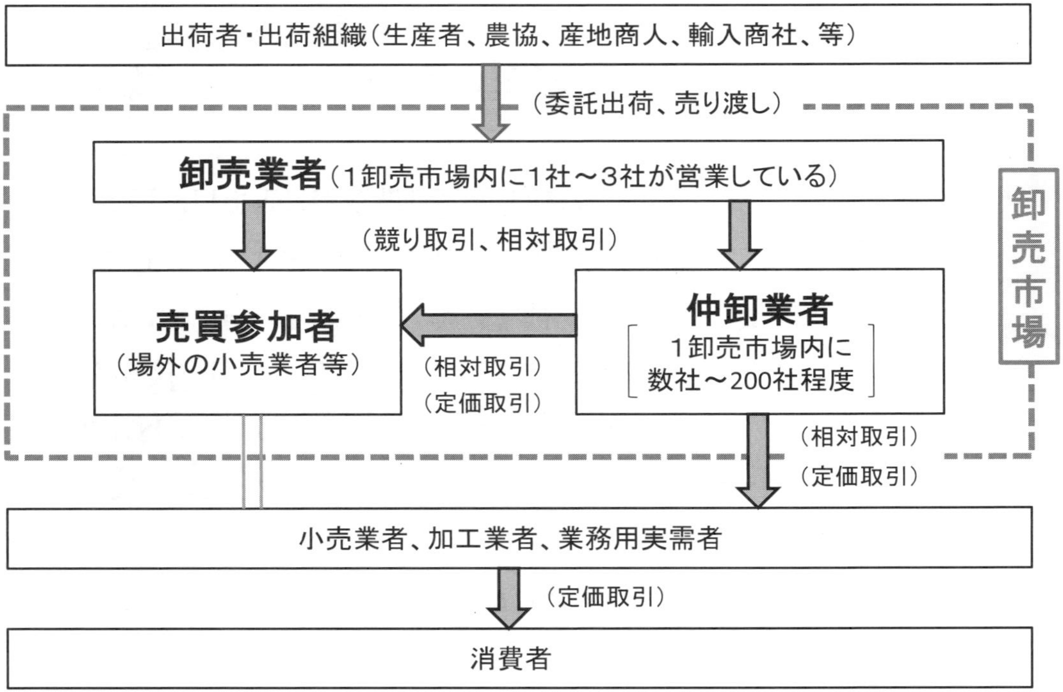
出荷者・出荷組織（生産者、農協、産地商人、輸入商社、等）
（委託出荷、売り渡し）
卸売市場
卸売業者（1卸売市場内に1社～3社が営業している）
（競り取引、相対取引）
売買参加者
（場外の小売業者等）
仲卸業者
1卸売市場内に数社～200社程度
（相対取引）
（定価取引）
（相対取引）
（定価取引）
小売業者、加工業者、業務用実需者
（定価取引）
消費者

議連資料11　第５回卸売市場議員連盟勉強会（藤島教授　提出資料）

2. 卸売市場の役割・機能

①必要とする人々の全員に開かれた取引システム

国内産地の維持・発展
小売部門の寡占化の防止＝自由競争の確保

②出荷側・仕入側双方が納得しうる価格の実現

目利きによる価値判断と価格形成 = 指標価格
消費者は価格で価値を判断

③生活の豊かさへの寄与

店舗・商品の選択幅の拡大（多様な品揃え）
流通コストの縮減

議連資料11　第５回卸売市場議員連盟勉強会（藤島教授　提出資料）

図2-1　大田市場におけるキュウリの日別卸売量と価格の推移
(2015年8月1日～10月31日）

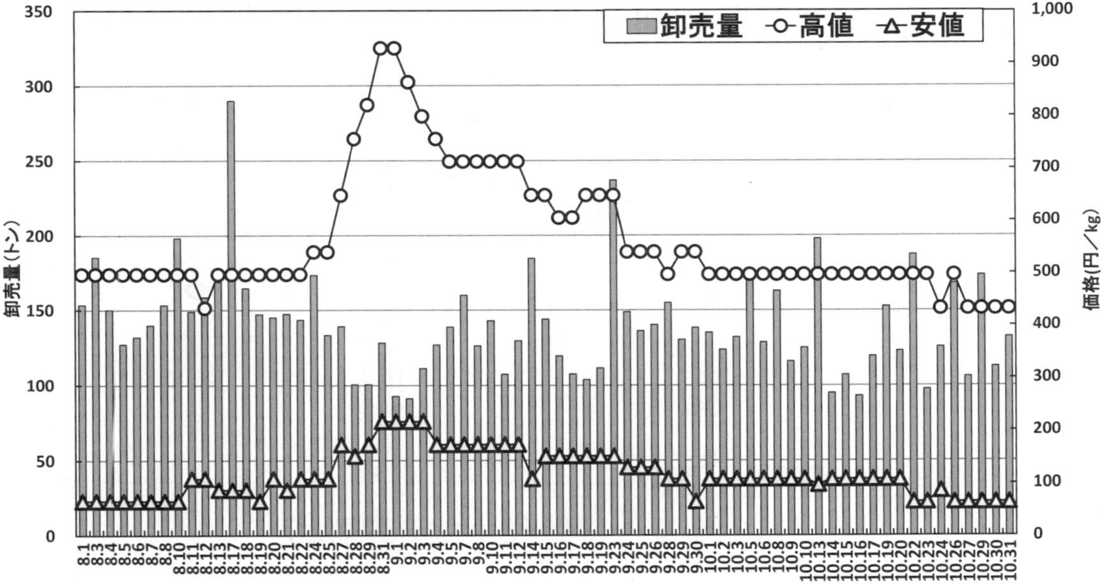
卸売量
高値
安値
卸売量(トン)
価格(円／kg)
350
300
250
200
150
100
50
0
1,000
900
800
700
600
500
400
300
200
100
0
8.1
8.3
8.4
8.5
8.6
8.7
8.8
8.10
8.11
8.12
8.13
8.17
8.18
8.19
8.20
8.21
8.22
8.24
8.25
8.27
8.28
8.29
8.31
9.1
9.2
9.3
9.4
9.5
9.7
9.8
9.10
9.11
9.12
9.14
9.15
9.16
9.17
9.18
9.19
9.23
9.24
9.25
9.26
9.28
9.29
9.30
10.1
10.2
10.3
10.5
10.6
10.8
10.9
10.10
10.13
10.14
10.15
10.16
10.17
10.19
10.20
10.22
10.23
10.24
10.26
10.27
10.29
10.30
10.31

議連資料11　第５回卸売市場議員連盟勉強会（藤島教授　提出資料）

図2-2　築地市場における秋刀魚の日別卸売量と価格の推移
(鮮魚；2016年9月1日～10月31日)

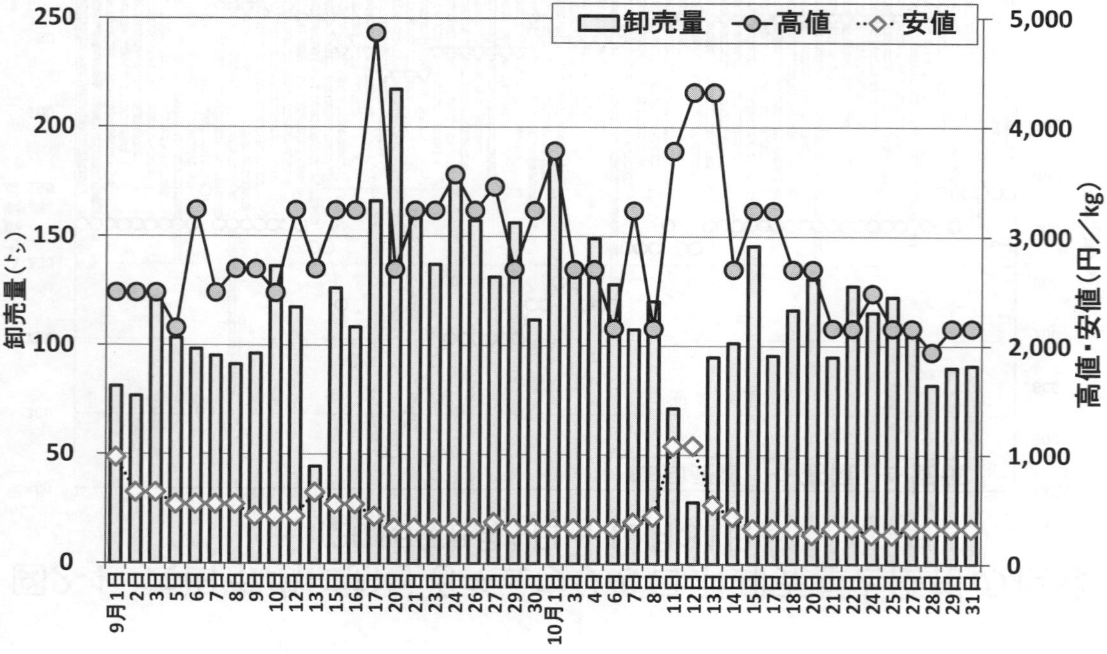
卸売量
高値
安値
卸売量（㌧）
高値・安値（円／kg）
250
200
150
100
50
0
5,000
4,000
3,000
2,000
1,000
0
9月1日
2日
3日
5日
6日
7日
8日
9日
10日
12日
13日
15日
16日
17日
20日
21日
23日
24日
26日
27日
29日
30日
10月1日
3日
4日
6日
7日
8日
11日
12日
13日
14日
15日
17日
18日
20日
21日
22日
24日
25日
27日
28日
29日
31日

議連資料11　第５回卸売市場議員連盟勉強会（藤島教授　提出資料）

図2-3　大田市場における輪菊（黄）の日別卸売量と価格の推移
(2016年10月1日～31日)

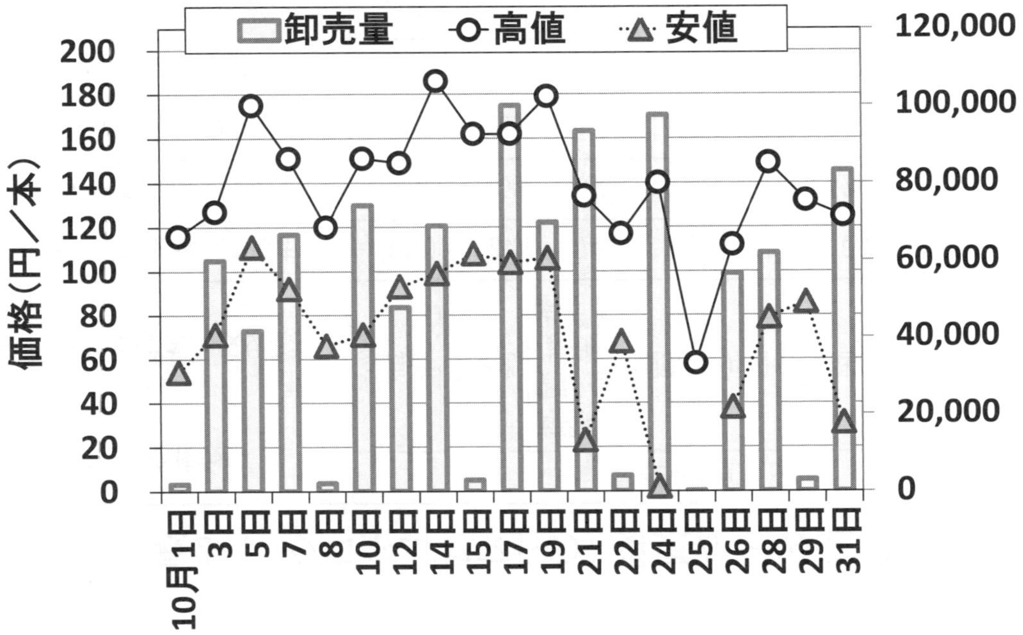
卸売量
高値
安値
価格（円／本）
200
180
160
140
120
100
80
60
40
20
0
卸売量（本）
120,000
100,000
80,000
60,000
40,000
20,000
0
10月1日
3日
5日
7日
8日
10日
12日
14日
15日
17日
19日
21日
22日
24日
25日
26日
28日
29日
31日

議連資料11　第５回卸売市場議員連盟勉強会（藤島教授　提出資料）

表2-1 クロネコヤマトの「関東からの運賃」

宅急便サイズ 縦・横・高さ(cm)又は重さ	関東からの運賃(円)							
	北海道	北東北	南関東・関東・信越・北陸・中部	関西	中国	四国	九州	沖縄
60サイズ(60cm以内2kgまで)	1,160	840	740	840	950	1,050	1,160	1,260
80サイズ(80cm以内5kgまで)	1,370	1,050	950	1,050	1,160	1,260	1,370	1,790
100サイズ(100cm以内10kgまで)	1,580	1,260	1,160	1,260	1,370	1,470	1,580	2,310
120サイズ(120cm以内15kgまで)	1,790	1,470	1,370	1,470	1,580	1,680	1,790	2,840
140サイズ(140cm以内20kgまで)	2,000	1,680	1,580	1,680	1,790	1,890	2,000	3,360
160サイズ(160cm以内25kgまで)	2,210	1,890	1,790	1,890	2,000	2,100	2,210	3,890

議連資料11　第５回卸売市場議員連盟勉強会（藤島教授　提出資料）

《流通コスト格差》（推測値）

〔生産者直売所〕	選別・調製・包装・運搬・陳列	10〜	60円/kg	
300円／kg	直売所手数料（5〜30%）	15〜	90円/kg	
	消費者運搬費用（ガソリン代）	0〜	600円	(?)
	同　（車の償却費、管理費）	20円／km		(?)
	人件費（1,000円／時間）	500〜3,000円		(?)
	赤字部分の計	**500〜5,600円**		(?)

〔 市場→小売 〕	集荷場までの運搬	5〜	10円/kg	
400円／kg 小売値	選別・調製・包装（段ボール等）	15〜	50円/kg	
	産地・市場間輸送料	5〜	40円/kg	
	手数料(JA、卸、仲卸：10~15%）	40〜	60円/kg	
	小売手数料(20~25%）	80〜	100円/kg	
	消費者運搬費用((ガソリン代）	0〜	24円	(?)
	同　（車の償却費、管理費）	20円／km		(?)
	人件費（1,000円／時間）		500円	(?)
	赤字部分の計	**500〜**	**600円**	(?)

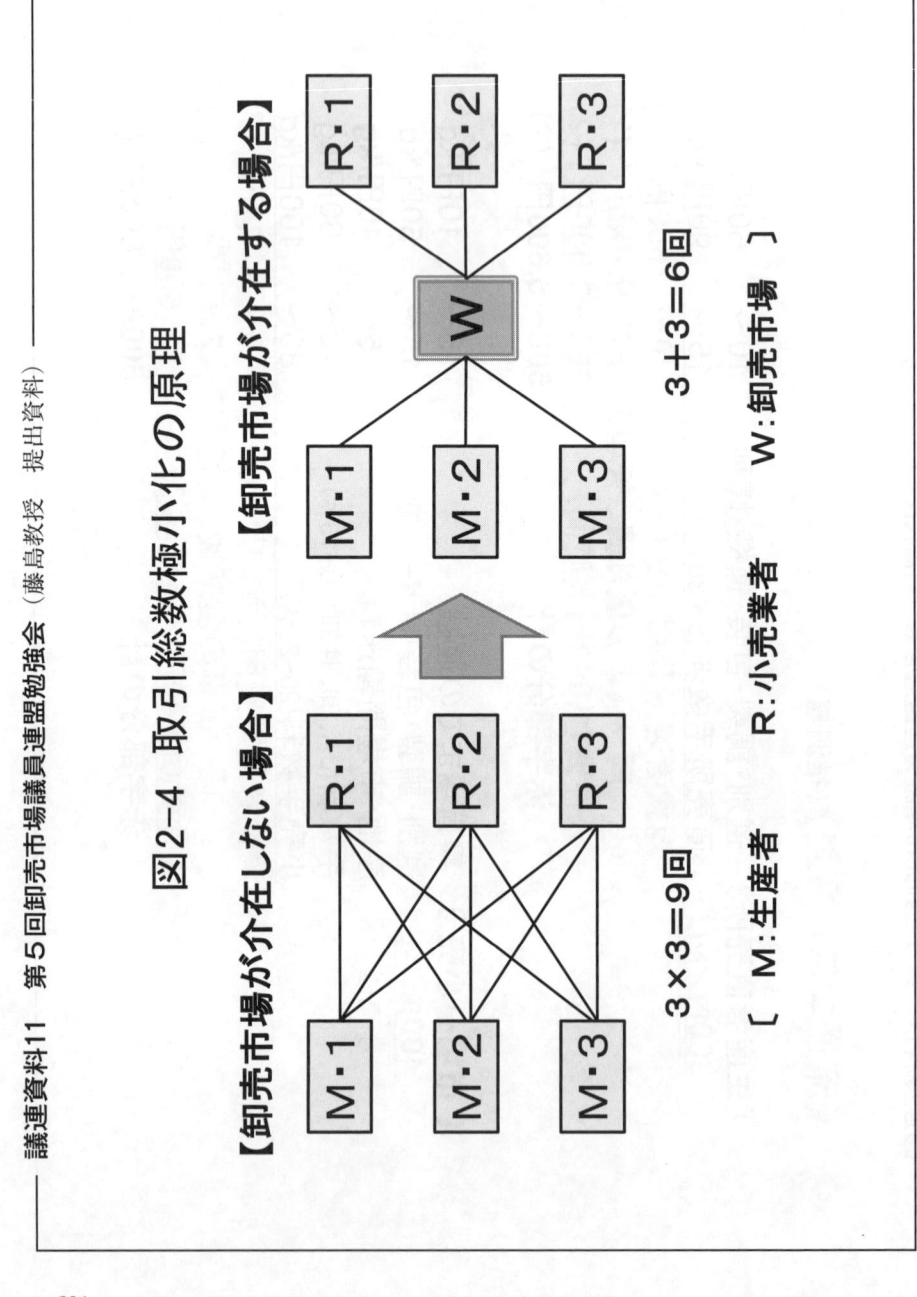

議連資料11　第５回卸売市場議員連盟勉強会（藤島教授　提出資料）

図2-4　取引総数極小化の原理

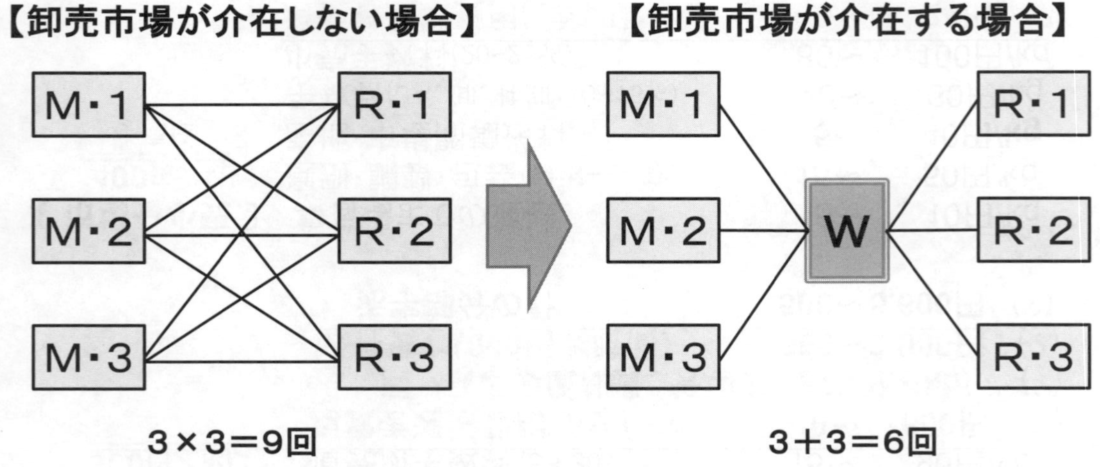
【卸売市場が介在しない場合】
M・1
M・2
M・3
R・1
R・2
R・3
3×3＝9回
【卸売市場が介在する場合】
M・1
M・2
M・3
W
R・1
R・2
R・3
3＋3＝6回

〔　M：生産者　　R：小売業者　　W：卸売市場　〕

議連資料11　第5回卸売市場議員連盟勉強会（藤島教授　提出資料）

3. 高齢化社会への対応

・1人当たり平均消費量の減少（花き類も）
　＋人口減少⇨総消費量の減少

・家庭内調理の減少＝食の外部化
　高齢化による体力・敏捷性の低下
　高齢者世帯と「おひとり様」の増加
　女性就業率の一層の上昇・・・家事時間の減少
　高齢者対応施設の増加
　⇩
　外食・中食・給食における変化＝「生業→企業」
　⇩
　食材は加工品（マニュアル化、衛生・ゴミ問題）

議連資料11　第5回卸売市場議員連盟勉強会（藤島教授　提出資料）

図3-1 野菜の市場経由率・経由量の推移

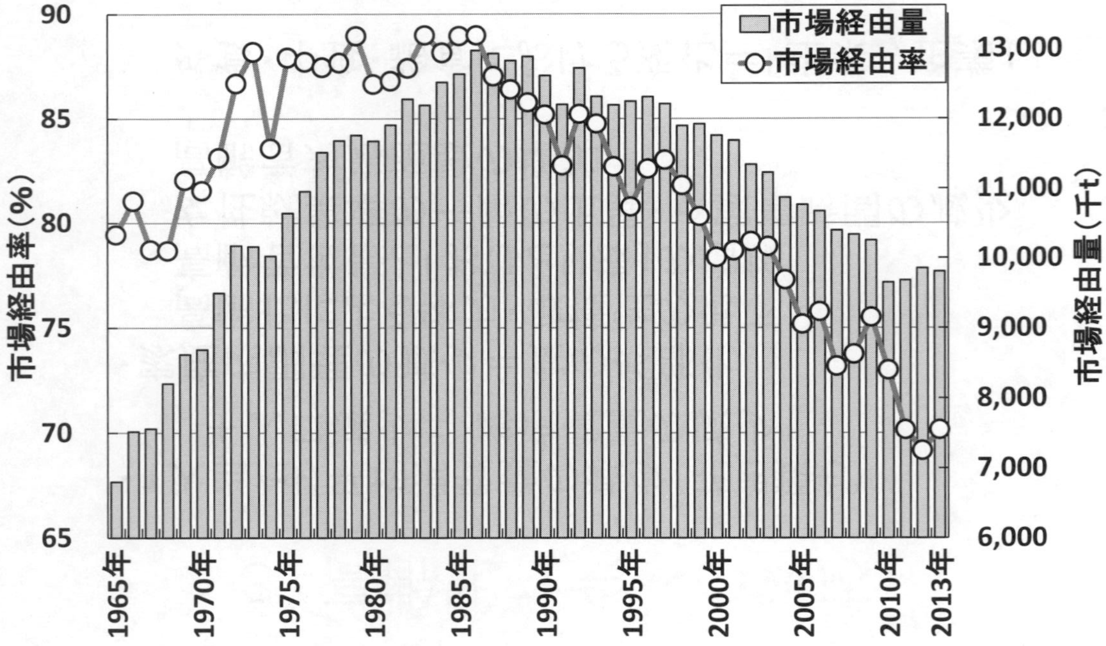
市場経由量
市場経由率
市場経由率(%)
90
85
80
75
70
65
市場経由量(千t)
13,000
12,000
11,000
10,000
9,000
8,000
7,000
6,000
1965年
1970年
1975年
1980年
1985年
1990年
1995年
2000年
2005年
2010年
2013年

議連資料11　第５回卸売市場議員連盟勉強会（藤島教授　提出資料）

図3-2 果実の市場経由率・経由量の推移

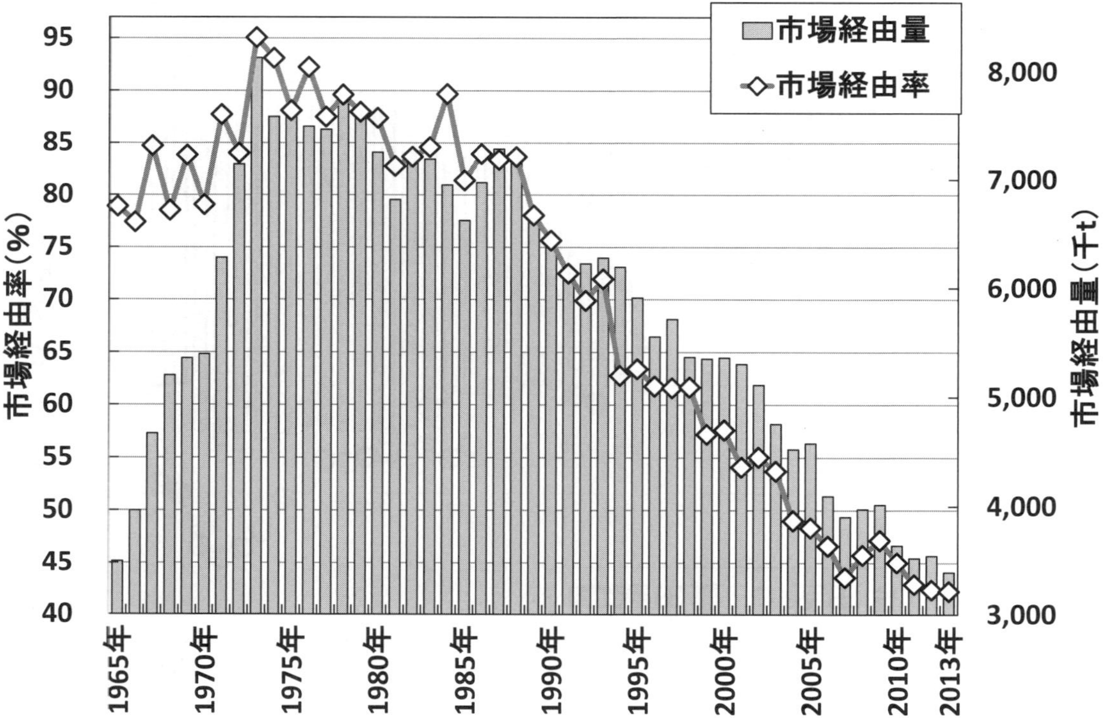
市場経由量
市場経由率
市場経由率（%）
95
90
85
80
75
70
65
60
55
50
45
40
市場経由量（千t）
8,000
7,000
6,000
5,000
4,000
3,000
1965年
1970年
1975年
1980年
1985年
1990年
1995年
2000年
2005年
2010年
2013年

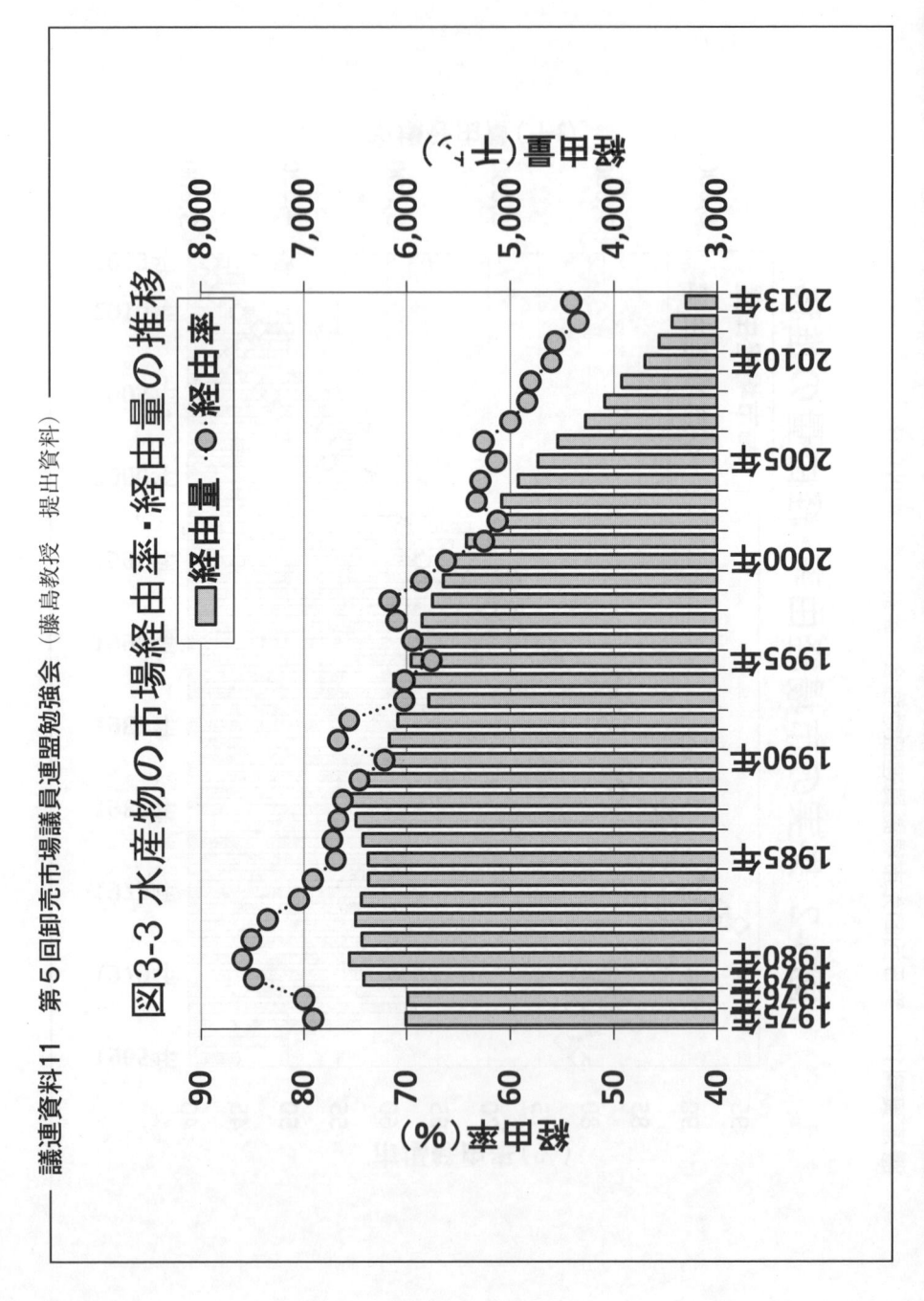

議連資料11　第5回卸売市場議員連盟勉強会（藤島教授　提出資料）

図3-3 水産物の市場経由率・経由量の推移

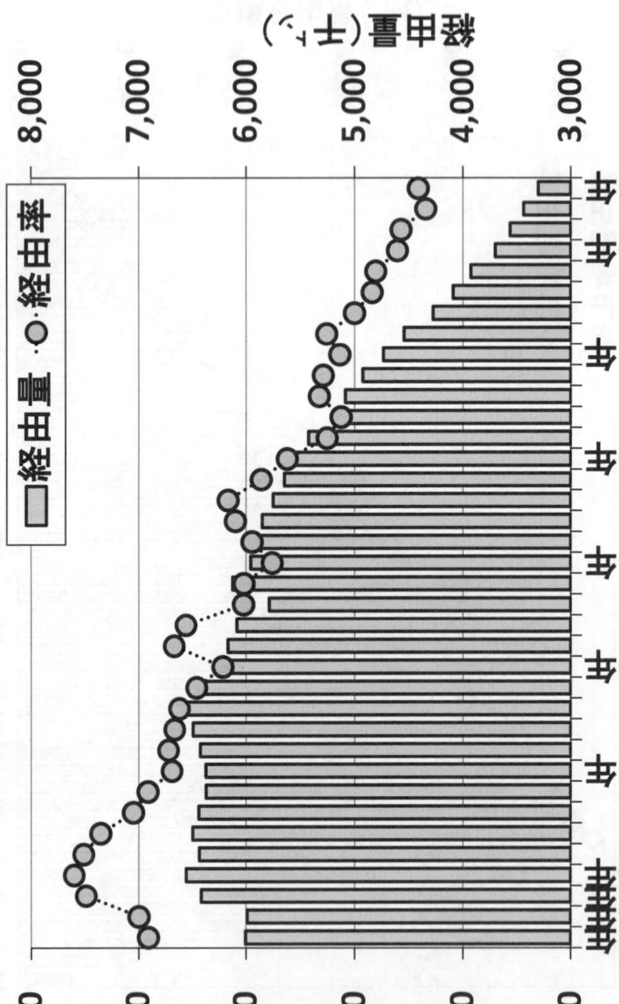
経由量
経由率
経由率(%)
90
80
70
60
50
40
経由量(千ｔ)
8,000
7,000
6,000
5,000
4,000
3,000
1975年
1976年
1979年
1980年
1985年
1990年
1995年
2000年
2005年
2010年
2013年

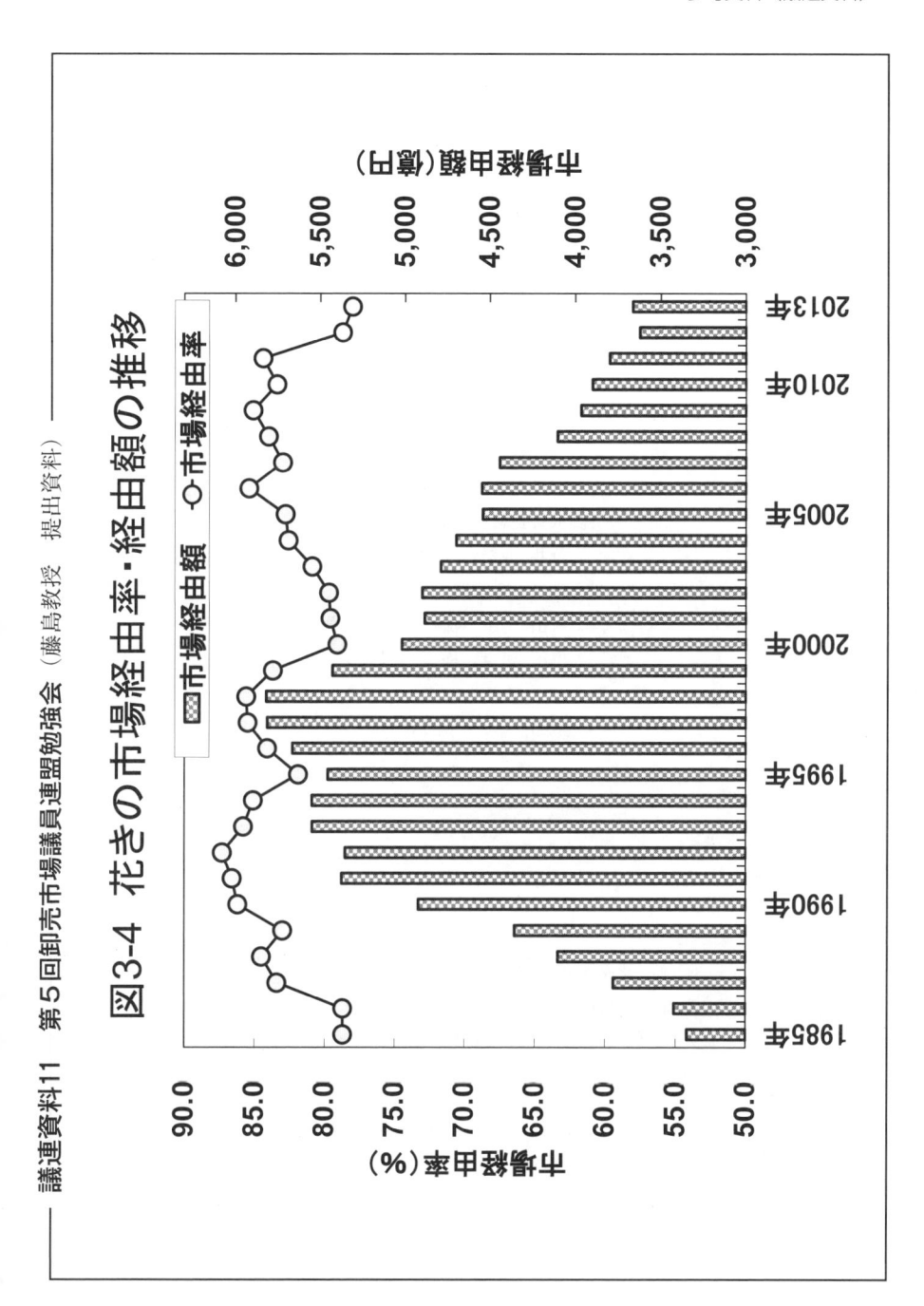

議連資料11　第５回卸売市場議員連盟勉強会（藤島教授　提出資料）

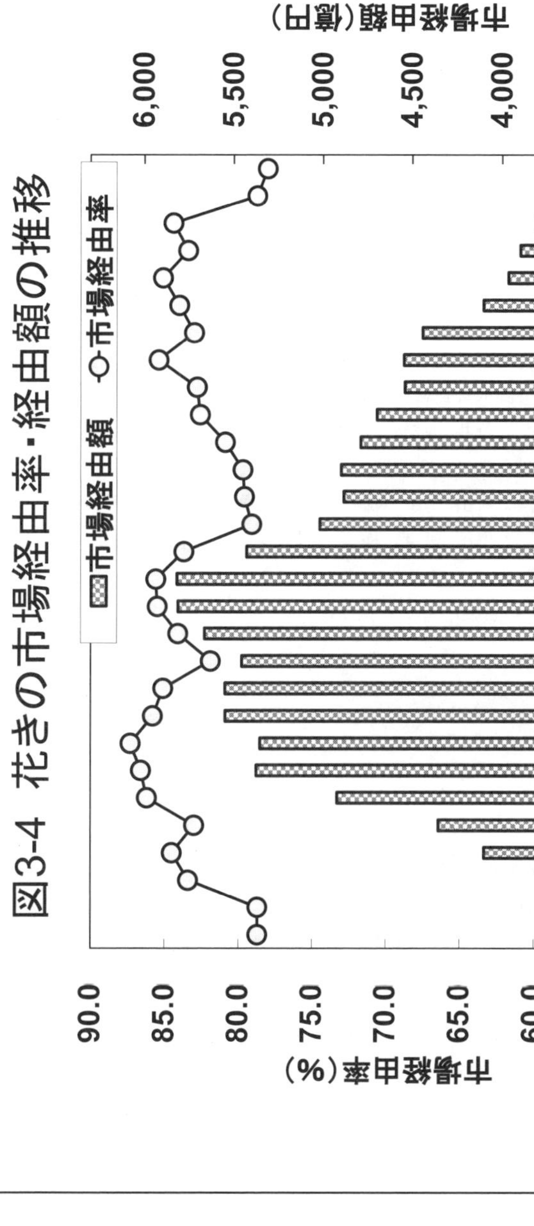
図3-4 花きの市場経由率・経由額の推移
市場経由額
市場経由率
市場経由額(億円)
6,000
5,500
5,000
4,500
4,000
3,500
3,000
市場経由率(%)
90.0
85.0
80.0
75.0
70.0
65.0
60.0
55.0
50.0
1985年
1990年
1995年
2000年
2005年
2010年
2013年

議連資料12

自由民主党卸売市場議員連盟勉強会
式次第

平成 29 年 11 月 14 日（火）13 時〜14 時

於：衆院第二会館 1 階 多目的会議室

1．開会・進行　平　将明　事務局長

2．挨　　拶　森山　裕　会長

3．議　　題　卸売市場法の抜本的見直しについて

①農水省食料産業局から概要説明

新井 ゆたか　様〈農林水産省食料産業局 審議官〉

②有識者から説明

新山 陽子　様〈立命館大学経済学部 教授〉

生田 與克　様〈(一社) シーフードスマート 代表理事〉

＜質疑応答・意見交換＞

4．閉　　会

〈裏面に出席者一覧〉

《今後の日程》

〈議員連盟勉強会〉

日　時：平成 29 年 11 月 21 日（火）12 時〜13 時

場　所：自民党本部 101 会議室

テーマ：ＪＡ全中・全農および全漁連からヒアリング（調整中）

〈政調、農林・食料戦略調査会、農林部会合同会議〉

日　時：2017 年 11 月 15 日（水）８時３０分（約 1 時間）

場　所：自民党本部 901 会議室

テーマ：卸売市場を含めた流通構造について（自由討論）

議連資料12

【省庁出席者】

農林水産省食料産業局	新井 ゆたか	審議官
農林水産省食料産業局	宮浦　浩司	食品流通課長
農林水産省食料産業局	武田　裕紀	卸売市場室長

【オブザーバー参加者】

〈青果荷受団体〉	全国中央市場青果卸協会	調査役	井上　浩
〈青果仲卸団体〉	全国青果卸売協同組合連合会	参　与	舘山 和俊
	全国青果卸売協同組合連合会	専務理事	瀧田 伸一
〈水産荷受団体〉	全国水産卸協会	専務理事	高島　泉
	全国水産卸協会	総括部長	大石 一雄
〈水産仲卸団体〉	全国水産物卸組合連合会	専務理事	早瀬　巧

以　上

議連資料13　第６回卸売市場議員連盟勉強会（新山教授　提出資料）

卸売市場議員連盟勉強会, 衆議院第2議員会館, 2017/11/13

卸売市場の機能とルール

新山陽子
京都大学名誉教授・立命館大学経済学部教授

議連資料13　第６回卸売市場議員連盟勉強会（新山教授　提出資料）

卸売市場の位置

卸売市場法（1971年制定）は時代遅れか、卸売市場は古いか？

■卸売市場設立の目的

「食料不足時代の公平分配のためのもの」（規制改革会議「提言」）か？
→当時の社会背景（大正米騒動など）で、卸売市場の目的ではない

「卸売市場法」（1971年）第１条（目的）
「生鮮食料品等の取引の適正化とその生産及び流通の円滑化を図り、
もって国民生活の安定に資する」

取引の適正化：透明で公正な取引と価格形成

■中央卸売市場の多くは戦後に開設（とくに60年～70年代）
（戦前の青果物市場開設は７つのみ、食肉市場の最初の開設は1958年）
....戦後、高度成長を支える食料供給を担う

戦前の課題：無秩序な商売（過度な荷引き競争による倒産、衛生問題）

戦後の課題：近代的な流通体系の確立（産地出荷体制→消費地の整備された市場の開設→小売店）

議連資料13　第６回卸売市場議員連盟勉強会（新山教授　提出資料）

■「透明で公正な取引と価格形成」が必要とされた背景、新しい意味

- 前近代的問屋が、情報（消費地・産地情報）と技術（品質評価）の独占を背景に、一方的に価格を決めていた状態の改善　「袖の下取引」

- 「整備された取引の場」（中央卸売市場）を設けることによる改善：

  多数の売り手と買い手が直接会合でき、多様な品質の農畜産物を品質に応じて、双方納得できるように価格形成ができる場

- 新たな現代的課題（大手量販店の強いバイイングパワーへの対応）：

  個別取引への強い対抗パワーの形成、法的規制は困難であり、卸売市場において、公正に形成される価格の役割はますます大きくなっている

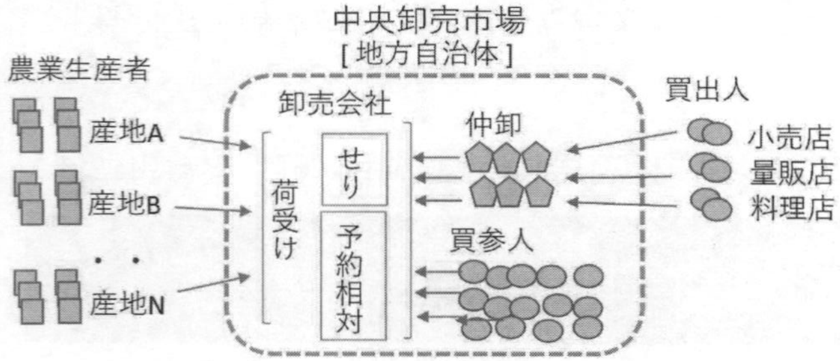
中央卸売市場
[地方自治体]
農業生産者
産地A
産地B
産地N
卸売会社
荷受け
せり
予約相対
仲卸
買参人
買出人
小売店
量販店
料理店

【小さくない卸売市場経由率】
青果物　60%（国産86%）
水産物　54%
花卉　78%
牛肉　32.3%（国産）
（和牛40.3,交雑牛47.3）
豚肉　17.6%（国産）
出所：「卸売市場をめぐる情勢について」食料産業局、H28.6
「畜産物流通統計」H28

議連資料13　第6回卸売市場議員連盟勉強会（新山教授　提出資料）

■市場法改正の積み上げ（実情に応じたルールの改正）、法制度の意味

- 「卸売市場法という特別の法制度に基づく時代遅れの規制は廃止する」（規制改革会議）

  → 改正を積み重ねてきたことに触れられていない

  2004年改正……手数料率の自由化
  現物搬入、卸売業者・仲卸業者の事業制限が緩和

- 中央卸売市場は、単なる物流施設（※）でも、私的企業組織でもなく、「高度に組織された市場」「制度的な市場」である

  ✓ 制度はルールであり、単なる取り締まりのための規制ではない
  ✓ 経済学の考え方は大きく転換しつつある　制度の役割を重視
  ✓ 取り締まり（公的コントロール）の変化
  ……自己コントロールが基礎、記録をもとに公的コントロール

※「種々のタイプが存在する物流拠点の1つとなっている」（規制改革会議）

議連資料13　第6回卸売市場議員連盟勉強会（新山教授　提出資料）

中央卸売市場の役割と機能

「高度に整備された、開かれた取引の場」　（制度的な市場）

- ｉ公設（公共団体の開設・運営）、ⅱ取引ルール、ⅲ公益的な卸（荷受会社）・仲卸、によって担保
- 制度とそれを支える法的根拠

重要な機能

① 透明で公正な取引　（誰にでも開かれた取引）
　・受託拒否の禁止＝誰でも出荷可能・全量受託
　・誰でも買参人に登録可能

［生産者だけでなく、地域の小売店、料理店にとって重要な存在］

② 透明で公正な透明な価格形成　（出荷、仕入双方が納得できる価格の発見）
　・「セリ」、市場卸売会社が仲立ちする「相対交渉」
　・需給会合価格の発見　（多数の売買が出会うことによる）
　・品質の評価にもとづく価格形成

［食肉：日本格付け協会による客観的な品質等級判定
青果・水産：仲卸の目利きとニーズに応じた小売店・料理店への販売］

③ 取引価格の公表　（指標価格の形成）
　→市場外の取引の基準価格、参照価格になる

④ 取引費用の削減　←売り手・買い手が集合、ルールの下で取引する制度
　・「取引相手探索」費用、「合意交渉」費用、「契約遵守の監視」費用

議連資料13　第6回卸売市場議員連盟勉強会（新山教授　提出資料）

取引の公正さ

フードシステム構成者の共存

■組織された市場の「セリ」の特徴

①多数の売り手・買い手を集めて、需給会合価格を発見
→　効率的で透明な価格形成方法　　（Tomek & Robinson）

②需給会合価格は指標価格として重要　（数%のシェアでも機能）（同一生産物カテゴリでみることが必要：和牛は30%）

■直接取引（個別相対交渉）の特徴　　公正さは？

①　入手できる情報、取引技能、交渉力が価格に反映される
→　売り手、買い手の間に大きな格差がある場合は、価格形成を損なう

②　交渉にかける時間の価値が高い場合、費用が高い方式
（Tomek & Robinson）

生産者　農作業しながら取引交渉 農業法人　専任の販売者？	⇔	食品メーカー、量販店 専任のバイヤー

→　卸売市場を通した予約相対取引は、パワーの是正が可能
→　指標価格による公正な交渉のベースの提供が必要

議連資料13　第６回卸売市場議員連盟勉強会（新山教授　提出資料）

■個別取引におけるパワーバランス確保の困難

- 日本の量販店の市場支配力は強い

　.....ヨーロッパより集中度は低いが、市場支配力は強い（パワーバランスの計測）

- 「買い叩き」の取り締まりは極めて困難

「公正取引委員会は、量販店等の不公正取引（優越的地位の濫用による買いたたき等）を是正するため、徹底した監視を行う」（「「生産者が有利な条件で安定取引を行うことができる流通・加工の業界構造の確立」に向けた施策の具体化の方向」平成28年10月6日規制改革推進会議農業ワーキング・グループ）

「公正取引委員会は、量販店等の不公正取引（優越的地位の乱用による買いたたきや不当廉売等）について、徹底した監視を行う」（「牛乳・乳製品の生産・流通等の改革に関する意見」平成28年11月28日 規制改革推進会議）

- 独占禁止法の強化（大規模小売店の不公正取引への規制）

　......しかし、製品価格、その交渉への介入は困難

　・「不当廉売」→同業者の競争に適用される
　・「優越的地位の濫用」（大規模小売店特殊指定、「下請法」）
　　・「取引対価の一方的決定」「対価の減額」→運用事例が少ない
　　・禁止行為の多くは、返品、従業員の派遣など　（製品価格以外の行為）

- 卸売市場の取引価格の公表（市場外取引の参照価格形成）機能は重要

議連資料13　第6回卸売市場議員連盟勉強会（新山教授　提出資料）

取引の効率

取引総数極小化の原理

【直接取引】

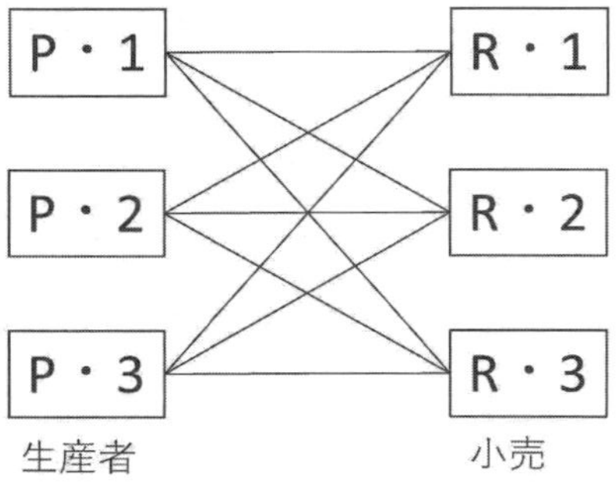
P・1
P・2
P・3
R・1
R・2
R・3
生産者
小売

3 × 3 = 9

【卸売市場、卸の介在】

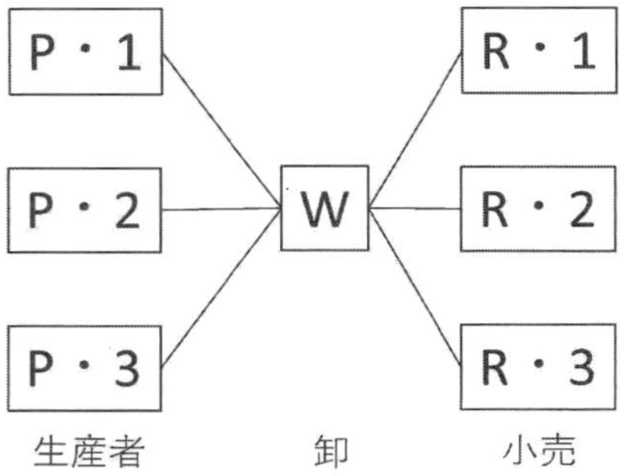
P・1
P・2
P・3
W
R・1
R・2
R・3
生産者
卸
小売

3 + 3 = 6

議連資料13　第６回卸売市場議員連盟勉強会（新山教授　提出資料）

取引費用

取引には費用がかかる
① 「取引相手の探索」費用
② 「合意の交渉」費用
③ 「契約遵守の監視」費用　　（D.コース）

探索、交渉、監視する相手が多いほど費用が嵩む

「農業競争力強化支援法」
第13条「国は、農産物流通の合理化を実現するため、農業者又は農業者団体による農産物の消費者への直接の販売を促進するための措置を講じるものとする」

直接取引：
売り手：①～③の取引費用の全額自己負担（相手多）
買い手：①～③の取引費用の全額自己負担（相手多）

卸売業者介在：
売り手・買い手：①～③の取引費用の負担（相手は卸売業者：少）
卸　売　業　者：①～③の取引費用の負担（相手は売り手・買い手：多）

卸売市場介在：
売り手・買い手：市場に出荷・買出にいけば取引相手がいる（市場手数料のみ）
市場卸売会社：荷と買い手が集まる（市場手数料で、探索・交渉の場を設け、契約遵守のルールを運営

「制度化された市場は取引費用を節減する」　（D.コース）

議連資料13　第６回卸売市場議員連盟勉強会（新山教授　提出資料）

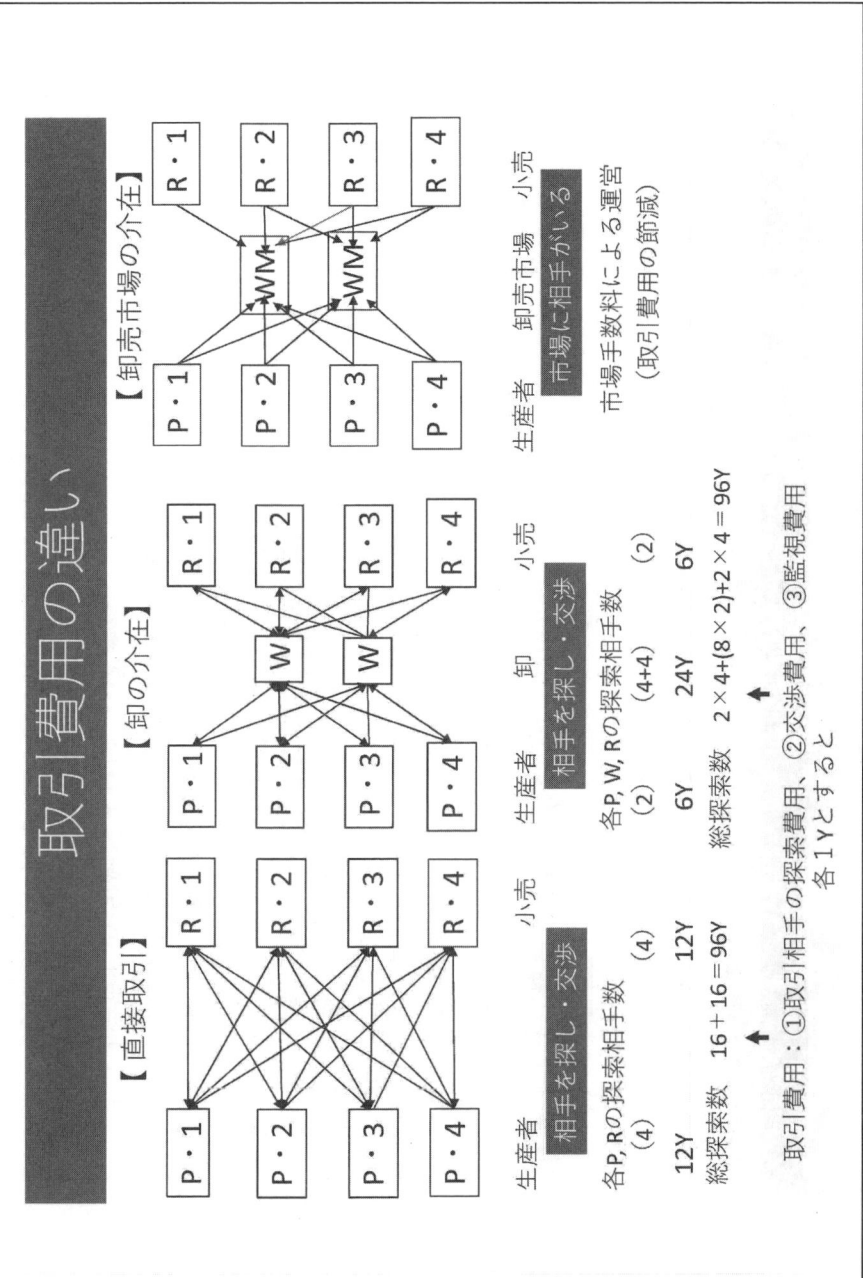

取引費用の違い

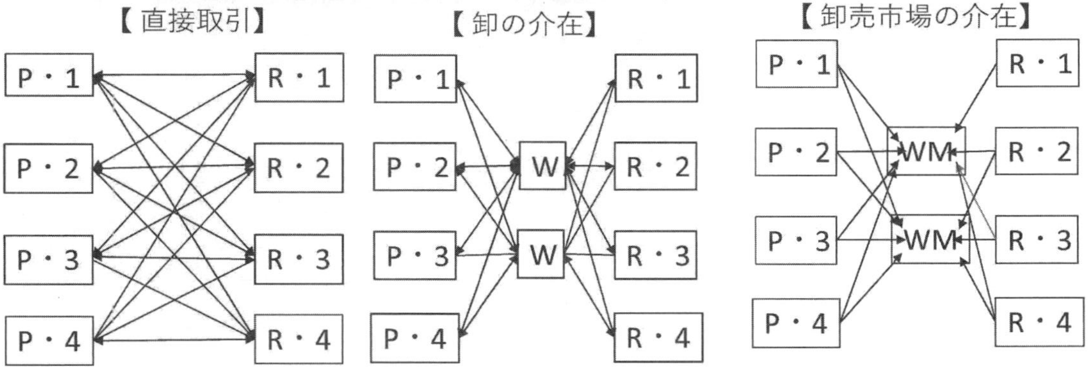
【直接取引】
P・1
P・2
P・3
P・4
R・1
R・2
R・3
R・4
【卸の介在】
P・1
P・2
P・3
P・4
W
W
R・1
R・2
R・3
R・4
【卸売市場の介在】
P・1
P・2
P・3
P・4
WM
WM
R・1
R・2
R・3
R・4

生産者	小売	生産者	卸	小売	生産者	卸売市場	小売

直接取引

相手を探し・交渉

各P, Rの探索相手数
（4）　（4）
12Y　12Y
総探索数　16＋16＝96Y

卸の介在

相手を探し・交渉

各P, W, Rの探索相手数
（2）　（4+4）　（2）
6Y　24Y　6Y
総探索数　2×4+(8×2)+2×4＝96Y

卸売市場の介在

市場に相手がいる

市場手数料による運営
（取引費用の節減）

↑ ↑

取引費用：①取引相手の探索費用、②交渉費用、③監視費用
各１Yとすると

議連資料13　第６回卸売市場議員連盟勉強会（新山教授　提出資料）

補足

市場と制度について　制度＝ルール　単なる取り締まりのための規制ではない

■経済学の考え方の転換

新古典派　完全競争市場モデル（神の見えざる手、機械仕掛けの売り手・買い手）
取引プロセスを想定しない
制度の想定なし　（制度は制約と考える）

↓

新産業組織論、新制度経済学（近年のノーベル経済賞を輩出）
現実的な市場へアプローチ　（不完全競争市場）
取引プロセスを認識　（人間の判断：情報は限られ、能力は有限）
制度の役割を重視　（市場の取引行動をスムーズにする）
（ルールを設け、判断の負荷を減らす）

■ルールの変更は、関係者の十分な議論、合意によるべき

- 欧州では、「問題提起」→議論→「方向性の提起」→議論→「規則の提案」→議論→「決定」の手順
- 政策科学の見地が必要

議連資料13　第6回卸売市場議員連盟勉強会（新山教授　提出資料）

ご清聴ありがとうございました

議連資料13　第６回卸売市場議員連盟勉強会（生田　シーフードスマート代表理事　提出資料）

H29.11.14自由民主党卸売市場議員連盟勉強会用資料

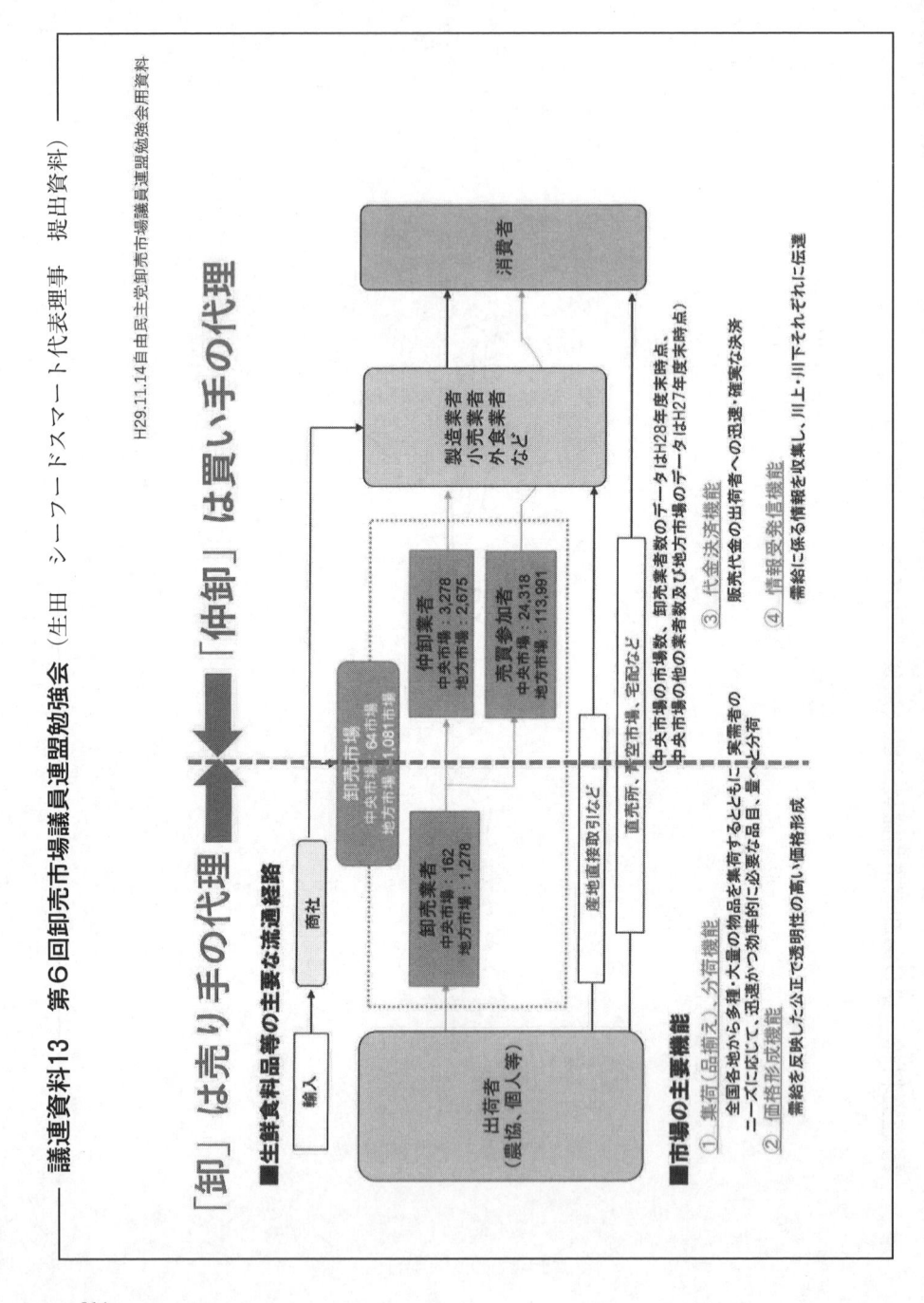

「卸」は売り手の代理 ⇒ ⇐「仲卸」は買い手の代理

■生鮮食料品等の主要な流通経路

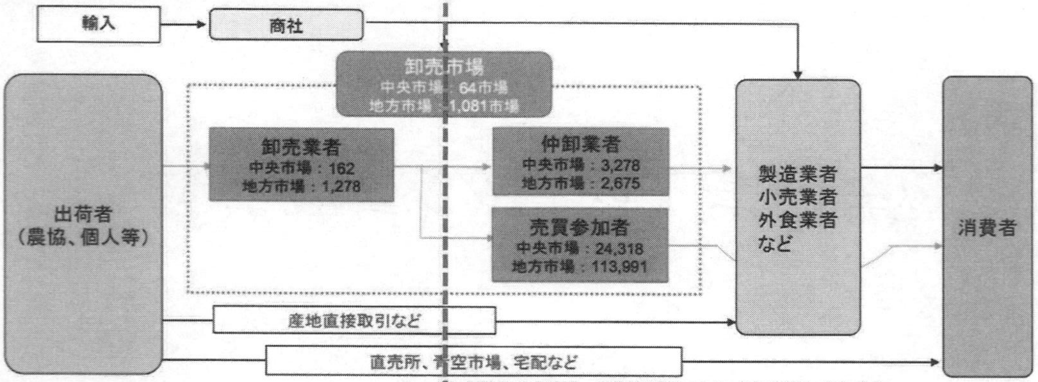
輸入
商社
卸売市場
中央市場：64市場
地方市場：1,081市場
出荷者
（農協、個人等）
卸売業者
中央市場：162
地方市場：1,278
仲卸業者
中央市場：3,278
地方市場：2,675
売買参加者
中央市場：24,318
地方市場：113,991
製造業者
小売業者
外食業者
など
消費者
産地直接取引など
直売所、青空市場、宅配など

（中央市場の市場数、卸売業者数のデータはH28年度末時点、
中央市場の他の業者数及び地方市場のデータはH27年度末時点）

■市場の主要機能

① 集荷（品揃え）、分荷機能
全国各地から多種・大量の物品を集荷するとともに、実需者のニーズに応じて、迅速かつ効率的に必要な品目、量へと分荷

② 価格形成機能
需給を反映した公正で透明性の高い価格形成

③ 代金決済機能
販売代金の出荷者への迅速・確実な決済

④ 情報受発信機能
需給に係る情報を収集し、川上・川下それぞれに伝達

議連資料14

自由民主党卸売市場議員連盟勉強会
式次第

平成29年11月21日（火）12時～13時

於：自民党本部101会議室

1．開会・進行　平　将明　事務局長

2．挨　　拶　森山　裕　会長

3．議　　題　卸売市場法の抜本的見直しについて

①農水省食料産業局から概要説明

新井 ゆたか　様（農林水産省食料産業局 審議官）

②農業生産者団体（ＪＡグループ）から説明・要望

金井　健　様（全国農業協同組合中央会 常務理事）

岩城 晴哉　様（全国農業協同組合連合会 代表理事専務）

③漁業生産者団体（全漁連）から説明・要望

大森 敏弘　様（全国漁業協同組合連合会 常務理事）

＜質疑応答・意見交換＞

4．閉　　会

〈裏面に出席者一覧〉

《今後の日程》

〈政調、水産部会・水産総合調査会合同会議〉

日　時：2017年11月22日（水）16時00分（約50分）

場　所：自民党本部 101会議室

議　題：1．規制改革への対応状況について

2．卸売市場を含めた流通構造について

3．その他

議連資料14

【省庁出席者】

農林水産省食料産業局	新井 ゆたか	審議官
農林水産省食料産業局	宮浦　浩司	食品流通課長
農林水産省食料産業局	武田　裕紀	卸売市場室長

【生産者団体出席者】

〈農業生産者団体〉	全国農業協同組合中央会	常務理事	金井　健
〈農業生産者団体〉	全国農業協同組合連合会	代表理事専務	岩城 晴哉
〈漁業生産者団体〉	全国漁業協同組合連合会	常務理事	大森 敏弘
〈漁業生産者団体〉	全国漁業協同組合連合会	漁政部長	若林　満
〈漁業生産者団体〉	全国漁業協同組合連合会	副調査役	藤田 真悟

【オブザーバー参加者】

〈青果荷受団体〉	全国中央市場青果卸協会	会　長	川田 一光
	全国中央市場青果卸協会	専務理事	茅沼 茂實
〈青果仲卸団体〉	全国青果卸売協同組合連合会	専務理事	瀧田 伸一
〈青果小売団体〉	全国青果物商業協同組合連合会	会　長	近藤 栄一郎
	全国青果物商業協同組合連合会	専務理事	山田 啓二
	全国青果物商業協同組合連合会		佐々木 順平
〈水産荷受団体〉	全国水産卸協会	専務理事	高島　泉
〈水産仲卸団体〉	全国水産物卸組合連合会	専務理事	早瀬　巧
〈水産小売団体〉	全国水産物商業協同組合連合会	専務理事	中野 健一

以　上

議連資料15　第７回卸売市場議員連盟勉強会
（全国農業協同組合中央会　提出資料）

卸売市場法の見直しにかかるＪＡグループの基本的考え方

平成２９年１１月
全国農業協同組合中央会

「卸売市場法の抜本的見直し」については、農業競争力強化プログラムや規制改革実施計画等に基づき、年末までに具体的結論を得て、来年の通常国会に関連法案を提出することとなっている。

卸売市場の経由率は、消費・流通の変化等により低下傾向にあるものの、国産青果物の経由率は９割弱を維持している。

このような実態を無視し、制度・規制が廃止・見直されれば、市場流通が弱体化・混乱し、生産者の販売環境が悪化するとともに、消費者への安定供給にも支障をきたしかねない。

ついては、卸売市場法の見直しにあたっては、下記の考え方により行われる必要がある。

記

１．卸売市場の機能を弱体化させる見直しは容認できない

２．市場の公的機能を担保する規制（受託拒否の禁止など）等の堅持

卸売市場は、受託拒否をしないことや透明で公正な取引を行うこと等により、腐敗しやすい青果物等の円滑な流通を支え、青果物等の安定生産・安定供給に大きな役割を果たしている。こうした市場の公的機能は今後とも不可欠であり、この機能を担保する規制（差別的取扱いの禁止、受託拒否の禁止、代金決済の確保など）や支援措置は堅持すること。

３．関係者の十分な調整等に基づく市場の機能強化に資する見直しの実施

卸売市場法の見直しにあたっては、卸売市場の価格形成や集荷・分荷、代金決済等の機能強化をはかり、共同販売等に取り組む生産者の所得向上に資するものとするとともに、産地、卸売市場、小売の実態が地域ごとに異なることを十分ふまえること。

また、市場の実態・役割・課題や規制の見直しによるメリット・デメリット等を明らかにした上で、関係者からの幅広いヒアリングを行い、十分な調整を行うこと。

議連資料15　第７回卸売市場議員連盟勉強会
（全国農業協同組合中央会　提出資料）

４．大手量販店等のバイイングパワーが強まらないようにするなど、第三者販売の原則禁止等の扱いの慎重な検討

第三者販売の原則禁止や直荷引きの原則禁止等の扱いについては、大手量販店等のバイイングパワーが強まらないようにすること、生産者の所得増大に資する市場の活性化の観点から、慎重な検討を行うこと。

５．商物一致の原則の実態に即した見直し

商物一致の原則については、鮮度の向上や流通コストの削減、物流における労働力不足問題の改善などに寄与し、生産者・消費者双方にメリットがあるよう、実態に即した見直しをすすめること。

６．物流改革、市場再編整備など流通全体の改善促進

コールドチェーンの拡大や規格の簡素化等の物流改革、適正な価格形成を確保する監視体制の強化、市場の再編整備の促進など、流通全体の改善を促進すること。

７．JA グループの自己改革の後押し

JA グループは自己改革のなかで、直接販売や販売力のある市場を活用した予約相対取引の拡大等に取り組むこととしており、こうしたJA グループの自己改革を後押しする流通構造・政策の確立が必要である。

以　上

議連資料15　第７回卸売市場議員連盟勉強会
（全国漁業協同組合連合会　提出資料）

卸売市場法の見直しに関する要望について

２０１７年１１月２１日
全国漁業協同組合連合会

多種多様な水産物を水揚げする沿岸漁業にとって、卸売市場は水産物の価格形成並びに安定供給の面で必要不可欠なインフラ機能である。今般検討されている卸売市場法の見直しにより、全国それぞれの実態にあった改革が進められ、産地における混乱が生じることのないよう、漁業者との接点である産地市場の運営を担う漁協の立場から下記事項について要望する。

記

１．卸売市場法における「受託拒否の禁止規定」の維持
・漁業経営の安定に資するため、漁業者が、漁獲した水産物を安心して市場に販売を任せることができるよう、受託拒否の禁止規定を維持すること

２．産地市場における「卸売人の自己買参権取得」の促進
・産地市場における価格形成力の強化と活性化を図るため、卸売人である漁協の買参権取得を促進すること

３．産地市場の統合に係る支援
・産地市場の役割をさらに強化するため、市場統合にかかる政策支援の拡充・強化を図ること

以上

議連資料15　第７回卸売市場議員連盟勉強会

（農林水産省　提出資料）

食品流通構造改革に関する論点

１．食品流通の合理化

（１）卸売市場を含めた食品流通の合理化の方向性をどう考えるか。

例えば、
- ○　物流等の効率化
- ○　情報通信技術等の活用
- ○　鮮度保持等の品質・衛生管理の強化
- ○　国内外の需要への対応

（２）卸売市場を含めた食品流通の合理化をどのような方法で推進するか。

２．生鮮食料品等の公正な取引環境の確保

○　生鮮食料品等は、日持ちが短く生産量が増減するため、不公正な取引が発生しやすく、公正な取引環境を確保することが特に必要ではないか。

（１）生鮮食料品等の公正な取引環境をどのようにして確保したらよいか。

（２）生鮮食料品等の公正な取引の場としての卸売市場に関する規制をどうしたらよいか。

○　生産者・消費者からみて不可欠なルールは何か。
○　市場関係者の経営発展に資するために、自由化した方がよいルールは何か。
○　生産者が有利な卸売市場を選択できるようにするには、どうしたらよいか。

こうした観点から、次のような規制の取扱いを検討。
- ・　売買取引の方法の公表
- ・　差別的取扱いの禁止
- ・　受託拒否の禁止
- ・　代金決済ルールの公表
- ・　取引条件の公表
- ・　取引結果の公表
- ・　第三者販売の原則禁止
- ・　直荷引きの原則禁止
- ・　商物一致の原則
- ・　その他

議連資料16

自由民主党卸売市場議員連盟　緊急集会（平成29年11月29日（水））

出席議員（37名）

衆議院（30名）

石田真敏、岩屋毅、大西英男、小里泰弘、鬼木誠、門博文、加藤寛治、金子万寿夫、神田憲次、工藤彰三、古賀篤、笹川博義、佐々木紀、左藤章、関芳弘、平将明、田中英之、中谷真一、中村裕之、浜田靖一、平口洋、福山守、古川康、堀内詔子、三原朝彦、宮路拓馬、宗清皇一、森山裕、盛山正仁、山口俊一

参議院（7名）

井原巧、江島潔、大沼みずほ、進藤金日子、野村哲郎、藤木眞也、山田修路

業界団体（約130名）

青果荷受（13名）

一般社団法人全国中央市場青果卸売協会、東京シティー青果（株）、東京豊島青果（株）、東京荏原青果（株）宮下正常務、東京中央市場青果卸売会社協会（東京富士青果）中村幸敏代表取締役、東京新宿ベジフル（株）蚊爪巳千雄社長、東京神田青果市場（株）菅井政志常務、東京千住青果（株）岩澤均社長、横浜丸中青果（株）鈴木邦之会長、東京青果（株）

青果仲卸（1名）

全国青果卸売協同組合連合会　瀧田伸一専務

青果小売（3名）

全国青果物商業協同組合連合会　近藤栄一郎会長他

青果生産者（約100名）

JAグループ（全国農業協同組合中央会　中家徹会長、全国農業協同組合中央会雨宮勇青果対策委員長、全国農業協同組合連合会　長澤豊経営管理委員会会長他）

花き（1名）

一般社団法人日本花き卸売市場協会　磯村信夫会長

水産荷受（1名）

一般社団法人全国水産卸協会

水産仲卸（4名）

全国水産物卸組合連合会　岩田一也副会長他

水産小売（1名）

全国水産物商業協同組合連合会

水産生産者（3名）

全国漁業協同組合連合会　長屋信博代表理事専務他

議連資料17

卸売市場法の抜本見直しに対する緊急決議

平成二十九年十一月二十九日
自由民主党
卸売市場議員連盟緊急集会

卸売市場は、法制定以来、その法目的をふまえ、青果物・花き・水産物・食肉等の公正な取引の確保、全国津々浦々の食料の安定生産、国民への安定供給、地方経済の維持等に寄与し、我が国における流通の基幹インフラとしての大きな役割を担っている。

こうした機能発揮は、市場関係者（生産者、荷受会社、仲卸会社、小売会社）による情勢変化に対応した生態系の構築と、それを担保する市場法・制度の維持・改正により保たれてきた。

昨年来、農業競争力強化プログラム等に基づき、卸売市場法の見直しの検討や関係者へのヒアリングがすすめられてきた。こうしたなか、十一月二十四日に規制改革推進会議等が提言を行った。この提言は、これまでヒアリングで寄せられた現場の声・実態と大きくかい離したもので、市場の機能を弱体化するものとなっている。また、法制度の根幹について、突然、大幅見直しを求める内容もあり、検討のすすめ方にも大いに問題がある。

現在求められているのは、市場法の廃止等ではなく、生産者・消費者の双方にメリットになり、地域経済の発展にも資する「卸売市場法の適切な見直し」と「食品流通振興政策の確立・強化」である。

よって、政府は、卸売市場法の見直しに当たり、各市場の多様性と関係者の意見を十分踏まえ、卸売市場が集荷・分荷・価格形成・決済・情報受発信機能等を引き続き十全に発揮できるよう、左記について、万全な対策を講ずるべきである。

記

一．社会インフラとしての卸売市場の機能を確保するため、「卸売市場法」を堅持し、「認可制」など国の十分な関与や、生鮮食料品等の安定供給に貢献する卸売市場の位置付け等を維持すること

議連資料17

二、卸売市場の開設者・開設方式は、市場の公共性をふまえ、健全かつ効率的な市場運営を確保できる場合のみ認可されるようにすること

三、天候に影響されやすく、腐敗しやすい生鮮食料品等の円滑な流通を支える「市場の公的機能」を維持するため、「受託拒否の禁止の規制」を堅持すること

四、卸売市場の公正な取引を確保するため、「売買取引の方法」、「差別的取扱いの禁止」、「代金決済の確保」については現行の取扱を維持するとともに、公正取引委員会及び農林水産省は不公正な取引の調査・監視等を強化すること

五、取引条件・結果の公表については、事業運営に支障をきたさない範囲で、生産者等の選択に資する観点から強化・拡充をはかること

六、第三者販売、直荷引き、商物一致等の取引ルールについては、各市場が実態に応じ取引の活性化ができるようにしつつ、そのルールの設定・運用が、これまでどおり市場流通の生態系を壊すことがないようすること

具体的には、市場関係者全員でルールを協議する仕組みを構築するとともに、国は健全な取引の確保に向けた考えを示し、その徹底を図るための指導等を行うこと

七、卸売市場を含め、食品流通の合理化・高度化に向け、物流の合理化、ICTの活用、コールドチェーンの整備、市場の再編・整備等を集中的かつ強力に推し進めるため、万全な対策の確立と予算の確保を行うこと

八、助言組織の規制改革推進会議等の意見については、参考とするにとどめ、適切に実態を踏まえ現場で十分機能するものとなることを第一義として、制度・政策確立等を行うこと

議連資料18

自由民主党卸売市場議員連盟　大臣折衝出席者（平成29年12月4日（月））

議員（10名）

会長	森山裕
副会長	浜田靖一、三原朝彦
幹事長	盛山正仁
幹事	坂本哲志、原田憲治、鬼木誠、山田俊男、山田修路
事務局長	平将明

業界団体（16名）

全国青果卸売協同組合連合会（青果仲卸）	増山晴行会長、瀧田伸一専務
全国青果物商業協同組合連合会（青果小売）	近藤栄一郎会長、山田啓二専務
全国水産物卸組合連合会（水産仲卸）	早山豊会長、早瀬巧専務
全国水産物商業協同組合連合会（水産小売）	永井良和会長、中野健一専務
一般社団法人日本花き卸売市場協会（花き荷受）	磯村信夫会長
全国農業協同組合中央会（青果生産者）	中家徹会長、金井健常務理事、梶浦紀徒調査役
全国農業協同組合連合会（青果生産者）	岩城晴哉代表理事専務、金子千久園芸部部長
全国漁業協同組合連合会（水産生産者）	大森敏弘常務理事、若林満漁政部長

議連資料19

自由民主党卸売市場議員連盟勉強会
式次第

平成30年2月16日（金）13時～14時
於：自民党本部701会議室

1．開会・進行　平　将明　事務局長

2．挨　　拶　森山　裕　会長

3．議　　題　卸売市場法等改正案の骨子について農水省から説明
新井 ゆたか　様（農林水産省食料産業局 輸出促進審議官）

＜質疑応答・意見交換＞

4．閉　　会

〈裏面に出席者一覧〉

《今後の日程（予定）》

〈政調、農林・食料戦略調査会、農林部会合同会議〉

日　時：2018年2月22日（木）

場　所：自民党本部

議　題：卸売市場法及び食品流通構造改善促進法の一部を改正する法律案について（条文審査）

議連資料19

【省庁出席者】

農林水産省食料産業局	新井 ゆたか	輸出促進審議官
農林水産省食料産業局	宮浦　浩司	食品流通課長

【オブザーバー参加者】

〈青果荷受団体〉	全国中央市場青果卸売協会		大竹 一平
〈青果仲卸団体〉	全国青果卸売協同組合連合会	専務理事	瀧田 伸一
〈青果小売団体〉	全国青果物商業協同組合連合会	会　長	近藤 栄一郎
	全国青果物商業協同組合連合会	専務理事	山田 啓二
〈水産荷受団体〉	全国水産卸協会	会　長	伊藤 裕康
	全国水産卸協会	会長代行	岩瀬 一雄
	全国水産卸協会	総括部長	大石 一雄
〈水産仲卸団体〉	全国水産物卸組合連合会	会　長	早山　豊
	全国水産物卸組合連合会	専務理事	早瀬　巧
〈水産小売団体〉	全国水産物商業協同組合連合会	専務理事	中野 健一
〈花き荷受団体〉	日本花き卸売市場協会		尾田 仁志
〈農業生産者団体〉	全国農業協同組合中央会	調査役	梶浦 紀徒
	全国農業協同組合中央会		菅野 英志
〈農業生産者団体〉	全国農業協同組合連合会	卸売市場課長	竹内 伸一
〈漁業生産者団体〉	全国漁業協同組合連合会	漁政部	清水　悟

以　上

議連資料20　第８回卸売市場議員連盟勉強会（農林水産省　提出資料）

「生産者・消費者双方のメリット向上のための卸売市場を含めた食品流通構造の改革について」と法律案骨子の対応について

平成30年２月

生産者・消費者双方のメリット向上のための卸売市場を含めた食品流通構造の改革について （平成29年12月８日農林水産業・地域の活力創造本部決定）	法律案骨子
１．基本的な考え方 ○　これまでの食品流通の中で卸売市場が果たしてきた集荷・分荷、価格形成、代金決済等の調整機能は重要であり、これについては、卸売業者、仲卸業者等の役割・機能が発揮され、今後も食品流通の核として堅持するべきである。 ○　一方で、農業等の生産者の所得を向上させるとともに、消費者ニーズに的確に応えていくためには、卸売市場を含めて、新たな需要の開拓や付加価値の向上につながる食品流通構造を確立していくことが重要である。 ○　このような観点から、卸売市場を含めた食品流通の合理化と生鮮食料品等の公正な取引環境の確保を促進し、生産者・消費者双方のメリット向上のための食品流通構造の実現に向けて、一体性のある制度を構築すべきである。 なお、生産者・消費者双方にメリットのある食品流通構造の実現の観点から、生産、流通、消費の動向・実態を踏まえ、新たな制度の施行後５年を目途に検証し、必要な見直しを行うものとする。	○　**法律案** ・卸売市場を含めた食品等の流通の合理化と取引の適正化を一体として促進するため、「卸売市場法及び食品流通構造改善促進法の一部を改正する法律案」とする。 ○　**卸売市場法の一部改正** ・この法律は、卸売市場が食品等の流通において生鮮食料品等の公正な取引の場として重要な役割を果たしていることに鑑み、卸売市場に関し、農林水産大臣が策定する基本方針について定めるとともに、農林水産大臣及び都道府県知事によるその認定に関する措置その他の措置を講じ、その適正かつ健全な運営を確保することにより、生鮮食料品等の取引の適正化とその生産及び流通の円滑化を図り、もって国民生活の安定に資することを目的とする。 ○　**食品流通構造改善促進法の一部改正** ・この法律は、食品等の流通が農林漁業者と一般消費者とをつなぐ重要な役割を果たしていることに鑑み、食品等の流通の合理化を図るため、農林水産大臣による基本方針の策定及び食品等流通合理化計画の認定、その実施に必要な支援措置その他の措置を講ずるとともに、食品等の取引の適正化を図るため、農林水産大臣による調査の実施その他の措置を講じ、もって農林漁業及び食品産業の成長発展並びに一般消費者の利益の増進に資することを目的とする。 ○　**法律案附則** ・この法律の施行後５年を目途として、食品等の生産、流通及び消費の動向及び実態を踏まえ、この法律による改正後のそれぞれの法律の規定について検討を加え、その結果に基づいて必要な見直しを行う。
２．食品流通の合理化	
（１）卸売市場を含めた食品流通の合理化の方向性 ア　物流等の効率化 ○　パレット輸送による積み降ろしの円滑化、モーダルシフト、配送の共同化等による物流の効率化を推進する。 ○　また、生産者が、経営安定に向けて、多様な流通ルートの中から有利なルートを選択できる環境を整備する。 イ　情報通信技術等の活用 ○　流通業務自体の最適化・効率化を図るとともに、生産者・実需者等のニーズに迅速・的確に対応するため、情報通信技術（ＩＣＴ）等の技術を積極的に導入する。 ウ　鮮度保持等の品質・衛生管理の強化 ○　食品流通段階における品質の保持を徹底するため、コールドチェーンの整備やＨＡＣＣＰによる衛生管理等の品質・衛生管理の取組を一層強化する。 エ　国内外の需要への対応 ○　国内市場における加工・小分け需要の増加、海外市場への輸出に対応する取組を推進する。	○　**食品流通構造改善促進法の一部改正** ・農林水産大臣は、次の事項を内容とする「食品等の流通の合理化に関する基本方針」を定める。 ア　食品等の流通の効率化に関する措置 イ　食品等の流通における品質管理及び衛生管理の高度化に関する措置 ウ　食品等の流通における情報通信技術その他の技術の活用に関する措置 エ　食品等に係る国内外の需要への対応に関する措置
（２）食品流通の合理化に向けた計画の認定・支援 ○　卸売市場関係者を含む流通事業者等が食品流通の合理化の方向性に即した取組を進めようとする場合には、その計画を国が認定し、これを融資、出資等により支援する。	・食品等の流通の合理化を図る事業を実施しようとする者（卸売市場関係者を含む。）は、食品等流通合理化計画を作成し、農林水産大臣の認定を受けることができる。 ・農林水産大臣は、次の要件に適合する場合、認定をする。 ア　食品等流通合理化基本方針に照らし適切なものであること。 イ　食品等流通合理化事業を遂行するために適切なものであること。 ウ　一般消費者の利益の増進及び農林漁業の成長発展に寄与するものであること。 ・認定を受けた者に対し、次の支援措置を講ずる。 ア　株式会社農林漁業成長産業化支援機構（Ａ－ＦＩＶＥ）の出資等 イ　食品等流通合理化促進機構（現食品流通構造改善促進機構）の債務保証 ウ　株式会社日本政策金融公庫の融資等

－１－

議連資料20　第８回卸売市場議員連盟勉強会（農林水産省　提出資料）

生産者・消費者双方のメリット向上のための卸売市場を含めた食品流通構造の改革について （平成29年12月８日農林水産業・地域の活力創造本部決定）	法律案骨子
３．生鮮食料品等の公正な取引環境の確保 ○　生鮮食料品等は、日持ちが短く生産量が増減するため、不公正な取引が発生しやすく、公正な取引環境を確保することが特に必要である。	
（１）生鮮食料品等の公正な取引環境の確保のための調査等 ○　生鮮食料品等の取引において買い手が支配的な立場を濫用すること等のないよう、取引状況について農林水産省が定期的な調査を行い、不公正な取引が確認された場合には公正取引委員会に通知する。	**○　食品流通構造改善促進法の一部改正** ・農林水産大臣は、食品等の取引の適正化のため、食品等の取引状況等に関する調査を行い、当該調査の結果に基づき指導・助言等の措置を講ずる。 ・農林水産大臣は、食品等の取引に関し、不公正な取引方法に該当する事実があると思料するときは、公正取引委員会に対し、その事実を通知する。
（２）生鮮食料品等の公正な取引の場としての卸売市場 ○　生鮮食料品等の公正な取引の場として、国が方針を示すこととし、公正・透明を旨とする以下の共通ルールを遵守し、公正・安定的に業務運営を行える、高い公共性を有する卸売市場を国又は都道府県が認定し、公表するとともに、指導・検査監督する。 その際、一定水準以上の規模を有する卸売市場は「中央卸売市場」として国が認定し、それ以外は「地方卸売市場」として都道府県が認定する。 これら以外の現行卸売市場法の国による一律の規制等は行わず、今後は、販路拡大といった生産者ニーズも踏まえ、各市場の実態に応じて創意工夫を活かした取組等により、卸売市場を活性化する。 ①　売買取引の方法の公表 公正・効率的な取引が行われるよう、せり売、入札、相対取引といった「売買取引の方法」を定め、公表する。 ②　差別的取扱いの禁止 集荷面で全ての生産者が公平に扱われ、分荷面でも全ての仲卸業者・売買参加者が公平に扱われるよう、「差別的取扱い」を禁止する。 ③　受託拒否の禁止 生産者にとって確実な出荷先を確保できるよう、中央卸売市場については、生産者から販売委託の申込みがあった場合に、正当な理由がある場合を除き、卸売業者による「受託拒否」を禁止する。 ④　代金決済ルールの策定・公表 生産者が出荷した農産物の代金が早期かつ確実に回収されるよう、「代金決済ルール」を定め、これを公表する。 ⑤　取引条件の公表 卸売市場における取引の透明性を高めるよう、「取引条件（委託手数料、各種奨励金、実務的ルール等）」を公表する。 ⑥　取引結果の公表 卸売市場における取引の透明性を高めるよう、「取引結果（数量・価格、委託手数料・各種奨励金等）」を公表する。 ⑦　その他の取引ルールの公表 その他の取引ルール（第三者販売の原則禁止、直荷引きの原則禁止、商物一致の原則等についてのルール）については、卸売市場の調整機能維持に十分配慮しつつ、卸売市場の活性化に資する視点に立ち、卸売市場ごとに、特定の事業者の優遇にならない等、①から⑥までの共通ルールに反しない範囲において、定めることができることとする。 その際、卸売業者、仲卸業者等の関係者の意見を聴くなど公正な手続を踏むとともに、卸売市場における取引の透明性を高めるよう、当該「取引ルール」は公表するものとする。 ○　今後とも卸売市場が食品流通の核として品質・衛生管理の強化等の課題に対応しつつ円滑に運営が行われるよう、認定を受けた卸売市場に対し、引き続き、施設整備等への支援を行う。	**○　卸売市場法の一部改正** ・農林水産大臣は、次の事項を内容とする「卸売市場に関する基本方針」を定める。 ア　卸売市場の業務の運営に関する基本的な事項 イ　卸売市場の施設に関する基本的な事項 ウ　その他卸売市場に関する重要事項 ・卸売市場であって次の要件に適合しているものは、農林水産大臣又は都道府県知事の認定を受けて、中央卸売市場又は地方卸売市場と称することができる。 ア　申請書及び業務規程の内容が、基本方針に照らし適切であること。 イ　申請書及び業務規程の内容が、法令に違反しないこと。 ウ　業務規程に次の「共通の取引ルール」が定められていること。 ①　売買取引の方法の公表 ②　差別的取扱いの禁止 ③　受託拒否の禁止（中央卸売市場のみ） ④　代金決済の方法の策定及び公表（卸売業者の事業報告書の作成及び閲覧を含む。） ⑤　売買取引の条件の公表 ⑥　売買取引の結果の公表 エ　⑦その他の取引ルールが定められている場合、次の要件を満たしていること。 ・共通の取引ルールに反するものでないこと。 ・卸売業者、仲卸業者等の取引参加者の意見を聴いて定められていること。 ・当該取引ルール及び当該取引ルールが定められている理由が公表されていること。 オ　開設者が取引参加者に取引ルールを遵守させるために必要な体制を有すること。 カ　生鮮食料品等の円滑な取引を確保するために必要な施設を有すること。 キ　卸売市場の適正かつ健全な運営に必要なものとして農林水産省令で定める要件に適合すること。 ・農林水産大臣及び都道府県知事は、認定した卸売市場の名称等を公示する。 ・農林水産大臣及び都道府県知事は、認定を受けた開設者に対し、指導及び助言、報告及び検査、措置命令又は認定の取消しを行うことができる。 （・予算措置として左記のとおり認定を受けた卸売市場の施設整備等に支援を行う。） ・国は、中央卸売市場の開設者であって、食品等流通合理化計画の認定を受けたものの施設整備に対し、予算の範囲内において、その費用の10分の４以内を補助することができる。
４．その他 ○　以上の方針に基づき、卸売市場法及び食品流通構造改善促進法について、それぞれ改正する法案を次期通常国会に提出するものとする。	**○　法律案** ・卸売市場法・食品流通構造改善促進法をそれぞれ改正する「卸売市場法及び食品流通構造改善促進法の一部を改正する法律案」を本通常国会に提出する。

－２－

議連資料20　第８回卸売市場議員連盟勉強会

（農林水産省　提出資料）

卸売市場法及び食品流通構造改善促進法の一部を改正する法律案の骨子

平成30年２月
農 林 水 産 省

Ⅰ　趣旨

卸売市場を食品流通の核としつつ、卸売市場を含めた食品流通の合理化と生鮮食料品等の公正な取引環境の確保を促進することにより、生産者の所得の向上と消費者ニーズへの的確な対応を図る。

Ⅱ　法律案の概要

１　卸売市場法の一部改正

（１）目的

この法律は、卸売市場が食品等の流通において生鮮食料品等の公正な取引の場として重要な役割を果たしていることに鑑み、卸売市場に関し、農林水産大臣が策定する基本方針について定めるとともに、農林水産大臣及び都道府県知事によるその認定に関する措置その他の措置を講じ、その適正かつ健全な運営を確保することにより、生鮮食料品等の取引の適正化とその生産及び流通の円滑化を図り、もって国民生活の安定に資することを目的とする。

（２）卸売市場に関する基本方針

農林水産大臣は、次の事項を内容とする卸売市場に関する基本方針を定める。

①　卸売市場の業務の運営に関する基本的な事項
②　卸売市場の施設に関する基本的な事項
③　その他卸売市場に関する重要事項

（３）卸売市場の認定等

①　卸売市場の認定

卸売市場であって次の要件に適合しているものは、農林水産大臣又は都道府県知事の認定を受けて、中央卸売市場[注]又は地方卸売市場と称することができる。

注）中央卸売市場は、その施設の規模が一定の規模以上であること等省令で定める基準に該当する卸売市場に限る。

ア　申請書及び業務規程の内容が、基本方針に照らし適切であること。
イ　申請書及び業務規程の内容が、法令に違反しないこと。
ウ　業務規程に開設者が行う次の事項が定められていること。
（ア）差別的取扱いの禁止
（イ）卸売の数量及び価格等の公表
（ウ）卸売業者、仲卸業者等の取引参加者に対する指導及び助言、報告及び検査、是正の求め等の措置
（エ）売買取引の方法及び代金決済の方法の策定及び公表
エ　業務規程に卸売業者等が行う次の事項（共通の取引ルール）が定められていること。
（ア）開設者が定めた売買取引の方法による卸売の実施
（イ）差別的取扱いの禁止
（ウ）受託拒否の禁止（中央卸売市場のみ）
（エ）開設者が定めた代金決済の方法による代金決済の実施並びに卸売業者の事業報告書の作成及び閲覧
（オ）売買取引の条件の公表
（カ）売買取引の結果の公表
オ　その他の取引ルール（第三者販売、直荷引き、商物分離等）を定める場合には、次の要件に適合すること。
（ア）共通の取引ルールに反するものでないこと。
（イ）取引参加者の意見を聴いて定められていること。
（ウ）当該取引ルール及び当該取引ルールが定められている理由が公表されていること。
カ　開設者が取引参加者に取引ルールを遵守させるために必要な体制を有すること。
キ　生鮮食料品等の円滑な取引を確保するために必要な施設を有すること。
ク　卸売市場の適正かつ健全な運営に必要なものとして農林水産省令で定める要件に適合すること。

②　認定卸売市場の公示

農林水産大臣及び都道府県知事は、認定した卸売市場の名称等を公示する。

議連資料20　第８回卸売市場議員連盟勉強会
（農林水産省　提出資料）

③　**開設者に対する指導及び助言等**
農林水産大臣及び都道府県知事は、認定を受けた開設者に対し、指導及び助言、報告及び検査、措置命令又は認定の取消しを行うことができる。

（３）**支援措置**
国は、中央卸売市場の開設者であって２（１）②の食品等流通合理化計画の認定を受けたものの施設整備に対し、予算の範囲内において、その費用の10分の４以内を補助することができる。

２　食品流通構造改善促進法の一部改正

（１）**目的**
この法律は、食品等の流通が農林漁業者と一般消費者とをつなぐ重要な役割を果たしていることに鑑み、食品等の流通の合理化を図るため、農林水産大臣による基本方針の策定及び食品等流通合理化計画の認定、その実施に必要な支援措置その他の措置を講ずるとともに、食品等の取引の適正化を図るため、農林水産大臣による調査の実施その他の措置を講じ、もって農林漁業及び食品産業の成長発展並びに一般消費者の利益の増進に資することを目的とする。

（２）**食品等の流通の合理化のための措置**
①　**食品等の流通の合理化に関する基本方針**
農林水産大臣は、次の事項を内容とする食品等の流通の合理化に関する基本方針を定める。
ア　食品等の流通の効率化に関する措置
イ　食品等の流通における品質管理及び衛生管理の高度化に関する措置
ウ　食品等の流通における情報通信技術その他の技術の活用に関する措置
エ　食品等に係る国内外の需要への対応に関する措置
②　**食品等流通合理化計画の認定**
食品等の流通の合理化を図る事業を実施しようとする者は、食品等流通合理化計画を作成し、農林水産大臣の認定を受けることができる。
③　**支援措置**
認定を受けた者に対し、次の支援措置を講ずる。
ア　株式会社農林漁業成長産業化支援機構（Ａ－ＦＩＶＥ）の出資等
イ　食品等流通合理化促進機構（現食品流通構造改善促進機構）の債務保証
ウ　株式会社日本政策金融公庫の融資等

（３）**食品等の取引の適正化のための措置**
①　**農林水産大臣による取引状況等に関する調査**
農林水産大臣は、食品等の取引の適正化のため、食品等の取引状況等に関する調査を行い、当該調査の結果に基づき指導・助言等の措置を講ずる。
②　**農林水産大臣による公正取引委員会への通知**
農林水産大臣は、食品等の取引に関し、不公正な取引方法に該当する事実があると思料するときは、公正取引委員会に対し、その事実を通知する。

（４）**題名**
題名を「食品等の流通の合理化及び取引の適正化に関する法律（仮称）」に改める。

Ⅲ　施行期日等

１　施行期日

（１）**卸売市場法の一部改正**
公布の日から起算して２年を超えない範囲内において政令で定める日とする。

（２）**食品流通構造改善促進法の一部改正**
公布の日から起算して６月を超えない範囲内において政令で定める日とする。

２　中央卸売市場又は地方卸売市場の認定に関する経過措置
現行の中央卸売市場又は地方卸売市場による認定の申請については、卸売市場の施設に関する事項等の記載を省略することができる。

３　検討
この法律の施行後５年を目途として、食品等の生産、流通及び消費の動向及び実態を踏まえ、この法律による改正後のそれぞれの法律の規定について検討を加え、その結果に基づいて必要な見直しを行う。

議連資料21

自由民主党卸売市場議員連盟勉強会
式次第

平成30年6月22日（金）8時～9時

於：自民党本部101会議室

1．開会・進行　　平　将明　　事務局長

2．挨　　　拶　　森山　裕　　会長

3．議　　　題　　改正卸売市場法、卸売市場に関する基本方針
について農水省から説明

新井　ゆたか　様（農林水産省食料産業局 輸出促進審議官）

＜質疑応答・意見交換＞

4．閉　　　会

〈裏面に出席者一覧〉

議連資料21

【省庁出席者】

農林水産省食料産業局	新井 ゆたか	輸出促進審議官
農林水産省食料産業局	宮浦　浩司	食品流通課長
農林水産省食料産業局	武田　裕紀	食品流通課卸売市場室長

【オブザーバー参加者】

〈青果荷受団体〉	全国中央市場青果卸売協会	専務理事	茅沼 茂實
	全国中央市場青果卸売協会		大竹 一平
〈青果仲卸団体〉	全国青果卸売協同組合連合会	会　長	増山 春行
	全国青果卸売協同組合連合会	専務理事	瀧田 伸一
	全国青果卸売協同組合連合会	理　事	平　国秋
〈青果小売団体〉	全国青果物商業協同組合連合会	会　長	近藤 栄一郎
	全国青果物商業協同組合連合会	専務理事	山田 啓二
	全国青果物商業協同組合連合会		佐々木 順平
〈水産荷受団体〉	全国水産卸協会	最高顧問	伊藤 裕康
	全国水産卸協会	会　長	網野 裕美
	全国水産卸協会	専務理事	篠田 幸昌
	全国水産卸協会	理　事	大石 一雄
〈水産仲卸団体〉	全国水産物卸組合連合会	専務理事	早瀬　巧
〈水産小売団体〉	全国水産物商業協同組合連合会	専務理事	中野 健一
〈花き荷受団体〉	日本花き卸売市場協会		尾田 仁志
〈農業生産者団体〉	全国農業協同組合中央会	常務理事	金井　健
	全国農業協同組合中央会	農政部長	西野　司
	全国農業協同組合中央会	青果対策課長	杉山 隆之
	全国農業協同組合中央会	調査役	梶浦 紀徒
〈漁業生産者団体〉	全国漁業協同組合連合会	漁政部	藤田 真悟

以　上

議連資料22　第９回卸売市場議員連盟勉強会

（農林水産省　提出資料）

卸売市場法及び食品流通構造改善促進法の一部を改正する法律の概要

背景

- □ 食品流通の中で卸売市場が果たしてきた集荷・分荷、価格形成、代金決済等の調整機能は重要。今後も食品流通の核として堅持。
- □ 農林漁業者の所得を向上させるとともに、消費者ニーズに的確に応えていくためには、卸売市場を含めて、新たな需要の開拓や付加価値の向上につながる食品流通構造を確立していくことが重要。
- □ このような観点から、卸売市場を含めた食品流通の合理化と生鮮食料品等の公正な取引環境の確保を促進。

法律の概要

1 卸売市場法の改正

（1）農林水産大臣は、次の事項を定めた卸売市場に関する基本方針を定める。（第3条）

［・業務の運営に関する事項　・施設に関する事項　・その他重要事項］

（2）基本方針等に即し、生鮮食料品等の公正な取引の場として、①から⑥の共通の取引ルールを遵守し、公正・安定的に業務運営を行える卸売市場を、中央卸売市場又は地方卸売市場として農林水産大臣又は都道府県知事が認定・公表し、指導・検査監督する。（第4条から第14条まで）

① 売買取引の方法の公表
② 差別的取扱いの禁止
③ 受託拒否の禁止（中央卸売市場のみ）
④ 代金決済ルールの策定・公表
⑤ 取引条件の公表
⑥ 取引結果の公表
⑦ その他の取引ルールの公表（※）

※ 第三者販売の禁止、直荷引きの禁止、商物一致等。卸売市場ごとに、関係者の意見を聴くなど公正な手続を踏み、共通の取引ルールに反しない範囲において定めることができる。

（3）国は、2（2）の食品等流通合理化計画に従って行われる中央卸売市場の整備に対し、予算の範囲内において、その費用の4/10以内を補助できる。（第16条）

2 食品流通構造改善促進法の改正

（1）農林水産大臣は、次の事項を定めた食品等の流通の合理化に関する基本方針を定める。（第4条）

［・流通の効率化　・品質・衛生管理の高度化
・情報通信技術等の利用　・国内外の需要への対応］

（2）農林水産大臣は、基本方針等に即し、食品等の流通の合理化を図る事業に関する計画を認定する。（第5条）

（3）認定を受けた者は、農林漁業成長産業化支援機構（A－FIVE）の出資等の支援を受けることができる。（第7条から第26条まで）

（4）農林水産大臣は、食品等の取引状況について定期的な調査を行い、当該調査の結果に基づき必要な措置を講じ、不公正な取引方法があると思料する場合には公正取引委員会に通知する。（第27条から第29条まで）

※上記の改正に伴い、題名を「食品等の流通の合理化及び取引の適正化に関する法律」に改める。

議連資料22　第９回卸売市場議員連盟勉強会

（農林水産省　提出資料）

卸売市場法及び食品流通構造改善促進法の一部を改正する法律案の骨子

平成30年３月
農 林 水 産 省

Ⅰ　趣旨

卸売市場を食品流通の核としつつ、卸売市場を含めた食品流通の合理化と生鮮食料品等の公正な取引環境の確保を促進することにより、生産者の所得の向上と消費者ニーズへの的確な対応を図る。

Ⅱ　法律案の概要

１　卸売市場法の一部改正

（１）目的（第１条）

この法律は、卸売市場が食品等の流通において生鮮食料品等の公正な取引の場として重要な役割を果たしていることに鑑み、卸売市場に関し、農林水産大臣が策定する基本方針について定めるとともに、農林水産大臣及び都道府県知事によるその認定に関する措置その他の措置を講じ、その適正かつ健全な運営を確保することにより、生鮮食料品等の取引の適正化とその生産及び流通の円滑化を図り、もって国民生活の安定に資することを目的とする。

（２）卸売市場に関する基本方針（第３条）

農林水産大臣は、次の事項を内容とする卸売市場に関する基本方針を定める。

① 卸売市場の業務の運営に関する基本的な事項
② 卸売市場の施設に関する基本的な事項
③ その他卸売市場に関する重要事項

（３）卸売市場の認定等

① **卸売市場の認定（第４条第１項から第５項まで及び第13条第１項から第５項まで）**

卸売市場であって次の要件に適合しているものは、農林水産大臣又は都道府県知事の認定を受けて、中央卸売市場[注]又は地方卸売市場と称することができる。

注）中央卸売市場は、その施設の規模が一定の規模以上であること等省令で定める基準に該当する卸売市場に限る。

ア　申請書及び業務規程の内容が、基本方針に照らし適切であること。
イ　申請書及び業務規程の内容が、法令に違反しないこと。
ウ　業務規程に開設者が行う次の事項が定められていること。
（ア）差別的取扱いの禁止
（イ）卸売の数量及び価格等の公表
（ウ）卸売業者、仲卸業者等の取引参加者に対する指導及び助言、報告及び検査、是正の求め等の措置
（エ）売買取引の方法及び代金決済の方法の策定及び公表
エ　業務規程に卸売業者等が行う次の事項（共通の取引ルール）が定められていること。
（ア）開設者が定めた売買取引の方法による卸売の実施
（イ）差別的取扱いの禁止
（ウ）受託拒否の禁止（中央卸売市場のみ）
（エ）開設者が定めた代金決済の方法による代金決済の実施並びに卸売業者の事業報告書の作成及び閲覧
（オ）売買取引の条件の公表
（カ）売買取引の結果の公表
オ　その他の取引ルール（第三者販売、直荷引き、商物分離等）を定める場合には、次の要件に適合すること。
（ア）共通の取引ルールに反するものでないこと。
（イ）取引参加者の意見を聴いて定められていること。
（ウ）当該取引ルール及び当該取引ルールが定められている理由が公表されていること。
カ　開設者が取引参加者に取引ルールを遵守させるために必要な体制を有すること。
キ　生鮮食料品等の円滑な取引を確保するために必要な施設を有すること。
ク　卸売市場の適正かつ健全な運営に必要なものとして農林水産省令で定める要件に適合すること。

② **認定卸売市場の公示（第４条第６項及び第13条第６項）**

農林水産大臣及び都道府県知事は、認定した卸売市場の名称等を公示する。

－ 2 －

議連資料22　第９回卸売市場議員連盟勉強会

（農林水産省　提出資料）

③　開設者に対する指導及び助言等（第９条から第12条まで及び第14条）
農林水産大臣及び都道府県知事は、認定を受けた開設者に対し、指導及び助言、報告及び検査、措置命令又は認定の取消しを行うことができる。

（４）支援措置（第16条）
国は、中央卸売市場の開設者であって２（２）②の食品等流通合理化計画の認定を受けたものの施設整備に対し、予算の範囲内において、その費用の10分の４以内を補助することができる。

２　食品流通構造改善促進法の一部改正

（１）目的（第１条）
この法律は、食品等の流通が農林漁業者と一般消費者とをつなぐ重要な役割を果たしていることに鑑み、食品等の流通の合理化を図るため、農林水産大臣による基本方針の策定及び食品等流通合理化計画の認定、その実施に必要な支援措置その他の措置を講ずるとともに、食品等の取引の適正化を図るため、農林水産大臣による調査の実施その他の措置を講じ、もって農林漁業及び食品流通業の成長発展並びに一般消費者の利益の増進に資することを目的とする。

（２）食品等の流通の合理化のための措置
①　食品等の流通の合理化に関する基本方針（第４条）
農林水産大臣は、次の事項を内容とする食品等の流通の合理化に関する基本方針を定める。
ア　食品等の流通の効率化に関する措置
イ　食品等の流通における品質管理及び衛生管理の高度化に関する措置
ウ　食品等の流通における情報通信技術その他の技術の活用に関する措置
エ　食品等に係る国内外の需要への対応に関する措置
②　食品等流通合理化計画の認定（第５条）
食品等の流通の合理化を図る事業を実施しようとする者は、食品等流通合理化計画を作成し、農林水産大臣の認定を受けることができる。
③　支援措置（第７条から第26条まで）
認定を受けた者に対し、次の支援措置を講ずる。
ア　株式会社農林漁業成長産業化支援機構（Ａ－ＦＩＶＥ）の出資等
イ　食品等流通合理化促進機構（現食品流通構造改善促進機構）の債務保証
ウ　株式会社日本政策金融公庫の融資等

（３）食品等の取引の適正化のための措置
①　農林水産大臣による取引状況等に関する調査（第27条及び第28条）
農林水産大臣は、食品等の取引の適正化のため、食品等の取引状況等に関する調査を行い、当該調査の結果に基づき指導・助言等の措置を講ずる。
②　農林水産大臣による公正取引委員会への通知（第29条）
農林水産大臣は、食品等の取引に関し、不公正な取引方法に該当する事実があると思料するときは、公正取引委員会に対し、その事実を通知する。

（４）題名
題名を「食品等の流通の合理化及び取引の適正化に関する法律」に改める。

Ⅲ　施行期日等

１　施行期日

（１）卸売市場法の一部改正（附則第１条第３号）
公布の日から起算して２年を超えない範囲内において政令で定める日とする。

（２）食品流通構造改善促進法の一部改正（附則第１条柱書）
公布の日から起算して６月を超えない範囲内において政令で定める日とする。

２　中央卸売市場又は地方卸売市場の認定に関する経過措置（附則第３条第５項）
現行の中央卸売市場又は地方卸売市場による認定の申請については、卸売市場の施設に関する事項等の記載を省略することができる。

３　検討（附則第11条）
この法律の施行後５年を目途として、食品等の生産、流通及び消費の動向及び実態を踏まえ、この法律による改正後のそれぞれの法律の規定について検討を加え、その結果に基づいて必要な見直しを行う。

－ 3 －

議連資料22

卸売市場法及び食品流通構造改善促進法の一部を改正する法律案に対する附帯決議

平成三十年六月十四日　参議院農林水産委員会

卸売市場が生鮮食料品等の安定供給に重要な役割を果たしていることに鑑み、食品等の流通の合理化と公正な取引環境の確保のための取組を進める中においても、その機能が引き続き十分に発揮できるよう、政府は、本法の施行に当たり、次の事項の実現に万全を期すべきである。

一　生鮮食料品等の安定供給等に重要な役割を果たしている卸売市場の公的機能が引き続き維持・発揮できるよう、卸売市場に対する指導・監督・検査・支援などの関与を適切に実施すること。

二　各卸売市場における業務規程については、生産者や消費者にとって有益な取引環境を整備・確保する観点から、全ての取引参加者の意見を公平かつ十分に踏まえ、適切に策定されるようにするとともに、そのルールが適正に運用されるよう開設者に指導・助言すること。

三　高い公共性を有する卸売市場として、引き続き公正な取引及び価格形成が図られるよう、一部業者を偏重しないことを旨とする差別的取扱いの禁止をはじめとする遵守事項の全ての取引参加者による遵守を開設者に徹底させること。農林水産大臣又は都道府県知事は、認定に当たり、開設者が取引参加者に遵守事項を遵守させるために必要な体制を有することを厳格に審査するとともに、運営実態の把握を行い、開設者を適切に指導・助言すること。

四　各卸売市場における施設整備等に関し万全の対策を措置するとともに、指導等を通じて、卸売業者、仲卸業者等の適正な業務運営を確保すること。

五　全国の小規模な産地や小売店等にとって必要な卸売市場が、引き続き公共性を確保し機能を発揮できるよう、地方自治体と連携し万全の対策を措置するとともに、合理化等の取組を促すこと。

六　食品等の価格の合理的な形成を図るため、量販店等による優越的地位の濫用による買いたたきや不当廉売等について、監視を強化・徹底し、不公正な取引方法があると思料する場合には速やかに公正取引委員会に通知する等適切な措置を講じること。

七　制度の運用及び見直しについては、規制改革推進会議等の意見は参考とするにとどめ、卸売市場が食品流通において重要な役割を果たしていることを前提に、生産者、流通業者、消費者等の意見や、食品等の取引の実態を踏まえて行うこと。

右決議する。

議連資料23

自由民主党卸売市場議員連盟勉強会
式次第

平成30年9月28日（金）9時～10時

於：自民党本部101会議室

1．開会・進行　平　将明　事務局長

2．挨　　拶　森山　裕　会長

3．議　　題　卸売市場法の改正に伴う政省令（案）及び基本方針（案）

①両案について農水省から説明

倉重 泰彦　様（農林水産省食料産業局 審議官）

②質疑応答・意見交換

4．閉　　会

〈裏面に出席者一覧〉

《今後の流れ》

・9月28日（金）　パブリックコメント 意見・情報受付締切日

・10月 4日（木）　食料・農業・農村政策審議会 食料産業部会（10時～12時）

議連資料23

【省庁出席者】

農林水産省食料産業局	審　議　官	倉重　泰彦	
農林水産省食料産業局	食品流通課長	宮浦　浩司	

【関係団体出席者】

〈青果荷受団体〉	全国中央市場青果卸売協会	専務理事	茅沼 茂實	
〈青果仲卸団体〉	全国青果卸売協同組合連合会	会　　長	増山 春行	（東京築地市場）
	全国青果卸売協同組合連合会	理　　事	金子 了功	（大阪東部市場）
	全国青果卸売協同組合連合会	専務理事	瀧田 伸一	
〈青果小売団体〉	全国青果物商業協同組合連合会	会　　長	近藤 栄一郎	
	全国青果物商業協同組合連合会	専務理事	山田 啓二	
	全国青果物商業協同組合連合会		佐々木 順平	
〈水産荷受団体〉	全国水産卸協会	専務理事	篠田 幸昌	
〈水産仲卸団体〉	全国水産物卸組合連合会	専務理事	早瀬　巧	
〈水産小売団体〉	全国水産物商業協同組合連合会	（都合によりご欠席）		
〈花き荷受団体〉	日本花き卸売市場協会	会　　長	福永 哲也	
	日本花き卸売市場協会	常務理事	横田 一利	
〈農業生産者団体〉	全国農業協同組合中央会	（傍聴のみでご出席）		
〈漁業生産者団体〉	全国漁業協同組合連合会	漁政部長	田中 要範	
〈小売市場団体〉	全国小売市場総連合会	（都合によりご欠席）		

以　上

議連資料24　第10回卸売市場議員連盟勉強会（農林水産省　提出資料）

資料１

卸売市場法の改正に伴う政省令案（骨子）について

平成30年９月
農林水産省

改正後の卸売市場法	政省令案（骨子）
1　中央卸売市場 **（１）中央卸売市場の認定（法第４条・第５条）** ①　卸売市場（その施設の規模が一定の規模以上であることその他の農林水産省令で定める基準に該当するものに限る。）であって、認定要件に適合しているものは、農林水産大臣の認定を受けて、中央卸売市場と称することができる。（法第４条第１項）	**1　中央卸売市場の施設規模の基準（省令第１条）** 卸売場、仲卸売場及び倉庫（冷蔵又は冷凍を含む。）の面積の合計が、取扱品目が属する生鮮食料品等の区分に応じ、おおむね次の面積以上である。 青果：10,000㎡　水産物：10,000㎡ 肉類：1,500㎡　花き：1,500㎡ その他の生鮮食料品等：1,500㎡
②　その開設する卸売市場について認定を受けようとする開設者は、農林水産省令で定めるところにより、次の事項を記載した申請書を農林水産大臣に提出して、認定の申請をしなければならない。（法第４条第２項） ア　開設者の名称及び住所並びにその代表者の氏名 イ　卸売市場の名称 ウ　卸売市場の位置及び面積並びに施設に関する事項 エ　卸売市場の取扱品目並びに取扱品目ごとの取扱いの数量及び金額に関する事項 オ　卸売市場の業務の運営体制に関する事項 カ　卸売市場の業務の運営に必要な資金の確保に関する事項 キ　卸売市場の卸売業者に関する事項 ク　その他農林水産省令で定める事項	**2　中央卸売市場の認定申請の手続（省令第２条）** 認定の申請書は様式に従って作成するとともに、卸売市場の施設の配置図等の書類を添付しなければならない。 その他の申請書の記載事項として、「卸売業者以外の取引参加者その他の関係事業者に関する事項」を定める。

※ 下線部分はポイント

- 1 -

議連資料24　第10回卸売市場議員連盟勉強会（農林水産省　提出資料）

改正後の卸売市場法	政省令案（骨子）
③　開設者は、卸売市場において取り扱う生鮮食料品等について、農林水産省令で定めるところにより、卸売の数量及び価格その他の農林水産省令で定める事項を公表すること。（法第４条第５項第３号ロ）	**3　中央卸売市場の開設者の業務の方法（省令第３条・第４条）** **（１）売買取引の結果等の公表（省令第３条）** 日ごとの卸売の数量及び価格のほか、日ごとの卸売予定数量をインターネットの利用その他の適切な公表方法により公表する。
④　開設者は、売買取引の方法及び決済の方法を定め、農林水産省令で定めるところにより公表すること。（法第４条第５項第４号）	**（２）売買取引の方法・決済の方法の公表（省令第４条）** インターネットの利用その他の適切な公表方法により公表する。
⑤　卸売業者は、農林水産省令で定めるところにより、その取扱品目その他売買取引の条件（売買取引に係る金銭の収受に関する条件を含む。）を公表すること。（法第４条第５項第５号表の４の項）	**4　中央卸売市場の卸売業者の遵守事項（省令第５条～第８条）** **（１）売買取引の条件の公表事項等（省令第５条）** 次の事項について、インターネットの利用その他の適切な公表方法により公表する。 ①　取扱品目 ②　営業日・営業時間 ③　生鮮食料品等の引渡しの方法 ④　委託手数料等の種類・内容・額 ⑤　販売代金の支払期日・支払方法 ⑥　奨励金等がある場合、その種類・内容・額（交付基準を含む。）

－２－

議連資料24　第10回卸売市場議員連盟勉強会（農林水産省　提出資料）

改正後の卸売市場法	政省令案（骨子）
⑥　卸売業者は、その取扱品目に属する生鮮食料品等について当該卸売市場における卸売のための販売の委託の申込みがあった場合には、農林水産省令で定める正当な理由がある場合を除き、その引受けを拒まないこと。（法第４条第５項第５号表の５の項）	**（２）受託拒否の正当な理由（省令第６条）** 受託拒否の正当な理由として、次のとおり定める。 ①　食品衛生上有害である場合 ②　過去に全て残品となり販売に至らなかった生鮮食料品等と品質が同程度である場合 ③　卸売業者が当該卸売市場における卸売の業務のために使用する施設の受入れ能力を超える場合 ④　法令に違反し、若しくは公益に反する行為の疑いがある場合又は販売を制限する行政機関の指示若しくは命令があった場合 ⑤　卸売業者が公表した売買取引の条件に基づかない場合 ⑥　当該卸売市場以外の場所における売買取引の残品の出荷であることが明白である場合 ⑦　販売の委託の申込みが暴力団員等から行われたものである場合
⑦　卸売業者は、農林水産省令で定めるところにより、事業報告書を作成し、これを開設者に提出するとともに、当該事業報告書（農林水産省令で定めるもの）について閲覧の申出があった場合には、農林水産省令で定める正当な理由がある場合を除き、これを閲覧させること。（法第４条第５項第５号表の６の項（２））	**（３）事業報告書の作成・閲覧の手続（省令第７条）** ①　事業報告書は、当該事業年度経過後 90 日以内に、開設者に提出する。 ②　出荷者が閲覧できる情報は、卸売業者の貸借対照表及び損益計算書とする。 ③　卸売業者が閲覧の申出を拒否できる正当な理由として、販売の委託をする見込みがないと認められる者からの申出がなされた場合等を定める。

- 3 -

議連資料24　第10回卸売市場議員連盟勉強会（農林水産省　提出資料）

改正後の卸売市場法	政省令案（骨子）
⑧　卸売業者は、農林水産省令で定めるところにより、卸売の数量及び価格その他の売買取引の結果（売買取引に係る金銭の収受の状況を含む。）その他の公正な生鮮食料品等の取引の指標となるべき事項として農林水産省令で定めるものを定期的に公表すること。（法第４条第５項第５号表の７の項）	**（４）売買取引の結果等の公表事項等（省令第８条）** 日ごとの卸売の数量・価格のほか、日ごとの卸売予定数量並びに月ごとの委託手数料の受領額及び奨励金等がある場合その月ごとの交付額について、インターネットの利用その他の適切な公表方法により公表する。
⑨　卸売市場が、卸売市場の適正かつ健全な運営に必要なものとして農林水産省令で定める要件に適合するものであること。（法第４条第５項第９号）	**5　中央卸売市場の認定要件（省令第９条）** 卸売市場の適正かつ健全な運営に必要な要件として、次のとおり定める。 ①　開設者が、当該卸売市場の業務運営に必要な資金を確保できると見込まれること。 ②　当該卸売市場の全ての取扱品目について卸売業者が存在し、かつ、当該卸売業者が卸売の業務を適確に遂行できると見込まれること。
⑩　この法律その他生鮮食料品等の取引に関する法律で政令で定めるものの規定により罰金以上の刑に処せられた等の法人等は、中央卸売市場の認定を受けることができない。（法第５条第２号）	**6　欠格事由（政令第１条）** 生鮮食料品等の取引に関する法律として、独占禁止法、食品衛生法等を定める。
（２）申請書の記載事項等の変更の認定（法第６条） 中央卸売市場の開設者は、申請書の記載事項又は業務規程の変更（農林水産省令で定める軽微な変更を除く。）をしようとするときは、農林水産省令で定めるところにより、農林水産大臣の変更の認定を受けなければならない。（法第６条第１項）	**7　申請書の記載事項等の変更の認定等（省令第 11 条・第 12 条）** **（１）変更の認定の申請（省令第 11 条）** 変更の認定を受けようとする開設者は、様式に従った申請書を農林水産大臣に提出しなければならない。 **（２）軽微な変更（省令第 12 条）** 申請書の記載事項等の軽微な変更は、開設者の名称・住所、代表者の氏名、卸売市場の名称等とする。

議連資料24　第10回卸売市場議員連盟勉強会（農林水産省　提出資料）

改正後の卸売市場法	政省令案（骨子）
2　地方卸売市場（法第 13 条） 卸売市場であって、認定要件に適合しているものは、都道府県知事の認定を受けて、地方卸売市場と称することができる。 （中央卸売市場の施設規模の基準を除き、中央卸売市場と同様の事項を政省令に委任。）	**8　地方卸売市場に関する規定（省令第 17 条～第 30 条）** 基本的に中央卸売市場と同様の内容を定める。 なお、地方卸売市場の実態等を踏まえ、都道府県が申請・届出の様式等を別に定める場合には、その様式等を認める。
3　都道府県が処理する事務等（法第 17 条） ①　農林水産大臣の事務の一部は、政令で定めるところにより、都道府県知事が行うこととする。（法第 17 条第 1 項）	**9　都道府県が処理する事務（政令第２条）** 中央卸売市場の開設者に対する業務・財産に関する報告及び資料の提出並びに立入検査は、都道府県知事が行う。ただし、農林水産大臣が自ら行うことを妨げない。
②　農林水産大臣の権限は、農林水産省令で定めるところにより、その一部を地方農政局長に委任することができる。（法第 17 条第 2 項）	**10　地方農政局長への委任（省令第 32 条）** 申請書の記載事項等の軽微な変更の届出の受理等、定型的な事務処理は地方農政局長に委任する。
4　中央卸売市場又は地方卸売市場の認定に関する経過措置（法附則第３条第５項） 改正前の許認可を受けた中央卸売市場又は地方卸売市場に係る認定申請については、卸売市場の施設に関する事項その他の農林水産省令で定める事項の記載を省略することができる。	**11　申請書の記載事項等の省略（省令附則第２条）** 次の事項を省略することができる。 **（１）申請書の記載事項** ①　卸売市場の施設に関する事項 ②　卸売業者に関する事項 ③　卸売業者以外の取引参加者その他の関係事業者に関する事項 **（２）添付書類** ①　開設者の定款、登記事項証明書、役員名簿、事業報告書等 ②　卸売市場の施設の配置図 ③　卸売業者の定款、登記事項証明書、役員名簿及び事業報告書

議連資料24　第10回卸売市場議員連盟勉強会

（農林水産省　提出資料）

卸売市場に関する基本方針（案）

平成30年９月
農 林 水 産 省

第１　卸売市場の業務の運営に関する基本的な事項

１　卸売市場の位置付け（法第１条、第２条、第４条及び第13条関係）

中央卸売市場及び地方卸売市場（以下単に「卸売市場」という。）が有する集荷及び分荷、価格形成、代金決済等の調整機能は重要であり、卸売業者の集荷機能、仲卸業者の目利き機能等が果たされることにより、食品等の流通の核として国民に安定的に生鮮食料品等を供給する役割を果たすことが期待される。

他方、生産者の所得の向上と消費者ニーズへの的確な対応のためには、卸売市場を含めて新たな需要の開拓や付加価値の向上を実現することが求められる。

流通が多様化する中で、卸売市場は、生鮮食料品等の公正な取引の場として、特定の取引参加者を優遇する差別的取扱いの禁止のほか、取引条件や取引結果の公表等公正かつ透明を旨とする共通の取引ルールを遵守し、公正かつ安定的に業務運営を行うことにより、高い公共性を果たしていくことが期待される。

また、地方公共団体を始めとする開設者は、地域住民からの生鮮食料品等の安定供給に対するニーズに応えつつ、高い公共性を果たす必要がある。

２　卸売市場におけるその他の取引ルールの設定（法第４条第５項第６号及び第13条第５項第６号関係）

開設者は、法に基づき、取引参加者の意見を十分に聴いた上で、その他の取引ルールとして、次のような行為について遵守事項を定めることができる。

ア　商物分離
　卸売市場外にある生鮮食料品等の卸売業者による卸売

イ　第三者販売
　仲卸業者及び売買参加者（開設者から事実行為として承認等を受けて卸売業者から卸売を受ける者をいう。以下同じ。）以外の者への卸売業者による卸売

ウ　直荷引き
　仲卸業者による卸売業者以外の者からの買受け

エ　自己買受け
　卸売業者による卸売の相手方としての買受け

オ　地方卸売市場における受託拒否の禁止
　地方卸売市場において出荷者から販売の委託があった場合の卸売業者による受託拒否の禁止

開設者は、その他の取引ルールを定める場合には、卸売業者及び仲卸業者だけでなく出荷者や売買参加者を始めとする取引参加者の意見を偏りなく十分に聴き、議事録等を公表する等により今後の事業展開に関する新しいアイデア等を共有するほか、卸売市場の施設を有効に活用する新規の取引参加者の参入を促す等、取扱品目ごとの実情に応じて卸売市場の活性化を図る観点から、ルール設定を行う。

－１－

議連資料24　第10回卸売市場議員連盟勉強会
（農林水産省　提出資料）

3　卸売市場における指導監督

(1)　開設者による指導監督（法第４条第５項第３号ハ及び第７号並びに第13条第５項第３号ハ及び第７号関係）

開設者は、取引参加者が遵守事項に違反した場合には、指導及び助言、是正の求め等の措置を講ずるとともに、卸売業者の事業報告書等を通じて卸売業者の財務の状況を定期的に確認する。

また、開設者は、卸売市場の業務を適正に運営するため、指導監督に必要な人員の確保等を行う。

(2)　国及び都道府県による指導監督（法第９条から第12条まで（第14条において準用する場合を含む）関係）

農林水産大臣及び都道府県知事は、毎年、開設者から卸売市場の運営の状況に関する報告を受けるとともに、卸売業者等の業務の状況を把握する。

また、農林水産大臣及び都道府県知事は、必要に応じ、開設者に対して報告徴収及び立入検査を行い、指導及び助言や措置命令の措置を講ずるほか、重大な法令違反等があった場合にはその認定を取り消すことにより、卸売市場における公正な取引を確保する。

第２　卸売市場の施設に関する基本的な事項

1　卸売市場の施設整備の在り方（法第４条第５項第８号、第13条第５項第８号及び第16条関係）

卸売市場は、都市計画との整合等を図りつつ取扱品目の特性、需要量等を踏まえ、売場施設、駐車施設、冷蔵・冷凍保管施設、輸送・搬送施設、加工処理施設、情報処理施設等、円滑な取引に必要な規模及び機能を確保する。

また、開設者の指定を受けて卸売業者、仲卸業者等が保有する卸売市場外の施設を一時的な保管施設として活用し、卸売市場の施設の機能を有効に補完する。

その上で、各卸売市場ごとの取引実態に応じて、次のような創意工夫をいかした事業展開が期待される。

(1)　流通の効率化

トラックの荷台と卸売場の荷受口との段差がなく円滑に搬出入を行うことができるトラックバースや、産地から無選別のまま搬入した上で一括して選果等を行う選別施設の整備、卸売市場内の物流動線を考慮した施設の配置等、卸売市場における流通の効率化に取り組む。

また、複数の卸売市場間のネットワークを構築し、一旦拠点となる卸売市場に集約して輸送した後に他の卸売市場へと転送するハブ・アンド・スポーク等、他の卸売市場と連携した流通の効率化に取り組む。

(2)　品質管理及び衛生管理の高度化

トラックの荷台と低温卸売場の荷受口との隙間を埋めて密閉するドックシェルターや、低温卸売場、冷蔵保管施設、低温物流センターの整備等によるコールドチェーンの確保に取り組む。

また、輸出先国のHACCP基準を満たす閉鎖型施設や、品質管理認証の取得に必要な衛生設備等、高度な衛生管理に資する施設の整備に取り組む。

－ 2 －

議連資料24　第10回卸売市場議員連盟勉強会
（農林水産省　提出資料）

(3)　情報通信技術その他の技術の利用

IoTを始めとする情報通信技術の導入により、低温卸売場の温度管理状況、保管施設の在庫状況、物流センターの出荷・発注状況等を事務所にいながらリアルタイムで把握できるようにする等、情報通信技術等の利用による効率的な商品管理等に取り組む。

(4)　国内外の需要への対応

加工食品の需要の増大に対応するための加工施設の整備、小口消費の需要の増大に対応するための小分け施設やパッケージ施設の整備等、国内の需要に的確に対応するための施設の整備に取り組む。

また、全国各地から多種多様な商品が集まる特性をいかし、加工や包装、保管、輸出手続等を一貫して行う輸出拠点施設の整備等、海外の需要に的確に対応するための施設の整備に取り組む。

(5)　関連施設との有機的な連携

主として生鮮食料品等の卸売を行う卸売市場の役割を基本としつつ、関係者間の調整を行った上で、卸売市場外で取引される食品等を含めて効率的に輸送する、広く開かれた卸売市場として一般消費者に対しても生鮮食料品等を販売する、卸売市場から原材料を供給して加工食品を製造する等、卸売市場の機能を一層有効に発揮できるよう、卸売市場の内外において関連施設の整備に取り組む。

2　国による支援（法第16条関係）

卸売市場の施設の整備には、予算措置により国が助成し、特に中央卸売市場の開設者が食品等流通合理化計画に従って施設の整備を行う場合には、法に基づき、予算の範囲内において、その費用の10分の４以内を補助することができる。

第３　その他卸売市場に関する重要事項

1　災害時等の対応

開設者、卸売業者及び仲卸業者は、災害等の緊急事態であっても継続的に生鮮食料品等を供給できるよう、事業継続計画（ＢＣＰ）の策定等に努めるとともに、開設者は、社会インフラとして迅速に生鮮食料品等を供給できるよう、地方公共団体と食料供給に関する連携協定の締結等に努める。

2　食文化の維持及び発信

開設者、卸売業者及び仲卸業者は、多種多様な野菜及び果物、魚介類、肉類等の食材の供給や、小中学生や消費者との交流等を通じて、食文化の維持及び発展に努める。

3　人材育成及び働き方改革

卸売業者及び仲卸業者は、人手不足の中で必要な人材を確保するため、労働負担を軽減する設備の導入、休業日の確保、女性が働きやすい職場づくり等、卸売市場の労働環境の改善に努める。

－ 3 －

卸売市場関係用語解説

卸売市場関係 用語解説

B to B　「Buyer to Buyer」のことで、「プロの企業同士の取引」を指している。「C（Consumer）：素人の消費者」と対比して、Bとして使われる。

B to C　「Buyer to Consumer」のことで、「企業と消費者間の取引」を指している。

EDI　Electronic Data Interchangeとは、標準化された受発注等の電子データの交換のこと。

HACCP　ハサップ（Hazard Analysis and Critical Control Point）とは、食品等事業者自らが食中毒菌汚染や異物混入等の危害要因（ハザード）を把握した上で、原材料の入荷から製品の出荷に至る全工程の中で、それらの危害要因を除去又は低減させるために特に重要な工程を管理し、製品の安全性を確保しようする衛生管理の手法のこと。

RFID　Radio Frequency Identifierとは、ID情報を埋め込んだタグから、電磁界や電波等を用いた近距離の無線通信によって情報をやり取りする技術のこと。

卸売業者　卸売業者とは、出荷者から青果物や水産物等の販売の委託を受けるか、買い受けて、卸売市場において卸売を行う業者である。つまり、出荷者に代わって、預かった品物を少しでも高く売ろうとする立場にある。

卸売市場の機能　「集荷・分荷、価格形成、衛生の保持、代金決済、情報の受発信、災害時対応」の機能を有している。「日々生産される農水産物等を受け入れ、せり等による需要と供給に応じた適正な価格形成を行ったうえで、様々な分野に分荷・販売し、その代金を生産者へ短期間で確実に還元」し、「小売業者や飲食業者といった実需者が、多種多様な農水産物等をいつでも効率的に購入できる場」であり、「国民生活の必需品である生鮮食料品等を安定的かつ衛生的に提供する流通拠点」であり、「災害時に物流拠点として国民生活を支える機能も有して」いる。

卸売市場法　中央卸売市場及び中央卸売市場以外の卸売市場について、その整備を計画的に促進するための措置、その開設及び卸売その他の取引に関する規制等その適正かつ健全な運営を確保するための措置等を定める必要があったことから、昭和46（1971）年に「卸売市場法（昭和46年４月３日法律第35号）」が制定され、中央卸売市場法（大正12年３月30日法律第32号）は廃止された。

卸売の相手方としての買受けの禁止　卸売業者は卸売の相手方として生鮮食料品等を買い受けてはならないとするもの。

神の見えざる手　アダム・スミスは『国富論』で、個別投資家が自らの資産運用において安全かつ効率的であろうとする行動をとることによって、結果的に、神の見えざる手に導かれるように、全体としての効率的な投資を実現し、経済を成長させると論じた。

規制改革推進会議　内閣総理大臣の諮問に応じ、経済社会の構造改革を進める上で必要な規制の在り方の改革について調査審議する内閣府の諮問会議であり、民間有識者が委員となって構成されている。

国民総生産（GNP：Gross National Product）　国民によって生産される財やサービスの付加価値の総計のこと。昭和42（1967）年度の国民総生産（GNP）は西独を抜いて、我が国は世界第二位の経済大国となった。以前はGNPが一般的に使われていたが、現在では「国内総生産（GDP：Gross Domestic Product）」や「国民総所得（GNI：Gross National Income）」が使われるようになっている。

米騒動　第一次世界大戦（大正３（1914）年７月28日～大正７（1918）年11月11日）によって我が国経済は好景気に沸いたが、物価が高騰した。大正７年の１月から６～７月にかけて、米価が高騰し、地主や商人は米を米穀投機に回し、次第に売り惜しみや買い占めが発生するようになった。米の価格も高騰し、社会不安が高じて、庶民の怒りの矛先が米問屋や商人に向けられるようになり、大正７年７月22日に富山県魚津町で起こった米騒動を皮切りに全国各地で米騒動が発生した。同年８月12日には、我が国最大の商社で当時絶頂期にあった神戸の鈴木商店の本店が米を買い占めているという風評被害によって焼き討ちにあっている。

コールドチェーン　生鮮食品等を生産・輸送・消費の過程で途切れることなく低温に保つ物流方式のことで、コールドチェーンの整備・普及によって、生鮮食料品等の広域流通や長期間の保存が可能となった。

差別的取扱いの禁止　卸売業者は、卸売の業務に関し、出荷者、仲卸業者、売買参加者に対して不当に差別的な取扱いをしてはならないとされている。

産業競争力会議　内閣総理大臣を本部長とする日本経済再生本部の下に設置された会議体であり、内閣総理大臣を議長とし、関係する国務大臣と民間有識者で構成されている。

直荷引きの原則禁止　仲卸業者は、原則として、生鮮食料品等を市場内の卸売業者以外の者から買い入れて販売してはならないとするもの。

受託拒否の禁止　卸売業者は、食品衛生上有害な物品である等正当な理由がなければ、出荷者からの販売の委託の申込みの引受を拒んではならないとされている。

商物一致の原則　原則として、市場内の生鮮食料品等以外の生鮮食料品等の卸売をしてはならないとするもの。

せり　出荷者に代わって商品を扱う卸売業者と、小売や消費者に代わって商品を扱う仲卸業者・買参人という立場の異なる関係者間の、せり取引によって公正な価格形成をする市場メカニズムが形成され、商品が生産者から卸売市場を経由して小売・消費者の手元に届けられている。建設業のように元請け（ゼネコン)、一次下請け、二次下請け、三次下請け（地元の建設業者）のような上下関係ではなく、卸売市場の卸と仲卸・買参人は対立する関係である。

全国農業協同組合中央会（JA 全中）　日本全国の農業協同組合（JA)、経

済農業協同組合連合会、専門農協の連合会等に対して総合指導、農業政策の取組などを行い、日本の農業の推進を行う機関。農業協同組合法第37条の２に基づき、各JA等に対する指導権を有していたが、平成29年改正で全中の特別認可法人の規定が削除され、平成31（2019）年９月に一般社団化することになっている。

全国農業協同組合連合会（JA全農）　日本全国の農業協同組合（JA）、経済農業協同組合連合会、専門農協の連合会等の連合組織で、生産資材や生活用品の共同購入・農畜産物の流通・加工・販売等を行っている組織。

代金決済の確保　中央卸売市場における売買取引は、開設者が業務規程に定める支払期日、支払方法によらなければならないとされている。

第三者販売の原則禁止　卸売業者は、原則、仲卸業者及び売買参加者以外の者に対して卸売をしてはならないとするもの。

中央卸売市場法　大正７（1918）年の米騒動をふまえ、政府は六大都市において、公設小売市場を開設して社会不安の緩和に努めた。この公設小売市場の機能を十分に発揮させるために、大正12（1923）年に「中央卸売市場法（大正12年３月30日法律第32号）」が制定された。昭和２（1927）年12月11日に、我が国で初めての中央卸売市場である京都市中央卸売市場が開設された。

直販　「産地直接販売」の略語で、スーパーなど実需者が卸売市場を介さず、生産者と直接取引を行うことをいう。

電気冷蔵庫　1950年代後半には三種の神器と呼ばれた、白黒テレビ、電気冷蔵庫、電気洗濯機が普及をはじめた。電気冷蔵庫の登場によって、氷を上部の氷室に入れて下部の食品を冷やす木製の氷式冷蔵庫が姿を消すようになり、生鮮食料品を家庭で一定期間保存することが可能となり、その日の食事の準備をするために、近所の市場に毎日買い物に出かけるという行動に変化が現れるようになった。

取引数量最小化原理　取引数量最小化原理とは、流通取引において卸売業者が介在することで市場における取引数が減少するという、中間業者の効率性を説明する理論である。例えば、生産者が10社、小売業者が５社の場合、市場で行われる取引数は10（生産者数）×５（小売業者数）＝50取引となるが、卸売業者が１社介在することによって、生産者も小売業者も卸売業者のみと取引をすれば良いので10＋５＝15取引となり、効率化する。つまり、中間業者である卸売業者を介在させることによって取引総数は最小化し、取引費用が節約されて効率的になるという、説明である。

仲卸業者　仲卸業者とは、卸売業者から卸売を受けた青果物や水産物等を卸売市場における店舗において仕分け、調製し、販売する業者である。つまり、小売や消費者に代わって、新鮮でバラエティーに富んだ商品を少しでも安く買おうとする立場にある。

仲卸業者の販売の委託の引受けの禁止　仲卸業者は、生鮮食料品等について販売の委託を引き受けてはならないとするもの。

中食（なかしょく）　レストラン等へ出かけて食事をする「外食（がいしょく）」と、家庭内で手づくり料理を食べる「内食（うちしょく）」の中間にあって、市販の弁当や総菜、家庭外で調理・加工された食品を家庭や職場・学校等で、そのまま（調理加熱することなく）食べること。これら食品（日持ちしない食品）の総称としても用いられる

なやみ　売れ残って困る意味で、青果物が市場に余っている状態のこと。

日配食品　日配品、デイリーフーズ、デイリー食品（英語では、dairy products、dairy foods で酪農製品を指すが、日本では乳製品以外も含んでいる））とは、「毎日店舗に配送される食品」のことで、具体的には、牛乳、乳製品、チルド飲料、豆腐類、漬物、練物（蒲鉾、さつま揚げ）等を指す。青果、鮮魚等の生鮮食料品は含まず、メーカーによって生産され、冷蔵が必要で、あまり日持ちがしない、食品を指している。

売買参加者　売買参加者とは、卸売業者から卸売を受けることについて開設者から承認を受けた業者である。買参人とも言う。仲卸業者同様に、商品を少

しでも安く買おうとする。仲卸業者と異なり、卸売市場内に店舗を有しない。

売買取引の方法　中央卸売市場の卸売業者の卸売については、各市場で品目によってせり売又は入札の方法、相対取引の方法によることを決定しており、品目ごとに、全量をせり売又は入札の方法によるもの、一定割合をせり売又は入札の方法によるもの、せり売又は入札の方法か相対取引の方法のいずれかによるものに区分して決定することとされている。

不確実性プール原理　不確実性プール原理とは、流通取引において卸売業者が介在することで、市場における在庫数が減少するという、流通在庫の効率性を説く理論である。例えば、小売業者が10社存在し、需要の変化に対応するために夫々が在庫を50個必要とする場合、市場の在庫は10（小売業者数）×50（在庫数）＝500個となるが、卸売業者が介在して、小売業者からの商品注文に対して速やかに供給できれば、小売業者は50個よりも少ない在庫で需要の変化に対応することができる。卸売業者が介在することで、小売業者は余計な在庫を減らし、在庫スペースも効率化させることができる。

未来投資会議　将来の経済成長に資する分野における投資を官民が連携して進め、未来への投資の拡大に向けた成長戦略と構造改革の加速化を図るための司令塔として開催される会議。内閣総理大臣を議長とし、関係する国務大臣や民間有識者が参加している。産業競争力会議と未来投資に向けた官民対話を統合し、平成28（2016）年９月に設置された。

もがき　青果物が市場に少ない品薄状態で集めるのに苦労する意味で、品物が少ないが売れているので、足りない状態のこと。

やっちゃ場　青果市場は「やっちゃ場」と呼ばれる。やっちゃ場の「やっちゃ」は、せり市場の掛け声が「やっちゃ、やっちゃ」と聞こえてくることから、「やっちゃ場」とよばれるようになった。

卸売市場関係法令

○卸売市場法

（昭和四十六年法律第三十五号）
最終改正：平成三十年六月二十二日法律第六十二号

目次

第一章　総則

（目的）

第一条　この法律は、卸売市場が食品等の流通（食品等の流通の合理化及び取引の適正化に関する法律（平成三年法律第五十九号）第二条第二項に規定する食品等の流通をいう。）において生鮮食料品等の公正な取引の場として重要な役割を果たしていることに鑑み、卸売市場に関し、農林水産大臣が策定する基本方針について定めるとともに、農林水産大臣及び都道府県知事によるその認定に関する措置その他の措置を講じ、その適正かつ健全な運営を確保することにより、生鮮食料品等の取引の適正化とその生産及び流通の円滑化を図り、もって国民生活の安定に資することを目的とする。

（定義）

第二条　この法律において「生鮮食料品等」とは、野菜、果実、魚類、肉類等の生鮮食料品その他一般消費者が日常生活の用に供する食料品及び花きその他一般消費者の日常生活と密接な関係を有する農畜水産物で政令で定めるものをいう。

2　この法律において「卸売市場」とは、生鮮食料品等の卸売のために開設される市場であって、卸売場、自動車駐車場その他の生鮮食料品等の取引及び荷さばきに必要な施設を設けて継続して開場されるものをいう。

3　この法律において「開設者」とは、卸売市場を開設する者をいう。

4　この法律において「卸売業者」とは、卸売市場に出荷される生鮮食料品等について、その出荷者から卸売のための販売の委託を受け、又は買い受けて、当該卸売市場において卸売をする業務を行う者をいう。
5　この法律において「仲卸業者」とは、卸売市場において卸売を受けた生鮮食料品等を当該卸売市場内の店舗において販売する者をいう。

第二章　卸売市場に関する基本方針

第三条　農林水産大臣は、卸売市場に関する基本方針（以下「基本方針」という。）を定めるものとする。
2　基本方針においては、次に掲げる事項を定めるものとする。
一　卸売市場の業務の運営に関する基本的な事項
二　卸売市場の施設に関する基本的な事項
三　その他卸売市場に関する重要事項
3　農林水産大臣は、基本方針を定めようとするときは、食料・農業・農村政策審議会の意見を聴くものとする。
4　農林水産大臣は、基本方針を定めたときは、遅滞なく、これを公表するものとする。
5　前二項の規定は、基本方針の変更について準用する。

第三章　中央卸売市場

（中央卸売市場の認定）
第四条　卸売市場（その施設の規模が一定の規模以上であることその他の農林水産省令で定める基準に該当するものに限る。）であって、第五項各号に掲げる要件に適合しているものは、農林水産大臣の認定を受けて、中央卸売市場と称することができる。
2　その開設する卸売市場について前項の認定を受けようとする開設者は、農林水産省令で定めるところにより、次に掲げる事項を記載した申請書（以下この条において「申請書」という。）を農林水産大臣に提出して、同項の認定の申請をしなければならない。
一　開設者の名称及び住所並びにその代表者の氏名
二　卸売市場の名称
三　卸売市場の位置及び面積並びに施設に関する事項
四　卸売市場の取扱品目並びに取扱品目ごとの取扱いの数量及び金額に関する事項
五　卸売市場の業務の運営体制に関する事項
六　卸売市場の業務の運営に必要な資金の確保に関する事項

七　卸売市場の卸売業者に関する事項
八　その他農林水産省令で定める事項
3　申請書には、その申請に係る卸売市場の業務に関する規程（以下「業務規程」という。）を添付しなければならない。
4　業務規程には、次に掲げる事項を定めなければならない。
一　卸売市場の業務の方法
二　卸売業者、仲卸業者その他の卸売市場において売買取引を行う者（以下「取引参加者」という。）が当該卸売市場における業務に関し遵守すべき事項
5　農林水産大臣は、第一項の認定の申請があった場合において、当該申請に係る卸売市場について次に掲げる要件に適合すると認めるときは、当該認定をするものとする。
一　申請書及び業務規程の内容が、基本方針に照らし適切であること。
二　申請書及び業務規程の内容が、法令に違反しないこと。
三　業務規程に定められている前項第一号に掲げる事項が、次に掲げる事項を内容とするものであること。
イ　開設者は、当該卸売市場の業務の運営に関し、取引参加者に対して、不当に差別的な取扱いをしないこと。
ロ　開設者は、当該卸売市場において取り扱う生鮮食料品等について、農林水産省令で定めるところにより、卸売の数量及び価格その他の農林水産省令で定める事項を公表すること。
ハ　開設者は、業務規程に定められている遵守事項（前項第二号に掲げる事項をいう。以下この項において同じ。）を取引参加者に遵守させるため、これに必要な限度において、取引参加者に対し、指導及び助言、報告及び検査、是正の求めその他の措置をとることができること。
四　業務規程に前項第一号に掲げる事項として次に掲げる方法が定められているとともに、当該方法が農林水産省令で定めるところにより公表されていること。
イ　卸売業者の生鮮食料品等の品目ごとのせり売又は入札の方法、相対による取引の方法その他の売買取引の方法
ロ　取引参加者が売買取引を行う場合における支払期日、支払方法その他の決済の方法
五　業務規程に定められている遵守事項が、次の表の上欄に掲げる事項に関

し、同表の下欄に掲げる事項を内容とするものであること。

一　売買取引の原則	取引参加者は、公正かつ効率的に売買取引を行うこと。
二　差別的取扱いの禁止	卸売業者は、出荷者又は仲卸業者その他の買受人に対して、不当に差別的な取扱いをしないこと。
三　売買取引の方法	卸売業者は、前号イに掲げる方法として業務規程に定められた方法により、卸売をすること。
四　売買取引の条件の公表	卸売業者は、農林水産省令で定めるところにより、その取扱品目その他売買取引の条件（売買取引に係る金銭の収受に関する条件を含む。）を公表すること。
五　受託拒否の禁止	卸売業者は、その取扱品目に属する生鮮食料品等について当該卸売市場における卸売のための販売の委託の申込みがあった場合には、農林水産省令で定める正当な理由がある場合を除き、その引受けを拒まないこと。
六　決済の確保	(一)　取引参加者は、前号ロに掲げる方法として業務規程に定められた方法により、決済を行うこと。
	(二)　卸売業者は、農林水産省令で定めるところにより、事業報告書を作成し、これを開設者に提出するとともに、当該事業報告書（出荷者が安定的な決済を確保するために必要な財務に関する情報として農林水産省令で定めるものが記載された部分に限る。）について閲覧の申出があった場合には、農林水産省令で定める正当な理由がある場合を除き、これを閲覧させること。
七　売買取引の結果等の公表	卸売業者は、農林水産省令で定めるところにより、卸売の数量及び価格その他の売買取引の結果（売買取引に係る金銭の収受の状況を含む。）その他の公正な生鮮食料品等の取引の指標となるべき事項として農林水産省令で定めるものを定期的に公表すること。

六　前号の表の下欄に掲げる事項以外の遵守事項が定められている場合には、次に掲げる要件に適合するものであること。

イ　当該遵守事項が前号の表の下欄に掲げる事項の内容に反するものでないこと。

ロ　当該遵守事項が取引参加者の意見を聴いて定められていること。

ハ　当該遵守事項及び当該遵守事項が定められた理由が公表されていること。

七　開設者が、取引参加者に遵守事項を遵守させるために必要な体制を有すること。
八　当該卸売市場が、生鮮食料品等の円滑な取引を確保するために必要な施設を有すること。
九　前各号に掲げるもののほか、当該卸売市場が、卸売市場の適正かつ健全な運営に必要なものとして農林水産省令で定める要件に適合するものであること。

6　農林水産大臣は、第一項の認定をしたときは、農林水産省令で定めるところにより、当該認定を受けた卸売市場（次項及び第十八条第一号を除き、以下「中央卸売市場」という。）に関し、次に掲げる事項を公示するものとする。
一　開設者の名称及び住所
二　中央卸売市場の名称
三　中央卸売市場の位置及び取扱品目

7　第一項の認定を受けた卸売市場でないものは、中央卸売市場又はこれに紛らわしい名称を称してはならない。

（欠格事由）

第五条　地方公共団体以外の者であって次の各号のいずれかに該当するものは、前条第一項の認定を受けることができない。
一　法人でない者
二　その法人又はその業務を行う役員がこの法律その他生鮮食料品等の取引に関する法律で政令で定めるものの規定により罰金以上の刑に処せられ、その執行を終わり、又はその執行を受けることのなくなった日から二年を経過しないもの
三　第十一条第一項の規定により前条第一項の認定を取り消され、又は第十四条において読み替えて準用する第十一条第一項の規定により第十三条第一項の認定を取り消され、その取消しの日から二年を経過しない法人
四　第十一条第一項の規定による前条第一項の認定の取消し又は第十四条において読み替えて準用する第十一条第一項の規定による第十三条第一項の認定の取消しの日前三十日以内にその取消しに係る法人の業務を行う役員であった者でその取消しの日から二年を経過しないものがその業務を行う役員となっている法人

（変更の認定）

第六条　中央卸売市場の開設者は、第四条第二項各号に掲げる事項又は業務規程の変更（農林水産省令で定める軽微な変更を除く。）をしようとするときは、農林水産省令で定めるところにより、農林水産大臣の変更の認定を受けなければならない。

2　中央卸売市場の開設者は、前項の農林水産省令で定める軽微な変更をしたときは、遅滞なく、その旨を農林水産大臣に届け出なければならない。

3　第四条第二項から第六項までの規定は、第一項の変更の認定について準用する。

（中央卸売市場の休止及び廃止）

第七条　中央卸売市場の開設者は、その中央卸売市場の業務の全部又は一部を休止し、又は廃止しようとするときは、農林水産省令で定めるところにより、その旨を、取引参加者に通知するとともに、農林水産大臣に届け出なければならない。

（認定の失効）

第八条　中央卸売市場が次の各号のいずれかに該当するに至ったときは、当該中央卸売市場に係る第四条第一項の認定は、その効力を失う。

一　当該中央卸売市場の業務の全部が廃止されたとき。

二　当該中央卸売市場について第十三条第一項の認定があったとき。

2　中央卸売市場の開設者は、当該中央卸売市場について第十三条第一項の認定を受けようとするときは、農林水産省令で定めるところにより、その旨を農林水産大臣に届け出なければならない。

3　農林水産大臣は、第一項の規定により第四条第一項の認定がその効力を失ったときは、遅滞なく、その旨を公示するものとする。

（指導及び助言）

第九条　農林水産大臣は、中央卸売市場の開設者に対し、中央卸売市場の業務の適正かつ健全な運営を確保するために必要な指導及び助言を行うものとする。

（措置命令）

第十条　農林水産大臣は、中央卸売市場の業務の適正かつ健全な運営を確保するために必要があると認めるときは、その開設者に対し、必要な措置をとるべき旨を命ずることができる。

（認定の取消し）

第十一条　農林水産大臣は、中央卸売市場が次の各号のいずれかに該当するときは、当該中央卸売市場に係る第四条第一項の認定を取り消すことができる。

一　当該中央卸売市場が、第四条第一項の農林水産省令で定める基準に該当しないこととなったとき。

二　当該中央卸売市場が、第四条第五項各号に掲げる要件を欠くに至ったとき。

三　その開設者が、第五条第一号、第二号又は第四号に該当するに至ったとき。

四　その開設者が、開設する卸売市場について不正の手段により第四条第一項の認定（第六条第一項の変更の認定を含む。）又は第十三条第一項の認定（第十四条において読み替えて準用する第六条第一項の変更の認定を含む。）を受けたことが判明したとき。

五　その開設者が、次条第一項若しくは第二項（これらの規定を第十四条において読み替えて準用する場合を含む。）の規定による報告をせず、若しくは資料を提出せず、若しくは虚偽の報告をし、若しくは虚偽の資料を提出し、又は同項（第十四条において読み替えて準用する場合を含む。）の規定による検査を拒み、妨げ、若しくは忌避したとき。

六　その開設者が、この法律若しくは第五条第二号の政令で定める法律若しくはこれらの法律に基づく命令又はこれらに基づく処分に違反したとき。

2　農林水産大臣は、前項の規定により認定を取り消したときは、遅滞なく、その旨を公示するものとする。

（報告及び検査）

第十二条　中央卸売市場の開設者は、毎年、農林水産省令で定めるところにより、当該中央卸売市場の運営の状況を農林水産大臣に報告しなければならない。

2　農林水産大臣は、この法律の施行に必要な限度において、中央卸売市場の開設者に対し、その業務若しくは財産に関し報告若しくは資料の提出を求め、又は当該職員に、中央卸売市場の開設者の事務所その他の業務を行う場所に立ち入り、その業務若しくは財産の状況若しくは帳簿、書類その他の物件を検査させることができる。

3　前項の規定により立入検査をする当該職員は、その身分を示す証明書を携帯し、関係人に提示しなければならない。

4　第二項の規定による立入検査の権限は、犯罪捜査のために認められたものと解してはならない。

第四章　地方卸売市場

（地方卸売市場の認定）

第十三条　卸売市場であって、第五項各号に掲げる要件に適合しているものは、当該卸売市場の所在地を管轄する都道府県知事（以下「都道府県知事」という。）の認定を受けて、地方卸売市場と称することができる。

2　その開設する卸売市場について前項の認定を受けようとする開設者は、農林水産省令で定めるところにより、次に掲げる事項を記載した申請書（以下この条において「申請書」という。）を都道府県知事に提出して、同項の認定の申請をしなければならない。

一　開設者の名称及び住所並びにその代表者の氏名

二　卸売市場の名称

三　卸売市場の位置及び施設に関する事項

四　卸売市場の取扱品目並びに取扱品目ごとの取扱いの数量及び金額に関する事項

五　卸売市場の業務の運営体制に関する事項

六　卸売市場の業務の運営に必要な資金の確保に関する事項

七　卸売市場の卸売業者に関する事項

八　その他農林水産省令で定める事項

3　申請書には、その申請に係る業務規程を添付しなければならない。

4　業務規程には、次に掲げる事項を定めなければならない。

一　卸売市場の業務の方法

二　取引参加者が当該卸売市場における業務に関し遵守すべき事項

5　都道府県知事は、第一項の認定の申請があった場合において、当該申請に係る卸売市場について次に掲げる要件に適合すると認めるときは、当該認定をするものとする。

一　申請書及び業務規程の内容が、基本方針に照らし適切であること。

二　申請書及び業務規程の内容が、法令に違反しないこと。

三　業務規程に定められている前項第一号に掲げる事項が、次に掲げる事項を内容とするものであること。

イ　開設者は、当該卸売市場の業務の運営に関し、取引参加者に対して、不当に差別的な取扱いをしないこと。

ロ　開設者は、当該卸売市場において取り扱う生鮮食料品等について、農林水産省令で定めるところにより、卸売の数量及び価格その他の農林水産省令で定める事項を公表すること。

ハ　開設者は、業務規程に定められている遵守事項（前項第二号に掲げる事項をいう。以下この項において同じ。）を取引参加者に遵守させるため、これに必要な限度において、取引参加者に対し、指導及び助言、報告及び検査、是正の求めその他の措置をとることができること。

四　業務規程に前項第一号に掲げる事項として次に掲げる方法が定められているとともに、当該方法が農林水産省令で定めるところにより公表されていること。

イ　卸売業者の生鮮食料品等の品目ごとのせり売又は入札の方法、相対による取引の方法その他の売買取引の方法

ロ　取引参加者が売買取引を行う場合における支払期日、支払方法その他の決済の方法

五　業務規程に定められている遵守事項が、次の表の上欄に掲げる事項に関し、同表の下欄に掲げる事項を内容とするものであること。

一　売買取引の原則	取引参加者は、公正かつ効率的に売買取引を行うこと。
二　差別的取扱いの禁止	卸売業者は、出荷者又は仲卸業者その他の買受人に対して、不当に差別的な取扱いをしないこと。
三　売買取引の方法	卸売業者は、前号イに掲げる方法として業務規程に定められた方法により、卸売をすること。
四　売買取引の条件の公表	卸売業者は、農林水産省令で定めるところにより、その取扱品目その他売買取引の条件（売買取引に係る金銭の収受に関する条件を含む。）を公表すること。
五　決済の確保	(一)　取引参加者は、前号ロに掲げる方法として業務規程に定められた方法により、決済を行うこと。
	(二)　卸売業者は、農林水産省令で定めるところにより、事業報告書を作成し、これを開設者に提出するとともに、当該事業報告書（出荷者が安定的な決済を確保するために必要な財務に関する情報として農林水産省令で定めるものが記載された部分に限る。）について閲覧の申出があった場合には、農林水産省令で定める正当な理由がある場合を除き、これを閲覧させること。
六　売買取引の結果	卸売業者は、農林水産省令で定めるところにより、卸売の

等の公表	数量及び価格その他の売買取引の結果（売買取引に係る金銭の収受の状況を含む。）その他の公正な生鮮食料品等の取引の指標となるべき事項として農林水産省令で定めるものを定期的に公表すること。

六　前号の表の下欄に掲げる事項以外の遵守事項が定められている場合には、次に掲げる要件に適合するものであること。

イ　当該遵守事項が前号の表の下欄に掲げる事項の内容に反するものでないこと。

ロ　当該遵守事項が取引参加者の意見を聴いて定められていること。

ハ　当該遵守事項及び当該遵守事項が定められた理由が公表されていること。

七　開設者が、取引参加者に遵守事項を遵守させるために必要な体制を有すること。

八　当該卸売市場が、生鮮食料品等の円滑な取引を確保するために必要な施設を有すること。

九　前各号に掲げるもののほか、当該卸売市場が、卸売市場の適正かつ健全な運営に必要なものとして農林水産省令で定める要件に適合するものであること。

6　都道府県知事は、第一項の認定をしたときは、農林水産省令で定めるところにより、当該認定を受けた卸売市場（次項及び第十八条第一号を除き、以下「地方卸売市場」という。）に関し、次に掲げる事項を公示するものとする。

一　開設者の名称及び住所

二　地方卸売市場の名称

三　地方卸売市場の位置及び取扱品目

7　第一項の認定を受けた卸売市場でないものは、地方卸売市場又はこれに紛らわしい名称を称してはならない。

（準用）

第十四条　第五条から第十条まで、第十一条（第一項第一号に係る部分を除く。）及び第十二条の規定は、前条第一項の認定について準用する。この場合において、これらの規定（第六条第一項を除く。）中「農林水産大臣」とあるのは「都道府県知事」と、第六条第一項中「第四条第二項各号」とあるのは「第十三条第二項各号」と、「農林水産大臣」とあるのは「その所在地を管轄する都道府県知事（以下第十二条までにおいて「都道府県知事」という。）」と、同条第三項中「第四条第二項」とあるのは「第十三条第二項」と、第八条第一項第二号及び第二項中「第十三条第一項」とあるのは「第四条第一項」と、第十一条第一項第二号中「第四条第五項各号」とあるのは「第十三条第五項各号」と読み替えるものとする。

（農林水産大臣への報告等）

第十五条　農林水産大臣は、都道府県知事に対し、地方卸売市場に関し必要な報告若しくは資料の提出を求め、又は地方卸売市場の行政に関し必要な助言若しくは勧告をすることができる。

第五章　雑則

（助成）

第十六条　国は、中央卸売市場の開設者であって食品等の流通の合理化及び取引の適正化に関する法律第五条第一項の認定を受けたものが同法第六条第二項に規定する認定計画（次項において「認定計画」という。）に従って当該中央卸売市場の施設の整備を行う場合には、当該開設者に対し、予算の範囲内において、当該施設の整備に要する費用の十分の四以内を補助することができる。

2　国及び都道府県は、中央卸売市場又は地方卸売市場の開設者であって食品等の流通の合理化及び取引の適正化に関する法律第五条第一項の認定を受けたものが認定計画に従って当該中央卸売市場又は地方卸売市場の施設の整備を行う場合には、当該開設者に対し、必要な助言、指導、資金の融通のあっせんその他の援助を行うように努めるものとする。

（都道府県が処理する事務等）

第十七条　この法律に規定する農林水産大臣の権限に属する事務の一部は、政令で定めるところにより、都道府県知事が行うこととすることができる。

2　この法律に規定する農林水産大臣の権限は、農林水産省令で定めるところにより、その一部を地方農政局長に委任することができる。

第六章　罰則

第十八条　次の各号のいずれかに該当する者は、三十万円以下の罰金に処する。

一　第四条第七項又は第十三条第七項の規定に違反して、中央卸売市場若しくは地方卸売市場又はこれらに紛らわしい名称を称した者

二　第十二条第一項若しくは第二項（これらの規定を第十四条において読み

替えて準用する場合を含む。）の規定による報告をせず、若しくは資料を提出せず、若しくは虚偽の報告をし、若しくは虚偽の資料を提出し、又は同項（第十四条において読み替えて準用する場合を含む。）の規定による検査を拒み、妨げ、若しくは忌避した者

第十九条　法人の代表者又は法人若しくは人の代理人、使用人その他の従業者が、その法人又は人の業務に関し、前条の違反行為をしたときは、行為者を罰するほか、その法人又は人に対して同条の刑を科する。

附　則（平成三十年法律第六十二号）（抄）

（施行期日）

第一条　この法律は、公布の日から起算して六月を超えない範囲内において政令で定める日から施行する。ただし、次の各号に掲げる規定は、当該各号に定める日から施行する。

一　次条［註；卸売市場に関する基本方針に関する経過措置］並びに附則第五条［註；食品等の流通の合理化に関する基本方針に関する経過措置］、第八条［註；食品流通構造改善促進機構に関する経過措置（業務規程の変更に関する規定）］、第九条［註；食品流通構造改善促進機構に関する経過措置（事業計画及び収支予算の変更に関する規定）］及び第三十二条［註；政令への委任］の規定　公布の日

二　附則第三条［註；中央卸売市場又は地方卸売市場の認定に関する経過措置］及び第十四条［註；登録免許税法の一部改正］の規定公布の日から起算して一年六月を超えない範囲内において政令で定める日

三　第一条の規定［註；卸売市場法及び食品流通構造改善促進法の一部を改正する法律（平成三十年法律第六十二号。以下「同法」という。）第一条（卸売市場法の一部改正に関する規定）］及び第二条［註；同法第二条（食品流通構造改善促進法の一部改正に関する規定）］中食品流通構造改善促進法第三章を第二章とし、同章の次に一章を加える改正規定（第二十七条第二項に係る部分に限る。）並びに附則第四条［註；卸売市場を開設する者の欠格事由に関する経過措置］、第十五条から第十八条まで［註；登録免許税法の一部改正、住民基本台帳法の一部改正、地価税法の一部改正及び地方拠点都市地域の整備及び産業業務施設の再配置の促進に関する法律の一部改正］及び第三十条［註；農林水産省設置法の一部改正］の規定公布の日から起算して二年を超えない範囲内において政令で定める日

○卸売市場法施行令

（昭和四十六年政令第二百二十一号）

最終改正：平成三十年十月十七日政令第二百九十三号

（生鮮食料品等の取引に関する法律）

第一条　卸売市場法（以下「法」という。）第五条第二号（法第十四条において準用する場合を含む。）の政令で定める法律は、次のとおりとする。

一　私的独占の禁止及び公正取引の確保に関する法律（昭和二十二年法律第五十四号）

二　食品衛生法（昭和二十二年法律第二百三十三号）

三　日本農林規格等に関する法律（昭和二十五年法律第百七十五号）

四　商品先物取引法（昭和二十五年法律第二百三十九号）

五　農産物検査法（昭和二十六年法律第百四十四号）

六　輸出入取引法（昭和二十七年法律第二百九十九号）

七　と畜場法（昭和二十八年法律第百十四号）

八　下請代金支払遅延等防止法（昭和三十一年法律第百二十号）

九　商標法（昭和三十四年法律第百二十七号）

十　割賦販売法（昭和三十六年法律第百五十九号）

十一　不当景品類及び不当表示防止法（昭和三十七年法律第百三十四号）

十二　特定商取引に関する法律（昭和五十一年法律第五十七号）

十三　流通食品への毒物の混入等の防止等に関する特別措置法（昭和六十二年法律第百三号）

十四　食鳥処理の事業の規制及び食鳥検査に関する法律（平成二年法律第七十号）

十五　商品投資に係る事業の規制に関する法律（平成三年法律第六十六号）

十六　計量法（平成四年法律第五十一号）

十七　不正競争防止法（平成五年法律第四十七号）

十八　主要食糧の需給及び価格の安定に関する法律（平成六年法律第百十三号）

十九　種苗法（平成十年法律第八十三号）

二十　健康増進法（平成十四年法律第百三号）

二十一　牛の個体識別のための情報の管理及び伝達に関する特別措置法（平成十五年法律第七十二号）

二十二　米穀等の取引等に係る情報の記録及び産地情報の伝達に関する法律（平成二十一年法律第二十六号）
二十三　消費者安全法（平成二十一年法律第五十号）
二十四　食品表示法（平成二十五年法律第七十号）
二十五　特定農林水産物等の名称の保護に関する法律（平成二十六年法律第八十四号）

（都道府県が処理する事務）

第二条　法第十二条第二項に規定する農林水産大臣の権限に属する事務（都道府県、地方自治法（昭和二十二年法律第六十七号）第二百五十二条の十九第一項の指定都市又は同法第二百八十四条第一項の一部事務組合若しくは広域連合（同一の都道府県の区域の一部をその区域とする地方公共団体のみが組織するものであって、同法第二百五十二条の十九第一項の指定都市が加入しないものを除く。）が開設する中央卸売市場に係るものを除く。）は、都道府県知事が行うこととする。ただし、中央卸売市場の業務の適正かつ健全な運営を確保するため必要があると認めるときは、農林水産大臣が自らその権限に属する事務を行うことを妨げない。

2　前項本文の場合においては、法中同項本文に規定する事務に係る農林水産大臣に関する規定は、都道府県知事に関する規定として都道府県知事に適用があるものとする。

3　都道府県知事は、第一項本文の規定に基づき法第十二条第二項の規定により報告若しくは資料の提出を求め、又は立入検査をした場合には、農林水産省令で定めるところにより、その結果を農林水産大臣に報告しなければならない。

附　則（平成三十年政令第二百九十三号）（抄）

（施行期日）

第一条　この政令は、改正法の施行の日（平成三十年十月二十二日）から施行する。ただし、第一条［註；卸売市場法及び食品流通構造改善促進法の一部を改正する法律の施行に伴う関係政令の整備及び経過措置に関する政令（平成三十年政令第二百五十六号。以下「同政令」という。）第一条（卸売市場法施行令の一部改正に関する規定）］、第四条から第六条まで［註；同政令第四条から第六条（畜産経営の安定に関する法律施行令の一部改正、都市計画法施行令及び沖縄振興特別措置法施行令の一部改正及び水質汚濁防止法施行令の一部改正に関する規定）］、第八条［註；同政令第八条（瀬戸内海環境保全特別措置法施行令の一部改正に関する規定)］及び第十四条［註；同政令第十四条（農林水産省組織令の一部改正に関する規定)］並びに次条［註；畜産経営の安定に関する法律施行令の一部改正に伴う調整規定］の規定は、改正法附則第一条第三号に掲げる規定の施行の日（平成三十二年六月二十一日）から施行する。

○卸売市場法施行規則

（昭和四十六年農林省令第五十二号）
最終改正：平成三十年十月十七日農林水産省令第六十七号

（中央卸売市場の認定を受けることのできる卸売市場）

第一条　卸売市場法（以下「法」という。）第四条第一項の農林水産省令で定める基準は、その取扱品目が属する次の各号に掲げる生鮮食料品等の区分に応じ、その卸売場、仲卸売場及び倉庫（冷蔵又は冷凍で保管するものを含む。）の面積の合計が、おおむねそれぞれ当該各号に定める面積（その取扱品目が当該各号の二以上の生鮮食料品等の区分に属する場合には、当該各号に定める面積のうち最も大きな面積）以上であることとする。

一　野菜及び果実一万平方メートル

二　生鮮水産物一万平方メートル

三　肉類千五百平方メートル

四　花き千五百平方メートル

五　前各号に掲げる生鮮食料品等以外の生鮮食料品等千五百平方メートル

（中央卸売市場の認定の申請）

第二条　法第四条第二項に規定する申請書は、別記様式第一号により作成しなければならない。

2　法第四条第二項第八号の農林水産省令で定める事項は、卸売業者以外の取引参加者その他の関係事業者に関する事項とする。

3　第一項の申請書には、次に掲げる書類を添付しなければならない。

一　開設者に関する次に掲げる書類（開設者が地方公共団体である場合にあっては、ニに掲げる書類）

イ　定款

ロ　登記事項証明書

ハ　役員名簿及び役員の履歴書

ニ　別記様式第七号の例により作成した直近年度の事業報告書又はこれに準ずるもの（開設者が事業の開始後一年を経過していないものである場合にあっては、申請の日を含む年度の事業計画書）

ホ　法第五条第二号から第四号までに掲げる者に該当しないことを誓約する書面

二　卸売市場の施設の配置図

三　卸売業者に関する次に掲げる書類（卸売業者が個人である場合にあっては、戸籍抄本又はこれに代わるもの及びニに掲げる書類）
イ　定款
ロ　登記事項証明書
ハ　役員名簿
ニ　別記様式第二号の例により作成した直近の事業年度の事業報告書又はこれに準ずるもの（卸売業者が事業の開始後一年を経過していないものである場合にあっては、申請の日を含む事業年度の事業計画書）
四　法第四条第五項第四号イ及びロに掲げる方法が公表されていることを証する書類
五　法第四条第五項第五号の表の下欄に掲げる事項以外の遵守事項が定められている場合にあっては、次に掲げる書類
イ　当該遵守事項を定めるに当たって法第四条第五項第六号ロの規定により取引参加者の意見を聴いたことを証する書類
ロ　当該遵守事項及び当該遵守事項が定められた理由が法第四条第五項第六号ハの規定により公表されていることを証する書類

4　法第四条第三項に規定する業務規程には、その細則（同条第五項第三号イからハまで並びに第四号イ及びロに掲げる事項並びに遵守事項の内容に係るものに限る。）を委ねた規則（品目、数量、金額、割合その他の軽微な事項のみを委ねたものを除く。）を含む。

（開設者による売買取引の結果等の公表）

第三条　法第四条第五項第三号ロの規定による公表は、当該卸売市場の取扱品目に属する生鮮食料品等に関する次に掲げる事項について、それぞれ開設者が定める時までに、インターネットの利用その他の適切な方法により行わなければならない。
一　その日（開設者が定める時刻から翌日の当該時刻までの期間をいう。以下同じ。）の主要な品目の卸売予定数量
二　その日の主要な品目の卸売の数量及び価格

2　前項第一号及び第二号に掲げる事項の公表は、同項に定めるところによるほか、次に定めるところにより行わなければならない。
一　前項第一号に掲げる事項にあっては、主要な産地並びに前日の主要な品目の卸売の数量及び価格と併せて公表すること。
二　前項第二号に掲げる事項にあっては、売買取引の方法ごとに、価格を高

値（最も高い価格をいう。以下同じ。）、中値（最も卸売の数量が多い価格をいう。ただし、個々の商品ごとに価格を決定する品目については、加重平均価格をいう。以下同じ。）及び安値（中値未満の価格のうち、最も卸売の数量が多い価格をいう。ただし、個々の商品ごとに価格を決定する品目については、最も低い価格をいう。以下同じ。）に区分して行うこと。

（開設者による売買取引の方法及び決済の方法の公表）

第四条　法第四条第五項第四号の規定による公表は、インターネットの利用その他の適切な方法により行わなければならない。

（卸売業者による売買取引の条件の公表）

第五条　法第四条第五項第五号の表の四の項の規定による公表は、次に掲げる事項について、インターネットの利用その他の適切な方法により行わなければならない。

一　営業日及び営業時間

二　取扱品目

三　生鮮食料品等の引渡しの方法

四　委託手数料その他の生鮮食料品等の卸売に関し出荷者又は買受人が負担する費用の種類、内容及びその額

五　生鮮食料品等の卸売に係る販売代金の支払期日及び支払方法（法第四条第五項第四号ロに掲げる方法として業務規程に定められた決済の方法に則したものに限る。）

六　売買取引に関して出荷者又は買受人に交付する奨励金その他の販売代金以外の金銭（以下「奨励金等」という。）がある場合には、その種類、内容及びその額（その交付の基準を含む。）

（受託拒否の正当な理由）

第六条　法第四条第五項第五号の表の五の項の農林水産省令で定める正当な理由がある場合は、次のとおりとする。

一　販売の委託の申込みがあった生鮮食料品等が食品衛生上有害である場合

二　販売の委託の申込みがあった生鮮食料品等が当該卸売市場において過去に全て残品となり販売に至らなかった生鮮食料品等と品質が同程度であると開設者が認める場合

三　卸売場、倉庫その他の卸売業者が当該卸売市場における卸売の業務のために使用する施設の受入能力を超える場合

四　販売の委託の申込みがあった生鮮食料品等に関し、法令に違反し、若し

くは公益に反する行為の疑いがある場合又は販売を制限する行政機関の指示若しくは命令があった場合
五　販売の委託の申込みが法第四条第五項第五号の表の四の項の規定により卸売業者が公表した売買取引の条件に基づかない場合
六　販売の委託の申込みが当該卸売市場以外の場所における売買取引の残品の出荷であることが明白である場合
七　販売の委託の申込みが次に掲げる者から行われたものである場合
イ　暴力団員による不当な行為の防止等に関する法律（平成三年法律第七十七号）第二条第六号に規定する暴力団員又は同号に規定する暴力団員でなくなった日から五年を経過しない者（以下この号において「暴力団員等」という。）
ロ　暴力団員等をその業務に従事させ、又はその業務の補助者として使用する者
ハ　暴力団員等がその事業活動を支配する者

（卸売業者による事業報告書の作成等）

第七条　法第四条第五項第五号の表の六の項㈡の事業報告書は、事業年度ごとに、別記様式第二号により作成し、当該事業年度経過後九十日以内に、開設者に提出しなければならない。

2　法第四条第五項第五号の表の六の項㈡の規定による閲覧は、インターネットの利用、事務所における備置きその他の適切な方法によりさせなければならない。

3　法第四条第五項第五号の表の六の項㈡の農林水産省令で定める財務に関する情報は、貸借対照表及び損益計算書とする。

4　法第四条第五項第五号の表の六の項㈡の農林水産省令で定める正当な理由がある場合は、次のとおりとする。
一　当該卸売業者に対し卸売のための販売の委託又は販売をする見込みがないと認められる者から閲覧の申出がなされた場合
二　安定的な決済を確保する観点から当該卸売業者の財務の状況を確認する目的以外の目的に基づき閲覧の申出がなされたと認められる場合
三　同一の者から短期間に繰り返し閲覧の申出がなされた場合

（卸売業者による売買取引の結果等の公表）

第八条　法第四条第五項第五号の表の七の項の規定による公表は、当該卸売業者の取扱品目に属する生鮮食料品等に関する次に掲げる事項について、それ

ぞれ開設者が定める時までに、インターネットの利用その他の適切な方法により行わなければならない。

一　その日の主要な品目の卸売予定数量

二　その日の主要な品目の卸売の数量及び価格

三　その月の前月の委託手数料の種類ごとの受領額及び奨励金等がある場合にあってはその月の前月の奨励金等の種類ごとの交付額（法第四条第五項第五号の表の四の項の規定並びに第五条第四号及び第六号の規定によりその条件を公表した委託手数料及び奨励金等に係るものに限る。）

2　前項第一号及び第二号に掲げる事項の公表は、同項に定めるところによるほか、次に定めるところにより行わなければならない。

一　前項第一号に掲げる事項にあっては、主要な産地と併せて公表すること。

二　前項第二号に掲げる事項にあっては、価格を高値、中値及び安値に区分して行うこと。

三　前項第一号及び第二号に掲げる事項にあっては、次に掲げる区分ごとに行うこと。

イ　せり売又は入札の方法による卸売（ハ又はニに掲げるものを除く。）

ロ　相対による取引の方法による卸売（ハ又はニに掲げるものを除く。）

ハ　法第四条第五項第六号の規定により卸売業者が仲卸業者その他の特定の買受人以外の買受人に対し生鮮食料品等の卸売をすることを制限する遵守事項を定めている場合にあっては、当該買受人に対する卸売

ニ　法第四条第五項第六号の規定により卸売業者が卸売市場内にある生鮮食料品等以外の生鮮食料品等の卸売をすることを制限する遵守事項を定めている場合にあっては、当該生鮮食料品等の卸売

（卸売市場の適正かつ健全な運営に必要な要件）

第九条　法第四条第五項第九号の農林水産省令で定める要件は、次のとおりとする。

一　開設者が、当該卸売市場の業務の運営に必要な資金を確保することができると見込まれること。

二　当該卸売市場の全ての取扱品目について卸売業者が存在し、かつ、当該卸売業者が卸売の業務を適確に遂行することができると見込まれること。

（中央卸売市場の認定の公示）

第十条　法第四条第六項の規定による公示は、インターネットの利用により行

うものとする。

（中央卸売市場に係る変更の認定の申請）

第十一条　法第六条第一項の規定により変更の認定を受けようとする中央卸売市場の開設者は、別記様式第三号による申請書を農林水産大臣に提出しなければならない。この場合において、当該変更が業務規程又は第二条第三項各号に掲げる書類の変更を伴うときは、当該変更後の業務規程又は書類を添付しなければならない。

（中央卸売市場に係る軽微な変更）

第十二条　法第六条第一項の農林水産省令で定める軽微な変更は、次に掲げる変更とする。

一　法第四条第二項第一号に掲げる事項の変更（開設者の変更を伴うものを除く。）

二　法第四条第二項第二号に掲げる事項の変更

三　法第四条第二項第三号に掲げる事項の変更のうち、次に掲げるもの

イ　当該中央卸売市場の面積の変更であって、その面積の十パーセント以内を増減するもの

ロ　当該中央卸売市場の施設の変更であって、その全ての施設の面積の十パーセント以内を増減するもの

四　法第四条第二項第四号に掲げる事項のうち、当該中央卸売市場の取扱品目ごとの取扱いの数量及び金額に関する事項の変更

五　法第四条第二項第五号に掲げる事項の変更（開設者の組織の人員の十パーセント以上を減少するものを除く。）

六　法第四条第二項第六号に掲げる事項の変更

七　法第四条第二項第七号に掲げる事項の変更（卸売業者の変更を伴うもの及び当該中央卸売市場のいずれかの取扱品目について卸売業者が存在しなくなるものを除く。）

八　第二条第二項に定める事項の変更

九　業務規程の変更（法第四条第五項第三号イからハまで並びに第四号イ及びロに掲げる事項並びに遵守事項の内容の変更を伴うものを除く。）

（中央卸売市場に係る変更の届出）

第十三条　法第六条第二項の規定による届出は、当該変更の日の七日後までに、別記様式第四号による届出書を提出してしなければならない。

2　中央卸売市場の開設者は、前条第三号から第九号までに掲げる変更につい

ては、その年度に係る法第十二条第一項の規定による報告をもって、前項の届出書の提出に代えることができる。

3　第一項の届出書の提出又は第二項の報告をする場合において、当該変更が業務規程又は第二条第三項各号に掲げる書類の変更を伴うときは、当該変更後の業務規程又は書類を添付しなければならない。

（中央卸売市場の休止又は廃止の通知及び届出）

第十四条　法第七条の規定による通知は、休止又は廃止の日の三十日前までに、その旨及びその理由を中央卸売市場の見やすい場所に掲示するとともに、インターネットの利用その他の適切な方法により公表してしなければならない。

2　法第七条の規定による届出は、休止又は廃止の日の三十日前までに、別記様式第五号による届出書を提出してしなければならない。

（地方卸売市場の認定申請に係る届出）

第十五条　法第八条第二項の規定による届出は、法第十三条第一項の認定の申請後速やかに、別記様式第六号による届出書を提出してしなければならない。

（中央卸売市場の運営状況の報告）

第十六条　法第十二条第一項の規定による報告は、毎年度経過後四月以内に、別記様式第七号による報告書を提出してしなければならない。

2　前項の報告書には、当該中央卸売市場の卸売業者の最新の法第四条第五項第五号の表の六の項㈡の事業報告書を添付しなければならない。

（地方卸売市場の認定の申請）

第十七条　法第十三条第二項に規定する申請書は、別記様式第一号（都道府県が別に定める場合にあっては、その様式）により作成しなければならない。

2　法第十三条第二項第八号の農林水産省令で定める事項は、卸売業者以外の取引参加者その他の関係事業者に関する事項とする。

3　第一項の申請書には、次に掲げる書類（都道府県が別に定める場合にあっては、その書類）を添付しなければならない。

一　開設者に関する次に掲げる書類（開設者が地方公共団体である場合にあっては、ニに掲げる書類）

イ　定款

ロ　登記事項証明書

ハ　役員名簿及び役員の履歴書

ニ　別記様式第七号（第三十条第一項の規定により都道府県が別に様式を定めた場合にあっては、当該様式）の例により作成した直近年度の事業報告書又はこれに準ずるもの（開設者が事業の開始後一年を経過していないものである場合にあっては、申請の日を含む年度の事業計画書）

ホ　法第十四条において準用する法第五条第二号から第四号までに掲げる者に該当しないことを誓約する書面

二　卸売市場の施設の配置図

三　卸売業者に関する次に掲げる書類（卸売業者が個人である場合にあっては、戸籍抄本又はこれに代わるもの及びニに掲げる書類）

イ　定款

ロ　登記事項証明書

ハ　役員名簿

ニ　別記様式第二号（第二十一条第一項の規定により都道府県が別に様式を定めた場合にあっては、当該様式）の例により作成した直近の事業年度の事業報告書又はこれに準ずるもの（卸売業者が事業の開始後一年を経過していないものである場合にあっては、申請の日を含む事業年度の事業計画書）

四　法第十三条第五項第四号イ及びロに掲げる方法が公表されていることを証する書類

五　法第十三条第五項第五号の表の下欄に掲げる事項以外の遵守事項が定められている場合にあっては、次に掲げる書類

イ　当該遵守事項を定めるに当たって法第十三条第五項第六号ロの規定により取引参加者の意見を聴いたことを証する書類

ロ　当該遵守事項及び当該遵守事項が定められた理由が法第十三条第五項第六号ハの規定により公表されていることを証する書類

4　法第十三条第三項に規定する業務規程には、その細則（同条第五項第三号イからハまで並びに第四号イ及びロに掲げる事項並びに遵守事項の内容に係るものに限る。）を委ねた規則（品目、数量、金額、割合その他の軽微な事項のみを委ねたものを除く。）を含む。

（開設者による売買取引の結果等の公表）

第十八条　法第十三条第五項第三号ロの規定による公表は、当該卸売市場の取扱品目に属する生鮮食料品等に関する次に掲げる事項について、それぞれ開設者が定める時までに、インターネットの利用その他の適切な方法により行

わなければならない。
一　その日の主要な品目の卸売予定数量
二　その日の主要な品目の卸売の数量及び価格
（開設者による売買取引の方法及び決済の方法の公表）
第十九条　法第十三条第五項第四号の規定による公表は、インターネットの利用その他の適切な方法により行わなければならない。
（卸売業者による売買取引の条件の公表）
第二十条　法第十三条第五項第五号の表の四の項の規定による公表は、次に掲げる事項について、インターネットの利用その他の適切な方法により行わなければならない。
一　営業日及び営業時間
二　取扱品目
三　生鮮食料品等の引渡しの方法
四　委託手数料その他の生鮮食料品等の卸売に関し出荷者又は買受人が負担する費用の種類、内容及びその額
五　生鮮食料品等の卸売に係る販売代金の支払期日及び支払方法（法第十三条第五項第四号ロに掲げる方法として業務規程に定められた決済の方法に則したものに限る。）
六　奨励金等がある場合には、その種類、内容及びその額（その交付の基準を含む。）
（卸売業者による事業報告書の作成等）
第二十一条　法第十三条第五項第五号の表の五の項㈡の事業報告書は、事業年度ごとに、別記様式第二号（都道府県が別に定める場合にあっては、その様式）により作成し、当該事業年度経過後九十日以内（都道府県が別に定める場合にあっては、その期限まで）に、開設者に提出しなければならない。
2　法第十三条第五項第五号の表の五の項㈡の規定による閲覧は、インターネットの利用、事務所における備置きその他の適切な方法によりさせなければならない。
3　法第十三条第五項第五号の表の五の項㈡の農林水産省令で定める財務に関する情報は、貸借対照表及び損益計算書とする。
4　法第十三条第五項第五号の表の五の項㈡の農林水産省令で定める正当な理由がある場合は、次のとおりとする。
一　当該卸売業者に対し卸売のための販売の委託又は販売をする見込みがな

いと認められる者から閲覧の申出がなされた場合

二　安定的な決済を確保する観点から当該卸売業者の財務の状況を確認する目的以外の目的に基づき閲覧の申出がなされたと認められる場合

三　同一の者から短期間に繰り返し閲覧の申出がなされた場合

（卸売業者による売買取引の結果等の公表）

第二十二条　法第十三条第五項第五号の表の六の項の規定による公表は、当該卸売業者の取扱品目に属する生鮮食料品等に関する次に掲げる事項について、それぞれ開設者が定める時までに、インターネットの利用その他の適切な方法により行わなければならない。

一　その日の主要な品目の卸売予定数量

二　その日の主要な品目の卸売の数量及び価格

三　その月の前月の委託手数料の種類ごとの受領額及び奨励金等がある場合にあってはその月の前月の奨励金等の種類ごとの交付額（法第十三条第五項第五号の表の四の項の規定並びに第二十条第四号及び第六号の規定によりその条件を公表した委託手数料及び奨励金等に係るものに限る。）

（卸売市場の適正かつ健全な運営に必要な要件）

第二十三条　法第十三条第五項第九号の農林水産省令で定める要件は、次のとおりとする。

一　開設者が、当該卸売市場の業務の運営に必要な資金を確保することができると見込まれること。

二　当該卸売市場の全ての取扱品目について卸売業者が存在し、かつ、当該卸売業者が卸売の業務を適確に遂行することができると見込まれること。

（地方卸売市場の認定の公示）

第二十四条　法第十三条第六項の規定による公示は、インターネットの利用、都道府県の公報への掲載その他の適切な方法により行うものとする。

（地方卸売市場に係る変更の認定の申請）

第二十五条　法第十四条において読み替えて準用する法第六条第一項の規定により変更の認定を受けようとする地方卸売市場の開設者は、別記様式第三号（都道府県が別に定める場合にあっては、その様式）による申請書を都道府県知事に提出しなければならない。この場合において、当該変更が業務規程又は第十七条第三項各号に掲げる書類（同項の規定により都道府県が別に書類を定めた場合にあっては、当該書類。以下同じ。）の変更を伴うときは、当該変更後の業務規程又は書類を添付しなければならない。

（地方卸売市場に係る軽微な変更）

第二十六条　法第十四条において読み替えて準用する法第六条第一項の農林水産省令で定める軽微な変更は、次に掲げる変更（都道府県が別に定める場合にあっては、その変更）とする。

一　法第十三条第二項第一号に掲げる事項の変更（開設者の変更を伴うものを除く。）

二　法第十三条第二項第二号に掲げる事項の変更

三　法第十三条第二項第三号に掲げる事項の変更のうち、当該地方卸売市場の施設の変更であって、その全ての施設の面積の十パーセント以内を増減するもの

四　法第十三条第二項第四号に掲げる事項のうち、当該地方卸売市場の取扱品目ごとの取扱いの数量及び金額に関する事項の変更

五　法第十三条第二項第五号に掲げる事項の変更（開設者の組織の人員の十パーセント以上を減少するものを除く。）

六　法第十三条第二項第六号に掲げる事項の変更

七　法第十三条第二項第七号に掲げる事項の変更（卸売業者の変更を伴うもの及び当該地方卸売市場のいずれかの取扱品目について卸売業者が存在しなくなるものを除く。）

八　第十七条第二項に定める事項の変更

九　業務規程の変更（法第十三条第五項第三号イからハまで並びに第四号イ及びロに掲げる事項並びに遵守事項の内容の変更を伴うものを除く。）

（地方卸売市場に係る変更の届出）

第二十七条　法第十四条において読み替えて準用する法第六条第二項の規定による届出は、当該変更の日の七日後まで（都道府県が別に定める場合にあっては、その期限まで）に、別記様式第四号（都道府県が別に定める場合にあっては、その様式）による届出書を提出してしなければならない。

2　地方卸売市場の開設者は、前条第三号から第九号までに掲げる変更（都道府県が別に定める場合にあっては、その変更）については、その年度に係る法第十四条において読み替えて準用する法第十二条第一項の規定による報告をもって、前項の規定による届出書の提出に代えることができる。

3　第一項の届出書の提出又は第二項の報告をする場合において、当該変更が業務規程又は第十七条第三項各号に掲げる書類の変更を伴うときは、当該変更後の業務規程又は書類を添付しなければならない。

（地方卸売市場の休止又は廃止の通知及び届出）

第二十八条　法第十四条において読み替えて準用する法第七条の規定による通知は、休止又は廃止の日の三十日前までに、その旨及びその理由を地方卸売市場の見やすい場所に掲示するとともに、インターネットの利用その他の適切な方法により公表してしなければならない。

2　法第十四条において読み替えて準用する法第七条の規定による届出は、休止又は廃止の日の三十日前まで（都道府県が別に定める場合にあっては、その期限まで）に、別記様式第五号（都道府県が別に定める場合にあっては、その様式）による届出書を提出してしなければならない。

（中央卸売市場の認定申請に係る届出）

第二十九条　法第十四条において読み替えて準用する法第八条第二項の規定による届出は、法第四条第一項の認定の申請後速やかに（都道府県が別に定める場合にあっては、その期限までに）、別記様式第六号（都道府県が別に定める場合にあっては、その様式）による届出書を提出してしなければならない。

（地方卸売市場の運営状況の報告）

第三十条　法第十四条において読み替えて準用する法第十二条第一項の規定による報告は、毎年度経過後四月以内（都道府県が別に定める場合にあっては、その期限まで）に、別記様式第七号（都道府県が別に定める場合にあっては、その様式）による報告書を提出してしなければならない。

2　前項の報告書には、当該地方卸売市場の卸売業者の最新の法第十三条第五項第五号の表の五の項㈡の事業報告書（都道府県が別に定める場合にあっては、その書類）を添付しなければならない。

（検査等の結果の報告）

第三十一条　卸売市場法施行令（昭和四十六年政令第二百二十一号。以下「令」という。）第二条第三項の規定による報告は、遅滞なく、次に掲げる事項を記載した書面を提出してしなければならない。

一　報告若しくは資料の提出を求め、又は立入検査をした開設者の名称

二　報告若しくは資料の提出を求め、又は立入検査をした年月日

三　開設者がした報告の内容若しくは提出した資料の内容又は立入検査の結果

四　その他参考となる事項

（権限の委任）

第三十二条　法第六条第二項、第七条、第八条第二項並びに第十二条第一項及び第二項並びに令第二条第三項の規定による農林水産大臣の権限（法第十二条第二項の規定による立入検査の権限を除く。）は、地方農政局長に委任する。ただし、法第十二条第二項の規定による報告又は資料の提出を求める権限については、農林水産大臣が自ら行うことを妨げない。

附　則（平成三十年農林水産省令第六十七号）（抄）

（施行期日）

第一条　この省令は、卸売市場法及び食品流通構造改善促進法の一部を改正する法律（以下「改正法」という。）の施行の日（平成三十年十月二十二日）から施行する。ただし、次の各号に掲げる規定は、当該各号に定める日から施行する。

一　次条の規定［註；中央卸売市場又は地方卸売市場の認定の申請に係る記載事項等の省略］改正法附則第一条第二号に掲げる規定の施行の日（平成三十一年十二月二十一日）

二　第一条［註；卸売市場法及び食品流通構造改善促進法の一部を改正する法律の施行に伴う農林水産省関係省令の整備に関する省令（平成三十年農林水産省令第六十七号。以下「同省令」という。）第一条（卸売市場法施行規則の一部改正に関する規定)］、第三条［註；同省令第三条（食品等の流通の合理化及び取引の適正化に関する法律施行規則の一部改正に関する規定)］、第四条［註；同省令第四条（畜産経営の安定に関する法律施行規則の一部改正に関する規定)］、第六条［註；同省令第六条（農林水産省の職員が検査の際に携帯する身分証明書の様式を定める省令の一部改正に関する規定)］、第七条［註；同省令第七条（農林水産省の所管する法令に係る民間事業者等が行う書面の保存等における情報通信の技術の利用に関する法律施行規則の一部改正に関する規定)］及び第九条［註；同省令第九条（農林水産省組織規則の一部改正に関する規定)］並びに附則第三条の規定［註；畜産経営の安定に関する法律施行規則の一部改正に伴う調整規定に関する規定)］改正法附則第一条第三号に掲げる規定の施行の日（平成三十二年六月二十一日）

（中央卸売市場又は地方卸売市場の認定の申請に係る記載事項等の省略）

第二条　改正法附則第三条［註；中央卸売市場又は地方卸売市場の認定に関する経過措置］第五項の農林水産省令で定める事項は、次に掲げる申請の区分に応じ、それぞれ次に定める事項とする。

一　改正法第一条の規定による改正前の卸売市場法（昭和四十六年法律第三十五号。以下この項において「旧卸売市場法」という。）第二条第三項に規定する中央卸売市場（次項において「旧中央卸売市場」という。）に係る改正法附則第三条第一項の申請改正法第一条の規定による改正後の卸売市場法（次号において「新卸売市場法」という。）第四条第二項第三号、第七号及び第八号に掲げる事項

二　旧卸売市場法第二条第四項に規定する地方卸売市場（第三項において「旧地方卸売市場」という。）に係る改正法附則第三条第三項の申請新卸売市場法第十三条第二項第三号、第七号及び第八号に掲げる事項（都道府県が別に定める場合にあっては、その事項）

2　旧中央卸売市場に係る改正法附則第三条第一項の申請については、第一条の規定による改正後の卸売市場法施行規則（次項において「新卸売市場法施行規則」という。）第二条第三項の規定にかかわらず、同項第一号から第三号までに掲げる書類の添付を省略することができる。

3　旧地方卸売市場に係る改正法附則第三条第三項の申請については、新卸売市場法施行規則第十七条第三項の規定にかかわらず、同項第一号から第三号までに掲げる書類（第一号ニ及びホに掲げる書類を除き、都道府県が別に定める場合にあっては、その書類）の添付を省略することができる。

別記様式第１号（第２条第１項及び第 17 条第１項関係）

認 定 申 請 書

農林水産大臣（都道府県知事）　殿

年　月　日提出
法　人　名　称
法人番号：
住　　　所
代表者の役職及び氏名　印

卸売市場法第４条第１項（第 13 条第１項）の規定により、中央卸売市場（地方卸売市場）の認定を受けたいので、次のとおり申請します。

（記載上の注意）
１．地方卸売市場に係る申請にあっては、（　）の文言とすること。
２．一体性のある複数の市場（生鮮食料品等の取引及び荷さばきに必要な相当規模の施設が一の機能を営むために相互に緊密な関連をもって運営されるよう配置されたこれらの施設の総合体で、開設者が業務規程で定めるものをいう。）を１つの中央卸売市場（地方卸売市場）として申請する 場合には、２、３及び７の事項は市場ごとに記載すること。その際には、別紙として表形式等で添付しても差し支えない。
３．添付する業務規程については、策定又は変更に関する意思の決定を証する書面を添付すること。
４．用紙の大きさは、日本工業規格Ａ４とすること。

１　卸売市場の名称

２　卸売市場の位置及び面積並びに施設に関する事項（卸売市場の位置及び施設に関する事項）
（１）位置

（２）面積

（記載上の注意）中央卸売市場の認定を受けようとする場合のみ記載すること。

（３）施設

施設の名称	施設の面積	設置年月
	㎡	年　月
	㎡	年　月
	㎡	年　月

	㎡	年　月
	㎡	年　月
	㎡	年　月
	㎡	年　月
	㎡	年　月
	㎡	年　月
	㎡	年　月
	㎡	年　月
	㎡	年　月
	㎡	年　月

（記載上の注意）卸売場、仲卸売場及び倉庫（冷蔵又は冷凍で保管するものを含む。）については、生鮮食料品等の区分ごとに記載すること。

3　卸売市場の取扱品目並びに取扱品目ごとの取扱いの数量及び金額に関する事項

（1）取扱品目：

（2）取扱品目ごとの取扱いの数量及び金額の実績及び見込み

取扱品目	実績（　年度）	見込み（　年度）
	トン 千円	トン 千円
	トン 千円	トン 千円

（記載上の注意）

1．実績の欄には直近年度の数量及び金額を実績で記載するとともに、見込みの欄には申請年度の数量及び金額を見込みで記載すること。

2．花きの取扱いの数量については、記載を省略することができる。以下同じ。

4　卸売市場の業務の運営体制に関する事項

（記載上の注意）組織図で示し、これに各部門を担当する役員の氏名、担当業務の従事職員数及び業務の概要を付記すること。

5　卸売市場の業務の運営に必要な資金の確保に関する事項

（1）収支の状況

（記載上の注意）

1．①直近年度の貸借対照表及び損益計算書並びに②申請年度の貸借対照表及び損益計算書の見込みを記載又は添付すること。

2．地方公共団体が申請する場合には、1．にかかわらず、下記の表に記載すること。

収　入	実績 （　年度）	見込み （　年度）	支　出	実績 （　年度）	見込み （　年度）
総収入			総支出		
前年度繰越金			市場管理費（営業費用）		
使用料計			人件費(注4)		
売上高割使用料			事務費(注5)		
面積割使用料			建設改良費（総事業費）		
と畜場使用料			うち付帯事務費		
その他			うち補助対象事業費		
地方債起債			うち付帯事務費		
国庫補助金			地方債償還金		
うち建設改良に係る補助金			利息償還金		
都道府県補助金			うち市場事業に係る償還金		
うち建設改良に係る補助金			うち建設改良に係る償還金		
一般会計からの繰出金			うちH4年度以降許可債分(注6)		
指導監督的経費繰出金			元金償還金		
建設改良費繰出金			うち市場事業に係る償還金		
と畜事業費繰出金			うち建設改良に係る償還金		
その他繰出金			と畜事業に係る償還金		
貸付金			企業債取扱諸費		
貸付金利息			繰上充用金		
受取利息及び配当金			貸付金		
その他			その他		
うち受益者負担金分(注2)			うち○○○○(注3)		
うち○○○○(注3)			うち○○○○		
うち○○○○			翌年度繰越金		

（記載上の注意）

1．実績の欄には直近年度の金額を実績で記載するとともに、見込みの欄には申請年度の金額を見込みで記載すること。

2．受益者負担金分は、卸売業者等の光熱費等使用料として業者が負担すべき費用分を記入すること。

3．その他のうち受益者負担金分以外で額が大きい項目を記入すること。

4．人件費は、給与、退職金、賃金、報酬、諸手当、法定福利費、厚生福利費を加算したものを記入すること。

5．事務費は、市場管理費から人件費を控除した額を記入すること。

6．平成4年度以降の許可債に係る支払利息分を記入すること。

（2）長期借入金及び起債の返済・償還計画

年　度	元　金	利　子	元金＋利子
年度	千円	千円	千円
年度			
年度			
年度			
年度			
年度			
年度			
年度			
年度			
・・・			
合　計			

（記載上の注意）各年度末における長期借入金及び起債の残高の見込みを記載すること。

6　卸売市場の卸売業者に関する事項

名称	代表者名	取扱品目	取扱実績	純資産額	経常損益	備考
			トン 千円	千円	千円	

（記載上の注意）

1．取扱実績、純資産額及び経常損益の欄は、直近年度の数量及び金額を記載すること。

2．純資産額とは、卸売業者の貸借対照表の純資産合計の額をいう。

3．備考欄には、複数の市場がある場合に、卸売業者が卸売の業務を行っている市場名を記載すること。

7　卸売業者以外の取引参加者その他の関係事業者に関する事項

（1）取引参加者に関する事項

取扱品目	仲卸業者数	売買参加者数

（記載上の注意）売買参加者数の欄には、仲卸業者以外の買受人であって、開設者による承認、登録等を行っている者の数を記載すること。

（2）取引参加者以外の関係事業者に関する事項

業　種	業者数

（開設者の連絡先）

部署名：

TEL：

FAX：

e-mail：

別記様式第２号（第７条第１項及び第21条第１項関係）

事業報告書
（　年　月　日から　年　月　日まで）

開設者　殿

卸売市場の名称
法人名称
法人番号：
代表者の役職及び氏名　印

卸売市場法第４条第５項第５号の表の６の項（２）（第13条第５項第５号の表の５の項（２））の規定により、事業報告書について、次のとおり提出します。

（記載上の注意）
１．地方卸売市場に係る申請にあっては、（　）の文言とすること。
２．用紙の大きさは、日本工業規格Ａ４とすること。
３．個人である場合にあっては、下記に準じて作成すること。

第１　業務の状況
１　組織に関する事項
⑴　事業運営組織

（記載上の注意）組織図（取締役、監査役等の別を付記すること。）で示し、これに各部門を担当する役職員の氏名（部長以上）、担当業務の概要、従業員数等を付記すること。

⑵　役員の略歴

役名及び職名	氏名 （生年月日及び住所）	略歴

⑶　役員及び従業員の状況

区分		人数		平均年齢	平均勤続年数
			うち女性		
役員	常勤	人	人	歳	年
	非常勤				
	小計				

従業員	営業関係				
	事務関係				
	小計				
合計					
臨時職員年間平均雇用人数				／	／

（記載上の注意）

1．従業員との兼務役員は、役員の項に記載すること。

2．臨時職員年間平均雇用人数の項には、当該事業年度において雇用した延日数を当該事業年度の営業日数で除して得た数値の小数点以下を四捨五入して整数で記載すること。

(4)　株主構成

区分	役員	従業員	出荷者	仲卸業者	売買参加者	開設者	その他	合計
総株主等の議決権の数 (A)	／	／	／	／	／	／	／	
保有する議決権の数　(B)								
割合（B／A）	%	%	%	%	%	%	%	% 100.00

大口株主の名簿（上位10位まで）

氏名又は名称	住所	保有する議決権の数	保有する議決権の割合
			%
合計	／		

（記載上の注意）

1．「総株主等」とは、総株主、総社員又は総出資者をいう。以下同じ。

2．「議決権」とは、株式会社にあっては、株主総会において決議をすることができる事項の全部につき議決権を行使することができない株式についての議決権を除き、会社法（平成17年法律第86号）第879条第3項の規定により議決権を有するものとみなされる株式についての議決権を含む。以下同じ。

3．売買参加者とは、仲卸業者以外の買受人であって、開設者による承認、登録等を行っている者をいう。以下同じ。

2　卸売業務の状況

（記載上の注意）認定を受けた他の卸売市場において卸売業務を行っている者にあっては、(1)から(6)までの表を①本卸売市場分及び②当該他の卸売市場を含めた全ての認定を受けた卸売市場分の合計についてそれぞれ作成すること。

(1)　卸売業務に係る取扱品目についての取扱高及び売上損益

種類	受託販売			買付販売			卸売業務合計		
	数量	金額	委託手数料	数量	金額	買付販売利益（損失）金額	数量	金額	販売利益（損失）金額
	トン	千円	千円	トン	千円	千円	トン	千円	千円
当期合計（A）									
前年同期（B）									
前年同期対比（B／A）	%	%	%	%	%	%	%	%	%

（記載上の注意）

1．種類の欄には、取扱品目の区分に応じ、

① 野菜及び果実（以下「青果」という。）に属するものにあっては、野菜（輸入に係るものを除く。）、輸入野菜、果実（輸入に係るものを除く。）及び輸入果実

② 生鮮水産物に属するものにあっては、生鮮水産物（冷凍水産物を除く。）及び冷凍水産物

③ 肉類に属するものにあっては、牛枝肉（輸入に係るものを除く。）、牛部分肉（輸入に係るものを除く。）、輸入牛肉、豚枝肉（輸入に係るものを除く。）、豚部分肉（輸入に係るものを除く。）、輸入豚肉及びその他（肉類加工品を除く。）

④ 花きに属するものにあっては、切花、鉢物、枝物、植木及びその他

⑤ その他の生鮮食料品等に属するものにあっては、農産加工品（つけ物及び青果加工品を除く。）、つけ物、青果加工品（つけ物を除く。）、水産加工品（塩干加工品を除く。）、塩干加工品、肉類加工品及びその他

に、それぞれ区分して記載すること。

2．花きの数量の単位は、切花にあってはケース（100本を1ケースに換算する。）、鉢物にあっては鉢（1個1鉢とする。）、枝物にあっては束（100本を1束に換算する。）、植木にあっては本（1個1本とする。）とする。

(2)　集荷先別取扱高の状況

区分 / 種類	生産者個人	生産者任意組合	出荷団体	産地出荷業者	商社	他市場卸売業者	他市場仲卸業者	その他	合計	備考
	千円 (　　)	千円 (　　)	千円 (　　)	千円 (　　)	千円 (　　)	千円 (　　)	千円 (　　)	千円 (　　)	千円 (　　)	
合計	(　　)	(　　)	(　　)	(　　)	(　　)	(　　)	(　　)	(　　)	(　　)	

（記載上の注意）

1．種類の欄には、取扱品目の区分に応じ、

　①　青果に属するものにあっては、野菜及び果実

　②　生鮮水産物に属するものにあっては、生鮮水産物（冷凍水産物を除く。）及び冷凍水産物

　③　肉類に属するものにあっては、牛肉、豚肉及びその他

　④　花きに属するものにあっては、切花、鉢物及びその他

　⑤　その他の生鮮食料品等に属するものにあっては、農産加工品（青果加工品を除く。）、青果加工品、水産加工品（塩干加工品を除く。）、塩干加工品、肉類加工品及びその他

　に、それぞれ区分して記載すること。

2．出荷団体の欄には、単協、県連及び全国連からの集荷に係るものを記載すること。

3．青果又は青果加工品に属するものにあっては、輸入青果物取扱業者からの集荷に係るものは商社の欄に記載すること。

4．生鮮水産物、水産加工品（塩干加工品を除く。）又は塩干加工品に属するものにあっては、産地市場からの集荷に係るものは出荷団体の欄に、産地仲買人及び産地加工業者からの集荷に係るものは産地出荷業者の欄に、水産会社からの集荷に係るものは商社の欄と他市場卸売業者の欄の間に水産会社の欄を設け当該水産会社の欄に、消費地市場からの集荷に係るものは他市場卸売業者の欄又は他市場仲卸業者の欄に、消費地の問屋、加工業者等からの集荷に係るものはその他の欄に、それぞれ記載すること。

5．肉類又は肉類加工品に属するものにあっては、産地食肉センターからの集荷に係るものは出荷団体の欄に、家畜商からの集荷に係るものは産地出荷業者の欄に、食肉加工会社からの集荷に係るものは商社の欄に、それぞれ記載すること。

6．買付集荷に係るものにあっては、(　) に内数で記載すること。

(3)　販売先別取扱高及び販売代金の平均回収日数の状況

区分／種類	仲卸業者		売買参加者		自社等		第三者				合　計	
									うち他市場への転送			
	数量	金額	数量	金額	数量	金額	数量	金額	数量	金額	数量	金額
	トン	千円	トン	千円	トン	千円	トン	千円	トン	千円	トン	千円
平均回収日数	日		日		日		日		日		日	

（記載上の注意）

1．種類の欄は、２の(2)の記載上の注意の１の区分に準じて記載すること。

2．花きの数量の単位は、２の(1)の記載上の注意の２に準じて記載すること。

3．自社等の欄には、卸売業者自身が卸売の相手方として買い受けたもの及び卸売を行っている市場における他の卸売業者へ販売したものを記載すること。

4．第三者の欄には、仲卸業者、売買参加者及び自社等以外の者へ販売したものを記載すること。他市場への転送欄には、他市場の卸売業者又は仲卸業者へ販売したものを内数で記載すること。

5．平均回収日数は、次の算式により算出するものとする。

$$平均回収日数 = L \times \frac{1}{A}$$

Lは、当該事業年度の日数

Aは、当該事業年度の卸売業務に係る売上高を卸売業務に係る売掛金及び受取手形の平均月末残高（当該事業年度の期首繰越高及び期中の各月末残高の合計額を当該事業年度の月数に１を加算して得たもので除して得た金額をいう。以下同じ。）で除して得た数値

(4)　販売方法別取引の状況

区分／種類	せり・入札				相対取引				合　　計			
			うち商物分離取引				うち商物分離取引				うち商物分離取引	
	数量	金額	数量	金額	数量	金額	数量	金額	数量	金額	数量	金額
	トン	千円	トン	千円	トン	千円	トン	千円	トン	千円	トン	千円
合　計												

（記載上の注意）

1．種類の欄は、２の(2)の記載上の注意の１の区分に準じて記載すること。

2．花きの数量の単位は、２の(1)の記載上の注意の２に準じて記載すること。

3．せり・入札及び相対取引以外の売買取引の方法により販売を行ったものは、相対取引の欄と合計の欄の間に当該取引方法の欄を設けて記載すること。

(5)　受託販売に係る委託者への代金決済の状況

支払日までの日数		備　　　　考
最　高　日　数	平　均　日　数	
日	日	

（記載上の注意）

1．平均日数は、次の算式により算出するものとする。

$$平均日数 = L \times \frac{1}{A}$$

Lは、当該事業年度の日数

Aは、当該事業年度の卸売業務に係る受託販売高（委託手数料を除く。）を、卸売業務に係る受託販売未払金及び支払手形（受託販売の支払いに関するものに限る。）の平均月末残高で除して得た数値

2．備考の欄には、代金決済の概況、代金決済の遅延の事由その他の特記すべき事項を記載する。

(6)　奨励金等の交付状況

<table>
<tr><th>奨励金等の種類</th><th>対象品目</th><th>交付基準（交付率等）</th><th>交付金額</th><th>交付金額に対応する卸売金額</th><th>交付先の数</th><th>備考</th></tr>
<tr><td rowspan="3"></td><td></td><td></td><td>千円</td><td>千円</td><td></td><td></td></tr>
<tr><td></td><td></td><td></td><td></td><td></td><td></td></tr>
<tr><td colspan="2">小　　計</td><td></td><td></td><td></td><td></td></tr>
<tr><td rowspan="3"></td><td></td><td></td><td></td><td></td><td></td><td></td></tr>
<tr><td></td><td></td><td></td><td></td><td></td><td></td></tr>
<tr><td colspan="2">小　　計</td><td></td><td></td><td></td><td></td></tr>
<tr><td colspan="3">合　　計</td><td></td><td></td><td></td><td></td></tr>
</table>

（記載上の注意）

1．対象品目の欄は、出荷者を対象とする奨励金等がある場合に記載することとし、2の(2)の記載上の注意の1の区分に準じて記載すること。

2．交付基準の欄には、一定の交付基準を定めて交付した奨励金等をその交付基準ごとに区分して記載すること。

3．交付金額、交付金額に対応する卸売金額及び交付先の数の欄には、交付基準の欄において区分して記載した交付基準ごとに金額及び交付先の数を記載すること。

4．備考の欄には、主な交付先その他の特記すべき事項を記載すること。

3　附帯業務等の概況

(1)　附帯業務の概況

業務の内容	売上高	附帯業務利益（損失）金額
	千円	千円

(2)　兼業業務の概況

業務の内容	売上高	兼業業務税引前当期純利益（損失）金額
	千円	千円

(3)　他の法人に対する支配関係の概要

法人の名　称	所在地	事　業内　容	資本金	売上高	当期純利益（損失）額	純資産額
			千円	千円	千円	千円

（記載上の注意）

1．附帯業務とは、専ら卸売業務を補完するために行う製氷、魚木箱製造等の業務をいう。

2．兼業業務とは、認定を受けた卸売市場における卸売業務及び附帯業務以外の業務をいう。

3．支配関係とは、他の法人に対する関係で、次に掲げるものをいう。以下同じ。

①　卸売業者がその法人の総株主等の議決権の２分の１以上に相当する議決権を有する関係

②　卸売業者の営む卸売の業務に従事しているか、又は従事していた者が役員の過半数又は代表する権限を有する役員の過半数を占める関係

③　卸売業者がその法人の総株主等の議決権の100分の10以上に相当する議決権を有し、かつ、その法人の事業活動の主要部分について継続的で緊密な関係を維持する関係

第２　経理の状況

1　貸　借　対　照　表

年　　月　　日現在

科　　　　目	金　額	科　　　　目	金　額
	千円		千円
（　資　産　の　部　）		（　負　債　の　部　）	
Ⅰ　流動資産	×××	Ⅳ　流動負債	×××
（１）現金		（１）受託販売未払金	
（２）預金		（２）支払手形（受託）	
（３）売掛金		（３）荷主預り金	
（４）受取手形		（　小　計　）	
（５）有価証券		（４）買掛金（買付け）	
（６）親会社株式		（５）支払手形（買付け）	
（７）商品		（６）預り金（買付け）	
（８）貯蔵品		（　小　計　）	
（９）前渡金		（７）買掛金（その他）	
(10) 荷主前渡金		（８）支払手形（その他）	
(11) 前払費用		（９）短期借入金	
(12) 未収収益		(10) 未払金	
(13) 立替金		(11) 未払法人税等	
(14) 短期貸付金		(12) 未払消費税等	
(15) 未収金		(13) 未払費用	
(16) 仮払金		(14) 前受金	
(17) 繰延税金資産		(15) 預り金（その他）	
（　）・・・・・		(16) 前受収益	
（　）貸倒引当金		(17) 仮受金	
		(18) 繰延税金負債	
Ⅱ　固定資産		(19) 賞与引当金	
1　有形固定資産		（　）・・・・・	
（１）建物			
（２）構築物		Ⅴ　固定負債	
（３）機械及び装置		（１）長期借入金	
（４）船舶及び車両その他の陸上運搬具		（２）預り保証金	
		（３）繰延税金負債	
（５）工具、器具及び備品		（４）退職給与引当金	
（６）土地		（　）・・・・・	
（７）建設仮勘定			

（　）・・・・・		負債合計	
2　無形固定資産		（純資産の部）	
（1）のれん			
（2）借地権		Ⅵ　株主資本	
（3）電話加入権		1　資本金	
（4）施設負担金		2　新株式申込証拠金	
（　）・・・・・		3　資本剰余金	
3　投資その他の資産		（1）資本準備金	
（1）投資有価証券		（2）その他資本剰余金	
（2）子会社株式		4　利益剰余金	
（3）出資金		（1）利益準備金	
（4）子会社出資金		（2）その他利益剰余金	
（5）長期貸付金		①　○○積立金	
（6）開設者預託保証金		②　・・・・	
（7）定期預金		③　繰越利益剰余金	
（8）長期前払費用		（繰越損失金）	
（9）事業者保険料		5　自己株式	
（10）繰延税金資産		6　自己株式申込証拠金	
（　）・・・・・			
（　）貸倒引当金		Ⅶ　評価・換算差額等	
		1　その他有価証券評価差額金	
Ⅲ　繰延資産			
（1）創立費		2　繰越ヘッジ損益	
（2）開業費		3　土地再評価差額金	
（3）試験研究費		4　・・・・・	
（4）開発費			
（5）新株発行費		Ⅷ　新株予約権	
（　）・・・・・			
		純資産合計	
資産合計	×××	負債及び純資産合計	×××

注　記

1　採用する企業会計慣行

2　親会社及び支配関係を持っている法人に対する債権及び債務

（科　目）　　　　（金　額）

千円

3　重要な流動資産、取引所の相場のある株式及び社債について、その時価が取得価額又は制作価額よりも著しく低い場合においてその取得価額又は制作価額を付したとき、及び流動資産について会社計算規則第５条第６項の規定により価格を付した場合には、その旨

4　取締役及び監査役等役員に対する金銭債権及び金銭債務

役員に対する債権額　　千円

役員に対する債務額　　千円

5　保証債務額

総　　額　　千円

6　受取手形割引高　　千円

受取手形譲渡高　　千円

7　担保に供した固定資産の種類及び帳簿価額

（資産の種類）　　（金　額）

千円

8　会計方針を変更した場合は、その旨及び変更に伴う当期利益増減額

千円

9　財務状況に関する事項

（１）純資産額（貸借対照表の純資産合計の額）	千円（A）
○年度１日当たり卸売金額（卸売業務取扱額／卸売業務営業日数）	千円（B）
（A）／（B）	○日分相当
（２）流動比率（流動資産／流動負債）	○．○
（３）自己資本比率（純資産合計／負債及び純資産合計）	○．○

（記載上の注意）

1．株式会社以外の卸売業者にあっては、上記様式に準じて作成すること。

2．附帯業務及び兼業業務を含めた全ての業務に係る金額を記載すること。
3．他部門勘定は、他部門に対し債権的関係にある場合には借方（資産の部）の末尾に、債務的関係にある場合には貸方（負債の部）の末尾に記載すること。
4．貸借対照表の注記５の保証債務額には、普通保証、連帯保証、連帯債務の負担、債務者のためにする担保の提供等についてその合計額を記載すること。
5．貸借対照表の注記６の受取手形割引高及び受取手形譲渡高には、裏書譲渡した手形のうち期日未到来のため手形債務者（振出人又は引受人）が債務を弁済していない手形の合計額を記載すること。
6．貸借対照表の注記９の純資産額を１日当たり卸売金額で除した値、流動比率及び自己資本比率は、小数点以下第２位を四捨五入し、小数点以下第１位の桁まで記載すること。
7．消費税及び地方消費税（以下「消費税等」という。）の額と当該消費税等に係る取引の対価の額を区分して経理する方式（税抜方式）と消費税等の額と当該消費税等に係る取引の対価の額を区分しないで経理する方式（税込方式）のいずれかの方式を選択できるものとし、選択した会計処理方式を明記すること。

2　損　益　計　算　書

科　目	金		額
	千円	千円	千円
Ⅰ 営業損益			
1 卸売業務			
(1) 受託手数料			×××
（受託品取扱額）		(×××)	
(2) 買付販売損益			
1) 純売上高			
商品総売上高		×××	
売上値引及び戻り高		×××	×××
2) 売上原価			
期首商品たな卸高		×××	
商品純仕入高			
総仕入高	×××		
仕入値引及び戻し高	×××	×××	
合計		×××	
期末商品たな卸高		×××	×××
買付販売利益（損失）金額			×××
販売利益（損失）金額			×××
2 兼業業務			
(1) 売上高			
・・・・・・・・・・・・・・		×××	
・・・・・・・・・・・・・・		×××	×××
(2) 売上原価			
・・・・・・・・・・・・・・		×××	
・・・・・・・・・・・・・・		×××	×××
兼業業務利益（損失）金額			×××
売上総利益（損失）金額			×××
3 販売費及び一般管理費			
(1) ○○使用料		×××	
(2) ○○奨励金		×××	
(3) 役員報酬		×××	
(4) 従業員給料手当		×××	
(5) 福利厚生費		×××	
(6) 退職給与金		×××	
(7) 退職給付引当金繰入		×××	

(8) 旅費交通費		×××	
(9) 通信費		×××	
(10) 運搬費		×××	
(11) 受託品事故損		×××	
(12) 会議費		×××	
(13) 交際費		×××	
(14) 寄付金		×××	
(15) 宣伝広告費		×××	
(16) 貸倒損失		×××	
(17) 貸倒引当金繰入		×××	
(18) 消耗品費		×××	
(19) 図書費		×××	
(20) 減価償却費		×××	
(21) 修繕費		×××	
(22) 保険料		×××	
(23) 水道光熱費		×××	
(24) 賃借料		×××	
(25) 公共負担金		×××	
(26) 公租公課		×××	
(27) 支払賦課金		×××	
(28) 雑費		×××	
( ) ・・・・・・・・・・・・・・		×××	
( ) ・・・・・・・・・・・・・・		×××	×××
営業利益（損失）金額			×××
II 営業外損益			
1 営業外収益			
(1) 受取利息及び配当金		×××	
(2) 仕入割引		×××	
(3) 有価証券売却益		×××	
(4) 雑収入		×××	
( ) ・・・・・・・・・・・・・・		×××	×××
2 営業外費用			
(1) 支払利息		×××	
(2) 有価証券売却損		×××	
(3) 繰延資産償却		×××	
(4) 雑損失		×××	
( ) ・・・・・・・・・・・・・・		×××	×××
経常利益（損失）金額			×××
III 特別利益			

1 固定資産売却益			
( ) ・・・・・・・・・・・・・・	×××		
( ) ・・・・・・・・・・・・・・	×××	×××	
2 前期損益修正益	×××	×××	
3 その他の特別利益			
( ) ・・・・・・・・・・・・・・	×××		
( ) ・・・・・・・・・・・・・・	×××	×××	×××
Ⅳ 特別損失			
1 固定資産売却損			
( ) ・・・・・・・・・・・・・・	×××		
( ) ・・・・・・・・・・・・・・	×××	×××	
2 減損損失			
( ) ・・・・・・・・・・・・・・	×××		
( ) ・・・・・・・・・・・・・・	×××	×××	
3 災害による損失			
( ) ・・・・・・・・・・・・・・	×××		
( ) ・・・・・・・・・・・・・・	×××	×××	
4 前期損益修正損	×××	×××	
5 その他の特別損失			
( ) ・・・・・・・・・・・・・・	×××		
( ) ・・・・・・・・・・・・・・	×××	×××	×××
税引前当期純利益（損失）金額			×××
法人税等			×××
・・・・・・・・・・・・・・・・・			×××
法人税等調整額			×××
当期純利益（損失）金額			×××

注記

親会社及び支配関係を持っている法人との営業取引による取引高 千円

（記載上の注意）

1．株式会社以外の卸売業者にあっては、上記様式に準じて作成すること。

2．附帯業務及び兼業業務を含めた全ての業務に係る金額を記載すること。

3．受託物品の受領後卸売業者の責に帰すべき事由により生じた損失は、受託品事故損勘定で処理し、買付品の売上値引は商品売上高から控除する形式で処理すること。

4．損益計算書の総売上高及び総仕入高の記載に当たっては、内部売上高又は内部仕入高を控除すること。なお、期末たな卸高の記載に当たっては、内部取引によって生じた利益を控除すること。

5．法人税等勘定には、当該事業年度の所得に対する法人税又は所得税、都道府県民税及び市区町村民税の申告額又は申告予定額を当該事業年度の費用として経理し、損益計算書に計上すること。

6．消費税等の額と当該消費税等に係る取引の対価の額を区分して経理する方式（税抜方式）と消費税等の額と当該消費税等に係る取引の対価の額を区分しないで経理する方式（税込方式）のいずれかの方式を選択できるものとし、選択した会計処理方式を明記すること。

別記様式第３号（第 11 条第１項及び第 25 条第１項関係）

認定事項の変更に係る認定申請書

農林水産大臣（都道府県知事）　殿

年　　月　　日提出
名　　　　　称
法人番号：
住　　　　　所
代表者の役職及び氏名　印

卸売市場法第６条第１項（第 14 条において準用する同法第６条第１項）の規定により、中央卸売市場（地方卸売市場）に係る認定事項の変更について認定を受けたいので、次のとおり申請します。

１　変更の内容

２　変更の理由

３　変更内容の施行年月日

【添付書類】
①
②
③
④
⑤

（記載上の注意）
１．地方卸売市場に係る申請にあっては、（　）の文言とすること。
２．変更の内容については、変更前と変更後を対比して記載するとともに、変更後の認定申請書〔別記様式第１号〕を添付すること。
３．第２条第３項（第 17 条第３項）に掲げる添付書類のうち、当該変更に伴いその内容が変更されるものを添付すること。
４．業務規程の変更を伴う場合には、変更後の業務規程のほか、当該変更に関する意思の決定を証する書面を添付すること。
５．用紙の大きさは、日本工業規格Ａ４とすること。

別記様式第４号（第 13 条第１項及び第 27 条第１項関係）

認定事項の軽微な変更に係る届出書

地方農政局長（都道府県知事）　殿

年　　月　　日提出
名　　　　称
法人番号：
住　　　　所
代表者の役職及び氏名　印

卸売市場法第６条第２項(第14条において読み替えて準用する同法第６条第２項)の規定により、中央卸売市場（地方卸売市場）の認定事項の軽微な変更について、次のとおり届出します。

１　変更の内容

２　変更の理由

３　変更内容の施行年月日

【添付書類】
①
②
③
④
⑤

（記載上の注意）
１．地方卸売市場に係る届出にあっては、（　）の文言とすること。
２．提出先は、当該卸売市場の所在地を管轄する地方農政局長とし、当該卸売市場が北海道に所在する場合にあっては農林水産大臣、沖縄県に所在する場合にあっては沖縄総合事務局長とすること。
３．変更の内容については、変更前と変更後を対比して記載するとともに、変更後の認定申請書〔別記様式第１号〕を添付すること。
４．認定申請書〔別記様式第１号〕の２の（２）及び（３）、３の（２）並びに４から７までの事項の変更のうち、第 12 条（第 26 条）に定める軽微な変更に該当するものについては、第 13 条第２項（第 27 条第２項）に基づき、変更の都度届け出る必要はなく、卸売市場法第 12 条第１項（第 14 条において読み替えて準用する同法第 12 条第１項）の規定による毎年度の卸売市場の運営状況の報告においてその変更の内容を記載すれば足りる。
５．第２条第３項（第 17 条第３項）に掲げる添付書類のうち、当該変更に伴いその内容が変更されるものを添付すること。
６．業務規程の変更を伴う場合には、変更後の業務規程のほか、当該変更に関する意思の決定を証する書面を添付すること。
７．用紙の大きさは、日本工業規格Ａ４とすること。

別記様式第５号（第 14 条第２項及び第 28 条第２項関係）

業務の休止又は廃止に係る届出書

地方農政局長（都道府県知事）　殿

年　　月　　日提出
名　　　　　　称
法人番号：
住　　　　　　所
代表者の役職及び氏名　印

卸売市場法第７条（第 14 条において読み替えて準用する同法第７条）の規定により、中央卸売市場（地方卸売市場）の業務の休止〔廃止〕について、次のとおり届出します。

１　休止〔廃止〕の内容

２　休止〔廃止〕の理由

３　休止する期間〔廃止する年月日〕

４　取引参加者への通知の状況

（記載上の注意）
１．地方卸売市場に係る届出にあっては、（　）の文言とすること。
２．提出先は、当該卸売市場の所在地を管轄する地方農政局長とし、当該卸売市場が北海道に所在する場合にあっては農林水産大臣、沖縄県に所在する場合にあっては沖縄総合事務局長とすること。
３．廃止の届出にあっては、〔　〕の文言とすること。
４．用紙の大きさは、日本工業規格Ａ４とすること。

別記様式第６号（第 15 条及び第 29 条関係）

地方卸売市場（中央卸売市場）の認定申請に係る届出書

地方農政局長（都道府県知事）　殿

年　　月　　日提出
名　　　　　称
法人番号：
住　　　　　所
代表者の役職及び氏名　印

年　月　日付けで都道府県知事（農林水産大臣）に対して地方卸売市場（中央卸売市場）の認定申請を行いましたので、卸売市場法第８条第２項（第 14 条において読み替えて準用する同法第８条第２項）の規定により届出します。

（記載上の注意）
1．地方卸売市場に係る届出にあっては、（　）の文言とすること。
2．提出先は、当該卸売市場の所在地を管轄する地方農政局長とし、当該卸売市場が北海道に所在する場合にあっては農林水産大臣、沖縄県に所在する場合にあっては沖縄総合事務局長とすること。
3．用紙の大きさは、日本工業規格Ａ４とすること。

別記様式第７号（第 16 条第１項及び第 30 条第１項関係）

運 営 状 況 報 告 書
（ 年 月 日から 年 月 日まで）

地方農政局長（都道府県知事） 殿

年 月 日提出
法 人 名 称
法人番号：
住 所
代表者の役職及び氏名 印

卸売市場法第 12 条第１項（第 14 条において読み替えて準用する同法第 12 条第１項）の規定により、当該中央卸売市場（地方卸売市場）の運営の状況について、次のとおり報告します。

（記載上の注意）
1．地方卸売市場に係る報告にあっては、（ ）の文言とすること。
2．提出先は、当該卸売市場の所在地を管轄する地方農政局長とし、当該卸売市場が北海道に所在する場合にあっては農林水産大臣、沖縄県に所在する場合にあっては沖縄総合事務局長とすること。
3．用紙の大きさは、日本工業規格Ａ４とすること。

1　卸売市場の取扱品目ごとの取扱いの数量及び金額の状況

取扱品目	実績（ 年度）	見込み（ 年度）
	トン 千円	トン 千円
	トン 千円	トン 千円
	トン 千円	トン 千円
	トン 千円	トン 千円

（記載上の注意）
1．複数の市場がある場合には、市場ごとに表を作成すること。
2．実績の欄には当該年度の数量及び金額を実績で記載するとともに、見込みの欄には次年度の数量及び金額を見込みで記載すること。
3．花きの取扱いの数量については、記載を省略することができる。以下同じ。

2　卸売市場の業務の運営体制の状況

（記載上の注意）当該年度末時点の運営体制について組織図で示し、これに各部門を担当する役員の氏名、担当業務の従事職員数及び業務の概要を付記すること。

3　卸売市場の業務の運営に必要な資金の確保の状況
（1）収支の状況

（記載上の注意）
1．①当該年度の貸借対照表及び損益計算書並びに②次年度の貸借対照表及び損益計算書の見込みを記載又は添付すること。
2．地方公共団体が申請する場合には、1．にかかわらず、下記の表に記載すること。

収　入	実績 （　年度）	見込み （　年度）	支　出	実績 （　年度）	見込み （　年度）
総収入			総支出		
前年度繰越金			市場管理費（営業費用）		
使用料計			人件費(注4)		
売上高割使用料			事務費(注5)		
面積割使用料			建設改良費（総事業費）		
と畜場使用料			うち付帯事務費		
その他			うち補助対象事業費		
地方債起債			うち付帯事務費		
国庫補助金			地方債償還金		
うち建設改良に係る補助金			利息償還金		
都道府県補助金			うち市場事業に係る償還金		
うち建設改良に係る補助金			うち建設改良に係る償還金		
一般会計からの繰出金			うちH4年度以降許可債分(注6)		
指導監督的経費繰出金			元金償還金		
建設改良費繰出金			うち市場事業に係る償還金		
と畜事業費操出金			うち建設改良に係る償還金		
その他操出金			と畜事業に係る償還金		
貸付金			企業債取扱諸費		
貸付金利息			繰上充用金		
受取利息及び配当金			貸付金		
その他			その他		
うち受益者負担金分(注2)			うち○○○○(注3)		
うち○○○○(注3)			うち○○○○		
うち○○○○			翌年度繰越金		

（記載上の注意）

1．実績の欄には当該年度の金額を実績で記載するとともに、見込みの欄には次年度の金額を見込みで記載すること。

2．受益者負担金分は、卸売業者等の光熱費等使用料として業者が負担すべき費用分を記入すること。

3．その他のうち受益者負担金分以外で額が大きい項目を記入すること。

4．人件費は、給与、退職金、賃金、報酬、諸手当、法定福利費、厚生福利費を加算したものを記入すること。

5．事務費は、市場管理費から人件費を控除した額を記入すること。

6．平成４年度以降の許可債に係る支払利息分を記入すること。

（２）長期借入金及び起債の返済・償還の状況

年　度	元　金	利　子	元金＋利子
年度 （当該年度の実績）	千円	千円	千円
年度			
年度			
年度			
年度			
年度			
年度			
年度			
年度			
・・・			
合　計			

（記載上の注意）各年度末における長期借入金及び起債の残高の見込みを記載すること。

４　卸売市場の業務の運営に係る公表の状況

（１）売買取引の結果等（卸売市場法第４条第５項第３号ロ（第13条第５項第３号ロ））

（２）売買取引の方法（卸売市場法第４条第５項第４号イ（第13条第５項第４号イ））

（３）決済の方法（卸売市場法第４条第５項第４号ロ（第13条第５項第４号ロ））

（記載上の注意）インターネットを利用して公表している場合には、該当ページのURLを記載すること。その他の方法で公表している場合には、その方法を記載するとともに、公表内容が分かる資料（（１）にあっては一例で構わない。）を添付すること。

5　監督措置の実施状況

①検査の実績

対象業者名	実施年月日	検査の内容

②その他の措置の主な実績

対象業者名	実施年月日	措置の内容

（記載上の注意）

1．複数の市場がある場合には、市場ごとに表を作成すること。

2．「その他の措置の主な実績」には、検査以外の監督措置のうち、是正の求めなど主なものの実績を記載すること。

6　取引参加者の状況

（1）卸売業者

①卸売業者の状況

名称	代表者名	取扱品目	取扱実績	純資産額	経常損益	備考
			トン 千円	千円	千円	

（記載上の注意）

1．取扱実績、純資産額及び経常損益の欄は、直近年度の数量及び金額を記載すること。

2．純資産額とは、卸売業者の貸借対照表の純資産合計の額をいう。

3．備考欄には、複数の市場がある場合に、卸売業者が卸売の業務を行っている市場名を記載すること。

②場外指定保管場所の状況

名称	位置	指定年月日	主な保管品目	温度管理の有無

（記載上の注意）

1．業務規程において、当該卸売市場における入荷量の変動に対応し、円滑な流通を確保するため、当該卸売市場の周辺の地域における一定の場所を、当該卸売市場に出荷された生鮮食料品等を搬入して卸売をする場所として指定することとしている場合に、当該指定した保管場所について記載すること。

2．温度管理の有無の欄については、当該保管場所が低温又は定温管理機能を有する施設である場合には「有」を、当該機能を有しない施設である場合には「無」を記載すること。

（2）仲卸業者

①仲卸業者の状況

取扱品目	個人	法人	合計
	( )	( )	( )
	( )	( )	( )
	( )	( )	( )

（記載上の注意）

1．複数の市場がある場合にあっては、市場ごとに表を作成すること。

2．（　）には当該事業年度内に新規に参入した業者数を記入すること（既存業者との合併や事業譲受け等により参入した場合を含む。）。

3．法人の仲卸業者については、その貸借対照表及び損益計算書又はそれらの概要を添付すること。

②直荷引きの状況

取扱品目	実施業者数	取扱数量	取扱金額	主な品目
		トン	千円	

（記載上の注意）

1．仲卸業者が行う卸売業者以外の者からの生鮮食料品等の買受け（以下「直荷引き」という。）について記載すること。

2．複数の市場がある場合には、市場ごとに表を作成すること。

3．主な品目の欄には、直荷引きが行われている主要な品目を記載すること。

（3）売買参加者

取扱品目	業　　種						
	一般小売店	スーパー	生協	給食、外食納入業者	加工業者	他市場卸売業者	その他
	()	()	()	()	()	()	()
	()	()	()	()	()	()	()
	()	()	()	()	()	()	()

（記載上の注意）

1．仲卸業者以外の買受人であって、開設者による承認や登録等を行っている者について記載すること。

2．複数の市場がある場合にあっては、市場ごとに表を作成すること。
3．（　）には当該事業年度内に新規に参入した業者数を記入すること（既存業者との合併や事業譲受け等により参入した場合を含む。）。

（4）取引参加者以外の事業者

業　　種	業　者　数

（記載上の注意）複数の市場がある場合にあっては、市場ごとに表を作成すること。

7　認定事項の軽微な変更の状況
①変更の内容

②変更の理由

③変更内容の施行年月日

（記載上の注意）
1．第13条第2項（第27条第2項）に基づき、当該運営状況報告書による報告をもって認定事項の軽微な変更の届出書〔別記様式第4号〕の提出に代える場合に記載すること。
2．変更の内容については、変更前と変更後を対比して記載するとともに、変更後の認定申請書〔別記様式第1号〕を添付すること。
3．第2条第3項（第17条第3項）に掲げる添付書類のうち、当該変更に伴いその内容が変更されるものを添付すること。
4．業務規程の変更を伴う場合には、変更後の業務規程のほか、当該変更に関する意思の決定を証する書面を添付すること。

（開設者の連絡先）
部署名：
TEL：
FAX：
e-mail：

○卸売市場に関する基本方針

（平成30年10月17日農林水産省告示第2278号）

第１　卸売市場の業務の運営に関する基本的な事項

１　卸売市場の位置付け（法第１条、第２条、第４条及び第13条関係）

中央卸売市場及び地方卸売市場（以下単に「卸売市場」という。）が有する集荷及び分荷、価格形成、代金決済等の調整機能は重要であり、卸売業者の集荷機能、仲卸業者の目利き機能等が果たされることにより、食品等の流通の核として国民に安定的に生鮮食料品等を供給する役割を果たすことが期待される。

他方、生産者の所得の向上と消費者ニーズへの的確な対応のためには、卸売市場を含めて新たな需要の開拓や付加価値の向上を実現することが求められる。

流通が多様化する中で、卸売市場は、生鮮食料品等の公正な取引の場として、特定の取引参加者を優遇する差別的取扱いの禁止のほか、取引条件や取引結果の公表等公正かつ透明を旨とする共通の取引ルールを遵守し、公正かつ安定的に業務運営を行うことにより、高い公共性を果たしていくことが期待される。

また、地方公共団体を始めとする開設者は、地域住民からの生鮮食料品等の安定供給に対するニーズに応えつつ、高い公共性を果たす必要がある。

２　卸売市場におけるその他の取引ルールの設定（法第４条第５項第６号及び第13条第５項第６号関係）

開設者は、法に基づき、取引参加者の意見を十分に聴いた上で、その他の取引ルールとして、次のような行為について遵守事項を定めることができる。

ア　商物分離

卸売市場外にある生鮮食料品等の卸売業者による卸売

イ　第三者販売

仲卸業者及び売買参加者（開設者から事実行為として承認等を受けて卸売業者から卸売を受ける者をいう。以下同じ。）以外の者への卸売業者による卸売

ウ　直荷引き

仲卸業者による卸売業者以外の者からの買受け

エ　自己買受け

卸売業者による卸売の相手方としての買受け

オ　地方卸売市場における受託拒否の禁止

地方卸売市場において出荷者から販売の委託があった場合の卸売業者による受託拒否の禁止

開設者は、その他の取引ルールを定める場合には、卸売業者及び仲卸業者だけでなく出荷者や売買参加者を始めとする取引参加者の意見を偏りなく十分に聴き、議事録等を公表する等により今後の事業展開に関する新しいアイデア等を共有するほか、卸売市場の施設を有効に活用する新規の取引参加者の参入を促す等、取扱品目ごとの実情に応じて卸売市場の活性化を図る観点から、ルール設定を行う。

3　卸売市場における指導監督

(1)　開設者による指導監督（法第4条第5項第3号ハ及び第7号並びに第13条第5項第3号ハ及び第7号関係）

開設者は、取引参加者が遵守事項に違反した場合には、指導及び助言、是正の求め等の措置を講ずるとともに、卸売業者の事業報告書等を通じて卸売業者の財務の状況を定期的に確認する。

また、開設者は、卸売市場の業務を適正に運営するため、指導監督に必要な人員の確保等を行う。

(2)　国及び都道府県による指導監督（法第9条から第12条まで（第14条において準用する場合を含む）関係）

農林水産大臣及び都道府県知事は、毎年、開設者から卸売市場の運営の状況に関する報告を受けるとともに、卸売業者等の業務の状況を把握する。

また、農林水産大臣及び都道府県知事は、必要に応じ、開設者に対して報告徴収及び立入検査を行い、指導及び助言や措置命令の措置を講ずるほか、重大な法令違反等があった場合にはその認定を取り消すことにより、卸売市場における公正な取引を確保する。

第2　卸売市場の施設に関する基本的な事項

1　卸売市場の施設整備の在り方（法第4条第5項第8号、第13条第5項第8号及び第16条関係）

卸売市場は、都市計画との整合等を図りつつ取扱品目の特性、需要量等を踏まえ、売場施設、駐車施設、冷蔵・冷凍保管施設、輸送・搬送施設、加工処理施設、情報処理施設等、円滑な取引に必要な規模及び機能を確保する。

また、開設者の指定を受けて卸売業者、仲卸業者等が保有する卸売市場外の施設を一時的な保管施設として活用し、卸売市場の施設の機能を有効に補完する。

その上で、各卸売市場ごとの取引実態に応じて、次のような創意工夫をいかした事業展開が期待される。

⑴　流通の効率化

トラックの荷台と卸売場の荷受口との段差がなく円滑に搬出入を行うことができるトラックバースや、産地から無選別のまま搬入した上で一括して選果等を行う選別施設の整備、卸売市場内の物流動線を考慮した施設の配置等、卸売市場における流通の効率化に取り組む。

また、複数の卸売市場間のネットワークを構築し、一旦拠点となる卸売市場に集約して輸送した後に他の卸売市場へと転送するハブ・アンド・スポーク等、他の卸売市場と連携した流通の効率化に取り組む。

⑵　品質管理及び衛生管理の高度化

トラックの荷台と低温卸売場の荷受口との隙間を埋めて密閉するドッグシェルターや、低温卸売場、冷蔵保管施設、低温物流センターの整備等によるコールドチェーンの確保に取り組む。

また、輸出先国のHACCP基準を満たす閉鎖型施設や、品質管理認証の取得に必要な衛生設備等、高度な衛生管理に資する施設の整備に取り組む。

⑶　情報通信技術その他の技術の利用

IoTを始めとする情報通信技術の導入により、低温卸売場の温度管理状況、保管施設の在庫状況、物流センターの出荷・発注状況等を事務所にいながらリアルタイムで把握できるようにする等、情報通信技術等の利用による効率的な商品管理等に取り組む。

⑷　国内外の需要への対応

加工食品の需要の増大に対応するための加工施設の整備、小口消費の需要の増大に対応するための小分け施設やパッケージ施設の整備等、国内の需要に的確に対応するための施設の整備に取り組む。

また、全国各地から多種多様な商品が集まる特性をいかし、加工や包装、保管、輸出手続等を一貫して行う輸出拠点施設の整備等、海外の需要に的確に対応するための施設の整備に取り組む。

(5) 関連施設との有機的な連携

主として生鮮食料品等の卸売を行う卸売市場の役割を基本としつつ、関係者間の調整を行った上で、卸売市場外で取引される食品等を含めて効率的に輸送する、既に市場まつり等の取組もなされているが、卸売市場の役割に支障を及ぼさない範囲で施設を有効に活用する、卸売市場から原材料を供給して加工食品を製造する等、卸売市場の機能を一層有効に発揮できるよう、卸売市場の内外において関連施設の整備に取り組む。

2 国による支援（法第16条関係）

卸売市場の施設の整備には、予算措置により国が助成し、特に中央卸売市場の開設者が食品等流通合理化計画に従って施設の整備を行う場合には、法に基づき、予算の範囲内において、その費用の10分の４以内を補助することができる。

第３ その他卸売市場に関する重要事項

1 災害時等の対応

開設者、卸売業者及び仲卸業者は、災害等の緊急事態であっても継続的に生鮮食料品等を供給できるよう、事業継続計画（BCP）の策定等に努めるとともに、開設者は、社会インフラとして迅速に生鮮食料品等を供給できるよう、地方公共団体と食料供給に関する連携協定の締結等に努める。

2 食文化の維持及び発信

開設者、卸売業者及び仲卸業者は、多種多様な野菜及び果物、魚介類、肉類等の食材の供給や、小中学生や消費者との交流等を通じて、食文化の維持及び発展に努める。

3 人材育成及び働き方改革

卸売業者及び仲卸業者は、人手不足の中で必要な人材を確保するため、労働負担を軽減する設備の導入、休業日の確保、女性が働きやすい職場づくり等、卸売市場の労働環境の改善に努める。

○食品等の流通の合理化及び取引の適正化に関する法律

（平成三年法律第五十九号）

最終改正：平成三十年六月二十二日法律第六十二号

目次

第一章　総則

（目的）

第一条　この法律は、食品等の流通が農林漁業者と一般消費者とをつなぐ重要な役割を果たしていることに鑑み、食品等の流通の合理化を図るため、農林水産大臣による基本方針の策定及び食品等流通合理化計画の認定、その実施に必要な支援措置その他の措置を講ずるとともに、食品等の取引の適正化を図るため、農林水産大臣による調査の実施その他の措置を講じ、もって農林漁業及び食品流通業の成長発展並びに一般消費者の利益の増進に資することを目的とする。

（定義）

第二条　この法律において「食品等」とは、次に掲げる物をいう。ただし、医薬品、医療機器等の品質、有効性及び安全性の確保等に関する法律（昭和三十五年法律第百四十五号）第二条第一項に規定する医薬品、同条第二項に規定する医薬部外品、同条第三項に規定する化粧品及び同条第九項に規定する再生医療等製品に該当するものを除く。

一　飲食料品

二　花きその他農林水産省令で定める農林水産物（前号に掲げるものを除く。）

三　農林水産物を原料又は材料として製造し、又は加工したもの（第一号に掲げるものを除く。）であって、農林水産省令で定めるもの

2　この法律において「食品等の流通」とは、食品等の輸送、保管、販売その他の取扱いの過程をいう。

3　この法律において「食品等の流通の合理化」とは、食品等の流通の経費を削減するために行う食品等の流通の効率化その他の措置又は食品等の価値を高め、若しくは新たな需要を開拓するために行う食品等の流通における品質管理若しくは衛生管理の高度化その他の措置をいう。

4　この法律において「食品等の取引の適正化」とは、食品等の取引が適正に行われるようにするために行う食品等の取引条件の改善その他の措置をいう。

（留意事項）

第三条　食品等の流通の合理化のための施策を講ずるに当たっては、次に掲げる事項に留意しなければならない。

一　食品等の流通に関する事業を行う者（以下「食品等流通事業者」という。）が、多様化する需要に即して、創意工夫を発揮して事業活動を積極的に行うことができるようにすること。

二　食品等流通事業者の行う事業活動が農林漁業の成長発展及び一般消費者の利益の増進に寄与するものとなるようにすること。

2　食品等の取引の適正化のための施策を講ずるに当たっては、次に掲げる事項に留意しなければならない。

一　食品等の多くが短期間で品質が低下しやすい性質を有することから、その取引の当事者間の取引上の地位に格差が生ずる場合があるため、その取引の適正化を図る必要性が高いこと。

二　食品等の取引が適正かつ安定的に行われることにより、農林漁業者及び一般消費者の利益に資するものとなるようにすること。

第二章　食品等の流通の合理化のための措置

第一節　食品等の流通の合理化に関する基本方針

第四条　農林水産大臣は、食品等の流通の合理化に関する基本方針（以下「基本方針」という。）を定めるものとする。

2　基本方針においては、次に掲げる事項を定めるものとする。

一　食品等の流通の合理化を図る事業（以下「食品等流通合理化事業」という。）を実施しようとする者が講ずべき次に掲げる措置に関する事項

イ　食品等の流通の効率化に関する措置

ロ　食品等の流通における品質管理及び衛生管理の高度化に関する措置

ハ　食品等の流通における情報通信技術その他の技術の利用に関する措置

ニ　食品等に係る国内外の需要への対応に関する措置

ホ　イからニまでに掲げるもののほか、食品等の流通の合理化のために必要な措置

二　前号に掲げるもののほか、食品等の流通の合理化に関し必要な事項

3　農林水産大臣は、経済事情の変動その他情勢の推移により必要が生じたときは、基本方針を変更するものとする。

4　農林水産大臣は、基本方針を定め、又はこれを変更しようとするときは、関係行政機関の長に協議し、かつ、食料・農業・農村政策審議会の意見を聴くものとする。

5　農林水産大臣は、第一項の規定により基本方針を定め、又は第三項の規定によりこれを変更したときは、遅滞なく、これを公表するものとする。

第二節　食品等流通合理化計画

（計画の認定）

第五条　食品等流通合理化事業を実施しようとする者は、農林水産省令で定めるところにより、単独で又は共同して、その実施しようとする食品等流通合理化事業に関する計画（以下「食品等流通合理化計画」という。）を作成し、これを農林水産大臣に提出して、その認定を受けることができる。

2　食品等流通合理化計画においては、次に掲げる事項を記載しなければならない。

一　食品等流通合理化事業の目標

二　食品等流通合理化事業の内容及び実施時期

三　食品等流通合理化事業を実施するために必要な資金の額及びその調達方法

四　食品等流通合理化事業による食品等の流通の合理化が農林漁業の成長発

展及び一般消費者の利益の増進に寄与する程度

3　農林水産大臣は、第一項の認定の申請があった場合において、当該食品等流通合理化計画が次の各号のいずれにも適合するものであると認めるときは、その認定をするものとする。

一　基本方針に照らし適切なものであること。

二　当該食品等流通合理化事業が確実に実施されると見込まれるものであること。

三　当該食品等流通合理化事業の実施が農林漁業の成長発展及び一般消費者の利益の増進に寄与するものであること。

4　農林水産大臣は、第一項の認定の申請があったときは、遅滞なく、その内容を当該申請に係る食品等流通合理化計画の対象となる事業を所管する大臣（次項において「事業所管大臣」という。）に通知するものとする。

5　事業所管大臣は、前項の規定による通知を受けた場合において、必要があると認めるときは、農林水産大臣に対して意見を述べることができる。

（計画の変更等）

第六条　食品等流通合理化計画につき前条第一項の認定を受けた者（以下「認定事業者」という。）は、当該認定に係る食品等流通合理化計画を変更しようとするときは、農林水産大臣の認定を受けなければならない。

2　農林水産大臣は、認定事業者が前条第一項の認定に係る食品等流通合理化計画（前項の規定による変更の認定があったときは、その変更後のもの。以下「認定計画」という。）に従って食品等流通合理化事業を実施していないと認めるときは、その認定を取り消すことができる。

3　前条第三項から第五項までの規定は、第一項の規定による変更の認定について準用する。

第三節　支援措置

第一款　株式会社日本政策金融公庫の行う食品等流通合理化事業促進業務

（資金の貸付け）

第七条　株式会社日本政策金融公庫（以下「公庫」という。）は、株式会社日本政策金融公庫法（平成十九年法律第五十七号。以下「公庫法」という。）第十一条に規定する業務のほか、認定事業者であって次の各号に掲げる者に該当するものに対し、食料の安定供給の確保又は農林漁業の持続的かつ健全な発展に資する長期かつ低利の資金であって認定計画に従って食品等流通合理化事業を実施するために必要なものであり、かつ、それぞれ当該各号に定めるもの（他の金融機関が融通することを困難とするものに限る。）のうち農林水産大臣及び財務大臣の指定するものの貸付けの業務を行うことができる。

一　中小企業者（公庫法第二条第三号に規定する中小企業者をいう。次条第一項において同じ。）　その償還期限が十年を超える資金

二　農林漁業者又はその組織する法人（これらの者の出資又は拠出に係る法人を含む。）であって農林水産省令・財務省令で定めるものこれらの者が資本市場から調達することが困難な資金

2　前項に規定する資金の貸付けの利率、償還期限及び据置期間については、政令で定める範囲内で、公庫が定める。

3　第一項の規定により公庫が行う同項に規定する資金の貸付けについての公庫法第十一条第一項第六号、第十二条第一項、第三十一条第二項第一号ロ、第四十一条第二号、第五十三条、第五十八条、第五十九条第一項、第六十四条第一項第四号、第七十三条第三号及び別表第二第九号の規定の適用については、次の表の上欄に掲げる公庫法の規定中同表の中欄に掲げる字句は、同表の下欄に掲げる字句とする。

第十一条第一項第六号	掲げる業務	掲げる業務及び食品等の流通の合理化及び取引の適正化に関する法律（平成三年法律第五十九号。以下「食品等流通法」という。）　第七条第一項に規定する業務
第十二条第一項	掲げる業務	掲げる業務及び食品等流通法第七条第一項に規定する業務
第三十一条第二項第一号ロ及び第四十一条第二号	又は別表第二第二号に掲げる業務	若しくは別表第二第二号に掲げる業務又は食品等流通法第七条第一項に規定する業務
	同項第五号	食品等流通法第七条第一項に規定する業務並びに第十一条第一項第五号
第五十三条	同項第五号	食品等流通法第七条第一項に規定する業務並びに第十一条第一項第五号
第五十八条及び第五十九条第一項	この法律	この法律、食品等流通法

第六十四条第一項第四号	又は別表第二第二号に掲げる業務	若しくは別表第二第二号に掲げる業務又は食品等流通法第七条第一項に規定する業務
	同項第五号	食品等流通法第七条第一項に規定する業務並びに第十一条第一項第五号
第七十三条第三号	第十一条	第十一条及び食品等流通法第七条第一項
別表第二第九号	又は別表第一第一号から第十四号までの下欄に掲げる資金の貸付けの業務	若しくは別表第一第一号から第十四号までの下欄に掲げる資金の貸付けの業務又は食品等流通法第七条第一項に規定する業務

（債務の保証）

第八条　公庫は、公庫法第十一条の規定にかかわらず、認定事業者（中小企業者及び海外におけるこれに準ずるものとして農林水産省令・経済産業省令・財務省令で定めるものに限る。）が認定計画に従って海外において食品等流通合理化事業を実施するために必要な長期の資金の借入れ（外国の銀行その他の金融機関のうち農林水産省令・経済産業省令・財務省令で定めるものからの借入れに限る。）に係る債務の保証（債務を負担する行為であって債務の保証に準ずるものを含む。）を行うことができる。

2　前項に規定する債務の保証は、公庫法の適用については、公庫法第十一条第一項第二号の規定による公庫法別表第二第四号の下欄に掲げる業務とみなす。

第二款　株式会社農林漁業成長産業化支援機構の行う食品等流通合理化事業支援業務

（出資等）

第九条　株式会社農林漁業成長産業化支援機構（以下「支援機構」という。）は、株式会社農林漁業成長産業化支援機構法（平成二十四年法律第八十三号。第十二条において「支援機構法」という。）第二十一条第一項第一号から第十五号までに掲げる業務のほか、次に掲げる業務を営むことができる。

一　支援対象認定事業者（認定事業者のうち第十一条第一項の規定により支援の対象となったものをいう。以下この条において同じ。）に対する出資

二　支援対象食品等流通合理化事業支援団体（認定事業者に対し資金供給その他の支援を行う団体（以下「食品等流通合理化事業支援団体」という。）

のうち第十一条第一項の規定により支援の対象となったものをいう。次号及び第八号において同じ。）に対する出資

三　支援対象食品等流通合理化事業支援団体に対する基金（一般社団法人及び一般財団法人に関する法律（平成十八年法律第四十八号）第百三十一条に規定する基金をいう。）の拠出

四　支援対象認定事業者に対する資金の貸付け

五　支援対象認定事業者が発行する有価証券（金融商品取引法（昭和二十三年法律第二十五号）第二条第一項に規定する有価証券及び同条第二項の規定により有価証券とみなされる権利をいう。以下この号において同じ。）及び支援対象認定事業者が保有する有価証券の取得

六　支援対象認定事業者に対する金銭債権及び支援対象認定事業者が保有する金銭債権の取得

七　支援対象認定事業者の発行する社債及び資金の借入れに係る債務の保証

八　支援対象食品等流通合理化事業支援団体が行う認定事業者に対する資金供給その他の支援に関する指導、勧告その他の措置

九　食品等流通合理化事業を実施し、又は実施しようとする者に対する専門家の派遣

十　食品等流通合理化事業を実施し、又は実施しようとする者に対する助言

十一　前各号に掲げる業務に関連して必要な交渉及び調査

十二　食品等流通合理化事業及び認定事業者に対し資金供給その他の支援を行う事業活動（次条第一項において「食品等流通合理化事業等」という。）を推進するために必要な調査及び情報の提供

十三　前各号に掲げる業務に附帯する業務

（食品等流通合理化事業等支援基準）

第十条　農林水産大臣は、支援機構が食品等流通合理化事業等の支援（前条第一号から第七号までに掲げる業務によりされるものに限る。以下「食品等流通合理化事業等支援」という。）の対象となる認定事業者又は食品等流通合理化事業支援団体及び当該食品等流通合理化事業等支援の内容を決定するに当たって従うべき基準（以下「食品等流通合理化事業等支援基準」という。）を定めるものとする。

2　食品等流通合理化事業等支援基準は、食品等の流通の合理化を通じた農林漁業及び食品流通業の成長発展並びに一般消費者の利益の増進に資することを旨として定めるものとする。

3　農林水産大臣は、食品等流通合理化事業等支援基準を定めようとするときは、あらかじめ、食品等流通合理化事業等支援の対象となる活動に係る事業を所管する大臣（次条第三項及び第四項において「事業所管大臣」という。）の意見を聴くものとする。
4　農林水産大臣は、食品等流通合理化事業等支援基準を定めたときは、これを公表するものとする。

（支援決定）

第十一条　支援機構は、食品等流通合理化事業等支援を行おうとするときは、食品等流通合理化事業等支援基準に従って、その対象となる認定事業者又は食品等流通合理化事業支援団体及び当該食品等流通合理化事業等支援の内容を決定するものとする。
2　支援機構は、食品等流通合理化事業等支援をするかどうかを決定しようとするときは、あらかじめ、農林水産大臣の認可を受けるものとする。
3　農林水産大臣は、前項の認可の申請があったときは、遅滞なく、その内容を事業所管大臣に通知するものとする。
4　事業所管大臣は、前項の規定による通知を受けた場合において、当該認定事業者又は食品等流通合理化事業支援団体の属する事業分野の実態を考慮して必要があると認めるときは、農林水産大臣に対して意見を述べることができる。

（支援機構法の適用）

第十二条　第九条の規定により支援機構が営む同条各号に掲げる業務についての支援機構法第六条第一項第六号、第十五条第一項第一号及び第二号並びに第三項、第二十一条第一項第十六号、第二十四条、第二十五条第一項及び第二項、第二十六条、第二十七条、第三十四条、第三十七条、第三十九条第一項、第二項及び第五項、第四十条、第四十六条、第四十七条並びに第四十八条第五号及び第九号の規定の適用については、次の表の上欄に掲げる支援機構法の規定中同表の中欄に掲げる字句は、同表の下欄に掲げる字句とし、支援機構法第十五条第二項の規定は、適用しない。

第六条第一項第六号	業務	業務及び食品等の流通の合理化及び取引の適正化に関する法律（平成三年法律第五十九号。以下「食品等流通法」という。）第九条各号に掲げる業務

第十五条第一項第一号	第二十一条第一項第八号	第二十一条第一項第八号及び食品等流通法第九条第八号
第十五条第一項第二号	内容	内容並びに食品等流通合理化事業等支援（食品等流通法第十条第一項に規定する食品等流通合理化事業等支援をいう。以下この号及び第二十七条において同じ。）の対象となる認定事業者（食品等流通法第六条第一項に規定する認定事業者をいう。第二十四条第一項第二号及び第四十条において同じ。）又は食品等流通合理化事業支援団体（食品等流通法第九条第二号に規定する食品等流通合理化事業支援団体をいう。第四十条において同じ。）及び当該食品等流通合理化事業等支援の内容
第十五条第三項	支援対象事業活動支援団体	支援対象事業活動支援団体並びに食品等流通法第九条第一号に規定する支援対象認定事業者（以下「支援対象認定事業者」という。）及び同条第二号に規定する支援対象食品等流通合理化事業支援団体（以下「支援対象食品等流通合理化事業支援団体」という。）
第二十一条第一項第十六号	前各号	前各号及び食品等流通法第九条各号
第二十四条第一項	前条第一項	前条第一項又は食品等流通法第十一条第一項
第二十四条第一項第一号	とき	とき又は支援対象認定事業者が食品等流通合理化事業（食品等流通法第四条第二項第一号に規定する食品等流通合理化事業をいう。第二十七条及び第四十条において同じ。）を行わないとき
第二十四条第一項第二号	とき	とき又は支援対象食品等流通合理化事業支援団体が認定事業者に対し資金供給その他の支援を行わないとき
第二十四条第一項	又は支援対象事業	若しくは支援対象事業活動支援団体又は

第三号及び第二項並びに第二十五条第一項及び第二項	活動支援団体	支援対象認定事業者若しくは支援対象食品等流通合理化事業支援団体
第二十六条	支援対象事業活動支援団体	支援対象事業活動支援団体並びに支援対象認定事業者及び支援対象食品等流通合理化事業支援団体
第二十七条	寄与する事業	寄与する事業及び食品等流通合理化事業等支援その他の食品等流通合理化事業の円滑かつ確実な実施に寄与する事業
第三十四条	この法律	この法律又は食品等流通法
第三十七条	業務	業務及び食品等流通法第九条各号に掲げる業務
第三十九条第一項	この法律	この法律又は食品等流通法
第三十九条第二項	この法律	この法律又は食品等流通法
	支援対象事業活動支援団体	支援対象事業活動支援団体若しくは支援対象食品等流通合理化事業支援団体
第三十九条第五項	支援対象事業活動支援団体	支援対象事業活動支援団体又は支援対象食品等流通合理化事業支援団体
第四十条	対象事業活動	対象事業活動及び食品等流通合理化事業
	対象事業活動支援団体	対象事業活動支援団体並びに認定事業者及び食品等流通合理化事業支援団体
第四十六条	第三十九条第一項	食品等流通法第十二条の規定により読み替えて適用する第三十九条第一項
第四十七条	第三十九条第二項	食品等流通法第十二条の規定により読み替えて適用する第三十九条第二項
第四十八条第五号	第二十五条第一項	食品等流通法第十二条の規定により読み替えて適用する第二十五条第一項
第四十八条第九号	第三十四条第二項	食品等流通法第十二条の規定により読み替えて適用する第三十四条第二項

第三款　雑則

（資金の確保）

第十三条　国は、認定計画に従って行われる食品等流通合理化事業に必要な資金の確保に努めるものとする。

（指導及び助言）

第十四条　国は、認定事業者に対し、食品等流通合理化事業の円滑な実施に必要な指導及び助言を行うものとする。

（報告）

第十五条　農林水産大臣は、認定事業者に対し、食品等流通合理化事業の実施状況について報告を求めることができる。

第四節　食品等流通合理化促進機構

（指定）

第十六条　農林水産大臣は、食品等の流通の合理化を促進することを目的とする一般社団法人又は一般財団法人であって、次条各号に掲げる業務を適正かつ確実に行うことができると認められるものを、その申出により、食品等流通合理化促進機構（以下「促進機構」という。）として指定することができる。

2　農林水産大臣は、前項の規定による指定（第二十五条において「指定」という。）をしたときは、当該促進機構の名称、住所及び事務所の所在地を官報で公示するものとする。

3　促進機構は、その名称、住所又は事務所の所在地を変更しようとするときは、あらかじめ、その旨を農林水産大臣に届け出なければならない。

4　農林水産大臣は、前項の規定による届出があったときは、その旨を官報で公示するものとする。

（業務）

第十七条　促進機構は、次に掲げる業務を行うものとする。

一　認定計画に係る食品等流通合理化事業（次号において「認定食品等流通合理化事業」という。）に必要な資金の借入れに係る債務を保証すること。

二　認定食品等流通合理化事業を実施する者に対し、必要な資金のあっせんを行うこと。

三　食品等の流通に関する情報の収集、調査及び研究を行い、並びにその成果を普及すること。

四　食品等の流通の合理化を促進するために必要とされる事項について、照会及び相談に応ずることその他の援助を行うこと。

五　前各号に掲げる業務に附帯する業務を行うこと。

（業務の委託）

第十八条　促進機構は、農林水産大臣の認可を受けて、前条第一号に掲げる業務（債務の保証の決定を除く。）の一部を金融機関に委託することができる。

2　金融機関は、他の法律の規定にかかわらず、前項の規定による委託を受け、当該業務を行うことができる。

（業務規程の認可）

第十九条　促進機構は、第十七条第一号に掲げる業務（以下「債務保証業務」という。）を行うときは、債務保証業務の開始前に、債務保証業務の実施に関する規程（以下「業務規程」という。）を作成し、農林水産大臣の認可を受けなければならない。これを変更しようとするときも、同様とする。

2　農林水産大臣は、前項の認可をした業務規程が債務保証業務の適正かつ確実な実施上不適当となったと認めるときは、その業務規程を変更すべきことを命ずることができる。

3　業務規程に記載すべき事項は、農林水産省令で定める。

（事業計画等）

第二十条　促進機構は、毎事業年度、農林水産省令で定めるところにより、事業計画及び収支予算を作成し、農林水産大臣の認可を受けなければならない。これを変更しようとするときも、同様とする。

2　促進機構は、農林水産省令で定めるところにより、毎事業年度終了後、事業報告書、貸借対照表、収支決算書及び財産目録を作成し、農林水産大臣に提出し、その承認を受けなければならない。

（区分経理）

第二十一条　促進機構は、債務保証業務を行う場合には、債務保証業務に係る経理とその他の業務に係る経理とを区分して整理しなければならない。

（農林水産省令への委任）

第二十二条　前二条に定めるもののほか、促進機構が債務保証業務を行う場合における促進機構の財務及び会計に関し必要な事項は、農林水産省令で定める。

（報告及び検査）

第二十三条　農林水産大臣は、第十七条各号に掲げる業務の適正な運営を確保するために必要な限度において、促進機構に対し、当該業務若しくは資産の状況に関し必要な報告をさせ、又は当該職員に、促進機構の事務所に立ち入り、業務の状況若しくは帳簿、書類その他の物件を検査させることができる。

2　前項の規定により立入検査をする当該職員は、その身分を示す証明書を携帯し、関係者に提示しなければならない。

3　第一項の規定による立入検査の権限は、犯罪捜査のために認められたものと解釈してはならない。

（改善命令）

第二十四条　農林水産大臣は、第十七条各号に掲げる業務の運営に関し改善が必要であると認めるときは、促進機構に対し、その改善に必要な措置をとるべきことを命ずることができる。

（指定の取消し）

第二十五条　農林水産大臣は、促進機構が次の各号のいずれかに該当するときは、指定を取り消すことができる。

一　第十七条各号に掲げる業務を適正かつ確実に実施することができないと認められるとき。

二　不正の手段により指定を受けたことが判明したとき。

三　この節の規定又は当該規定に基づく命令若しくは処分に違反したとき。

四　第十九条第一項の規定により認可を受けた業務規程によらないで債務保証業務を行ったとき。

2　農林水産大臣は、前項の規定により指定を取り消したときは、その旨を官報で公示するものとする。

（協議）

第二十六条　農林水産大臣は、次の場合には、あらかじめ、財務大臣に協議するものとする。

一　第十八条第一項、第十九条第一項又は第二十条第一項の認可をしようとするとき。

二　第二十条第二項の承認をしようとするとき。

三　第二十二条の農林水産省令を定めようとするとき。

第三章　食品等の取引の適正化のための措置

（食品等流通調査）

第二十七条　農林水産大臣は、食品等の取引の適正化のため、食品等の取引の状況その他食品等の流通に関する調査（以下「食品等流通調査」という。）を行うものとする。

2　卸売市場法（昭和四十六年法律第三十五号）第四条第六項に規定する中央卸売市場又は同法第十三条第六項に規定する地方卸売市場を開設する者は、

農林水産大臣の行う食品等流通調査に対して協力するため、農林水産省令で定めるところにより、その保有する情報であって食品等の取引の状況その他食品等の流通に関するものを提供するよう努めるものとする。

3　農林水産大臣は、食品等流通調査を行うため必要があると認めるときは、関係行政機関及び食品等流通事業者その他の関係事業者に対し、必要な協力を求めることができる。

4　関係行政機関及び食品等流通事業者その他の関係事業者は、前項の規定により協力を求められたときは、その求めに応ずるよう努めるものとする。

（食品等流通調査に基づく措置）

第二十八条　農林水産大臣は、食品等の取引の適正化のため、食品等流通調査の結果に基づき、食品等流通事業者に対する指導及び助言、食品等の流通に関する施策の見直しその他の必要な措置を講ずるものとする。

（公正取引委員会への通知）

第二十九条　農林水産大臣は、食品等の取引に関し、不公正な取引方法に該当する事実があると思料するときは、公正取引委員会に対し、その事実を通知するものとする。

第四章　雑則

（権限の委任）

第三十条　この法律に規定する農林水産大臣の権限は、農林水産省令で定めるところにより、その一部を地方農政局長に委任することができる。

（農林水産省令への委任）

第三十一条　この法律に定めるもののほか、この法律の実施のための手続その他この法律の施行に関し必要な事項は、農林水産省令で定める。

第五章　罰則

第三十二条　次の各号のいずれかに該当する者は、三十万円以下の罰金に処する。

一　第十五条の規定による報告をせず、又は虚偽の報告をした者

二　第二十三条第一項の規定による報告をせず、若しくは虚偽の報告をし、又は同項の規定による検査を拒み、妨げ、若しくは忌避した者

三　第二十四条の規定による命令に違反した者

第三十三条　法人の代表者又は法人若しくは人の代理人、使用人その他の従業者が、その法人又は人の業務に関し前条の違反行為をしたときは、行為者を罰するほか、その法人又は人に対しても、同条の刑を科する。

第三十四条　第十一条第二項の規定に違反して、農林水産大臣の認可を受けなかった場合には、その違反行為をした支援機構の取締役、会計参与若しくはその職務を行うべき社員又は監査役は、百万円以下の過料に処する。

附　則（平成三十年法律第六十二号）（抄）

（施行期日）

第一条　この法律は、公布の日から起算して六月を超えない範囲内において政令で定める日から施行する。ただし、次の各号に掲げる規定は、当該各号に定める日から施行する。

一　次条［註；卸売市場に関する基本方針に関する経過措置］並びに附則第五条［註；食品等の流通の合理化に関する基本方針に関する経過措置］、第八条［註；食品流通構造改善促進機構に関する経過措置（業務規程の変更に関する規定)］、第九条［註；食品流通構造改善促進機構に関する経過措置（事業計画及び収支予算の変更に関する規定)］及び第三十二条［註；政令への委任］の規定　公布の日

二　附則第三条［註；中央卸売市場又は地方卸売市場の認定に関する経過措置］及び第十四条［註；登録免許税法の一部改正］の規定公布の日から起算して一年六月を超えない範囲内において政令で定める日

三　第一条の規定［註；卸売市場法及び食品流通構造改善促進法の一部を改正する法律（平成三十年法律第六十二号。以下「同法」という。）第一条（卸売市場法の一部改正に関する規定)］及び第二条［註；同法第二条（食品流通構造改善促進法の一部改正に関する規定)］中食品流通構造改善促進法第三章を第二章とし、同章の次に一章を加える改正規定（第二十七条第二項に係る部分に限る。）並びに附則第四条［註；卸売市場を開設する者の欠格事由に関する経過措置］、第十五条から第十八条［註；登録免許税法の一部改正、住民基本台帳法の一部改正、地価税法の一部改正及び地方拠点都市地域の整備及び産業業務施設の再配置の促進に関する法律の一部改正］まで及び第三十条［註；農林水産省設置法の一部改正］の規定公布の日から起算して二年を超えない範囲内において政令で定める日

○食品等の流通の合理化及び取引の適正化に関する法律施行令

（平成三年政令第二百五十六号）

最終改正：平成三十年十月十七日政令第二百九十三号

食品等の流通の合理化及び取引の適正化に関する法律（平成三年法律第五十九号）第七条第二項の政令で定める利率、償還期限及び据置期間の範囲は、利率については最高年八分五厘、償還期限については据置期間を含め十五年、据置期間については三年とする。

附　則（平成三十年政令第二百九十三号）（抄）

（施行期日）

第一条　この政令は、改正法の施行の日（平成三十年十月二十二日）から施行する。ただし、第一条［註；卸売市場法及び食品流通構造改善促進法の一部を改正する法律の施行に伴う関係政令の整備及び経過措置に関する政令（平成三十年政令第二百五十六号。以下「同政令」という。）第一条（卸売市場法施行令の一部改正に関する規定)］、第四条から第六条［註；同政令第四条から第六条（畜産経営の安定に関する法律施行令の一部改正、都市計画法施行令及び沖縄振興特別措置法施行令の一部改正及び水質汚濁防止法施行令の一部改正に関する規定)］まで、第八条［註；同政令第八条（瀬戸内海環境保全特別措置法施行令の一部改正に関する規定)］及び第十四条［註；同政令第十四条（農林水産省組織令の一部改正に関する規定)］並びに次条［註；畜産経営の安定に関する法律施行令の一部改正に伴う調整規定］の規定は、改正法附則第一条第三号に掲げる規定の施行の日（平成三十二年六月二十一日）から施行する。

○食品等の流通の合理化及び取引の適正化に関する法律施行規則

（平成三年農林水産省令第三十八号）

最終改正：平成三十年十月十七日農林水産省令第六十七号

（食品等に含まれる農林水産物等）

第一条　食品等の流通の合理化及び取引の適正化に関する法律（平成三年法律第五十九号。以下「法」という。）第二条第一項第二号の農林水産省令で定める農林水産物は、飲食料品の原料又は材料として使用される農林水産物とする。

2　法第二条第一項第三号の農林水産省令で定めるものは、飲食料品の原料又は材料として使用されるものとする。

（食品等流通合理化計画の認定の申請）

第二条　法第五条第一項の規定により食品等流通合理化計画の認定を受けようとする者（次項において「申請者」という。）は、別記様式第一号による申請書を農林水産大臣に提出しなければならない。

2　前項の申請書には、申請者の直近の事業年度の事業報告書、貸借対照表及び損益計算書（これらの書類がない場合にあっては、当該事業年度の事業内容の概要を記載した書類）を添付しなければならない。

（食品等流通合理化計画の変更の認定の申請）

第三条　法第六条第一項の規定により食品等流通合理化計画の変更の認定を受けようとする認定事業者は、別記様式第二号による申請書を農林水産大臣に提出しなければならない。

2　前項の申請書には、前条第二項に規定する書類を添付しなければならない。ただし、当該書類に変更がないときは、当該申請書にその旨を記載して当該書類の添付を省略することができる。

（実施状況の報告）

第四条　認定事業者は、認定計画の実施時期の各事業年度における食品等流通合理化事業の実施状況について、当該事業年度終了後九十日以内に、別記様式第三号により、農林水産大臣に報告しなければならない。

（支援機構の予算の添付書類）

第五条　株式会社農林漁業成長産業化支援機構（以下「支援機構」という。）は、法第九条各号に掲げる業務を行う場合において、株式会社農林漁業成長産業化支援機構法（平成二十四年法律第八十三号。以下「支援機構法」という。）第二十八条第一項の規定により予算を提出するときは、法第九条各号に掲げる業務に係る経理と他の業務に係る経理とを区分して整理した書類を添付しなければならない。

（支援機構の財務諸表の添付書類）

第六条　支援機構は、法第九条各号に掲げる業務を行う場合において、支援機構法第三十条の規定により貸借対照表、損益計算書及び事業報告書を提出するときは、法第九条各号に掲げる業務と他の業務の区分ごとの収支の状況その他参考となるべき事項を記載した書類を添付しなければならない。

（食品等流通合理化促進機構の指定の申請）

第七条　法第十六条第一項の規定により指定を受けようとする法人は、次に掲げる事項を記載した申請書を農林水産大臣に提出しなければならない。

一　名称及び住所並びに代表者の氏名

二　事務所の所在地

2　前項の申請書には、次に掲げる書類を添付しなければならない。

一　定款

二　登記事項証明書

三　役員の氏名、住所及び略歴を記載した書面

四　指定の申請に関する意思の決定を証する書面

五　法第十七条各号に掲げる業務の実施に関する基本的な計画

六　法第十七条各号に掲げる業務を適正かつ確実に実施できることを証する書面

（名称等の変更の届出）

第八条　法第十六条第三項の規定による届出をしようとする同条第一項に規定する食品等流通合理化促進機構（以下「促進機構」という。）は、次の事項を記載した書面を農林水産大臣に提出しなければならない。

一　変更後の名称若しくは住所又は事務所の所在地

二　変更しようとする日

三　変更の理由

（促進機構の業務の一部委託の認可の申請）

第九条　促進機構は、法第十八条第一項の規定により業務の一部を委託しようとするときは、次に掲げる事項を記載した委託認可申請書を農林水産大臣に提出しなければならない。

一　委託を必要とする理由
二　委託しようとする法人の名称及び住所並びに代表者の氏名
三　委託しようとする法人の事務所の所在地
四　委託しようとする業務内容及び範囲
五　委託の期間
2　前項の委託認可申請書には、次に掲げる書類を添付しなければならない。
一　委託しようとする法人の定款
二　委託しようとする法人の登記事項証明書
（業務規程の記載事項）
第十条　法第十九条第三項の業務規程に記載すべき事項は、次のとおりとする。
一　被保証人の資格
二　保証の範囲
三　保証の金額の合計額の最高限度
四　一被保証人についての保証の金額の最高限度
五　保証に係る資金の種類及びその融資期間の最高限度
六　保証契約の締結及び変更に関する事項
七　保証料に関する事項その他被保証人の守るべき条件に関する事項
八　保証債務の弁済に関する事項
九　求償権の行使方法及び消却に関する事項
十　業務の委託に関する事項
（事業計画等の認可の申請）
第十一条　促進機構は、法第二十条第一項前段の規定による認可を受けようとするときは、毎事業年度開始前に（指定を受けた日の属する事業年度にあっては、その指定を受けた後遅滞なく）、申請書に次に掲げる書類を添え、農林水産大臣に提出しなければならない。
一　事業計画書
二　収支予算書
三　前事業年度の予定貸借対照表
四　当該事業年度の予定貸借対照表
五　前二号に掲げるもののほか、収支予算書の参考となる書類
2　前項第一号の事業計画書には、法第十七条各号に掲げる業務の実施に関する計画その他必要な事項を記載しなければならない。

3　第一項第二号の収支予算書は、収入にあってはその性質、支出にあってはその目的に従って区分するものとする。

（事業計画等の変更の認可の申請）

第十二条　促進機構は、法第二十条第一項後段の規定により事業計画又は収支予算の変更の認可を受けようとするときは、変更しようとする事項及びその理由を記載した申請書を農林水産大臣に提出しなければならない。この場合において、収支予算書の変更が前条第一項第四号又は第五号に掲げる書類の変更を伴うときは、当該変更後の書類を添付しなければならない。

（事業報告書等の承認の申請）

第十三条　促進機構は、法第二十条第二項の規定による承認を受けようとするときは、毎事業年度終了後三月以内に、事業報告書、貸借対照表、収支決算書及び財産目録を提出して申請しなければならない。

（経理原則）

第十四条　促進機構は、法第十七条第一号に掲げる業務（以下「債務保証業務」という。）の財政状態及び経営成績を明らかにするため、財産の増減及び異動並びに収益及び費用をその発生の事実に基づいて経理しなければならない。

（区分経理の方法）

第十五条　促進機構は、債務保証業務に係る経理について特別の勘定（次項において「債務保証業務特別勘定」という。）を設け、債務保証業務以外の業務に係る経理と区分して整理しなければならない。

2　債務保証業務特別勘定においては、債務保証業務に関する資産、負債、資本、費用及び収益に関する経理を整理しなければならない。

（会計規程）

第十六条　促進機構は、その財務及び会計に関し、法及びこの省令で定めるもののほか、会計規程を定めなければならない。

2　促進機構は、前項の会計規程を定めようとするときは、その基本的事項について農林水産大臣の承認を受けなければならない。これを変更しようとするときも同様とする。

3　促進機構は、第一項の会計規程を制定し、又は変更したときは、その理由及び内容を明らかにして、遅滞なく農林水産大臣に提出しなければならない。

（中央卸売市場又は地方卸売市場の開設者による情報提供）

第十七条　卸売市場法（昭和四十六年法律第三十五号）第四条第六項に規定する中央卸売市場又は同法第十三条第六項に規定する地方卸売市場を開設する者は、次に掲げる情報を取得したときは、遅滞なく、法第二十七条第二項の規定により当該情報を農林水産大臣に提供するよう努めるものとする。

一　食品等の取引に係る不公正な取引方法に関する情報

二　前号に掲げるもののほか、食品等の取引の適正化に資する情報

（権限の委任）

第十八条　法第五条第一項、第六条第一項及び第二項並びに第十五条の規定並びに第四条の規定による農林水産大臣の権限のうち、食品等流通合理化事業が一の地方農政局の管轄区域内のみにおいて行われる食品等流通合理化計画に係るものは、当該地方農政局長に委任する。ただし、法第十五条の規定による権限については、農林水産大臣が自ら行うことを妨げない。

附　則（平成三十年農林水産省令第六十七号）（抄）

（施行期日）

第一条　この省令は、卸売市場法及び食品流通構造改善促進法の一部を改正する法律（以下「改正法」という。）の施行の日（平成三十年十月二十二日）から施行する。ただし、次の各号に掲げる規定は、当該各号に定める日から施行する。

一　次条の規定［註；中央卸売市場又は地方卸売市場の認定の申請に係る記載事項等の省略］改正法附則第一条第二号に掲げる規定の施行の日（平成三十一年十二月二十一日）

二　第一条［註；卸売市場法及び食品流通構造改善促進法の一部を改正する法律の施行に伴う農林水産省関係省令の整備に関する省令（平成三十年農林水産省令第六十七号。以下「同省令」という。）第一条（卸売市場法施行規則の一部改正に関する規定）］、第三条［註；同省令第三条（食品等の流通の合理化及び取引の適正化に関する法律施行規則の一部改正に関する規定）］、第四条［註；同省令第四条（畜産経営の安定に関する法律施行規則の一部改正に関する規定）］、第六条［註；同省令第六条（農林水産省の職員が検査の際に携帯する身分証明書の様式を定める省令の一部改正に関する規定）］、第七条［註；同省令第七条（農林水産省の所管する法令に係る民間事業者等が行う書面の保存等における情報通信の技術の利用に関する法律施行規則の一部改正に関する規定）］及び第九条［註；同省令第九条（農林水産省組織規則の一部改正に関する規定）］並びに附則第三条の

規定［註；畜産経営の安定に関する法律施行規則の一部改正に伴う調整規定に関する規定)］改正法附則第一条第三号に掲げる規定の施行の日（平成三十二年六月二十一日）

（注．第十七条は、卸売市場法及び食品流通構造改善促進法の一部を改正する法律の施行に伴う農林水産省関係省令の整備に関する省令（平成三十年農林水産省令第六十七号）第三条の施行日（平成三十二年六月二十一日）に追加するものとし、平成三十二年六月二十一日までは、第十八条を第十七条とする。）

別記様式第１号（第２条第１項関係）

食品等流通合理化計画に係る認定申請書

年　月　日

地方農政局長　　　　　殿

住　　　所
名称及び
代表者の氏名　　　　　　　　　印
（個人の場合は氏名）

食品等の流通の合理化及び取引の適正化に関する法律第５条第１項の規定に基づき、下記の食品等流通合理化計画について認定を受けたいので申請します。

（記載上の注意）

１．提出先は、食品等流通合理化事業において整備する施設等（運転資金がある場合には主たる事務所を含む。）の所在地を管轄する地方農政局長とし、当該施設等が複数の地方農政局の管内又は北海道に所在する場合にあっては農林水産大臣、沖縄県に所在する場合にあっては沖縄総合事務局長とすること。

　ただし、施設等の整備を伴わない場合又は海外において食品等流通合理化事業を実施する場合にあっては、主たる事務所の所在地を管轄する地方農政局長（当該所在地が北海道である場合にあっては農林水産大臣、沖縄県である場合には沖縄総合事務局長）とする。

２．記名押印については、氏名を自署する場合、押印を省略することができる。

３．共同申請者がいる場合には、行を増やして全ての申請者が記名押印すること。

４．用紙の大きさは、日本工業規格Ａ４とする。

記

1　申請者の概要
①　法人等の名称又は氏名：
②　住所：
③　法人の場合はその代表者の氏名：
④　連絡先（電話番号）：
（ＦＡＸ番号）：
（メールアドレス）：
（担当者名）：
⑤　資本金の額又は出資の総額：　（　年　月　日時点）
⑥　従業員数又は組合員数：　（　年　月　日時点）
⑦　業種：
⑧　決算月：

（記載上の注意）共同申請者がいる場合には、行を増やして全ての申請者について同様の内容を記載すること。

2　食品等流通合理化事業の目標

（記載上の注意）食品等流通合理化事業を実施しようとする背景となる事情、食品等流通合理化事業の実施により実現を目指す姿、目標数値等を定量的又は定性的に記載する。

3　食品等流通合理化事業の内容及び実施時期
（１）食品等流通合理化事業の内容

【講ずる措置の類型】
□　流通の効率化（イ）　□　品質管理及び衛生管理の高度化（ロ）
□　情報通信技術その他の技術の利用（ハ）□　国内外の需要への対応（ニ）
□　その他食品等の流通の合理化のために必要な措置（ホ）

（記載上の注意）該当する「講ずる措置の類型」にチェックを入れた上で（複数可）、具体的な取組の内容を記載する。

（２）食品等流通合理化事業の実施時期
年　月　日～　年　月　日
（記載上の注意）食品等流通合理化事業の目標を達成するまでの計画期間を記載する。

（3）食品等流通合理化事業を実施する事業所又は卸売市場の概要（複数の場合は、それぞれについて記載する。）

① 事業所又は卸売市場の名称：

② 所在地：

③ 事業開始（開設）年月日：

④ 事業内容：

（4）食品等流通合理化事業を実施するために必要な投資

実施者	年度	施設等の種類	施設等の規模・能力等（㎡、台、一式等）	事業費（千円）
計				

（記載上の注意）「施設等の種類」の欄は、施設、設備、土地、出資その他の食品等流通合理化事業の実施に必要な投資（運転資金を除く。）を記載すること。

4　食品等流通合理化事業を実施するために必要な資金の額及びその調達方法

年度	実施者	使途	必要な資金の額（千円）	調達方法（千円）						
				公庫	支援機構	その他の金融機関	自己資金	その他	計	備考
計										

（記載上の注意）

1．「使途」の欄は、3の（4）に記載した施設等の種類又は運転資金を記載すること。

2．「調達方法」の欄は、該当する金融機関等について記載すること。

3．「公庫」の欄は、株式会社日本政策金融公庫又は沖縄振興開発金融公庫の資金の金額を記載すること。また、借入れを予定する資金の内容に応じ、別紙1から別紙3までのいずれかを添付すること。

4．「支援機構」の欄は、株式会社農林漁業成長産業化支援機構又は法第9条第2号に規定する支援対象食品等流通合理化事業支援団体からの出資又は資金の貸付けの金額を記載すること。また、支援機構又は支援対象食品等流通合理化事業支援団体の名称を併記すること。

5．「その他の金融機関」の欄は、金融機関名を併記すること。

6．「その他」の欄は、補助金等の調達額について、それぞれ調達先の名称及び金額の内訳を記載すること。

7．法第８条第１項の規定による株式会社日本政策金融公庫の債務保証又は法第17条第１号の規定による食品等流通合理化促進機構の債務保証を受ける予定がある場合には、その旨及び借入先金融機関名を「備考」の欄に記載すること。

5　食品等流通合理化事業による食品等の流通の合理化が農林漁業の成長発展及び一般消費者の利益の増進に寄与する程度

（記載上の注意）食品等流通合理化事業により実現される食品等の流通の合理化（食品等の流通の経費の削減又は食品等の価値の向上若しくは新たな需要の開拓）が、どのように農林漁業の成長発展及び一般消費者の利益の増進に寄与するのかを定量的又は定性的に記載する。

【別紙１】

法第７条第１項の株式会社日本政策金融公庫の資金のうち、食品等の流通の合理化及び取引の適正化に関する法律第７条第１項の農林水産大臣及び財務大臣が指定する資金（平成３年大蔵省・農林水産省告示第５号）の第二の一に掲げるものの貸付けを受けようとする場合に添付し、当該資金の貸付けを受けて行う食品等製造業者等と農林漁業者等との安定的な取引関係の確立について記載すること。

１　安定的な取引関係を確立する事業者の概要

①　法人等の名称又は氏名：
②　住所：
③　法人の場合はその代表者の氏名：
④　連絡先　（電話番号）：
（ＦＡＸ番号）：
（メールアドレス）：
（担当者名）：
⑤　資本の額又は出資の総額：　（　年　月　日時点）
⑥　従業員数又は組合員数：　（　年　月　日時点）
⑦　業種：
⑧　決算月：

（記載上の注意）安定的な取引関係を確立する両事業者が共同で申請する場合には記載は不要。

２　安定的な取引関係の内容

品目	取引期間	生産地名	消費地名	取引価格又はその決定方法	販売段階の情報の農林漁業者等への伝達方法

品目	取引量（kg、%）			取引額（千円、%）			その他
	実績（　年度）	計画（5年後）	伸び率	実績（　年度）	計画（5年後）	伸び率	
計							

（記載上の注意）安定的な取引関係を証する書類（契約書、覚書等）を添付すること。

3　安定的な取引関係の確立のために行う農林漁業投資

実施者	年度	農林漁業投資の内容	整備する施設等の規模・能力等（㎡等）	事業費（千円）

（記載上の注意）

1．安定的な取引関係を確立する事業者のうち一方が単独で申請する場合には、申請者以外の相手方が行う措置を記載することもできる。

2．「農林漁業投資の内容」の欄は、農林漁業用生産施設（種苗施設、農林漁業用生産機械、農林水産物貯蔵施設等）の整備、農林漁業用共同利用生産施設（堆厩肥舎、農林水産物集出荷施設、農林水産物調製処理加工施設、農林水産物輸送機器等）の整備、農地所有適格法人への出資、農林漁業関連法人への共同出資又は農林漁業者等による食品の製造・加工事業用資産（食品製造・加工施設、営業権等）の取得を記載すること。

3．「農林漁業投資の内容」の欄に農地所有適格法人への出資又は農林漁業関連法人への共同出資を記載した場合は、「整備する施設等の規模・能力等」の欄には、出資割合、出資の手段（現物出資の場合は、その内容）等を記載すること。

【別紙２】

（法第７条第１項の株式会社日本政策金融公庫の資金のうち、食品等の流通の合理化及び取引の適正化に関する法律第７条第１項の農林水産大臣及び財務大臣が指定する資金（平成３年大蔵省・農林水産省告示第５号）の第二の二に掲げるものの貸付けを受けようとする場合に添付し、当該資金の貸付けを受けて行う食品等販売業者等と農林漁業者等との安定的な取引関係の確立について記載すること。）

１　安定的な取引関係を確立する事業者の概要

①　法人等の名称又は氏名：

②　住所：

③　法人の場合はその代表者の氏名：

④　連絡先　（電話番号）：

（ＦＡＸ番号）：

（メールアドレス）：

（担当者名）：

⑤　資本の額又は出資の総額：　　　（　年　月　日時点）

⑥　従業員数又は組合員数：　　　（　年　月　日時点）

⑦　業種：

⑧　決算月：

（記載上の注意）安定的な取引を確立する両事業者が共同で申請する場合には記載は不要。

２　安定的な取引関係の内容

品目	取引期間	生産地名	消費地名	取引価格又はその決定方法	販売段階の情報の農林漁業者等への伝達方法

品目	取引量（kg、%）			取引額（千円、%）			その他
	実績（　年度）	計画（5年後）	伸び率	実績（　年度）	計画（5年後）	伸び率	
計							

（記載上の注意）安定的な取引関係を証する書類（契約書、覚書等）を添付すること。

3　安定的な取引関係の確立のために行う食品等の品質管理を適確かつ効率的に行うための施設整備の内容

食品等の品質管理の取組	施設の種類	施設の内容
多温度帯流通等に係る流通新技術の導入		
取引等の情報システム化		

（記載上の注意）

1．「施設の種類」の欄は、計画書３の（４）に記載した施設等のうち、いずれかの取組に該当する集出荷施設、処理加工施設、保管配送施設、販売施設又は情報処理施設を記載すること。

2．「多温度帯流通等に係る流通新技術の導入」の欄は、１．の施設のうち、情報処理施設以外の施設であって、最適な温度、湿度又は気体成分に合わせて食品等を流通させるための新技術を導入するものを記載すること。

3．「取引等の情報システム化」の欄は、１．の施設のうち、情報処理施設であって、取引、在庫管理等の情報システム化によりリードタイムを短縮させるものを記載すること。

4．「施設の内容」の欄は、該当する食品等の品質管理の取組に対応した施設の仕様、見込まれる具体的な効果等を記載すること。

【別紙３】

（法第７条第１項の株式会社日本政策金融公庫の資金のうち、食品等の流通の合理化及び取引の適正化に関する法律第７条第１項の農林水産大臣及び財務大臣が指定する資金（平成３年大蔵省・農林水産省告示第５号）の第二の三に掲げるものの貸付けを受けようとする場合に添付し、当該資金の貸付けを受けて行う卸売市場の機能の高度化について記載すること。）

１　食品等の鮮度の保持その他の品質の管理を適確かつ効率的に行うための施設の整備、食品等の仕分及び搬送の自動化等食品等の荷さばき業務の合理化を図るための施設の整備その他卸売市場の施設の近代化を図るための措置

事業実施者	年度	施設等名称	整備する施設等の規模・能力等（㎡、台等）	事　業　費（千円）
計				

（記載上の注意）「施設等名称」の欄は、計画書３（４）に記載した施設等のうち、１の措置を実施するために整備する品質管理保全施設、自動仕分け・搬送保管施設、定温輸送車、加工・調製施設、包装・こん包施設等を記載すること。

２　せり売又は入札に係る業務の集中的かつ効率的な処理体制の整備その他卸売市場の流通機能の高度化を図るための措置

事業実施者	年度	施設等名称	整備する施設等の規模・能力等（㎡、台等）	事　業　費（千円）
計				

（記載上の注意）「施設等名称」の欄は、計画書３（４）に記載した施設等のうち、２の措置を実施するために整備するせりの機械化施設、データの分析・提供施設等を記載すること。

3　卸売市場の機能の高度化に必要な知識及び技術の習得の促進その他の卸売市場の業務を行う者の資質の向上を図るための措置

事業実施者	年度	施設等			研修会等			
		施設等名称	整備する施設等の規模・能力等（㎡等）	事業費（千円）	回数（回）	人員（人）	研修内容等	事業費（千円）
計								

（記載上の注意）

1．「施設等」の欄は、計画書３（４）に記載した施設等のうち、３の措置を実施するために整備する研修施設等を記載すること。

2．「研修会等」の欄は、３の措置を実施するために開催する卸売市場の業務を行う者の知識、技術等の向上に係る研修会等の実施内容を記載すること。

4　卸売業者又は仲卸業者の経営規模の拡大、経営管理の合理化その他の経営の近代化を図るための措置

事業実施者	年度	営業権等			施設等		
		営業権・出資の別	内容等	事業費（千円）	施設等名称	整備する施設等の規模・能力等（㎡等）	事業費（千円）
				計			計

（記載上の注意）

1．「営業権等」の欄は、４の措置を実施するために行う他の卸売業者又は仲卸業者からの営業権の譲受け又は他の卸売業者又は仲卸業者に対する出資について記載すること。

2．「施設等」の欄は、営業権の譲受けに伴い取得する施設等について記載すること。

別記様式第２号（第３条第１項関係）

食品等流通合理化計画の変更に係る認定申請書

年　月　日

地方農政局長　　　　　殿

住　　　所
名 称 及 び
代表者の氏名　　　　　　　　印
（個人の場合は氏名）

年　月　日　付けで認定を受けた食品等流通合理化計画について、下記のとおり変更したいので、食品等の流通の合理化及び取引の適正化に関する法律第６条第１項の規定に基づき、認定を申請します。

記

１　変更事項の内容

２　変更の理由

３　添付を省略する書類（既に提出されている書類のうち、変更のないもの）

（記載上の注意）
１．食品等流通合理化計画の認定申請時と同様の提出先とすること（提出先は、食品等流通合理化事業において整備する施設等（運転資金がある場合には主たる事務所を含む。）の所在地を管轄する地方農政局長とし、当該施設等が複数の地方農政局の管内又は北海道に所在する場合にあっては農林水産大臣、沖縄県に所在する場合にあっては沖縄総合事務局長とすること。ただし、施設等の整備を伴わない場合又は海外において食品等流通合理化事業を実施する場合にあっては、主たる事務所の所在地を管轄する地方農政局長（当該所在地が北海道である場合にあっては農林水産大臣、沖縄県である場合には沖縄総合事務局長）とする。）。
２．変更事項の内容については、変更前と変更後を対比して記載するとともに、変更後の認定申請書〔別記様式第１号〕を添付すること。
３．記名押印については、氏名を自署する場合、押印を省略することができる。
４．用紙の大きさは、日本工業規格Ａ４とする。

別記様式第３号（第４条関係）

食品等流通合理化事業の実施状況報告書（　年度）

年　月　日

地方農政局長　　　　　殿

住　　　所
名 称 及 び
代表者の氏名　　　　　　　　印
（個人の場合は氏名）

年　月　日 付けで認定を受けた食品等流通合理化計画に従い実施している食品等流通合理化事業について、食品等の流通の合理化及び取引の適正化に関する法律施行規則第４条の規定に基づき、　年度の実施状況を下記のとおり報告します。

記

1　食品等流通合理化事業の実施状況

	実施内容（設備投資の内容を含む。）
計　画	
実　績	

2　安定的な取引の状況

品目	取　引　量　(kg、%)			取　引　額　（千円、%）			その他
	事業実施前	年目	伸び率	事業実施前	年目	伸び率	

（記載上の注意）
1．３年目及び５年目の事業年度終了後の報告時に、認定申請時の認定申請書に別記様式第１号別紙１又は別紙２を添付した者のみ記載すること。
2．「その他」の欄には、認定申請時に記載した５年後の計画値及び伸び率を記載すること。

3　計画と実績が異なる場合の理由

（記載上の注意）

1．食品等流通合理化計画の認定申請時と同様の提出先とすること（提出先は、食品等流通合理化事業において整備する施設等（運転資金がある場合には主たる事務所を含む。）の所在地を管轄する地方農政局長とし、当該施設等が複数の地方農政局の管内又は北海道に所在する場合にあっては農林水産大臣、沖縄県に所在する場合にあっては沖縄総合事務局長とすること。ただし、施設等の整備を伴わない場合又は海外において食品等流通合理化事業を実施する場合にあっては、主たる事務所の所在地を管轄する地方農政局長（当該所在地が北海道である場合にあっては農林水産大臣、沖縄県である場合には沖縄総合事務局長）とする。）。

2．記名押印については、氏名を自署する場合、押印を省略することができる。

3．用紙の大きさは、日本工業規格Ａ４とする。

○食品等の流通の合理化及び取引の適正化に関する法律第七条第一項第二号の農林水産省令・財務省令で定める農林漁業者の組織する法人を定める省令

（平成三十年十月十七日財務省・農林水産省令第三号）

食品等の流通の合理化及び取引の適正化に関する法律第七条第一項第二号の農林水産省令・財務省令で定める農林漁業者の組織する法人は、次に掲げる法人とする。

一　農業協同組合、農業協同組合連合会及び農事組合法人

二　漁業協同組合及び漁業協同組合連合会

三　森林組合及び森林組合連合会

四　前三号に掲げるもののほか、農林漁業者又はこれらの号に掲げる法人の出資又は拠出に係る法人であって、農林漁業の振興を図ることを目的とするもの

附　則

この省令は、卸売市場法及び食品流通構造改善促進法の一部を改正する法律（平成三十年法律第六十二号）の施行の日（平成三十年十月二十二日）から施行する。

○食品等の流通の合理化及び取引の適正化に関する法律第八条第一項の農林水産省令・経済産業省令・財務省令で定める海外における中小企業者に準ずるもの及び金融機関を定める省令

（平成三十年十月十七日財務省・農林水産省・経済産業省令第一号）

（定義）

第一条　この省令において「子会社」とは、中小企業者がその発行済株式の総数、出資口数の総数若しくは出資価額の総額の百分の五十以上に相当する数若しくは額の株式若しくは出資を有する事業者又は第一号若しくは第二号に該当し、かつ、当該中小企業者の役員若しくは従業員が、その役員の総数の二分の一以上を占める事業者をいう。

一　当該中小企業者が、当該事業者の発行済株式の総数、出資口数の総数又は出資価額の総額の百分の四十以上百分の五十未満に相当する数又は額の株式又は出資を有していること。

二　当該中小企業者が、当該事業者の発行済株式の総数、出資口数の総数又は出資価額の総額の百分の二十以上百分の四十未満に相当する数又は額の株式又は出資を有しており、かつ、その有する発行済株式の数、出資口数又は出資価額が他のいずれの者の有するものをも下回っていないこと。

（海外における中小企業者に準ずるもの）

第二条　食品等の流通の合理化及び取引の適正化に関する法律（以下「法」という。）第八条第一項の農林水産省令・経済産業省令・財務省令で定める海外における中小企業者に準ずるものは、外国の法令に準拠して設立された法人その他の外国の団体（新たに設立されるものを含む。以下この条において「外国法人等」という。）であって、中小企業者がその経営を実質的に支配していると認められるものとして次の各号のいずれかに該当するものとする。

一　当該中小企業者が、その発行済株式若しくは持分又はこれらに類似するもの（以下この条において「株式等」という。）の総数又は総額の百分の五十以上に相当する数又は額の株式等を有する外国法人等

二　次のイ又はロに該当し、かつ、当該中小企業者の役員又は従業員が、その役員その他これに相当する者（以下この条において「役員等」という。）

の総数の二分の一以上を占める外国法人等

イ　当該中小企業者が、当該外国法人等の株式等の総数又は総額の百分の四十以上百分の五十未満に相当する数又は額の株式等を有していること。

ロ　当該中小企業者が、当該外国法人等の株式等の総数又は総額の百分の二十以上百分の四十未満に相当する数又は額の株式等を有しており、かつ、その有する株式等の数又は額が他のいずれの者の有するものをも下回っていないこと。

三　当該中小企業者の子会社若しくは前二号の外国法人等（以下この条において「子会社等」という。）又は当該中小企業者及びその子会社等が、その株式等の総数又は総額の百分の五十以上に相当する数又は額の株式等を有する外国法人等

四　次のイ又はロに該当し、かつ、当該中小企業者の子会社等又は当該中小企業者及びその子会社等の役員等又は従業員が、その役員等の総数の二分の一以上を占める外国法人等

イ当該中小企業者の子会社等又は当該中小企業者及びその子　会社等が、当該外国法人等の株式等の総数又は総額の百分の四十以上百分の五十未満に相当する数又は額の株式等を有していること。

ロ　当該中小企業者の子会社等又は当該中小企業者及びその子会社等が、当該外国法人等の株式等の総数又は総額の百分の二十以上百分の四十未満に相当する数又は額の株式等を有しており、かつ、その有する株式等の数又は額が他のいずれの者の有するものをも下回っていないこと。

（金融機関）

第三条　法第八条第一項の農林水産省令・経済産業省令・財務省令で定める金融機関は、次に掲げるものとする。

一　銀行法（昭和五十六年法律第五十九号）第二条第一項に規定する銀行（外国において支店その他の営業所を設置しているものに限る。）

二　外国の法令に準拠して外国において銀行法第二条第二項に規定する銀行業を営む者（同法第四条第五項に規定する銀行等を除く。）

三　外国の政府、政府機関又は地方公共団体が主たる出資者となっている金融機関（前号に掲げるものを除く。）

四　農林中央金庫

五　株式会社商工組合中央金庫

附　則

この省令は、卸売市場法及び食品流通構造改善促進法の一部を改正する法律（平成三十年法律第六十二号）の施行の日（平成三十年十月二十二日）から施行する。

○食品等の流通の合理化に関する基本方針

（平成30年10月17日農林水産省告示第2279号）

第１　食品等流通合理化事業を実施しようとする者が講ずべき措置

１　食品等の流通の合理化の視点（法第１条及び第３条第１項関係）食品等の流通においては、消費の面では、生鮮品のままでの需要が減少し、加工食品や外食での需要が拡大するほか、価格のみならず品質、衛生等への関心が高まっている。また、流通の面では、小売店の大規模化が進展し、インターネットでの通信販売や産地直売の拡大等の多様化が進んでいるほか、人手不足に伴い輸送手段の確保にも支障が生じてきている。

このため、国民生活に欠かすことのできない食品等を適正な価格で安定的に供給するためには、農林漁業者と一般消費者とをつなぐ重要な役割を果たしている食品等の流通について、食品等流通事業者の創意工夫をいかした合理化を図り、食品等の付加価値の向上や新たな需要の開拓を実現することにより、農林漁業及び食品流通業の成長発展並びに一般消費者の利益の増進に寄与することが期待されている。

２　措置の方向性（法第４条第２項第１号関係）

食品等の流通を取り巻く最近の情勢に鑑みると、食品等流通事業者は、その創意工夫を発揮し、必要に応じて関係事業者と連携して食品等の流通の合理化に取り組む必要がある。

(1)　食品等の流通の効率化に関する措置（同号イ関係）

食品等の流通は、主にトラック輸送に依存しているが、産地が消費地から遠隔に位置しているほか、出荷量が天候に左右されやすい、輸送段階でも冷蔵等の温度管理が必要である等、輸送上の負荷が大きい。特に近年では、産地での集荷や消費地での荷降ろしの際のドライバーの待ち時間の長期化、手積み、手降ろし等の荷役作業の負担等が課題となっており、トラックドライバーの人手不足と相まって、流通コストの上昇要因になるのみならず、食品等の輸送自体が立ち行かなくなるおそれがある。

このため、食品等流通事業者は、次のような取組を実施し、食品等の流通の効率化を図ることが期待される。

①　産地では、段ボールや紙袋のばら積みから、段ボール等をパレットに載せた荷姿で出荷し、消費地まで一貫してパレット輸送を行うよう転換

する。

また、各産地の出荷量が変動する中でも集荷量を予測し、これに合ったトラックを手配して効率的なルートを通って集荷できるよう、情報通信技術を活用した効率的な集荷システムを構築する。

② 産地から消費地への輸送に当たっては、集荷場、卸売市場等の既存施設をストックポイントとして活用し、複数の荷主の荷物を共同輸送することによりトラックの積載率を高め、幹線輸送の効率性を高める。

また、産地から消費地までが遠隔な場合には、トラック輸送から鉄道輸送又は船舶輸送に切り替えて長距離輸送を効率的に行うモーダルシフトを実施する。

③ 消費地では、物流拠点での荷降ろしに当たり、トラックドライバーの待ち時間を最小化できるよう、情報通信技術を活用したトラック予約受付システムを構築する。

また、小売店等への多頻度かつ少量の輸送に当たり、複数の小売店等の荷物を共同輸送することにより、輸送の効率性を高める。

④ 以上のほか、インターネット通販、宅配等の販売ルートが多様化する中で、取引自体は産地が自らに有利な販売ルートを選択する一方、物流は個別輸送を抑制して幹線輸送に集約することにより、輸送の効率性を高める。

(2) 食品等の流通における品質管理及び衛生管理の高度化に関する措置（同号ロ関係）

食品等に係る消費者のニーズは、近年、価格の安さや国産志向のほか、鮮度等の品質、安全性等に向かっている。

このため、食品等流通事業者は、食品衛生法（昭和22年法律第233号）に基づきHACCPに沿った衛生管理等の実施が求められているほか、次のような取組を実施し、食品等の流通における品質管理及び衛生管理の高度化を図ることが期待される。

① 産地の集荷場や加工業者の加工施設等において、出荷物を輸送する際に用いるパレットや容器に電子タグ等を添付し、冷蔵保管施設等での温度管理、物流施設等での出荷管理等を行う。

② 卸売市場等の物流施設において、低温卸売場や冷蔵保管施設等を整備し、コールドチェーンを確保する。

(3) 食品等の流通における情報通信技術その他の技術の利用に関する措置

（同号ハ関係）

近年、情報通信技術その他の技術は急速に進展し、人工知能（AI）、モノとインターネットを接続して相互に制御するモノのインターネット（IoT）、様々なデータを連結して保管するブロックチェーン技術等の利用が進みつつあり、食品等の流通においても AI による需要予測に合わせた商品提供等が見込まれる。

このため、食品等流通事業者は、次のような取組を実施し、食品等の流通における情報通信技術等の技術の利用を図ることが期待される。

① AI、ビッグデータ等を通じた需要予測を活用し、食品等の供給時期、供給先、供給量等のマッチングを行う。

② IoT 等を活用し、効率的な集荷システムやトラック予約受付システムを構築するほか、ロボット等を活用することにより荷積み、荷降ろし等の荷役作業の負担を軽減する。

また、電子タグを活用して受発注、在庫状況、決済等の商品管理を効率化する。

③ 商品管理にブロックチェーン技術等を活用し、誰がいつ関与したか等を明らかにすることにより、食品等のトレーサビリティを確保する。

④ 画像解析技術等を活用し、個体格差の大きい生鮮食料品等であってもインターネットでの通販、宅配等の事業を効率化する。

(4) 食品等に係る国内外の需要への対応に関する措置（同号ニ関係）

国内では、単身世帯、高齢者世帯、共働き世帯等の増加に伴い生活様式が変化し、外食、中食、加工食品等へのニーズが高まっているほか、小売段階での食品等の小分け、少量化等が求められている。また、国内人口が縮小傾向にある中で食品等の販路を拡大していくためには、食品等の輸出に積極的に取り組む必要がある。

このため、食品等流通事業者は、次のような取組を実施し、食品等に係る国内外の需要への対応を図ることが期待される。

① 外食等の原材料の需要等に応えるため、実需者との契約取引による長期にわたる安定的な供給を行う。

② 単身世帯、高齢者世帯等の小分け需要に応えるため、生鮮食料品等のカット、食品等の少量化等、即消費される形での供給を行う。

③ 国外の需要に合った品揃えでまとまった量の輸出を行うため、保冷施設等を備えた輸出拠点となる物流施設の整備等を行う。

(5) その他食品等の流通の合理化のために必要な措置（同号ホ関係）

以上のほか、食品等の流通をめぐる環境は急速に変化している。このため、食品等流通事業者は、次のような取組を実施し、こうした変化に迅速に対応することが期待される。

① 災害等に伴い食品等の流通に支障が生じる事態が発生している。緊急事態に備え、事業継続計画（BCP）の策定のほか、地方公共団体との食品等の供給に関する連携協定の締結等を行う。

② 訪日外国人旅行客の消費需要を幅広く吸収するとともに、消費傾向等をビッグデータとして蓄積する等の手段として、キャッシュレスの決済サービスが注目を浴びている。食品等の流通においても、キャッシュレス決済の進展により、レジ作業の効率化、需要予測に基づく品揃え等が可能となる。こうした変化を踏まえ、キャッシュレス決済を積極的に取り込むとともに、業界ごとや課題ごとに共通のプラットフォームとして情報ネットワークを構築し、早期かつ安価に刷新していく。

③ 国際連合の持続可能な開発目標（SDGs）では、2030年までに達成する取組として、廃棄物の発生防止、削減等を掲げている。こうした変化を踏まえ、輸送段階ではコンテナ流通、販売段階ではパッキングを省略したばら売り等を通じてプラスチック利用を削減する。

第2　その他食品等の流通の合理化に関し必要な事項

食品等流通合理化計画の認定を受けた者に対し、次の支援措置を講ずる。

① 株式会社日本政策金融公庫の資金の貸付け（法第7条関係）

施設整備等に係る長期かつ低利の資金調達を支援する。

② 株式会社日本政策金融公庫の債務保証（法第8条関係）

海外で事業を展開する場合、海外の現地金融機関からの資金調達を円滑化する。

③ 株式会社農林漁業成長産業化支援機構の出資等（法第9条から第12条まで関係）

食品等流通合理化事業等支援基準に照らして適切な食品等流通合理化事業を出資等により支援する。

④ 食品等流通合理化促進機構の債務保証（法第16条から第26条まで関係）

国内の民間金融機関からの資金調達を円滑化する。

卸売市場関係資料

（資料Ⅰ・Ⅱ・Ⅲ）

資料Ｉ－１　卸売市場法の枠組み

- 卸売市場法による様々な規制は、食品流通の実態が変化しているにも関わらず、制定時の昭和46年以来（さらには前身である中央卸売市場法制定時の大正12年以来）、その骨格を維持。
- 地方卸売市場は、中央卸売市場に比べて規制が緩やかであり、地域の実態に応じたルールを定め、適正な取引を確保しつつ、柔軟な取引が行われている。

【卸売市場法（昭和46年法律第35号）の枠組み】

		中央卸売市場（平成28年度末64市場）	地方卸売市場（平成27年度末1,081市場）
特徴		・広域的な生鮮食料品等流通の中核的な拠点 ・開設者は都道府県や人口20万人以上の市	・地域における生鮮食料品等の集配拠点 ・開設者に制限なし（地方公共団体、株式会社、農協、漁協等）
業者等の許認可、指導監督	開設者	・農林水産大臣による認可（報告徴収・検査、監督処分等）	・都道府県知事による許可（報告徴収・検査、監督処分等） 【必要に応じて都道府県知事が条例で規定】
	卸売業者	・農林水産大臣による許可（報告徴収・検査、監督処分等） ・開設者による報告徴収・検査、監督処分等	・都道府県知事による許可（報告徴収・検査、監督処分等） 【必要に応じて都道府県知事が条例で規定】
	仲卸業者	・開設者による許可（報告徴収・検査、監督処分等）	法律上特段の規定なし 【必要に応じて都道府県知事が条例で規定】
	売買参加者	・開設者による承認（監督処分）	
取引規制	卸売業者	・売買取引の方法の設定 ・差別的取扱いの禁止 ・受託拒否の禁止 ・卸売の相手方としての買受けの禁止 ・第三者販売の原則禁止 （卸売業者の販売先を市場内の仲卸、売買参加者に限定） ・商物一致の原則 （卸売業者の販売を市場内にある物品に限定）	・売買取引の方法の設定 ・差別的取扱いの禁止 【必要に応じて都道府県知事が条例で規定】
	仲卸業者	・販売の委託の引受けの禁止 ・直荷引きの原則禁止 （仲卸業者の仕入先を当該市場の卸売業者に限定）	【必要に応じて都道府県知事が条例で規定】
	その他	・代金決済の確保 （業務規程で定める支払期日、支払方法等により決済）	【必要に応じて都道府県知事が条例で規定】

資料：農林水産省作成

資料Ⅰ－2　卸売市場とは

「卸売市場」とは、生鮮食料品等の卸売のために開設される市場であって、卸売場、自動車駐車場その他の生鮮食料品等の取引及び荷さばきに必要な施設を設けて継続して開場されるもの（卸売市場法第2条第2項）とされている。

生鮮食料品等の主要な流通経路

（中央市場の市場数、卸売業者数のデータはH29年度末時点、中央市場の他の業者数及び地方市場のデータはH28年度末時点）

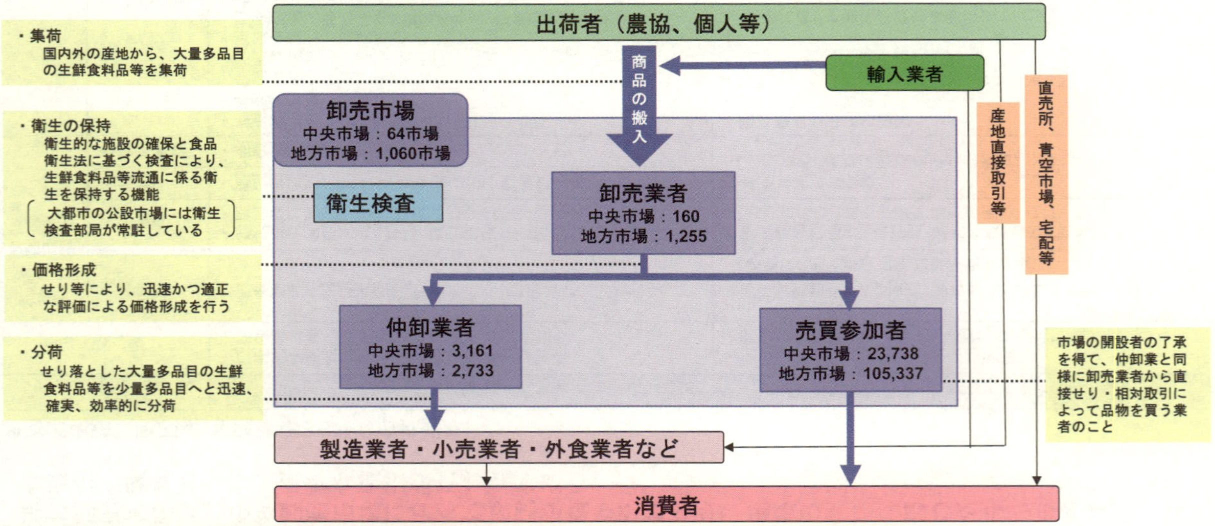

出荷者（農協、個人等）
商品の搬入
輸入業者
産地直接取引等
直売所、青空市場、宅配等
卸売市場
中央市場：64市場
地方市場：1,060市場
衛生検査
卸売業者
中央市場：160
地方市場：1,255
仲卸業者
中央市場：3,161
地方市場：2,733
売買参加者
中央市場：23,738
地方市場：105,337
製造業者・小売業者・外食業者など
消費者
・集荷
国内外の産地から、大量多品目の生鮮食料品等を集荷
・衛生の保持
衛生的な施設の確保と食品衛生法に基づく検査により、生鮮食料品等流通に係る衛生を保持する機能
（大都市の公設市場には衛生検査部局が常駐している）
・価格形成
せり等により、迅速かつ適正な評価による価格形成を行う
・分荷
せり落とした大量多品目の生鮮食料品等を少量多品目へと迅速、確実、効率的に分荷
市場の開設者の了承を得て、仲卸業と同様に卸売業者から直接せり・相対取引によって品物を買う業者のこと

集荷・分荷、価格形成、衛生の保持以外の卸売市場の機能

- 代金決済・・・・・販売代金の迅速、確実な決済を行う機能
- 情報の受発信・・・市場取引情報を速やかに公表する他、需給に関する情報を収集し、川上である産地等に伝達する機能
- 災害時対応・・・・災害時に物流的拠点として国民生活を支える機能

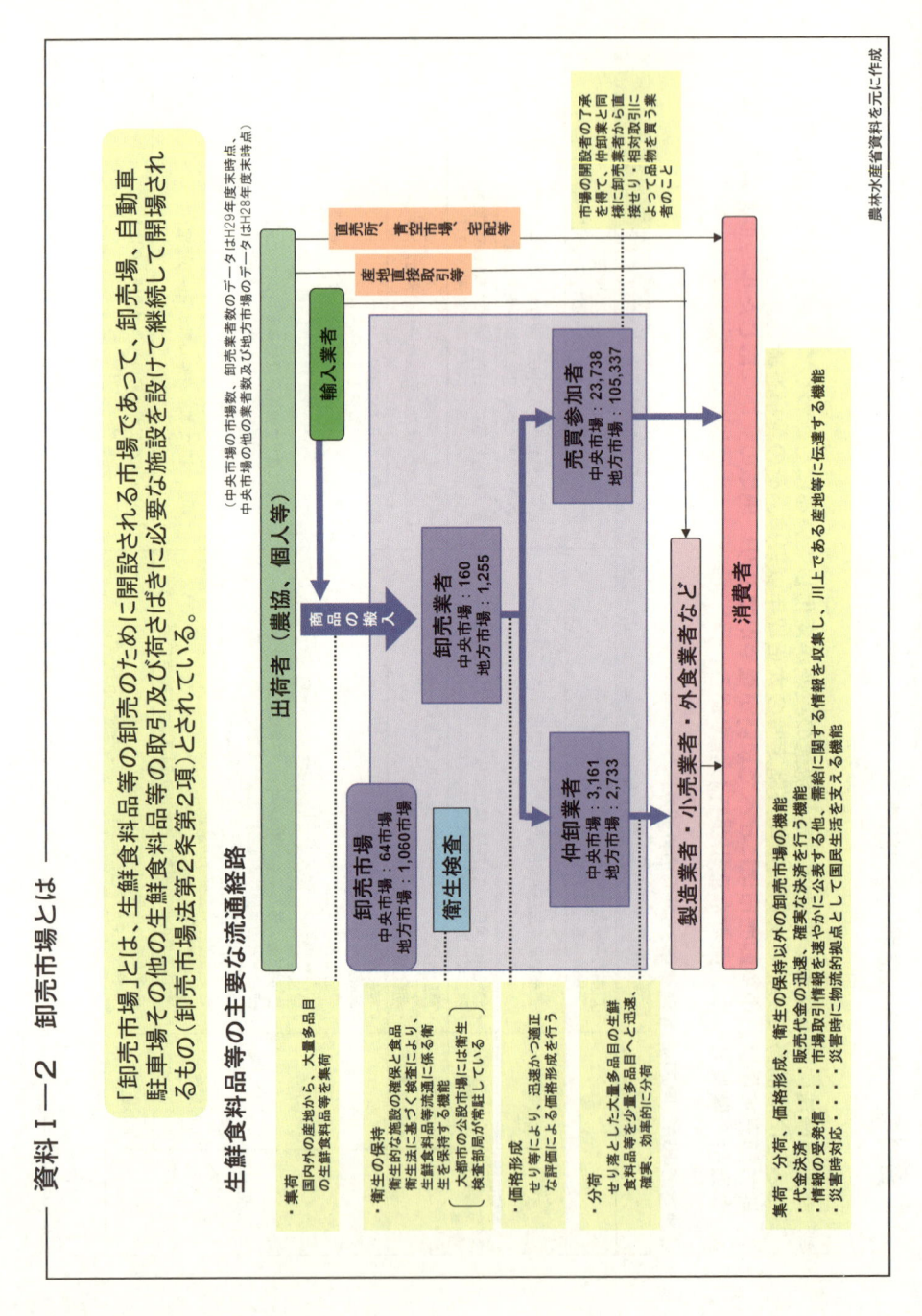

農林水産省資料を元に作成

資料Ⅰ－3　卸売市場を含む食品流通全体のイメージ

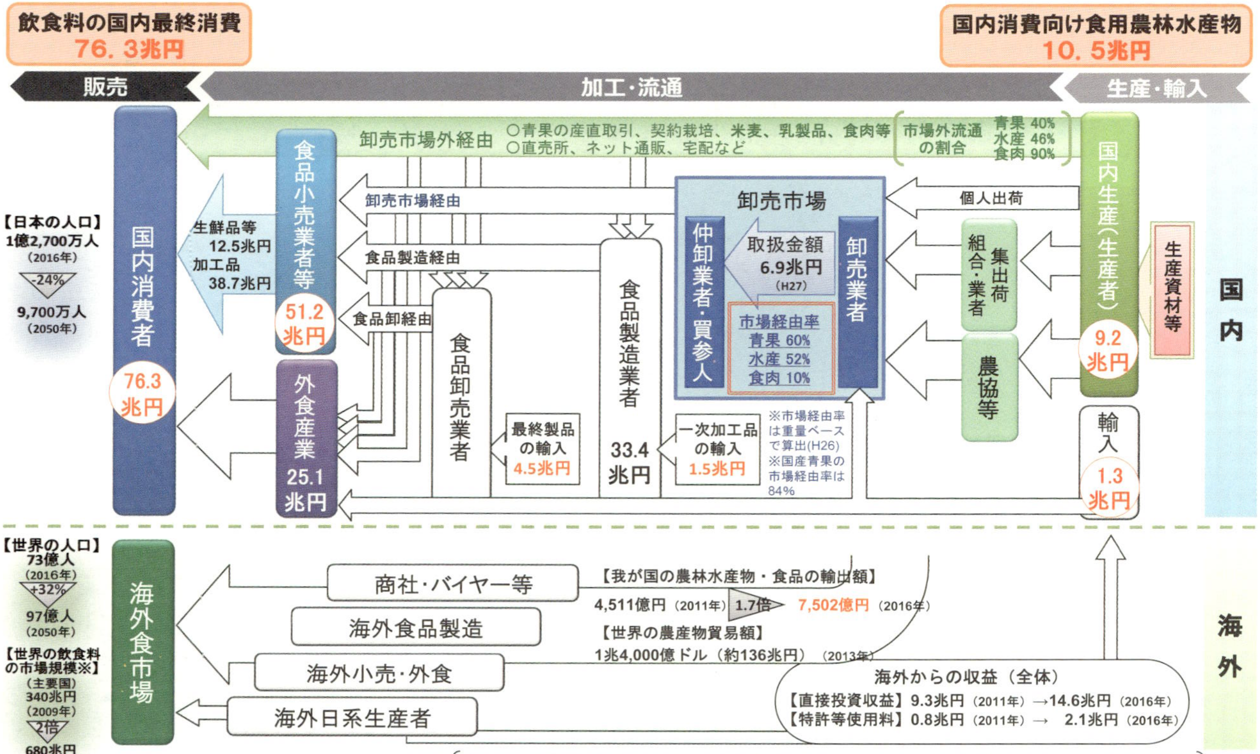
飲食料の国内最終消費
76．3兆円
国内消費向け食用農林水産物
10．5兆円
販売
加工・流通
生産・輸入
国内
海外
卸売市場外経由
○青果の産直取引、契約栽培、米麦、乳製品、食肉等
○直売所、ネット通販、宅配など
市場外流通の割合
青果 40%
水産 46%
食肉 90%
国内生産（生産者）
9.2兆円
生産資材等
輸入
1.3兆円
個人出荷
集出荷組合・業者
農協等
卸売市場
卸売業者
取扱金額
6.9兆円
(H27)
仲卸業者・買参人
市場経由率
青果 60%
水産 52%
食肉 10%
※市場経由率は重量ベースで算出(H26)
※国産青果の市場経由率は84%
一次加工品の輸入
1.5兆円
食品製造業者
33.4兆円
最終製品の輸入
4.5兆円
食品卸売業者
卸売市場経由
食品製造経由
食品卸経由
食品小売業者等
51.2兆円
外食産業
25.1兆円
生鮮品等
12.5兆円
加工品
38.7兆円
国内消費者
76.3兆円
【日本の人口】
1億2,700万人
(2016年)
-24%
9,700万人
(2050年)
海外食市場
商社・バイヤー等
海外食品製造
海外小売・外食
海外日系生産者
【我が国の農林水産物・食品の輸出額】
4,511億円（2011年）1.7倍 7,502億円（2016年）
【世界の農産物貿易額】
1兆4,000億ドル（約136兆円）（2013年）
海外からの収益（全体）
【直接投資収益】9.3兆円（2011年）→14.6兆円（2016年）
【特許等使用料】0.8兆円（2011年）→ 2.1兆円（2016年）
【世界の人口】
73億人
(2016年)
+32%
97億人
(2050年)
【世界の飲食料の市場規模※】
（主要国）
340兆円
(2009年)
2倍
680兆円
(2020年)
※A.T.カーニー（株）の推計。生鮮品等を含まない。

農林水産省「平成23年農林漁業及び関連産業を中心とした産業連関表」等を基に試算
本資料は年次や対象等が異なる複数の統計、調査等を組み合わせて作成したものであり、金額等が整合しない点がある。

資料：農林水産省作成

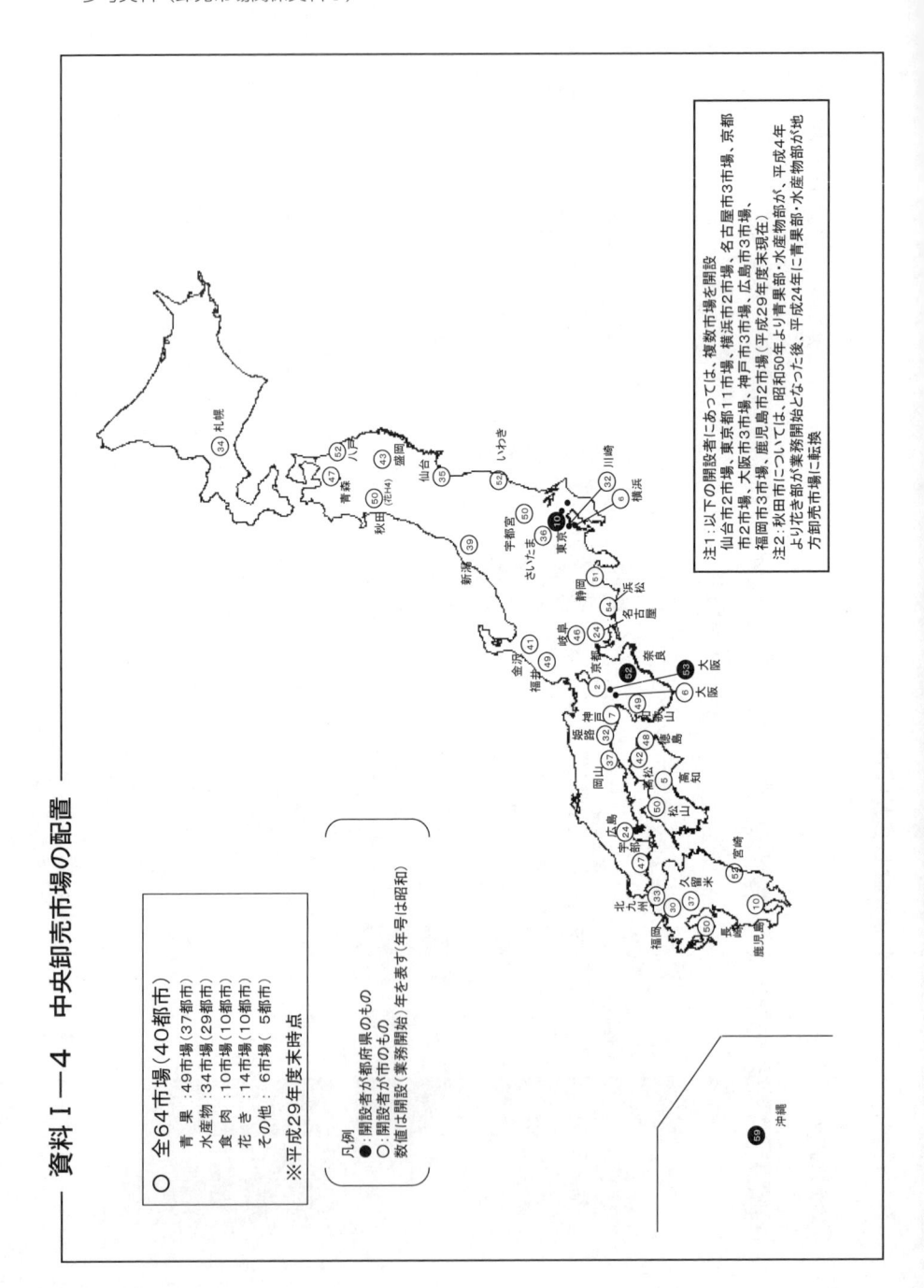

資料Ⅰ－4　中央卸売市場の配置

○　全64市場（40都市）
　青　果　:49市場（37都市）
　水産物 :34市場（29都市）
　食　肉　:10市場（10都市）
　花　き　:14市場（10都市）
　その他 :　6市場（　5都市）
※平成29年度末時点

凡例
●:開設者が都府県のもの
○:開設者が市のもの
数値は開設（業務開始）年を表す（年号は昭和）

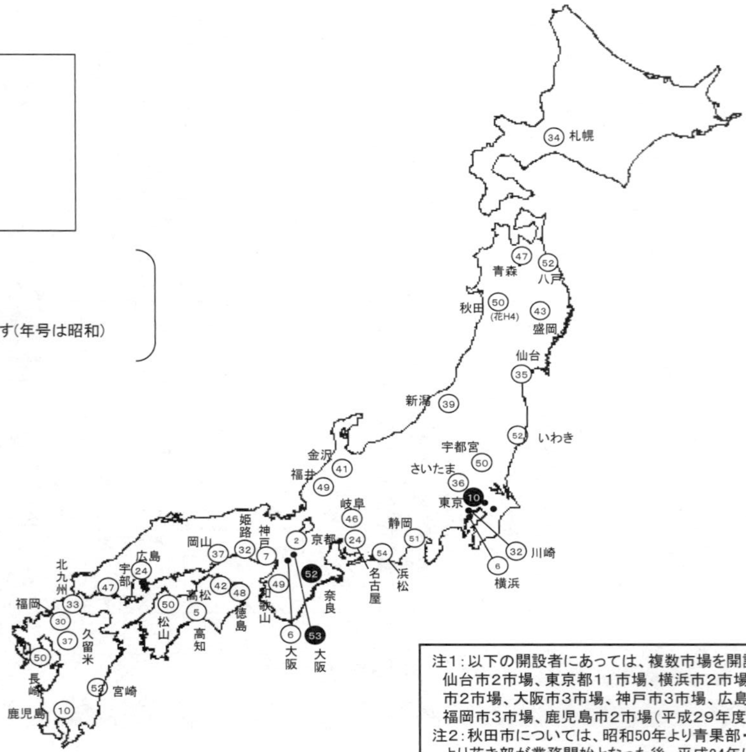
34 札幌
47 青森
52 八戸
50 (花H4) 秋田
43 盛岡
仙台 35
新潟 39
52 いわき
宇都宮 50
さいたま 36
東京 10
32 川崎
6 横浜
静岡 51
54 名古屋
浜松
岐阜 46
24 京都
金沢 41
福井 49
2
52 奈良
53 大阪
6 大阪
49 和歌山
7 神戸
32 姫路
37 岡山
広島 24
48 徳島
42 高松
5 高知
50 松山
宇部 47
北九州 33
福岡
30
37 久留米
50 長崎
52 宮崎
鹿児島 10

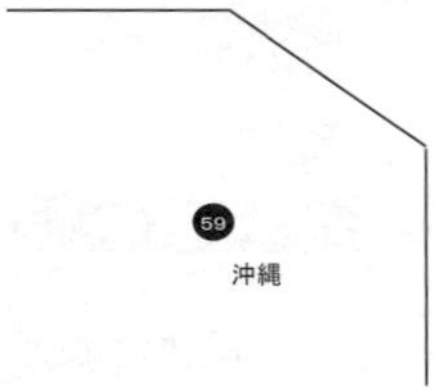
59
沖縄

注1：以下の開設者にあっては、複数市場を開設
仙台市2市場、東京都11市場、横浜市2市場、名古屋市3市場、京都市2市場、大阪市3市場、神戸市3市場、広島市3市場、福岡市3市場、鹿児島市2市場（平成29年度末現在）
注2：秋田市については、昭和50年より青果部・水産物部が、平成4年より花き部が業務開始となった後、平成24年に青果部・水産物部が地方卸売市場に転換

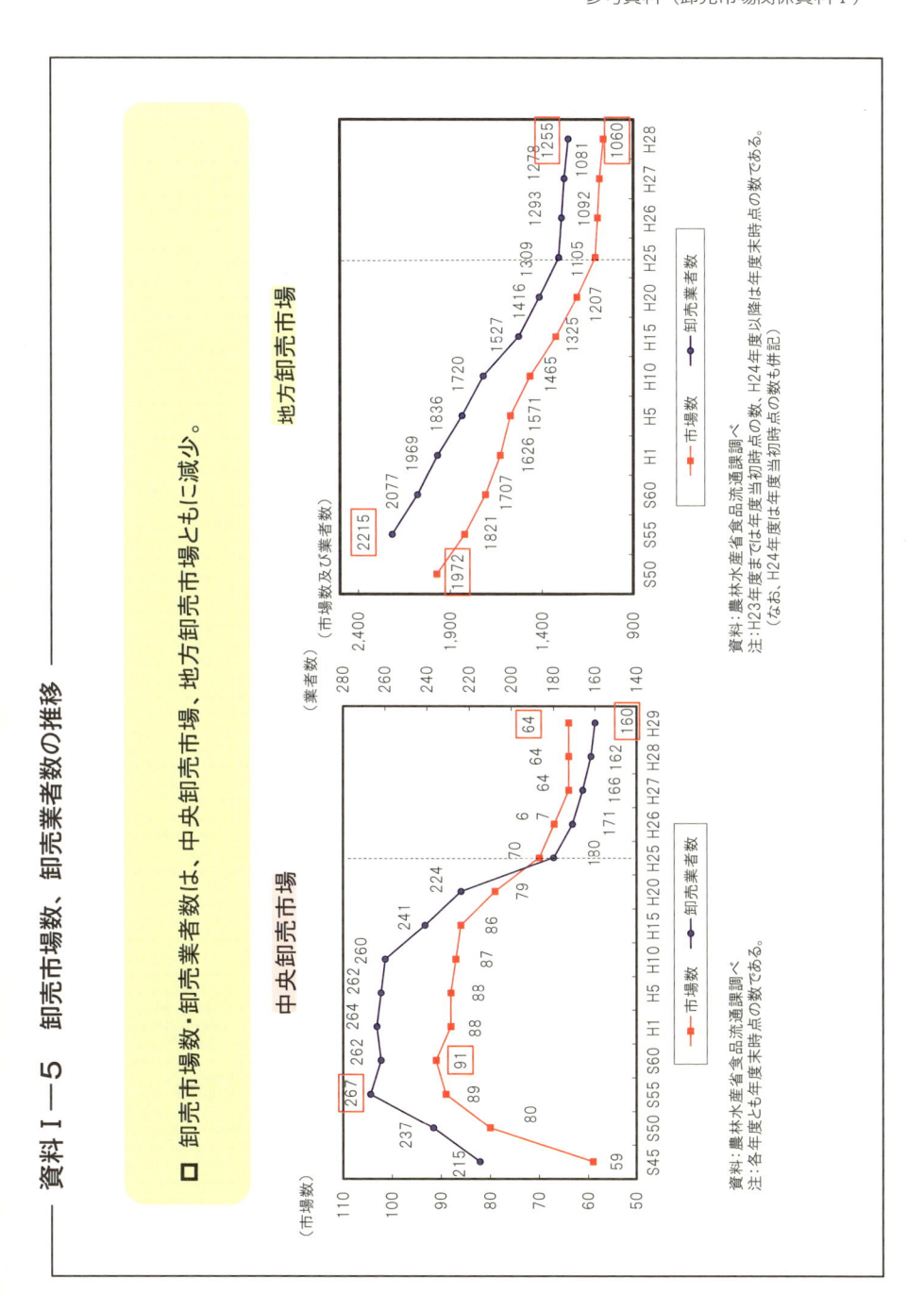

資料Ⅰ－5　卸売市場数、卸売業者数の推移

□ 卸売市場数・卸売業者数は、中央卸売市場、地方卸売市場ともに減少。

中央卸売市場

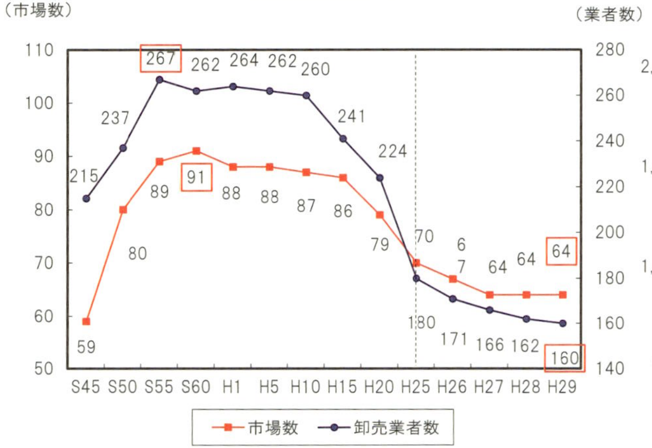
（市場数）
（業者数）
110
100
90
80
70
60
50
280
260
240
220
200
180
160
140
215
237
267
262
264
262
260
241
224
180
171
166
162
160
59
80
89
91
88
88
87
86
79
70
67
64
64
64
S45 S50 S55 S60 H1 H5 H10 H15 H20 H25 H26 H27 H28 H29
市場数
卸売業者数

資料：農林水産省食品流通課調べ
注：各年度とも年度末時点の数である。

地方卸売市場

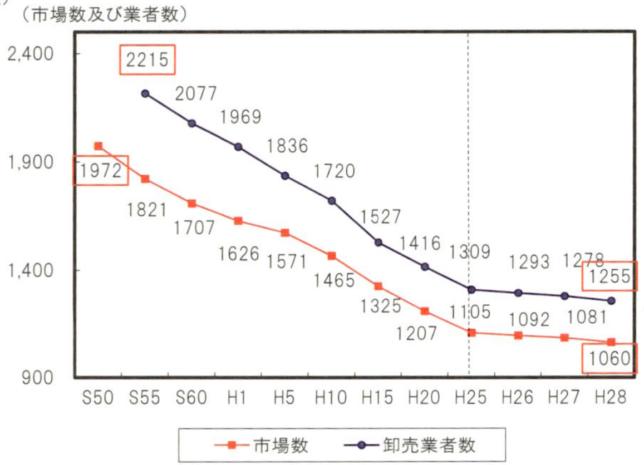
（市場数及び業者数）
2,400
1,900
1,400
900
2215
2077
1969
1836
1720
1527
1416
1309
1293
1278
1255
1972
1821
1707
1626
1571
1465
1325
1207
1105
1092
1081
1060
S50 S55 S60 H1 H5 H10 H15 H20 H25 H26 H27 H28
市場数
卸売業者数

資料：農林水産省食品流通課調べ
注：H23年度までは年度当初時点の数、H24年度以降は年度末時点の数である。
（なお、H24年度は年度当初時点の数も併記）

資料Ｉ－６　卸売市場の取扱金額

□　卸売市場における取扱金額は、平成初期にピークを迎え、その後、市場外流通の増加等の影響による取扱数量の減少等により総じて減少傾向で推移してきたが、近年、部類によっては横ばいの傾向もみられる。

■取扱金額の推移（単位：億円）

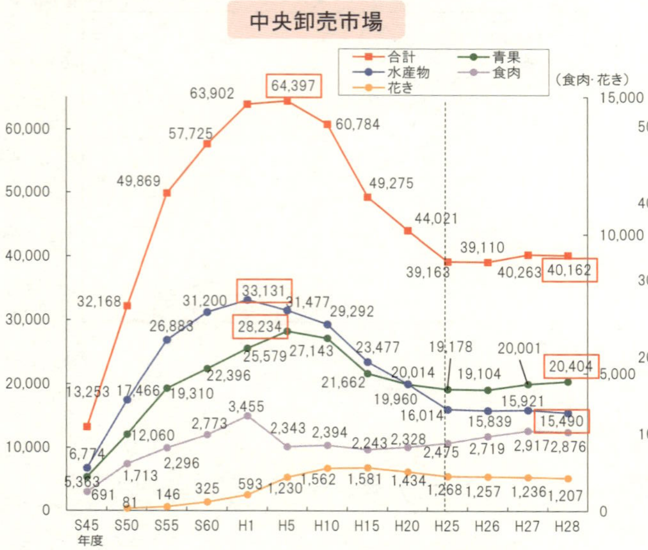
中央卸売市場
合計
水産物
花き
青果
食肉
（食肉・花き）
60,000
50,000
40,000
30,000
20,000
10,000
0
15,000
10,000
5,000
S45
年度
S50
S55
S60
H1
H5
H10
H15
H20
H25
H26
H27
H28
13,253
32,168
49,869
57,725
63,902
64,397
60,784
49,275
44,021
39,163
39,110
40,263
40,162
6,774
17,466
26,883
31,200
33,131
31,477
29,292
23,477
20,014
16,014
15,839
15,921
15,490
5,363
12,060
19,310
22,396
25,579
28,234
27,143
21,662
19,960
19,178
19,104
20,001
20,404
691
1,713
2,296
2,773
3,455
2,343
2,394
2,243
2,328
2,475
2,719
2,917
2,876
81
146
325
593
1,230
1,562
1,581
1,434
1,268
1,257
1,236
1,207

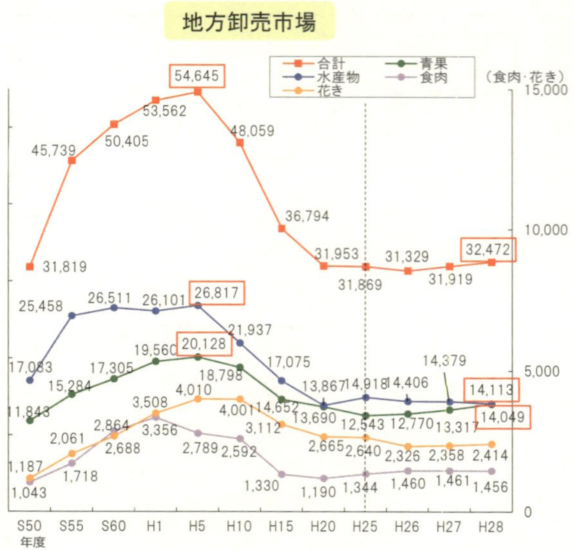
地方卸売市場
合計
水産物
花き
青果
食肉
（食肉・花き）
50,000
40,000
30,000
20,000
10,000
0
15,000
10,000
5,000
S50
年度
S55
S60
H1
H5
H10
H15
H20
H25
H26
H27
H28
31,819
45,739
50,405
53,562
54,645
48,059
36,794
31,953
31,869
31,329
31,919
32,472
17,083
25,458
26,511
26,101
26,817
21,937
17,075
13,867
14,918
14,406
14,379
14,113
11,843
15,284
17,305
19,560
20,128
18,798
14,652
13,690
12,543
12,770
13,317
14,049
1,187
2,061
2,864
3,508
4,010
4,001
3,112
2,665
2,640
2,326
2,358
2,414
1,043
1,718
2,688
3,356
2,789
2,592
1,330
1,190
1,344
1,460
1,461
1,456

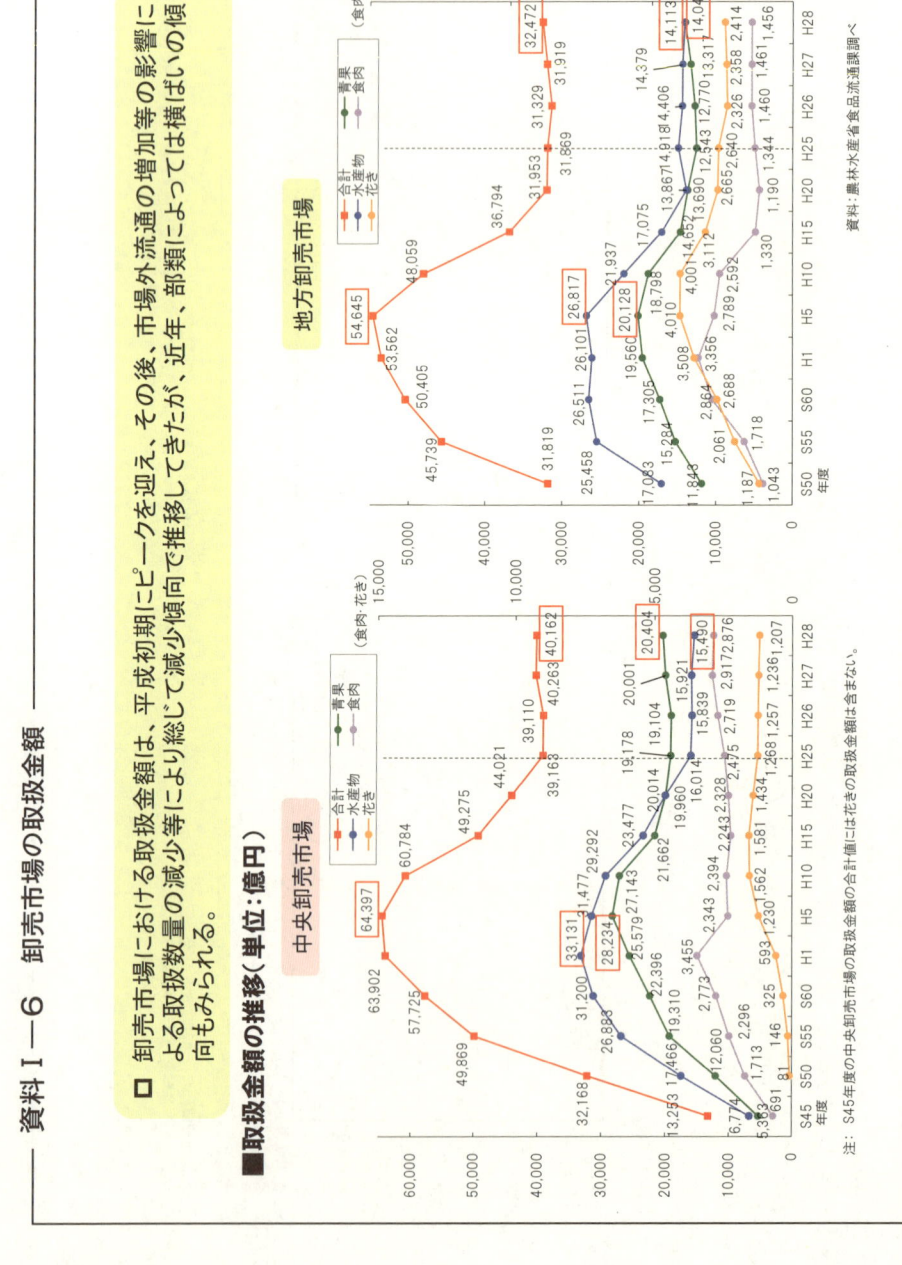

注：S45年度の中央卸売市場の取扱金額の合計値には花きの取扱金額は含まない。

資料：農林水産省食品流通課調べ

資料Ⅰ―7　中央卸売市場の卸売業者・仲卸業者の経営動向

- □ 卸売業者・仲卸業者の取扱金額等は、いずれの部類も近年増加傾向で推移している。
- □ 卸売業者・仲卸業者の営業利益率は、食品製造業、飲食料品小売業等に比べても低位。

■ 卸売業者の取扱金額（1業者当たり）（単位：億円）

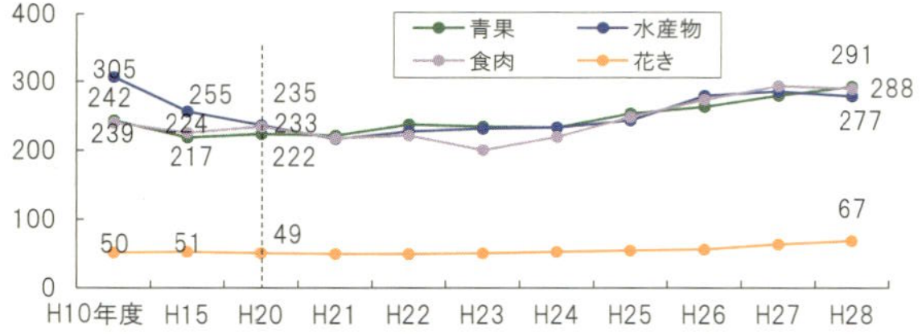

400
300
200
100
0
青果
水産物
食肉
花き
305
242
239
255
224
217
235
233
222
291
288
277
50
51
49
67
H10年度
H15
H20
H21
H22
H23
H24
H25
H26
H27
H28

資料：農林水産省食品流通課調べ

■ 仲卸業者の仕入金額（1業者当たり）（単位：億円）

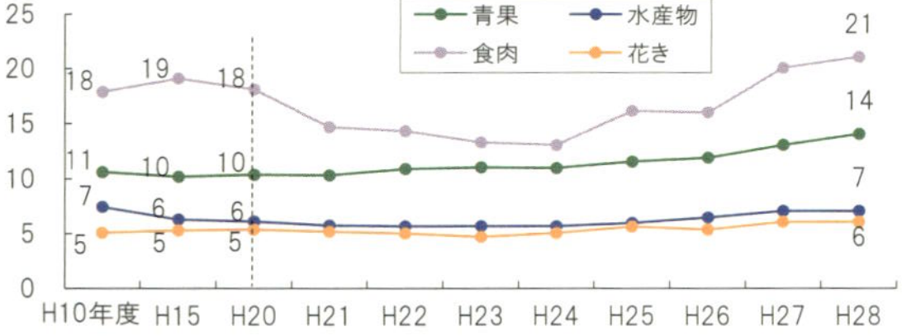

25
20
15
10
5
0
青果
水産物
食肉
花き
18
19
18
21
11
10
10
14
7
6
6
7
5
5
5
6
H10年度
H15
H20
H21
H22
H23
H24
H25
H26
H27
H28

■ 卸売業者の営業利益率（平成28年度）

（単位：％）

	青果	水産物	食肉	花き
売上総利益率	6.53	4.96	4.12	9.55
販売費・一般管理費率	6.21	4.66	4.00	9.36
営業利益率	0.33	0.30	0.12	0.19

資料：中央卸売市場卸売業者の事業報告書による。
（注）各比率は売上高に対する構成比である。

■ 仲卸業者の営業利益率（平成28年度）

（単位：％）

	青果	水産物	食肉	花き
粗利益率	12.04	12.31	6.97	17.76
人件費・営業経費率	11.38	12.28	6.90	17.34
営業利益率	0.66	0.03	0.07	0.42

資料：農林水産省食料産業局食品流通課調べ
（注）各比率は売上高に対する構成比である。

（参考）他業態の営業利益率（平成28年度（速報））

（単位：％）

	全産業	食料品製造業	飲食料品卸売業	飲食料品小売業
売上総利益（粗利）	25.6	25.0	12.1	30.4
販管費・一般管理費	22.6	22.6	11.6	29.3
営業利益	3.0	2.4	0.5	1.0

資料：中小企業庁「中小企業実態基本調査」　（注）法人企業のデータである。

資料Ｉ－８　食品の流通構造の変化①

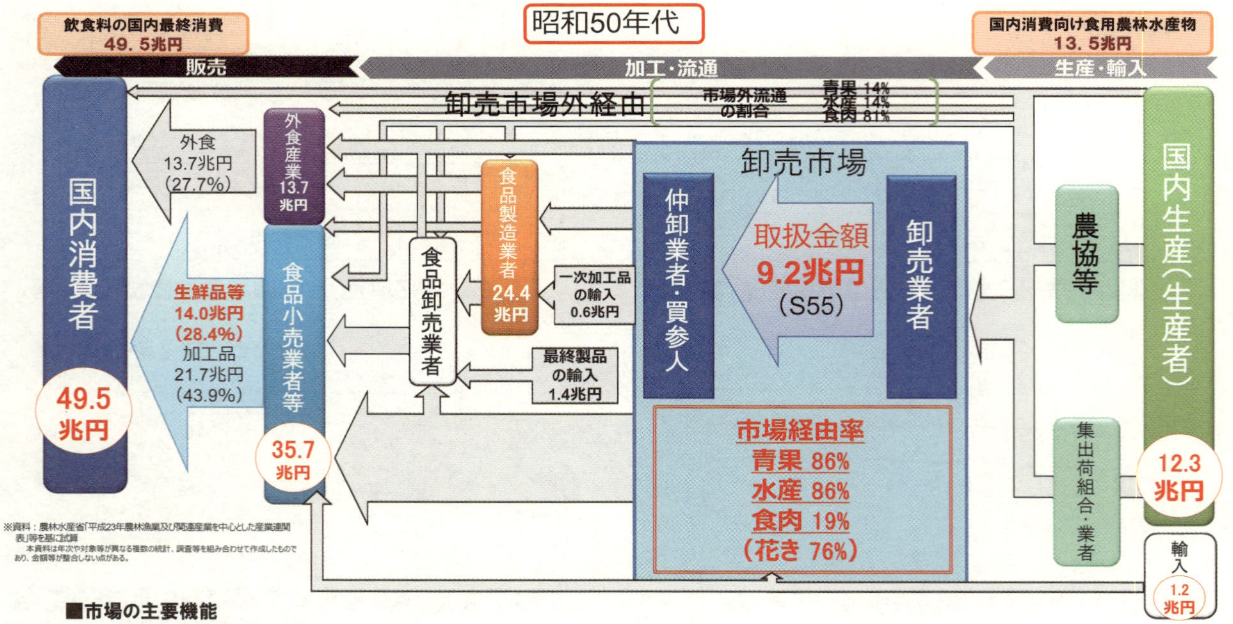
昭和50年代
飲食料の国内最終消費
49．5兆円
国内消費向け食用農林水産物
13．5兆円
販売
加工・流通
生産・輸入
卸売市場外経由
市場外流通の割合
青果 14%
水産 14%
食肉 81%
国内消費者
49.5兆円
外食
13.7兆円
(27.7%)
生鮮品等
14.0兆円
(28.4%)
加工品
21.7兆円
(43.9%)
外食産業
13.7兆円
食品小売業者等
35.7兆円
食品卸売業者
食品製造業者
24.4兆円
一次加工品の輸入
0.6兆円
最終製品の輸入
1.4兆円
卸売市場
仲卸業者・買参人
取扱金額
9.2兆円
(S55)
卸売業者
市場経由率
青果 86%
水産 86%
食肉 19%
(花き 76%)
農協等
集出荷組合・業者
国内生産(生産者)
12.3兆円
輸入
1.2兆円
※資料：農林水産省「平成23年農林漁業及び関連産業を中心とした産業連関表」等を基に試算
本資料は年次や対象等が異なる複数の統計、調査等を組み合わせて作成したものであり、金額等が整合しない点がある。

■市場の主要機能

① 集荷（品揃え）、分荷機能
　全国各地から多種・大量の物品を集荷。
　実需者のニーズに応じて、必要な品目・量を分荷。

② 価格形成機能
　需給を反映して価格を形成。

③ 代金決済機能
　実需者から販売代金を回収し、出荷者へ迅速・確実に決済。

④ 情報受発信機能
　需給情報を収集し、川上・川下に伝達。

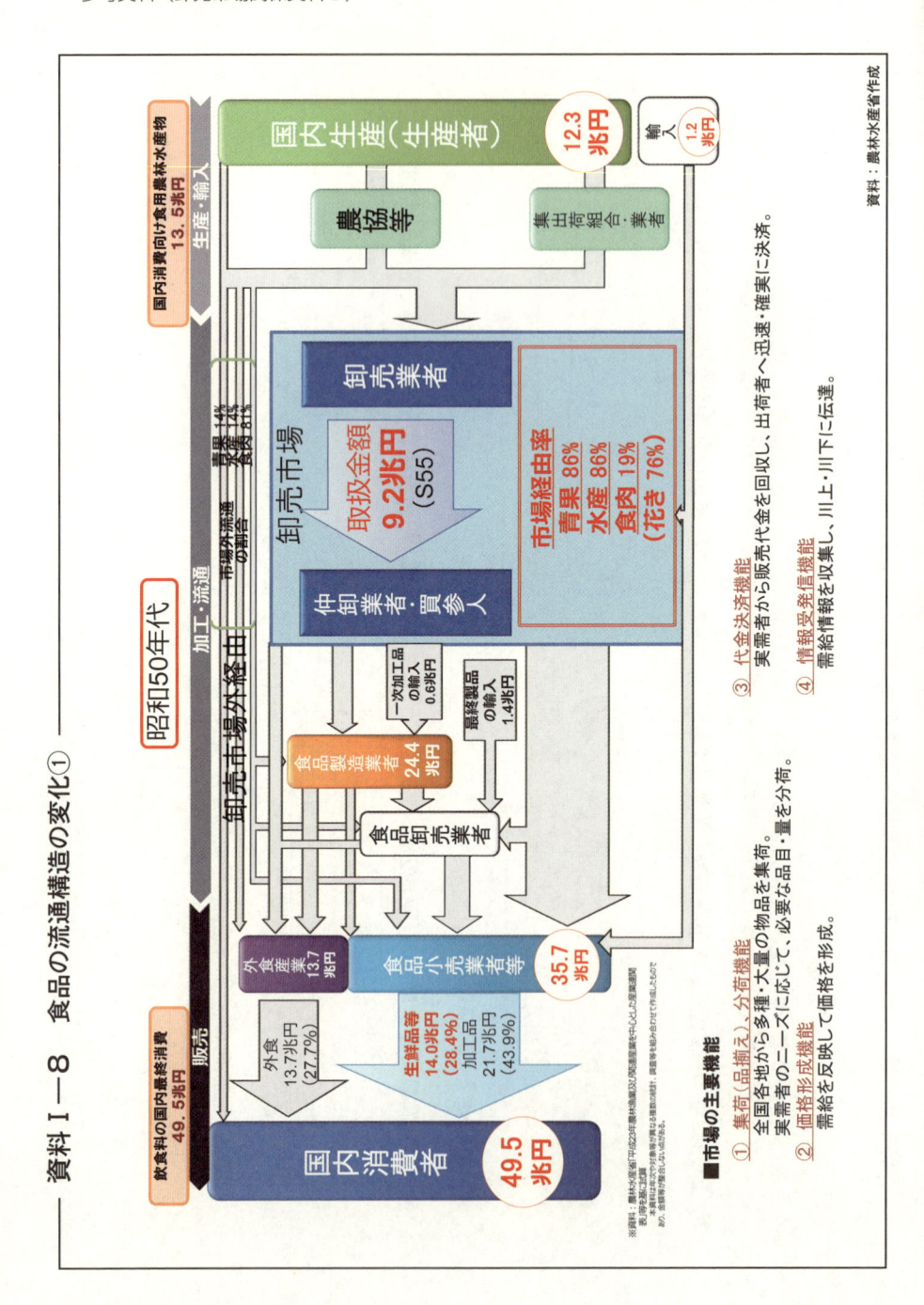

資料：農林水産省作成

資料Ⅰ—9　食品の流通構造の変化②

- 最終消費の形態における生鮮品の割合は低下（昭和50年代 28.4%→平成20年代 16.3%）
- 卸売市場は、集荷・分荷、価格形成、代金決済等の機能を有するもの。昭和50年代は、卸売市場流通が支配的なシェアであったが、現在は、市場取引のほか、産直取引、契約栽培、直売所、ネット通販など、多様な流通が行われており、また、市場取引の内容も実際に卸売市場に商品を持ち込まず（商物一致の例外）市場の代金決済のみを利用するものもあるなど、大きく変化。

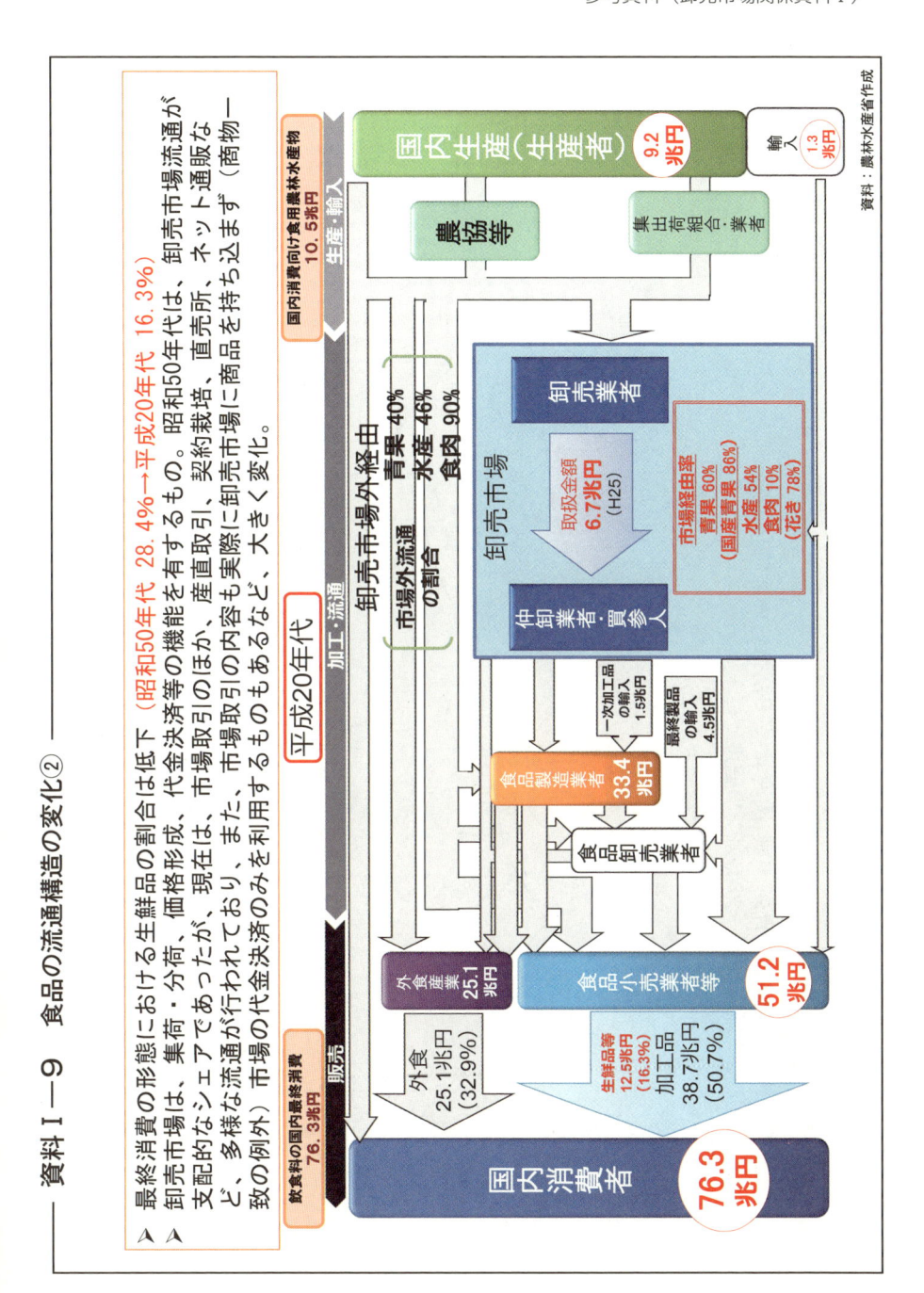

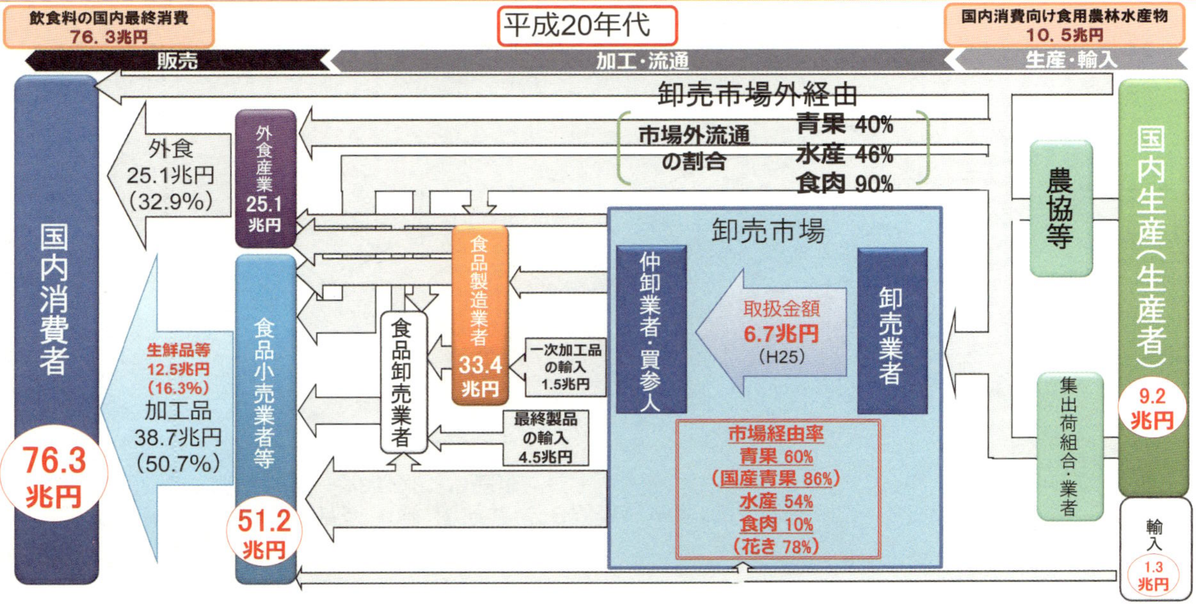

飲食料の国内最終消費
76.3兆円
平成20年代
国内消費向け食用農林水産物
10.5兆円
販売
加工・流通
生産・輸入
卸売市場外経由
市場外流通の割合
青果 40%
水産 46%
食肉 90%
国内消費者
76.3兆円
外食
25.1兆円
(32.9%)
生鮮品等
12.5兆円
(16.3%)
加工品
38.7兆円
(50.7%)
外食産業
25.1兆円
食品小売業者等
51.2兆円
食品卸売業者
食品製造業者
33.4兆円
一次加工品の輸入
1.5兆円
最終製品の輸入
4.5兆円
卸売市場
仲卸業者・買参人
取扱金額
6.7兆円
(H25)
卸売業者
市場経由率
青果 60%
(国産青果 86%)
水産 54%
食肉 10%
(花き 78%)
農協等
集出荷組合・業者
国内生産(生産者)
9.2兆円
輸入
1.3兆円

資料：農林水産省作成

資料Ⅰ—10　卸売市場経由率の推移（重量ベース、推計）

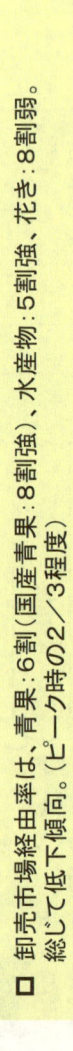

□ 卸売市場経由率は、青果：6割（国産青果：8割強）、水産物：5割強、花き：8割弱。
総じて低下傾向。（ピーク時の2／3程度）

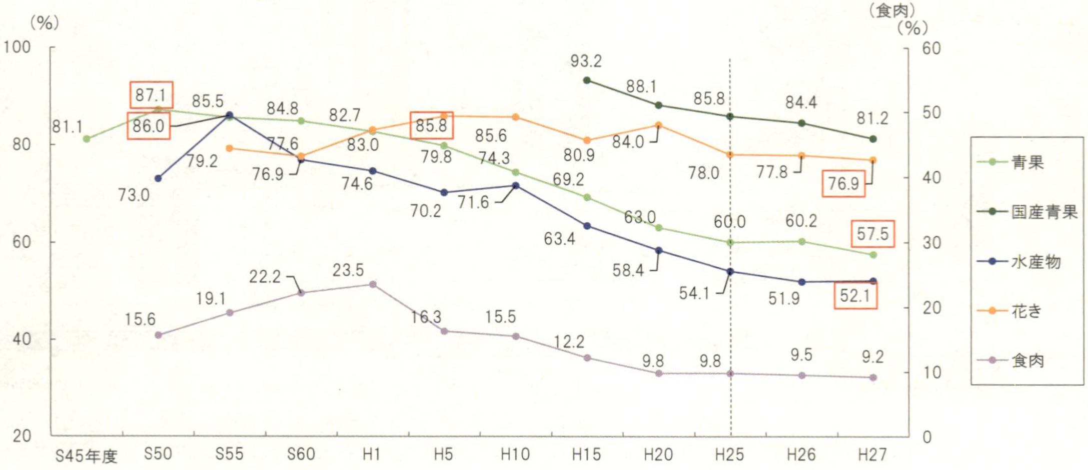
(%)
100
80
60
40
20
(食肉)
(%)
60
50
40
30
20
10
0
S45年度
S50
S55
S60
H1
H5
H10
H15
H20
H25
H26
H27
青果
国産青果
水産物
花き
食肉
81.1
87.1
85.5
84.8
82.7
79.8
74.3
69.2
63.0
60.0
60.2
57.5
93.2
88.1
85.8
84.4
81.2
73.0
86.0
76.9
74.6
70.2
71.6
63.4
58.4
54.1
51.9
52.1
79.2
77.6
83.0
85.8
85.6
80.9
84.0
78.0
77.8
76.9
15.6
19.1
22.2
23.5
16.3
15.5
12.2
9.8
9.8
9.5
9.2

資料：農林水産省「食料需給表」、「青果物卸売市場調査報告」等により推計
注：卸売市場経由率は、国内で流通した加工品を含む国産及び輸入の青果、水産物等のうち、卸売市場（水産物についてはいわゆる産地市場の取扱量は除く。）を経由したものの数量割合（花きについては金額割合）の推計値。

資料Ｉ—11　中央卸売市場の取引構造（青果：経由率58％、国産青果物：81％）

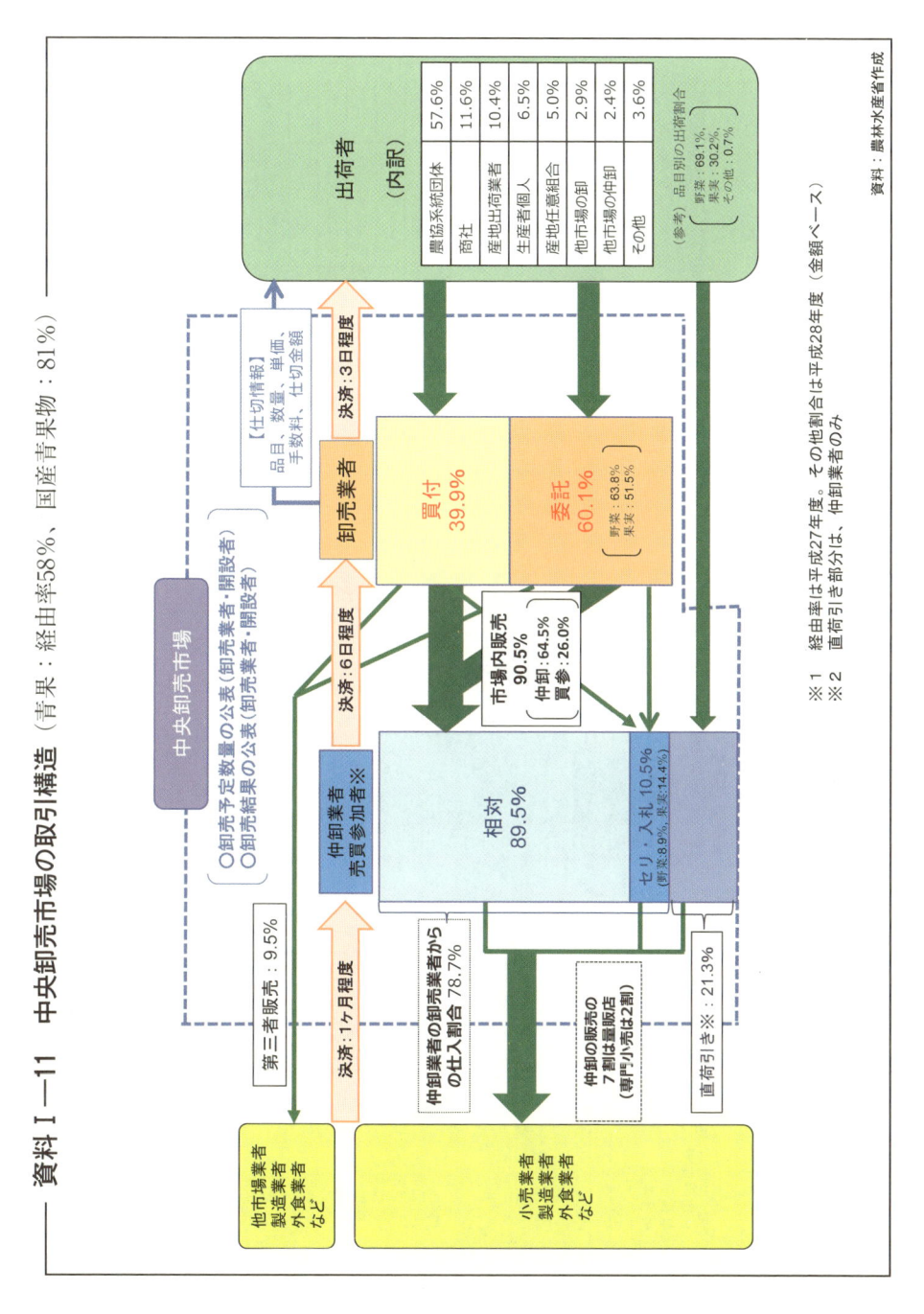

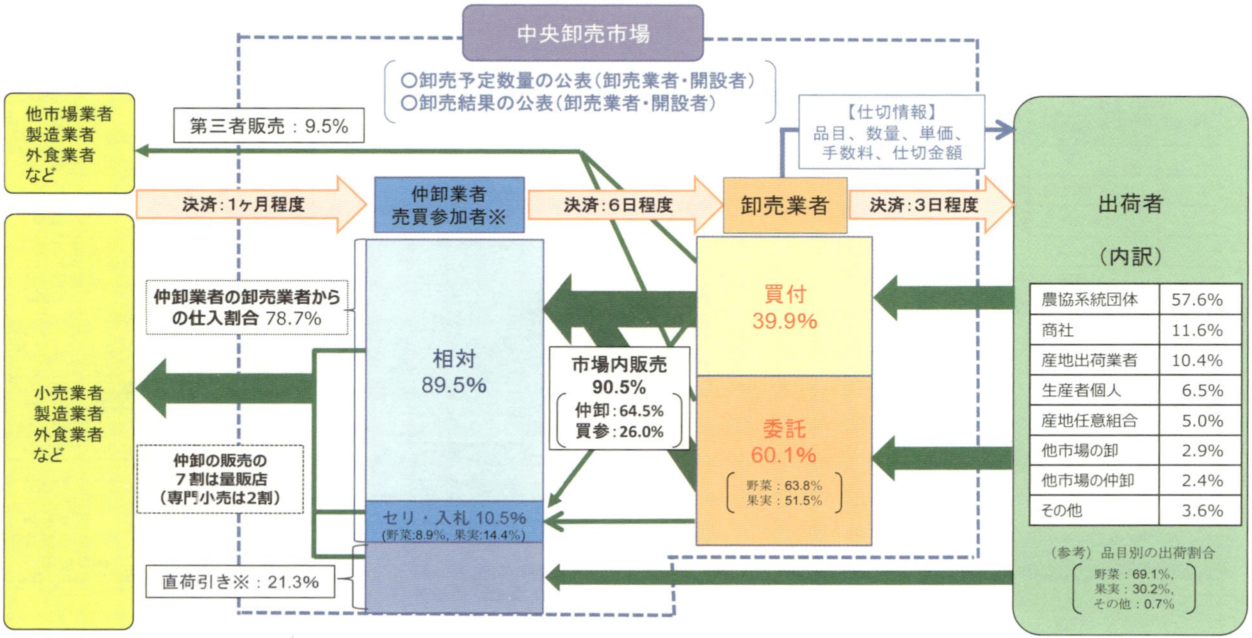
中央卸売市場
○卸売予定数量の公表（卸売業者・開設者）
○卸売結果の公表（卸売業者・開設者）
他市場業者
製造業者
外食業者
など
第三者販売：9.5％
【仕切情報】
品目、数量、単価、
手数料、仕切金額
決済：1ヶ月程度
仲卸業者
売買参加者※
決済：6日程度
卸売業者
決済：3日程度
出荷者
（内訳）
農協系統団体 57.6％
商社 11.6％
産地出荷業者 10.4％
生産者個人 6.5％
産地任意組合 5.0％
他市場の卸 2.9％
他市場の仲卸 2.4％
その他 3.6％
（参考）品目別の出荷割合
野菜：69.1%，
果実：30.2%，
その他：0.7%
仲卸業者の卸売業者から
の仕入割合 78.7％
相対
89.5％
市場内販売
90.5％
仲卸：64.5％
買参：26.0％
買付
39.9％
委託
60.1％
野菜：63.8％
果実：51.5％
小売業者
製造業者
外食業者
など
仲卸の販売の
７割は量販店
（専門小売は2割）
セリ・入札 10.5％
(野菜:8.9%，果実:14.4%)
直荷引き※：21.3％

※１　経由率は平成27年度。その他割合は平成28年度（金額ベース）
※２　直荷引き部分は、仲卸業者のみ

資料：農林水産省作成

資料Ⅰ―12　中央卸売市場の取引構造（水産：経由率52％）

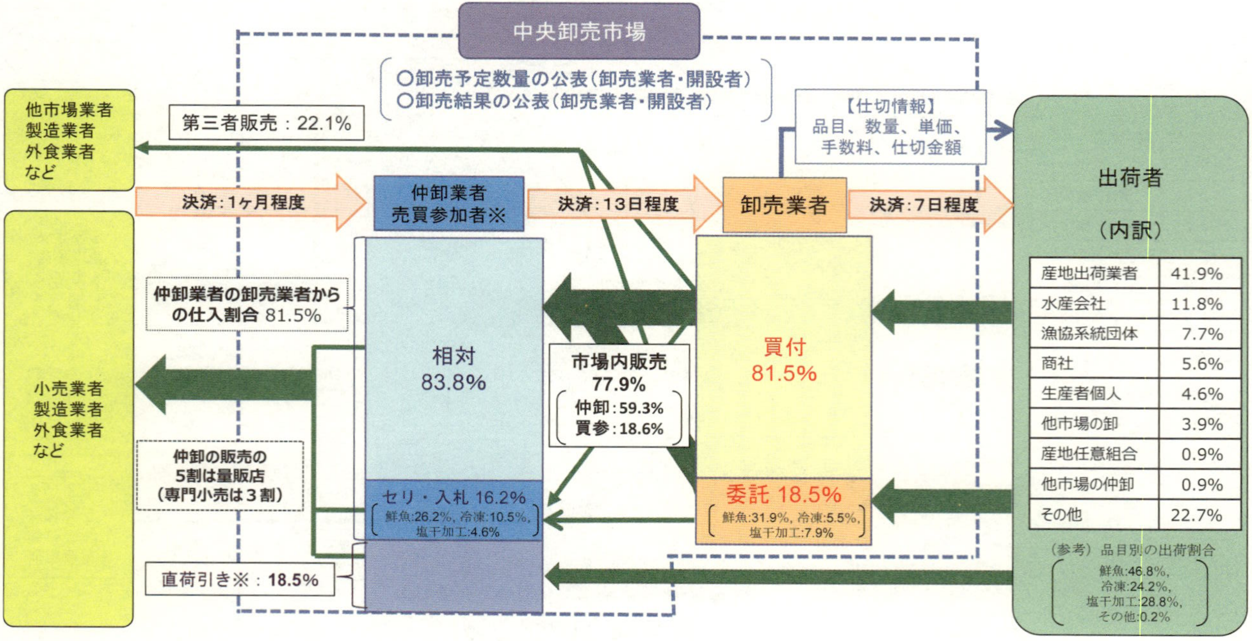
中央卸売市場
○卸売予定数量の公表（卸売業者・開設者）
○卸売結果の公表（卸売業者・開設者）
【仕切情報】
品目、数量、単価、
手数料、仕切金額
他市場業者
製造業者
外食業者
など
第三者販売：22.1%
決済：1ヶ月程度
仲卸業者
売買参加者※
決済：13日程度
卸売業者
決済：7日程度
出荷者
（内訳）
産地出荷業者 41.9%
水産会社 11.8%
漁協系統団体 7.7%
商社 5.6%
生産者個人 4.6%
他市場の卸 3.9%
産地任意組合 0.9%
他市場の仲卸 0.9%
その他 22.7%
（参考）品目別の出荷割合
鮮魚:46.8%,
冷凍:24.2%,
塩干加工:28.8%,
その他:0.2%
仲卸業者の卸売業者からの仕入割合 81.5%
相対
83.8%
市場内販売
77.9%
仲卸：59.3%
買参：18.6%
買付
81.5%
委託 18.5%
鮮魚:31.9%, 冷凍:5.5%,
塩干加工:7.9%
小売業者
製造業者
外食業者
など
仲卸の販売の
5割は量販店
（専門小売は３割）
セリ・入札 16.2%
鮮魚:26.2%, 冷凍:10.5%,
塩干加工:4.6%
直荷引き※：18.5%

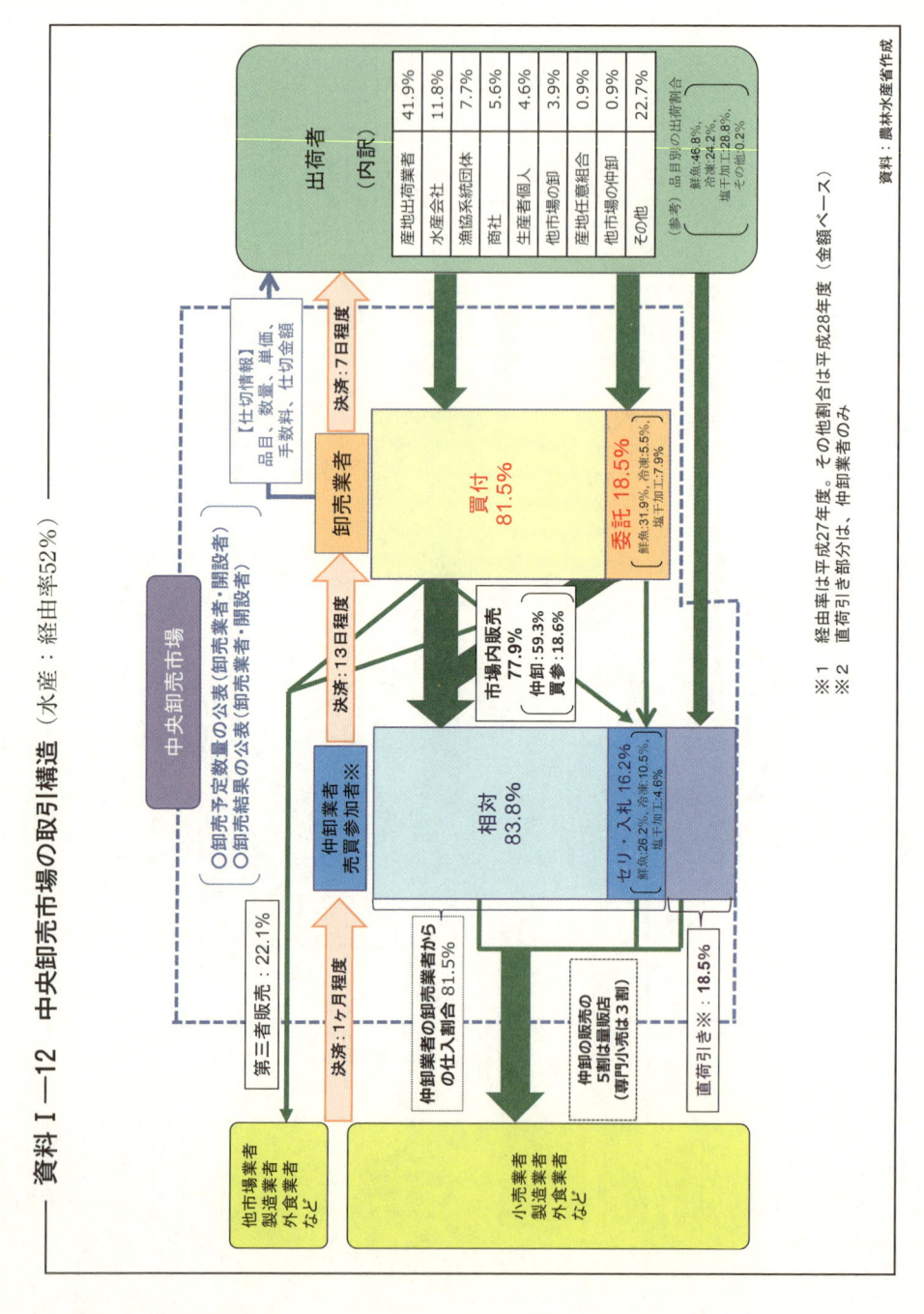

※１　経由率は平成27年度。その他割合は平成28年度（金額ベース）
※２　直荷引き部分は、仲卸業者のみ

資料：農林水産省作成

資料Ⅰ—13　中央卸売市場の取引構造（食肉：経由率９％）

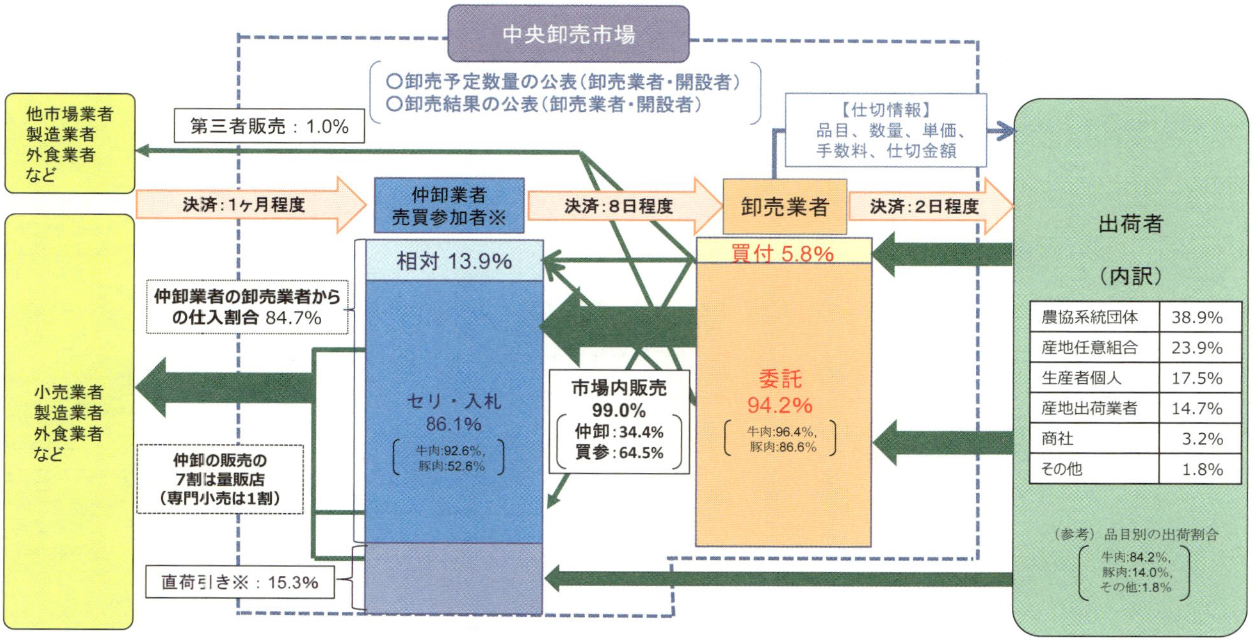
中央卸売市場
○卸売予定数量の公表（卸売業者・開設者）
○卸売結果の公表（卸売業者・開設者）
【仕切情報】
品目、数量、単価、
手数料、仕切金額
他市場業者
製造業者
外食業者
など
第三者販売：1.0%
決済：1ヶ月程度
仲卸業者
売買参加者※
決済：8日程度
卸売業者
決済：2日程度
出荷者
（内訳）
農協系統団体 38.9%
産地任意組合 23.9%
生産者個人 17.5%
産地出荷業者 14.7%
商社 3.2%
その他 1.8%
（参考）品目別の出荷割合
牛肉:84.2%,
豚肉:14.0%,
その他:1.8%
買付 5.8%
委託
94.2%
牛肉:96.4%,
豚肉:86.6%
相対 13.9%
セリ・入札
86.1%
牛肉:92.6%,
豚肉:52.6%
市場内販売
99.0%
仲卸：34.4%
買参：64.5%
仲卸業者の卸売業者から
の仕入割合 84.7%
小売業者
製造業者
外食業者
など
仲卸の販売の
7割は量販店
（専門小売は1割）
直荷引き※：15.3%

※１　経由率は平成27年度。その他割合は平成28年度（金額ベース）
※２　直荷引き部分は、仲卸業者のみ

資料：農林水産省作成

資料Ⅰ—14　中央卸売市場の取引構造（花き：経由率77％）

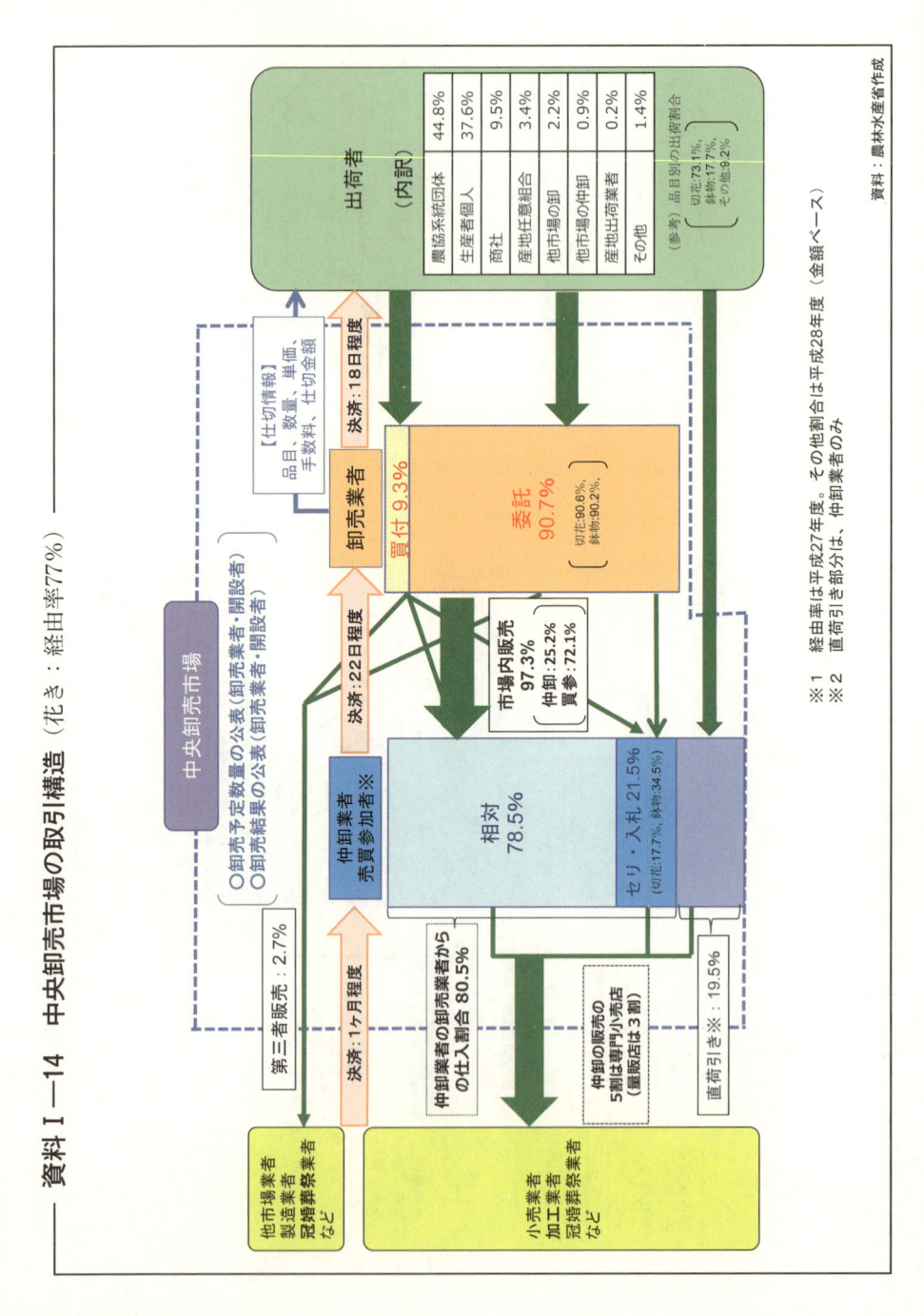

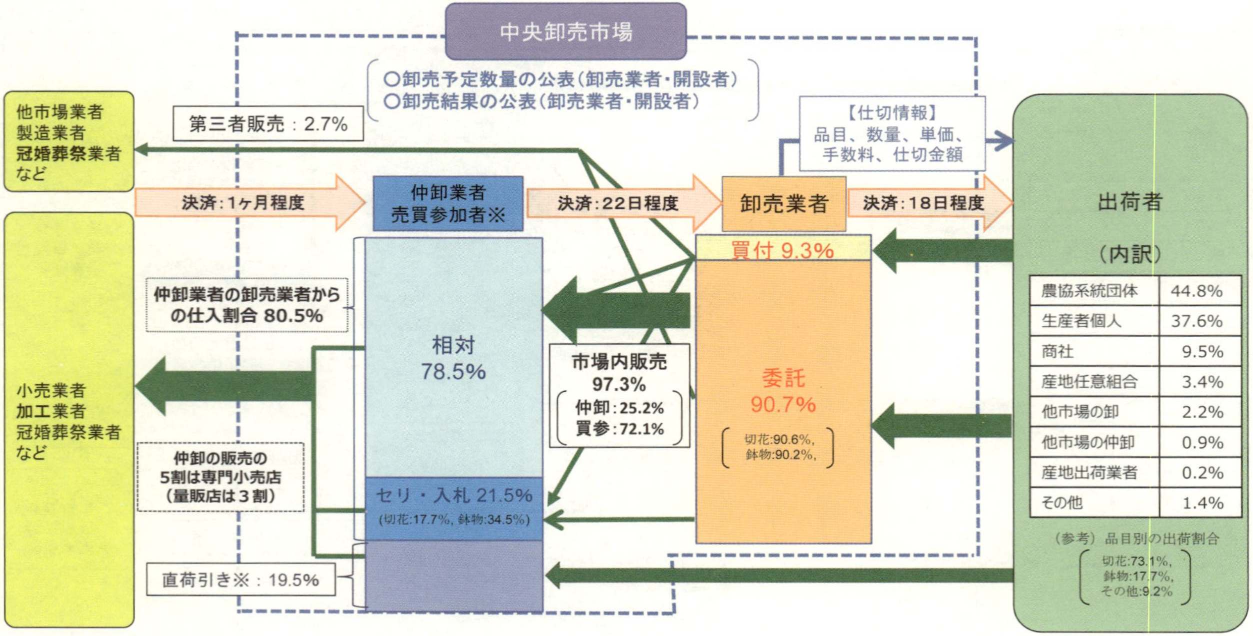

中央卸売市場
○卸売予定数量の公表（卸売業者・開設者）
○卸売結果の公表（卸売業者・開設者）
他市場業者
製造業者
冠婚葬祭業者
など
第三者販売：2.7％
【仕切情報】
品目、数量、単価、
手数料、仕切金額
決済：1ヶ月程度
仲卸業者
売買参加者※
決済：22日程度
卸売業者
決済：18日程度
出荷者
（内訳）
農協系統団体 44.8%
生産者個人 37.6%
商社 9.5%
産地任意組合 3.4%
他市場の卸 2.2%
他市場の仲卸 0.9%
産地出荷業者 0.2%
その他 1.4%
（参考）品目別の出荷割合
切花:73.1%,
鉢物:17.7%,
その他:9.2%
買付 9.3%
委託
90.7%
切花:90.6%,
鉢物:90.2%,
市場内販売
97.3%
仲卸：25.2%
買参：72.1%
仲卸業者の卸売業者からの仕入割合 80.5%
相対
78.5%
セリ・入札 21.5%
(切花:17.7%, 鉢物:34.5%)
小売業者
加工業者
冠婚葬祭業者
など
仲卸の販売の
5割は専門小売店
（量販店は３割）
直荷引き※：19.5%

※１　経由率は平成27年度。その他割合は平成28年度（金額ベース）
※２　直荷引き部分は、仲卸業者のみ

資料：農林水産省作成

資料Ｉ—15　食品流通の方向性について

- 食品流通においては、消費者ニーズの変化や人手不足、情報通信技術の発達等の変化を踏まえつつ、生産者の所得向上につながるよう、コスト削減や付加価値向上などの合理化の取組を推進することが必要。
- 加えて、優越的地位の濫用や便乗値上げを防ぐ等、生産者、消費者の利益となるよう公正な取引環境を確保していくことが必要。

食品流通を取り巻く情勢

- ■ 生活様式の変化等による消費者ニーズの変化（加工・小分けなど簡便化需要の増加）
- ■ コンビニやネット通販の伸長など販売チャネルの多様化
- ■ 物流業界における人手不足の深刻化
- ■ 情報通信技術の進歩による様々な可能性の拡大
- ■ 鮮度・安全性などへの関心の高まり
- ■ 国内人口の縮小⇔海外マーケットの拡大
- ■ 卸売市場にのみ様々な規制、シェアは低下　等

食品流通の方向性

1　物流の効率化
2　情報通信技術等の活用
3　鮮度保持等の品質・衛生管理
4　国内外の需要への対応
5　公正な取引環境

資料：農林水産省作成

資料Ⅰ—16　食品の物流におけるドライバー負担の状況

- 食品の物流はトラックによる輸送が大宗を占めているが、トラック業界は深刻な人手不足。長時間労働の短縮等の要請が高まっている。
- 食品の物流は、長距離輸送と出荷・荷降ろし待ちによる「長時間の拘束」、手積み・手降ろし等の「荷役作業」、品質管理、多頻度納入等の「運行管理」等が、ドライバーに大きな負担。

■　輸送品類別 拘束時間の内訳

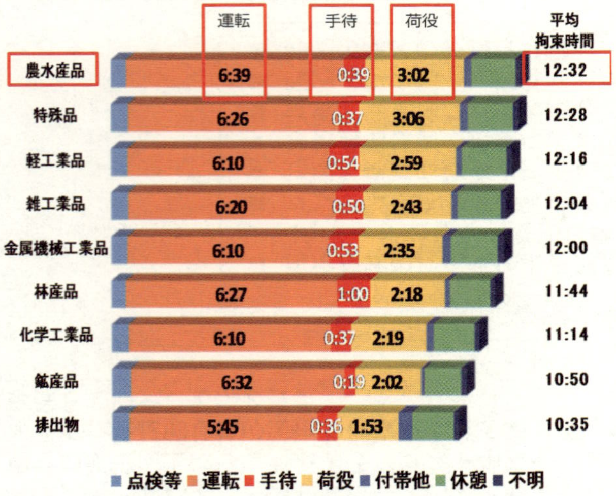
運転
手待
荷役
平均
拘束時間
農水産品
6:39
0:39
3:02
12:32
特殊品
6:26
0:37
3:06
12:28
軽工業品
6:10
0:54
2:59
12:16
雑工業品
6:20
0:50
2:43
12:04
金属機械工業品
6:10
0:53
2:35
12:00
林産品
6:27
1:00
2:18
11:44
化学工業品
6:10
0:37
2:19
11:14
鉱産品
6:32
0:19
2:02
10:50
排出物
5:45
0:36
1:53
10:35
点検等
運転
手待
荷役
付帯他
休憩
不明

出典：国土交通省「トラック輸送状況の実態調査（Ｈ２７）」

■　手荷役作業の多い品目

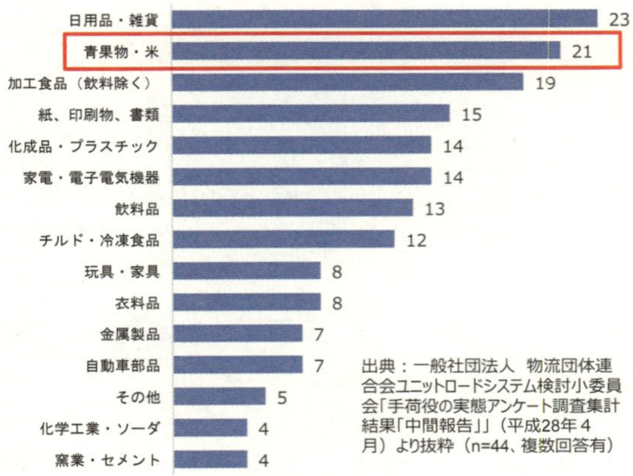
日用品・雑貨
23
青果物・米
21
加工食品（飲料除く）
19
紙、印刷物、書類
15
化成品・プラスチック
14
家電・電子電気機器
14
飲料品
13
チルド・冷凍食品
12
玩具・家具
8
衣料品
8
金属製品
7
自動車部品
7
その他
5
化学工業・ソーダ
4
窯業・セメント
4

出典：一般社団法人　物流団体連合会ユニットロードシステム検討小委員会「手荷役の実態アンケート調査集計結果「中間報告」」（平成28年４月）より抜粋（n=44、複数回答有）

資料Ｉ―17　情報通信技術等の活用

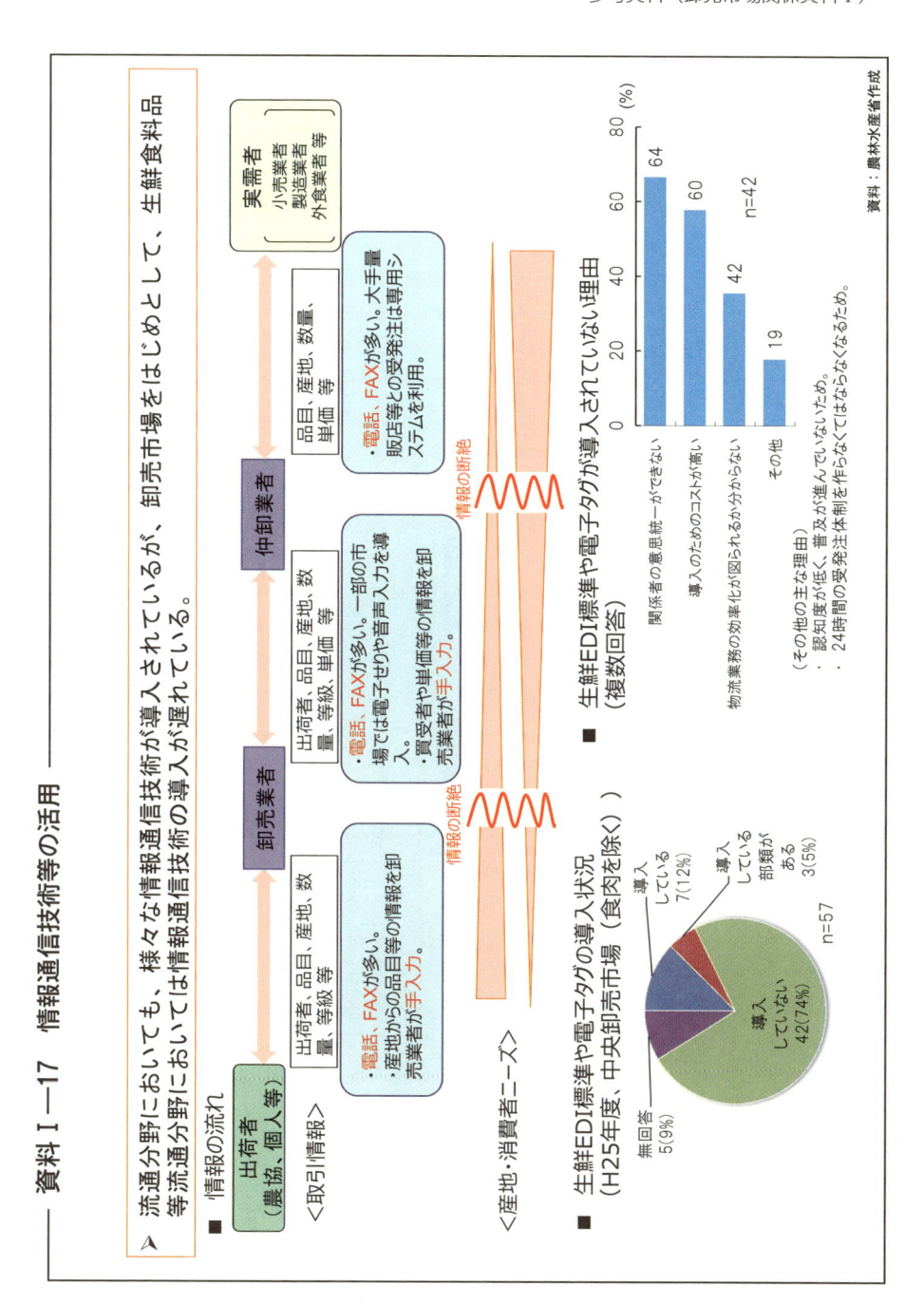

➢ 流通分野においても、様々な情報通信技術が導入されているが、卸売市場をはじめとして、生鮮食料品等流通分野においては情報通信技術の導入が遅れている。

■ 情報の流れ

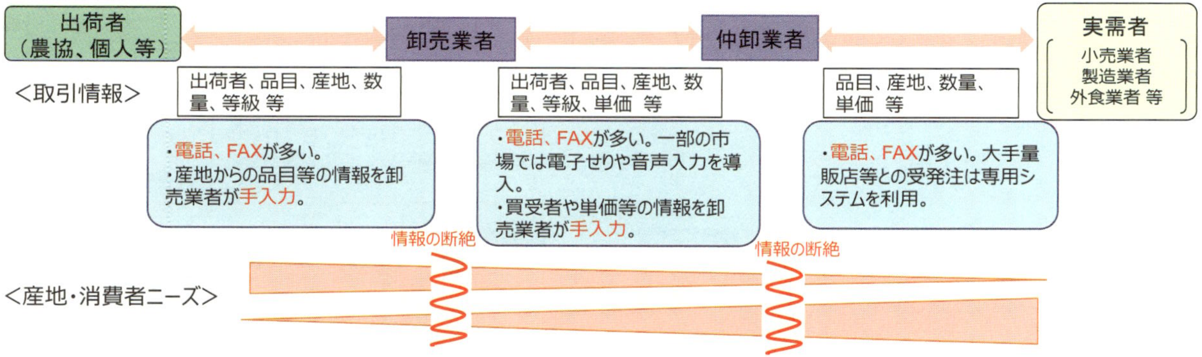
出荷者
（農協、個人等）
卸売業者
仲卸業者
実需者
小売業者
製造業者
外食業者 等
<取引情報>
出荷者、品目、産地、数量、等級 等
出荷者、品目、産地、数量、等級、単価 等
品目、産地、数量、単価 等
・電話、FAXが多い。
・産地からの品目等の情報を卸売業者が手入力。
・電話、FAXが多い。一部の市場では電子せりや音声入力を導入。
・買受者や単価等の情報を卸売業者が手入力。
・電話、FAXが多い。大手量販店等との受発注は専用システムを利用。
情報の断絶
情報の断絶
<産地・消費者ニーズ>

■ 生鮮EDI標準や電子タグの導入状況
（H25年度、中央卸売市場（食肉を除く））

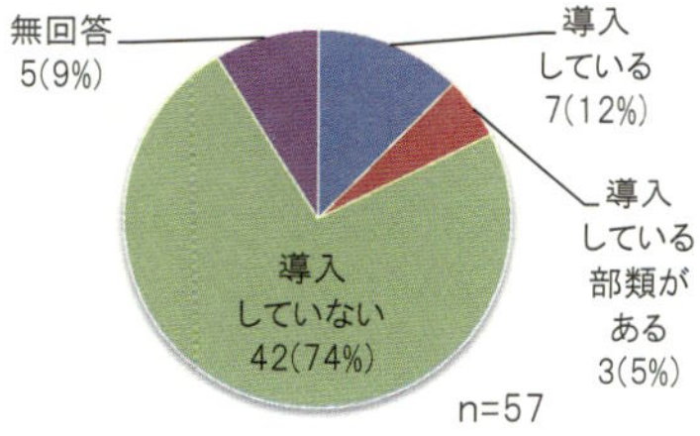
無回答
5(9%)
導入
している
7(12%)
導入
している
部類が
ある
3(5%)
導入
していない
42(74%)
n=57

■ 生鮮EDI標準や電子タグが導入されていない理由
（複数回答）

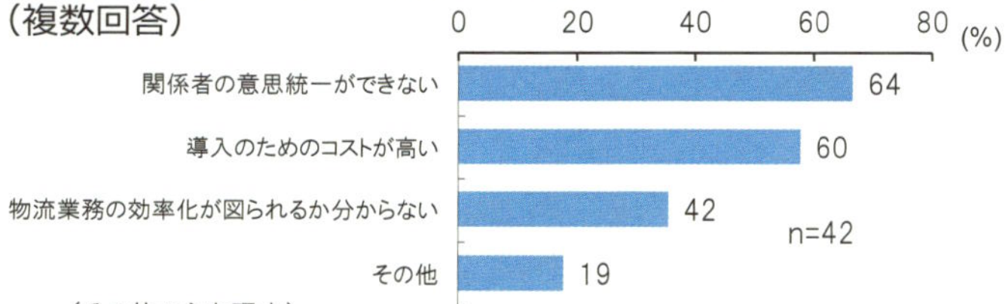
0
20
40
60
80
(%)
関係者の意思統一ができない
64
導入のためのコストが高い
60
物流業務の効率化が図られるか分からない
42
n=42
その他
19

（その他の主な理由）
・ 認知度が低く、普及が進んでいないため。
・ 24時間の受発注体制を作らなくてはならなくなるため。

資料：農林水産省作成

資料Ｉ－18　物流の効率化に向けた取組

□ 農産物流通の効率化を図るため、標準EDI（標準化された受発注等の電子データの交換）の導入を通じた商取引の電子化による商流の効率化、電子タグやトラック予約受付システム等のICTの導入等による物流の効率化を推進。

農産物流通（商流・物流）におけるICT活用等のイメージ

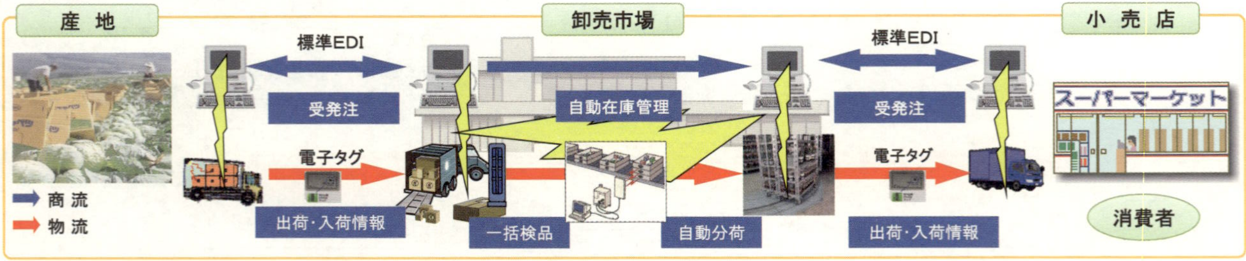
産　地
卸売市場
小　売　店
標準EDI
受発注
標準EDI
受発注
自動在庫管理
電子タグ
電子タグ
出荷・入荷情報
一括検品
自動分荷
出荷・入荷情報
スーパーマーケット
消費者
商　流
物　流

【出荷前】
○　荷の手積み作業はドライバーへの負荷が大きく、効率が悪い
パレット化やフレコンの活用

物　流
生産者
産地
ＪＡ等の集出荷施設
幹線輸送
卸売市場
物流拠点
小売店等
消費地

【出荷前】
○　出荷量が日によって変動し、適正配車が難しい
ＩＣＴ活用の効率集荷システムの導入

【出荷時】
○ 各集荷場を回るため効率が悪く、待ち時間が長い
ＩＣＴ活用のトラック予約受付システムの導入

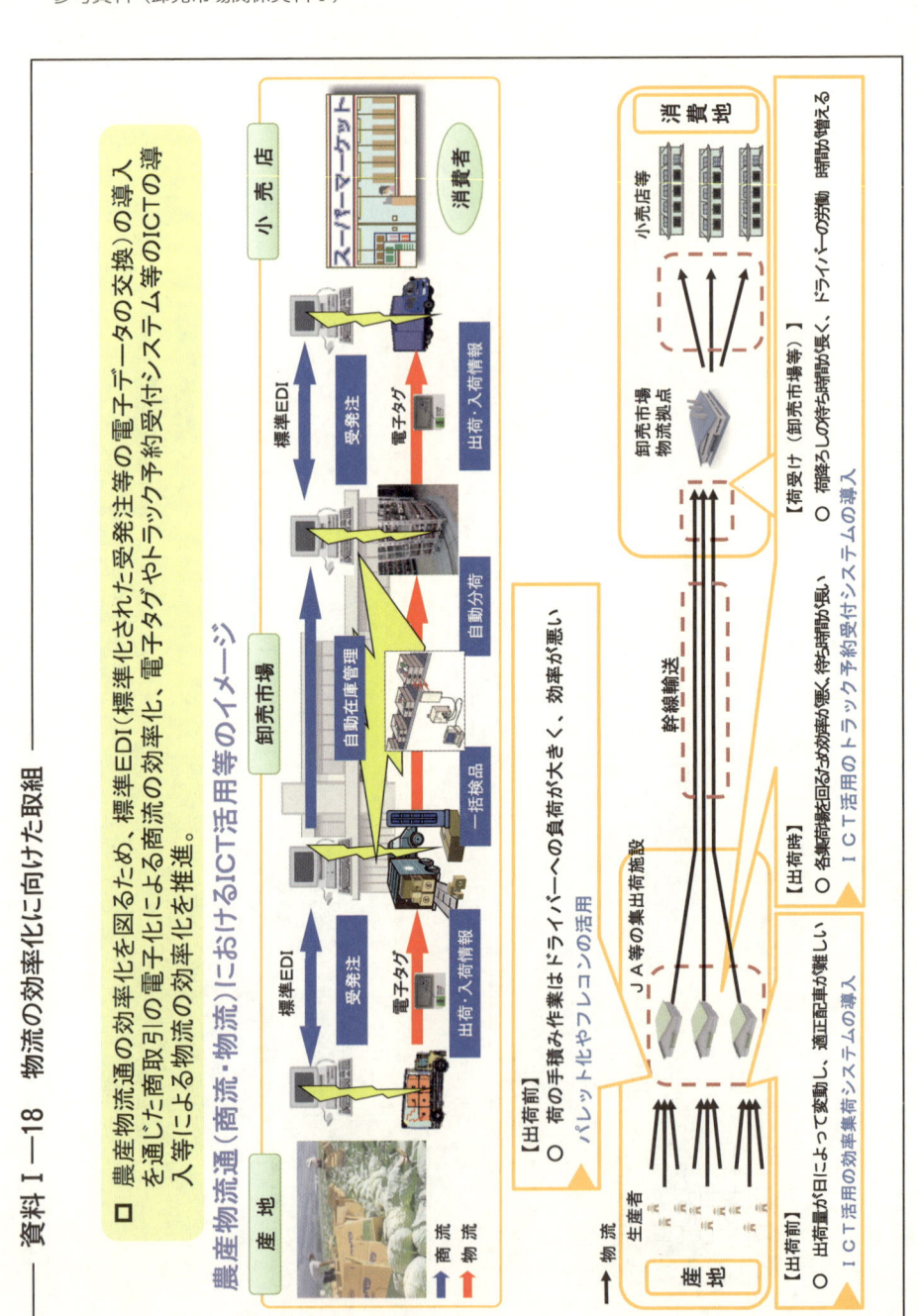

【荷受け（卸売市場等）】
○　荷降ろしの待ち時間が長く、ドライバーの労働　時間が増える

資料Ⅰ—19　鮮度保持等の品質・衛生管理

- ➢ 近年では、食品に対し、価格や国産志向のほか、品質（鮮度等）や安全性、生産者情報など、消費者の要求は多様化。
- ➢ コールドチェーンについては、産地から店舗まで一貫したコールドチェーンが構築されている取組も存在する一方で、卸売市場での整備割合は低い状況。
- ➢ 我が国においても、厚生労働省において、製造・加工、調理販売等の全ての食品等事業者を対象にHACCPによる衛生管理の義務化が検討中。EU、米国では全ての食品にHACCPに基づく衛生管理が義務付けられている。輸出の際には、それぞれの国と合意した条件に基づく施設認定等が必要となる。

■ 一貫したコールドチェーンの取組事例

外食チェーンにおける取組事例

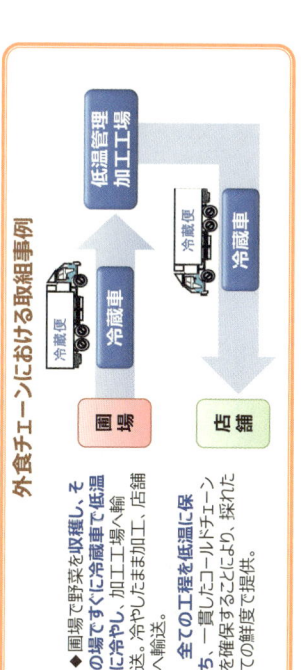

◆圃場で野菜を**収穫し、その場ですぐに冷蔵車で低温に冷やし**、加工工場へ輸送。冷やしたまま加工、店舗へ輸送。

全ての工程を低温に保ち、一貫したコールドチェーンを確保することにより、採れたての鮮度で提供。

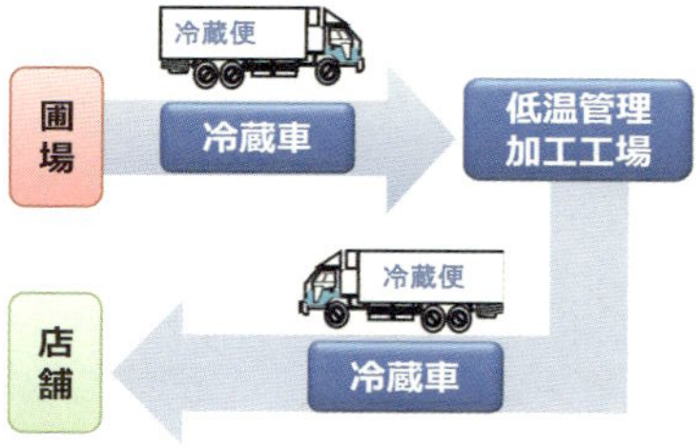

冷蔵便
圃場
冷蔵車
低温管理
加工工場
冷蔵便
店舗
冷蔵車

■ 卸売市場におけるコールドチェーンの整備状況

青果	水産	花き
18％	17％	13％

※中央卸売市場における低温卸売場の整備割合（面積）
出典：農林水産省調べ（H27年度末）

■ HACCP義務化に向けた動き

- HACCPの導入により、食品の安全性の向上を図る必要があるとの観点から、平成28年3月から12月まで、厚生労働省においてHACCPの制度化について検討。
- 平成28年12月に「食品衛生管理の国際標準化に関する検討会」の最終とりまとめが公表。
- 製造・加工、調理、販売等を行う全ての食品等事業者を対象としたHACCP による衛生管理の制度化が行われる予定。

■ 食品製造業におけるＨＡＣＣＰの導入状況

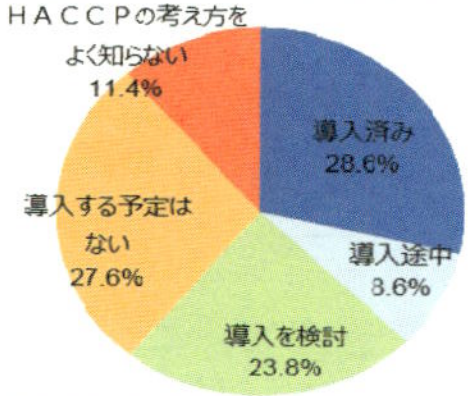

ＨＡＣＣＰの考え方をよく知らない 11.4%
導入済み 28.6%
導入途中 8.6%
導入を検討 23.8%
導入する予定はない 27.6%

出典：農林水産省「食品製造業におけるＨＡＣＣＰの導入状況実態調査（平成28年度）」

（注）「食品衛生法等の一部を改正する法律」（平成30年法律第46号）が平成30年６月13日に公布された。

資料Ｉ—20　需要の変化への対応

- ➢ 単身世帯や高齢者世帯、共働き世帯の増加に伴い、家庭内での調理にかけられる労力や時間が減少。
- ➢ 単身世帯数の割合が増加する中、弁当、総菜などの中食や外食、加工食品等のニーズが高まるとともに、小分け・少量化への対応も必要。

■ 国内消費に占める生鮮・加工・外食の割合

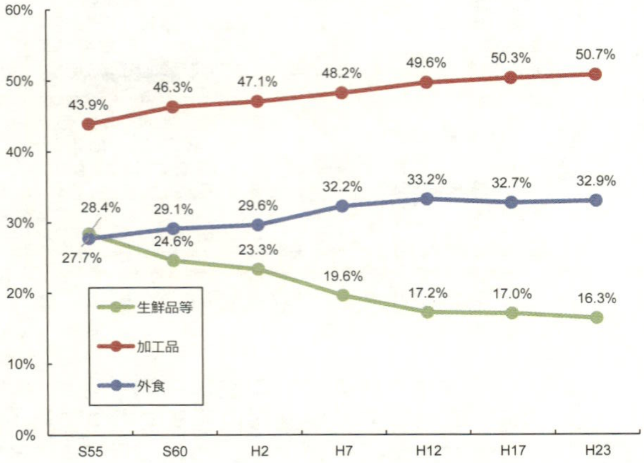
60%
50%
40%
30%
20%
10%
0%
43.9%
46.3%
47.1%
48.2%
49.6%
50.3%
50.7%
28.4%
29.1%
29.6%
32.2%
33.2%
32.7%
32.9%
27.7%
24.6%
23.3%
19.6%
17.2%
17.0%
16.3%
生鮮品等
加工品
外食
S55
S60
H2
H7
H12
H17
H23

出典：農林水産省「農林漁業及び関連産業を中心とした産業連関表」を基に作成。

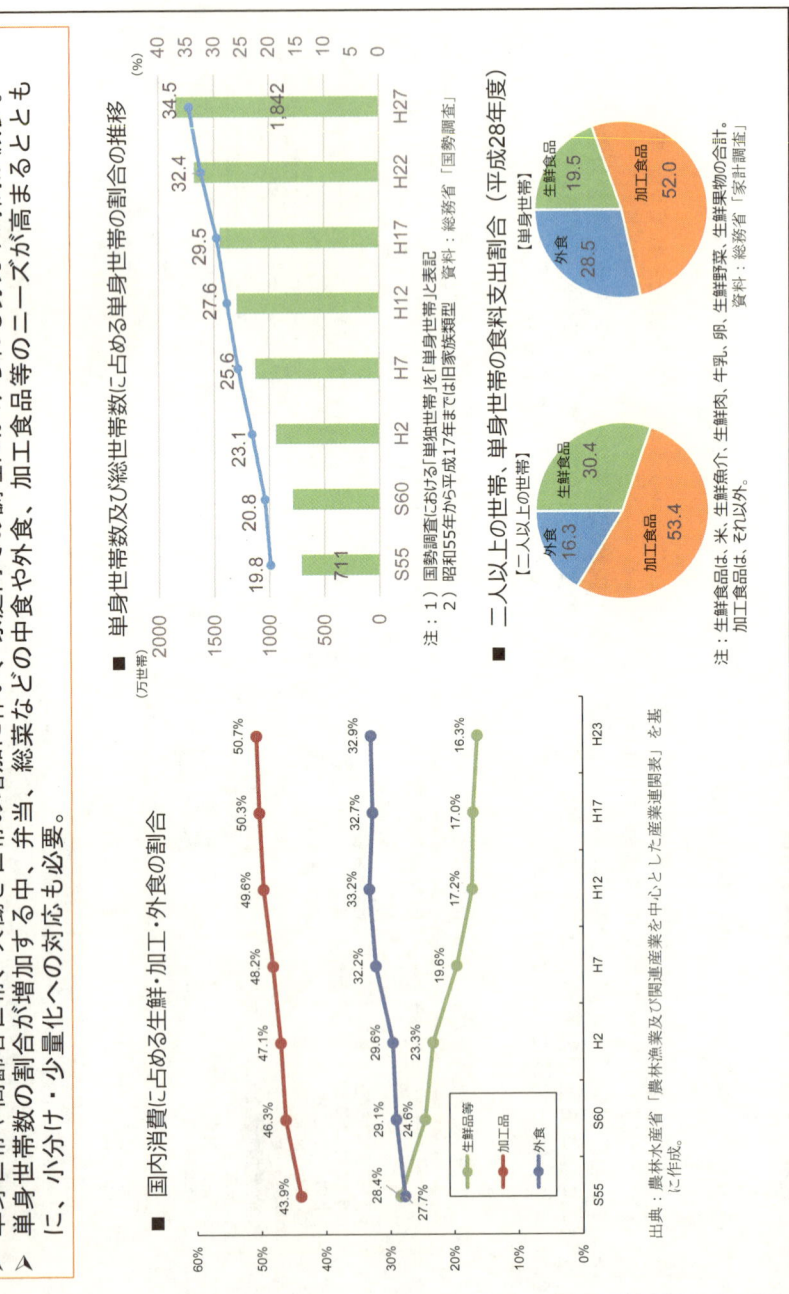

■ 単身世帯数及び総世帯数に占める単身世帯の割合の推移

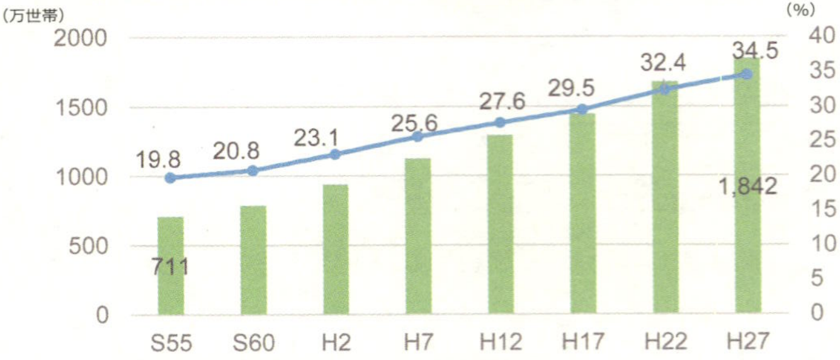
(万世帯)
(%)
2000
1500
1000
500
0
40
35
30
25
20
15
10
5
0
19.8
20.8
23.1
25.6
27.6
29.5
32.4
34.5
711
1,842
S55
S60
H2
H7
H12
H17
H22
H27

注：1）国勢調査における「単独世帯」を「単身世帯」と表記
　　2）昭和55年から平成17年までは旧家族類型　　資料：総務省「国勢調査」

■ 二人以上の世帯、単身世帯の食料支出割合（平成28年度）

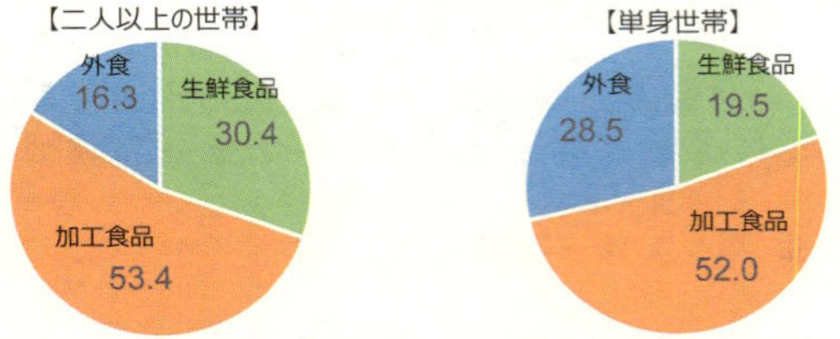
【二人以上の世帯】
外食
16.3
生鮮食品
30.4
加工食品
53.4
【単身世帯】
外食
28.5
生鮮食品
19.5
加工食品
52.0

注：生鮮食品は、米、生鮮魚介、生鮮肉、牛乳、卵、生鮮野菜、生鮮果物の合計。
　　加工食品は、それ以外。　　資料：総務省「家計調査」

資料Ⅰ－21　公正な取引環境

- 食品のうち特に生鮮食品や日配品については、保存性が低く、日持ちのしないという特性が存在。取引上、売り手の立場が弱くなる傾向があり、量販店からの不当な協賛金やセンターフィー負担の要求、従業員派遣の要請、買いたたき等もみられる。
- 農林水産省では、日配品で特売の対象となりやすい豆腐について取引実態を調査し、関係法令に抵触するおそれのある取引事例が報告されたことから、平成29年３月に「食品製造業・小売業の適正取引推進ガイドライン～豆腐・油揚製造業～」を策定。今後、牛乳・乳製品など他品目についても策定に向け取組を実施。

【H28 食品産業における取引慣行の実態調査結果】

＜協賛金負担＞

- □ 販促効果等と勘案して不当に高い協賛金を負担： **34.0%**

＜センターフィー負担＞

- □ コスト削減分を上回る金額を負担：**38.0%**
- □ 算出基準、根拠が明らかにされていない：**65.1%**

＜買いたたき＞

- □ 不当な値引き（事後値引き）要求があった：**13.4%**
  うち「全て応じざるを得ない」「ほとんど応じている」「ケースバイケースで応じている」：**41.6%**
- □ 特売商品等の買いたたき要求があった：**12.9%**
  うち「全て応じざるを得ない」「ほとんど応じている」「ケースバイケースで応じている」：**53.8%**

※ 小売業者との取引について食品メーカー328社からの回答を集計。
出典：（一財）食品産業センター「平成28年食品産業における取引慣行の実態調査報告書」

食品製造業・小売業の適正取引推進ガイドライン ～豆腐・油揚製造業～

豆腐・油揚製造業について、スーパー、ドラッグストア等との取引実態について調査（アンケート回答企業数145社、ヒアリング実施企業数18社）。
法令に抵触するおそれのある取引事例を踏まえ、問題となり得る事例の例示等を内容とするガイドラインを策定。

【問題となり得る取引事例】

包材（フィルム等の費用負担）
○ ＰＢ商品の販売打ち切りにより、一括購入した包装フィルムの購入費を小売業者に求めたが、受け入れられない。

合理的根拠のない価格決定
○ 小売店が「円高還元セール」を実施するため、取引価格引下げを通知され、一方的に価格を決められた。

物の購入強制
○ 小売業者の営業担当者から、前年実績を引き合いに出しつつ、季節商品の購入数量の報告を求められ、断れない。

派遣、役務の提供
○ 小売業者の要請で、特売期間中の店舗での商品陳列のため従業員を派遣したが、派遣費用の支払いがなかった。

資料：農林水産省作成

資料Ｉ―22　卸売市場流通①　―中央卸売市場における取引等の変化―

- 中央卸売市場の数は、昭和55年度から28%減少。今後、人口減少社会を迎える中で、中央卸売市場の増設の必要性は低下。また、地方卸売市場への転換が進んでいる状況。
- せり・入札の方法も、青果で10.6%、水産で17.1%まで低下。
- 卸売業者が減少する中にあっても、卸売業者の営業利益率は向上していない。

昭和55年度

市場数	89
卸売業者数	267
仲卸業者数	6,474
売買参加者数	53,717

	青果	水産	花き	食肉
せり・入札割合（%）	76.4	41.7	99.5	86.4
相対割合（%）	23.6	58.3	0.5	13.6

	青果	水産	花き	食肉
委託集荷割合（%）	83.7	41.0	99.8	93.3
買付集荷割合（%）	16.3	59.0	0.2	6.7

	青果	水産	花き	食肉
卸売業者の営業利益率（%）	0.37	0.59	1.17	0.20

※　昭和56年度

平成27年度

市場数	64
卸売業者数	166
仲卸業者数	3,278
売買参加者数	24,318

	青果	水産	花き	食肉
せり・入札割合（%）	10.6	17.1	23.0	87.2
相対割合（%）	89.4	82.9	77.0	12.8

	青果	水産	花き	食肉
委託集荷割合（%）	61.3	19.4	90.7	94.9
買付集荷割合（%）	38.7	80.6	9.3	5.1

	青果	水産	花き	食肉
卸売業者の営業利益率（%）	0.35	0.36	0.40	0.23

※　委託集荷：卸売業者が、生産者から販売委託を受けて集荷すること。
　　買付集荷：卸売業者が、生産者から直接買付けて集荷すること。

資料：農林水産省作成

資料Ⅰ―23　卸売市場流通②　―生鮮食料品等流通における卸売市場の位置づけ―

- 国内最終消費における加工食品の割合が上昇し、生鮮品等の割合は減少。
- 平成16年の法改正により、中央卸売市場から地方卸売市場への転換に関する規定が措置されたが、それ以降、合計31の中央卸売市場が、比較的規制が緩やかで柔軟な取引が行える地方卸売市場に転換。

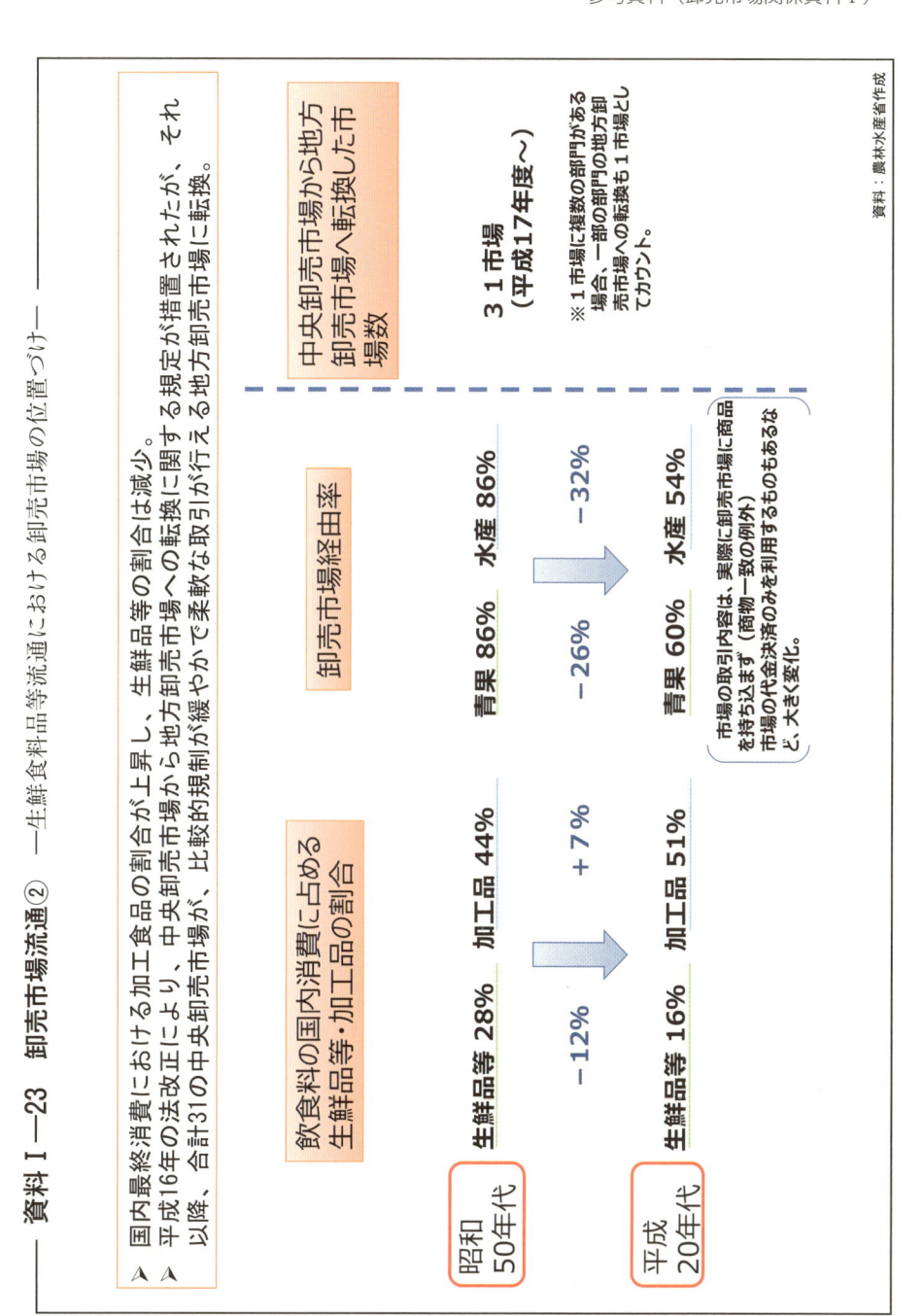

	飲食料の国内消費に占める生鮮品等・加工品の割合		卸売市場経由率	
昭和50年代	生鮮品等 28%	加工品 44%	青果 86%	水産 86%
	－12%	＋7%	－26%	－32%
平成20年代	生鮮品等 16%	加工品 51%	青果 60%	水産 54%

市場の取引内容は、実際に卸売市場に商品を持ち込まず（商物一致の例外）
市場の代金決済のみを利用するものもあるなど、大きく変化。

中央卸売市場から地方卸売市場へ転換した市場数

３１市場
（平成17年度～）

※１市場に複数の部門がある場合、一部の部門の地方卸売市場への転換も１市場としてカウント。

資料：農林水産省作成

資料Ⅰ―24　現行の取引規制①　―売買取引の方法の設定―

- 中央卸売市場においては、せり原則を廃止し（平成11年改正）、品目ごとに予め定めた売買取引の方法によらなければならない旨規定しているが、これは開設者の判断で、せり・入札によることが適当であるものはせり・入札によらせるためのもの。
- 各品目ごとの売買取引の方法をみると、量販店等の開店時間に間に合うよう出荷する必要がある青果、水産、花きで相対取引が拡大。市場外流通も含めた場合のせり・入札の割合は、青果、水産、食肉で10%程度。

■ 売買取引の方法に係る規定（法第35条）

中央卸売市場で行う卸売は、次に掲げる生鮮食料品等の区分に応じ、各区分に掲げる売買取引の方法によらなければならない。

	生鮮食料品等の区分	売買取引の方法
1号物品	せり・入札によることが適当である生鮮食料品等として業務規程で定めるもの	せり・入札
2号物品	毎日の卸売予定数量のうち少なくとも一定割合に相当する部分についてせり・入札によることが適当である生鮮食料品等として業務規程で定めるもの	開設者が品目ごとに定める一定割合に相当する部分についてはせり・入札、それ以外については せり・入札又は相対取引
3号物品	1号物品及び2号物品以外の生鮮食料品等として業務規程で定めるもの	せり・入札又は相対取引

■国内総流通における卸売市場のせり・入札の比率（％）（平成26年度）

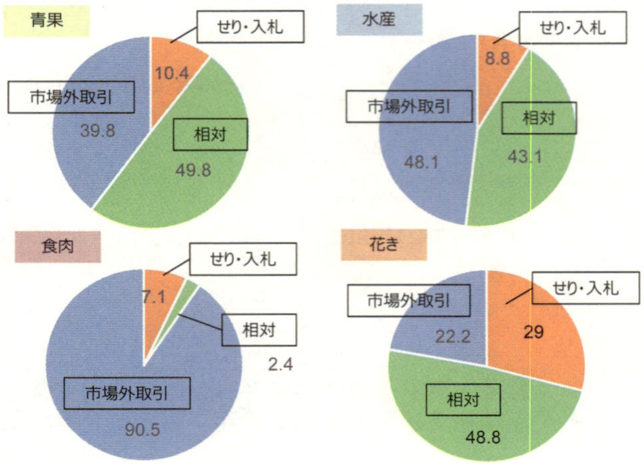
青果
せり・入札
10.4
市場外取引
39.8
相対
49.8
水産
せり・入札
8.8
市場外取引
48.1
相対
43.1
食肉
せり・入札
7.1
相対
2.4
市場外取引
90.5
花き
せり・入札
29
市場外取引
22.2
相対
48.8

※　青果、水産、食肉のせり・入札、相対取引割合は、市場経由率（重量ベース）にせり・入札割合（金額ベース）を掛け合わせて計算したもの。

資料：農林水産省作成

資料Ｉ－25　現行の取引規制②　―差別的取扱いの禁止、受託拒否の禁止―

- 中央卸売市場においては、卸売業者に対し、出荷者、仲卸業者、売買参加者への差別的な取扱い及び受託拒否を禁止している（例外規定あり）。
- 他方、地方卸売市場においては、差別的な取扱いは禁止しているが、法制定時から受託拒否の禁止については法律で規制していない。

差別的取扱い及び受託拒否の禁止（第36条）

・　卸売業者は、中央卸売市場における卸売の業務に関し、出荷者、仲卸業者又は売買参加者に対して、不当に差別的な取扱いをしてはならない。

・　卸売業者は、中央卸売市場における卸売のための販売の委託の申込みがあった場合、正当な理由がなければその引受けを拒んではならない。

■　受託拒否できる正当な理由の事例
（「中央卸売市場における業務運営について」（12食流第746号食品流通局長通知）より）

1. 物品が一定の機能を有しているか
○　衛生上有害な物品等の場合
○　その市場の過去の実績からみてすべて残品となり販売に至らなかった物品と品質が同程度であるとして開設者の指定する検査員が認めた場合

2. 施設面での物理的な制約がないか
○　市場施設の処理能力の超過の場合

3. ルールが遵守されており、権利関係も安定しているか
○　法令違反又は行政当局の指示･命令があった場合

4. 信義則に反していないか
○　卸売のための販売の委託の申込みが開設者の承認を受けた受託契約約款によらない場合
○　市場外取引や他市場での残品の出荷であることが明白であり、かつ、これが同一の出荷者により繰り返し行われ、その量も相当程度ある場合

5. その他
○　暴力団関係者から販売の委託の申込みがあった場合

資料：農林水産省作成

資料Ⅰ—26　現行の取引規制③　—代金決済の確保—

- 中央卸売市場の代金決済は、業務規程で定める支払期日や支払方法等のルールに従って行うこととされている。
- 卸売業者は、取扱高等に応じた保証金を開設者に預託しなければならないとされている。
- 市場取引の内容は、実際に卸売市場に商品を持ち込まず（商物一致の例外）市場の代金決済のみを利用するものもあるなど、大きく変化。

決済の確保（第44条の２）

・　中央卸売市場における売買取引の決済は、支払期日、支払方法その他の決済の方法であって業務規程で定めるものによりしなければならない。

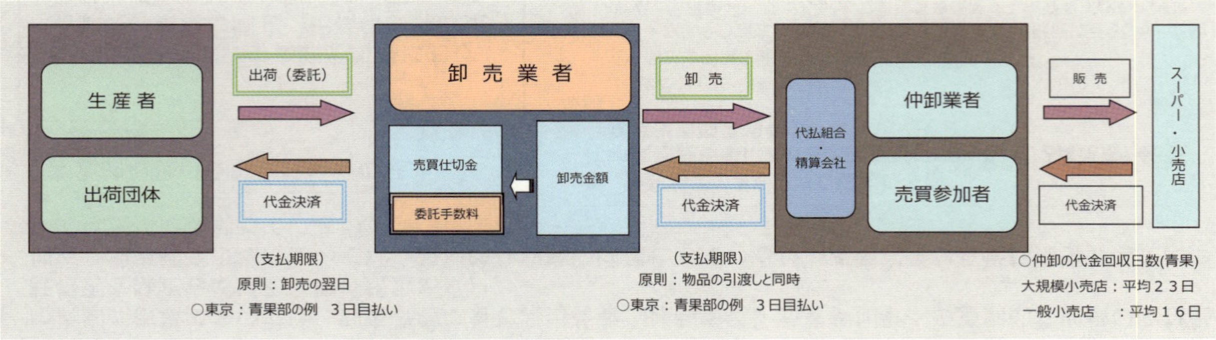
生産者
出荷団体
出荷（委託）
代金決済
卸売業者
売買仕切金
委託手数料
卸売金額
卸売
代金決済
代払組合・精算会社
仲卸業者
売買参加者
販売
代金決済
スーパー・小売店
（支払期限）
原則：卸売の翌日
○東京：青果部の例　３日目払い
（支払期限）
原則：物品の引渡しと同時
○東京：青果部の例　３日目払い
○仲卸の代金回収日数(青果)
大規模小売店：平均２３日
一般小売店　：平均１６日

農林水産省資料を元に作成

資料Ⅰ—27　現行の取引規制④

➢ 中央卸売市場においては、取引規制として、卸売の相手方としての買受けの禁止、第三者販売の禁止、販売の委託の引受けの禁止、直荷引きの原則禁止、商物一致の原則があるが、第三者販売の禁止、直荷引きの原則禁止、商物一致の原則については、例外規定が活用されており、第三者販売や直荷引きの割合が増加傾向にあるほか、商物分離取引も多く行われている。

- 卸売の相手方としての買受けの禁止とは、卸売業者は卸売の相手方として生鮮食料品等を買い受けてはならないとするもの。
- 第三者販売の原則禁止とは、卸売業者は、原則、仲卸業者及び売買参加者以外の者に対して卸売をしてはならないとするもの。
- 販売の委託の引受けの禁止とは、仲卸業者は生鮮食料品等について販売の委託を引き受けてはならないとするもの。
- 直荷引きの原則禁止とは、仲卸業者は、原則、生鮮食料品等を市場内の卸売業者以外の者から買い入れて販売してはならないとするもの。
- 商物一致の原則とは、原則、市場内の生鮮食料品等以外の生鮮食料品等の卸売をしてはならないとするもの。

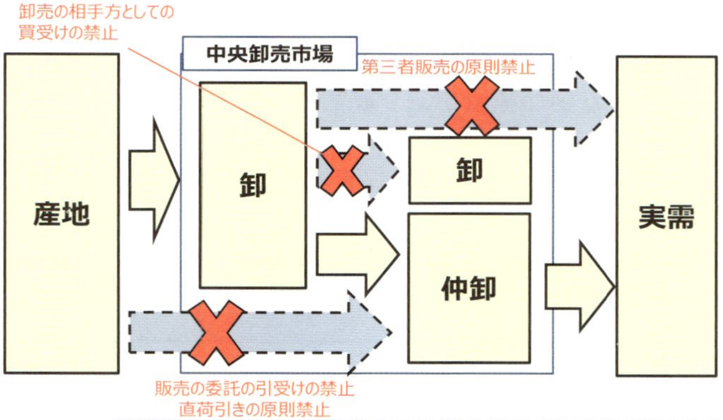
卸売の相手方としての
買受けの禁止
中央卸売市場
第三者販売の原則禁止
産地
卸
卸
仲卸
実需
販売の委託の引受けの禁止
直荷引きの原則禁止

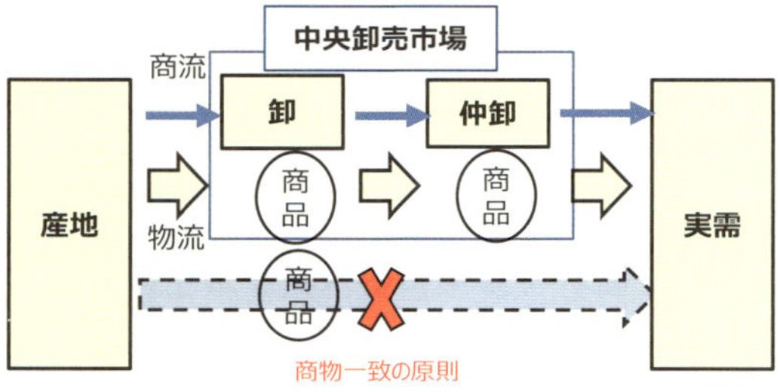
中央卸売市場
商流
物流
産地
卸
仲卸
商品
商品
商品
実需
商物一致の原則

※地方卸売市場は法律上の制限はない。（県条例の範囲内で、開設者のルール設定は任意）

資料：農林水産省作成

資料Ⅰ—28　未来投資会議構造改革徹底推進会合「ローカル・アベノミクスの変化」会合、規制改革推進会議農業ワーキング・グループ提言（抜粋）（平成28年10月６日（11月11日改訂））

総合的なＴＰＰ関連政策大綱に基づく「生産者の所得向上につながる生産資材価格形成の仕組みの見直し」及び「生産者が有利な条件で安定取引を行うことができる流通・加工の業界構造の確立」に向けた施策の具体化の方向

２．施策具体化の基本的な方向

（２）生産者に有利な流通・加工構造の確立

同一規格のものを大量出荷・大量販売するこれまでのプロダクト・アウトの生産・流通・加工の在り方から、実需者側の個別のニーズに対応したマーケット・インの生産・流通・加工へと発想の転換を促すとともに、農業者が自らの責任で販売先と価格を決定できる多様な選択肢が用意され、農業者と消費者双方がメリットを受けられる流通構造を形成するため、以下の方向で施策を具体化すべきである。

⑤　特に、卸売市場については、食料不足時代の公平分配機能の必要性が小さくなっており、種々のタイプが存在する物流拠点の一つとなっている。現在の食料需給・消費の実態等を踏まえて、より自由かつ最適に業務を行えるようにする観点から、抜本的に見直し、卸売市場法という特別の法制度に基づく時代遅れの規制は廃止する。

資料Ⅰ—29　農業競争力強化プログラム（平成28年11月29日農林水産業・地域活力創造本部決定）

２　生産者が有利な条件で安定取引を行うことができる流通・加工の業界構造の確立

（１）生産者に有利な流通・加工構造の確立

現在の食料需給・消費の実態等を踏まえた効率的・機能的で農業者と消費者双方がメリットを受けられる流通・加工構造を確立するため、以下のとおり取り組む。

② 国は、農業者・消費者のメリットを最大化するため、農業者・団体から実需者・消費者に農産物を直接販売するルートの拡大を推進するとともに、農業者の所得向上に資するよう農業者・団体と食品製造業等との連携を一層促進する。

また、農業者の努力・創意工夫と消費者のニーズ・評価が双方で情報交換できるようＩＣＴを最大限に活用するとともに、農産物の規格（従来の出荷規格・農産物検査法の規格等）についてそれぞれの流通ルートや消費者ニーズに即した合理的なものに見直す。

④ 中間流通（卸売市場関係業者、米卸売業者など）については、抜本的な合理化を推進することとし、事業者が業種転換等を行う場合は、国は、政府系金融機関の融資、農林漁業成長産業化支援機構の出資等による支援を行う。

⑤ 特に、卸売市場については、経済社会情勢の変化を踏まえて、卸売市場法を抜本的に見直し、合理的理由のなくなっている規制は廃止する。

⑦ 国は、民間のノウハウを活用して、農業者が各種流通ルートについて、手数料や取引条件等を比較して選択できる環境を整備する。

また、農産物の物流については、パレット化やＩＣＴを活用した共同配送等の効率化によりコストを削減する等の取組を推進する。

27

資料Ｉ－30　「規制改革実施計画」（平成29年６月９日閣議決定）（抜粋）

Ⅱ　分野別実施事項

２．農林水産分野

(1)規制改革の観点と重点事項

競争力ある農林水産業を実現し、従事者の所得向上を図るとともに、消費者の多様なニーズに応える観点から、

①　生産資材価格の引下げ、生産者に有利な流通・加工構造の確立、
②　牛乳・乳製品の生産・流通等に関する規制改革、
③　農協改革の着実な推進、
④　農業競争力強化と地域経済の活性化に向けて農地の利活用を促進する規制改革、
⑤　林業の成長産業化と森林資源の適切な管理の推進、
⑥　漁業の成長産業化等の推進と水産資源の管理の充実

について、重点的に取り組む。

(2) 個別実施事項

① 生産資材価格の引下げ、生産者に有利な流通・加工構造の確立

NO.2　農業生産資材及び農産物流通に関する規制の総点検

c：特に卸売市場については、経済社会情勢の変化を踏まえて、卸売市場法（昭和46年法律第35号）を抜本的に見直し、合理的理由のなくなっている規制は廃止すべく、平成29年末までに具体的結論を得て、所要の法令、運用等を改める。

実施時期：平成29年検討・結論

所管府省：農林水産省・経済産業省

資料Ⅱ―1　自民党　農林・食料戦略調査会、農林部会合同会議

（平成29年11月21日開催、農林水産省提出資料）

食品流通構造改革に関する論点

１．食品流通の合理化

（１）卸売市場を含めた食品流通の合理化の方向性をどう考えるか。

例えば、
- ○　物流等の効率化
- ○　情報通信技術等の活用
- ○　鮮度保持等の品質・衛生管理の強化
- ○　国内外の需要への対応

（２）卸売市場を含めた食品流通の合理化をどのような方法で推進するか。

２．生鮮食料品等の公正な取引環境の確保

○　生鮮食料品等は、日持ちが短く生産量が増減するため、不公正な取引が発生しやすく、公正な取引環境を確保することが特に必要ではないか。

（１）生鮮食料品等の公正な取引環境をどのようにして確保したらよいか。

（２）生鮮食料品等の公正な取引の場としての卸売市場に関する規制をどうしたらよいか。

○　生産者・消費者からみて不可欠なルールは何か。
○　市場関係者の経営発展に資するために、自由化した方がよいルールは何か。
○　生産者が有利な卸売市場を選択できるようにするには、どうしたらよいか。

こうした観点から、次のような規制の取扱いを検討。
- ・　売買取引の方法の公表
- ・　差別的取扱いの禁止
- ・　受託拒否の禁止
- ・　代金決済ルールの公表
- ・　取引条件の公表
- ・　取引結果の公表
- ・　第三者販売の原則禁止
- ・　直荷引きの原則禁止
- ・　商物一致の原則
- ・　その他

資料Ⅱ－２　規制改革推進会議農林ワーキング・グループ　未来投資会議構造改革徹底推進会合「地域経済・インフラ」会合　提言（抜粋）（平成29年11月24日）

卸売市場を含めた流通構造の改革を推進するための提言

II. 卸売市場等流通制度改革

2. 大量の生鮮食料品等が集中する卸売市場に関する規制の在り方

(4) その他のルールの取扱

また、中央卸売市場に課されている受託拒否の禁止の規制については、生産者の基本的な出荷先としての市場の役割を補強する一定の役割はあるが、生産者や市場関係者が、各々にとって有効な範囲では、法律による規制に拠らずとも、既に、日常の取引の中に必要に応じ定着しているといえる。これに対し、受託拒否の禁止の規制が一律に適用される結果、生産者が、流通手段を吟味せず安易に中央卸売市場に出荷することを助長しかねず、必ずしも生産者の所得向上に繋がらない点に留意する必要がある。また、鮮度や大きさ等の面で著しく劣り、環境影響や倫理等の点で不適切な生産・出荷がなされ一律に受託することが生産者の不適切な活動を助長しないとも限らない。農産物の流通において引き続き大きな役割を担う農協、全農等が、直接販売を基本とする販売体制の強化に向け改革を進めていくという方針をも踏まえて考えるならば、中央卸売市場に対し、受託拒否の禁止規制を、一律に適用すべきではない。地方卸売市場においても、これまで同様、規制すべきでない。

資料Ⅱ―３　農林・食料戦略調査会、農林部会合同会議提出資料①

（平成29年11月29日）

生産者・消費者双方のメリット向上のための
卸売市場を含めた食品流通構造の改革について
（案）

１．基本的な考え方

○　これまで卸売市場が果たしてきた集荷・分荷、価格形成、代金決済等の調整機能は引き続き堅持しつつ、農業等の生産者の所得を向上させるとともに、消費者ニーズに的確に応えていくため、効率的で、かつ、需要の開拓や付加価値の向上につながる食品流通構造を確立していくことが重要である。

○　このような観点から、卸売市場を含めた食品流通の合理化と生鮮食料品等の公正な取引環境の確保を促進し、生産者・消費者双方のメリット向上のための食品流通構造の実現に向けて、一体性のある制度を構築すべきである。

　なお、生産者・消費者双方にメリットのある食品流通構造の実現の観点から、生産、流通、消費の動向・実態を踏まえ、新たな制度の施行後５年を目途に検証し、必要な見直しを行うものとする。

２．食品流通の合理化

（１）卸売市場を含めた食品流通の合理化の方向性

ア　物流等の効率化

○　パレット輸送による積み降ろしの円滑化、モーダルシフト、配送の共同化等による物流の効率化を推進する。

○　また、生産者が、経営安定に向けて、多様な流通ルートの中から有利なルートを選択できる環境を整備する。

イ　情報通信技術等の活用

○　流通業務自体の最適化・効率化を図るとともに、生産者・実需者等のニーズに迅速・的確に対応するため、情報通信技術（ＩＣＴ）等の技術を積極的に導入する。

ウ　鮮度保持等の品質・衛生管理の強化

○　食品流通段階における品質の保持を徹底するため、コールドチェーンの整備やＨＡＣＣＰによる衛生管理等の品質・衛生管理の取組を一層強化する。

エ　国内外の需要への対応

○　国内市場における加工・小分け需要の増加、海外市場への輸出に対応する取組を推進する。

（２）食品流通の合理化に向けた計画の認定・支援

○　卸売市場関係者を含む流通事業者等が食品流通の合理化の方向性に即した取組を進めようとする場合には、その計画を国が認定し、これを融資、出資等により支援する。

－１－

資料Ⅱ—3　農林・食料戦略調査会、農林部会合同会議提出資料②

（平成29年11月29日）

３．生鮮食料品等の公正な取引環境の確保

○　生鮮食料品等は、日持ちが短く生産量が増減するため、不公正な取引が発生しやすく、公正な取引環境を確保することが特に必要である。

（１）生鮮食料品等の公正な取引環境の確保のための調査等

○　生鮮食料品等の取引において買い手が支配的な立場を濫用すること等のないよう、取引状況について農林水産省が定期的な調査を行い、不公正な取引が確認された場合には公正取引委員会に通知する。

（２）生鮮食料品等の公正な取引の場としての卸売市場

○　生鮮食料品等の公正な取引の場として、公正・透明を旨とする以下の共通ルールを遵守する卸売市場を国又は都道府県が認定（Ｐ）し、公表する。

（国と都道府県の権限は卸売市場の規模等で区分し、国が認定（Ｐ）するものを「中央卸売市場」、都道府県が認定（Ｐ）するものを「地方卸売市場」と称する。）

これら以外の現行卸売市場法の国による一律の規制等は行わず、今後は、各市場の実態を踏まえた創意工夫を活かした取組等により、卸売市場を活性化する。

①　売買取引の方法の公表
公正・効率的な取引が行われるよう、せり売、入札、相対取引といった「売買取引の方法」を定め、公表する。

②　差別的取扱いの禁止
集荷面で全ての生産者が公平に扱われ、分荷面でも全ての仲卸業者・売買参加者が公平に扱われるよう、「差別的取扱い」を禁止する。

③　受託拒否の禁止
生産者にとって確実な出荷先を確保できるよう、中央卸売市場については、生産者から販売委託の申込みがあった場合に、正当な理由がある場合を除き、卸売業者による「受託拒否」を禁止する。

④　代金決済ルールの策定・公表
生産者が出荷した農産物の代金が早期かつ確実に回収されるよう、「代金決済ルール」を定め、これを公表する。

⑤　取引条件の公表
卸売市場における取引の透明性を高めるよう、「取引条件（委託手数料、各種奨励金、実務的ルール等）」を公表する。

⑥　取引結果の公表
卸売市場における取引の透明性を高めるよう、「取引結果（数量・価格、委託手数料・各種奨励金等）」を公表する。

⑦　その他の取引ルールの公表
卸売市場ごとに、①から⑥までの共通ルールに反しない範囲において、その他の取引ルール（第三者販売の原則禁止、直荷引きの原則禁止、商物一致の原則等についてのルール）を定めることができることとし、卸売市場における取引の透明性を高めるよう、当該「取引ルール」は公表する。

－２－

資料Ⅱ－4　農林水産業・地域の活力創造プラン①

（農林水産業・地域の活力創造本部決定）（平成29年12月８日改訂）

生産者・消費者双方のメリット向上のための卸売市場を含めた食品流通構造の改革について

1．基本的な考え方

○　これまでの食品流通の中で卸売市場が果たしてきた集荷・分荷、価格形成、代金決済等の調整機能は重要であり、これについては、卸売業者、仲卸業者等の役割・機能が発揮され、今後も食品流通の核として堅持するべきである。

○　一方で、農業等の生産者の所得を向上させるとともに、消費者ニーズに的確に応えていくためには、卸売市場を含めて、新たな需要の開拓や付加価値の向上につながる食品流通構造を確立していくことが重要である。

○　このような観点から、卸売市場を含めた食品流通の合理化と生鮮食料品等の公正な取引環境の確保を促進し、生産者・消費者双方のメリット向上のための食品流通構造の実現に向けて、一体性のある制度を構築すべきである。

　なお、生産者・消費者双方にメリットのある食品流通構造の実現の観点から、生産、流通、消費の動向・実態を踏まえ、新たな制度の施行後５年を目途に検証し、必要な見直しを行うものとする。

資料Ⅱ－４　農林水産業・地域の活力創造プラン②

２．食品流通の合理化

（１）卸売市場を含めた食品流通の合理化の方向性

ア　物流等の効率化

○　パレット輸送による積み降ろしの円滑化、モーダルシフト、配送の共同化等による物流の効率化を推進する。

○　また、生産者が、経営安定に向けて、多様な流通ルートの中から有利なルートを選択できる環境を整備する。

イ　情報通信技術等の活用

○　流通業務自体の最適化・効率化を図るとともに、生産者・実需者等のニーズに迅速・的確に対応するため、情報通信技術（ＩＣＴ）等の技術を積極的に導入する。

ウ　鮮度保持等の品質・衛生管理の強化

○　食品流通段階における品質の保持を徹底するため、コールドチェーンの整備やＨＡＣＣＰによる衛生管理等の品質・衛生管理の取組を一層強化する。

エ　国内外の需要への対応

○　国内市場における加工・小分け需要の増加、海外市場への輸出に対応する取組を推進する。

（２）食品流通の合理化に向けた計画の認定・支援

○　卸売市場関係者を含む流通事業者等が食品流通の合理化の方向性に即した取組を進めようとする場合には、その計画を国が認定し、これを融資、出資等により支援する。

資料Ⅱ－４　農林水産業・地域の活力創造プラン③

３．生鮮食料品等の公正な取引環境の確保

○　生鮮食料品等は、日持ちが短く生産量が増減するため、不公正な取引が発生しやすく、公正な取引環境を確保することが特に必要である。

（１）生鮮食料品等の公正な取引環境の確保のための調査等

○　生鮮食料品等の取引において買い手が支配的な立場を濫用すること等のないよう、取引状況について農林水産省が定期的な調査を行い、不公正な取引が確認された場合には公正取引委員会に通知する。

（２）生鮮食料品等の公正な取引の場としての卸売市場

○　生鮮食料品等の公正な取引の場として、国が方針を示すこととし、公正・透明を旨とする以下の共通ルールを遵守し、公正・安定的に業務運営を行える、高い公共性を有する卸売市場を国又は都道府県が、認定し公表するとともに、指導・検査監督する。

その際、一定水準以上の規模を有する卸売市場は「中央卸売市場」として国が認定し、それ以外は「地方卸売市場」として都道府県が認定する。

これら以外の現行卸売市場法の国による一律の規制等は行わず、今後は、販路拡大といった生産者ニーズも踏まえ、各市場の実態に応じて創意工夫を活かした取組等により、卸売市場を活性化する。

資料Ⅱ－4　農林水産業・地域の活力創造プラン④

①　売買取引の方法の公表

公正・効率的な取引が行われるよう、せり売、入札、相対取引といった「売買取引の方法」を定め、公表する。

②　差別的取扱いの禁止

集荷面で全ての生産者が公平に扱われ、分荷面でも全ての仲卸業者・売買参加者が公平に扱われるよう、「差別的取扱い」を禁止する。

③　受託拒否の禁止

生産者にとって確実な出荷先を確保できるよう、中央卸売市場については、生産者から販売委託の申込みがあった場合に、正当な理由がある場合を除き、卸売業者による「受託拒否」を禁止する。

④　代金決済ルールの策定・公表

生産者が出荷した農産物の代金が早期かつ確実に回収されるよう、「代金決済ルール」を定め、これを公表する。

⑤　取引条件の公表

卸売市場における取引の透明性を高めるよう、「取引条件（委託手数料、各種奨励金、実務的ルール等）」を公表する。

⑥　取引結果の公表

卸売市場における取引の透明性を高めるよう、「取引結果（数量・価格、委託手数料・各種奨励金等）」を公表する。

⑦　その他の取引ルールの公表

その他の取引ルール（第三者販売の原則禁止、直荷引きの原則禁止、商物一致の原則等についてのルール）については、卸売市場の調整機能維持に十分配慮しつつ、卸売市場の活性化に資する視点に立ち、卸売市場ごとに、特定の事業者の優遇にならない等、　①から⑥までの共通ルールに反しない範囲において、定めることができることとする。

その際、卸売業者、仲卸業者等の関係者の意見を聴くなど公正な手続を踏むとともに、卸売市場における取引の透明性を高めるよう、当該「取引ルール」は公表するものとする。

資料Ⅱ―４　農林水産業・地域の活力創造プラン⑤

○　今後とも卸売市場が食品流通の核として品質・衛生管理の強化等の課題に対応しつつ円滑に運営が行われるよう、認定を受けた卸売市場に対し、引き続き、施設整備等への支援を行う。

４．その他

○　以上の方針に基づき、卸売市場法及び食品流通構造改善促進法について、それぞれ改正する法案を次期通常国会に提出するものとする。

資料Ⅱ－5　農林・食料戦略調査会、農林部会合同会議①

（平成30年２月16日開催、農林水産省提出資料）

「生産者・消費者双方のメリット向上のための卸売市場を含めた食品流通構造の改革について」と法律案骨子の対応について

平成30年２月

生産者・消費者双方のメリット向上のための卸売市場を含めた食品流通構造の改革について （平成29年12月８日農林水産業・地域の活力創造本部決定）	法律案骨子
1．基本的な考え方 ○　これまでの食品流通の中で卸売市場が果たしてきた集荷・分荷、価格形成、代金決済等の調整機能は重要であり、これについては、卸売業者、仲卸業者等の役割・機能が発揮され、今後も食品流通の核として堅持するべきである。 ○　一方で、農業等の生産者の所得を向上させるとともに、消費者ニーズに的確に応えていくためには、卸売市場を含めて、新たな需要の開拓や付加価値の向上につながる食品流通構造を確立していくことが重要である。 ○　このような観点から、卸売市場を含めた食品流通の合理化と生鮮食料品等の公正な取引環境の確保を促進し、生産者・消費者双方のメリット向上のための食品流通構造の実現に向けて、一体性のある制度を構築すべきである。 　なお、生産者・消費者双方にメリットのある食品流通構造の実現の観点から、生産、流通、消費の動向・実態を踏まえ、新たな制度の施行後５年を目途に検証し、必要な見直しを行うものとする。	○　**法律案** ・卸売市場を含めた食品等の流通の合理化と取引の適正化を一体として促進するため、「卸売市場法及び食品流通構造改善促進法の一部を改正する法律案」とする。 ○　**卸売市場法の一部改正** ・この法律は、卸売市場が食品等の流通において生鮮食料品等の公正な取引の場として重要な役割を果たしていることに鑑み、卸売市場に関し、農林水産大臣が策定する基本方針について定めるとともに、農林水産大臣及び都道府県知事によるその認定に関する措置その他の措置を講じ、その適正かつ健全な運営を確保することにより、生鮮食料品等の取引の適正化とその生産及び流通の円滑化を図り、もって国民生活の安定に資することを目的とする。 ○　**食品流通構造改善促進法の一部改正** ・この法律は、食品等の流通が農林漁業者と一般消費者とをつなぐ重要な役割を果たしていることに鑑み、食品等の流通の合理化を図るため、農林水産大臣による基本方針の策定及び食品等流通合理化計画の認定、その実施に必要な支援措置その他の措置を講ずるとともに、食品等の取引の適正化を図るため、農林水産大臣による調査の実施その他の措置を講じ、もって農林漁業及び食品産業の成長発展並びに一般消費者の利益の増進に資することを目的とする。 ○　**法律案附則** ・この法律の施行後５年を目途として、食品等の生産、流通及び消費の動向及び実態を踏まえ、この法律による改正後のそれぞれの法律の規定について検討を加え、その結果に基づいて必要な見直しを行う。
2．食品流通の合理化	
（1）卸売市場を含めた食品流通の合理化の方向性 ア　物流等の効率化 ○　パレット輸送による積み降ろしの円滑化、モーダルシフト、配送の共同化等による物流の効率化を推進する。 ○　また、生産者が、経営安定に向けて、多様な流通ルートの中から有利なルートを選択できる環境を整備する。 イ　情報通信技術等の活用 ○　流通業務自体の最適化・効率化を図るとともに、生産者・実需者等のニーズに迅速・的確に対応するため、情報通信技術（ＩＣＴ）等の技術を積極的に導入する。 ウ　鮮度保持等の品質・衛生管理の強化 ○　食品流通段階における品質の保持を徹底するため、コールドチェーンの整備やＨＡＣＣＰによる衛生管理等の品質・衛生管理の取組を一層強化する。 エ　国内外の需要への対応 ○　国内市場における加工・小分け需要の増加、海外市場への輸出に対応する取組を推進する。	○　**食品流通構造改善促進法の一部改正** ・農林水産大臣は、次の事項を内容とする「食品等の流通の合理化に関する基本方針」を定める。 ア　食品等の流通の効率化に関する措置 イ　食品等の流通における品質管理及び衛生管理の高度化に関する措置 ウ　食品等の流通における情報通信技術その他の技術の活用に関する措置 エ　食品等に係る国内外の需要への対応に関する措置
（2）食品流通の合理化に向けた計画の認定・支援 ○　卸売市場関係者を含む流通事業者等が食品流通の合理化の方向性に即した取組を進めようとする場合には、その計画を国が認定し、これを融資、出資等により支援する。	・食品等の流通の合理化を図る事業を実施しようとする者（卸売市場関係者を含む。）は、食品等流通合理化計画を作成し、農林水産大臣の認定を受けることができる。 ・農林水産大臣は、次の要件に適合する場合、認定をする。 ア　食品等流通合理化基本方針に照らし適切なものであること。 イ　食品等流通合理化事業を遂行するために適切なものであること。 ウ　一般消費者の利益の増進及び農林漁業の成長発展に寄与するものであること。 ・認定を受けた者に対し、次の支援措置を講ずる。 ア　株式会社農林漁業成長産業化支援機構（Ａ－ＦＩＶＥ）の出資等 イ　食品等流通合理化促進機構（現食品流通構造改善促進機構）の債務保証 ウ　株式会社日本政策金融公庫の融資等

－１－

資料Ⅱ―5　農林・食料戦略調査会、農林部会合同会議②

（平成30年２月16日開催、農林水産省提出資料）

生産者・消費者双方のメリット向上のための卸売市場を含めた食品流通構造の改革について （平成29年12月８日農林水産業・地域の活力創造本部決定）	法律案骨子
3．生鮮食料品等の公正な取引環境の確保 ○　生鮮食料品等は、日持ちが短く生産量が増減するため、不公正な取引が発生しやすく、公正な取引環境を確保することが特に必要である。	
（1）生鮮食料品等の公正な取引環境の確保のための調査等 ○　生鮮食料品等の取引において買い手が支配的な立場を濫用すること等のないよう、取引状況について農林水産省が定期的な調査を行い、不公正な取引が確認された場合には公正取引委員会に通知する。	○　**食品流通構造改善促進法の一部改正** ・農林水産大臣は、食品等の取引の適正化のため、食品等の取引状況等に関する調査を行い、当該調査の結果に基づき指導・助言等の措置を講ずる。 ・農林水産大臣は、食品等の取引に関し、不公正な取引方法に該当する事実があると思料するときは、公正取引委員会に対し、その事実を通知する。
（2）生鮮食料品等の公正な取引の場としての卸売市場 ○　生鮮食料品等の公正な取引の場として、国が方針を示すこととし、公正・透明を旨とする以下の共通ルールを遵守し、公正・安定的に業務運営を行える、高い公共性を有する卸売市場を国又は都道府県が認定し、公表するとともに、指導・検査監督する。 その際、一定水準以上の規模を有する卸売市場は「中央卸売市場」として国が認定し、それ以外は「地方卸売市場」として都道府県が認定する。 これら以外の現行卸売市場法の国による一律の規制等は行わず、今後は、販路拡大といった生産者ニーズも踏まえ、各市場の実態に応じて創意工夫を活かした取組等により、卸売市場を活性化する。 ①　売買取引の方法の公表 公正・効率的な取引が行われるよう、せり売、入札、相対取引といった「売買取引の方法」を定め、公表する。 ②　差別的取扱いの禁止 集荷面で全ての生産者が公平に扱われ、分荷面でも全ての仲卸業者・売買参加者が公平に扱われるよう、「差別的取扱い」を禁止する。 ③　受託拒否の禁止 生産者にとって確実な出荷先を確保できるよう、中央卸売市場については、生産者から販売委託の申込みがあった場合に、正当な理由がある場合を除き、卸売業者による「受託拒否」を禁止する。 ④　代金決済ルールの策定・公表 生産者が出荷した農産物の代金が早期かつ確実に回収されるよう、「代金決済ルール」を定め、これを公表する。 ⑤　取引条件の公表 卸売市場における取引の透明性を高めるよう、「取引条件（委託手数料、各種奨励金、実務的ルール等）」を公表する。 ⑥　取引結果の公表 卸売市場における取引の透明性を高めるよう、「取引結果（数量・価格、委託手数料・各種奨励金等）」を公表する。 ⑦　その他の取引ルールの公表 その他の取引ルール（第三者販売の原則禁止、直荷引きの原則禁止、商物一致の原則等についてのルール）については、卸売市場の調整機能維持に十分配慮しつつ、卸売市場の活性化に資する視点に立ち、卸売市場ごとに、特定の事業者の優遇にならない等、①から⑥までの共通ルールに反しない範囲において、定めることができることとする。 その際、卸売業者、仲卸業者等の関係者の意見を聴くなど公正な手続を踏むとともに、卸売市場における取引の透明性を高めるよう、当該「取引ルール」は公表するものとする。 ○　今後とも卸売市場が食品流通の核として品質・衛生管理の強化等の課題に対応しつつ円滑に運営が行われるよう、認定を受けた卸売市場に対し、引き続き、施設整備等への支援を行う。	○　**卸売市場法の一部改正** ・農林水産大臣は、次の事項を内容とする「卸売市場に関する基本方針」を定める。 ア　卸売市場の業務の運営に関する基本的な事項 イ　卸売市場の施設に関する基本的な事項 ウ　その他卸売市場に関する重要事項 ・卸売市場であって次の要件に適合しているものは、農林水産大臣又は都道府県知事の認定を受けて、中央卸売市場又は地方卸売市場と称することができる。 ア　申請書及び業務規程の内容が、基本方針に照らし適切であること。 イ　申請書及び業務規程の内容が、法令に違反しないこと。 ウ　業務規程に次の「共通の取引ルール」が定められていること。 ①　売買取引の方法の公表 ②　差別的取扱いの禁止 ③　受託拒否の禁止（中央卸売市場のみ） ④　代金決済の方法の策定及び公表（卸売業者の事業報告書の作成及び閲覧を含む。） ⑤　売買取引の条件の公表 ⑥　売買取引の結果の公表 エ　⑦その他の取引ルールが定められている場合、次の要件を満たしていること。 ・共通の取引ルールに反するものでないこと。 ・卸売業者、仲卸業者等の取引参加者の意見を聴いて定められていること。 ・当該取引ルール及び当該取引ルールが定められている理由が公表されていること。 オ　開設者が取引参加者に取引ルールを遵守させるために必要な体制を有すること。 カ　生鮮食料品等の円滑な取引を確保するために必要な施設を有すること。 キ　卸売市場の適正かつ健全な運営に必要なものとして農林水産省令で定める要件に適合すること。 ・農林水産大臣及び都道府県知事は、認定した卸売市場の名称等を公示する。 ・農林水産大臣及び都道府県知事は、認定を受けた開設者に対し、指導及び助言、報告及び検査、措置命令又は認定の取消しを行うことができる。 （・予算措置として左記のとおり認定を受けた卸売市場の施設整備等に支援を行う。） ・国は、中央卸売市場の開設者であって、食品等流通合理化計画の認定を受けたものの施設整備に対し、予算の範囲内において、その費用の10分の４以内を補助することができる。
4．その他 ○　以上の方針に基づき、卸売市場法及び食品流通構造改善促進法について、それぞれ改正する法案を次期通常国会に提出するものとする。	○　**法律案** ・卸売市場法・食品流通構造改善促進法をそれぞれ改正する「卸売市場法及び食品流通構造改善促進法の一部を改正する法律案」を本通常国会に提出する。

－２－

資料Ⅱ―６①

卸売市場法及び食品流通構造改善促進法の一部を改正する法律案の骨子

平成30年２月
農 林 水 産 省

Ⅰ　趣旨

卸売市場を食品流通の核としつつ、卸売市場を含めた食品流通の合理化と生鮮食料品等の公正な取引環境の確保を促進することにより、生産者の所得の向上と消費者ニーズへの的確な対応を図る。

Ⅱ　法律案の概要

１　卸売市場法の一部改正

（１）目的

この法律は、卸売市場が食品等の流通において生鮮食料品等の公正な取引の場として重要な役割を果たしていることに鑑み、卸売市場に関し、農林水産大臣が策定する基本方針について定めるとともに、農林水産大臣及び都道府県知事によるその認定に関する措置その他の措置を講じ、その適正かつ健全な運営を確保することにより、生鮮食料品等の取引の適正化とその生産及び流通の円滑化を図り、もって国民生活の安定に資することを目的とする。

（２）卸売市場に関する基本方針

農林水産大臣は、次の事項を内容とする卸売市場に関する基本方針を定める。

① 卸売市場の業務の運営に関する基本的な事項
② 卸売市場の施設に関する基本的な事項
③ その他卸売市場に関する重要事項

（３）卸売市場の認定等

①　卸売市場の認定

卸売市場であって次の要件に適合しているものは、農林水産大臣又は都道府県知事の認定を受けて、中央卸売市場[注]又は地方卸売市場と称することができる。

注）中央卸売市場は、その施設の規模が一定の規模以上であること等省令で定める基準に該当する卸売市場に限る。

ア　申請書及び業務規程の内容が、基本方針に照らし適切であること。
イ　申請書及び業務規程の内容が、法令に違反しないこと。
ウ　業務規程に開設者が行う次の事項が定められていること。
（ア）差別的取扱いの禁止
（イ）卸売の数量及び価格等の公表
（ウ）卸売業者、仲卸業者等の取引参加者に対する指導及び助言、報告及び検査、是正の求め等の措置
（エ）売買取引の方法及び代金決済の方法の策定及び公表
エ　業務規程に卸売業者等が行う次の事項（共通の取引ルール）が定められていること。
（ア）開設者が定めた売買取引の方法による卸売の実施
（イ）差別的取扱いの禁止
（ウ）受託拒否の禁止（中央卸売市場のみ）
（エ）開設者が定めた代金決済の方法による代金決済の実施並びに卸売業者の事業報告書の作成及び閲覧
（オ）売買取引の条件の公表
（カ）売買取引の結果の公表
オ　その他の取引ルール（第三者販売、直荷引き、商物分離等）を定める場合には、次の要件に適合すること。
（ア）共通の取引ルールに反するものでないこと。
（イ）取引参加者の意見を聴いて定められていること。
（ウ）当該取引ルール及び当該取引ルールが定められている理由が公表されていること。
カ　開設者が取引参加者に取引ルールを遵守させるために必要な体制を有すること。
キ　生鮮食料品等の円滑な取引を確保するために必要な施設を有すること。
ク　卸売市場の適正かつ健全な運営に必要なものとして農林水産省令で定める要件に適合すること。

②　認定卸売市場の公示

農林水産大臣及び都道府県知事は、認定した卸売市場の名称等を公示する。

－１－

資料Ⅱ－6②

③　**開設者に対する指導及び助言等**
農林水産大臣及び都道府県知事は、認定を受けた開設者に対し、指導及び助言、報告及び検査、措置命令又は認定の取消しを行うことができる。

（３）**支援措置**
国は、中央卸売市場の開設者であって２（１）②の食品等流通合理化計画の認定を受けたものの施設整備に対し、予算の範囲内において、その費用の10分の４以内を補助することができる。

２　食品流通構造改善促進法の一部改正

（１）**目的**
この法律は、食品等の流通が農林漁業者と一般消費者とをつなぐ重要な役割を果たしていることに鑑み、食品等の流通の合理化を図るため、農林水産大臣による基本方針の策定及び食品等流通合理化計画の認定、その実施に必要な支援措置その他の措置を講ずるとともに、食品等の取引の適正化を図るため、農林水産大臣による調査の実施その他の措置を講じ、もって農林漁業及び食品産業の成長発展並びに一般消費者の利益の増進に資することを目的とする。

（２）**食品等の流通の合理化のための措置**
①　**食品等の流通の合理化に関する基本方針**
農林水産大臣は、次の事項を内容とする食品等の流通の合理化に関する基本方針を定める。
ア　食品等の流通の効率化に関する措置
イ　食品等の流通における品質管理及び衛生管理の高度化に関する措置
ウ　食品等の流通における情報通信技術その他の技術の活用に関する措置
エ　食品等に係る国内外の需要への対応に関する措置
②　**食品等流通合理化計画の認定**
食品等の流通の合理化を図る事業を実施しようとする者は、食品等流通合理化計画を作成し、農林水産大臣の認定を受けることができる。
③　**支援措置**
認定を受けた者に対し、次の支援措置を講ずる。
ア　株式会社農林漁業成長産業化支援機構（Ａ－ＦＩＶＥ）の出資等
イ　食品等流通合理化促進機構（現食品流通構造改善促進機構）の債務保証
ウ　株式会社日本政策金融公庫の融資等

（３）**食品等の取引の適正化のための措置**
①　**農林水産大臣による取引状況等に関する調査**
農林水産大臣は、食品等の取引の適正化のため、食品等の取引状況等に関する調査を行い、当該調査の結果に基づき指導・助言等の措置を講ずる。
②　**農林水産大臣による公正取引委員会への通知**
農林水産大臣は、食品等の取引に関し、不公正な取引方法に該当する事実があると思料するときは、公正取引委員会に対し、その事実を通知する。

（４）**題名**
題名を「食品等の流通の合理化及び取引の適正化に関する法律（仮称）」に改める。

Ⅲ　施行期日等

１　施行期日

（１）**卸売市場法の一部改正**
公布の日から起算して２年を超えない範囲内において政令で定める日とする。

（２）**食品流通構造改善促進法の一部改正**
公布の日から起算して６月を超えない範囲内において政令で定める日とする。

２　中央卸売市場又は地方卸売市場の認定に関する経過措置
現行の中央卸売市場又は地方卸売市場による認定の申請については、卸売市場の施設に関する事項等の記載を省略することができる。

３　検討
この法律の施行後５年を目途として、食品等の生産、流通及び消費の動向及び実態を踏まえ、この法律による改正後のそれぞれの法律の規定について検討を加え、その結果に基づいて必要な見直しを行う。

－ 2 －

資料Ⅱ―7　参議院・農林水産委員会附帯決議

卸売市場法及び食品流通構造改善促進法の一部を改正する法律案に対する附帯決議

（平成三十年六月十四日）

卸売市場が生鮮食料品等の安定供給に重要な役割を果たしていることに鑑み、食品等の流通の合理化と公正な取引環境の確保のための取組を進める中においても、その機能が引き続き十分に発揮できるよう、政府は、本法の施行に当たり、次の事項の実現に万全を期すべきである。

一　生鮮食料品等の安定供給等に重要な役割を果たしている卸売市場の公的機能が引き続き維持・発揮できるよう、卸売市場に対する指導・監督・検査・支援などの関与を適切に実施すること。

二　各卸売市場における業務規程については、生産者や消費者にとって有益な取引環境を整備・確保する観点から、全ての取引参加者の意見を公平かつ十分に踏まえ、適切に策定されるようにするとともに、そのルールが適正に運用されるよう開設者に指導・助言すること。

三　高い公共性を有する卸売市場として、引き続き公正な取引及び価格形成が図られるよう、一部業者を偏重しないことを旨とする差別的取扱いの禁止をはじめとする遵守事項の全ての取引参加者による遵守を開設者に徹底させること。農林水産大臣又は都道府県知事は、認定に当たり、開設者が取引参加者に遵守事項を遵守させるために必要な体制を有することを厳格に審査するとともに、運営実態の把握を行い、開設者を適切に指導・助言すること。

四　各卸売市場における施設整備等に関し万全の対策を措置するとともに、指導等を通じて、卸売業者、仲卸業者等の適正な業務運営を確保すること。

五　全国の小規模な産地や小売店等にとって必要な卸売市場が、引き続き公共性を確保し機能を発揮できるよう、地方自治体と連携し万全の対策を措置するとともに、合理化等の取組を促すこと。

六　食品等の価格の合理的な形成を図るため、量販店等による優越的地位の濫用による買いたたきや不当廉売等について、監視を強化・徹底し、不公正な取引方法があると思料する場合には速やかに公正取引委員会に通知する等適切な措置を講じること。

七　制度の運用及び見直しについては、規制改革推進会議等の意見は参考とするにとどめ、卸売市場が食品流通において重要な役割を果たしていることを前提に、生産者、流通業者、消費者等の意見や、食品等の取引の実態を踏まえて行うこと。

右決議する。

資料Ⅱ－８　卸売市場法及び食品流通構造改善促進法の一部を改正する法律の概要

背景

- □ 食品流通の中で卸売市場が果たしてきた集荷・分荷、価格形成、代金決済等の調整機能は重要。今後も食品流通の核として堅持。
- □ 農林漁業者の所得を向上させるとともに、消費者ニーズに的確に応えていくためには、卸売市場を含めて、新たな需要の開拓や付加価値の向上につながる食品流通構造を確立していくことが重要。
- □ このような観点から、卸売市場を含めた食品流通の合理化と生鮮食料品等の公正な取引環境の確保を促進。

法律の概要

1　卸売市場法の改正

（1）農林水産大臣は、次の事項を定めた卸売市場に関する基本方針を定める。（第3条）

［・業務の運営に関する事項　・施設に関する事項　・その他重要事項］

（2）基本方針等に即し、生鮮食料品等の公正な取引の場として、①から⑥の共通の取引ルールを遵守し、公正・安定的に業務運営を行える卸売市場を、中央卸売市場又は地方卸売市場として農林水産大臣又は都道府県知事が認定・公表し、指導・検査監督する。（第4条から第14条まで）

① 売買取引の方法の公表
② 差別的取扱いの禁止
③ 受託拒否の禁止（中央卸売市場のみ）
④ 代金決済ルールの策定・公表
⑤ 取引条件の公表
⑥ 取引結果の公表
⑦ その他の取引ルールの公表（※）

※ 第三者販売の禁止、直荷引きの禁止、商物一致等。卸売市場ごとに、関係者の意見を聴くなど公正な手続を踏み、共通の取引ルールに反しない範囲において定めることができる。

（3）国は、2（2）の食品等流通合理化計画に従って行われる中央卸売市場の整備に対し、予算の範囲内において、その費用の4/10以内を補助できる。（第16条）

2　食品流通構造改善促進法の改正

（1）農林水産大臣は、次の事項を定めた食品等の流通の合理化に関する基本方針を定める。（第4条）

［・流通の効率化　・品質・衛生管理の高度化
・情報通信技術等の利用　・国内外の需要への対応］

（2）農林水産大臣は、基本方針等に即し、食品等の流通の合理化を図る事業に関する計画を認定する。（第5条）

（3）認定を受けた者は、農林漁業成長産業化支援機構（A－FIVE）の出資等の支援を受けることができる。（第7条から第26条まで）

（4）農林水産大臣は、食品等の取引状況について定期的な調査を行い、当該調査の結果に基づき必要な措置を講じ、不公正な取引方法があると思料する場合には公正取引委員会に通知する。（第27条から第29条まで）

※上記の改正に伴い、題名を「食品等の流通の合理化及び取引の適正化に関する法律」に改める。

資料Ⅱ－9　卸売市場法改正のポイント

<table>
<tr><th colspan="2">項目</th><th>現行法</th><th>改正法</th></tr>
<tr><td colspan="2" rowspan="5">中央卸売市場の開設</td><td>根拠法は卸売市場法</td><td>同左</td></tr>
<tr><td>国が整備方針・計画を策定</td><td>国が基本的な方針を策定
→施設整備の支援は維持</td></tr>
<tr><td>開設者は都道府県と人口20万人以上の市
→国が「認可」する</td><td>開設者の制限なし
→一定水準以上の施設規模を有し、認定要件に適合する卸売市場を、国が「認定」する</td></tr>
<tr><td>国が指導・検査監督</td><td>同左</td></tr>
<tr><td>取引結果を公表</td><td>取引条件・結果を公表</td></tr>
<tr><td colspan="2" rowspan="5">地方卸売市場の開設</td><td>根拠法は卸売市場法</td><td>同左</td></tr>
<tr><td>都道府県が整備方針・計画を策定</td><td>国が基本的な方針を策定
→施設整備の支援は維持</td></tr>
<tr><td>開設者の制限なし
→都道府県が「許可」する</td><td>同左
→認定要件に適合する卸売市場を、都道府県が「認定」する</td></tr>
<tr><td>都道府県が指導・検査監督</td><td>同左</td></tr>
<tr><td>取引結果を公表</td><td>取引条件・結果を公表</td></tr>
<tr><td rowspan="6">取引規制</td><td>差別的取扱</td><td>禁止</td><td>同左</td></tr>
<tr><td>受託拒否の禁止</td><td>禁止（中央卸売市場のみ）</td><td>同左</td></tr>
<tr><td>代金決済の確保</td><td>開設者が策定・公表</td><td>同左</td></tr>
<tr><td>第三者販売</td><td rowspan="3">原則禁止</td><td rowspan="3">各市場の関係者で協議し、必要に応じて設定</td></tr>
<tr><td>直荷引き</td></tr>
<tr><td>商物一致</td></tr>
</table>

資料Ⅲ－1　平成28年度　農産品パイロット事業①

「朝積みの時間の前倒し」と「荷物の区分け・整理する」ことによる荷積み時間削減　青森県

1. 実施者の概要

- 発荷主企業：十和田おいらせ農業協同組合
  2010年に複数の農業協同組合と合併し、青森県内2市5町3村、本店と9支店を持ち、主に野菜の販売、流通を行っている。
- 運送事業者：中長運送株式会社
  中長距離輸送では関東・関西方面に野菜や冷凍食品の輸送を行い、その他短距離輸送、貸倉庫等の事業を展開している。
- 着荷主企業：東京都所在の市場
  青果卸売
- 荷種
  野菜（対象荷主）

市場内の混雑状況

2. 事業概要

運行開始日の朝積みの作業開始時間の前倒し及び荷役時間の縮減により、着荷主の市場の混雑ピーク前に到着することで1日の拘束時間を削減する。

- 朝積み時間の前倒し

現状
朝8時～荷積み開始
→
≪実証実験≫
朝7時～荷積み開始

- 配送先別の荷積みの区分け・整理

現状
配送先ごとの仕分けができていない

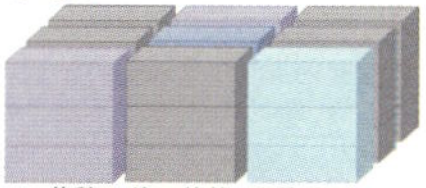

荷積み前の状態（改善前）

→

≪実証実験≫
配送先ごとに積み荷を仕分けして、「配送先」を明確にする

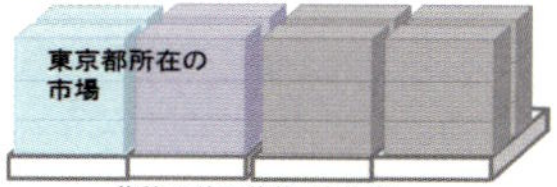
東京都所在の
市場

荷積み前の状態（改善後）

- 結果

	Before	After	結果
1日の拘束時間	17.7時間	15.5時間	▲2.2時間
荷積み時間（最大）	3.9時間	2.9時間	▲1時間

3. 課題

① 東京所在の市場への運行は、野菜を複数の配送先へ運送することを主としており、配送先を減らすことは困難のため荷役に時間を要している。
② 荷積みには複数の支社を回って集荷することが多く、集荷先によっては荷物の区分けや整理ができていないため荷役に時間を要している。
③ 青果品であり、荷崩れ防止のため丁寧な扱いが必要なこと、さらに配送先別に荷積みをするため時間を要している。
④ 東京都所在の市場では、特に繁忙期は大変混雑しており、到着してから「市場に入るまで」「フォークリフト待ち」「荷役検査待ち」の手待ち時間が発生している。

4. 事業内容

① 1日の拘束時間を削減するために、市場の混雑ピーク前に到着することが可能となるよう、朝の荷積み時間の前倒しを実施した。
② 荷積みにかかる荷役時間を削減するために、配送先別の荷積みの区分け・整理を実施した。

5. 結果

① 1日の拘束時間が17.7時間から15.5時間と2時間以上短縮した。
② 荷積みの最大時間が3.8時間から2.9時間と1時間程度短縮した。

6.（1）荷主企業のメリット

① 荷積み時間の労力を軽減することで、ドライバーの負荷が軽減し、さらなる安全・安心な運行となり商品の確実な配送が可能となる。
② 信頼関係の維持により安定した輸送力の確保につながる。
③ 本パイロット事業を通じて、運送事業者から荷積み要員の出勤時間の前倒し（ドライバーより早く出勤して積み荷を整理）やパレット運用について提案があり、今後検討のうえ、実施を予定する。

6.（2）運送事業者のメリット

① 荷積み箇所の削減により荷役時間が短縮し、ドライバーの身体的・精神的負担が軽減する。
② 労働環境が改善していくことでドライバー不足の解消が期待される。

7. 結果に結びついたポイント

① 荷主企業から荷積み時間の前倒しについて協力が得られたこと。
② 荷主企業は取引環境改善に対し積極的であり、配送先ごとの積み荷の仕分けを実施したこと。
③ 荷主企業、運送事業者間の歩み寄りによって、改善に向け様々な提案がなされるなど、良好な協力関係が築けたこと。

資料Ⅲ－１　平成28年度　農産品パイロット事業②

ストックポイント活用による拘束時間削減　　山形県

1. 実施者の概要

- 荷主企業：団体Cは、単位農協を組合員とする連合組織であり、県全域の各単位農協が県外に出荷する青果等を取りまとめ加工・販売・輸送する機能を担っている。
  品目毎に事業を分けており、本検討対象は、青果物を取り扱っている園芸事業を対象とする。
- 運送事業者：元請運送事業者C-a社は、荷主である団体Cの関連会社である。利用運送が中心であるが、大型3台、小型20台保有し、実運送も行っている。
  実運送事業者C-b社は、青果センター、単協などからの関東等への遠距離輸送の一部を担っている。その他積み合せ貨物等、幅広い種類の貨物を対象に運送事業を行っている。
- 着荷主：着荷主C-c社は、青果卸売会社であり、複数の市場に事業所を設けている。
- 荷種
  青果物

2. 事業概要

●青果物輸送に関するドライバー拘束時間削減

①青果物は、取扱い期間が短く、期間が限定される。
②当初課題が多いとされていた青果物Aのみだけではなく、青果物全般を対象とする。
③青果物の生産者、単協、団体、輸送業者、仲卸、購買者と流通構造が複雑。
④配達先での荷受け方法が区々。
⑤ドライバーが、配荷先で荷受け方法に対する習熟度が必要。

◎ストックポイントの活用

単協⇒ステーション

ステーション内仕分け

ステーション⇒市場

3. 課題

① 青果物は、生産期間が限定され、一品種の輸送時期も短い。
② 青果物の流通形態が複雑。
③ 集荷、配荷先が複数あるとそれぞれで手待ち時間が発生。
④ 市場での待機時間が長く、拘束時間の短縮が困難。
⑤ 市場での荷受け方法が異なり、ドライバーの習熟が必要。

4. 事業内容

① 集荷、配荷先を集約することにより、拘束時間の短縮を図る。
② まずは、集荷先の集約方法である、ストックポイントの機能検証を行う。
③ 市場での取扱いについては、同様の課題を共有する他県との協調の中ですすめる。
④ 着荷主C-c社の取扱いに課題は見られない。
⑤ パレット化の推進。

5. 結果

① ストックポイントを活用した場合と、各単協毎に集荷に回った場合の走行時間及び積込み時間短縮の効果検証を行った。
調査対象期間を10~12月とし、検証した結果、走行時間と積込み回数の削減から、平均して1台あたり約1時間の拘束時間短縮が見込まれた。
② 関係者全体の経済性は、ストックポイントを活用した場合、11月の運行を検証した結果、全体で約7%のコスト削減が見込まれた。（状況により変化）
③ パレット化については、検証対象作業がすでにパレット化されており一定の効果は見込まれているが、更に推進する。

6. 荷主企業のメリット

① ドライバーの拘束時間が短縮され、実運送事業者C-b社の要員確保がなされることは、団体Cの輸送力確保につながる。
ストックポイントまでの労働力は、配達先での熟練度は必要なく、かつ女性ドライバーの活用で対応可能。
② ただし、ストックポイントまでの単協からの集約費用の負担をどのように軽減、消化していくかがかが、課題である。

7. 結果に結びついたポイント

① 団体Cの協力の下、ストックポイントの活用、効果を確認できた。
② 着荷主の取組について、着荷主C-c社が、荷受け方法を改善し、ドライバーが対応しやすい仕組みを確立していることから、荷受け方法を統一して、ドライバーの対応習熟度に係らない方法の必要性を確認できた。

資料Ⅲ－1　平成28年度　農産品パイロット事業③

予冷倉庫活用による拘束時間の削減　福島県

1. 実施者の概要

- 荷主企業：
  発荷主Aは福島県の青果物生産者団体。
  着荷主a・bは関東の青果卸売業者であり、納入先はそれぞれ別の卸売市場。
- 運送事業者：
  元請運送事業者ア　発荷主Aのグループ企業。
  実運送事業者イ　県内に本社を置く運送会社。
- 荷種
  農産品（トマト）

2. 事業概要

【課題】
・当日の出荷数量がわからないため、選果完了時間がわからず、結果適正な配車（大きさや台数）ができず非効率
・1台の車で複数の集荷場で積み込むものの、各集荷場の情報共有が無くそれぞれで積込み時間がかかり出発時間が遅れる。

【改善内容】
予冷設備を試験的に活用。これまで集荷当日に出荷していた青果物（トマト）を一晩予冷倉庫にて保管し翌日出荷に変更。事前に出荷量を把握することが可能になり、待ち時間が削減された。

＜改善結果＞発地（発荷主側）での待ち時間の削減

a社向けトラック	実施前		実施後	短縮効果
拘束時間（推定）	14時間34分	⇒	11時間45分	△2時間49分

b社向けトラック	実施前		実施後	短縮効果
拘束時間（推定）	12時間13分	⇒	10時間18分	△1時間55分

拘束時間（推定）　➡　各々約2～3時間短縮

※運送事業者イの営業所出発時間から業務完了時間までを拘束時間（推定）として対比

3. 課題

① 当日の貨物量が事前に把握できないため、日々荷揃えに要する時間が変化し、積込み可能となる時間が把握できず、効率的な配車ができない。
② 青果物によっては箱の等級表示が判別しにくい場合があり、それによって誤出荷・誤納品が発生する懸念がある。誤出荷による誤納品が発生すると、納品先でドライバーによる対応が必要となり、拘束時間の延長につながっている。
③ 納入先の市場にて納品が集中する時間などは待ち時間が発生している。
（本事業の対象着荷主では対象期間に長時間の待ち時間の実態がつかめなかったが他の着荷主では長時間の待ち時間の実態が見受けられた）

4. 事業内容

① 青果品の集荷拠点における集荷の状況や出荷作業を把握し、その状況について聞き取り調査を行った。
② 集荷場での作業改善を提案し実証試験を行った。具体的にはキュウリの箱の等級表示を色分けし、検品作業の効率化を検討。
③ 当日集荷された青果物（トマト）を一晩予冷し翌日出荷することにより、出荷量の事前把握を可能にし、出荷時の待機時間を削減する実証試験を実施した。

5. 結果

① 等級の色分け表示実験では、誤出荷防止に期待されたほどの効果は認められなかった。
② 予冷設備の活用は非常に効果的であり、2～3時間の拘束時間短縮効果が見られた
③ 今後、発荷主の予冷設備が完成予定であり、本事業終了後も引き続き待ち時間が削減された状態が維持される予定である。

6. 荷主企業のメリット

① 長時間の拘束時間の実態がありドライバー確保が難しい状況であったが、今回の改善によりドライバーの確保が容易になると推測される。

7. 結果に結びついたポイント

① 発荷主と運送会社の協力体制
② 発荷主によるドライバー労働時間短縮への十分な理解

資料Ⅲ－1　平成28年度　農産品パイロット事業④

小売店直送における取卸し作業の時間短縮への取組　群馬県

1. 実施者の概要

- 発荷主：JA嬬恋村、着荷主：参加なし
  ・農産品の販売事業、購買事業、共済事業等
- 実運送事業者：株式会社群馬グリーン配送（吾妻高原野菜共同輸送所）
- 荷種：農産品（キャベツ）

2. 事業概要

- 本事業の取組方策は3点があるが、小売店直送における取組について以下の通り整理する。

小売店直送の輸送における取卸し作業効率化

改善前 ⇒ 小売店到着後、指定ラックに取卸し作業を実施するため、90～120分程度の時間を要し、運転者の長時間労働の原因となっている

予冷庫 → 車両 → 小売店 → ラックへ取卸し作業

(荷台に手積みで積載する)

積替え

改善後 ⇒ 小売店の指定ラックを予め借受け、予冷庫にて積込みする

小売店 → 予冷庫 → 作業員がラックに予め積付け → 小売店でラックごと取卸し

○小売店から予め「ラック」を借受けして、予冷庫まで輸送する。
○折り畳みラックが望ましい。

○予冷庫では、荷役作業員が予めラックに積付けし、ラックを積込む状態に準備。

○小売店にてラックを取卸す。
（なお、ケース10段積みができるような高さのあるラックが望ましい）

結果

- 積込み作業時間は▲45分、取卸し作業時間は▲70～100分の短縮化が図られる見込み

3. 課題

① 着荷主における課題が確認されたところであるが、まずは着荷主とのパートナーシップ（話合いの場の設定等）を構築していく必要がある。
② 小売店指示のラックへの積付け作業、冷蔵庫のない市場での待機等の問題があり、労働時間短縮化、有償化に向けた取組を行う必要がある。
③ 発荷主と運送事業者のパートナーシップを基礎とした優良な取組事例を整理する。
（本概要版は主に上記②の一部について整理。①②は報告書に記載）

4. 事業内容

- 着荷主である「市場」では冷蔵庫を保有していない場合、待機時間が発生する。さらに、小売直送では指定ラックへの積込み作業を指示されるケースがあり、業務改善だけでなく、書面化内容の見直しとともに、附帯作業料、車両留置料の収受ができないか等、課題を深堀りする。

5. 結果

- 本概要版は、上記「3. 課題」②の一部について整理。①②は報告書に記載）

	改善前	改善後
取組	○小売店直送では、小売店指定のラックに荷台から積替え作業を運転者1名で実施	○予め小売店からラックを借受けし、予冷庫まで輸送。当該ラックに作業員が積付け ○出発前：ラックを荷台に積載 ○到着後：ラックを荷台から取卸し （手作業がなくなった）
成果	○積込み作業：　60分 ○取卸し作業：　90分～120分	○積込み作業：　15分（▲45分） ○取卸し作業：　20分（▲70～100分） （作業員、運転者の生産性により変化）

6. 荷主企業のメリット

- 特に着荷主においては、短時間で取卸し作業が完了するため、スペースの有効活用、他車両の待機時間の削減に寄与

7. 結果に結びついたポイント

- 平成28年度は試行的に他事例にて効果検証したものであるが、効果が認められるため、次年度検証予定である

資料Ⅲ－1　平成28年度　農産品パイロット事業⑤

複数卸しから1カ所卸しへの配車計画による拘束時間の削減　愛媛県

1. 実施者の概要

- ➢ 発荷主企業：R農業協同組合
  中心産品は温州みかんを主とする柑橘類で、関東を中心として全国へ出荷を行う。
- ➢ 元請運送事業者：R－a社
  愛媛県松山市に営業所を持ち、従業員約91名の物流企業である。保有車両台数は計30台。自社と協力会社の車両比率は、自社2割、協力会社8割で、R農業協同組合の配車台数のうち2、3台は自社、その他は協力会社からの配車となる。
- ➢ 下請運送事業者：R－b社
  愛媛県松山市に営業所を持ち、従業員106人（うちトラック運転者数90人）の一般貨物自動車運送事業者である。当該元請運送事業者から受託する輸送については、1日あたり2台が従事。
- ➢ 下請運送事業者：R－c社
  愛媛県松山市に営業所を持ち、従業員8人（うちトラック運転者数7人）の一般貨物自動車運送事業者である。製品輸送が主に担当で、10月～12月頃に当該元請運送事業者からの輸送を受託する。
- ➢ 荷種
  愛媛県から出荷されたみかんの関東卸し先（東京都内A）の輸送

2. 事業概要

●複数卸しから1カ所卸しへの配車計画による拘束時間の削減

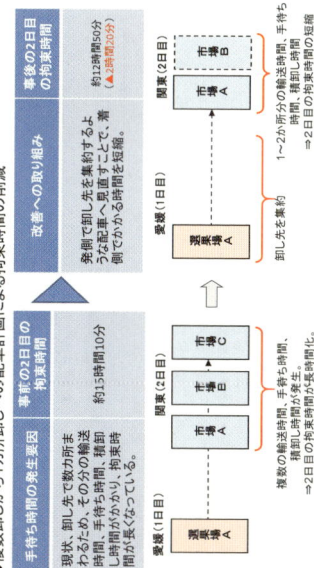

手待ち時間の発生要因	事前の2日目の拘束時間
現状、卸し先で数カ所まわるため、その分の輸送時間、手待ち時間、積卸し時間がかかり、拘束時間が長くなっている。	約15時間10分

改善への取り組み	事後の2日目の拘束時間
発側で卸し先を集約するような配車へ見直すことで、着側でかかる時間を短縮。	約12時間50分（▲2時間20分）

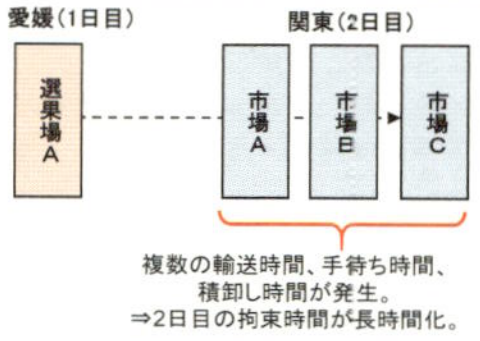
愛媛（1日目）
関東（2日目）
選果場A
市場A
市場B
市場C
複数の輸送時間、手待ち時間、積卸し時間が発生。
⇒2日目の拘束時間が長時間化。

発側1カ所で異なる卸し先

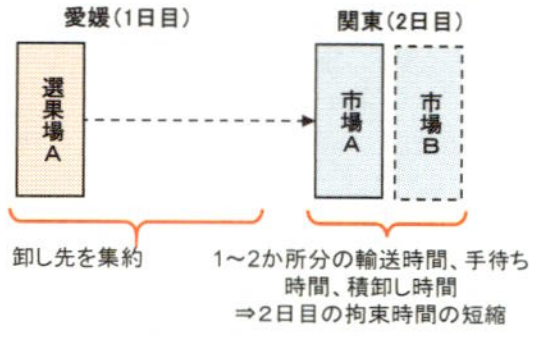
愛媛（1日目）
関東（2日目）
選果場A
市場A
市場B
卸し先を集約
1～2か所分の輸送時間、手待ち時間、積卸し時間
⇒2日目の拘束時間の短縮

同じ卸し先にまとめ輸送

3. 課題

① R農業協同組合では、現状、発側の積込みで数カ所の選果場、着側である関東の卸し先で数カ所の市場まわるため、それぞれ集荷先、卸し先の分、輸送時間、手待ち時間、積卸し時間がかかり、拘束時間が長くなっている。

② 特に着側である卸し先の市場における手待ち時間・荷役時間がかかっており、2日目における拘束時間が長時間化している。

4. 事業内容

① 複数卸しから1カ所卸しへの配車計画による拘束時間の削減

昨年度、R農業協同組合が定期的に行っている運送会社との輸送会議（運賃の確認や配車、お互いの要望の確認等）において、運送会社側から『発側で1か所積込み⇒卸し先複数個所よりも、発側で同じ卸先のものを2～3カ所の選果場分をまとめ1か所卸しにする配車計画』への要望があったため、今期から輸配送の仕組みの見直しを行った。

これにより、現状、複数の卸し先をまわることでかかっている輸送時間、手待ち時間、積卸し時間を1か所分にすることで、着側でかかる拘束時間を短縮。

着側で卸し先が複数個所となる場合も、東京都内A、東京都内Bのように、近くの卸し先となるよう、配車を組むように配慮されている。

また、発側の集荷においても、複数個所の選果場を回る場合は、集荷した箇所分の運転時間・荷待ち時間・積込み時間がかかるが、10km圏内の近くにある選果場をまわるように配車することによる拘束時間の短縮化を進めている。

5. 結果

① 具体的には2ヶ所卸しから1ヶ所卸しに変更することにより、2日目の拘束時間が平均2時間20分短縮した。

② 未だ全ての運行が1ヶ所卸しではないが、昨年度と比べて、1ヶ所卸しの運行の割合が増えている分、1ヵ月の拘束時間が短縮している。

6. 荷主企業及び実運送事業者のメリット

① 今回のパイロット事業では、対象選果場が1ヶ所であり、できる運行から配車の工夫が実行された。今後は、当該選果場での運行の範囲を拡大するとともに、他の選果場、ひいては県内全ての選果場で、このような工夫が行われることが期待される。

② また、一つの選果場では1ヶ所卸しにまとまらない場合などは、発側で同じ卸先のものを2～3カ所の選果場分をまとめ1か所卸しにする配車計画の実現についても検討されることが望まれる。

7. 結果に結びついたポイント

① 定期的に行っている運送会社との輸送会議で、運送会社から改善策の要望があり、実施したこと。

② また、荷主が改善の取り組みに積極的であったことが大きい。特に荷主自らが配車計画を行い、計画を徐々に拡大しながら、運転者の待機時間・荷役時間の短縮を実現している。

資料Ⅲ－１　平成28年度　農産品パイロット事業⑥

下ろし地域内配送の外部委託による労働時間削減　熊本県

1. 実施者の概要

- ➢ 発荷主企業　：　熊本県経済農業協同組合連合会（経済連）
- ➢ 運送事業者　：　有限会社国際急送、一般貨物自動車運送事業者（78台）
　　宇城農産輸送株式会社、一般貨物自動車運送事業者（20台）
　　熊本交通運輸株式会、一般貨物自動車運送事業者（116台）
- ➢ 荷種　：　青果物

2. 事業概要

- 熊本県から大消費地である関西、関東向けの長距離運行では、青果物という特性上、遅くとも出荷翌々日着が求められるため、拘束時間、運転時間等の改善基準告示の遵守が極めて困難な状況にある
- このため、積込み作業体制の強化、フェリーの活用など、従来から改善対策を講じている。しかし、多点下ろしによる配送地域内の運転時間、荷役時間に関しては、有効な手立てが打てていなかった
- そこで、関東地方において市場配送を請け負う運送会社に、一部の市場への配送を現地で委託する「配達分離」の実験を行い、下ろし箇所数の削減による労働時間の削減効果と発生するコストを検証した

＜実験運行の例

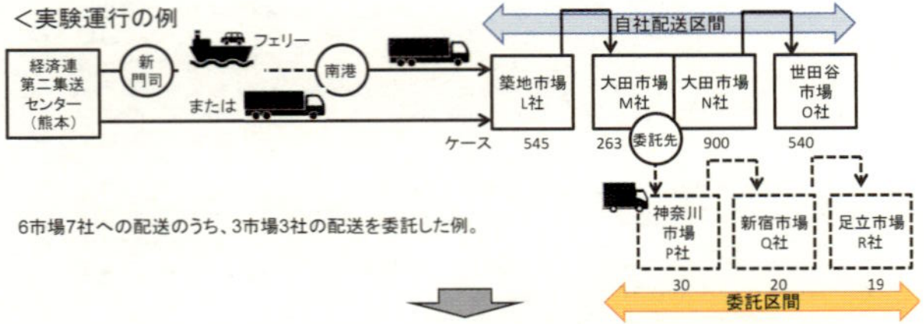

経済連 第二集送 センター （熊本）
新門司
フェリー
南港
または
ケース
築地市場 L社
545
大田市場 M社
263
委託先
大田市場 N社
900
世田谷 市場 O社
540
自社配送区間
神奈川 市場 P社
30
新宿市場 Q社
20
足立市場 R社
19
委託区間

6市場7社への配送のうち、3市場3社の配送を委託した例。

＜3社平均＞

- 運転時間は2時間00分短縮できた
- 拘束時間を全体としては1時間50分短縮できた
- 下ろし地での荷役時間は、下ろし時間の削減と積替え時間発生が相殺し、目立った効果には至らなかった
- 小ロット下ろし先を委託する場合には、発生するコストに対してある程度の改善効果を得ることができた

3. 課題

- 熊本県から青果物を関東地方までの複数の市場に、選果後翌々日早朝のセリに間に合うよう配送する必要があるため、休憩時間・休息期間を充分に取れない運行が常態化している。特に初日から2日目の運行において、改善基準告示の遵守が困難な状況にある
- 岡山を境に関西以遠の運行便には新門司港～大阪南港間のフェリーを活用するなどの対策を講じてきたが、多点下ろしとなる配送地域での運転時間、荷役時間の削減には有効な対策がとれていなかった

4. 事業内容

- 関東地方で市場配送を請け負う運送会社に一部の市場への配送を現地で委託する「配達分離」の実験を行い、下ろし箇所数の削減による労働時間の削減効果と発生するコストについて検証した
- 全配達先のうち、原則として100ケース未満の小ロット下ろし地を委託対象とした

5. 結果（3社平均）

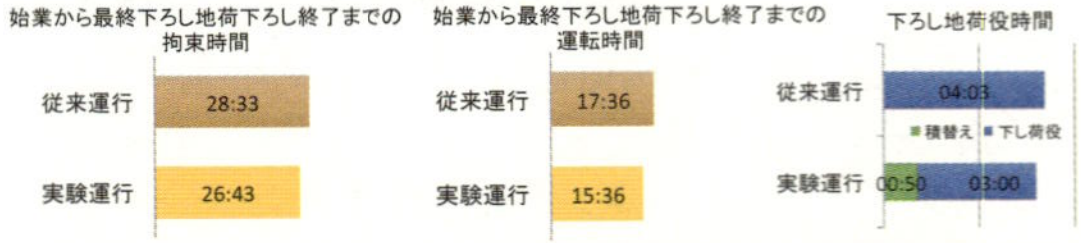

始業から最終下ろし地荷下ろし終了までの拘束時間
従来運行
28:33
実験運行
26:43
始業から最終下ろし地荷下ろし終了までの運転時間
従来運行
17:36
実験運行
15:36
下ろし地荷役時間
従来運行
04:03
積替え
下し荷役
実験運行
00:50
03:00

1時間50分の短縮　　2時間00分の短縮　　配達先での荷役時間は1時間03分の短縮だが、積替えに50分を要し、差し引き13分の短縮

※下ろし箇所数：平均6.7箇所のうち、2～3箇所を委託した。
※委託費　：効果的なケースでは3箇所69ケースの配送を、約5千円で委託し切り離すことができた

6. 荷主企業・運送事業者のメリット

発荷主
- ルートの早い地点で委託先に積替える場合は、自社便と並行して配達されるため、市場納品時間を全体として早めることができる

運送事業者
- 拘束時間、運転時間が短縮された。ただし荷役時間は積替え時間との相殺で効果小
- 小ロット先のみを委託できたケースでは、費用対効果を得ることができた

7. 課題

- 配送エリアに小ロットの下ろし先が複数ある場合に効果的な改善策である。しかし、ロット数が大きい場合は委託費が高額となり利益を圧迫する

＜課題＞
- 配送委託コストの負担について、負担者・負担額等の検討、協議が必要である（契約明示）
- 委託先輸送能力の判断（農産物への対応力、冷蔵施設の能力等）
- 納入ロットの拡大、下ろし箇所数の集約に向けた発荷主の一層の協力
- 納品地域のみの配達委託では出発初日の運転時間、拘束時間が削減されない
- 長距離輸送では、高速道路の速度制限の見直し、高速道路料金の低減等が必要

資料Ⅲ－1　平成28年度　農産品パイロット事業⑦

4日目販売の促進により余裕を持った運行を実現　宮崎県

1. 実施集団の概要

- 荷主企業：発荷主A（農業団体）、着荷主B（卸業者）
  - ○発荷主Aは単位農協を組合員とする連合組織であり、県全域の各単位農協が県外に出荷する青果等を取りまとめて加工・販売（委託販売）・物流する機能を担っている。
  - ○着荷主Bは関東の市場で事業を営む青果卸業者である。
- 運送事業者：運送事業者ア（元請）、運送事業者イ（下請）
  - ○運送事業者ア（元請）は、発荷主Aの関連会社である。実運送と利用運送事業を行っている。
  - ○運送事業者イ（下請）は、宮崎県に本社を置く運送事業者。青果センターから関東・関西等への遠距離輸送を担当しており、農産物の輸送を主事業としている。
- 荷種：青果物

2. 事業概要

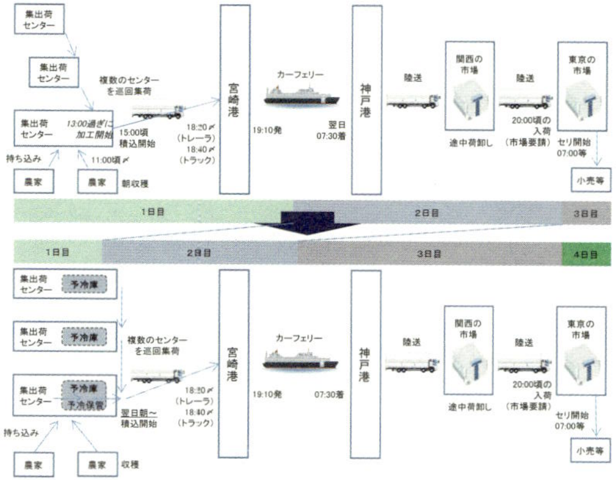

集出荷センター
複数のセンターを巡回集荷
13:00過ぎに加工開始
15:00頃積込開始
11:00頃〆
18:20〆（トレーラ）
18:40〆（トラック）
持ち込み
農家
朝収穫
宮崎港
カーフェリー
19:10発
翌日07:30着
神戸港
陸送
関西の市場
途中荷卸し
20:00頃の入荷（市場要請）
東京の市場
セリ開始07:00等
小売等
1日目
2日目
3日目
4日目
予冷庫
予冷保管
翌日朝～積込開始
収穫
07:30着

本取り組みによってフェリー出港まで余裕を持って集荷をすることができ、フェリーに乗り遅れて全行程を走行せざるを得ないリスクが低減した。

3. 課題

① フェリー積み込みまでのリードタイムが短く、遅延が発生した場合には陸路輸送せざるを得ないため、改善基準告示の遵守が困難な状況となる。
② 着側の卸市場には順番待ちのルールが明確でなかったり、着荷しているのに荷受け担当が出てこないために、ドライバー自らが荷役しなければならないなど、卸によって対応に差がある

4. 事業内容

① 収穫当日は出荷せず予冷庫に入れる。
② 翌日、従前よりも早い時間帯から積み込みを開始する。
③ これにより3日目販売が基本であった出荷スケジュールを4日目販売のスケジュールに変える。

5. 結果

① 収穫当日積みを翌日積みとすることで、時間的に余裕を持って集荷・積み込みを行うことが可能となった。
② 収穫から販売までのリードタイムは3日から4日にのびたものの、収穫当日は予冷庫にて保管することにより3日目販売と変わらぬ鮮度が保持できた。
③ フェリーに乗り遅れて全行程を走行せざるを得ないリスクが低減した。

6. 荷主企業のメリット

① 余裕を持った出荷スケジュールでも鮮度を保持可能であることが確認できた。
② 運送事業者が改善基準告示の遵守が困難な運行を行わざるを得なくなるリスクが低減した。
③ 運送事業者との間で忌憚のない意見交換ができるようになった。

7. 結果に結びついたポイント

① 荷主企業と運送事業者で現場の問題点を確認した。
② 荷主企業、運送事業者が一同に介し、継続的な改善を検討した。
③ 荷主企業の協力により、出荷作業時間の短縮に取り組んだ。

資料Ⅲ—2　農産品物流対策関係省庁連絡会議パレット部会報告書①

農産物の一貫パレチゼーションの実現方策について

1．経緯

トラック業界の働き方改革等により、農産物のパレット輸送による負荷軽減が強く求められているが、特に卸売市場を経由する農産品は、複数の事業者を介するため紛失等が起こりやすく、一貫パレチゼーションの実現が困難である。

このため、平成29年11月にパレット部会を設置し、三回の開催及び関係事業者等への個別ヒアリングを実施し、農産物の一貫パレチゼーションの実現に向けた方策を検討した。

その結果、統一規格のRFID付きパレットを共同利用・管理する循環利用モデルを作り、適切な運営体制を構築することで、パレットの紛失等を防止し、持続可能な利用を可能にするとともに、全国的な取組へと拡大していくことが可能と考えられる方策の案を策定したので報告する。

2．農産物の一貫パレチゼーションの実現方策の案

（1）パレットの共同利用・管理による循環利用モデルの基本ルール

① 対象範囲

産地から卸売、小売または実需（製造、外食等）まで

② モデルで使用するパレット

統一規格のパレット（RFID付きＴ11型プラスチックパレット）

③ 利用から回収、再利用までの流れ

Ⅰ 発荷主（産地、卸売）がレンタルし、パレットで出荷

Ⅱ 物流業者が荷と共に運び、着荷主に引渡し

Ⅲ 着荷主（卸売、小売、実需）が保管・返却

Ⅳ 回収業者が一括回収し、レンタル業者が発荷主へ再びレンタル

④ パレット管理及び紛失等防止の仕組み

Ⅰ 出荷から各流通段階のパレット移動情報をRFIDで把握・管理

Ⅱ 当該パレットの使用は、以下の協議会の会員間のみに限定

Ⅲ 非会員への転送・販売等は、卸売等が別パレット等に積み替え

資料Ⅲ—2　農産品物流対策関係省庁連絡会議パレット部会報告書②

（2）運営体制

農産物パレット推進協議会（仮称）を設立し、理事会及び事務局がパレット事業を推進・運営するとともに、本事業のルール遵守を誓約した正会員及び管理等へ協力する賛助会員によりパレットの共同利用・管理を行う。

① 理事会
構成：産地、卸、小売、物流等の全国団体
役割：推進方針の決定、各業界への普及・啓発、ルールの指導等

② 事務局
構成：関係業界からの出向者等
役割：協議会及びパレット事業の運営（料金収受、業務発注等）
※事業は協議会がレンタル業者、回収業者等へ業務委託

③ 正会員
構成：発荷主（生産者団体・法人、卸売業者、仲卸業者）
役割：パレットの利用、会費・利用料の協議会への支払等

④ 賛助会員
構成：物流業者、着荷主（小売業者、実需者（製造・外食等））
役割：パレットの輸送、RFID読取り、保管・返却への協力等

⑤ オブザーバー
構成：農林水産省、経済産業省、国土交通省
役割：事業支援、関係業界の指導、調整等

（3）事業立ち上げから全国的な取組への拡大の流れ

① 遠隔地等で統一規格のパレットの使用が可能な産地から開始
② 出荷先の市場や販売先等が概ね特定される品目等からモデル実証
③ 賛助会員の拡大等に応じ、順次対象品目、産地を拡大
④ 統一規格以外のパレット使用産地は、機材の更新時等での切替え、参加を誘導
⑤ 会員の拡大、回収率の向上に応じ、利用料が低減し、効率化
⑥ 全国の産地、卸売市場をカバーする全国的な取組へと拡大

資料Ⅲ－2　農産品物流対策関係省庁連絡会議パレット部会報告書③

農産物におけるパレットの共同利用・管理の仕組み

□ 産地から小売・実需までの一貫パレチゼーション実現に向けたパレット循環利用モデルの確立

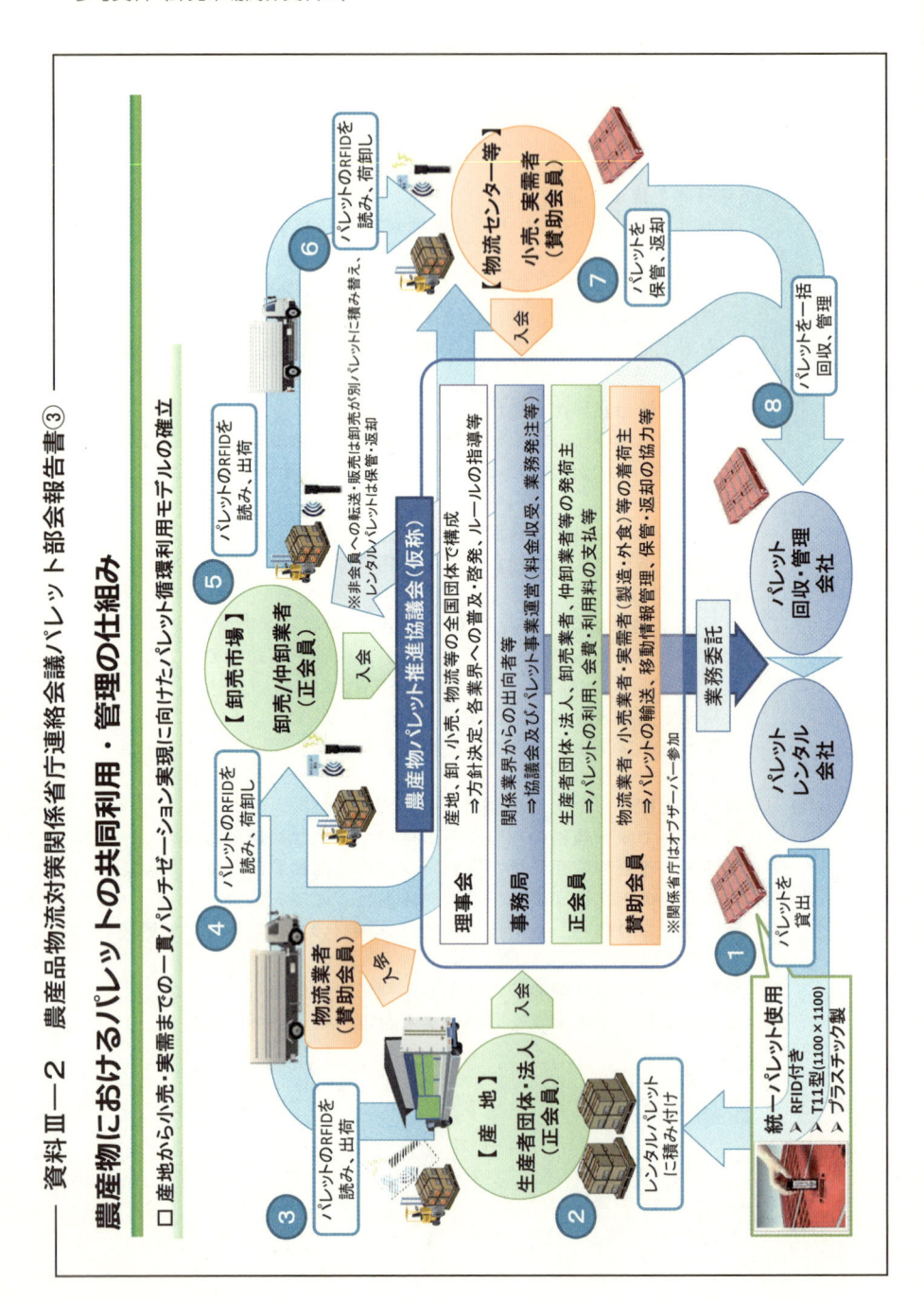

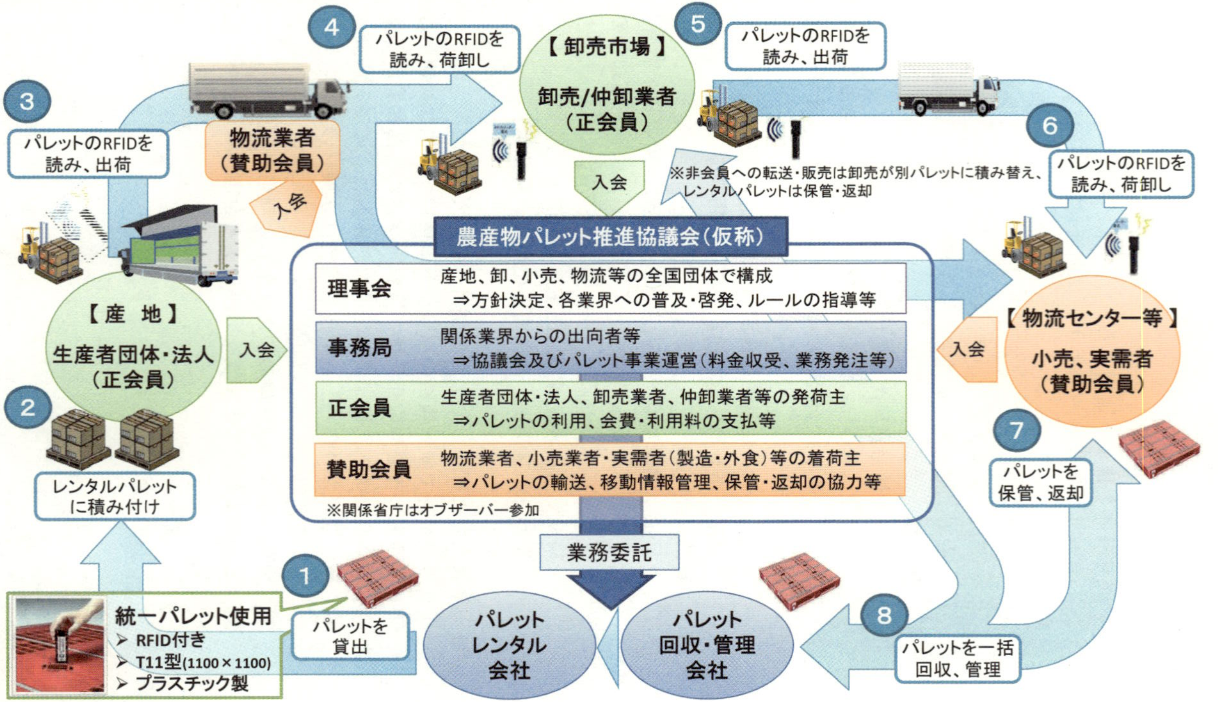
【産　地】
生産者団体・法人
（正会員）
【卸売市場】
卸売/仲卸業者
（正会員）
【物流センター等】
小売、実需者
（賛助会員）
物流業者
（賛助会員）
入会
① パレットを貸出
② レンタルパレットに積み付け
③ パレットのRFIDを読み、出荷
④ パレットのRFIDを読み、荷卸し
⑤ パレットのRFIDを読み、出荷
⑥ パレットのRFIDを読み、荷卸し
⑦ パレットを保管、返却
⑧ パレットを一括回収、管理
※非会員への転送・販売は卸売が別パレットに積み替え、レンタルパレットは保管・返却
農産物パレット推進協議会（仮称）
理事会　産地、卸、小売、物流等の全国団体で構成
⇒方針決定、各業界への普及・啓発、ルールの指導等
事務局　関係業界からの出向者等
⇒協議会及びパレット事業運営（料金収受、業務発注等）
正会員　生産者団体・法人、卸売業者、仲卸業者等の発荷主
⇒パレットの利用、会費・利用料の支払等
賛助会員　物流業者、小売業者・実需者（製造・外食）等の着荷主
⇒パレットの輸送、移動情報管理、保管・返却の協力等
※関係省庁はオブザーバー参加
業務委託
パレットレンタル会社
パレット回収・管理会社
統一パレット使用
➢ RFID付き
➢ T11型(1100×1100)
➢ プラスチック製

卸売市場写真

豊洲市場
正門
北

豊洲市場正門

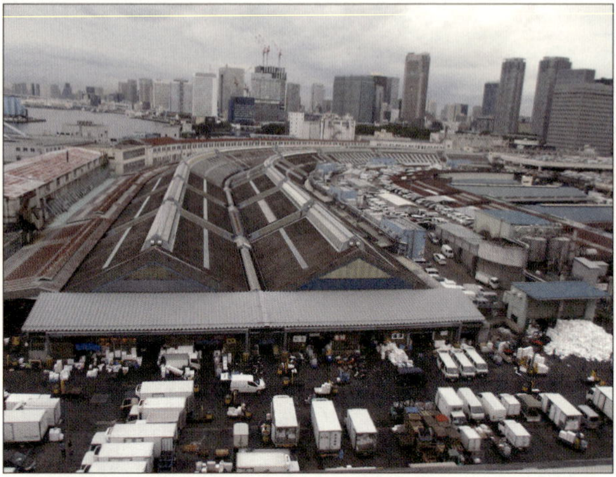

貨物列車の引き込み線に整備された上屋

入口
駐車場
築地市場正門

築地市場正門

発泡持込禁止

市場内の主役は「ターレ」

マグロのせり前のチェック

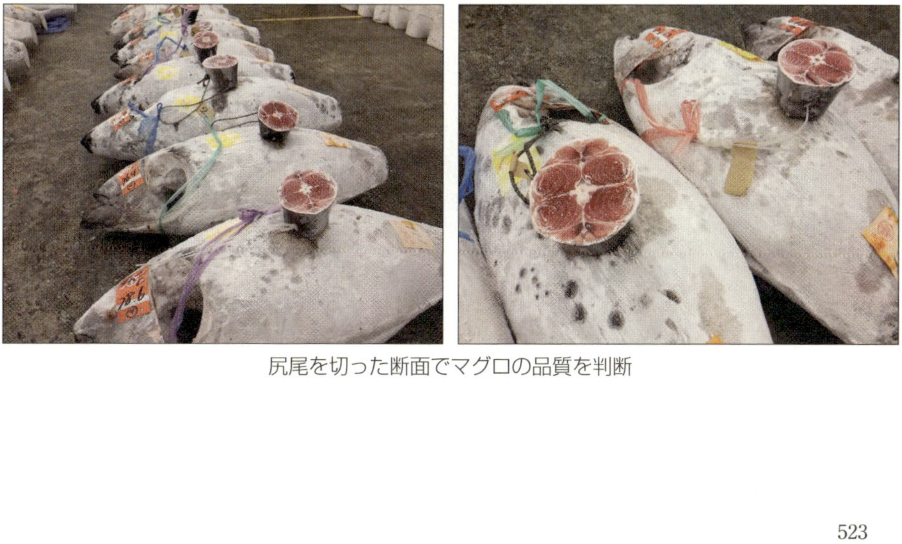

尻尾を切った断面でマグロの品質を判断

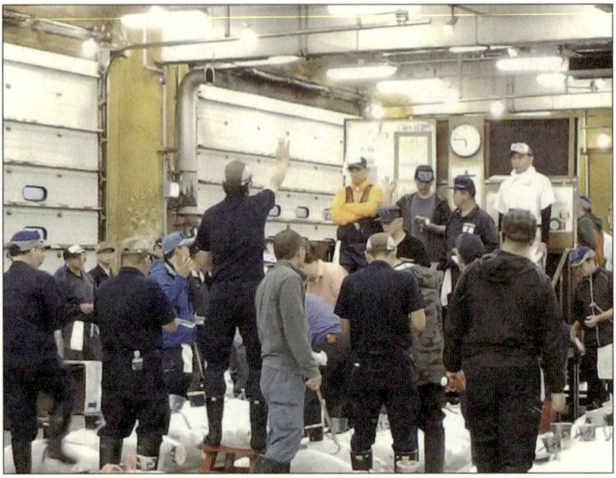

マグロのせり

筆者と写真係の次女敬子

場内全面禁煙
水産卸5社

元々線路があったため、カーブしている鮮魚卸売場

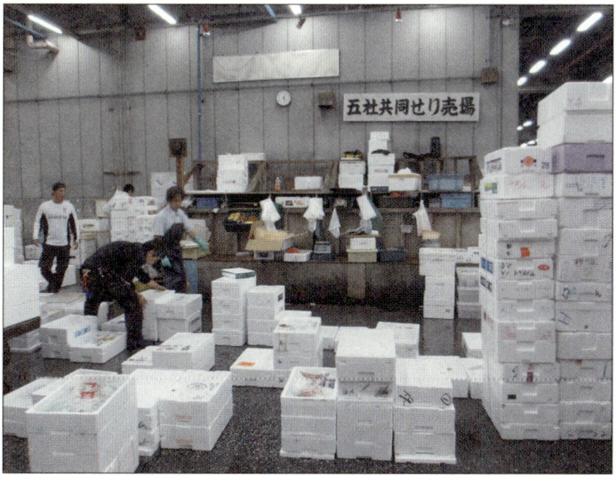
五社共同せり売場

せり前に魚をチェックする仲卸の方

禁煙

せり前にうにをチェックする仲卸の方々

生うに

うに

うにのせり

タイ

活魚水槽の中で生かしている魚介類

車海老

ボタン海老

青果のせり

青果門
築地市場

築地市場青果門

船橋のなし
にら・みつば
しいたけ・ハス売場
さつま芋・里芋
かぶ・ほうれん草

青果卸売場

青果のせり

青果の仲卸売場

800

青果の仲卸売場

高級すし種・魚貝類
TEL03-3541-8237代・FAX03-3541-2575

魚貝仲卸

禁止

シーフードスマートの生田與克さんとバッタリ

東京都中央卸売市場
大田市場

大田市場正門

野菜・果実競売場

巨大な青果卸売市場

1240
1220
千葉アクアメロン

マスクメロンのせり

1310
1320
まつたけ

松茸のせり

生簀の中で泳ぐイカ

羽田空港が近いので、生きているオマール海老が欧米から空輸されています。

花市場も広く、人が小さく見える大きさですが、今では、もっと広いスペースが必要となっています。

花きのせり

フラワー オークション ジャパン

花きは、インターネットを使用したせりが行われています。

クラウンメロン
千葉アクアメロン

青果仲卸売場

花き仲卸売場

衛生的な食肉専門の神戸市中央卸売市場西部市場

開設者、関係者との打合せ

せりにかけるために牛を解体した枝肉（半分に割り、脊髄等を除去したもの）

獣医師が衛生状態を確認し、格付け（「A５」等）した枝肉をせり人がその良し悪しを下見しているところ

最優秀賞

マグロは、尻尾を切った断面を見て品質を判断しますが、枝肉はアバラ骨の６本目と７本目の間を胴切りし、その断面でサシの入り方等を判断します。

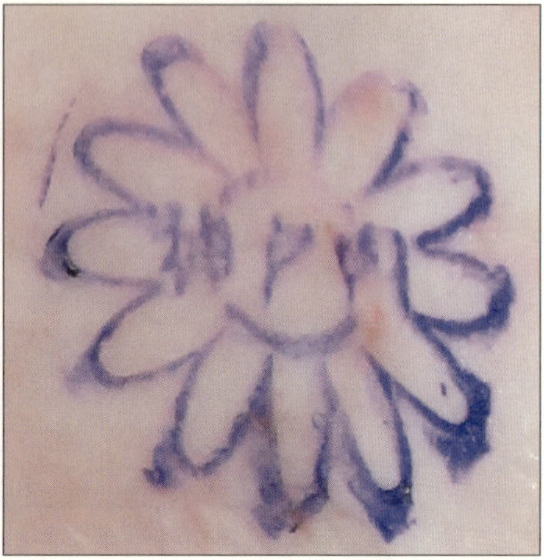

「神戸牛」の証しの刻印は、兵庫県花であるノジギクを形どっている。

「兵庫県産（但馬牛）」のうち、歩留まり等級が「A」または「B」等級の格付けを満たした牛肉が「兵庫県産（但馬牛）」、「但馬牛」、「但馬ビーフ」と表記することが許される。

兵庫県産（但馬牛）」のうち、兵庫県内で飼育され、①メスでは未経産牛、オスでは去勢牛、②牛脂肪交雑基準値 NO.6以上、③枝肉重量がメスは、230kg 以上から470kg 以下、去勢は、260kg 以上から470kg 以下の基準を満たすものは、「神戸ビーフ」、「神戸肉」、「神戸牛（ぎゅう）」などと表記することが許される。

（注）平成31（2019）年４月１日認定分より、上記③の枝肉重量は、メス270以上499.9kg 以下、去勢300kg 以上499.9kg 以下に改定されることとなった。

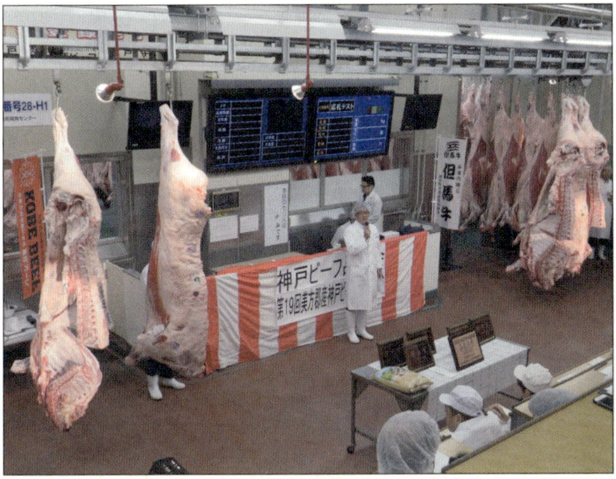
番号28-H1
KOBE BEEF
但馬牛

神戸牛、但馬牛のせり

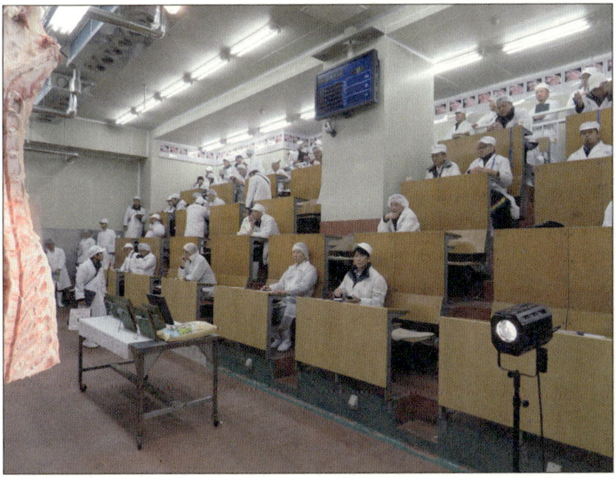

せりをする買受人の皆さん

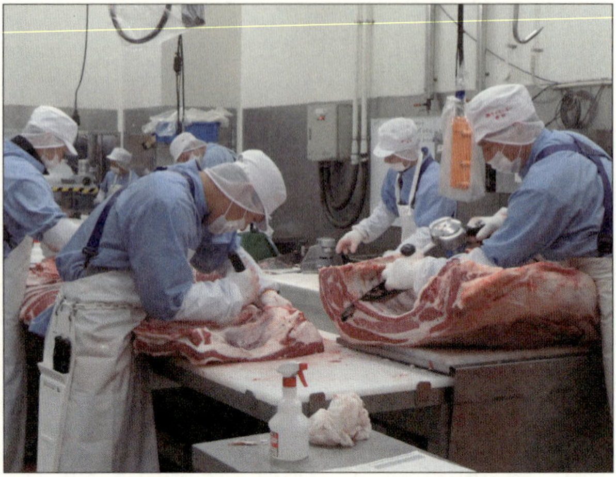

枝肉を切断し、流通し易い部分肉に小割りする。

部分肉にして、真空パックの工程へ

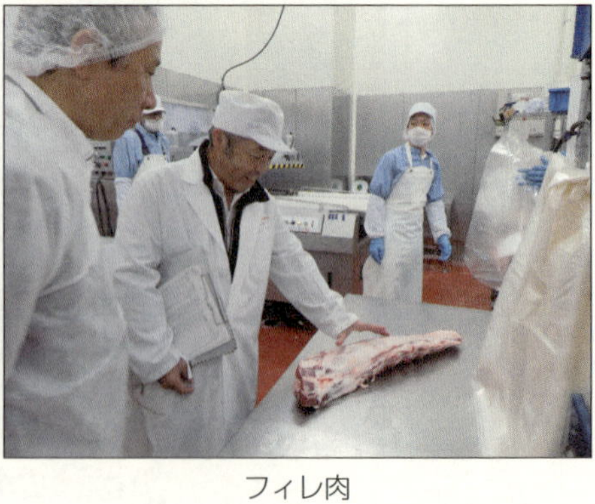

フィレ肉

参考文献

・大成勝代「女たちの勇気　米騒動100年」『日本経済新聞2018年（平成30年）９月18日朝刊』。
・仔鹿リナ『八百森のエリー　１～４』講談社、2018年。
・鍋田英彦「流通における中間業者排除に関する考察」『東洋学園大学紀要』2005年３月。
・『日本経済新聞2018年（平成30年）12月15日朝刊』。
・農林水産省『平成29年版　食料・農業・農村白書』平成29年。
・マーガレット・ホール著、片岡一郎訳『商業の経済理論—商業の経済学的分析—』東洋経済新報社、昭和32年。
・吉本隆一「物流 EDI 施策の展開と今後の課題」『国土交通政策研究　第96号』国土交通省国土交通政策研究所、2011年。

著者略歴　　盛山　正仁（もりやま　まさひと）

衆議院議員
自由民主党国会対策副委員長
卸売市場議員連盟幹事長

昭和28年12月生まれ
昭和47年３月　私立灘高等学校卒業
昭和52年３月　東京大学法学部卒業
平成25年３月　神戸大学法学研究科修了　博士（法学）
平成26年３月　博士（商学）　神戸大学

昭和52年４月　運輸省入省
昭和56年３月　経済開発協力機構（OECD）運輸・観光課
平成17年８月　国土交通省総合政策局情報管理部長で退官
平成17年９月　第44回衆議院議員総選挙で初当選
平成24年12月　法務大臣政務官兼内閣府政務官
平成26年９月　自由民主党政務調査会法務部会長
平成27年10月　法務副大臣兼内閣府副大臣
平成28年８月　法務副大臣兼内閣府副大臣（重任）
平成29年８月　自由民主党政務調査会国土交通部会長
平成30年10月　自由民主党国会対策副委員長

豊洲市場
正門

望ましい食品流通システムの構築に向けて
—卸売市場法及び食品流通構造改善促進法の一部を改正する法律と今後の課題—

2019年３月25日　第１版第１刷発行

編著　盛山正仁

発行者　箕浦文夫
発行所　株式会社大成出版社

〒156—0042
東京都世田谷区羽根木１—７—11　TEL 03（3321）4131(代)
https://www.taiseishuppan.co.jp/

印刷　信教印刷

ISBN978—4—8028—3363—9